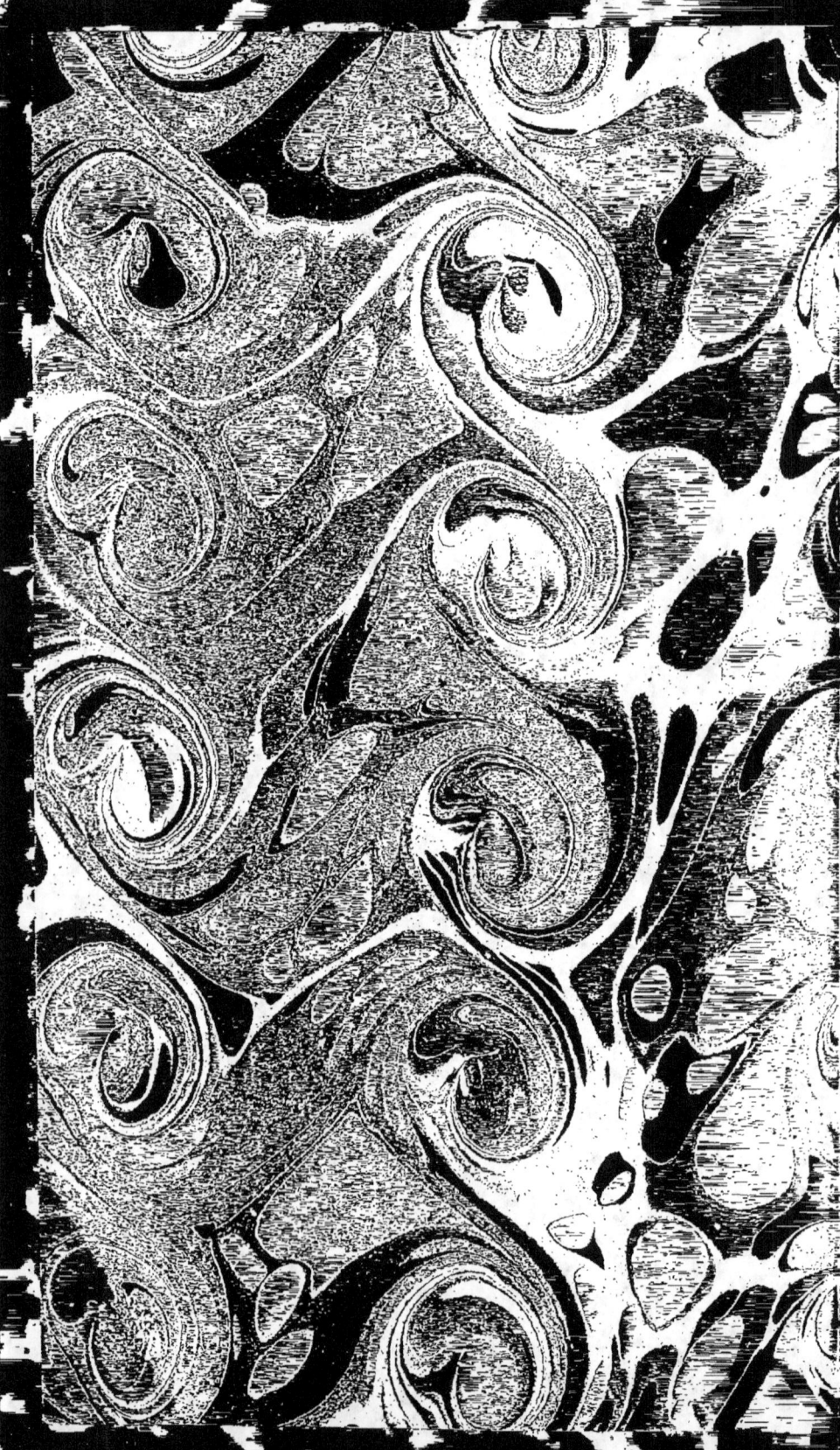

G494
c.23.

9354

SUITE
DE LA
GEOGRAPHIE
DE
BUSCHING,
Par Mr. BERENGER.

TOME NEUVIEME.
COMPRENANT

La TARTARIE, la CHINE, le JAPON, L'INDE deçà & delà le GANGE, les ISLES, &c.

A LAUSANNE,
Chez LA SOCIÉTÉ TYPOGRAPHIQUE.

M. DCC. LXXXI.

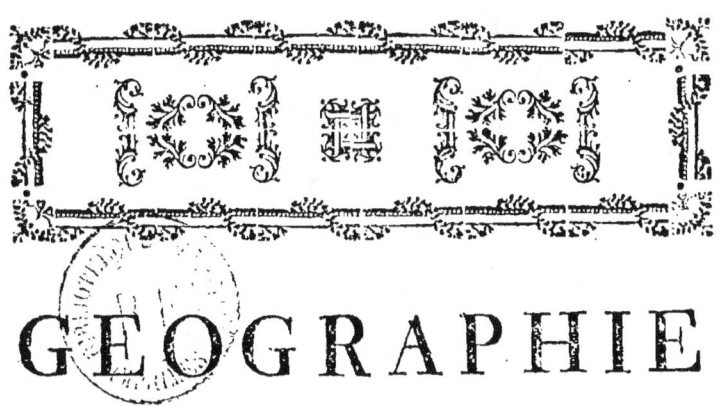

GEOGRAPHIE

DE BUSCHING.

DE LA TARTARIE INDÉPENDANTE.

C'Etoit autrefois une région très-vaste : dans l'acception la plus ordinaire, elle étoit bornée par les Etats du Turc, la Perse, l'Indostan, la Chine & la mer Glaciale : elle occupait la moitié de l'Asie, renfermait plus de 50 degrés de latitude, plus de 140 en longitude : mais aujourd'hui la Russie en possede une grande partie, & la Chine l'a resserrée davantage encore dans ce siecle. Nous lui laisserons cependant les bornes qu'on lui donnait dans le siécle passé, parce que les conquêtes des Chinois pourraient bien n'être pas durables.

Ce pays fut connu des anciens sous le nom de Scythie : ses habitans ressemblent encore, à plusieurs égards, au portrait qu'on nous a laissé des anciens Scythes. Ces peuples, nous dit-on, méprisaient la culture des champs ; ils vivaient du lait de leurs jumens dont ils faisaient aussi des

Tome IX. A

fromages, par la main d'efclaves qu'ils avaient la barbarie d'aveugler, pour qu'ils ne puffent s'appliquer qu'à cet unique emploi : toujours errans de pâturages en pâturages au milieu de plaines immenfes, ils conduifaient leurs familles fur des chariots couverts de cuir ou de feuillages, ils étaient habillés de peaux de bête, & méprifaient l'or & les pierreries : ils n'eftimaient que la valeur, que l'amitié : fauver un ami, en s'expofant foi-même, était le comble de la gloire : deux amis fe liaient en buvant l'un l'autre de leur fang dans lequel ils trempaient leurs épées : les mariages y étaient heureux : la fidélité en affurait la tranquillité ; la réputation des parens était la dot la plus précieufe qu'une fille put poffëder : l'adultere, le larcin y étaient punis de mort : la loi naturelle y dictait les arrêts de la juftice : ils juraient par le vent qui donne la vie, par l'épée qui donne la mort : ils facrifiaient des chevaux au dieu de la guerre ; quelquefois même ils lui facrifiaient des prifonniers de guerre. Pline dit, qu'ils préféraient la jument au cheval pour la guerre, parce qu'elle peut uriner fans interrompre fa courfe ; que fes peuples trempaient leurs flèches dans le fang de l'homme & celui des vipères corrompu, afin qu'en touchant un ennemi, elles lui donnaffent la mort : c'eft une erreur, ce fang ne ferait point un poifon : il dit encore, que plufieurs de ces nations Scythes mangeaient des hommes ; mais on a toujours exageré le nombre des nations Antropophages, & l'on ne peut guère compter fur le témoignage d'un auteur, qui nous dit férieufement, qu'il y a dans la Scythie, dans les vallons de l'Immaüs, des hommes fauvages ayant les pieds renverfés & les talons en avant, errans comme des bêtes, ne pouvant vivre fous un autre ciel & courant avec une vîteffe extrême; que dans cette Scytie encore, on trouve un peuple qui n'a qu'un œil & combat contre les grues; qu'on y voit un oifeau, qu'on croit un aigle, qui fufpend les deux œufs qui forment fa ponte, à l'extrêmité des rameaux d'un arbre, dans une peau de lievre; que le *Tarandus* ou le Renne prend la couleur des arbres, des feuilles, des fleurs, des lieux où la crainte le fait cacher, &c.

Depuis 5 ou 6 fiecles on donne aux Scythes le nom de Tartares; on prétend que leur nom général eft celui d'*Abrak* ou de *Turcs*: on les connut en Europe fous le nom de *Huns*, formé, dit Mr. de Guignes, des noms de *Chan-yong*, d'*Hien-yun*, d'*Hiong-nou* que les Chinois leur donnerent. Ce nom fut donné à différentes nations, qui fucceffivement fe firent redouter en Afie & en Europe, par leurs conquêtes & leurs dévaftations. Leur nom de Tartares ou plutôt Tatars, vient de Tatarkhan, fils d'Ilingeh-Khan, roi du Turqueftan, qui la donna à une horde puiffante, dans le tems que les Neftoriens y allerent prêcher le chriftianifme. Les *Mogols* qui doivent auffi leur nom à un frere jumeau de Tatars, fe rendirent plus puiffans & plus célebres dans le 13e. fiecle. Conduits par Genghiz-Khan, ils conquirent la plus grande partie de l'Afie, ils fe répandirent en Europe; mais on leur laiffa le nom de Tartares qu'on était accoutumé à donner aux peuples fitués à l'orient de la mer Cafpienne & au nord de l'Inde. Les conquêtes de Timur-lenc ne firent pas changer les noms des peuples qu'il avoit raffemblé fous fes drapeaux, & aujourd'hui qu'on fait que ce nom n'était pas général, qu'il eft éteint dans le pays à qui on le donne, on n'a pas cru encore devoir le changer.

Comme les Tartares ne forment pas une monarchie exiſtante, que ceux qui forment des états indépendans ne ſont pas bien conſidérables, ni bien puiſſans ; nous ne ferons point une deſcription générale de cette contrée ; nous nous bornerons à décrire ſes parties ſéparées, en les parcourant du couchant au levant. On ſent bien que nous ne pouvons faire de ces parties même qu'une deſcription un peu vague : plus elle ſera courte, moins elle renfermera de choſes hazardées.

DU DAGHESTAN, &c.

Ces pays ſont au couchant de la mer Caſpienne : le Dagheſtan eſt hériſſé de monts coupés par des vallées fertiles, cultivées, remplies de villages ; on y trouve des forêts d'arbres fruitiers, & c'eſt un uſage parmi les hommes qui l'habitent, de ne ſe marier qu'après avoir planté cent de ces arbres. On dit que les Tartares du Dagheſtan peuvent mettre 20000 hommes ſur pied : ils ſont fort laids, ſauvages, brigands, Muſulmans de nom, très-ignorans ; leurs femmes veillent ſur leurs troupeaux ; leurs chevaux ſont petits, mais robuſtes, agiles, propres à grimper les montagnes : ils ne reconnaiſſent pas un chef unique ; il en eſt un grand nombre qui éliſent au ſort celui qui doit les commander, & qu'ils nomment *Schenkal* ou *Chefkal* : aſſemblés en cercle, on jette au milieu d'eux une pomme d'or, & celui qu'elle touche devient le chef des autres. Leurs maiſons ſont bâties à la perſanne, mais plus ſales & plus meſquines, *Tarcou* eſt leur principale ville : elle eſt située au nord de la mer Caspienne, sur une petite riviere. Les Russes qui s'étaient emparés du pays, y avaient bâti la forteresse d'*Andreow* pour les tenir en bride ; mais ils l'abandonnerent en 1739 : elle est bâtie sur un mont & sert aujourd'hui de résidence au Chef-Kal.

DE LA CIRCASSIE.

Nous avons parlé de la partie de ce pays qui reconnait l'autorité du Kan des Tartares de Crimée. La partie orientale a été prise par les Russes & abandonnée en 1739 : elle est stérile, marécageuse sur les bords de la mer Caspienne, abondante en pâturages partout ailleurs, partagée en plaines, en montagnes, en vallées, arrosée par des sources abondantes, & couverte de fleurs : ses habitans sont aussi agriculteurs ; quelques-uns sont chrétiens, le plus grand nombre Musulmans ; mais ils mêlent à cette religion beaucoup de cérémonies qui n'y tiennent pas : leur principale richesse est dans leurs chevaux agiles, d'une vigueur extraordinaire, & assez laids. Les mines d'argent, qu'on dit être dans leur pays, y sont des richesses inutiles : les bords du Terk sont les plus peuplés ; l'ancienne ville de Terki n'existe plus. Parmi ces Circasses on remarque que les hommes sont fort laids, & les femmes d'une grande beauté : selon Tavernier, les premiers ont d'un œil à l'autre l'espace de six doigts ; leurs yeux sont très-petits, leurs nez très-plats, & leurs narines ne sont que deux petits trous : ils ont les genoux tournés en déhors, les pieds en dedans ; ils sont courageux, & s'arment avec l'arc, la flèche, le sabre, la massue.

Les environs & les vallées du Mont-Caucase sont habitées par différens petits peuples : tels sont les *Lesgi*, les *Coumous*, &c. : ceux-ci habitent un pays arrosé par d'abondantes sources : tous les deux sont protégés par le roi de Perse : un mélange de christianisme & de musulmanisme leur sert de religion.

Tavernier parle des fêtes & des mœurs de ces peuples, mais ce qu'ils étoient de son tems, ils ne le sont plus aujourd'hui.

DU TURKESTAN.

Le pays sur lequel nous étendons ce nom, est borné au couchant par la mer Caspienne & le Jemba, au nord par une partie de la Tartarie Russienne, à l'orient par les Eluths ou Calmouks, au midi par les Usbecks : le Sir ou Sihon l'arrose, c'est le Jaxarte des anciens ; d'autres rivieres viennent s'y réunir : tels sont le Kenderlik, le Caldarma, l'Ilac qui donne son nom à une partie du pays. Ces fleuves rendent leurs rivages fertiles, & on en tire des canaux qui couvrent de verdure un sol sablonneux que l'été rendroit aride ; le lac d'Aral y est situé en partie, & différens étangs dont la plupart n'ont pas d'issue : diverses hordes de peuples pasteurs l'habitent : on les connait peu, on en fait mal la situation actuelle ; nous nous bornerons à ajouter quelques notices à ce qu'en ont dit les Géographes qui nous ont précédé.

Les Tartares, ou plutôt les Turcs l'habiterent & lui donnerent leur nom ; leur empire alors était vaste, les divisions l'affaiblirent, le partagerent. Tchengis-khan lorsqu'il le conquit, y trouva peu de résistance ; il était réduit alors à ce que nous nommons encore le Turkeſtan, & à la petite Buckarie : diverſes révolutions l'ont affaibli encore, & preſſé entre des puiſſances rédoutables ; n'étant pas habité par les mêmes peuples, ni ſoumis au même prince, il n'eſt & ne peut rien être. Sur les bords de la mer Caſpienne habitent les Turkmens blancs ; ils vivent ſous des tentes, errent de pâturages en pâturages, & reconnaiſſent la relion Mahométane plus qu'ils ne la ſuivent : il en eſt de même de la horde de *Ghiwies* ; mais celle-ci habite des villages entre le lac Aral & la mer Caſpienne : c'eſt dans l'eſpace occupé par les premiers qu'eſt ſitué le port & la bourgade de *Munkichlac* ſitué au fond d'une baye.

A l'orient de ces peuples habitent les *Mankats*, qui doivent leur nom à Mankat dont ils deſcendent : il était le 3me fils de Tumana, prince puiſſant qui en eut neuf. Les Ruſſes ont donné à ce peuple le nom de *Karakalpalks* à cauſe de la forme de leurs bonnets ouverts devant & derriere, avec de larges bords des deux côtés. Dans le ſiecle paſſé, ils étaient paſteurs & brigands, ils vivaient de leurs troupeaux, des productions de quelques champs qu'ils cultivent, & de ce qu'ils enlevaient aux Calmoucks, & aux ſujets de la Ruſſie : unis aux Kaſats-kia leurs voiſins, leurs alliés fideles, ils étendaient leurs ravages juſques dans le centre de la Sibérie : l'été, ils ſe répandent ordinairement vers les bords de la mer Caſpienne, ſur ceux du lac Aral, en particulier à l'embouchure du Sihun ou Sir, le Jaxarte des anciens, nommé *Silis* par Pline : l'hiver, ils viennent habiter les villes, qui la plupart ſont près du fleuve dont nous venons de parler. On dit qu'ils peuvent marcher au combat au nombre de 20,000 hommes de cheval, commandés par un Khan dont l'autorité est fort bornée, par des *Murfas* qui forment son conseil & partagent son pouvoir, par des *Bijauls*, dont la dignité est à peu près celle de colonel parmi nous. Ils sont Mahométans, mais n'ont ni alcoran, ni moulhas, ni mosquées. Leur seule habitation à qui l'on puisse donner le nom de ville, est *Turkestan*, ou plutot *Tiour-Koustan* : c'est là que le Khan vient passer l'hiver. *Yenghi-kunt*, *Jund*, ou *Ounx* sur un des bras du Sir; *Yassi*, *Sabran* près du Sir même, sont à peine des bourgades.

A l'orient des Mankats habitent les *Kasat-kia*, peuple plus nombreux que les premiers : la stature de ces Tartares est moyenne, mais bien prise : leur visage est large & plat, leur teint basané, leurs yeux ronds, noirs, étincelans; ils ont le nez bien fait, la barbe épaisse, les cheveux rudes & noirs : sur leur tête est un bonnet haut & rond, d'un drap épais, bordé de peaux : en été ils vont couverts d'une espèce de chemise; ils ont des hauts de chausses de peaux de mouton, une veste piquée, qu'en hiver ils recouvrent d'une robe de peaux de mouton : leurs bottes sont grossieres & de peau de cheval : leurs armes sont la lance, l'arc & la flêche : plusieurs ont des fusils : ils sont toujours à cheval, & la chasse est leur principale occupation; celle des femmes est de veiller sur leurs troupeaux & leurs maisons; elles ont un air agréable, quoique leur visage soit plat.

Ce peuple occupe une contrée fertile en pâturages où ils nourrissent des chevaux excellens; les montagnes sont couvertes de verdure: celle de *Belgian* & de *Belkan* nourrissent un grand nombre de chevaux, mais de peu d'apparence : une petite portion de ces terres sont cultivées : ce peuple mange peu de pain,

campe la plupart fous des tentes, & commerce en
efclaves qu'il fait fur fes voifins: les Kafat-Kia font
Mahométans, mais comme les Monkats : le gouvernement y eft auffi femblable à celui de cette
nation.

Tashkunt ou *Thafchkand*, ville ancienne, fouvent détruite & rebâtie, en eft la capitale : elle eft
fur le Sir, & produifit des hommes célebres :
Otrar, nommée autrefois *Fariab*, eft arrofée par
le Schach. Timur-lenc y mourut, *Ballaffagbunn* fur
le Sir, *Codar*, n'en font pas éloignées : la derniere
fait le commerce d'Otrar. *Ilak* eft une vallée qu'arrofe la riviere de ce nom. *Toncat* a été floriffante,
& eft près du Sir. *Barfiketh* en était voifine auffi.
Esfigiab eut deux lieues de tour & renfermait des
jardins arrofés d'eaux courantes: Abulfeda en parle ;
aujourd'hui un voyageur feroit obligé d'en chercher les ruines. *Achfiket*, *Cojend* ou *Kojanda*, &
beaucoup d'autres lieux qui furent autrefois des
villes: la derniere fut probablement la *Cyrefchata* des
anciens.

A l'orient de ces peuples, près de Cachgar, on
trouve les Tartares *Poruttes* ; ils font de la race
des Usbecks, & ont été fujets des Kalmouks.

PAYS DES USBECKS.

Il comprend le Karafm & la grande Bukkarie ;
c'eft la Tranfoxane des anciens qui renfermait
les provinces de la Bactriane & de la Sogdiane :
les Califes lui donnaient le nom de *Maxawalnahr*,
ou pays au delà du fleuve: ce fleuve eft le Gihun,
l'Oxus des anciens.

I. DU KARASM.

Les Arabes lui donnent ce nom & celui de *Giorgianiah*, & les Perfans, felon d'Herbelot, celui de *Khouarezem* (victoire facile) parce que Caï Khofrou, roi de Perfe, le foûmit avec facilité ; mais les Perfans n'ont pu le garder longtems. Il femble que ce nom foit plus ancien, puifque Herodote & Ptolemée lui donnent le nom de Khorafmia : les *Euthalites*, nation Scythique, l'habiterent : Abulfeda lui donne le nom de *Haiatelah* ; leur capitale était *Gorgo* qu'on croit être Urgenz ou Corganz. C'eft fans doute de Gorgo que les Arabes ont formé le nom de Georgianiah. On y a vu s'élever diverfes fouverainetés, dont la plus célebre eft celle des Khowarefmiens, très-puiffans en Perfe & détruits par Tfchengiz-khan. On dit que ce fut un effaim de ces peuples qui attaquerent les Chrétiens croifés, & firent de grands ravages dans la Paleftine fous le nom de *Corafmins*. Timurlenc y régna ; les princes Usbecks, defcendans de Tfchengiz-Khan ou Gengis-Khan, s'emparerent de ce pays en 1498.

Ce pays eft formé de vaftes plaines de fable, dont quelques-unes font des déferts ftériles ; mais la plupart font couvertes d'excellens pâturages : on y voit peu de montagnes, peu de rivieres : la principale eft le *Gihun* ou l'*Amu* ou *Amol* connu des anciens fous le nom d'*Oxus* : il prend fa fource au nord-eft de Kachemire fur les frontieres de la petite Buckarie, au pied de montagnes élevées : il traverfe la grande Buckarie, le Karafm, & à 40 lieues de fon embouchure fe divife en deux bras, dont l'un prend le nom de Tockay & fe jette dans la mer Cafpienne ; l'autre bras qui s'y rendait aussi, a pris son cours plus au nord & se joint au Khesel près de Tuk : ce fleuve est poissonneux ; ses bords sont fertiles & rians. Le *Khesel* ou *Khesil* sort des montagnes au nord-est de Samarcande, court entre le Gihon & le Sir, & se jette dans le lac d'Aral : la culture peut enrichir ses bords ; d'excellens pâturages ornent ses rives, mais elles sont peu habitées ; c'est sur les frontieres de Perse que le pays l'est davantage. Les Usbeks ont aussi détourné les eaux du Khesel dans le lac d'Aral, qui par-là s'en est beaucoup accru : ils le firent, parce que les Russes pensaient à pénétrer dans le pays par cette riviere. Le lac d'*Aral* ou des *Aigles*, nommé aussi lac *de Glouchoige* ou d'*Arapscoa* ; il a 50 lieues du sud au nord, & 26 de large ; ses eaux sont très-salées & poissonneuses, & malgré deux grands fleuves & plusieurs rivieres qui s'y jettent, ses eaux ne débordent point ; ceux qui habitent sur ses rives, en répandent l'eau dans les champs par des canaux ; desséchée par le soleil, elle y dépose un sel qui suffit à leurs besoins & leur fournit même un objet de commerce. En général ce pays est froid, dit Al-Bergendi, le Gihun y gèle ; cependant il rapporte des productions estimées ; telles sont ses melons ronds, dont l'écorce est verte, la chair jaune ou blanche, la semence noire & dispersée dans son intérieur : le goût en est excellent, & on peut en manger beaucoup sans danger : il se conserve longtems, & on en transporte jusqu'à Petersbourg.

Ce pays est habité par trois nations différentes, les *Sarts*, les *Turcomaus*, les *Usbecks*: les premiers cultivent la terre, élevent des bestiaux, ce sont les anciens habitans du pays : c'est d'eux, peut-être, qu'un Arabe dit qu'ils naissent avec tant de goût & de dispositions pour la mufique, que les enfans même crient & pleurent en accords.

Les Turcomans viennent du Turqueſtan ; ils ont donné des rois à la Perſe & à l'Aſie mineure, ils ſont grands & robuſtes, leur viſage eſt plat & quarré, leur teint eſt brun ; ils reſſemblent plus aux Tartares que les Turcs, quoiqu'ils aient la même origine : de longues robes de calico les couvrent en été ; en hiver elles ſont de peaux de mouton : ils ſe nourriſſent de leurs beſtiaux : leur religion eſt le Mahometiſme, ils ſont braves & excellens cavaliers : l'hiver ils habitent les villes & les villages ſitués au bord de l'Amu, l'été ils campent dans les lieux arroſés & riches en pâturages. Ils ſont diviſés en tribus qui chacune ont leur chef : leur nombre peut monter à cent mille familles ; ils haïſſent les Usbecks auxquels ils ont été forcés de ſe ſoumettre, & de payer un tribut.

Les Usbecks ont pris leur nom d'un Khan des *Kipjaks* : ils ſont diviſés en quatre tribus, & comme les Turcomans, ils n'habitent les villes & les villages qu'en hiver ; l'été ils s'occupent à veiller ſur leurs troupeaux & à chercher des occaſions de piller : c'eſt pour cette raiſon qu'ils ne fréquentent que les pâturages qui ſont voiſins des rivieres qui marquent les limites de leurs états, & ce goût de brigandage fait qu'ils laiſſent les plaines les plus fertiles aux *Sarts* & aux Turcomans. Les Perſans les appellent *Ketchbaſch*, tête de feutre, parce que leurs bonnets ſont de cette étoffe. Dans tout ce pays on ne connait pas l'uſage du pain ; on n'y laboure pas la terre ; la chair s'y déchire & s'y mange à pleines mains : le lait de jument leur fournit l'unique liqueur dont ils ſe ſervent ; ils prient & mangent les jambes ſous le derriere : ces peuples ne connaissent ni les arts, ni les sciences, ils passent leur vie dans l'oisiveté & à discourir ensemble au milieu des plaines couvertes de bruieres où errent leurs chameaux, leurs brebis & leurs chevaux : leurs moutons sont fort gros, & l'on en trouve dont la queue pèse, dit-on, 60 à 80 livres.

Plusieurs princes régnent dans ces contrées, mais un seul a le titre de Khan : son camp est ordinairement celui de *Khiva* au bord de l'Amu, & c'est ce qui a fait donner à ce peuple le nom de *Tartares de Khiva* : l'hiver il réside à Urgenz : son autorité est faible, souvent contestée ; l'état éprouve souvent des révolutions : on s'y sert de l'arme à feu, mais plus souvent du sabre & de la flèche.

On divise le pays en un grand nombre de provinces, nous ne parlerons que des principales : celle d'*Ogurza* est fort étendue, située au bord de la mer Caspienne : sa fertilité était très-grande lorsque l'Amu, ou l'Oxus l'arrosait : elle produisait alors une multitude de concombres qui lui ont donné le nom qu'elle porte : l'Amu en prenant un autre cours en a fait un désert. *Gordish* est la province la mieux cultivée & la plus fertile de cet état : l'Amu l'arrose. *Burma* située sur les frontieres de la grande Buckarie, est fertile & peuplée, & produit des melons délicieux. *Kesilrabat* est abondante en fruits délicieux : le Khesel l'arrose. *Gardankhast* a d'excellens paturages ; presque tous ses habitans sont *Sarts* : *Kuigan* est étendue, composée de vastes plaines sablonneuses qui fournissent cependant de bons pâturages. C'est encore la richesse de celle d'*Ikzi-Kumani* qui semble devoir son nom aux *Kumanis*, peuple courageux qui habitait au nord de la mer Caspienne. Enfin la province d'*A-*

ral : cette derniere eſt fort grande, & s'étend entre le lac de ce nom & la mer ; des montagnes d'A-bulkan juſqu'aux frontieres des Karakalpaks : elle eſt ſemée de montagnes & de plaines de ſable : on y trouve cependant de bons pâturages.

Urgenz ou *Urkend* eſt la principale ville du pays. Abulfeda dit qu'il y a deux villes de ce nom : il paraît qu'elle eſt la même que nous nommons *Corgang*, *Korkani* ou *Georgianiah*. L'Amou en s'éloignant d'elle, lui a fait perdre ſon ancienne grandeur : ſa circonférence eſt d'une lieue, ſes murs ſont de briques cuites au ſoleil, le foſſé qui l'environne eſt étroit & plein de ronces ; ſes maiſons ne ſont que de petites cabanes de terre ; les moſquées, le château ſont en ruines, le marché ſeul ſe conſerve encore ; il eſt grand, couvert, & on y fait beaucoup de commerce ; ſes environs que le fleuve n'arroſe plus, ſont devenus ſtériles. Le commerce y a été très-floriſſant ; on y a compté plus de cent mille habitans : aujourd'hui elle eſt abandonnée.

Au nord-oueſt d'Urgenz, eſt le château de *Sellizure*, ſitué ſur une colline élevée : le Khan l'habitait autrefois ; le palais était bâti en terre ſéchée au ſoleil : on cultivait dans ſes environs de beaux fruits, & une eſpece de bled, dont la tige reſſemble à la canne à ſucre, & dont le grain croît en touffes comme le riz.

Tuk eſt une petite ville au nord d'Urgenz. *Carizme* que De l'Iſle place au ſud d'Urgend eſt peu connue : près d'elle eſt une mine de charbon. *Kumkala* eſt au centre du pays. *Kayté*, ou *Kut* eſt au nord du Kheſel ; elle a été la capitale du royaume. *Wazir* ſur l'Amu a été la réſidence de quelques kans. *Khayuk* eſt ſur les frontieres de la grande Buckarie : autour d'elle eſt une contrée fertile & mal cultivée :

les *Sarts* y cultivent la vigne, & font un assez bon vin rouge. Les maisons y sont de misérables cabanes de terre. *Dargan* ou *Djogrhend*, ville sur l'Amou ; la premiere ville du Kuaresm, quand on vient de Meru.

II. *GRANDE BUCKARIE.*

Elle a été comprise dans le *Marawalhnar* ou *Mawara-inhar*, ou plutôt *Mavar-al-nahar*, puisque les Arabes renfermaient sous cette domination tout le pays situé entre le Sir & l'Amou : il en est cependant une partie qui en a dû être distincte ; c'est le royaume de Balk, situé au midi du dernier de ces fleuves. On lui a donné autrefois les noms de *Turan* & de *Zagatay*, c'est proprement la Sogdiane & la Bactriane des anciens : elle est située entre le 34 & le 46° de latitude, entre le 77 & 92° de longitude. Au nord, le Sir la sépare des Kalmouks ; à l'orient elle touche à la petite Buckarie, au midi à l'Indoustan & à la Perse, au couchant au pays dont nous venons de parler.

La Grande Buckarie est un des plus beaux pays de l'Asie ; l'air y est pur & doux ; ses montagnes renferment des mines fort riches, & sont couvertes de pâturages & de bois, sorte de production utile, assez rare dans les autres climats de l'Asie. Les vallées y sont d'une étonnante fertilité : elles rapportent abondamment toutes sortes de fruits & de légumes ; l'herbe croît dans les campagnes de la hauteur de 6 à 7 pieds ; les rivieres qui l'arrosent y fourmillent de poissons : mais les bienfaits de la nature y sont aujourd'hui négligés.

Les anciens habitans du pays sont désignés par les Tartares par le nom de *Tajiks*, ou bourgeois ;

ils font bien faits, d'une taille médiocre, ayant le teint blanc, les yeux grands, noirs & pleins de feu, le nez aquilin, de beaux cheveux noirs, une barbe épaisse ; leurs femmes font grandes, & ont les plus beaux traits : les deux sexes ont des chemises & des hauts de chausse de calico ; les hommes ont par dessus une veste de soie ou de calico piqué qui leur descend à moitié jambe ; sur leur tête est un bonnet rond à la Polonaise ; lorsqu'ils sortent en hyver, ils ont des fourrures & des bottines de cuir de cheval. Les femmes ont des robes longues & amples, un bonnet plat sur la tête, & leurs cheveux tressés & pendans sont ornés de joyaux. Ils sont Mahométans ; le commerce est leur principale affaire ; ils ne se mêlent point de la guerre, & payent le tribut aux Tartares qui les méprisent comme des hommes sans courage ; ils ont quelques ressemblances avec les Juifs dont on a prétendu qu'ils descendaient.

Les premiers Tartares qui se sont emparés du pays ont le nom de *Zagatais* ; & ainsi que les Usbecks qui en sont les maîtres aujourd'hui, ils portent l'habit Persan : ces Tartares sont les plus robustes & les plus braves de leur nation ; ils sont encore la terreur des Persans, peuple courageux Les femmes mêmes y aspirent à la gloire militaire, souvent elles accompagnent leurs époux à la guerre, & ne redoutent pas les blessures ; la plupart sont belles. Leur langue est un mélange de Turc, de Mongol, de Persan ; ils entendent fort bien cette derniere : leurs armes sont le sabre, le dard, des arcs très-grands qu'ils manient avec autant de force que d'adresse : plusieurs ont des fusils : leurs cavaliers ont des cottes de maille, & un petit bouclier ; leurs chevaux n'ont ni croupe, ni poitrail, ni ventre : leur col est long & roide, leurs jambes sont longues,

leur

leur maigreur est effrayante : mais ils sont légers à la course, infatigables, vivant de l'herbe la plus commune ou de mousse : ceux qui se bornent à la vie errante de leurs ancêtres, habitent des huttes, & campent de pâturages en pâturages; mais il en est qui cultivent la terre, & ceux-là vivent dans des villages ou des hameaux. Les villes ne sont presque peuplées que de Bukkariens.

On divise la Grande Buckarie en *Buckarie propre* ou royaume de Bockara, en royaume de Samarkand, & en royaume de Balk : tous les trois ont été autrefois réunis, quelquefois ils ont été séparés : dans le siecle dernier, les deux premiers obéissaient au même khan.

I. *DE LA BUCKARIE propre.*

On la divise en plusieurs petites provinces, dont nous ne pourrions dire que les noms. On jugera de ses productions par celles qu'elle fournit au commerce; il était très-florissant autrefois, ses diverses branches s'étendaient jusqu'en Chine, dans l'Inde, en Perse, & dans la Russie, c'est ce dernier que nous connaissons le mieux ; il est réduit aujourd'hui à des peaux d'agneaux à fine laine, frisée, de couleur noire & de couleur grise, qui se vendent extrêmement cher, d'autres pelleteries, du salpêtre non purifié qui se trouve abondamment dans les lieux où furent autrefois des villes & des sépultures; beaucoup de soies crues, du poil de chameau, des pierres précieuses, des fruits secs excellens.

Bockarah, *Buchara*, est une ville très-ancienne : Mirkhond dit qu'elle a été la capitale d'Oguz-Khan, un des plus anciens rois Mogols ou Tartares : elle le fut ensuite de l'Etat des Samanides, fondé sous le calife Motadhed ; les Mogols du Cathay la soumirent, Genghiz-khan s'en empara, Timur ou Timerlan la prit. Elle est dans une plaine, grande, riche, abondante en toutes sortes de grains & de fruits. Outre son mur particulier, elle avait une autre enceinte, qui dans un espace d'environ 13 lieues quarrées, renfermait 15 petites villes ou bourgades. Ses murs sont de terre, assez hauts & épais, divisée en trois parties, dont l'une est la résidence du Khan, la seconde est celle des Mirzas & des Officiers de sa cour, la troisieme est la plus grande, & est occupée par le peuple. Les maisons sont presque toutes de terre ; la pierre n'est employée que pour les édifices publics, pour les temples, pour des palais, dont quelques-uns sont brillans de dorure, & ont des bains aussi ingénieux que beaux & commodes; l'eau de la petite riviere qui l'arrose, engendre des petits vers dans les jambes : cependant il est défendu d'y boire d'autre liqueur que de l'eau & du lait de jument : le chef de la religion qui y est très-respecté, fait veiller avec soin sur cette loi ; les khans le craignent, leur pouvoir est reprimé par le sien.

Bikend ou *Bikunt*, ville au couchant de Bockarah : d'Herbelot dit qu'elle a une muraille très-forte & une belle mosquée, accompagnée de portiques, dont les ornemens sont enrichis d'or & d'azur.

Ferbar ou *Faraber*, ville sur le Gihun ou l'Amou, qu'on y traverse à gué pour se rendre dans le Khorasan. *Karakut* est voisine d'un étang : *Wardanſi* est une grande bourgade. *Karshi* est grande, peuplée, mieux bâtie que les autres villes du pays ; ses environs sont d'une fertilité extraordinaire ; ses habitans commercent beaucoup avec les parties septentrionales de l'Inde. *Dabouſſiah* ou *Dabuſia* fut autrefois une ville. De l'Isle la place dans la Sogde ou territoire de Samarcande. *Carminia*, *Kerminah* ou *Kerminiah*, ville dont parle Abulfeda : son territoire est étendu & peuplé. *Roudek*, bourgade où naquit le poëte *Uftadh-Abuhaffan*. *Thaouaouis* ou *Tavavis*, village qui fut une grande ville, environnée de jardins, arrosée par de belles sources, & qui produisit beaucoup d'hommes célebres. *Zoufch* est une bourgade dont parle d'Herbelot. *Udan* ou *Uden*, petite ville. Au nord de Bockara est un grand désert, rempli de bois & de bêtes féroces : c'est le désert de *Gafnak*.

II. *Du Royaume de Samarcande.*

Il est situé à l'orient de celui de Bokarah, au nord de celui de Balk, au couchant du royaume de Cafchgar ; il a 180 lieues d'orient en occident, & 160 du midi au septentrion : les deux fleuves *Sir* & *Amou* l'arrosent ; il l'est encore par un grand nombre de petites rivieres qui s'y rendent ; les plus confidérables sont la *Sogde*, ou plutôt le *Caï* & le *Vachs*. Il était rempli de villes floriffantes dont on ne voit plus aujourd'hui que les ruines. La vallée où la capitale est située, nommée la Sogde, parait avoir donner son nom à la Sogdiane : les orientaux disent qu'elle est un des quatre paradis de la terre, & ils lui donnent 8 journées d'étendue, des frontieres du territoire de Bockarah à celui de Botom : elle est couverte de tous les côtés, ou de jardins enrichis d'une variété admirable de fruits délicieux, ou de champs dorés de riches moiffons, ou de pâturages toujours verts ; une multitude de sources qui la plupart sortent de la montagne de Botom, y forment des ruisseaux d'eaux courantes qui se réunissent dans le *Caï* qui la traverse : on y voit un grand nombre de villes, de bourgades, de hameaux remplis d'habitans industrieux & actifs. Les sources y forment le lac de *Taran* ou *Taroan*.

Samarcande est une des villes les plus célebres de l'Asie ; elle avait douze parasanges de circuit ; il s'agit de la parasange de 30 stades : ce circuit égalerait 16 lieues, ce qui nous paraît fort exageré : une riviere la traverse avant de se jetter dans l'Amou : elle est située dans la partie méridionale de la vallée ou plaine de Sogde : la tradition la fait bâtir par un roi de l'Arabie heureuse ; l'histoire assure que Kischrasb, fils de Lohorasb, roi de Perse, fit bâtir son château, & une muraille longue de 160 lieues, pour défendre sa province contre les invasions du Turquestan : on soupçonne qu'elle est une des villes que bâtit Alexandre le Grand, ou qu'elle est la ville dont parlent les anciens sous le nom de *Maracanda*. Les Arabes s'en emparerent sous le regne de Valid, sixieme calife de la maison des Ommiades : Genghiskhan la prit & la pilla, Tamerlam la rétablit, en fit la capitale de son empire & la rendit plus florissante que jamais : les Usbecks en dépossederent les Sultans de sa race.

Elle est ceinte de gros boulevards de terre, & d'un large fossé ; elle a plusieurs maisons de pierre, dont il se trouve des carrieres dans ses environs : le château est vaste, & tombe en ruines : c'est auprès de la ville, dans les prairies du voisinage que le khan de la grande Buckarie fait élever ses tentes durant l'été : elle a eu une académie célebre parmi les Musulmans : on y fabrique, dit-on, le plus beau papier de soie de toute l'Asie ; ses environs produisent une multitude de poires, de pommes, de raisins & de melons d'un goût exquis, qui sont un grand objet de commerce, & s'exportent dans la Perse & l'Indouftan. Sa longitude eft 85°, fa latitude 39° 40'.

Kash, *Casch* ou *Keche*, ville qui eut 6 lieues de tour, fituée dans un territoire fertile & fort étendu : elle eft au fond d'un vallon ; au confluent du Nahar al Caffarin, & de l'Afchur : la maturité des fruits y eft hâtive ; elle eft fujette à la pefte ; dans une bourgade des environs naquit Tamerlan.

Neckhfched ou *Nakshah* ou *Nafaf*, autrefois *Nxutaca*, ville fituée dans une grande plaine, arrofée d'un grand nombre de ruifleaux qui la fertilifent ; fes fruits font beaux & les meilleurs de cette contrée : elle a produit des hommes célèbres. Abulfeda dit qu'on donne auffi à cette ville le nom de *Carfchi* : un impofteur y fit fortir d'un puits une machine qu'il voulut perfuader être la lune. Le pays au fud-eft de cette ville eft fort montueux : le paffage qui conduit au-delà eft fortifié, on l'appelle *Coluga* ou porte de fer.

Tarmad ou *Termed*, ville que quelques géographes placent dans le Tockareftan ; fituée fur les deux rives de l'Amou, ou Gihon, cette ville parait appartenir ou appartient au royaume de Balk, & à celui de Samarcande ; fa jurisdiction eft étendue & renferme un grand nombre de villages, & une bourgade nommée *Sarmangian*, mot dont les Arabes ont fait *Giarmankian* : il eft vraifemblable qu'elle eft l'Oxiana des anciens.

Saganian eft au nord-eft de Termed, qu'elle furpaffe en grandeur, en habitans & en richeffes : fes environs abondent en fources d'eaux & en fruits ; les Perfans la nomment *Giaganian* : fon territoire renferme les villes de *Schoaman* & de *Vafch* ou *Vafchjard*, dont les environs fourniffent une grande quantité de safran qu'on exporte en différentes parties de l'Asie.

Ferganah ou *Farganah*, connue aussi sous le nom d'*Andogian*, ville située sur le Sır ou Jaxartes, assez près de sa source : les montagnes de son territoire renferment des turquoises & du charbon de pierre, dont les cendres sont d'un grand usage : on y trouve aussi des mines d'or, d'argent, de cuivre, de fer, de plomb, & des sources de naphte ; au-delà de sa jurisdiction sont des peuples qui n'ont pas adopté la religion de Mahomet : les villes de *Coba*, de *Marghinan*, de *Nassa*, de *Naoubakht*, de *Cassan*, de *Khogenz* même sont dans sa dépendance. *Coba* a été une belle ville ; elle est ceinte de murs, autour sont de beaux jardins. *Marghinan* fut autrefois la capitale d'un état puissant. *Nassa* est partagée en haute & basse : la premiere est située sur une montagne couverte de bois dont on tire beaucoup de poix & de resine ; la seconde est dans une plaine fort unie.

Dans la Sogde qui forme le territoire propre de Samarcande, on voit *Arbengian* ou *Rabengian*, ville détruite par les Tartares, rétablie par un khan de Khouaresm. *Aringian* en était peu éloignée, la bourgade de *Rostagasin*, celle de *Khoschoftsgan*, la petite ville de *Kaous* ou *Kaûos*, qu'on croit être la *Gabæ* de Quinte Curse : celle de *Kaschtikhan* dont les environs sont rians & feconds, semés d'une multitude de jardins ; & *Zar* qui en dépend. Les monts de *Botom* bordent la Sogde : ils renferment un petit pays fort resserré, dans des vallées, où il y a un grand nombre de villages : les monts y sont presque toujours couverts de neige : on y voit, dit-on, une grotte d'où s'élève une vapeur qui ressemble à la fumée pendant le jour, & qui est mortelle à ceux qui s'y exposent : cette vapeur condensée donne à ce qu'on prétend, un sel ammoniac qu'on y nomme *Nuschader*.

Osrouchiah ou *Osrusnah*, ville dont le territoire est fort montueux : quelques auteurs y comptent 400 châteaux ou forts : elle a dans sa dépendance *Godaïsser*, *Derik*, *Sabath*, *Schebilah*, fameuse pour avoir vu naître un chef de la secte des Sophis, & *Zamin*, qui est petite, près du Gihun, sur lequel elle a un pont ; dans ses environs on recueille la manne la plus exquise de l'Orient.

III. *DU ROYAUME DE BALK.*

Il est situé au midi du fleuve Gihon ou Amou : il a la province de Samarkande au nord, la Buccharie propre au couchant, la Perse & l'Inde au midi : sa longueur est de 120 lieues, sa largeur de 80. Son sol est un des plus fertiles de l'Asie, & c'est le mieux cultivé de ceux que possèdent les Usbecks ; on y recueille beaucoup de soies estimées par leur finesse, & les habitans en savent faire de jolies étoffes : les Tartares Usbecks, qui y dominent, y sont plus civilisés que dans les pays que nous venons de parcourir ; ils y sont plus industrieux, plus laborieux ; d'ailleurs, ils ont les mêmes usages & la même religion. On le divise en pays de *Kotlan*, en *Tokharestan*, en *Budagshan*, en *Fariah* & en *Djaudzejan* ou *Churestan*.

Le *Khotolan* ou *Kotlan* est au nord du Gihun, entre ce fleuve & la riviere de Wachs : il a formé un royaume particulier : le sol en est fertile, bien arrosé, couvert de bois & d'arbres fruitiers. On trouve de l'or dans le sable que les torrens de ses montagnes déposent. On y remarque trois villes, *Khotol* ou *Catlan*, *Halouerd* ou *Haleverd*, & *Laoukend*.

Le *Badakschian* ou *Badacchan*, ou encore *Chilar*, confine au petit Thibet, dans la partie la plus orientale du royaume; dans un pays hérissé de montagnes; mais ces montagnes renferment de l'or, de l'argent, des rubis, & lorsque la neige commence à fondre, ceux qui habitent au pied vont chercher ces richesses dans le lit des torrens. On y remarque les villes de *Caouc*, de *Perjan*, d'*Enderab* ou *Anderab*, située sur la riviere de ce nom, à son confluent avec le Cafan, ville par laquelle on pénétre en Perse & dans l'Indostan, passage très-fréquenté, mal fortifié, pourvu d'une bonne garnison; elle est très-commerçante, peuplée; on trouve de riches carrieres de *lapis lazuli* dans son voisinage: enfin la ville de *Badakschian*, placée sur l'Herrat, une des rivieres qui forment le Gihur ou Oxus, & descend du petit Thibet ou province de Khovaresm. Cette ville est ancienne, peu grande, forte par sa situation: elle sert de prison d'état. Elle fut le terme des conquêtes des Chinois sous Kienlong. Elle est assez bien bâtie & fort peuplée: sur elle dominent les montagnes noires.

Le *Thokarestan* s'étend sur la rive méridionale du Gihon: il paroît que cette contrée doit son nom aux *Thocari*, nation sauvage qui l'habitoit. Elle est comme le centre de toutes les richesses du royaume, parce qu'elle renferme la ville de *Balkhe*, qui est aujourd'hui la ville la plus considérable des Tartares Mahométans: c'est l'ancienne *Bactra*, nom qu'elle devoit au Bactrus qui l'arrosoit & qu'on nomme de nos jours *Dehash*. Le nom de Balkhe paroît venir de Balek, qui dans les langues orientales signifie une ville principale.

Selon les Persans, Balk ou Balkhe fut bâtie par Kaiumurath, premier roi de Perse, qui lui donna ce nom, parce qu'il y retrouva son frere perdu depuis long-temps; *Balkiden*, signifie en Persan *accueillir un ami*, *l'embrasser*; plusieurs de ses successeurs y résiderent. Genghizkan la prit & la dévasta; Tamerlan la conquit; les Usbecks en chasserent ses descendans, & la conservent encore, parce que lorsqu'un voisin l'attaque, elle est secourue de l'autre. Cette ville est grande, belle, bien peuplée; la plupart de ses bâtimens sont de pierres ou de briques; de gros boulevards de terre & un mur l'environnent: le château du Khan est tout bâti de marbre; la riviere qui l'arrose contribue à y faciliter le commerce, qui y est fort actif: sa principale mosquée a le nom de *Naibehar*, qui en Persan, langue qu'on y parle, signifie *nouveau printems*: elle est bâtie sur le modèle de celle de la Mecque: sa longitude est 83° 10', sa latitude 36° 50'.

Les autres principales villes de cette province sont *Nokrakuh*, bâtie sur une montagne, *Balakan*, ou *Bacalan*, *Kondos* ou *Condosi*, & *Chaust* ou *Kouri* située au pied des montagnes qui formaient la chaine de *Paropamisus* des anciens.

Les provinces de *Fariab* & de *Djaudzejan*, sont sur les frontieres de la Perse: la premiere n'a de ville considérable que celle qui lui donne son nom: la seconde renferme *Tjekjéktou* & *Gaurejan* ou *Huzjanan*, qui est la plus considérable, & qui pourrait être le *Guria* dont parle Polybe qui raconte l'expédition d'Antiochus III en Bactriane.

DU THIBET.

C'est une région très-étendue; elle touche à la grande Buckarie, & se termine à la Chine, bornée au nord par la Tartarie Chinoise, & le pays des Éluths ou Kalmouks, au midi par les divers royaumes de l'Inde: elle fut longtems inconnue; des Jésuites qui la traverserent en 1661, en donnerent une notion assez nette : les Jésuites missionnaires ont ajouté à ces lumieres, ils ont consulté les Lamas, & en ont dressé en 1717 une carte qu'on peut consulter avec fruit.

Une dispute élevée entre les héritiers d'un Rajab, mit les Anglais à portée de connaître cet Etat il y a une vingtaine d'années. Ils soutenaient un parti, le roi de la partie du Thibet que nous nommons *Boutan*, voulut appuyer l'autre : on en vint à une bataille : les Boutaniens virent avec étonnement, & pour la premiere fois des hommes courageux, habillés, armés d'une maniere uniforme, se mouvant dans un ordre régulier, & à l'ordre des chefs ; dont les traits, le teint, l'extérieur leur étaient absolument étrangers ; eux-mêmes furent un sujet de surprise pour les Anglais qui se voyaient engagés avec des hommes d'un aspect sauvage, enveloppés de fourrures, qui attaquaient avec fureur, armés d'arcs, de traits & d'autres armes qui leur étaient particulieres. Les Anglais trouverent de la résistance, mais ils vainquirent, & parmi les dépouilles qu'ils remporterent, on remarqua des figures d'argille, d'or, d'argent & d'émail, des portraits, diverses pièces des manufactures des Chinois. Cependant la réputation des Anglais engagea le Lama à interposer ses bons offices, pour faire la paix entre les peuples du Boutan, ses vassaux & les conquerans du Bengale : il leur envoya un homme de distinction, & une lettre. M. Hastings, gouverneur Anglais, accorda la paix à des conditions modérées, & saisissant l'occasion d'étendre le commerce de sa patrie, de connaitre un pays qui l'était mal, il proposa au conseil d'envoyer à la cour du Lama un homme revêtu d'un caractère public, pour faire un traité de commerce entre les deux nations. On approuva le projet : les talens & l'intelligence de M. *Bogle* le firent choisir pour l'exécuter. Il pénétra dans le centre du Thibet, résida plusieurs mois à la cour du Lama, remplit l'objet de sa mission, & revint à Calcuta, après 15 mois d'absence. On espere qu'il donnera au public le recueil de ses observations ; en attendant, nous profiterons de la courte description de ce pays que M. John Stewart a tirée de diverses lettres de M. Boyle, & qui est insérée dans les *Transactions philosophiques* de l'année 1777.

Le Thibet est nommé par les Orientaux *Tibt* ou *Tobt*, *Tanguth*, *Tobuth*, *pays de Lassa* : les Chinois l'appellent *Tsanli* de la grande riviere Tsanpu qui le traverse. Les Anciens paraissent avoir connu les peuples qui l'habitent sous le nom d'*Indoscythæ*, qui sont les mêmes que les Persans appellent *Haiathelah*.

Ce pays dans toute son étendue commence sous le 87°. de longitude & finit au 121°. Sa partie la plus méridionale est sous le 26° de latitude, sa plus septentrionale sous le 39°. Il a 500 lieues de l'orient au couchant, & 320 du sud au nord. C'est un pays fort élevé : une multitude de rivieres descendent de ses montagnes, & viennent arroser la Chine & les divers royaumes de l'Inde : le Gange y prend sa source au couchant de la montagne de *Kantais* : les petites montagnes d'où la riviere d'*Altan-Kol* ou riviere d'or prend sa source doivent être très-élevées, puisqu'elle se décharge dans les lacs de *Tsing-su-hai*, & que le Wang-ho qui en sort conserve un cours rapide dans un espace de deux cents lieues jusqu'à la mer. On a cru que le Tsang-pu qui prend sa source près du Gange & des monts de Kachemire, & coule du couchant au levant, était le même fleuve qui arrose le royaume d'Ava, & se décharge dans le Golfe de Bengale sous le nom de *Menankin*, après un cours de plus de 500 lieues; M. Bogle dit qu'après avoir arrosé le Thibet sous le nom de *grande riviere*, il tourne tout-à-coup au milieu d'Assem, traverse ce pays, & entre au couchant dans le Bengale près de Ranga-matty, sous le nom de *Barampooter*, d'où, coulant au midi, il se joint au Gange son rival, en y mêlant des eaux plus abondantes peut-être que les siennes, formant à son confluent une masse d'eau courante qui a peu d'égale sur le globe. Nous parlerons de la religion, des productions naturelles & des peuples de ces contrées, en décrivant les différens royaumes, dans lesquels ce grand espace qu'on nomme le Thibet est partagé. Ce sont le *Petit Thibet*, le *Boutan*, le *Lassa* ou *grand Thibet*, le *Si-fan* & le *pays de Kokonor*.

I. *PETIT THIBET OU BALTISTAN.*

C'est la partie la moins étendue du Thibet: il est au nord-est de Kashmir, province la plus septentrionale de l'Indoustan, & a le grand Thibet à l'orient: il a 80 lieues de long, 50 de large; le sol en est fertile, sur-tout en fruits; il produit de beaux melons, mais il est montueux. Ses richesses naturelles sont le crystal, le musc & la laine; on n'y trouve pas de mines d'or; l'hiver y est rigoureux, les neiges s'y entassent & y sont incommodes; les habitans, jadis idolâtres, sont devenus musulmans de la secte des Persans; ses princes sont, ou étoient tributaires du grand Mogol. *Eskerdu* en est la capitale: la seule ville que l'on connoisse après elle est *Cheker* ou *Sheker*, située sur une riviere dont les eaux sont fort médicinales.

II. ROYAUME DE BOUTAN.

Les jéfuites lui ont donné le nom de Grand-Thibet : M. Bogle dit que les habitans lui donnent le nom de *Docpg* : il a au couchant le petit Thibet & l'Indouftan, au nord le royaume de Laffa ou le grand Thibet, au midi le royaume de Bengale. Pour y parvenir de la province de Kashmir, on fuit une route fréquentée, mais très-difficile, les deux pays étant féparés par des montagnes affreufes, dont l'une eft le *Kantel* ou *Kantais* d'où fort le Gange : une partie du pays eft bordée & couverte de ces montagnes prefque inacceffibles, dont les fommets font chargés de neiges éternelles ; elles font entrecoupées de crevaffes qui forment des défilés effrayans où un faux pas peut faire perdre la vie, où l'on ne voit pas un buiffon, pas une plante à laquelle on puiffe fe retenir : çà & là font des vallées profondes dans lefquelles murmurent d'innombrables torrens qui s'accroiffent dans leur cours, & gagnant les plaines, vont fe perdre dans les grandes rivieres du Bengale. Pour traverfer ces torrens profonds, qui féparent des montagnes efcarpées, on n'a d'autres ponts que des planches étroites, ou quelques cordes tendues en croix qui foutiennent des branches d'arbres qu'on y a portées. Les flancs inférieurs de ces montagnes font couverts de forêts d'arbres élevés de différentes efpeces, & dont quelques-unes font connues en Europe, comme les pins ; plufieurs font particuliers au pays & au climat. Les vallées & les pentes des montagnes qui peuvent fe cultiver, ne font point ftériles ; on y voit croître le froment, l'orge & le riz.

L'air en général y eft froid, les hivers y font longs, la neige s'y conferve pendant cinq mois de l'année : fes habitans font un peuple hardi & guerrier, d'une couleur cuivrée, d'une taille haute, assez maigres, ayant peu de barbe, d'un caractere prompt & querelleur, adonnés à l'usage des liqueurs spiritueuses, ignorans, grossiers, mais non sans intelligence, honnêtes dans leurs actions, capables d'être filous, mais non de vols faits avec violence dont on n'a pas d'exemples dans le pays. Leurs maisons sont petites & étroites, composées de pierres entassées sans mortier. Leur commerce ne consiste qu'en échange : la laine est leur principale richesse.

Le roi de Boutan est vassal du Dalai-Lama; lui & ses peuples ont la même religion, & c'est pour cette raison que nous renvoyons à en parler, quand nous serons parvenus à cette partie. Ce roi prend ou reçoit le titre de *Dah-Terriah* ou *Deb-Rajah*. C'est ce dernier nom qu'on lui donne au Bengale. Le jésuite Desideri lui donne le nom de *Chiampo*.

Ce jésuite dit que la capitale du pays s'appelle *Latak* ou *Leb*, placée à 2 lieues de la rive septentrionale de la riviere de Lachu. M. Bogle nomme la capitale *Tassey-Seddein*, & la place sur la riviere de Patchoo : on n'en sait aucune particularité remarquable : les autres villes ne sont que des bourgades dispersées dans les vallées, au bord des rivieres ou des lacs nombreux qu'elles forment : parmi ces lacs, nous ne remarquerons que ceux de *Tarak-vomdou* & de *Lankon* : ils sont poissonneux ; les rivieres le sont aussi, & ces poissons, les animaux que nourrissent les pâturages, les grains qu'on recueille, les racines, quelques légumes, sont la nourriture des habitans.

III. *ROYAUME DE LASSA, OU GRAND-THIBET.*

Il est au nord & à l'orient du précédent, dont il est séparé par une chaîne de montagnes qui sépare aussi le

Baltiſtan du pays de Kashmir, & qu'on nomme encore le Caucaſe : le ſommet de ces montagnes partage ces deux parties du Thibet : celle dont nous nous occupons ici s'étend juſqu'aux confins de la grande Tartarie, & peut-être, dit M. Stewart, juſqu'à quelques poſſeſſions de l'empire ruſſe. Lorſqu'on eſt parvenu à ce ſommet, on ne deſcend pas auſſi bas du côté du Thibet ; la baſe du ſol eſt élevée ; les vallées y ſont plus larges & moins profondes que les premieres, & les montagnes qui les bordent ne s'élevent point ſi haut, & ne ſont pas eſcarpées ; c'eſt auſſi le pays le plus nud & le plus déſolé qu'on puiſſe voir : les bois qui couvrent par-tout les montagnes de Boutan diſparoiſſent ici, on n'en rencontre aucun ; on ne voit plus que quelques arbres épars auprès des villages. Le climat y eſt très-froid ; l'air y eſt âpre, & ſous le 31 degré de latitude, le thermometre de Fahrenheit deſcend dans les chambres, même habitées, au 29° au-deſſous du point de la congélation : au mois d'Avril, les eaux tranquilles ſont toutes gelées encore, & il y tombe continuellement d'épaiſſes ondées de neige : la hauteur du ſol, la vaſte étendue de glace, ſur laquelle paſſent les vents du nord, cauſent ſans doute cette rigoureuſe température, dans une latitude qui annonce au premier coup-d'œil des chaleurs ardentes. Ces vents ſoufflent depuis le pôle le long des vaſtes déſerts de la Sibérie & de la Tartarie, & y ſont fixés en quelque maniere par le mur redoutable que forment les montagnes de Boutan.

Les habitans du Thibet ſont d'une taille plus petite & d'une complexion moins robuſte que leurs voiſins du Boutan : leur tein eſt plus beau ; pluſieurs d'entr'eux ont une eſpece de coloris ſanguin, qu'on ne connoît pas dans les pays de l'orient : leur phyſionomie approche de celle des Tartares : le peuple y est doux & modéré : les grands, & en général les gens instruits, y sont polis & d'une conversation intéressante ; ils ne connoissent point les complimens forcés, ni la flatterie d'usage en Europe : le paysan y est habillé d'étoffes grossieres de laine, qu'ils fabriquent eux-mêmes ; elles sont doublées d'étoffes communes : les hommes d'un haut rang font leurs tuniques d'étoffes européennes, ou de soie de la Chine, qu'ils doublent des fourrures les plus précieuses de la Sibérie : un chapeau conique couvre leur tête, & à leurs pieds sont des bottes légeres : quelques-uns sont couverts de fourrures en tous temps, & de la tête aux pieds : l'usage de la toile y est inconnu : leur nourriture est le lait de leurs troupeaux, réduit en fromage ou en beurre, mêlé avec des pois ou de la farine d'un orge grossier, seuls grains produits par leurs champs, & qui ne suffisent pas à leurs besoins : le Bengale leur fournit du riz & du froment ; leurs rivieres, du poisson qu'ils salent & conservent ; ils mangent aussi la chair de leurs bestiaux, de leurs moutons, de leurs cochons nourris dans leurs montagnes, & du gibier qui n'y est pas abondant. Ils préparent le mouton en l'exposant au soleil lorsqu'ils en ont ôté les boyaux, puis au froid du vent du nord qui souffle pendant les mois d'août & de septembre ; il ne gèle pas la chair, mais en désséche les sucs & la peau ; alors elle peut se garder une année entiere sans se gâter ; on la mange crue, & elle est meilleure ainsi préparée, que lorsqu'on la cuit après qu'on a tué l'animal : dans les villages, on en offre aux étrangers en mettant sur leurs jambes ces moutons desséchés, & qui se tiennent droits comme s'ils étoient encore vivans.

Le gouvernement y est intimement lié à la religion

du pays. Depuis l'expulsion & la soumission des Eluths ou Olots aux Chinois, le Thibet est dépendant de la Chine, qu'on y appelle le *Cathay* : deux Mandarins résident à *Lassa*, ou plutôt à *Lahassa*, pour y veiller aux intérêts de l'empire ; ils commandent à mille Chinois, qui y sont en garnison. L'empire du Lama est fondé sur l'affection paternelle & le respect religieux : ce prêtre roi gouverne l'intérieur de ses états avec une puissance absolue.

S'il en faut croire les religieux qui décrivent le Thibet, le grand Lama ne s'occupe jamais des affaires temporelles ; il choisit un ministre pour gouverner en son nom, avec le titre de *Tipa* ou *Deva*, qui porte l'habit des Lamas, sans être soumis à leur regle ; il peut aussi se marier. Comme le grand Lama meurt avant qu'il ait un successeur déterminé, que souvent il y a un long intervalle entre la mort de l'un & sa régénération, ou plutôt avant qu'on ait désigné quelqu'un pour occuper sa place, le régent peut être regardé comme le roi véritable, comme celui qui gouverne. Lorsque M. Bogle résidait au Thibet, le Dalai-Lama étoit un jeune enfant découvert il y avoit peu d'années par le régent qu'il nomme *Thayroo-Lama*, qui était après lui le premier en autorité & en réputation de sainteté, & agissait en maître, au moins pendant la minorité du Dalai : il avait divers palais bâtis de pierres ou de briques, décorés de plusieurs cours, de grandes salles, de portiques, de terrasses ; les appartemens en sont vastes en général, ornés dans le goût chinois avec des dorures, des peintures & du vernis ; tout y respirait l'ordre & la paix, tout s'y montrait avec élégance. Il peint *Tayroo-Lama* lui-même comme un des hommes les plus aimables, & en même temps très-intelligent, fort instruit, soutenant son rang par un sage mélange d'autorité & de modération : il connaiſſait la Tartarie, la Chine, tous les royaumes de l'eſt, & deſira s'inſtruire ſur la politique de l'Europe, ſon gouvernement, ſes forces militaires, ſes ſciences, ſon commerce ; il ne connaiſſait que l'empire de Ruſſie : pluſieurs Tartares, ſujets de cette puiſſance, viennent au Thibet ; le Czar même a envoyé différentes fois des lettres & des préſens à la cour de Dalai-Lama. Le Tayrhoo étoit né à Latak, & ſavoit parler l'Hindous.

La ville de *Lahaſſa*, capitale de cet état, eſt grande, peuplée, floriſſante : là réſident les principaux officiers du gouvernement ; on y voit beaucoup de commerçans & d'artiſtes, ſoit de Chine, ſoit de Cachemire ; elle eſt le rendez-vous continuel d'une multitude de voyageurs de différentes parties de l'Aſie qui y arrivent, ou en caravannes, ou en partis détachés. Les eaux du Tſampu baignent ſes murs ; ſon commerce le plus conſidérable en Chine, ſe fait par caravannes qui conſument deux ans pour aller & revenir de Peking ; la diſtance eſt d'environ 720 lieues, & cependant un exprès de Lahaſſa peut y arriver en trois ſemaines, tant on a ſu établir une communication prompte & ſûre au travers des montagnes & d'immenſes déſerts. Le commerce avec la Ruſſie ſe fait auſſi par caravannes juſqu'à Selinginskoi près du lac Baikal. Les Faquirs & les Suniaſſys y font auſſi un grand commerce ; ces ſaints religieux portent avec eux dans leurs pélerinages des bords de la mer au centre du Thibet, des perles, des coraux, des épices, d'autres articles précieux d'un petit volume, qu'ils échangent contre de la poudre d'or, du muſc & autres objets qu'on trouve dans ce pays. Les *Goſſeigns*, religieux d'un ordre supérieur aux Faquirs, font avec le Thibet un commerce plus étendu & plus libre.

Le Dalaï-lama réside à *Putola*, que Grueber appelle *Butola*, & que M. Bogle nomme *Patelis*, vaste palais sur une montagne près des bancs du Barampooter ou Tsam-pu, à deux lieues de Lahassa: on dit que l'architecture en est belle, & qu'il a quatre étages. Gerbillon dit qu'au centre de cette montagne est le temple ou le palais du grand Lama, haut de sept étages dont il habite le plus élevé: ces étages doivent être d'autant plus incommodes qu'on ignore au Thibet deux de nos commodités, les escaliers & les fenêtres: on n'y parvient aux étages supérieurs que par une espece d'échelle de bois ou de fer; on n'éclaire les appartemens que par des trous au plafond avec des especes de toits faits de maniere qu'ils couvrent le côté d'où vient le vent: les cheminées n'ornent point leurs chambres; ils ne se servent du feu que dans les cuisines; leurs fourrures, leurs habillemens en éloignent seuls le froid.

Bentink assure qu'au pied de la montagne où est le palais de *Patelis*, plus de 20000 habitations de Lamas sont disposées de maniere qu'elles ceignent les montagnes en demi cercle, & à différens degrés de proximité, selon que les dignités de ceux qui les habitent les rapprochent de leur souverain pontife.

Le Thibet renferme un grand nombre de villes, les unes au nord du Yaru ou du Tsan-pu, les autres au midi; mais on n'en sait rien de particulier que leurs noms: toutes sont petites, n'ayant qu'un mur pour toute défense; les villages y sont encore plus nombreux; dans les unes & dans les autres le peuple y vit de l'agriculture. Un missionnaire compte 33 millions d'ames au Thibet; mais ce calcul ne ferait vrai qu'en y comprenant toutes ses parties, & même le pays des Eluths qui en est séparé par le grand désert de sable ou le *Cobi*.

Parmi ces villes il en est une que les missionnaires nomment *Shamnamrin* ou *Chanangring*, que leur carte place au 29ᵉ 30' de latitude. M. Bogle qui y a demeuré 5 mois, qui la nomme *Chammaning*, la place sous le 31ᵉ 39' de latitude. Cette erreur prouve que la carte, faite sur des rapports, sur des observations faites par les Lamas, est bien loin d'être exacte, & que l'on connoit encore bien imparfaitement ce pays.

Ce pays si pauvre en apparence ne paraitrait pas avoir assez de productions pour se procurer différens objets de commodités & de luxe, & cependant on les y trouve : voici les sources d'où les habitans tirent leurs richesses : ils trafiquent avec leurs voisins en chevaux, cochons, sel de roche, étoffes grossieres, & en d'autres articles : ils ont encore quatre productions importantes qui suffisent pour leur procurer toutes les commodités étrangères dont ils peuvent avoir besoin : la première & la moins considérable, est celle des vaches à queue si renommées dans l'Inde, la Perse & les autres royaumes de l'orient : cette vache parait être d'une espèce différente de celle des autres pays : elle est plus grande que celle qu'on éleve ordinairement au Thibet ; ses cornes sont courtes, elle n'a pas de bosse sur le dos, sa peau est couverte d'un poil blanchâtre, d'une apparence soieuse ; mais sa singularité la plus frappante est sa queue : elle est longue, large, garnie de poils qui forment une houpe, comme celle d'une belle jument, mais qui sont beaucoup plus fins & plus lustrés : ces queues se vendent à haut prix : on leur met des manches d'argent, & on s'en sert comme de chasse-mouches. On ne vit jamais dans l'Inde un homme de quelque distinction sortir de sa maison, ou s'y asseoir en cérémonie, sans avoir deux esclaves qui le suivent, ou se placent à ses côtés, armés de ces instrumens.

Le second article est la laine dont on fait le *Shaul*, ouvrage en laine le plus fin de l'univers, très-recherché en orient, & aujourd'hui fort connu en Europe. Avant le voyage de M. Bogle, on lui donnait une origine différente : comme tous les *Shauls* viennent de Kashmir, on prétendait qu'ils étaient faits d'une production particuliere de ce pays : c'était, disait-on, le poil d'un bouc singulier, ou le sous-poil le plus fin du poitrail des chameaux, &c. Il nous a appris qu'on le fait avec la toison d'un mouton du Thibet : il est d'une petite espèce, d'une figure semblable aux nôtres, mais la queue en est fort large : leur toison surpasse toutes les autres par la finesse, la longueur & la beauté de la laine. Les commerçans de Kashmir s'emparent de toute cette laine ; ils ont des facteurs établis au Thibet qui la leur envoyent ; on l'y travaille, & y devient une source de richesses, comme elle l'est aussi pour le pays qui en produit la matiere.

Le musc est encore un des grands objets du commerce du Thibet : le fauve qui le donne est commun dans les montagnes : il est extrêmement sauvage : il vit dans la solitude en des lieux d'un accès difficile, & sa chasse est pénible & dangereuse : on le reçoit au Bengale dans sa poche naturelle ; mais on n'est jamais sûr de l'avoir sans altération, cependant il l'emporte de beaucoup sur celui qu'on trouve en Europe.

Enfin on exporte beaucoup d'or du Thibet : on le trouve dans le sable de la grande riviere, comme dans plusieurs des torrens qui descendent des montagnes ; celui qui le recueille est payé de sa peine ; mais ne s'y enrichit pas : vers le nord il y a des mines de ce métal qui appartiennent au Lama, & qu'il afferme à ceux qui s'y employent : on ne l'y trouve pas en minerai ; mais toujours dans son état métallique, & il ne demande que d'être séparé du spar, de la pierre ou du silex auquel il adhere. M. Hastings possédait un silex de la grosseur d'un rein de taureau, qui était un silex dur, veiné d'or solide : il le fit scier en deux, & on le trouva entrelardé, pour ainsi dire, du métal le plus pur. Quoique ce métal soit abondant au Thibet, on ne l'employe point pour en battre monnaie : les Jésuites disaient qu'on ne trouvait point d'or dans ce pays, mais qu'il était à présumer qu'il y avait des mines d'argent, puisqu'on y en battait beaucoup pour servir de monnaie. M. Bogle dit que l'or y est un moyen de commerce ; que les effets s'y estiment par une bourse de poudre d'or, comme ils le sont en Europe par une bourse d'argent monnaié. Les Chinois en tirent chaque année une grande quantité en échange du produit de leurs manufactures.

Nous aurons sans doute dans quelque tems un détail des plantes & des détails botaniques de ce pays, mais il faut attendre la relation de M. Bogle : on peut dire cependant que la plupart des fruits y sont d'une espèce connue en Europe ; mais qu'ils manquent de goût.

On dit encore que la barbotine & la rhubarbe se tirent du Thibet : cette derniere surpasse en bonté celle des autres pays.

La langue y differe de celle des autres Tartares ; elle a beaucoup de ressemblance avec celle de Tufan ; les caractères n'y sont pas différens de ceux des

Vigurs, caracteres en usage de la mer Caspienne au Bengale : on dit que cette langue est élégante & expressive.

On a prétendu que la religion chrétienne était l'origine de celle du Thibet : l'habillement des Lamas semblable à celui des apôtres, leur hiérarchie, leur idée de l'incarnation, leurs maximes de morale, leurs cérémonies semblables à celles de l'église romaine, où l'on retrouve l'eau bénite, le chant ecclésiastique, la prière pour les morts, la mitre des prêtres, le sacrifice avec le pain & le vin, l'extrême-onction, les mariages, les processions, les reliques de saints, des monasteres & des couvens de filles, les jeûnes, les moines mandians. Le pere Désideri prétend même que les Lamas ont des notions de la Trinité, puisque dans leurs prieres à Dieu ils emploient aussi souvent *Konciok-oik* au pluriel, que *Konciok* au singulier, puisqu'ils prononcent avec leurs rosaires, *Om*, *ha*, *hum*. Cette preuve peut faire juger des autres. Toutes ont besoin de subtilité pour être apperçues, & doivent être examinées bien vaguement pour être approuvées. Ce qu'il y a de vrai, c'est qu'on ignore l'origine de cette religion, qu'elle est pure & simple dans sa source, qu'elle donne des idées très-exaltées de la divinité, & forme un système assez raisonnable de morale ; mais dans son progrès elle a été fort altérée par les inventions des hommes. Le principal objet de culte y est *La*, le même auquel les Chinois donnent le nom de *Fo*, & qu'on croit être un prince Indien, qui se fit passer pour un dieu sous l'enveloppe d'un homme. A sa mort, on prétendit qu'il n'avoit disparu que pour un temps ; & que le Dalai-Lama n'est que *La* lui-même, disparoissant, se reproduisant tour-à-tour. Ce grand-prêtre est le grand objet de l'adoration des diverses tribus de Tartares payens qui parcourent plutôt qu'ils n'habitent le vaste continent qui s'étend des bords du Volga à la Corée sur les mers du Japon, domaine le plus étendu qu'il y ait peut-être sur le globe. Il n'est pas seulement le souverain pontife, le vice-roi de la divinité sur la terre ; mais comme la superstition s'accroît avec la distance de l'objet de son culte, les Tartares les plus éloignés le regardent absolument comme la divinité elle-même. Ils le croient immortel, doué de tout le pouvoir, de toutes les connoissances. Chaque année ils accourent de différens côtés pour l'adorer & lui faire des présens : l'empereur de la Chine reconnoit sa puissance ecclésiastique, & entretient à grands frais un Lama inférieur dans son palais, qui est regardé comme l'envoyé, le nonce du chef. On dit même que plusieurs chefs Tartares reçoivent en présent de petites doses de ce qui chez les autres hommes est la preuve la plus humiliante de la sujétion de l'homme aux loix de la nature, pour les mêler dans leurs ragoûts (*). M. Bogle assure que jamais le grand Lama ne fait de semblables cadeaux, mais qu'il distribue souvent de petites pilules de farine consacrées, semblables au pain béni des catholiques romains, & que la superstition des Tartares ses adorateurs peut convertir en ce qui lui plaît. La croyance orthodoxe est en effet que lorsque le grand Lama semble mourir de vieillesse ou d'infirmité, son ame ne fait que quitter une demeure caduque pour en chercher une nouvelle & meil-

---

(*) Les Jésuites qui ont parlé du Thibet, assurent que les Lamas font un grand commerce de ces excrémens, & qu'on les porte au cou, dans de petits sachets, en guise d'amulettes.

leure, qui est ordinairement un enfant de Lama, reconnu à certaines marques qui ne font connues que de ces prêtres.

Les Lamas qui forment le corps le plus nombreux & le plus puissant de l'état, ont absolument dans leurs mains la prêtrise, & remplissent de plus plusieurs ordres monastiques qui sont en grande vénération au milieu d'eux. Le célibat ne paroît pas positivement prescrit aux Lamas ; mais il est indispensable pour les hommes & les femmes qui embrassent une vie religieuse ; & ce célibat, leur vie écoulée dans une communauté, leurs cloîtres, leurs services en chœurs, leurs chapelets, leurs jeûnes & leurs pénitences, peuvent en imposer à un capucin ignorant & disposé à reconnoître dans tout ce qui l'environne les traits de S. François.

La polygamie, dans le sens ordinaire du mot, n'est pas usitée au Thibet ; mais elle y existe dans un sens plus contraire aux idées des Européens, par la pluralité des maris, qui y est formellement établie & hautement autorisée. Dans un pays où les moyens de subsistance sont difficiles à rassembler, il semble moins étrange de permettre à une classe de freres de se réunir pour élever une famille qu'ils peuvent soutenir à frais communs. Qu'il y ait une raison, ou qu'il n'y en ait pas, il est certain que la coutume au Thibet autorise les freres d'une famille à avoir une femme en commun, & ils vivent ordinairement avec elle d'une maniere honnête & paisible.

La maniere de disposer des morts est différente au Thibet de celle qui est en usage dans les autres contrées de la terre : les habitans ne les mettent point en terre comme les Européens ; ils ne les brûlent point à la maniere des Hindous ; mais ils les exposent sur le sommet gelé de quelque montagne voisine pour y être dévorés par les bêtes sauvages ou les oiseaux de proie, ou consumés par l'effet, ou les vicissitudes de l'air auquel ils sont exposés. Les squelettes tronqués, ou les os blanchis, sont jonchés tout-au-tour de ces lieux d'exposition, & au milieu de cette scene d'horreur, quelques malheureux qui ont perdu tout sentiment, excepté celui de la superstition, établissent ordinairement leur asyle pour y remplir le triste office de recevoir les corps, d'assigner à chacun sa place, & d'en rassembler les restes, quand ils sont trop dispersés.

La religion du Thibet, quoique fort différente dans ses dogmes principaux de celle des Bramines, a cependant plusieurs ressemblances avec elle. On y a, par exemple, un grand respect pour la vache dont nous avons parlé; on y respecte profondement les eaux du Gange, dont la source est, dit-on, dans les cieux, & on regarde comme nécessaire, ou du moins comme important, d'avoir un lieu de culte sur ses rives. Les *Suniasses*, ou pelerins Indiens, visitent souvent le Thibet comme un lieu sacré.

Le grand Lama reçoit ainsi des marques de vénération même de ceux qui ne le reconnoissent pas comme leur pontife : les princes qui suivent ses dogmes ne sont pas dispensés de venir lui rendre leurs hommages, & le grand Lama les reçoit comme le dernier de ses sujets; il ne se remue point pour les recevoir, il ne les salue point quand ils le saluent; mais il leur met la main sur la tête pour les purifier de leurs péchés : ceux qui représentent l'empereur Chinois, seuls ne mettent point le genou en terre pour l'approcher; & le pontife pour lui seul encore, fait un petit mouvement comme s'il voulait se lever.

Il disperse dans son vaste domaine un grand nombre de vicaires, nommés *Hutuktus* ou *Kutuktus*; c'est un grand honneur que d'être élevé à cette dignité; ceux qui la possedent sont regardés comme autant de petits *Fos vivans*, & c'est, dit-on, ce que signifie le titre qu'on leur donne: ils habitent où ils veulent & s'enrichissent des offrandes publiques: quelques-uns se rendent indépendans.

Nous nous bornons à ce que nous venons de dire sur cette partie du Thibet, connue aussi sous le nom de *Barentola* : il faut attendre la relation de M. Bogle pour en avoir une idée plus exacte.

IV. *PAYS DES TU-FANS OU SI-FANS.*

Le pays des Si-fans parait être renfermé dans une chaîne étroite de montagnes qui touche au couchant à la Chine, au levant au Thibet, vers le nord au pays de Kokonor, entre le 29°, 54, & le 33°, 40' de latitude. Le peuple qui le possede fut autrefois maître du Thibet & d'une partie de la Chine, & de-là vient que les Chinois donnent le nom de Si-fan à tout l'espace qui sépare la Chine de l'Indoustan, aux vastes déserts qu'habitent les Eluths ; ces peuples ont la même langue que les habitans du Thibet ; mais ils ne sont plus ce qu'ils ont été autrefois: on ne compte même qu'une ville dans la contrée qu'ils habitent.

Les Chinois les partagent en *Si-fans jaunes* & *Si-fans noirs*, de la couleur de leurs tentes : ces derniers ont quelques misérables maisons, & sont soumis à plusieurs petits chefs qui dépendent d'un plus grand; ils sont habillés comme les Eluths ; les femmes partagent leur chevelute en tresses ornées de petits miroirs : elles tombent sur leurs épaules : ce peuple a des mœurs simples, mais il est peu civilisé. Les Si-fans jaunes reconnaissent l'autorité de certaines familles, parmi lesquelles on prend le plus âgé qu'on nomme *Lama* pour gouverner chaque district : il exerce le pouvoir civil & criminel : leur empire est doux ; ils n'exigent que des hommages & la dixme qu'on leur paye ; ils se servent des mêmes livres que les Lamas du Thibet. Le peuple est divisé en petits camps qu'on ne laisse jamais devenir trop nombreux : sa plus grande partie vit sous des tentes ; peu ont des maisons dont quelques-unes sont de briques : ils sont riches en troupeaux ; leurs chevaux sont petits, d'une taille élégante, d'une grande vigueur : la rhubarbe est la principale richesse de ce pays. La seule ville que l'on y connaisse est celle de *Topa* ; elle est près de *Si-ning*, à l'une des extrêmités de la grande muraille : on y fait quelque commerce, & des Arméniens s'y sont même établis. Ce peuple voisin de la Chine, en dépend, mais il n'en a pas les usages : il ne lui est pas même bien soumis ; leurs montagnes chargées de neiges éternelles les mettent à couvert de l'oppression, & leur dépendance est à peine sensible : ce n'est qu'en la rendant légère que les Chinois y conservent leur autorité.

V. *PAYS DE KHOKHONOR.*

Il touche à la Chine, & est au nord du pays des Si-fans, il doit son nom au grand lac que les Chinois nomment *Si-hay*, & les Tartares *Kohonor* ou *Kohonol* : il est long de 25 lieues, large de 13 ; situé entre le 36 & le 37°. de latitude. Ce pays presque renfermé entre les provinces de Chen-fi, de Se-chuen & le Thibet, a plus de 150 lieues de long ; il est séparé de la Chine par le mur naturel que lui forment des montagnes très-hautes & très-escarpées : les ouvertures qu'elles laissent entre elles sont occupées par de petites villes ou des forts, où les Chinois entretiennent des garnisons. C'est par ce pays que se fait le peu de commerce qui existe entre la Chine & le royaume d'Ava. On y trouve plusieurs autres lacs, & un grand nombre de rivieres : parmi celles-ci est le *Whang-ho*, le *Chitang* qui se perd dans les sables du Kobi : parmi ceux-là ceux de *Charing* & d'*Oring*.

Les habitans du Kokhonor sont Eluths d'origine : leurs voisins leur donnent le nom de *Kohonot*, *Ta-tses*, ou *Mongus* : ils forment la branche des Eluths, qui se nomme *Choschotes* : ils habitent cette contrée depuis que la famille d'Ywen fut chassée du trône de la Chine : le chef de cet empire donne aux princes Kokhonor, tous issus d'une même famille, les titres de petits rois, de princes, de ducs : ils habitent les bords du lac : Gerbillon dit qu'ils sont au nombre de huit, tous liés ensemble par une confédération mutuelle & ancienne : ils reconnaissent l'autorité du grand Lama ; on leur donne le nom de *Taykis* ; les Chinois les ont engagés à se reconnaître dépendans de leur empire, en leur faisant des présens que leur fierté appelle des récompenses ; & ils les reconnaissent par des dons auxquels l'orgueil Chinois donne le nom de tribut. Cette contrée est quelquefois désignée sous le nom de *Tangut*.

PETITE BUCKARIE.

Le surnom de *petite* ne doit pas faire juger de son étendue ; elle est plus vaste que celle de la grande Buckarie ; mais elle a moins de villes & moins d'habitans en proportion de cette étendue : ce nom lui fut donné par les Usbecks : autrefois elle fut connue sous le nom de *Jagatay* ; les Européens lui donnaient celui de royaume de *Kashgar*, parce que cette province qui en fait partie, étoit le lieu où résidait ordinairement le Khan : les peuples qui l'habitent ont été connus sous le nom de *Jetas* ou de *Getes*. Elle est environnée de déserts ; au couchant elle a la grande Buckarie, au nord le pays des Eluths, Oloths ou Calmouks, au levant les Mongols sujets de la Chine, au midi le Thibet : sa longueur est d'environ 450 lieues ; sa largeur de 200 : le sol en est fertile, mais il est élevé, & les montagnes qui le bordent, sur-tout au midi, sont si hautes, qu'il est beaucoup plus froid que sa situation ne le ferait présumer. On y trouve une grande abondance de fruits, beaucoup de raisins ; il est riche en mines d'or & d'argent, dont on ne fait point d'usage, parce que les anciens habitans ignorent la maniere de les travailler, & que les Eluths ou Kalmouks, qui en étaient les maîtres, ne le connaissent pas mieux : on recueille l'or dans le lit des torrens ; on en retire beaucoup de musc, & toutes sortes de pierres précieuses, parmi lesquelles on compte le diamant qu'on y vent brut, parce qu'on n'y sait pas le polir. Le pays est traversé d'une longue chaîne de montagnes qui se divisent en plusieurs branches, qui s'avancent dans des déserts sablonneux, & sont entrecoupées par quelques vallons fertiles : à leurs pieds sont de belles vallées, où l'on trouve des amas de pauvres maisons ou de tentes nommés *villes*, entre lesquelles on ne voit point de villages. Nous parlerons d'abord de ce pays ; nous nous étendrons ensuite sur les hommes qui l'habitent.

I. *ROYAUME DE KASHGAR.*

Cette province de *Kashgar*, ou *Karkar*, ou *Caschgar*, est située au levant de la grande Buckarie, dont une double chaîne de montagnes, entrecoupée par des déserts, la séparent ; au nord du Thibet, au levant du *Kobi*, ou grand désert : elle peut avoir 150 lieues du sud au nord, & 120 de l'est à l'ouest : dans ce vaste espace on ne trouve que huit à neuf villes dont on connaisse les noms, & trois seules ont quelque célébrité.

Kashgar, qu'on nomme encore *Kasigar*, & qui fut nommée aussi, selon Abulfeda, *Birûni* & *Ordukend*, ou ville royale, est voisine des frontieres de la grande Buckarie, au pied des montagnes nommées autrefois *Paropamisus*, qui marquent les limites des deux pays, & sur les bords d'une riviere qui naît sur le côté opposé des monts où le Sir ou Jaxartes prend sa source, & se perd à 12 lieues de-là dans les sables du désert. Elle fut la capitale d'un grand royaume, ses habitans étaient Musulmans, & un grand nombre d'hommes savans en sont sortis ; mais les Tartares en s'en emparant l'ont fait déchoir de son ancienne splendeur : son commerce est encore considérable : les Turcs y régnerent ; on prétend que les Suédois tirent leur origine d'un peuple qui l'habita.

Yarkien, *Yerghian*, *Hiarkham*, est la ville où le grand khan des Eluths, ou Contaisch, vient résider quand il visite la province : elle est au sud-est de Kashgar, sur la riviere de Khotan, qui descendant des montagnes vient se perdre après un cours de 200 lieues, dans le lac de *Lop* : la ville est grande, assez bien bâtie, la plupart de ses maisons sont de briques cuites au soleil ; ses environs sont fertiles, rians, abondans en fruits & en légumes : son château est vaste, mais il est sans beauté ; le khan y reside. *Yarghien* est encore le centre du commerce entre les diverses parties de l'Asie ; elle est très-peuplée, & parmi ses habitans, il en est de fort riches : le jaspe a été longtems une source de leurs richesses ; ils le portaient à la Chine où l'on en fait des vases, des ornemens, des bijoux, il est de deux espèces, l'un se tire des carrieres, l'autre se tire du lit de la riviere qui passe à Kashgar : celui-ci est le plus précieux.

Khotom, *Kotom*, *Khatun*, *Choten*, est située au sud-est d'*Yarghien*, au bord de la riviere *Hotomnisolon* ; son commerce la rend encore florissante, les marchands du Thibet & de l'Inde la fréquentent : ses environs sont peuplés & très-fertiles ; elle-même est bâtie de briques : elle fut autrefois une très-grande ville, & Abulfeda prétend que ses habitans étaient Chinois d'origine : cet auteur Arabe parle encore de quelques autres villes, dont on ignore aujourd'hui l'existence ; on croit cependant que celle qu'il nomme *Balasagun*, que d'autres auteurs écrivent *Yalasagon*, existe encore, & qu'elle est un des principaux passages pour se rendre du pays des Eluths dans la grande Buckarie : on lui a donné aussi le nom de *Kambalik*, la bonne ville, nom que Marco Polo donne aussi à Pekeing.

II.

II. PROVINCE D'AKSU.

Elle est au nord du Kashgar, au couchant du pays de Turfan ; on lui donne 120 lieues de long sur 25 de large : il semble que cette province soit le *Karakitay* où l'empire de Lyau, ou des Kitans, fut d'abord fondé : on y trouve encore un désert sablonneux qui porte ce nom : elle renferme des vallées couvertes de bons pâturages ; mais elle n'est pas peuplée : son nom vient de sa principale ville dont on ne sait aucun détail : au midi, sous ses murs, coule une petite riviere qui va se perdre dans le désert, ou dont on ne connaît pas le cours entier : au nord-est de la province sont des montagnes, où prennent leur source le fleuve Ili, & ceux de Chui-muren & de Talasmuren qui se perdent dans des lacs, celui-ci dans le lac de *Sikirlik*, celui-là dans le lac *Kalkol* : sur le dernier fleuve est la ville de *Sagram* ou *Sayram* ; sur le premier est *Har-Kas* ou *Urga*, où le khan des Eluths plaçait son camp pendant la plus grande partie de l'année, mais ces deux lieux sont situés dans le pays des Eluths.

III. PROVINCE DE TURFAN.

Elle est située à l'orient de celle d'Aksu, & a 75 lieues de long sur un peu plus de 60 de large. Les Vigurs ou Oygurs qui étendaient leurs domaines jusqu'aux monts Altay ou Immaus, près des sources de l'Irtisch, en possederent la partie orientale ; le sol en est froid, mais il est des situations favorisées par la nature où les productions sont abondantes & variées : c'est peut-être la partie de la Buckarie la plus peuplée, & l'on y compte plusieurs villes ; celle de *Turfan* tient le premier rang entr'elles ; elle est considérable, & un voyageur la représente comme bien fortifiée ; celle d'Aktas n'est guères moins étendue.

IV. *Province de Khamil* ou *Hami.*

Elle est bien peuplée, & remplie de maisons & de hameaux dispersés ; mais elle a peu de villages, & on y voit une seule ville : ses habitans sont grands, bien faits, robustes, d'une propreté extrême dans leurs maisons. *Khamil*, l'unique ville qu'on y trouve, est environnée d'un sol fertile, où prosperent des melons exquis, & qui se conservent si bien, qu'on en sert toute l'année sur la table de l'empereur de la Chine ; mais au-delà sont des déserts arides, & les plus steriles de la Tartarie : c'est une partie du *Kobi* ou grand *Schamo*, qui s'étend en largeur l'espace de 90 lieues, forme différentes branches qui se répandent au loin, & partagent le pays en sables arides où l'on ne voit pas un brin d'herbe, pas une source d'eau ; & en cantons assez agréables & abondans. Les habitans sont, dit-on, Musulmans.

V. *Des habitans de la petite Buckarie.*

En général les Buckariens ont le teint bazané, & les cheveux noirs ; il s'en trouve cependant qui sont blonds, beaux & bien faits ; ils sont polis, gracieux pour les étrangers, mais avides de gain, aimant le commerce dans lequel ils mettent plus de finesse que de probité ; une robe longue à manches larges sur les épaules, serrées autour du coude, fermée par une ceinture à la Polonaise, est l'habillement commun des deux sexes : les femmes ont de longues treffes de cheveux, mêlées de touffes d'or & d'argent qui leur pendent jufqu'aux talons, & des pendans d'oreilles longs d'un pied ; d'autres touffes leur couvrent le fein ; leurs coliers font mêlés de perles & de bijoux éclatans ; des prieres écrites par leurs prêtres, renfermées dans des facs de cuir leur fervent encore d'ornement : quelques filles fe peignent les ongles en rouge : des haut-de-chauffes étroits, des bottes légeres de cuir de Ruffie, des fandales à hauts talons, les bonnets dont ils fe fervent, font communs aux femmes & aux hommes : leurs maifons font de pierres, affez bien bâties, propres, fans chaifes, fans tables, fans autres commodités que des coffres garnis de fer fur lefquels ils placent leurs matelas, qu'ils environnent de rideaux ornés de fleurs & d'autres figures. Des efclaves achetés des Tartares préparent leurs alimens dans des uftenciles de fer à une cheminée, ou dans de petits fours de brique ; ils prennent leur thé dans de la porcelaine, ont des cuillers de bois, & point de couteaux, ni de fourchettes : ils dépécent la viande avec les doigts, où on la leur fert hachée en pâtés qu'ils font geler, & qu'ils portent dans des facs lorfqu'ils voyagent.

Ils achetent leurs femmes, & un pere s'enrichit quand il a plufieurs belles filles : leur magnificence éclate dans leurs noces, dans leurs fêtes, dans leurs repas : la polygamie y eft un péché, & on l'y permet, le divorce y eft permis ; fi le mari le veut, la femme emporte tout ce qu'elle en a reçu ; fi c'eft elle, le mari garde tout.

Leur médecine n'eft qu'une vaine fuperftition : un Mullah vient couper la racine du mal, en faifant voltiger un couteau tranchant autour des joues du malade : les morts font dépofés dans un bois agréable, & on entoure le cadavre d'une haie : toutes les religions y sont tolerées, le Mahométisme y est la religion des habitans, mais elle y est mêlée d'opinions diverses, parmi lesquelles il en est de raisonnables ; telle est celle qui leur défend de dire que Dieu est au ciel, parce que c'est l'avilir que de borner sa présence à un lieu particulier.

La petite Buckarie renfermait différentes nations Tartares sous Tschengiz-Khan ; il la soumit, bientôt après elle fut partagée en divers états, puis conquise par les Eluths, qui y ont établi un ordre civil qui subsiste encore : les magistrats inférieurs ont l'inspection de dix ou douze familles ; ils sont subordonnés à d'autres qui commandent à cent, & ceux-ci reçoivent les ordres d'officiers supérieurs qui en surveillent mille. Cette police a peu changé par la conquête que les Chinois ont fait du pays ; mais avant d'en parler, il faut donner une courte description de l'empire des Eluths, & peindre les mœurs de ce peuple jadis redoutable.

ROYAUME DES ELUTHS.

Il est borné au nord par les provinces Asiatiques de la Russie, au couchant par les possessions des Usbecks, au midi par la grande & petite Buckarie, à l'orient par la Tartarie Chinoise, il en est séparé par le Kobi, & la chaîne de montagnes qui fait une partie de l'ancien *Immaüs*, qu'on nomme aujourd'hui *Altai*, & que les Arabes appellent *Kut* : outre cette chaîne il en est deux autres dans les possessions des Eluths, l'une qui borne leur empire vers le nord, se nomme *Tubra-tubuslak* chez les Mongols qui habitent la rive orientale de l'Irtisch, & *Ulug-tag* par ceux qui habitent la rive occidentale du même fleuve : elle naît sur son bord oriental, au nord du lac *Sayfan* traversé par l'Irtisch, & s'étend au levant jusqu'à la riviere Salinga, d'où elle se dirige au nord jusqu'au lac *Baykal :* de là elle s'étend encore à l'orient, & suit le fleuve Amur jusqu'à la mer. L'autre chaîne nommée *Uskar-luk-tubra*, & aussi *Kichik-tag*, commence au midi du Sir, sur les frontieres de la grande Buckarie, qu'elle sépare des Etats du khan des Eluths, & ensuite elle s'avance vers les sources du Jeniséa d'où s'étendant au sud-est, elle touche aux frontieres de la Chine; là elle suit la grande muraille, le Lyau-tong, la Corée, & va se terminer sur le rivage de la mer du Japon : l'espace renfermé entre ces deux chaînes est proprement l'ancien domaine des Tartares : quelques rivieres y prennent leur source : tel est le *Tekis* qui prend sa source au pied des montagnes qui bordent les frontieres septentrionales de la petite Buckarie, & se perd dans l'Ili après un cours de 240 lieues : tel est l'*Ili* qui naît au pied des mêmes montagnes, & se jette dans le lac *Palkati* ou *Choi* sous le 46° de latitude. Nous avons parlé plus haut de celles de *Chui-muren* & *Talasmuren* : l'*Irtisch* est le plus grand de tous ces fleuves : il sort de deux lacs qui sont à trente lieues l'un de l'autre, au couchant de l'Altaï, au nord de la province de Khamil : ses deux sources s'unissent à 12 lieues de là ; il forme, ou traverse le lac *Sayfan* ou *de la noblesse*, long de 14 lieues, large de 7, & entre dans le territoire Russe après un cours d'environ 100 lieues ; nous avons parlé de ce fleuve ailleurs, ainsi que de l'Obi qui naît aussi de l'écoulement de deux lacs.

Cette région est très-fertile, mais malgré les rivieres qui y naissent, elle manque d'eau en diverses parties, parce qu'elle est peut-être la plus haute terre du globe, & le pere Verbieſt a obſervé qu'à 80 lieues au nord de la grande muraille, le ſol était élevé de 3000 pas géométriques au-deſſus du bord de la mer : auſſi ce vaſte pays n'eſt il habité que ſur le bord des lacs & des fleuves : le froid y eſt très-vif ; ſouvent le mois d'août a des glaces, & quand on fouille la terre, le ſol à 4 ou 5 pieds de profondeur ſe trouve gelé en tout tems : cependant on y trouve de vaſtes plaines, couvertes d'une herbe abondante, très-haute, que la ſéchereſſe ſouvent détruit : les habitans y mettent le feu à l'entrée du printems, & l'on voit les flammes dévorantes s'étendre rapidement, & couvrir un eſpace de 100 lieues ; bientôt la terre fertiliſée par les cendres produit une herbe nouvelle, qui dans quinze jours eſt haute de demi-pied : les lieux arroſés par des ſources ou des rivieres ſuffiraient pour nourrir un fort grand nombre d'habitans s'il était mieux cultivé ; mais les Tartares Mahométans ſont les ſeuls qui s'occupent de la culture des champs, & encore ils ne le font qu'autant que la néceſſité les y force. Les Eluths ou Kalmouks n'exercent point l'agriculture, ils voyagent, & habitent en été la partie ſeptentrionale de leur canton, & la partie méridionale en hiver. On n'y voit point de bois de haute futaye ; les buiſſons mêmes y ſont rares. Les chèvres ſauvages d'une race ſemblable à celle des Alpes & des montagnes de Suéde, y ſont en très-grand nombre : les plaines y ſont couvertes de troupes de chevaux pleins de feu, ſemblables à ceux des Polonais, de chameaux ou dromadaires forts & robuſtes, de bœufs les plus gros de l'Aſie, & peut-être du monde, de moutons dont la queue courte eſt comme enſevelie dans une groſſe maſſe de graiſſe qui leur pend par derriere ; leur laine eſt longue & groſſiere, ils ont une bosse sur le nez, & les oreilles pendantes. Leur plus grand ennemi est le *glouton*, animal vorace un peu moins grand que le loup, & peut-être plus dangereux: son dos est couvert d'un poil rude & fort long, d'un beau brun foncé; il grimpe sur les arbres, d'où il guette, & s'élance sur sa proie, s'attache sur son dos avec ses griffes, & la dévore: il faut trois chiens pour l'attaquer, & ils ne l'attaquent jamais sans un grand danger: les Russes estiment sa peau, dont ils font des manchons & des bordures de bonnet.

On ne trouve pas de villes dans toute cette vaste région. *Harkas* ou *Urga* qui était la résidence ordinaire des Eluths n'est pas une ville, mais un camp.

Le nom de *Tatar* signifie dans leur langue une espece de brigands, c'est une injure: celui de Kalmouks est un sobriquet: celui d'Eluths, d'Olots, paraissent être dérivés de celui d'*Oelvet* qui est leur dénomination propre dans leur langue nationale. Le nom général des Mongols est *Doerboen-Oiraet*, ou les quatre alliés, qui sont les *Oelvets*, les *Choits*, les *Tuemmuels* & les *Barga-Burats*: les premiers connus, comme nous l'avons dit sous, le nom de Kalmouks, firent long-tems avant Tschingis-Khan une expédition militaire vers l'Asie mineure, & se sont perdus dans le souvenir des hommes: on donna à ceux qui resterent le nom de *Chalimak*, désunis, restés en arriere, & ils s'appellent encore quelquefois eux-mêmes *Chalmik*, quoique le nom d'*Oelvet* soit celui de leur nation, celui sous lequel ils se sont rendus redoutables en Asie. Les *Choits* ont été dispersés dans les diverses contrées que nous avons parcourues, les *Tuemmuets* paraissent habiter une partie de la Mongolie, située entre le fleuve Naun & la Chine; les *Barga-Burats*, sont sous la domination Russe, & vivent aux environs du lac Baykal.

Les Oelvets ou Eluths habiterent d'abord la region située entre le Kokhonoor ou lac bleu, & le Thibet: ils étaient divisés en 4 branches; les Choschotes ou *Koshatis*, les Derbetes, les Soongarres & les Torgotes ou *Torgautis* : les premiers paraissent être les mêmes que les Kalkas dont nous parlerons dans l'article qui suit la description de la Chine : les deux suivans formaient d'abord une seule branche qui se partagea sous deux freres divisés par la haine : les Soongares ou Dsungares s'établirent vers les monts Altaï & sur l'Irtisch; les Derbetes, au-delà du Kokhnoor; ce sont ces Soongares qui ont soutenu des guerres sanglantes contre l'empire de la Chine qui les a enfin soumis; c'était la horde la plus puissante, la plus belliqueuse, la plus riche en bétail : on y comptait 50 000 combattans : ils avaient soumis la Buckarie, & une partie des Karakapalks ou Chora-Kalpalcs, les Kirgisiens, d'autres peuples encore, qui tous étaient tributaires de leur Kontaisch, ou Chuntaidshi, qui résidait sur les bords de l'Ili, où l'on voyait aussi deux riches monastères de Lamas qui semblaient être de grandes villes : après leurs défaites, une partie s'est dispersée dans les états voisins : environ 20000 se sont soumis à la Chine.

Rien de plus distinct, de plus caractérisé que la forme & les traits du visage de ces Eluths : le contour du crâne est chez eux différent de tous les autres peuples de l'Asie : ils sont tous d'une taille moyenne, les femmes y sont petites, ont le teint blanc, les traits délicats, relevés par des cheveux d'un beau noir : tous sont bien faits, mais ils ont les cuisses & les jambes un peu arquées, défaut qui vient de l'habitude d'aller à cheval, &

de s'y exercer dès l'enfance : il n'en eſt aucun qui ait un embonpoint exceſſif ; blancs à leur naiſſance, ils deviennent d'un brun jaunâtre par l'effet de l'air, du ſoleil, de la fumée de leurs huttes : le grand angle de leurs yeux deſcend obliquement vers le nez ; il eſt peu ouvert & charnu : leurs ſourcils ſont noirs & peu fournis, leur prunelle brune, leur nez camus & écraſé à ſa naiſſance, les os de la joue ſaillans, leur tête ronde, les levres groſſes & charnues, les dents blanches, le menton court, les oreilles d'une grandeur énorme & détachées de la tête ; tous, même en naiſſant, ont les cheveux noirs : tels ſont les traits caractériſtiques de tous les Mogoles : leur ſang mêlé au ſang ruſſe, produit des hommes d'une phyſionomie très-agréable. Les Tartares en général ont peu de barbe, preſque point de poil, l'odorat très-ſubtil, l'ouie très-fine, la vue perçante ; les Eluths poſſedent ces qualités à un point éminent ; ils ont beaucoup de ſagacité & de mémoire ; ils ſont ſociables, hoſpitaliers, aimant à obliger, fideles, curieux & gais ; mais auſſi, ils ſont défians, légers, crédules, ivrognes, ſubtils ; ils dorment peu, ſe couchent tard, ſe lèvent avec le ſoleil ; ils pourraient ſe civiliſer aiſément, malgré leur pétulance, ſi leur genre de vie ne ſi oppoſait ; rarement leurs querelles ſont ſanglantes, jamais ils ne ſont ingrats : tout étranger eſt bien reçu chez eux ; celui chez qui il ſe réfugie devient alors ſon protecteur fidèle, & il regarderait comme un affront d'en recevoir une récompenſe : prodigue de leurs proviſions, faciles à céder leurs femmes, ils ne volent que leurs ennemis, & honorent les vieillards ; leurs habillemens ſont aſſez reſſemblans à ceux des Buckariens, dont nous venons de parler : les hommes ont généralement la tête rasée, les femmes ont les cheveux tressés.

Leurs huttes sont couvertes de feutre & ont la forme d'un entonnoir; elles se démontent & peuvent se réduire en un petit volume, elles se transportent sur des bœufs ou des chameaux, sont chaudes en hiver, résistent aux tempêtes, à la pluie, à l'humidité : le feutre y est soutenu par de l'osier entrelassé dont les espaces s'étendent & se resserrent selon qu'on veut la hutte plus ou moins grande, & lié avec du crin : au sommet est un trou qui sert de passage à la fumée, qu'on peut boucher, & préserver du vent, par un morceau de feutre suspendu à de l'osier : le sol y est couvert de tapis de feutre : on y voit un chalit de bois fort bas, quelquefois ceint de rideaux ; des sacs remplis de leurs effets sont à leurs pieds, ou à leurs chevets : si l'un d'eux renferme une idole, il place devant des coupes pleines de lait ou d'eau, ou d'alimens, & un bassin de fer destiné à recevoir chaque jour les libations de toutes les boissons dont il use : on pare l'idole dans les jours de fête, on allume des lampes, on brûle des parfums devant elle.

L'Eluth qui possède dix vaches & un taureau, huit jumens & un étalon, est un homme riche : il en est parmi ceux qui habitent les bords du Volga, qui possedent des troupeaux de 3 à 4000 chevaux : l'étalon marche à la tête de ses jumens, & les défend contre les loups avec un courage intrépide : le chameau est l'animal qui leur est le plus cher, il demande de plus grands soins : son lait est épais, huileux, d'un goût salé, ce qui le fait préférer pour le prendre avec le thé : son poil sert à rembourer leurs coussins & leurs matelas, à faire des cordes & des ficelles, à former les plus beaux camelots, les draps les plus fins & les plus beaux. Lorsqu'il s'agit de changer de demeure, on commence à envoyer en avant des hommes chargés de marquer la meilleure place pour le chef, pour les lamas, & les huttes où sont les idoles : ceux-ci sont à la tête de la troupe : les huttes se placent sur le dos des chameaux ou des taureaux ; les femmes, les filles se parent de tout ce qu'elles ont de plus riche ; elles menent les troupeaux & chantent ; les hommes prennent le devant, chassent, ou attendent la troupe en fumant leur pipe sur l'herbe : la viande est leur nourriture ordinaire : leurs troupeaux, diverses bêtes sauvages, comme les marmotes, les sufsliks, les castors, les blaireaux, les loutres, les loups-cerviers, les chevaux blessés, les animaux morts, ou malades, sont les seuls qu'ils mangent : ce serait pour eux un péché que d'égorger un animal domestique sain : ils ne mangent jamais de viande crue : avec le lait, ils font de l'eau de vie, du fromage, du beurre ; avec les peaux, du cuir ou des fourrures ; avec la laine & les poils, des étoffes, des matelas, des sangles, des cordes ; avec les nerfs, du fil pour coudre, des cordes pour leurs arcs ; avec le fumier, ils font du feu ; ils font cuire le cerfeuil bulbeux avec le poisson ; diverses plantes, diverses racines servent encore à leur nourriture ; telle est la sagette commune, la racine de la masse d'eau, celle du fumeterre bulbeux : une auge contient la viande bouillie, l'un d'eux la dépéce avec les doigts, puis il remplit avec la main les écuelles de chaque convive, assis autour les jambes croisées ; leur boisson ordinaire est le lait de jument &

celui de vache, qu'ils laissent aigrir après qu'ils l'ont bouilli : ils en font de l'eau de vie, en le mettant dans des outres corrompues, où il fermente ; puis ils le distillent, & ils s'enivrent souvent de cette liqueur, boivent beaucoup de thé, & fument beaucoup de tabac : leurs femmes tannent les peaux : celles de moutons servent à leurs habits, celles de cheval ou de bœufs à former différens ustenciles.

Les Eluths montent très-bien à cheval ; hommes & femmes font de rapides courses de chevaux : leurs armes font la lance, l'arc & la fleche, le poignard, le sabre recourbé : les plus riches ont des armes à feu, qu'ils renferment dans des étuis de peaux de blaireaux, presqu'impénétrables à l'eau : plusieurs ont des cottes de maille, tissu d'anneaux de fer ou d'acier ; les plus belles font travaillées en Perse, & coûtent plus de cinquante chevaux : il y a aussi des cottes de maille d'écailles de fer blanc qu'on échange contre huit chevaux : souvent ils ont aussi des casques d'acier : ils connaissent la maniere de faire la poudre à canon. Ils chassent avec l'autour, le lanier, le faucon, l'aigle qu'on dresse pour attaquer la gazelle & même le loup : c'est en le forçant à cheval qu'ils atteignent ce dernier ; les chevaux se ruent sur lui avec les pieds de devant & le renversent. La chasse n'est pas leur seul amusement ; la lutte, l'exercice de l'arc, la course à cheval, les danses qui se font au son du luth pincé par les jeunes filles, les échecs, les cartes, le trictrac, remplissent leurs momens d'oisiveté : ils se croient heureux, n'ont point de soucis, ont peu d'incommodités, & parviennent souvent à une grande vieillesse. Ils ne font pas cependant sans maladies : la plus redoutable est la fievre maligne ; la petite vérole y est leur peste qu'ils ne connaissent pas : les pleuréfies n'y sont point rares, les ulceres assez communs ; la galle, la lepre, le mal vénérien y sont fort répandus : la fumée de leurs cabanes y rend les maladies des yeux fréquentes : les bains chauds, les ventoufes, les purgatifs, les lavemens, la faignée, les fudorifiques font leurs principaux remedes. Il y a peu de mariages stériles, & il y naît plus d'hommes que de femmes. De tout temps ils ont été soumis à des Khans, dont l'autorité est regardée comme facrée ; une peuplade féparée s'appelle *Vluffe*, fon chef *Taidshi*, fes parens *Najonn*: c'est le Lama qui donnoit au fouverain de ces peuples réunis le nom de *Chontaidshi* : l'aîné des fils fuccede au Taidshi, les autres font Najonn, ou feigneurs : fouvent ces feigneurs mécontens, s'attachent plufieurs familles, & s'éloignent pour vivre indépendans de leur prince : les Taidshi, les Najonn exercent fur leurs fujets un pouvoir fans limites ; ils les donnent, les leguent, les puniffent à leur gré ; mais ils ne peuvent les mettre à mort ; fouvent ils s'en défont en cachette : ils leur imposent le tribut qui leur plaît : ils fe choififfent un conseil parmi leurs vaffaux, & les Lamas ont droit d'y fiéger. Ils ont beaucoup de loix fondées fur la coutume, & en ont qui font écrites : leur premier code s'appella *Zaatfchin Bitfchick* : celui qu'on fuit aujourd'hui fut promulgué & figné par les Khans de 44 tribus Mongoles ; il punit tout prince, ou tout chef qui prend la fuite à la guerre, par une forte amende & par la honte ; l'injure faite à un prêtre, par une amende de 80 pieces de bétail, ou la moitié de fon bien ; le parricide, par la perte de tout ce qu'il poſſède ; le meurtrier de fang-froid, ſe voit enlever ſa femme, ſes armes, tout ce qu'il poſſède, ſes héritiers mêmes ſont comptables de ſon crime, & doivent le racheter s'il ne l'a pas été ; le voleur d'un chameau paye trois fois 15 pieces de bétail, le propriétaire volé reçoit le double de ce qu'on lui a pris, & le Khan s'empare du reſte : les autres punitions ſont à-peu-près reglées de la même maniere ; celui qui commet le crime de beſtialité, garde la bête & en donne cinq autres au propriétaire ; celui qui ne peut payer l'amende demeure eſclave juſqu'à ce qu'elle le ſoit : le vol de ce qu'on ne peut garder ſous la clé, eſt puni plus ſévérement : ils prêtent ſerment entr'eux, en ſe léchant l'ongle du pouce de la main droite, parce qu'il venge l'homme des poux qui le tourmentent : un coupable ne jure pas en juſtice, c'eſt ſon voiſin, ſon plus proche parent qui s'informe du fait pendant quelques jours & jure pour lui ; il le fait devant une lampe qui éclaire la ſtatue d'une de leurs divinités malfaiſantes, *Naimandohſchin*, ou d'un de leurs dieux bienfaiſans, *Schehſchamuniſſ*, en ſe proſternant trois fois & ſoufflant la lampe : l'épreuve du fer rouge y eſt en uſage : avant de partir pour la guerre, ils font abattre en cérémonie une ſtatue coloſſale faite avec du foin, habillée & armée de toutes pieces : dans les batailles ils n'obſervent point de rangs ; les ſoldats à pied attaquent d'abord ; les cavaliers ſont à la troiſieme ligne avec le prince, & ſert principalement pour les retraites : le bétail vivant le ſuit, ce qui les diſpenſe d'avoir des chariots de proviſions : les tentes des prêtres occupent la partie méridionale du cercle qui entoure les tentes du Khan & de ſes officiers : ces prêtres ſont exempts d'impositions, de toutes marques de dépendance : leur religion est celle des Lamas, mais un peu défigurée. Leurs chameaux portent des tentes de campagnes : ils prennent le fiel & la graisse de leurs ennemis, regardés parmi eux comme des trophées, & comme d'excellens remedes.

Tel était le peuple qui menaça la Chine sous Cang-hi, qui l'inquiéta sous Yong-tcheng, qui a été forcé de se soumettre à sa puissance sous Kien-long : ce dernier empereur y avait envoyé une armée : ils parurent céder ; il la rappella, mais les Oloths ou Eluths l'environnerent dans sa retraite, la massacrerent, pillerent les haras de l'empereur, & ravagerent les provinces du nord : Kien-long leur opposa une armée nombreuse conduite par Tchering prince Mongol, qu'il avait fait son gendre : Tchering vainquit les Eluths ; un Lama s'en fit déclarer le chef ; il fut expulsé par Ta-oua-tsi & Amoursane, fils du dernier Khan : ceux-ci arborerent l'étendart royal devant leur tente, les Eluths se rendirent en foule sur les bords de l'Ili, demeure chérie de leurs rois qui y campent en différens lieux. Ta-oua-tsi se prépara à la guerre, & ceux qui voulaient la paix, se retirerent sur les terres de l'empire ; Amoursana était avec eux & se déclara vassal : Kien-long le mit à la tête de son armée, & sous lui commandait Pan-ti, homme intrépide ; Ta-oua-tsi fut vaincu & prisonnier : Amoursana élu Khan, en voulut avoir l'autorité & l'indépendance, ameuta les Eluths, fit périr Pan-ti & un autre général Chinois, rasa les forts qu'ils avaient fait élever, établit son camp à *Palicoun*, une des villes des Eluths, située à l'orient de l'Ili, & y mit une forte garnison : il repoussa deux généraux Chinois désunis & jaloux l'un de l'autre : il en surprit d'autres que Kien-long fit punir de mort : les Hasacks favorisaient sous mains les Eluths, & aiderent à la défaite des Chinois : tout paraissait désespéré lorsque Tchao-hoei fut nommé général, il rétablit tout, & soumit les Eluths, les Hasacks ou Cosaques & les pays qui reconnaissaient leur autorité. Ce grand homme mourut après la paix, & Kien-long n'ayant pu le visiter étant malade, voulut qu'on le plaçât mort sur un fauteuil; il vint, & lui adressant la parole : " Je vous ordonne, lui dit-il, de rester comme vous êtes ; je viens vous voir pour vous exhorter à ne rien oublier pour rétablir promptement votre santé, un homme tel que vous, est nécessaire à l'empire ". Cette momerie est annoblie par son objet; mais ne pouvait-on le remplir d'une maniere moins ridicule?

Le pays des Eluths soumis aujourd'hui à la domination Chinoise est divisé en quatre grandes provinces, sur chacune desquelles préside un roi ou Khan : ces Khans sont ceux de *Tschotos*, de *Hountches*, de *Chonoté* & de *Tourbeth* : ils peuvent choisir leurs successeurs, mais l'empereur a le droit d'approuver & confirmer ce choix; il nomme aussi les 21 *Pou-lo* ou chefs de Hordes, qui leur sont subordonnés : l'un de ces chefs de Hordes est agent de l'empereur ; il l'instruit de la conduite des autres, & lui porte leurs demandes & leurs plaintes.

Nous croyons devoir ajouter ici un état de la petite Buckarie, tel que les Chinois l'ont publié après l'avoir soumise.

Yerkim (c'est *Yarkien*) est une ville forte de la petite Buckarie : Tchao-hoei, pour montrer à ses habitans qu'il les favorisait, voulut qu'on ne les obligea pas à changer de bonnets. *Kaskar* (c'est *Kashar*)

INDÉPENDANTE. 65

Kashar) a un peu plus d'une lieue de circuit: le pays renferme encore 17 villes & 16000 villages ou hameaux. *Hashar* est à 600 lieues de la province de Chen-si ; elle est plus méridionale que Pe-king ; on y compte 2500 familles : à l'orient de ses murs sont *Ouchci* & *Aksou* : entre cette derniere & Hashar, il y a les trois villes de *Poisonpat-hotchil*, *Poi-inke* & *Eutorché* : il y a aussi les deux grands villages de *Peserguen* & d'*Arvouat* : ces cinq lieux renferment 6000 familles. Au couchant de Hashar sont les Pourouths de Etchi-ien : entre ce peuple & la ville sont celles de *Paha-ertouché*, d'*Opil* & de *Tajamelik*, & les grands villages de *Saïnam* & de *Toukousak* ; on y compte 2200 & quelques familles : entre Hashar & Yerkim sont les villes d'*Inkatsar-han* & de *Kalik*, avec les grands villages de *Tosohoun* & de *Kavalkar* ; ces 4 lieux renferment 4400 familles. Au nord de Hashar sont les *Pourouths* propres ; mais avant d'y arriver, on trouve la ville d'*Arkoui* & le village de *Korhau*, où l'on compte 800 familles : toutes celles qui dépendent de Hashar sont au nombre de 16000.

Quinze magistrats régissent Hashar & son territoire : l'*Akim* a une inspection générale sur toutes les affaires de la ville ; l'*Hichehan* est comme son substitut, son aide ; le *Hatsee* connait & juge des affaires criminelles ; le *Marab* perçoit la taille, a inspection sur tout ce qui regarde les champs & les eaux ; le *Nekeb* à l'intendance sur tous les ouvrages publics ; le *Patachab* veille pour arrêter les voleurs, les malfaiteurs ; le *Motuchep* veille sur les écoles où l'on enseigne la religion ; le *Moutoukouli* a inspection sur le commerce & la police ; le *Toukoan*, aidé du *Chehoun*, fournit des chevaux, des vivres, toutes choses nécessaires à ceux qui vont d'un lieu à un autre ; le *Pontchikar* eſt chef des douanes, pour les marchandiſes du pays, le *Kerentcharab* pour celle du dehors, l'*Ararab* va recevoir la taille dans les diſtricts ; le *Pakmaïter* a inſpection ſur les vignes, ſur les jardins, &c. le *Minbek* a toujours mille hommes de troupes réglées ſous ſes ordres.

Kaldan, *Caract* des Eluths, retirait de Hashar un revenu annuel de 26000 taels d'argent ; ſon ſucceſſeur en retirait 67000 : les terres de la dépendance de cette ville leur rapportaient 40800 puthma ou boiſſeaux de grains, dont chacun valait 4 teukes ou taels, (†) 1463 tcharaks de coton, chacun de 48 taels, 365 tcharaks de ſafran, chacun eſtimé 32 taels. Les *Coſaks* & les *Tchokobaches* donnaient chaque année 26000 taels : le corps des marchands 20000 taels, 800 livres de cuivre rouge, 4 pieces de velours, 4 de tapis, 26 de pannes & autres étoffes, 26 pieces du feutre, dont les Lamas ſe coëffent. Chaque dixaine de familles d'Eluths établies à Hashar, donnait 10 onces d'or outre les droits ordinaires. Ceux qui ont des jardins, des vignes, donnaient enſemble mille livres de raiſins ſecs, de l'eſpece entre le jaune & le bleu. Ceux qui commerçaient en Ruſſie, & dans l'Indouſtan étaient taxés à un dixieme de leur profit. L'empereur Chinois pour y faire aimer ſa domination, a un peu diminué ces impoſitions : il a envoyé des colonies à *Yerkim*, & ſur l'*Ili*; c'eſt là qu'il fait envoyer encore les malfaiteurs : par ces différens moyens le pays ſe repeuple, mais non d'hommes de mœurs paiſibles & pures.

(†) Le tael vaut environ une once d'argent.

DE LA CHINE.

L'Origine des Chinois comme celle de tous les peuples antiques, est défigurée par des fables souvent absurdes. On a dit qu'ils descendaient des Egyptiens; on a prouvé le contraire: il est plus facile de dire quels sont les peuples dont ils ne descendent pas, que d'indiquer celui qui fut leur tige. On a divers systêmes de chronologie Chinoise ; ce n'est point ici le lieu de les examiner. Fourmont la trouve fixée 885 ans avant J. C. jusqu'au tems de Li-vang, ou plus haut : des auteurs Chinois la font remonter au-delà de *Fohi*, d'autres la fixent à ce prince qui régna l'an 2952 ou 2914 avant l'ère chrétienne. Si, cette opinion est vraie, les fables dont ils l'ont défigurée lui font tort : ils donnent à *Fohi* le corps d'un serpent, surmonté d'une tête d'homme: ils disent qu'il fut l'époux, le frere & le pere de Niu-hoa qui ressouda la voûte céleste ; qu'il régla les planétes, fut l'inventeur de l'écriture Chinoise, de différens arts, des instrumens d'agriculture, des ustenciles de cuisine ; ils le font auteur d'un livre nommé *J King*. Peut-être fut-il un homme instruit, né chez un peuple instruit, plus ancien que les Chinois, & détruit depuis long-tems. C'est à lui, & à deux de ses successeurs immédiats qu'ils attribuent leurs loix, leurs sciences, leurs réglemens civils & religieux, leurs manufactures. On ignore combien de tems il régna ; mais son règne joint à celui de ses 6 successeurs renferme selon les Chinois l'espace de 595 ans. Quelques Chinois regardent cette époque comme incertaine ; ils ne font commencer leur Monarchie qu'à l'empereur *Yau*, ou *Hiao*, qui régna 72 ans, & son successeur *Chun* 50. *Yau* fut astronome & conquérant. *Chun* fut, dit-on, un sage préféré par Yau à ses propres enfans. Après eux, 22 races ou dynasties se sont succedées sur le trône. Celle d'*Hya* commença à régner 2207 ans avant Jésus. *Kao-tseou* la fonda, elle donna 17 empereurs à la Chine, & régna 441 ans. C'est au tems de son dernier empereur *Kye*, qu'on fait remonter l'origine de la fête des lanternes célébrée encore dans tout l'empire; il trouvait, dit-on, que la nuit retranchait trop à ses plaisirs, & pour prolonger le jour, il fit bâtir un palais sans fenêtres, éclairé sans cesse par des flambeaux & des lanternes, (*) & s'y livra aux voluptés les plus honteuses; son infamie, sa cruauté révolterent le peuple, qui mit sur le trône *Tchin-tang*, chef de la Dynastie (†) de *Chang* ou *Leg* ou *In*; elle régna 664 ans, & donna 28 empereurs à la Chine. Celle de *Cheu* ou *Tcheou* la suivit: sa durée fut de 873 ans, & elle donna 35 empereurs: on conserve encore dans un cabinet de Peking divers coins dont on se servait alors pour frapper la monnaie. Sous elle on vit les gouverneurs s'ériger en rois indépendans: la Chine présenta le même spectacle que l'Inde nous offre aujourd'hui. A cette Dynastie succéda celle de *Tsin* qui donna probablement son nom à la Chine; son fondateur conquit le Bengale: de son tems on écrivait

(*) Cette fête pourrait plutôt avoir été instituée en l'honneur du Génie du feu.

(†) Sous ces deux Dynasties, l'empire n'eut pas de capitale: son chef n'avait pas de demeure fixe: peut-être comme le soupçonne M. de Guignes, les Chinois furent longtems un peuple Nomade.

à la Chine fur des pieces de foie ou de toile : elle commença 248 ans avant J. C. & ne régna que 42 ans fous 4 empereurs, elle fit place à celle de *Han* qui régna 423 ans (*) fous 25 empereurs: c'eft pendant fa durée qu'un Mandarin trouva le fecret de faire du bon papier avec l'écorce de différens arbres, de vieilles toiles, & de mauvaifes étoffes de foie, réduites en pâte fine : celle de *Heu-Han* n'eut que deux empereurs, & régna 45 ans. La feconde Dynaftie de *Tfin* prit fa place, & la garda 155 ans fous 15 empereurs, prefque tous indolens ou vils, auxquels fuccéderent ceux de la famille de *Song*, dont le chef était un cordonnier devenu foldat, puis conquérant : fous fes defcendans, on cultiva les lettres & les fciences prefqu'oubliées dans les tems précédens : on fe fervit alors d'une monnaie fi légère qu'il en fallait mille pour acheter affez de riz pour nourrir un homme pendant un jour : cette Dynaftie ne fubfifta que 59 ans, & s'éteignit fous le 8ᵉ empereur auquel fuccéda celle de *Tſi*, qui ne fubfifta que 23 ans, & fut fuivie de celle de *Lyang*, dont la durée fut de 55 ans, fous 5 princes qui furent fuivis de celle de *Chin*, à laquelle après 33 ans de regne fuccéda celle de *Schw*, qui régna moins encore : celle de *Tang* régna après elle pendant 289 ans fous 20 empereurs : fon fondateur éleva un temple magnifique à *Lau-Kyun*, efpéce de philofophe dont nous parlerons plus bas. Son fils *Tai-tfong* fut un des plus grands princes qui ayent régné fur la Chine. Les cinq Dynafties qui fuccéderent ne firent que

---

(*) 444 ans felon le pere Ko. Antiq. des Chin. T. I. p. 6. Nous aurions dû peut-être préférer fon ordre chronologique; mais il aurait fallu des difcuffions, & ce n'en eft pas ici le lieu. Nous avons fuivi le fentiment vulgaire.

passer : la seconde des *Song* les suivit : sa durée fut de 328 ans, le nombre de ses empereurs 18 : celle d'*Ywen* leur succéda : fondée par *Chi-tsu*, fils de Jenghiz-kan ; sa famille fut chassée de la Chine en 1280 après un régne de 88 ans ; & celle de *Ming* monta sur le trône ; *Hongvu*, ou selon d'autres *Tai-tsou*, fut son fondateur ; il chassa les Tartares, & délivra son pays de leur domination : son tombeau creusé dans une montagne est gardé par des moines eunuques ; on y voit son portrait : il avait été cuisinier. Cette Dynastie régna 276 ans ; elle finit dans *Hoai-tsong*, homme faible, soumis à ses eunuques, à ses ministres, à ses femmes, esclave de l'indolence à laquelle il s'était accoutumé ; ses troupes battues par les Tartares firent qu'on cessa de le craindre, & les vexations de ceux qui l'environnaient l'avaient fait haïr : une famine fit naître la revolte : un brigand nommé *Li* vint assieger l'empereur, qui ne pouvant se défendre, coupa la tête à sa fille, pendit ses femmes, & se pendit lui-même ensuite avec ses ministres. L'armée qui combattait contre les Tartares refusa de reconnaitre le tyran, elle s'unit à eux pour le chasser : ceux-ci étaient commandés par *Tsong-ti*, prince humain, juste & courageux : *Li* disparut devant lui, Peking lui ouvrit ses portes, la Chine allait lui être soumise lorsqu'il mourut ; elle le fut à son fils *Chun-chi*, encore enfant. Il régna sur la Chine, sur une grande partie de la Tartarie qu'il y réunit, & cet empire est plus étendu qu'il n'a jamais été. *Cang-hi* (*) fut célebre en Europe ; il reçut les missionnaires, les aima, profita de leurs talens, sans croire aux dog-

(*) Le pere le Comte l'appelle *Cam-hi* malgré M. Linguet qui assure que jamais Jésuite ne lui donna ce nom.

mes qu'ils prèchaient, & régna longtems avec gloire ; il mourut en 1722, âgé de 69 ans : *Youtching* son succeffeur fit abbattre les églifes chrétiennes, renvoya tous les prédicateurs, & ne protégea que les favans & les artiftes chrétiens. L'empereur actuel leur a témoigné des égards, fans tolerer l'exercice public de leur religion, & il n'eft guères probable qu'on l'y permette jamais.

Nous avons abrégé l'hiftoire de ce pays, parce que plus nous nous éloignons de l'Europe, plus nous devons nous refferrer ; d'ailleurs on a moins d'intérêt de la bien connaître.

Les bornes de la Chine font au nord, la Tartarie Chinoife dont nous ferons un article féparé, au couchant le Thibet & le grand défert, au midi le Tunquin & l'océan qui le baigne encore à l'orient : fa furface eft d'environ 500 mille lieues quarrées; fa population de près de 180 millions d'habitans : (*) fur une fi vafte étendue, le fol, le climat, les faifons, les productions doivent être diverfes : en général l'air y eft fain : quelquefois la multitude des canaux, la culture du riz, les immondices, le défaut de bons alimens y caufent des maladies épidémiques ; mais la température de l'air n'en fait point naître : en des provinces le terrein eft aride, pierreux, inégal ; en d'autres, il eft uni, fertile, couvert de riches moiffons qui fe renouvellent dans la même année : celle de Tche-Kiang offre les plus belles plaines vers l'orient ; au couchant on n'y voit que des rocs & des montagnes ftériles. Mais en gé-

(*) Les uns la font monter à 200 millions, & d'autres la réduifent à 50 millions : le pere *Ko* dit que la Chine eft plus peuplée que l'Europe entiere ; mais c'eft un Chinois qui le dit.

néral le fol y eſt bon, la terre graſſe, légère, profonde. On y recueille du riz, du froment, de l'avoine, du millet, des pois, des fèves : c'eſt le premier qui eſt de la plus grande importance pour le peuple, parce qu'il s'en nourrit. Les arbres y donnent la poire, la pomme, la pêche, l'abricot, la figue, la ceriſe, la chataigne, la prune, preſque tous les fruits de nos climats. De-là ſont venus les orangers qu'on cultive en divers pays de l'Europe : les oranges y ſont de diverſes eſpèces ; on en recherche une petite, dont l'écorce eſt mince, & le jus très-doux : celles de Canton ſont fort groſſes, jaunes, d'un goût agréable ; on en permet l'uſage aux malades : celles de Fo-Kien ſont médiocres pour la grandeur, excellentes pour leur goût, belles par leur peau rougeâtre & tranſparente. On fait à la Chine des tablettes d'orange qui ſe conſervent fort bien : les limons, les citrons y proſperent ; mais ils n'y ſont que des ornemens inutiles ; on ne les mange pas. Il y a deux eſpeces de melons ; l'un petit & jaune, l'autre gros & blanc mêlé de rouge : ils ſont rafraichiſſans & ſains. Les fruits particuliers à la Chine, ſont l'*Ya-ta*, ſemblable à la pomme de pin, vert à l'extérieur, blanc au dedans, d'une chair délicate, & d'un goût délicieux : on le mange trempé dans l'eau froide : le *Tſe-tſe* a la grandeur du coin, mais ſa forme eſt plus écraſée, ſa couleur eſt d'un jaune brillant ; c'eſt un fruit fondant & ſucré : en ſéchant il devient farineux comme la figue : l'arbre qui le produit reſſemble au noyer. Le *Li chi* a la forme d'une datte ; il eſt ovale, ſon noyau eſt couvert d'une chair tendre, d'un fumet agréable ; la peau qui le couvre eſt rude ; les Chinois l'appellent le roi des fruits ; il eſt abondant & recherché : le *Long-yen*, ou œil de dragon, eſt rond, uni, jaunâtre, odoriférant, son suc est aigrelet & sain : il se vend sec ; le *Mweychu* est petit, aigre ; on le séche, il excite l'appetit ; l'arbre qui le produit est fort gros, & ses fleurs très-blanches : le *Po-lo-mye* est un des plus grands fruits de l'univers ; il en est du poids de cent livres ; il renferme un grand nombre de noix dorées, dont on mange le noyau roti : il croit sur le trônc de l'arbre, on l'en sépare avec la hache ; on le recueille aussi aux Indes, & on l'y prépare avec le lait des noix de cocos ; l'*Yeu-tse* est de la grosseur du citron ; sa couleur est blanche ou rougeâtre, son jus aigre-doux : le *Chi-ku* a une écorce fine comme la peau de l'oignon, sa chair est agréable ; une couche de sucre la couvre en séchant ; dans sa maturité, il est rouge comme le pavot, &c. on y trouve aussi des ananas, des bananes, des guaves & autres fruits qui croissent aussi dans les pays voisins.

L'*Yu-lan* est le plus beau des arbres à fleurs ; il s'élève à la hauteur de 30 à 40 pieds ; son tronc est droit ; ses branches rares se réunissent en tête de pin, elles n'ont presque point de rameaux ; ses feuilles sont éparses, & d'un beau verd ; elles paraissent quand la fleur commence à se faner : tel alors serait un beau noyer couvert de fleurs de lis ; car sa fleur est blanche, ou couleur des fleurs du pêcher : le pistil est verd ; le fruit est vert, & couleur de carmin : au dedans sont des graines noires, enveloppées d'une pellicule jaune ; jeune, il porte de grandes fleurs, & point de fruit : à vingt-ans il porte des fruits, mais ses fleurs sont plus petites. Le *Tsieou-hai-tang* ou Hai-tang d'automne vient originairement des rochers au bord de la mer ; ses fleurs sont purpurines, durent deux mois, & naissent les unes des autres ; ses feuilles d'un beau verd sont veinées de rouge : le parfum de ses fleurs est un mélange de celui de la violette & de la rose, mais ne s'étend pas au loin.

Les forêts sont rares à la Chine, & reléguées sur les montagnes ; le platane y croît : l'*U-tong-chu* semblable au sycomore, & dont l'ombre est épaisse, produit à l'extrémité de ses branches des touffes de petites feuilles blanches, dont les bords se garnissent de grains de la grosseur d'un pois, & du goût de la noisette : cet arbre est l'ornement des jardins ; un autre arbre assez commun y produit un légume semblable au pois par sa figure, sa couleur, sa cosse & son goût. On y voit un arbre connu par les noms de cyprès & de genevrier : au sommet ses feuilles, ses branches sont celles du cyprès ; plus bas, ce sont celles du genevrier : le bois est rougeâtre, & renferme de la térebenthine ; il produit une petite baie verte, & d'une odeur forte. On y voit deux sortes de frênes : le *puant* nommé *tcheou-tchun*, & l'odorant nommé *Hiang-tchun* : celui-ci est semblable à celui d'Europe ; il a sa hauteur, ses branches, son tronc, l'arrangement de ses feuilles, mais il en differe par ses fleurs & ses fruits. Il est des arbres qui se couvrent des plus belles fleurs, de tulipes, de lys, de jasmins ; & tel est le *Quey-wha* qui s'élève à la hauteur du chêne, dont les fleurs de couleurs variées se renouvellent 4 fois dans une année en gros bouquets qui embaument l'air, le *Molyen* y donne des fleurs jaunes, rouges, blanches, semblables au lys sauvage : le *La-mgné* ressemble au laurier, & sa fleur à la rose, ainsi que celle du *Cha-wha*, dont le feuillage est toujours vert. La Chine a aussi des rosiers de tous les mois, & une rose nommée *Mou-tau*, ou reine des fleurs, dont l'odeur est délicieuse, & la couleur rougeâtre ; elle est touffue & gaie : des crêtes de coq, d'une beauté rare, & des œillets qui ne valent pas les nôtres. On y voit des allées d'arbres chargés presque toute l'année de fleurs du plus vif incarnat : le *Mo-liwha* est un arbuste diversifié dans son port, dans ses fleurs exquises par leur parfum ; elles ressemblent au jasmin double qu'elles surpassent par leur odeur : le *Sampagou* croît dans des pots ; sa fleur est admirable ; les racines qu'il étend vers l'orient sont un poison, celles du couchant en sont l'antidote ; c'est Navarette qui le dit. Le *La-mo-li-chui* est un petit arbre, dont la fleur petite & jaune répand dans l'air l'espace de quelques mois un parfum exquis. La fleur nommée *Lau-whei-wha* l'emporte sur elle par son odeur, mais elle n'est pas belle. Le vernis, cette gomme célebre qui distille d'un arbre comme le frêne, nommé *Tsi-chu*, & funeste par sa vapeur, y donne un lustre singulier à tout ce qu'on y fait en bois, au cuivre même, à l'étain. Le *Mou-tan* y est une espece de pivoine : les feuilles de ses fleurs sont multipliées, & de diverses couleurs, parsemées de grains d'or : c'est la reine des fleurs : le *Tong-chu* y rend une liqueur qui approche du vernis ; le *Pelachu* y est couvert de rayons d'une cire dure & luisante par les insectes qui le dévorent. L'*Ou-kyeu-mou* y donne un fruit dont le noyau est enveloppé d'une graisse semblable au suif, & qui sert au même usage. Différens roseaux y fournissent des filamens dont on fait des cordages : de la canne du *bambou*, on fait des rames, des canots, des chaises, des canaux, des nattes, des éventails, du papier même. Le *Nanmu* est un excellent bois de construction, il est presqu'incorruptible ; le *Tie-li-mu* y donne un bois pesant, & d'une dureté qui approche du fer : les Chinois en font des ancres : le *Tse-tau* sert à la menuiserie & à la marqueterie ; son bois d'un rouge obscur, est veiné de noir : on y voit un arbre auquel on a donné mal-à-propos le nom d'*aloès* : il ressemble à l'olivier, son écorce renferme trois sortes de bois ; le premier, noir, compact, pesant, a le nom de *bois d'aigle* : le second est léger comme du bois pourri, & se nomme *Calenbouc*; le troisieme situé au cœur de l'arbre, est le bois de *Calemba*; on le vend au poids de l'or : l'odeur en est suave : il repare les forces épuisées ; sa feuille sert à couvrir les maisons, on en fait des plats, des assiettes ; leurs fibres sont une espèce de chanvre, les pointes dont elles sont hérissées, servent de cloux & d'alènes : en arrachant les boutons de l'arbre, il en découle une liqueur vineuse & sucrée qui se change ensuite en un vinaigre excellent : le bois des branches est bon à manger, & a le goût du citron confit. Des champs entiers sont couverts de l'arbuste utile qui donne le coton : le cotonier herbacé est plus commun encore ; c'est la dynastie de Ming qui en a fait prosperer la culture : l'arbuste qui rapporte le thé est de 4 espèces : la culture en est à-peu-près la même ; il se plaît dans les vallons & au pied des montagnes, à l'exposition du midi ; sa hauteur est de 5 à 9 pieds ; sa racine est semblable à celle du pêcher, sa fleur à celle du rosier sauvage ; ses tiges diverses se rassemblent, & ne poussent des branches qu'à leur sommet où elles forment une touffe comme le myrthe ; ses feuilles sont pointues & dentelées ; les vieilles sont dures, cassantes, amères ; les nouvelles souples, unies, douces au palais : on le sème, & chaque année il faut le fumer : à 3 ans on commence à le dépouiller ; à 7 ans on coupe la tige pour le faire repousser : c'est la recolte du mois de mars qui forme le thé impérial ; celle d'avril est moins estimée, & celle de mai moins encore. Parmi les arbres n'oublions pas le *Chang-ko-tſe-chu*, arbre au long fruit ; c'eſt celui qui produit ces longs tubes creux, diviſés en cellules, remplis de la ſubſtance moëlleuſe qu'on nomme *caſſe*; ni celui qui donne une eſpece de poivre dont le peuple ſe ſert pour aſſaiſonner les viandes : le *Chang-chu*, arbre remarquable par ſa grandeur, ſa beauté, & le camphre qu'on en tire, eſt une eſpece de canellier.

Les Chinois ont diverſes plantes potageres que nous poſſédons : ils ont une eſpece de choux qui ne pomment jamais ; ils tirent de l'Inde de la ſemence de choux, d'oſeille, de rhue, & d'autres plantes, mais elles dégenerent ou meurent au bout de 3 ans ; leur perſil nommé *Chin-tſay* n'a ni la beauté, ni la bonté de celui d'Europe : le *Pe-tſai* eſt peut-être ce qu'ils ont de mieux en ce genre, il reſſemble à la laitue par ſes feuilles ; il en differe par ſa fleur, ſa graine, ſon goût ; on en conſomme beaucoup, on le conſerve dans du ſel, & on le fait cuire avec le riz : dans quelques provinces on cultive la mauve, & elle y tient la place de l'épinard : l'oignon ne s'y reproduit pas de graine, mais par des filamens que jettent ſes feuilles autour d'elles : le tabac y couvre des champs d'une étendue prodigieuſe : la rhubarbe y eſt commune, ſa plante porte des feuilles longues, rudes, & des fleurs en cloche découpées par les bords ; la racine eſt blanche lorſqu'elle eſt fraiche. Le *Kiteou* eſt une plante aquatique ; ſa racine eſt longue ; d'elle ſortent des feuilles grandes, ſpongieuſes, hériſſées d'épines très-dures, déploiées à la ſurface de l'eau : il en eſt de 2 pieds & demi de long : la fleur eſt renfermée dans un hériſſon allongé qui devient de la groſſeur d'un ananas : ce hériſſon meurit, s'ouvre, laiſſe paraître un bouton violet qui s'ouvre comme la roſe ; ſa graine farineuſe ſert à faire des bouillies & des gâteaux. La *matricaire* qu'on y nomme *Kiu-hoa* y a perdu par la cultivation son odeur désagréable : elle y enchante l'œil par ses fleurs, elle embaume l'air d'un doux parfum. Le *Fou-ling* ou *Radix-Xina* pousse des feuilles rampantes, longues, étroites ; on la croit une espèce de truffes ; c'est un excellent sudorifique : le *ten-tsée* a les mêmes qualités, & est plus chère : cette racine est ronde d'un côté, platte de l'autre : celui-ci tient à la terre par diverses tiges ; celui-là pousse des rejettons qui forment chacun un bouquet. Mais la plante que les Chinois estiment le plus pour ses vertus médicinales est le *Ginseng*, *Jaen-Saen*, ou *Orbata*, *Aureliana canadensis* ; c'est une des plus grandes richesses de la Tartarie orientale où elle croît. On trouve encore en Chine du girofle, des noix muscade, des cannes à sucre dont ils ne surent point longtems se servir. Le bœuf, le mouton, des porcs un peu différens des nôtres, tous les bestiaux de l'Europe prosperent dans ses campagnes : les chevaux y sont petits, vites, timides & faibles ; le chameau a deux bosses couvertes de poil, & n'y est pas plus grand que notre cheval commun ; les tigres portent souvent le ravage dans ses provinces : ils sont grands & féroces, ils se rassemblent en troupes, attaquent les hommes, les déchirent, les dévorent ; ils les font trembler même dans leurs maisons. On y voit des rhinoceros, point de lions, beaucoup d'ours ; il en est une espece nommée *Hyang-jin*, *hommes-ours* ; ils sont bipedes, ont la face humaine, la barbe du bouc, & vivent de fruits ; ils sont pacifiques, mais leur colere est à craindre quand on les irrite : on y trouve des cerfs qui ne viennent pas plus grands que les chiens : l'*Hyang-chang-tse*, chevreuil odoriférant, est un daim sans cornes, à poil noirâtre, la chair en est excellente : les mâles portent un petit sac, autour duquel se forme & s'attache le musc ; il vit, dit-on, de serpens ; les Chinois font de belles peintures de la licorne, mais on n'en a point vu encore chez eux : ils disent, sans pouvoir le faire croire, qu'ils ont un animal nommé *Lang*, qui a les jambes de devant très-longues, & celles de derriere fort courtes, qui s'unit, & ne fait qu'une même bête avec le *P'wey* qui a les jambes de devant très-courtes, & celles de derriere longues ; ils parlent du *Jang* qui a la forme du bouc, un nez, des oreilles ; point de gueule ; on dit qu'il se nourrit d'air : du *Sin-sin* qu'ils disent ressembler à l'homme.

On y voit des coqs d'Inde, des grues, des faisans, des rossignols, des canards sauvages & privés : le paon y est apporté des pays voisins : on y nourrit de petits oiseaux, comme le linot, pour le combat : l'oiseau de proie *Hay-tsing* plus beau, plus grand que le faucon, y est regardé comme le roi de son espece par sa vivacité, son courage, l'éclat de sa parure : il y a diverses especes de perroquets : le *Kinki*, ou poule dorée, est couvert d'un plumage éclatant, mêlé de rouge & de jaune ; une longue plume s'éleve sur sa tête ; sa queue brillante qui s'épanouit, est longue d'une brasse ; sa taille noble en fait un des plus beaux oiseaux de l'univers : le *Laki*, ou oiseau au bec de cire, est de la grosseur d'un merle ; son adresse, sa docilité, ses graces le font remarquer.

Parmi les reptiles, on remarque le lezard *Pye-long*, dont la chair forme, dit-on, un onguent utile pour reconnaître la chasteté de celui qui en est frotté : les abeilles y sont nombreuses : l'art d'élever les vers à soie est à la Chine un objet considérable : c'est d'ici que la soie & les vers ont passé dans l'Inde &

la Perse : on y trouve trois sortes de vers à soie sauvages, qui se nourrissent sur le *fregara*, le chêne à feuilles de châtaignier, & le frêne : ils sont noirâtres ; leur soie est épaisse, ne se coupe point, dure long-temps, se lave comme la toile, & n'est pas même tachée par l'huile : il y a une grande variété de papillons ; ceux de la montagne de Lo-feu-chan sont très-grands ; leur couleur est vive & diversifiée ; ils sont tranquilles le jour, c'est le soir qu'ils déploient leurs longues aîles : des nuées de sauterelles dévorent souvent les moissons dans plusieurs provinces : la punaise y est commune, & les Chinois en aiment l'odeur.

Les lacs, les rivieres, les canaux, les étangs y fourmillent de poissons, qui font la principale nourriture du peuple : le *frai* y est une marchandise qu'on porte au loin, qu'on seme dans les étangs, qu'on nourrit & conserve avec soin : il en est peu en Europe qu'on ne retrouve à la Chine : on voit des marsouins en troupes dans les rivieres : le *Cho-Kya-ya*, ou poisson armé, est hérissé d'écailles pointues ; il est très-blanc & d'un goût exquis : le *poisson-farine* est très-blanc aussi, ses yeux noirs semblent renfermés dans un cercle d'argent : d'autres sont semblables à la brême, à la morue, à l'alose : le *Wang-yu*, ou poisson jaune, pèse jusqu'à 800 livres : le *Kin-yu*, ou poisson d'or, se renferme dans les bassins des palais des grands ; il est d'un beau rouge, tacheté en or, sa queue est fourchue, longue & épaisse ; il en est de couleur argentine & de différente grosseur ; sa longueur ordinaire est d'un doigt ; on les pêche dans un lac au pied du mont Tsyen-king, dans la province de Chet-king : le *Hay-Setuy* est d'une laideur affreuse ; ses pieds ne sont que des excroissances ; il est sans os, sans pointes, & meurt dès qu'on le presse dans les mains.

Ce vaste pays renferme un grand nombre de lacs : celui de *Tong-ting-hu*, dans la province de Hu-quang a plus de 80 lieues de tour ; il est fort poissonneux ; les rivieres d'Yvon-kiang & d'Hong-kiang s'y jettent, il se joint au Yang-tse-Kiang ; des villes florissantes embellissent ses bords : le *Hong-se-hu* ou *Tay* fait partie de deux provinces, est presque circulaire, & a les mêmes beautés que le précédent : le *Po-yang-hu*, ou de *Zhauchou* n'a que 30 lieues de tour, & est formé par quatre rivieres qui s'y réunissent ; les ouragans en rendent la navigation dangereuse : vers le lieu où ils sont le plus à craindre, sur un rocher escarpé, est un temple qui renferme une idole révérée des mariniers ; dès qu'ils en approchent, ils l'avertissent par le son d'un tambour de cuivre, on allume des cierges, on brule de l'encens, on sacrifie un coq en son honneur : des barques destinées à secourir les malheureux n'y servent ordinairement qu'à dépouiller le commerçant : il en est un grand nombre d'autres moins remarquables, tels que le lac *Touchan*, le lac *Hong-ho*, &c. quelques-uns renferment du sel. Parmi les fleuves on distingue le *Yang-tse-kyang*, fils de la mer, ou *Ta-kiang* grande riviere : il naît dans les monts *Tu-fau*, reçoit différens noms selon les divers lieux qu'il arrose, forme un grand nombre d'isles couvertes de ronces qui servent de bois à brûler : il traverse dans son cours rapide & tortueux l'Yun-nan, le Sechuen, le Hu-quang, le Kyang-nan, se rallentit en approchant de la mer, & devient enfin si lent à Nanking qu'on en distingue à peine le cours ; il est fort profond, large & poissonneux : les Chinois disent en proverbe, la

Tome IX. F

mer est sans rive & le Kiang sans fond, sans doute, parce qu'en quelques endroits on n'en peut trouver le fond avec leurs sondes qui n'ont que 50 ou 60 brasses de longueur. Le *Whang-ho*, ou *Hohang-ho*, riviere jaune, doit son nom à l'argille jaune qu'il détache de ses rives; il naît dans le pays de Kokonor, coule le long de la grande muraille, rentre dans la Tartarie, revient en Chine, arrose le Chansi, le Chen-si, le Ho-nan, le Kiang-nan; on y voit sans cesse monter & descendre une multitude de barques : on y remarque des isles flottantes, composées de bambous dont le tissu est impénétrable à l'humidité : les Chinois y bâtissent des huttes & des petites maisons de planches, qu'ils habitent avec leurs familles & leurs troupeaux : quelques-unes contiennent deux cent familles ; elles s'occupent à commercer le long de la riviere, & s'arrêtent où elles veulent en attachant l'isle à des pieux fixés sur le bord : le cours rapide du fleuve est de 600 lieues, son lit est large, souvent il se déborde & engloutit des villages, des villes mêmes ; des remparts élevés peuvent à peine le réprimer : on y navige difficilement : presque toutes les rivieres de Chine deviennent des torrens de boue quand il pleut : celles de la province de Petcheli contiennent beaucoup de nitre, l'eau s'en gèle très-vite & la glace s'en fond avec lenteur. Diverses provinces sont hérissées de montagnes ; il en est d'arides, de désertes, de cultivées, plusieurs sont escarpées, couvertes de neiges, inaccessibles : un chemin admirable traverse celle de *Mey-lin* : on trouve différens métaux dans leur sein ; il y a des mines d'or & d'argent qu'on n'exploite point pour ne pas rendre, dit-on, le peuple difficile à gouverner : celles d'*Yun-nan* rapportaient autrefois un profit considérable ; les torrens & les rivieres de Se-chuen & d'Yun-nan dépofent des paillettes d'or fur le fable de leurs bords : le fer, l'étain, le cuivre, le plomb, le tomback y font communs : on y trouve du cuivre blanc, & il l'eft plus dans l'intérieur qu'au dehors ; pour l'adoucir on y mêle du tomback ou de l'argent ; c'eft avec le dernier feulement qu'il conferve fon éclat & fa couleur : on fait un grand ufage du cuivre ordinaire : on en fait des canons, des images, des ftatues, des baffins, des plats, des monnaies, & ce font les feules qu'ils aient : le marbre, le jafpe blanc tranfparent, l'azur, de petits rubis, le cryftal de roche, les pierres d'aimant s'y trouvent en différens cantons : le *Hyang-whang* eft une pierre tendre, jaune, tachetée de noir, dont on fait des uftenciles qu'on teint avec le vermillon ; les Chinois la croient un antidote contre le poifon, un fpécifique contre les fievres malignes : il y a des mines de charbon de terre en quelques provinces ; on fouille celles qui font à deux lieues de Peking depuis 4000 ans ; il eft noir, s'allume avec peine, dure long-tems, & donne beaucoup de chaleur. C'eft au couchant de la Chine qu'on voit de nombreufes mines de fel : il fe trouve ailleurs dans une forte de terre grife.

On repréfente l'empire Chinois comme une vafte famille dont l'empereur eft le pere : ce pere eft un peu loin de fes enfans, & les gouverne avec le bâton. Chaque *Tfong-tou*, chaque viceroi eft auffi le pere de fa province : il doit l'inftruire, la gouverner, facrifier pour elle ; car l'empereur eft auffi le premier pontife & le premier prédicateur de l'empire : tous ces gouverneurs ont droit de vie & de mort, & dans des cas qu'ils favent multiplier & étendre, ils peuvent fe difpenfer des formalités de la juftice ; les chefs de bourgade ont droit de battre, fans que les battus puiffent fe plaindre, mais auffi le glaive eft fufpendu à un fil fur leur tête. L'empire a trois grands tribunaux : un des plus puiffans eft celui des *rites* ; fon objet eft de maintenir les anciens ufages ; ces ufages font des loix facrées dans un empire où tout acte extérieur eft règlé par les loix, où la civilité eft plus importante que la vertu. Il y a cinq tribunaux, ou bureaux pour les affaires militaires ; il y en a fix pour les affaires civiles en y comprenant celui des rites : Le *Li-pu* veille fur tous les officiers publics de l'empire : il a fous lui quatre autres bureaux, dont l'un choifit les hommes capables, l'autre les examine, le troifieme diftribue les fceaux dont ils fe fervent ; le quatrieme a infpection fur la famille royale. Le *Hu-pu* a la direction des finances, paye les appointemens & les penfions, règle les diftributions d'argent, de riz, d'étoffes, tient le régiftre de toutes les familles, de tous les tributs, de toutes les douanes, de tous les magafins publics : le *Ping-pu* a infpection fur tout ce qui a trait au militaire ; il eft divifé en quatre bureaux fubalternes ; le 1°. difpofe des emplois militaires & prend foin de la difcipline ; le 2°. diftribue les foldats où il le juge utile ; le 3°. veille fur les chevaux, les poftes, les barques, &c. le 4°. préfide à la fabrique des armes, à la fourniture des arfenaux. Le *Hing-pu* décide fur les jugemens criminels : quatorze cours inférieures en dépendent : le *Kong-pu* a infpection fur tous les édifices publics ; il eft divifé en quatre bureaux, dont un prépare les plans, un autre dirige les atteliers, le troifieme s'occupe des ponts, des canaux, des chemins, &c. le quatrieme veille fur les palais, les parcs, les jardins, &c. Chaque tribunal eft compofé en nombre égal

DE LA CHINE.

de Tartares & de Chinois. Peking en renferme plusieurs autres encore : on les retrouve dans les autres grandes villes de l'empire, mais sous différentes formes. Sur chaque province président cinq officiers, qui sont le *Tu-yo-en*, ou viceroi, le *Puching-tse* ou trésorier général, le *Nyan-cha-tse* ou juge criminel ; le *Yen-tau* ou surintendant des postes & des salines ; le *Lyang-tau* qui perçoit les tributs : au-dessus de ceux-là siege le *Tsong-tu* ; il décide de tout par appel, est chef militaire & préside quelquefois sur deux provinces. Chaque district particulier a son chef ou *chi-fu*, chaque quartier d'une ville a le sien, &c. tous ressortissent des grands tribunaux de Peking, mais ces tribunaux limitent peu le pouvoir de l'empereur auquel on donne les titres superbes d'*unique gouverneur de la terre* & de *fils du ciel* (*a*) il impose des taxes, nomme aux dignités, choisit à son gré son successeur : son pouvoir s'étend sur les morts, il les ennoblit, il créé même des dieux ; l'un d'entr'eux déclara un bonze Dieu & seigneur du ciel, du soleil, de la lune & des étoiles : sa personne est sacrée, ses paroles sont des oracles, tout ce qui le touche est saint, on se met à genoux devant ses habits, sa ceinture, son fauteuil : s'il publie une ordonnance, on ne dit pas, sonnez de la trompette ; mais que le *ciel lâche son tonnerre* : s'il meurt, on dit *la grande montagne est tombée*. Sous les derniers empereurs Chinois, dès qu'ils paroissoient, tout s'éclipsait devant eux ; nul homme ne devait l'at-

---

(*a*) *L'autorité impériale*, dit Han-chi, *en est venue à remplir tout l'espace qui sépare le ciel & la terre : les hommes se sont rapetissés à mesure que le trône des empereurs s'est élevé, & les peuples seraient quelquefois trop heureux s'ils les distinguaient des plus vils animaux.*

tendre ni le regarder. Chaque mandarin se fait rendre en diminutif les mêmes honneurs dans sa province : on les divise en neuf ordres ; c'est parmi ceux qui sont lettrés que l'empereur choisit ses ministres, les magistrats, les administrateurs : ces hommes publics ne sortent de leurs palais que dans des chaises magnifiques, escortés d'esclaves & d'officiers qui les garantissent des rayons du soleil, frapent sur un bassin de cuivre pour faire écarter le peuple, & portent des bâtons, des fouets, & des chaînes de fer pour en faire sentir le poids à ceux qu'ils veulent punir ; tout se tait, tout s'incline en leur présence, on ne leur parle qu'à genoux : les loix leur défendent la vénalité, & tout est vénal autour d'eux ; elles reglent toutes leurs actions, leurs plaisirs, leurs promenades, sans pouvoir réprimer leur avidité : aussi les empereurs Chinois choisissaient-ils les gouverneurs de province parmi les eunuques, parce qu'ils en héritaient.

Les revenus de l'empire sont partie en argent, partie en denrées ; le laboureur n'a pour lui que la moitié de ce qu'il recueille : chaque citoyen doit un tribut ; chaque année on mesure les champs, ceux-même des temples payent la taxe : tout est impôt, douane, défense, dit un auteur Chinois, il y en a sur les monts, sur les vallées, les rivieres, les murs, le sel, le fer, le vin, le thé, sur les toiles & les soieries, sur les passages & les marchés, sur les ruisseaux & les ponts : les diverses impositions réunies, montent selon les uns à 200 millions d'onces d'argent, selon d'autres à moins de 180 millions : elles se lèvent par des officiers qui rendent compte au trésorier général ou *Pu-ching-tse*, qui lui-même le rend au *Hupu*, qui est le conseil des finances, & n'est soumis qu'à l'empereur. Ces revenus sont employés à l'entretien des édifices publics, des magistrats, des mandarins, des troupes. Les soldats sont, dit-on, au nombre de 700 mille fantassins, & 200 mille cavaliers : ils font le commerce, exercent des métiers, cultivent des terres : chacun d'eux coute à l'empereur 30 livres par mois d'entretien : ils sont guidés par des mandarins divisés en 5 classes, qui sont ceux de l'arriere-garde, de l'aîle-gauche, de l'aîle droite, du corps de bataille, de l'avant-garde ; chacune dépend d'un bureau qui ressortit d'un tribunal dont le chef est le généralissime de l'état, il commande toujours l'armée, & dès qu'il y parait, les soldats se jettent à genoux devant lui ; ils sont divisés en corps de 10 mille hommes, & soudivisés en compagnies : on compte 18000 mandarins militaires : leur exercice ressemble à un ballet figuré ; ils forment des fleurs, des dragons, des tigres ; ils représentent la terre, la projection de la lune qui disent-ils sert de bouclier aux montagnes, & font des évolutions navales dont on ne peut comprendre le but. Ces troupes sont peu redoutables, malgré les guerres heureuses de Kien-long : il a sacrifié bien des hommes pour réussir : les Chinois sont timides, les Tartares amollis ; ceux-ci ont des enseignes jaunes ; ceux-là en ont de vertes : leurs armes sont le cimeterre, des dards ; tous n'ont pas encore des mousquets ; les premiers sont punis par le bâton, les seconds par le fouet. Ils connaissaient l'artillerie, & ne s'en servaient, ainsi que de la poudre, qu'à faire des feux d'artifice ; le pere Verbiest présenta 320 canons à l'empereur en 1681, & le bon pere, pour prévenir la superstition des Chinois qui auraient fait en mémoire de cet événement des sacrifices aux esprits de l'air, des montagnes & des rivieres, éleva un autel, y plaça un crucifix, & revêtu de l'étole

& du surplus, il se prosterna 9 fois, & imposa à chaque canon un nom de saint ou de sainte, en les baptisant dévotement. Un mur, des tours, des remparts, un fossé plein d'eau sont les seules fortifications des villes Chinoises; la grande muraille qui s'étend l'espace de 300 lieues, fait celle de l'empire; le tiers de ses habitans fut employé à la construire, & elle le fut en 5 ans: il y a quelque apparence qu'on ne fit que réunir les différens murs que les royaumes particuliers dont la Chine était composée avaient opposés aux incursions des Tartares: ici, il est de pierres, là de briques, ailleurs de terre: il est ruiné en bien des endroits, & partout défendu par des forts: la moindre ouverture laissée entre les pierres, était punie de mort; ce rempart est assez inutile: un autre mur, qui du nord de Pe-king s'étend jusqu'au de-là de la province de *Chan-si*, des monts inaccessibles, ses côtes dangereuses par des bas fonds, & par les ouragans, ses soldats défendent moins la Chine que la faiblesse des peuples qui l'environnent.

On prétend que long-tems avant la naissance de Jésus, les Chinois firent voile dans toutes les mers des Indes, à l'aide du compas, & qu'ils avaient découvert le cap de Bonne-Espérance: ce qu'il y a de certain, c'est que leur navigation est imparfaite & ancienne: ils navigent sur des vaisseaux plats à deux ou trois mâts, nommés *Chuen*: leur longueur est d'environ 100 pieds, leur forme est bisarre, la poupe, la proue en sont quarrées, les ancres de bois, les voiles inflexibles, & faites de nates de jonc; ils voguent avec lenteur, & sont presque toujours à sec, parce qu'ils sont enduits d'une gomme excellente: leur boussole est informe & de peu d'usage: ils n'ont aucune notion de la déclinaison & de la variation de l'aiguille aimantée; mais ils brûlent des pastilles devant elle, & lui offrent des vivres en forme de sacrifices; ils navigent aussi sur leurs canaux: leur hardiesse à le faire sur des torrens & des chûtes d'eaux est incroyable: ils ont des espèces de galères pour naviger sur les côtes, entre les îles, dans les rivieres, & une multitude de petits bâtimens: des familles, on pourrait dire des peuples entiers, vivent sur des barques, & forment des villes flottantes: de grands radeaux transportent le bois, & le sel.

Le commerce entre les diverses provinces de l'empire est considérable: l'une est riche en grains, l'autre en soie; celle-là en vernis, celle-ci en thé, en drogues médicinales: & elles échangent leurs richesses avec assez de facilité par le moyen de leurs canaux; l'intérêt, mobile puissant, surtout chez les Chinois, où l'honneur n'est rien, y met tout en activité: le commerce extérieur est peu de chose; on ne croit pas que la valeur des objets qu'il déplace, monte à 5 millions d'onces d'argent: les Chinois portent au Japon des drogues médicinales, des cuirs, du sucre, des étoffes de soie, des bois odorans; ils en rapportent des perles, du cuivre, de l'or, du tombac, de la porcelaine, des ouvrages de vernis, des lames d'acier: ils portent à Siam, aux Philippines de la soie, du thé, de la porcelaine, des habits, & les échangent contre des piastres; avec les Hollandais de Batavia, ils commercent en thé, porcelaine, feuilles d'or, drogues, ustenciles de cuivre jaune, & en tirent des piastres, des épiceries, des écailles, des bois de Sandal & de Bresil, des agathes, des draps: le commerce des Européens y est réduit à peu de chose; la porcelaine qu'ils font, a fait tomber celle de la Chine: leurs marchandises à leur tour n'y sont plus recherchées. Le port de Canton y est leur seul entrepôt. L'or est marchandise à la Chine, & sa proportion avec l'argent est comme 10 à 1 : l'argent monnaié n'est pas frappé au coin ; il est fondu en lingots qui se coupent en pièces dont le poids régle la valeur ; il est de l'argent le plus fin : l'habileté des Chinois est singuliere pour le reconnaître : la monnaie d'or & d'argent y ferait pulluler les faux monnaieurs ; le cuivre seul est frappé. Dans des nécessités pressantes, ils se sont servis du papier comme d'une monnaie : ces billets munis du sceau impérial, sont encore très-recherchés pour les suspendre à la principale poutre de leurs maisons, comme un préservatif contre toutes les disgraces ; ils sont toujours munis d'une petite balance qui ressemble à la romaine : leur livre se divise en 16 Lyang, le Lyang, en 10 Tsyen, le Tsyen en 10 Fuen, le Fuen en 10 Li : les fractions décimales s'étendent plus loin encore, lorsqu'il s'agit d'or ou d'argent : leur pied se divise en 10 pouces, leur pouce en 10 lignes ; ils ont 4 sortes de pieds : leur Lis est la 8° partie de la lieue commune.

Les livres classiques, ou canoniques des Chinois contiennent la morale, les loix & l'histoire de leur empire : ils se reduisent au nombre de cinq : l'un attribué à Fohi est symbolique, & chacun l'explique à son gré. Confucius y trouva de sublimes instructions, parce qu'il avait l'ame élevée : le second contient l'histoire décousue des premieres Dynasties, & on l'appelle Chu-King : le Chi-King n'est rempli que d'odes & de chansons ; le Chun-tsin raconte ce qui s'est passé dans les différens royaumes qui forment l'empire avant qu'ils y fussent réunis : le Liki est un recueil de loix, de devoirs & de cérémonies de la vie civile : à ces livres on joint ceux de Confucius, ou Kong-fu-tse, qui 800 ans avant l'ère chrétienne, prêcha la religion naturelle, & enseigna par ses discours & son exemple à être juste pour être heureux ; sa mémoire est encore chere & respectable aux Chinois; sa postérité, & celle de l'empereur régnant, sont les seules de l'empire où la noblesse & les distinctions se perpétuent : dans toutes les autres, les titres, les distinctions ne passent point aux enfans : c'est toujours un lettré de cette race qui est gouverneur de *Kio-feou*, patrie de ce philosophe.

La langue Chinoise a plus de lettres que de mots : on en compte 80 mille, & il faut être bien savant pour en savoir la moitié : chaque lettre est un mot, les primitifs sont au nombre de 62 : selon qu'un mot est prononcé, chacun d'eux prend dix à douze significations différentes : joints deux à deux, ils prennent des caractères différens, & la prononciation en diversifie encore le sens : joints trois à trois il en est de même, &c.

Le pouvoir des peres est absolu, & dure autant que leur vie : une mere même peut faire donner la bastonnade à son fils, en quelque haut rang qu'il soit élevé : les loix pénales y sont douces en général; cependant il en est de bien cruelles & de bien injustes ; telle est celle d'envelopper dans la punition d'un coupable toute sa postérité jusqu'à la huitieme génération : divers supplices y sont en usage : le bâton est le plus commun, le plus barbare est d'écorcher & de dépécer lentement le criminel : on s'y sert de la question : le bourreau y est un homme respecté. Sous le regne de Chun, dit l'empereur *Ouen-ty* dans un de ses édits, un bonnet coloré, des habits extraordinaires, étaient la punition des coupables, & l'homme n'osait violer la loi ; & maintenant que la loi condamne aux supplices, les crimes ne tariffent pas. Les prifons y font fpacieufes & propres : les courtifanes y font écartées & tolerées.

Dans un grand état, les meilleures loix ne réforment que l'extérieur. A la Chine tout eft ordonné, le cœur n'y dicte rien, on ne peut rien y dicter, & on femble moins y obéir aux loix qu'à la fervitude même : veut-on faire une vifite ? les préparatifs, l'heure font marqués ; les pas, leur nombre, leur viteffe, le falut, la pofition des bras, la maniere de s'affeoir, de cracher, &c. tout eft fixé ; tous les difcours font dictés. La face générale de l'empire reffemble à fes chemins : ceux qui font plus fréquentés font beaux & bien alignés ; les autres font fales & négligés. On y eft fi cérémoniel qu'on y a vu l'empereur *Kien-long*, n'ayant point vifité avant fa mort *Tchaou-hoéi*, général à qui il devait fes fuccès contre les Eleuths, & des conquêtes à 600 lieues de la grande muraille, haranguer fon cadavre affis fur un fauteuil, & fa harangue ridicule a été recueillie comme digne d'un grand prince. Les Chinois repétent fouvent la maxime de Confucius : *ne fais à autrui que ce que tu veux qu'il te foit fait*, & ils ne laiffent jamais échapper l'occafion de tromper (*). La loi leur prefcrit en tout la modération, & fous un air grave & froid, ils

---

(*) On y parle d'humanité, de juftice, d'amour paternel, & les femmes y font efclaves, la jaloufie les eftropie : on y vend fa famille entiere ; on y fait périr les enfans, ou en les jettant dans la riviere attachés à une courge vuidée qui les foutient & prolonge leur agonie, ou en les expofant dans les rues, où ils font quelquefois foulés aux pieds des chevaux & des mulets ; s'ils en échappent, on les porte dans une foffe ouverte, où les chiens ou les porcs fouvent les dévorent.

conservent dans leur cœur la haine & la vengeance toute leur vie : on a vu des Pirates Chinois tuer les hommes pour calfater leurs vaisseaux avec leur sang ; ce peuple doux a donné seul un tel exemple : on y voit tous les habitans d'une province courir au devant du mandarin qu'il a plû à l'empereur de nommer ; on lui rend les plus grands honneurs, & on peut dire aussi les plus ridicules : ils disent tout haut que c'est le Dieu, le pere de la province qui arrive, & tous bas ils répétent que chaque fois que l'empereur nomme à une dignité, c'est un voleur & un chien affamé qu'il lâche sur son peuple : ce bon pere y vient pauvre, trois ans après il retourne chargé d'un million d'écus. Ces gouverneurs sont autant de comédiens ; leurs discours publics sont loin de ressembler à ceux qu'ils tiennent en secret, & d'annoncer les actions qu'ils méditent.

Il y a quatre religions dominantes à la Chine ; la plus ancienne, à ce que l'on prétend, est celle que Confucius y rétablit (*) : elle enseigne un être suprême, principe de toutes choses, appellé *Tien* ou *Chang-ti* ; la création, l'immortalité de l'ame sans en donner des idées claires ; elle fait vénérer des esprits inférieurs qui président aux montagnes, aux rivieres, aux villes : elle ne parle point des

(*) C'est au moins ce que disent les missionnaires Jésuites ; mais il y a bien apparence qu'ils ont mal vu : l'ancienne religion consistait en des sacrifices sanglans : l'empereur, un grand-prêtre qui n'existe plus & qu'on nommait *Tai-cheling* venaient ensemble sur des montagnes & y immolaient des victimes : on a long-tems sacrifié sur la montagne de *Tai-chan* dans le Chan-tong, regardée par les Chinois comme la plus haute de ces contrées, & où l'on voit encore, dit-on, des inscriptions antiques.

récompenses de l'autre vie. La secte de *Tau-tsé* dont Lau-Kyun ou Lau-tse est le fondateur, est la seconde de ces religions : ses principes ont quelque ressemblance à ceux d'Epicure, & plus encore au culte lamique du Thibet, il prèchoit l'inaction & l'indolence ; se borner au présent, est selon lui la vraie sagesse : les prestiges, la magie, la pierre philosophale, sont des objets de recherches pour ses docteurs : ils prétendent avoir découvert le breuvage de l'immortalité : ils sont amateurs de fables absurdes & merveilleuses, & il faut déja l'être pour embrasser une doctrine & reconnaître pour chef un héros très-absurde. Son pere, vieux laboureur, âgé de 70 ans, épouse une femme qui en a 40. Cette femme, en un lieu solitaire, devient enceinte tout-à-coup par la vertu vivifiante du ciel & de la terre : sa grossesse dura 80 ans ; errante & chassée, elle accoucha sous un prunier par le côté gauche, d'un fils qui avait les sourcils & les cheveux blancs, &c. De bons moines ont cru que ce vieil enfant connaissait le mystere de la Trinité ; fondés sur ce passage d'un de ses écrits : *un a produit deux, deux ont produit trois, trois ont produit toutes choses;* & sur celui-ci : *celui qui est visible & ne peut être vu s'appelle Khi ; celui qu'on peut entendre sans qu'il parle à l'oreille, Hi ; celui qui est comme sensible & qu'on ne peut toucher, Ouci : en vain vous interrogez vos sens sur tous trois, votre raison seule peut vous en parler, & elle vous dira qu'elles ne sont qu'un.* La troisieme religion est celle de *Fo* ; elle s'introduisit à la Chine 65 ans avant J. C. L'empereur *Ming-ti*, dit-on, se rappella ce passage de Confucius : *le saint doit paraitre du côté du couchant* : il envoya chercher ce saint, on lui apporta de l'Inde l'idole de *Fo* ou *Fué*, avec les fables, les superstitions, la métempsicose que ce saint enseigna durant sa vie, & l'athéisme qu'il prêcha, dit-on, encore avant de mourir : " il n'y a d'autres „ principes de toutes choses, disait-il, que le vuide „ & le néant : tout en est sorti, tout y doit ren- „ trer : telle est la fin de toutes nos espérances ". La mere de cet homme-Dieu vit un éléphant blanc & devint subitement enceinte : elle accoucha aussi de Fo par le côté gauche : l'enfant se tint debout au moment de sa naissance, fit sept pas, & montrant le ciel d'une main, la terre de l'autre, il s'écria : *au ciel & sur la terre, il n'y a que moi qui mérite d'être adoré* : à dix-sept ans il eut trois femmes, à dix-neuf il les abandonna : à trente ans il fut Dieu ou Pagode : les tableaux de ses miracles forment plusieurs grands volumes ; il mourut à septante-neuf ans, était né, dit-on huit mille fois, & avait été successivement singe, dragon, éléphant, &c. On l'adore sous les figures les plus bisarres, & la fabrication de ces magots occupe une multitude de potiers : chaque année on en ajoute de nouvelles : on a vu une pagode à Pekin qui en renfermait près de dix mille, & chaque Chinois en a un certain nombre chez lui : mais ces idoles ne sont pas toujours respectées ; si on les prie en vain, on leur crache au visage, on les attache, on les traine par la boue, on leur reproche l'encens, les sacrifices, la dorure qu'on a employé pour eux : on a vu des Chinois se plaindre aux tribunaux de l'inutilité de leurs prieres & faire bannir l'idole : si l'on est ensuite exaucé, on leur fait des excuses, on leur promet plus de dorure & d'encens. Les bonzes, ou les prêtres de Foë sont très-nombreux & très-méprisables : ils vivent d'aumônes & de superstition ; si le pauvre se bat la tête contre les murs pour inspirer la pitié, un bonze se hérisse de clous qui le blessent pour les vendre cher : ils savent tirer avantage de craintes absurdes qu'ils inspirent : qu'une maison s'éleve & présente un coin à celles qui l'avoisinent, tout y est en rumeur; le jour on s'agite, la nuit on veille, on met en usage la magie de Tau-tse ou Tao-ssé, les exorcismes des bonzes, & un dragon est placé les yeux tournés contre le coin fatal pour en détourner les redoutables influences. Leur pouvoir a été très-grand; on a vu l'empereur *Kao-tsou* descendre du trône pour se faire novice dans une bonzerie : aucun lien ne les attache à l'Etat, mais comme il n'y a point de prêtres, il a bien fallu qu'il y eut des moines : ils appauvrissent le peuple qu'ils trompent: on dit que dans une persécution qu'ils essuierent, on leur détruisit plus de quarante-quatre mille monasteres : ce nombre cependant paraît exagéré. La quatrieme religion est celle des nouveaux commentateurs des anciens livres canoniques, ou la secte de *Ju-kau*; on ne sait pas trop bien leurs opinions, & l'on entend moins encore ce que l'on en sait : ils pensent que le *Tai-ki*, ou premiere cause est à l'égard des autres êtres, ce que le faîte d'une maison est à l'égard de tout l'édifice, qu'il sert à lier ensemble & à conserver toutes les parties de l'univers : qu'en repos, il produit l'*yn* matiere grossiere & sans mouvement, que s'il agit, il produit l'*yang*, matiere subtile, toujours active ; que de leur mélange sortent les cinq élémens, &c.

Les Tartares ont amené le culte de Lama à la Chine : leurs prêtres ne s'appellent pas bonzes, mais lamas ; c'est à leur grand prêtre, non à Foë qu'ils adressent leurs hommages, & c'est là la plus grande différence qu'il y ait entre les opinions des

Tartares

Tartares & des Indiens. Nous avons parlé ailleurs de cette religion.

Les Juifs ont une Synagogue à *Kai-fong-fou*, capitale du Honan: on dit qu'ils ont pénétré à la Chine 206 ans avant J. C. on leur y donne le nom de *Tyau-Kin-Kyau*, gens qui s'abstiennent de sang : leur colonie fut autrefois assez nombreuse ; au commencement de ce siecle, elle ne consistait plus qu'en 7 familles ; leurs opinions, leur culte, leurs livres saints n'ont point changés. La synagogue ressemble à une église ; elle est divisée en 3 nefs ; la table des parfums, & le pulpitre de Moïse sont dans celle du milieu : on y trouve une cassolette pour encenser, des petits tabernacles, des candelabres.

Les Mahométans s'établirent à la Chine vers l'an 636 de l'ère chrétienne, selon les uns, & en 1120 selon les autres ; ils sont répandus dans plusieurs provinces ; ils ne cherchent point à s'étendre, & on les laisse en paix.

On dit qu'on y prêcha le christianisme dans le 8e siecle, des Nestoriens l'y porterent. Si on l'y prêcha alors, ce fut sans fruit ; on ne le connaissait pas lorsque les Jésuites y pénétrerent en 1581. Leur adresse, leurs talens leur donnerent de grands succès ; leur ambition, leur inquiétude, la haine ou la jalousie des autres moines contr'eux, ont rendu leurs succès inutiles : en 1723 on détruisit 300 églises, & tous les missionnaires furent renvoyés à Canton : quelques-uns seulement ont été gardés à la cour comme mathématiciens : on y a compté jusqu'à 120000 chrétiens.

Il y a encore à la Chine des Parsis, des Manis ou Manichéens, des Maïrha & des Silipan qu'on croit être des sectes d'anciens chrétiens, des Bramines, des *Yeli-Kaoven*, &c.

Tome IX. G

Les Chinois ont un grand nombre d'usages assez singuliers. L'homme achete en quelque maniere sa femme ; des entremetteuses règlent les conditions : le mariage se fait à table : une tasse de vin dans laquelle les époux boivent tour-à-tour est le sceau de leur union : le divorce y est rare, quoique permis pour un grand nombre de cas : on peut renvoyer sa femme si elle est jalouse, ou désobéissante, ou babillarde : si elle fuit de sa maison, son mari peut la vendre : l'empereur peut avoir autant de femmes qu'il veut, les particuliers ne sont pas même astraints à n'en avoir qu'une : la majesté de l'homme est d'avoir un ventre énorme, la beauté de la femme est d'avoir le corps très-fluet : les souhaits les plus innocens sont en elle une indécence ; elles sont réduites à des réverences muettes. Les mandarins se laissent croitre les ongles ; c'est à ses griffes qu'on connait l'homme riche & respecté : les femmes ont aussi des griffes qu'elles recouvrent d'un étui pour les conserver : le blanc y est la couleur du deuil : on le porte trois ans pour son pere, ou son époux, & 16 ans pour sa mere : le fils pendant le deuil doit tous les jours porter un plat de riz ou de viande aux manes de ses parens, & s'interdire toutes les affaires publiques : les Tartares ont réduit ce deuil à 100 jours : c'est un point d'honneur que d'avoir un beau cercueil : on a vu des hommes se vendre pour se procurer un cercueil verni & doré : on dépose les corps dans des grottes élevées dehors les villes sur des collines environnées de bois de cyprès.

L'habillement des Chinois annonce leur gravité : il consiste en une longue robe, à larges & longues manches, dont un pan se replie sur l'autre, attachée par des boutons d'or ou d'argent, & environnée d'une ceinture dont les bouts pendent, & à laquelle on attache un étui qui renferme une bourse, un couteau, & les deux bâtons qui leur servent de fourchettes : leurs hauts-de-chausse sont de satin ou de toile : sur leur tête est une touffe de cheveux tressée, surmontée d'un petit chapeau en entonnoir, ombragé par du crin rouge ou de la soie : à leurs pieds sont des bottes de soie, de calico ou de cuir de cheval : les femmes sont modestes, vêtues d'une longue robe rouge, bleue ou verte qui ne laisse voir que leur visage : leurs cheveux sont frisés en boucles, entremêlés de touffes d'or ou d'argent, surmontés quelquefois de la figure d'un oiseau, dont la queue s'élève en aigrette, les ailes s'étendent sur les tempes, le corps est sur le front, & la tête est suspendue sur le nez : elles se frottent pour se blanchir d'une pâte qui les ride.

C'est à la Chine qu'on inventa l'art de filer la soie : les meilleures étoffes se fabriquent à Nan-King : on y fait des damas, des satins unis, rayés ou à fleur, ou ornés de différentes figures, des taffetas à fleurs évidées, rayés, jaspés ou flambés, des velours, des brocards, des gazes : on les dore, on les argente : on fait des étoffes de coton pour le commun peuple, on les peint en bleu ou en noir : on fait avec la laine des couvertures, & un drap brun. La porcelaine est composée de deux sortes de terre, préparées quelquefois avec une espèce de petrole, ou de bitume : on les purifie, on les mêle, remue, pétrit jusqu'à ce que le mélange durcisse : une roue lui donne sa forme, le ciseau sa perfection, le feu sa dureté, le vernis son éclat : on en fait divers ouvrages qu'on peint ou barbouille de figures hideuses : les plus beaux viennent de King-te-ching, village de la province de Kiangsi, & où l'on compte près d'un million d'habitans ; le jour, ce village paraît toujours couvert d'une fumée noire & épaisse ; la nuit il ne paraît qu'une masse de feu. L'encre de la Chine est connue : elle est composée de noir de fumée, d'huile & de musc : on le diversifie à son gré ; le papier y est fait de la seconde écorce du bambou, & de quelques autres arbres mêlés avec le coton : on le prépare à-peu-près comme en Europe ; on trempe chaque feuille dans de l'alun qui lui donne de l'éclat. Les Chinois n'écrivent pas, ils peignent avec le pinceau, & le font avec propreté & délicatesse. On a dit qu'ils avaient connu l'imprimerie 600 ans avant Jésus-Christ, c'est une exagération : quelques Chinois avouent qu'ils ne l'ont connue que 50 ans avant notre ère ; les annales de l'empire disent qu'elle ne fut inventée que sous le regne de *Ming-tssung*; qui ne monta sur le trône qu'en 926 ; le pere Trigaut dit qu'on ne peut prouver que les Chinois aient fait quelque édition avant l'an 1100 : d'ailleurs il est très-probable qu'ils ont reçu des Indes l'art d'imprimer la toile, & de l'art d'imprimer des figures sur la toile à celui d'imprimer des caractères sur le papier, le passage est facile, puisqu'à la Chine l'un se fait de la même maniere que l'autre : on y connaît aujourd'hui les caractères mobiles, mais la langue ne permet pas de s'en servir : on ne doit pas croire que le peuple en général y soit instruit : on ferait 20 journées de chemin, dit le pere *Ko*, avant que de trouver quelqu'un qui fut raisonner de philosophie, de finances, d'éducation : on n'y lit que des bagatelles ; un livre d'érudition écrit avec la gravité qu'exige le sujet, ne pourrait y être imprimé, & n'y serait lu de personne. On n'y a point de caractères arithmétiques ; mais les Chinois se servent pour calculer d'une espèce de cadran divisé par des fils d'archal, dans chacun desquels glisse une petite boule : cette méthode est d'un usage assez resserré ; on y peut faire les 4 regles, & rien de plus : la géométrie est la seule partie des mathématiques qu'ils connaissent, & ils la connaissent peu : on peut douter, qu'avant Pythagore, un de leurs empereurs ait trouvé la propriété de l'hypotenuse du triangle-rectangle, comme on le dit : l'astronomie y est plus cultivée : ils ont une carte céleste, où le nombre, la situation, la déclinaison des étoiles sont assez bien déterminées ; ils connaissent les mois solaires & lunaires, les révolutions des planettes ; mais ils calculaient assez mal les éclipses, & aujourd'hui encore, il leur faut des Européens pour avoir un almanach exact : ils y ont mêlé les superstitions de l'astrologie ; & rarement ils entreprenaient des choses importantes, sans faire consulter les astres ; ils se servent de cadrans solaires, mais avant l'an 1560 ils n'en avaient point de bons. Leur jour commence à minuit, chacune de leurs heures en vaut deux des nôtres, & a son nom particulier. Leur géographie ne s'étendait pas au-delà de leur empire : le reste du monde était divisé en 72 royaumes qu'ils plaçaient au hazard, comme autant de petites iles dont leurs murs étaient entourés & habités par les monstres les plus bizarres : en 1668 on écrivit à l'empereur ; *nous avons vérifié que l'Europe consiste en deux petites iles au milieu de la mer.* Ils sont un peu plus instruits aujourd'hui. Ils ignoraient toutes les merveilles de l'optique : ils ont perfectionné l'art de la cuisine : ils aiment surtout la chair de porc, de vieille jument, les nids d'oiseaux, les nerfs du cerf, les pattes d'ours : leur médecine est bornée ; ils prétendent connaitre toutes les maladies par le pouls ; ils n'ont point d'anatomie, & appellent la saignée le remède des Barbares : presque tous leurs remèdes sont des mélanges d'herbes, de racines, de fruits; les rhumatismes, la goute y sont rares, les maux des yeux très-communs ; l'inoculation de la petite verole y est connue & pratiquée : la chymie n'y est pas même dans son enfance, à moins qu'on ne veuille appeller *chymie* la composition du breuvage de l'immortalité, qui parait avoir été, si l'on en juge par les effets, un poison assez violent : c'est depuis Kang-hi seulement qu'on y fabrique le verre, si on en refuse le nom au *Licou-li* qui est flexible, mais n'a pas la pureté, la transparence de notre bon verre, & moins encore de nos glaces. La poësie y consiste dans une certaine relation de sens & de rimes : celle qui n'est point rimée est un assemblage d'idées bizarrement opposées : leur éloquence, leur réthorique n'est ni simple, ni naturelle ; des figures enflées y paraissent admirables : on a beaucoup parlé de leurs sept historiens, de ceux de la droite & de la gauche, de leur maniere d'assembler leurs matériaux, & d'en faire usage : cependant après avoir lu leurs histoires mêmes, on les a moins estimées : le stile en est empoulé, les faits y sont liés à des fables ; on n'y reconnait point ce que l'homme est, ce que peut la nature ; les leçons en sont peu utiles, parce qu'elles sont toujours au-delà, ou en deçà de ce qu'elles devraient être. Leur musique est monotone, & n'a qu'une partie ; ils ignorent l'art de noter des airs, à peine mérite-t-elle le nom de musique, & ils l'admirent : ils l'appellent le lien de la terre au ciel : ils font des instrumens avec une pierre qui résonne comme le métal : leur peinture doit son principal mérite aux belles couleurs que la nature prodigue en Asie : ils savent peindre des monstres, parce qu'il faut peu de génie pour y réussir ; mais ils ne savent pas deſſiner; ils ne connaiſſent pas la perſpective, les lignes fuyantes, les effets de la lumiere; leurs payſages n'ont ni point de vues, ni lointain; leur art n'eſt qu'une routine: leur ſculpture reſſemble à leur peinture; elle lui eſt peut-être ſupérieure par la correction du deſſein, & l'exécution des bas-reliefs; ils ignorent la gravure en taille-douce, celle en pierres fines y eſt très-ancienne, & aſſez imparfaite.

Leur architecture eſt encore bien inférieure à celle d'Europe; leurs arcs de triomphe ou *Pai-leou* ont des colonnes à baſes unies, ſans moulures, ſans ornemens; elles n'ont ni chapiteaux, ni corniches; leur friſe eſt giganteſque, & remplie de figures d'hommes, d'oiſeaux, de fleurs, liées par des cordons en ſaillies & vidés; leurs temples ſont des tours terminées en dôme: leurs maiſons ne ſont pas conſtruites avec ſolidité; l'art y eſt ſans regles; il n'y eſt qu'une routine: d'énormes piliers ſur leſquels on a couché de longs quartiers de pierre, forment le plus magnifique de leurs ponts; il en eſt de fermés par des chaînes de métal, ou par de gros cables; celui que peint le pere Martini, & qu'il appelle le *Pont volant*, ſerait plus hardi qu'admirable s'il exiſtait: une arche appuyée à deux montagnes, haute de 750 pieds, longue de 600, le compoſait; mais Martini ne l'a point vu, & il eſt le ſeul qui en ait parlé; Kircher n'a fait que le copier. Ils ont creuſé un grand nombre de canaux dans leur empire: les plus beaux ſont revêtus de marbres ou de briques: ils ſont traverſés par des ponts à pluſieurs arches, & qui ont la forme d'un angle obtus: on y monte par des degrés, on en deſcend de même: les bâteaux paſſent ſous l'arche du milieu plus élevée que les autres: de ces grands canaux en partent de plus petits qui portent autour d'eux, le commerce & la fertilité : pour éviter les inondations, on a tracé des rigoles qui se ferment, ou s'ouvrent par des traversiers de bois ; on y connaît mal l'art des éclufes. Le canal *Yun-ho*, ou canal royal, traverse l'empire du nord au sud : il est formé par la jonction de plusieurs rivieres, & par lui on peut voyager l'espace de 600 lieues, de Peking aux extrêmités de l'empire : il est l'ouvrage de l'empereur Tartare *Koublai*, prince qui instruisit les Chinois, & dont ils n'honorent pas la mémoire. Parmi les grands chemins, il en est de 80, & de 100 pieds de large, bordés de banquettes, ombragés d'un double rang d'arbres : de distance en distance on y trouve des espèces de grottes, où les passans se reposent, & de petites tours de terre où veillent quelques soldats.

La Chine est appellée *Katay* par les Tartares : ils lui donnent aussi le nom de *Nikan-horou* ou de royaume des Barbares ; les marchands de l'Inde l'appellent *Katayc*, & au Bengale on la nomme *Chin*, les Chinois l'appellaient *Tay-min-que*, ou le royaume de la grande splendeur, ou *Tay-tsing-que*, le royaume de la grande pureté, ou encore *Tyen-hya*, royaume contenant tout ce qui est sous le ciel. On y compte environ 1500 villes, parmi lesquelles il en est 167 du premier rang, & 230 du second, un grand nombre de bourgs & de villages, surtout dans les provinces du midi ; car celles du nord renferment de vastes solitudes, où vivent des bandes de tigres, où errent des hordes d'hommes sauvages qu'on y nomme *Mau-lao*, ou rats de bois. (†)

(†) Nous ne parlons que de la Chine proprement dite, & non des acquisitions & des conquêtes sur lesquelles son empereur étend son autorité.

En général les villes s'y reſſemblent : leur forme ordinaire eſt quarrée, & ont l'apparence d'un camp ; les édifices publics ſont des tours rondes, exagones, ou octogones, des arcs de triomphe, des temples conſacrés à des magots, ou à la mémoire d'hommes célebres : elles ont un grand nombre de places, de rues très-larges, d'autres plus étroites, toutes bordées de maiſons qui n'ont que le rez-de-chauſſée, ou un étage : les boutiques ſont ornées de porcelaine, de ſoie, d'ouvrages verniſſés : les maiſons des cantons écartés ſont de terre, & couvertes de joncs. Devant chaque porte, dans les villes, eſt une grande enſeigne peinte ou dorée, portée ſur un piédeſtal, où l'on a deſſiné le nom de quelques marchandiſes, & celui du marchand, avec ces mots *Pu-hu*, qui ſignifient pour celui qui y entre une premiere fois, *il ne vous trompera point* ; & pour celui qui en ſort ; *il ne manquera point de vous tromper*. Cet amas de piedeſtaux & d'enſeignes n'eſt pas ſans agrémens.

La Chine eſt diviſée en 15 grandes provinces, dont quelques-unes ont renfermé deux ou trois royaumes : trois ſont au nord, cinq touchent à la mer, trois ſont au couchant, quatre au centre ; nous commencerons à décrire les premieres. Pour abréger, nous retrancherons le mot *Fu* qui diſtingue les villes du premier ordre, celui de *Cheous* ou *Chen* qui diſtingue celles du ſecond, celui de *Hyens* qui annonce celles du troiſieme ordre.

Province de Pe-che-li.

On la nomme auſſi *Che-li* & *Li-pa-fu* ; ſa forme eſt triangulaire ; elle a 48 lieues de long & 39 de large ; bornée au nord par la grande muraille, par la mer à l'orient, elle a au couchant la province de Chan-fi, & au midi celles de Chan-tong & de Honan. Quoique située fous les mêmes latitudes que les parties méridionales de l'Italie & l'Efpagne, quoique l'air y foit affez tempéré, les rivieres y font gelées pendant quatre mois : le ciel y eft rarement couvert de nuages : il n'y pleut prefque point, excepté dans les mois de Juillet & d'Août : la rofée y eft abondante : une pouffiere très-fine y pénétre dans les maifons les mieux clofes, & y attaque les yeux, fi on ne les en garantit par un voile mince : le fol en eft uni, fablonneux, nitreux, peu fertile, peu coupé de canaux, les rivieres qui l'arrofent font poiffonneufes ; on y trouve d'excellentes écreviffes : le froment, le millet, le riz y profperent : ce dernier y croît fans être toujours inondé & en eft plus difficile à cuire : les légumes, les fruits y font abondans ; le bois y eft rare : il y a beaucoup de beftiaux : parmi les animaux qu'elle nourrit, on remarque un chat à long poils, dont les oreilles font pendantes. Deux de fes montagnes fur-tout, renferment beaucoup de charbon de terre : fes habitans font groffiers, robuftes, & les moins poltrons des Chinois : le féjour de l'empereur y attire prefque toutes les richeffes de l'empire. On la divife en neuf cantons, qui chacun ont pour capitale une ville du premier rang : on y compte 130 autres villes qui dépendent de celles-là, & parmi elles il en eft 20 du fecond rang.

Chun-tyen ou *Pe-king*, (cour du nord), eft la capitale de tout l'empire : on la divife en deux parties ; l'une eft le *Lan-ching*, ou vieille cité, habitée par les Tartares qui fe la firent céder par les Chinois, lorfqu'ils conquirent la Chine ; l'autre eft le *Sin-ching*, ou cité neuve, habitée par les Chinois : c'est dans la premiere qu'est situé le palais impérial : toutes les deux ensemble forment un quarré de six lieues : Paris n'a, disent les missionnaires, que le quart de sa surface ; mais les maisons de Pe-king n'ont qu'un étage, ses rues sont plus larges, ses palais vastes sont presque déserts ; le bas peuple est accumulé dans ces petites maisons : des exagérateurs ont fixé le nombre de ses habitans à six millions ; le Pere le Comte le réduit à deux millions ; peut-être ne se tromperait-on point en retranchant encore le quart de ce nombre : chacune des deux villes est divisée en cinq quartiers, elles sont ceintes d'un mur, garnies de corps-de-garde, de tours plus ou moins grandes, & d'un fossé sec, large, profond, entretenu avec soin : on y compte neuf portes ; elles sont élevées, voutées, & soutiennent un pavillon à 9 étages garnis de fenêtres & d'embrasures : au devant de chacune est une place d'armes. Parmi les rues, il en est une d'une lieue de long, sur 120 pieds de large, on l'appelle *Chang-ngan Kyai*, rue du repos perpétuel ; les autres sont plus étroites, & vont du levant au couchant : elles sont toujours remplies d'une multitude d'hommes, de chevaux, de bestiaux, de voitures : les grands se font précéder d'un cavalier pour s'ouvrir un passage : les édifices publics sont ordinairement assez simples & les palais mesquins : ceux où les tribunaux s'assemblent, se distinguent par de grandes tours, ou des portes massives ; il y a quelques temples magnifiques ; celui du ciel est ceint d'une muraille circulaire dont la circonférence est d'environ 400 pas géométriques : l'espace qu'elle renferme est remplie par de beaux édifices, & par un bosquet de grands arbres toujours verds, qui y répandent une ombre épaisse : on y entre par un portail à cinq arches, dont deux font toujours ouvertes, & les autres ne s'ouvrent que pour l'empereur, lorsque dépouillé de fa robe jaune, couvert de damas noir ou bleu célefte, il vient facrifier au ciel dans une vafte falle circulaire, foutenue par 82 colonnes (*), & vernie d'or & d'azur : on immole fur l'autel des taureaux, des porcs, des chevres, des brebis, avec beaucoup de pompe & d'humilité : le temple eft couvert de tuiles vernies en bleu : le temple de la terre l'eft par des tuiles vertes : c'eft dans l'enclos de celui-ci, qu'après fon couronnement, l'empereur revêtu d'une robe de laboureur, prend les cornes d'une charrue vernie en rouge & or, traînée par des bœufs dont les cornes font dorées, & laboure, tandis que l'impératrice prépare fon dîné qu'ils mangent enfemble : dans le temple de tous les rois paffés, on voit un grand nombre d'appartemens, de cours & de falles : une de ces dernieres eft très-ornée : fur des trônes très-riches, font placées les ftatues des empereurs depuis *Fo-hi* : ce temple eft décoré d'arcs de triomphe & de portes majeftueufes : on ne peut en approcher à cheval ou en litiere : il faut traverfer fa façade à pied : il en eft un encore dédié au génie protecteur des murs. Pe-king a un obfervatoire élevé par le Tartare Koublaï-kan : près du logement des aftronomes, s'élève une tour quarrée qui fe joint au mur de la ville, & la furpaffe en hauteur de 10 à 12 pieds : fon fommet eft une plate-forme entourée de degrés de marbre, où étaient difpofés des inftrumens négligés aujourd'hui, parce

---

(*) Cette falle, felon d'autres Auteurs, n'eft qu'une tente qu'on dreffe pour la cérémonie, & qu'on abat quand elle eft terminée.

qu'ils font imparfaits : les Jéfuites y en ont fubftitués d'autres mieux exécutés fans l'être avec une grande exactitude : il fallut un ordre de l'empereur pour engager les Chinois à fe fervir de ces inftrumens modernes : parmi les anciens eft un cadran folaire. C'eft au centre de l'ancienne ville, qu'eft le palais impérial : il forme un quarré long, divifé en deux parties, l'extérieure & l'intérieure diftinguées par un mur ; il a près de deux lieues de circonférence ; le mur qui l'entoure eft rougeâtre en dedans, couvert de briques verniffées & couleur d'or au-deffus ; il eft percé par quatre grandes portes où veillent des gardes, & chacune eft compofée de trois autres, dont celle du milieu ne s'ouvre que pour l'empereur : nul aveugle ou boiteux, nul homme difgracié de la nature, n'en doit approcher : au dedans font plufieurs palais fpacieux, ornés avec magnificence : vers la partie du couchant eft un lac de plus d'une lieue de tour, rempli de poiffons ; on le traverfe fur un pont, dont les extrèmités font décorées d'arcs de triomphe ; de petites maifons s'élevent fur fes bords, où font difperfées de jolies barques. L'intérieur du palais eft habité par des eunuques, & on y en a compté 10 à 12 mille ; mais les empereurs Tattares en ont expulfé la moitié : ils y vivent occupés aux plus vils emplois, fous des princes actifs & courageux ; mais ils s'élevent aux premieres dignités dès que l'empereur eft faible, efclave lui-même du repos & des plaifirs : les officiers de fa maifon, les mandarins des tribunaux qui s'y affemblent, peuvent feuls entrer dans l'enceinte intérieure qu'environne encore un foffé profond & poiffonneux qu'on paffe fur des ponts tournans : il y a divers beaux ponts fur une petite riviere qui arrofe cette enceinte : on y trouve différentes cours bordées de chambres, de grandes salles ornées par des colonnes à chapiteaux dorés, vernies en vermillon d'un côté, d'or & d'azur de l'autre : différens escaliers conduisent à la salle impériale ; l'un n'est que pour le prince, deux autres pour les mandarins, deux pour les eunuques & les officiers du palais : c'est-là, qu'assis sur un trône, l'empereur reçoit les hommages des grands de son état : l'une des cours a dans son centre une tour de cuivre doré, haute de 15 pieds, ayant ses portes & ses fenêtres, ornée de figures gravées : les édifices qu'habitent le prince & ses femmes, empreints par-tout de figures de dragons, qui se retrouvent sur les meubles, les habits, la porcelaine, prennent le nom des cieux, & il y en a douze pour répondre aux douze signes du zodiaque : de loin il présente un aspect singulier par les tours & tourelles qui le décorent : dans un parc voisin des appartemens, on trouve des sangliers, des ours, des tigres, d'autres animaux encore : vers son milieu on a élevé à force de bras cinq petites collines couvertes d'arbres, dont le pied est environné d'une espece de piédestal qui sert de gîte aux lievres & aux lapins qui les peuplent : près d'elle est un bois : des daims, des chevres y bondissent, & viennent de là errer sur les collines : mille oiseaux y font entendre leurs chants. Tout le palais est brillant de sculptures, de vernis, de dorures : les toits de ses différentes parties s'élèvent fort haut, sont ornés d'ouvrages à fleurs, & couverts d'un second toit qui environne l'édifice soutenu par une forêt de solives, de lambourdes, revêtues d'un vernis verd, entremêlé de figures d'or : tous ces toits sont élevés sur des terrasses & des plates-formes : dans une des cours est le magasin des raretés, rempli de pierres précieuses, de marbres rares, de perles, de différens ouvrages en divers métaux, de fourrures précieuses, d'étoffes de soie, d'armes, de harnais, de simples. Tous ces édifices ont des noms singuliers, tels que le palais qui reçoit le ciel, celui de la terre élevée, celui de la longue vie, des dix mille vies, des dix mille plaisirs, de la double fleur, &c. On y voit encore plusieurs temples : nous ne parlerons que de celui de Lama ; il est situé au bord du lac dont nous avons parlé, élevé sur une montagne en pain de sucre, élevée à force de bras, environnée de rocs transportés des bords de la mer dont les vagues les ont creusés ; au sommet est une tour à douze étages, dont le plus élevé renferme cinq cloches : le temple est spacieux ; les cellules des Lamas s'étendent de l'orient au couchant : on dit qu'on y voit une idole nue & dans la posture d'un Priape.

Le gouverneur de Pe-king est en même tems juge civil & chef militaire : son autorité s'étend sur le peuple & sur les troupes : la police y est sévere : toutes les grandes rues ont des corps-de-garde où veillent sans cesse des soldats armés d'épées & de fouets : les petites rues se ferment la nuit par des portes, & ne s'ouvrent qu'à la voix de ceux qui portent une lanterne allumée : des soldats y circulent pendant les ténebres, ils interrogent & se saisissent de ceux qu'ils rencontrent : pendant le jour ils veillent à la propreté, font balayer & arroser les rues. Cette police est observée dans toutes les grandes villes de l'empire : nous ne le répéterons pas.

Les environs de la ville sont embellis par de belles maisons de plaisance : on y en voit une des empereurs, dont l'enceinte a dix lieues de tour :

on n'y voit ni jets d'eaux, ni marbre, ni même des murs de pierre : des ruisseaux limpides bordés d'arbres, des étangs remplis de poissons, des pâturages, des jardins potagers, des vergers, des allées de verdure, des champs, ce sont les beautés de cette retraite.

La longitude de Pe-king est de 133 degrés, 54 minutes ; sa latitude de 39 deg. 55 min.

Au nord sont les petites villes de *Ki*, de *Tschan-ping*, d'*Yenkin* ; à l'orient celle de *Tong* ; au midi celles d'*Y* & de *Tso*, presque toutes sur de petites rivieres qui se réunissent avant de se jeter dans la mer : *Hai-tien* est le Versailles de la Chine ; il n'a que le nom de bourg, & a près de 80000 habitans. *Hia-pu* fut célèbre autrefois, & renferme encore dix mille habitans. *Swen-wha*, ville qui renferme dix villes sous sa jurisdiction ; sa population, ses belles rues, ses arcs de triomphe nombreux, la rendent remarquable ; elle est voisine de la grande muraille, & quelques-uns de ses forts en dépendent ; elle a un double fauxbourg, & un mur de briques flanqué de tours ; des montagnes l'environnent presque de toutes parts : elles sont riches en cryftaux, en marbres, en porphyre : on y trouve des rats jaunes, dont la peau est estimée. Parmi les villes de son ressort sont *Yu* & *Paogan* ; toutes deux du second ordre : la derniere est peuplée, & ceinte d'un double mur de briques : plus loin est *Kiung-tso-wey*, dont l'enceinte est vaste, les habitans pauvres, le terroir presque stérile : *Chang-kia-keu* donne son nom à une porte de la grande muraille ; la ville est petite, située au pied des montagnes, ceinte d'un mur d'environ 40 pieds de hauteur ; elle a deux portes, une belle place d'armes, un grand nombre d'habitans & un commerce très-étendu.

Paoting

Paoting ou *Pauting*, ville dans une situation agréable : elle a vingt villes sous sa jurisdiction, est sur la route de Chan-si, renferme dans son enceinte un petit lac où le lis d'eau prospere : il en sort une petite riviere sur laquelle sont situées les villes de *Gan* & de *Pa*, qui sont du second ordre.

Ching-ting, nommée aussi par d'autres géographes *Tchinting*, ville dont la forme est un quarré long de plus d'une lieue de tour ; ses murs flanqués de tours quarrées, sont beaux ; une riviere l'arrose avant de se jetter dans le lac de *Pay-hu* : elle a au nord des montagnes riches en simples : cette ville renferme plusieurs temples élevés à l'honneur des héros : les principales villes qui en dépendent sont *Tsin*, *Khi* & *Tchao* : on en compte 30 dans sa jurisdiction : celle d'*Holu-yen* est peuplée & célebre par ses manufactures de fer & de terre : ses fauxbourgs sont grands ; derriere elle est une montagne ; devant est la plaine la plus unie.

Chun-te renferme neuf villes du troisieme ordre sous sa jurisdiction, toutes assez peuplées : le pays qui l'environne est arrosé par diverses rivieres poissonneuses : on y trouve du sable fin qui sert à polir des pierres précieuses, & d'excellentes pierres de touche : on y fait de la porcelaine médiocre.

Quang-ping ou *Quanping* est dans un territoire fertile, arrosé par des rivieres poissonneuses : elle est dans la partie méridionale de la province & commande à neuf villes du troisieme ordre.

Taiming, située plus au midi encore, est dans une campagne riante & fertile, sur une riviere quelquefois navigable : sous elle sont 19 villes : une seule est du second ordre, & c'est *Cay*.

Hokien, ville dans le centre de la province, entre deux rivieres qui lui donnent son nom : ses murs élevés ont plus d'une lieue de circonférence, & sont flanqués de petites tours : elle a des quartiers déserts : ses eaux sont abondantes en écrevisses estimées & en poissons : 17 villes en dépendent : celle de *Tien-tsing-wey*, sur le Pai-ho, en est la plus considérable ; elle est peuplée, riche, très-commerçante ; les vaisseaux chargés des bois de la Tartarie orientale, viennent se décharger dans son port : elle a une forteresse : *Kuching* en dépend encore : elle est sur le grand canal ; ses environs sont beaux, unis & riches en coton, ses murs élevés, ses fauxbourgs magnifiques, son commerce très-étendu.

Ton-ping ne renferme que six villes sous sa jurisdiction : celle de *Lan* est la plus considérable : des montagnes couvertes de bois, la mer, des rivieres l'environnent ; son territoire n'est pas fertile ; mais un port voisin lui fournit les denrées nécessaires : près d'elle commence la grande muraille, sur un boulevard élevé de la mer, qui s'étend d'abord dans un pays uni ; puis s'élève sur les montagnes : là est le fort de *Chan-hay*, par où on entre dans la province de Leao-tung.

Province de Chansi.

Elle est bornée au nord par la grande muraille, à l'orient par le Pe-che-ly, au midi par le Ho-nan, au couchant par le Chen-si : on croit qu'elle est la premiere province de l'empire qui ait été peuplée, & cela parait devoir être, puisque les Chinois sont originairement Tartares : c'est une des provinces les moins étendues ; sa longueur est de 51 lieues, mais sa plus grande largeur n'est que de 24. Elle est fort montueuse, & en bien des endroits, triste & pauvre ; quelques-unes de ses montagnes sont incultes ; plusieurs sont coupées en terrasses, & offrent de beaux champs sur leurs pentes ; leurs sommets sont de belles plaines, & on y trouve presque partout 6 ou 7 pieds de terre : dans leur sein sont d'inépuisables mines de charbon de terre ; le bois y est rare, parce qu'il sert à travailler le fer ; le riz y vient avec peine, mais le bled, le millet, d'autres grains encore y sont abondans : on y sème le froment par lignes à 6 pouces de distance. Ses habitans séchent leurs raisins dont ils font un grand objet de commerce : plusieurs vivent dans des cavernes, dont de grands villages sont formés : on y trouve du musc, du porphyre, de l'azur, du jaspe de diverses couleurs, du marbre, du lapis-armenus, une pierre rouge qui s'amollit dans l'eau jusqu'à recevoir l'empreinte d'un cachet, des mines de fer, de petits lacs d'eaux salées, des eaux minerales & thermales : son commerce consiste en étoffes de soie, en tapis de toutes grandeurs, en ouvrages de fer qu'on y fabrique : on y remarque un monument singulier : ce sont des tombes environnées d'arcs de triomphe, de statues, de héros, de figures de lions & d'autres animaux dans des attitudes diverses : une enceinte de cyprès en quinconces les cache aux regards des voyageurs. On la divise en 5 districts, qui réunis, renferment environ 90 villes, & un grand nombre de forts disposés le long de la grande muraille.

Tay-yuen est la capitale de la province ; elle est ancienne, peuplée & vaste ; son enceinte revêtue de bons murs est de trois lieues : ses anciens palais sont tombés en ruines : une petite garnison Tartare y veille, le Fuen-ho l'arrose ; cette riviere assez étroite & peu profonde se jette dans le Hoan-ho, ou riviere Jaune ; elle facilite le commerce avec les provinces voisines : Tay-yuen a sous elle 25 villes.

dont celles de *Leao* & de *Pin-tin* font les plus confidérables. Sa longit. eſt de 129 deg. 50 min. ſa latitude de 37 deg. 53', 30".

Tay-tong eſt une ville aſſez moderne, ſituée au nord de la province; elle n'eſt conſidérable que par ſa ſituation, au milieu des montagnes, & dans un lieu expoſé aux courſes des Tartares : des murs épais, des foſſés profonds, une garniſon nombreuſe la défendent : le *Yu-ho* qui naît dans la Tartarie paſſe auprès d'elle : on y voit un pont de 18 arches dont les gardes-foux ſont des tables de pierres, longues de 8 pieds, ornées de reliefs groſſiers, ayant chacune ſon pilier taillé en figures d'animaux : à ſes extrêmités ſont 4 bœufs de fer. Le territoire de cette ville eſt étendu, & renferme pluſieurs de ces forts dont la grande muraille eſt hériſſée : on y fabrique des peaux : ſes montagnes renferment de l'azur, du marbre, du jaſpe différemment coloré, cette pierre qui s'amollit dans l'eau juſqu'à recevoir l'empreinte des cachets : elles ſont riches en plantes médicinales. Sa juriſdiction s'étend ſur environ 36 villes, dont les plus conſidérables ſont celles de *So*, d'*In*, de *Loen-yuen* : celle de *Tien-ching* a une lieue de tour, mais ſes maiſons tombent en ruines : on y voit encore cependant de belles boutiques : on y fait du ſavon, & on employe le nitre pour le faire. *Yang-ho* a auſſi des fabriques de ſavon.

Lu-yang ou *Lungan*, eſt ſituée au midi : on y travaille le fer : ſon territoire eſt d'une médiocre étendue, il eſt montueux, mais il produit tout ce qui eſt néceſſaire à la vie, eſt rempli de bourgs, & de villages, eſt arroſé par le *Tſo-tſang-ho*, & preſque à ſa ſource : ſa juriſdiction s'étend ſur 8 villes, dont aucune n'eſt conſidérable.

Pin-yang ou *Ping-yang*, ville ancienne, peuplée,

& commerçante ; son enceinte est de plus d'une lieue : le Fuen-ho l'arrose, son territoire est fertile & étendu, mêlé de plaines & de montagnes, dont quelques-unes sont incultes & désertes : deux rivieres y passent ; il est borné au midi, & au couchant par le Hoang-ho ; il renferme plus de 30 villes, dont les plus considérables sont celles d'*Hian gin*, de *Pu*, de *Kiay*, & de *Kian*, les bourgs & les villages y sont assez nombreux ; près de la petite ville de *Ngan-io* est un lac d'où l'on tire beaucoup de sel.

Fuen-cheu, bâtie sur la rive occidentale du Fuen-ho qui lui donne son nom, est une ville d'une grandeur médiocre ; sa situation est favorable pour le commerce : son district est montueux, assez bien cultivé & riche en grains : les forêts y sont épaisses, les pâturages excellens ; on y trouve des bains, des sources presque bouillantes ; on y fait avec le riz une liqueur forte, dans laquelle on fait tremper la chair du mouton qui en devient excellente : il est situé entre le Fuen-ho & le Hoang-ho, & renferme 8 villes, dont la plus remarquable est *Sié* ou *Sio*.

Province de Chen-si.

Elle a 67 lieues de long, & 56 de large : la grande muraille la sépare de la Tartarie : au couchant elle touche aux contrées de Ko-Konor, & de Si-fan, au levant, à la province que nous venons de décrire, au midi à celles de Sechuen & de Huquang. L'air y est tempéré, & les habitans doux, obligeans, amis des étrangers : ils fabriquent des étoffes de laine & de poils de chèvres, dont celui d'hiver est le plus fin. Son sol produit peu de riz, mais beaucoup de millet, de froment, & d'autres grains : on fait paître les bestiaux pendant l'hiver dans ses champs ensemencés : les sauterelles quelquefois la dévorent ; les torrens y font des ravages ; mais ils y aident aussi à la fertilité, & ils répandent sur leurs bords des paillettes d'or que les habitans recueillent : on y trouve des carrieres d'une pierre tendre, d'un rouge tirant sur le jaune, & marqueté de petites taches noires, dont on fait des vases de formes diverses : la liqueur qu'on y verse devient utile, disent les Chinois, contre le poison, les fievres malignes, & les chaleurs de la canicule : ils prétendent encore que de petites pierres d'un bleu noirâtre, veinées de blanc, répandues dans cette province, fortifient la santé, & prolongent la vie lorsqu'on les prend en poudre. La rhubarbe, le miel, la cire, le musc, un bois parfumé, du plomb rougeâtre, du charbon de terre sont encore ses principales richesses, ses monts, ses forêts sont remplies de tigres, d'ours, de taureaux sauvages, de cerfs & de daims : ses moutons ont la queue épaisse, longue, & leur chair est de bon goût : la chauve-souris y est de la grosseur d'une poule, & les Chinois la préferent au poulet ; la poule d'or y est commune, les fleurs en embellissent les champs : il en est une surtout qu'on nomme la *reine des fleurs*, plus belle que la rose, d'une odeur moins douce, colorée de rouge & blanc, & dont la tige est sans épines. On divise la province en orientale, nommée *Itong*, & en occidentale qui se nomme *I-si*, & elle a deux gouverneurs : elle ne fut unie à l'empire que l'an 223 avant l'ère chrétienne.

Partie orientale.

Elle est divisée en 4 districts.

Si-ngan est après Pe-king la ville la plus grande & la plus peuplée de la Chine : elle est située dans une grande plaine, près de l'Hoei-Ho ; sa forme est un quarré régulier, sa circonférence est de 4 lieues ; ses murs sont hauts, épais, flanqués de tours, ceints d'un fossé ; quelques-unes de ses portes sont élevées & magnifiques. Elle fut pendant plusieurs siécles la résidence des empereurs, & l'on y voit encore leur palais ; les maisons ne se distinguent point de celles des autres villes ; ici est entretenue la plus grande partie des troupes Tartares, commandée par un Général ou Tsyau-Kian qui habite avec ses soldats un tiers de la ville séparée des deux autres par un mur ; on y commerce beaucoup en mulets : l'ancien chemin fut fait par 100 mille hommes qui firent communiquer les montagnes par des arches soutenant des ponts, dont quelques-unes sont si hautes qu'on ne peut regarder en bas sans effroi. Les montagnes de son district sont agréables, remplies de gibiers & de chauves-souris ; on y trouve une terre que les femmes font infuser dans l'eau pour blanchir leur teint ; les habitans en sont robustes, hardis, & d'une taille assez haute : elle a dans sa dépendance 37 villes, dont celles de *Shan* ou *Chang*, de *Tschingan*, d'*Hingan* & d'*Hoa* sont les principales. Sa longitude est de 126 deg. 17 min. 30 sec. sa latit. est de 34 deg. 15', 36".

Yen-ngan est dans une plaine agréable qu'arrose le Yen-ho qui lui donne son nom ; la reine des fleurs embellit ses jardins ; dans son enceinte s'élève une colline couverte de jolies maisons : son territoire renferme des montagnes d'où suinte une huile bitumineuse qui sert pour les lampes : les fourrures en sont la principale richesse : on y compte 20 villes, parmi lesquelles nous ne remarquerons que celles de *Sui-té* & de *Kia* ; cette derniere est sur le Hoang-ho.

Fong-tsyang est une grande ville, décorée de beaux édifices, & qui doit son nom à un oiseau fabuleux dont les Chinois aiment à porter la figure sur leurs habits. Son district renferme 8 villes : il est cultivé ; de petites rivieres, divers torrens aident à le rendre fertile.

Han-chang ou *Hant-Chong*, ville dans la partie méridionale de la province, sur le Han, dont les divers bras fertilisent son territoire environné de montagnes & de forêts : dans ses vallées embellies par des champs, on trouve du miel, de la cire, du musc, du cinnabre : on y voit errer l'ours, le cerf, le daim & plâner un des tyrans des faibles oiseaux, nommé Hay-tsing : il ressemble au faucon. Le chemin qui conduit d'ici à Si-ngan est remarquable : il est élevé dans les vallées à la hauteur des montagnes & repose sur des piliers & des arches : il a des garde-fous pour la sûreté des voyageurs. La jurisdiction de Han-chang s'étend sur 16 villes, celle de *Ning-Kiang* est seule remarquable.

Partie occidentale.

Elle est aussi divisée en 4 districts.

Ping-lyang, située sur un bras du *Kin-ho*, est une ville où les denrées sont à bon marché, où le climat est doux & le terroir fertile & bien arrosé : les montagnes y présentent une perspective très-agréable. Sa jurisdiction s'étend sur 10 villes : celle de *Kin* est sur la même riviere qu'elle & en reçoit son nom, celle de *Cay-yven* ou *Connyuen* est sur une petite riviere qui se rend dans le Hoang-ho.

King-yang, ville environnée de profonds fossés,

de murs épais, de montagnes, de rivieres, de forts qui en font une barriere redoutable pour les Tartares: elle est dans une presqu'Isle formée par le Hoan & une petite riviere qui s'y jette. Son district est très-fertile: le Kin-si, ou foie dorée y croit; on l'estime comme un remède: on y voit une espèce de féve qu'on regarde comme un contrepoison excellent. Sa jurisdiction ne s'étend que sur 5 villes, mais parmi elles on compte *Lan*, située sur le Hoang-ho, capitale & résidence du gouverneur de cette partie de la province, parce qu'elle est voisine de la grande muraille: elle n'est pas grande, on y commerce en fourrures, en étoffes de laines, en d'autres faites avec le fil tors, avec le poil de vache, &c.

Ling-tao, ville arrosée par le Tie-tsang qui se rend dans le Hoang-ho, elle est dans un pays hérissé de montagnes qui renferment beaucoup de taureaux sauvages & d'animaux semblables au tigre: les vallons font des champs fertiles; le long des rivieres font des pâturages couverts de bestiaux & surtout de moutons: 13 villes sont renfermées dans sa jurisdiction.

Kong-chang, ville commerçante & peuplée, située sur Whey ou Oei: des montagnes inaccessibles l'environnent & la défendent: là, dit-on, est l'antique tombeau de Fo-hi: son district est riche en musc: ses monts renferment l'Hyang-wang, minéral dont nous avons parlé: on y compte 5 villes.

Quelques villes de guerre sont dans le voisinage de la grande muraille: telles sont *Si-ning*, ville commerçante sur le Hoei, *Topa* qui n'a que le titre de bourg, mais qui est riche par son commerce. *Keutan*, *Kan-cheu* siege du viceroi & d'un grand nombre de mandarins. *So-cheu*, ville assez grande, la plus occidentale de la Chine, près du défert de Chamo ou de Kobi, divifée en deux parties, l'une habitée par les Chinois, l'autre par les habitans de differens pays que le commerce y attire. *Ning-hya* ou *Nim-hia*, ville ancienne, fiege de l'empire d'Hya ou de Tangut détruit par Genghis-kan: elle eft encore riche, belle, affez bien bâtie: elle a plus d'une lieue & demie de tour: des canaux la font communiquer au Hoang-ho qui coule à deux lieues de fes murs: on y fabrique des étoffes de laine & des tapis: devant elle font des montagnes fi efcarpées qu'elles suppléent à la grande muraille dans un efpace de dix lieues: *Yulingwey* eft encore une ville forte pour ce pays.

Province de Se-chuen ou See-tchouen.

Au nord, elle eft bornée par le Chen-fi, à l'orient par le Hu-quarg qui la borne encore au midi, avec l'Yun-nan, au couchant par le Thibet & les peuples qui en font voifins. Elle a 75 lieues de long, 50 de large & eft fertilifée par l'*Yang-tfe-Kyang* qui la traverfe: elle eft riche en foie, en fer, en étain & plomb, en mufc & ambre, canne à fucre, pierres d'aimant, & lapis armenus dont le bleu eft très-eftimé; elle eft abondante en citrons & orangés; deux rivieres y donnent, l'une au velours un luftre inimitable, l'autre au fer une dureté finguliere; fes chevaux font petits & très-vifs: on y voit beaucoup de cerfs, de daims, de perdrix, de perroquets, de petites poules revêtues de laine & dont les pieds font très-courts: de là viennent la bonne rhubarbe, la vraie racine de *Fu-ling*, celle de *Fen-fe* qui fe vend à haut prix: elle fut d'abord habitée par des peuples barbares qui ne fe foumirent aux Chinois que l'an 240 avant Jésus-Christ : ses habitans creusent des puits dans ses montagnes ; ils en mettent l'eau dans de grands vases & la font évaporer : elle dépose un sel mineral moins fort que celui de la mer. On la divise en 10 districts. Sur ses confins étaient les *Miao-tsées*.

Tching-tu, en est la principale ville : elle fut une des plus belles de l'Empire ; mais la guerre civile qui mit une famille Tartare sur le trône l'a remplie de ruines : elle est cependant peuplée & commerçante : son territoire est étendu, il n'est qu'une vaste plaine coupée par un grand nombre de canaux navigables, bordés la plupart de pierres de tailles, & où coulent les eaux de l'Yong-tse-Kyang dont le cours est lent & paisible, on y compte 25 villes dont la plus considérable est celle d'*Oey*. Sa longitude est de 121 degrés 34 minutes. Sa latitude de 30 degrés 30 minutes, 40 secondes.

Long-ngan ou *Longan*, ville qui défend la province vers le nord : dans son district sont divers forts qui tombent en ruines : le sol y est entremelé de hautes montagnes & de vallées fertiles : sa jurisdiction ne s'étend que sur 3 villes.

Paoning ou *Pau-ning*, ville sur deux rivieres qui s'y joignent & dont l'une est le Hialing-Kiang : elles y facilitent le commerce & y donnent des agrémens : ses maisons sont bien bâties : son district est riche en musc : ses montagnes sont couvertes d'orangers de diverses espèces : les unes sont cultivées, les autres couronnées de forêts nourrissent des cerfs & des daims. Son district renferme dix villes dont celle de *Pa* est la plus considérable.

Chun-King, ville qu'arrose l'Hialing-Kiang : son territoire, environné de montagnes, abonde en orangers, en châtaignes, en scorzonaires : ses habi-

tans s'occupent beaucoup à élever des vers à soie :
8 villes dépendent d'elle : celle de *Co* est la plus
considérable.

Quey-cheu ou *Kœi-cheu*, située sur l'Yang-tse-
Kyang est une ville commerçante & riche : on y
perçoit des droits sur tout ce qui entre dans la province : le musc y est un grand objet de commerce :
son territoire montueux est bien cultivé : le sel
qu'on tire des puits qu'on y creuse suffit à sa consommation : les orangers & les limoniers ornent ses
campagnes : vers le nord s'étendent les montagnes
de Kiou-long escarpées, hérissées de forêts ; on y
voit errer des hommes grossiers & presque sauvages ; ce sont les *Myao-tsés*. Son district renferme dix
villes, dont nous ne remarquerons que celle de
Cay.

Chong-King est encore une ville belle & florissante, située sur une montagne, ses maisons s'é-
lèvent en amphithéâtre : elle doit sa prospérité à
deux rivieres qui se joignent près de ses murs : l'une
est l'Yang-tse-Kyang, l'autre le Kin-cha-Kyang ou riviere du sable d'or ; toutes deux sont poissonneuses : son
district, mêlé de montagnes & de plaines, est fort
étendu ; l'air y est tempéré & sain, & ses habitans
industrieux, font de jolies boettes de cannes entrelassées & peintes de diverses couleurs : 14 villes
en dépendent.

Tsun-i ou *Tsung*, ville considérable par sa situation sur la frontiere de la province dont elle fait
partie & qu'elle défend : son district est couvert de
montagnes qui forment quelques vallées fertiles &
bien arrosées : on n'y compte que 6 villes.

Su-cheu, ville commerçante sur l'Yang-tse-Kyang :
son territoire montueux & cependant fertile, pro-

duit beaucoup de cannes de bambou : il renferme dix petites villes.

Ma-hu, ville arrosée par l'Yang-tse-Kyang, qui y facilite le commerce : on trouve beaucoup de cerfs dans les montagnes de son petit territoire, arrosé par des canaux & des rivieres, & très-fertile : il n'a qu'une petite ville.

Tong-chuen, est la ville la plus méridionale de la province : c'est une ville de guerre habitée par de vieux soldats, élevés de pere en fils dans le métier des armes : ils ont leur paye, du produit des champs à cultiver près de la ville qu'ils habitent : telles sont encore *V-mong-tu* & *Tschin-hyung-tu*, villes sur les frontieres.

Cette province renferme encore d'autres forts ou places de guerres : telles sont *Hya-tong* & *Ya-chun* : les environs de la premiere sont abondans en musc & en riz : la seconde est sur les frontieres du Thibet.

Province-d'Yun-nan.

C'est une des plus riches de l'empire : elle a 57 lieues de long & 47 de large : le Se-chuen la borne au nord ; le Quey-cheu & le Quang-si à l'orient, le royaume de Tung-King & le Lao au sud, celui d'Ava & quelques peuples peu connus au couchant : ses rivieres, ses lacs y répandent la fertilité & l'abondance : on trouve beaucoup d'or dans le sable de leurs bords & dans celui des torrens : l'ambre rouge, les rubis, les saphirs, les agathes, d'autres pierres précieuses, le musc, la soie, le cuivre rouge & blanc, des marbres jaspés où paroissent dessinées des montagnes, des fleurs, des arbres, des rivieres ; le benjoin, le lapis armenus sont des richesses de cette province : on y voit d'excellens chevaux un peu bas, des cerfs très-petits, des poules d'or : ses habitans sont robustes, honnêtes, aiment les sciences & y réussissent : la nation qui la cultive fut autrefois indépendante, elle se défendit long-tems contre les Chinois, & ses chefs ne se soumirent qu'en assurant leur pouvoir sur leurs sujets : ils reconnurent l'autorité d'un gouverneur Chinois, & reçurent de l'empereur l'investiture de leurs terres : mais ils obtinrent les honneurs des mandarins & le droit de transmettre leur autorité, leurs biens, leurs prérogatives à leurs descendans : ils ont des palais où ils vivent avec splendeur, servis par un grand nombre d'officiers : ils rendent la justice dans une salle magnifique, & s'attribuent même le droit de punir de mort sans consulter le gouverneur : ils nomment des capitaines pour la milice du pays, armée de flèches, d'épieux, de mousquets : ce peuple nommé *Lo-los*, parait être venu du couchant ; ils parlent une langue différente des Chinois ; son écriture, sa religion ressemblent à celles du Pegu & d'Ava : les Bonzes s'y font écouter : un chapeau de paille couvre la tête des Lo-los, des sandales sont à leurs pieds, leurs jambes sont nues : une veste de toile leur descend jusqu'aux genoux : les femmes y ont de longues robes & de petits manteaux : les seigneurs sont vêtus de damas ou de satin, à la maniere des Tartares.

Yun-nan est divisée en 21 districts.

Yun-nan est la capitale : elle est située sur les bords d'un lac profond, long de 12 lieues, large de 4 : elle n'est plus si belle qu'elle l'a été ; la guerre la fait déchoir : ses murs ont une lieue de tour ; au dedans on voit quelques bons édifices, au dehors de beaux jardins : on y fabrique de beaux tapis, & une étoffe unie avec de la soie torse ; on y commerce en métaux : le gouverneur de la province y réside; le chef militaire de l'Yunnan & de Quey-cheu y réside auſſi : ſon territoire eſt agréable & fertile : ſes grandes plaines y ſont ſéparées par des collines : l'eau y eſt ſaine, le climat tempéré : on y trouve le *lapis-armenus*, du marbre très-beau, le bois roſe : ſes habitans ſont cultivateurs & guerriers : leurs chevaux ſont petits, hardis & robuſtes : ſa juriſdiction s'étend ſur onze villes : ſa longitude eſt de 118 degr.; ſa latit. de 24 d. 6 min.

Ku-ſing ou *Kucheu*, ville dont les habitans ſont laborieux, mais qui ſe ruinent en procès : elle eſt environnée de montagnes; ſes terres ſont fertiles; ſon territoire renferme ſept petites villes.

U-ting ou *Vu-ting*, ville qu'une garniſon nombreuſe défend contre les courſes des montagnards voiſins : ſon territoire, arroſé par des ruiſſeaux, eſt riche en pâturages & en bétail : les montagnes qu'on y voit ſont eſcarpées, & offrent une retraite preſque inacceſſible aux habitans qui s'y retirent pour éviter les fureurs de la guerre : on y recueille beaucoup de muſc : ſa juriſdiction s'étend ſur trois villes, parmi leſquelles eſt *Ta-koan*.

Yao-ngan, ville dans une vaſte plaine, peu commerçante par ſa diſtance des rivieres navigables; près d'elle eſt un puits qui lui fournit du ſel blanc : ſon territoire eſt très-étendu, a de belles vallées, & des montagnes couronnées de forêts, il eſt riche en muſc & renferme deux petites villes : ſes habitans ſont robuſtes & guerriers.

Yung-po, ville entre deux montagnes : ſon diſtrict eſt fertile, a des plaines arroſées par de petites rivieres, & un beau lac : on n'y voit que des villages.

Li-kiang-tu, ville qui eſt la ſeule de ſon territoire;

il est arrosé & fertile : l'ambre & les pommes de pin y sont des objets de commerce : des montagnes le séparent du pays des Lamas ou du Thibet : ses habitans sont d'origine chinoise.

Yun-ning-tu, ville située au nord, sur les frontieres du pays des Lamas, au couchant d'un lac très-agréable, où l'on voit quatre petites isles, & qui est formé par une des rivieres qui se jettent dans l'Yang-tse-kiang : dans son district paissent en grand nombre de ces vaches dont la queue sert à faire des étoffes à l'épreuve de la pluie, & dont les Chinois ornent leurs étendarts & leurs casques.

Ko-king ou *Co-king*, ville entourée de montagnes : on dit que celles de son district renferment des mines d'or ; elles s'étendent jusqu'au pays de Si-fan : on y recueille du musc & des pommes de pin : ses habitans ne marchent point sans être armés de leurs arcs & de leurs fleches : ils fabriquent, dit-on, les plus beaux tapis de la Chine : une seule ville dépend d'elle, située sur un lac de six lieues de tour.

Tali ou *Tu-li*, ville grande & peuplée, sur les bords d'un lac long de 10 lieues & large de 3 : il est très-poissonneux : c'est à Tali qu'on travaille & polit ce beau marbre qui représente différens objets, avec des couleurs si vives, qu'on les prendrait pour l'ouvrage de l'art : sept villes sont sous sa dépendance, & parmi elles est *Tao*, située à l'orient de son lac.

Yung-chang, ville assez grande, bâtie entre des montagnes, au bord de la riviere de Kiou-long, voisine d'une nation agreste & sauvage ; ses habitans eux-mêmes sont rudes & grossiers : on trouve dans son district, où l'on compte trois villes, de

l'or,

l'or, du miel, de la cire, de l'ambre, & beaucoup de foie fort eftimée.

San-ta eft fur les frontieres du royaume d'Ava : c'eft une forterefle : le pays qui l'environne eft hériflé de montagnes qui laiffent entr'elles des vallées fertiles où coulent différens ruiffeaux & la riviere de Lou.

Chun-ving, petite ville dans un vallon circulaire où divers hameaux font difperfés : fon territoire eft ftérile, & fes habitans fauvages : une feule ville dépend d'elle.

Mong-hoa ou *Mung-wha*, petite ville qu'entourent de hautes montagnes : c'eft là que le mufc eft le plus abondant.

Chu-hiang ou *Tfu-tfu* & encore *Tchu-yang*, eft placée au centre de la province ; fes belles montagnes, fon air pur & fain, fes champs fertiles, fes excellens pâturages en font un féjour très-agréable : fes monts renferment des mines d'argent, une pierre verte eftimée & du *lapis-armenus* : deux villes du fecond ordre en dépendent.

King-tong, ville fur le Livien-kiang : fon diftrict ne renferme que des villages : fes plaines arrofées avec foin, font abondantes en riz ; fes montagnes font très-hautes & renferment des mines d'argent : on y voit un pont fufpendu par des chaînes de fer, dont la hauteur & les balancemens effrayent.

Yun-kiang ou *Fuen-kiang*, ville dans la partie méridionale de la province : le Holi l'arrofe : fon diftrict eft femé de plaines & de monts : on y voit beaucoup de palmiers & de bois d'ébenes ; on y recueille beaucoup de noix d'areka & de foie : les paons y font nombreux.

Lingan ou *Ling-ngan*, eft dans un pays mêlé de plaines, de collines, de montagnes ; on y trouve

Tome IX. I

diverses rivieres & des lacs assez considérables : tous les fruits des Indes orientales y croissent, le riz, le froment, le miel y sont abondans : son district renferme neuf villes.

Ching-hiang, ville dans la situation la plus riante : elle voit un beau lac poissonneux s'étendre au midi ; une plaine fertile, terminée par des monts cultivés, l'environne. Son district est resserré, mais abondant en tout ce qui est nécessaire à la vie : on y compte quatre villes : ses habitans fabriquent de beaux tapis de coton.

Quang-si, ville située dans une petite plaine, sur la rive d'un lac ; des montagnes l'entourent : deux petites villes dépendent de sa jurisdiction.

Quang-nan ou *Koang-nan*, située près des frontieres du Quey-cheu, a au nord & au couchant des montagnes affreuses : son district peu fertile ne renferme que des villages : ses habitans sont grossiers & sauvages.

Caihoa ou *Kay-wha*, défend la province du côté du Tong-king : le Tien-sen-kiao l'arrose : son district est montueux ; mais on y voit des vallées agréables.

Province de *Koeit-cheu* ou *Quey-cheu*.

Elle a 40 lieues de long, 23 de large : vers le nord elle touche au Se-chuen, vers l'orient au Huquang, l'Yunnan la borne au couchant, le Quang-si au midi : elle a dans son centre des montagnes inaccessibles, repaires d'une nation long-tems indépendante, qu'on nomme les *Seng-miao-tses* ; leurs maisons sont de briques & n'ont qu'un étage : le rez-de-chaussée est occupé par leurs porcs, leurs moutons, leurs vaches dont le fumier exhale une odeur fétide qui remplit leurs demeures : ils vivent unis, divisés en villages, gouvernés par leurs vieillards : ils cultivent leurs terres, & font des toiles claires & lâches, des tapis unis, ou à carreaux, de différentes couleurs, les uns de foie, les autres d'une efpèce de chanvre : ils coupent leurs bois & le vendent aux Chinois dont ils achetent des beftiaux : leurs mœurs font fimples : des hauts-de-chauffes & un manteau forment leur habillement : avec la peau du buffle ils font des cuiraffes, qu'ils couvrent de petites plaques de fer, ou de cuivre battu : leur langue leur eft particuliere ; mais ils y ont mêlé des noms Chinois : ils ont des inftrumens de mufique : il en eft un qui a quelque reffemblance à l'orgue : c'eft un grand tuyau dans lequel ils en ont inféré plufieurs petits ; ils foufflent dans le grand, & les petits varient les fons à leur gré ; ils ont encore une forte de guitarre ; leurs airs, leurs danfes expriment avec force leur joie ou leur trifteffe. Ils occupent deux cantons féparés dans cette province, nommés le grand & le petit *Kintchouen* : les habitans de celui qui eft au couchant font appellés par les Chinois *Moulaos*, où rats du monde : les deux enfemble font le quart de tout le Quey-cheu. Le Chinois trompeur, & qui leur enleve tout ce qui lui plait, lorfqu'il le peut fans danger, les appellait des hommes barbares, perfides, & leur donnait le nom de voleurs ; les étrangers les trouvent bons, honnêtes, laborieux, fideles : tel eft le portrait que nous en font les miffionnaires qui les vifiterent fous le regne de Cang-hi. Quelques familles de ces nations s'étaient foumifes aux Chinois, & étaient gouvernées, ou par les Mandarins, ou par leurs propres chefs, qui font en même tems leurs capitaines & leurs juges : mais on appelle de leurs jugemens dans les affaires importantes aux tribunaux Chinois. La capitale du grand *Kin-tcheou* se nommait *Lo-ou-ouei*: on voyait encore dans ce pays la forteresse de *Karaï*. *Kien-long* a rasé toutes ces villes, détruit toutes les habitations où l'on pouvait se défendre, transporté ces peuples en diverses parties de l'empire pour y servir comme esclaves, & a fait mettre en pieces leurs chefs : ainsi cette nation n'éxiste plus : elle méritait un autre sort, par ses mœurs & son courage : elle a résisté pendant quatre ans à tous les efforts, à toute l'ardeur des Tartares & des Chinois, conduits par un général intrépide & prudent, le brave *Akoui*.

Cette province est hérissée de forts & de places de guerre, gardées par de nombreuses garnisons ; les tributs qu'on en tire n'équivalent pas la dépense qu'elle occasionne : ses peuples à demi-civilisés y ont fait multiplier les gouvernemens qui les forcent à l'obéissance : ses montagnes renferment des mines d'or, d'argent, de mercure, de riches vallées : on y trouve les meilleurs chevaux de la Chine, & beaucoup de porcs & de vaches : ses forêts sont remplies de gibier : ses oiseaux sauvages sont recherchés par leur bon goût : on y recueille peu de soie : une espece de chanvre y fournit la matiere des étoffes qu'on y fabrique : c'est en général une des provinces les plus stériles de l'empire : on la divise en dix districts.

Quey-yang ou *Koeyang* en est la capitale : elle n'a pas une lieue de tour : ses maisons sont les unes de terre, les autres de briques : le San-cha-ho l'arrose, mais il n'est pas navigable : son district a quelques jolies plaines & des montagnes escarpées ; on y compte sept villes, dont celle de *Coang-cheu* est la plus considérable : la longitude de Quey-yang est de 124 deg.; sa latit. de 29 deg. 30 min.

Ngan-chan ou *Gamsham*, petite ville, voisine du San-hiang qui coule dans son territoire & le rendrait fertile si ses habitans étaient plus industrieux : huit villes sont sous sa jurisdiction : parmi elles est *Pogar*.

Wey-ning ou *Oey-ning* est située sur la rive orientale d'un joli lac, dans une plaine environnée de montagnes : sa jurisdiction s'étend sur six villes.

Chin-yeun, ville très-médiocre, sur une petite riviere : son district peu étendu est fertile en oranges & grenades ; il produit les plus belles fleurs de la Chine, & ne renferme que deux villes.

Se-nan est dans la partie septentrionale de la province, sur le bord d'une belle riviere, dans une longue plaine : son territoire est renfermé par des montagnes inaccessibles, où un seul sentier fort étroit conduit : c'est l'asyle des habitans pendant la guerre ; c'est la demeure d'hommes agrestes & indépendans : trois villes sont sous la dépendance de Se-nan.

Tong-jin ou *Tongin* est sur les frontieres du Houquang, sur une des rivieres qui forment le lac de Tang-ting : les montagnes de son district renferment des mines de cuivre ; une seule ville dépend d'elle.

Che-tsyen, arrosée par une petite riviere, a un district peu étendu qui ne renferme qu'une ville ; mais on y trouve des mines de vif-argent.

Se-cheu ou *Set-chsou* est sur les bords de l'Yvonkiang : son district montueux n'a que des villages, & est riche en cinabre, en vif-argent & en d'autres métaux : ses habitans sont les plus civilisés de la province, & sont cependant bien ignorans encore :

ils font agiles, marchent les pieds nuds & s'élancent de rochers en rochers avec une vîteſſe incroyable.

Ping-yeun, ville dont la juriſdiction s'étend ſur cinq villes : ou y fabrique des étoffes groſſieres, on y trouve du thé excellent & des oranges de diverſes eſpeces : ſon diſtrict eſt bordé par les montagnes des Seng-myao-tſes.

Tu-yeun, petite ville. diſtrict reſſerré par les monts des Seng-myao-tſes, dont une riviere ſeule la ſépare : quatre villes en dépendent.

Province de *Quang-ſi* ou *Koang-ſi*.

Elle a au nord le Quey-cheu, au midi la mer & le Quangtong, à l'orient le Quangtong encore, au couchant le Tung-king & l'Yunnan : ſa longueur eſt de 47 lieues, ſa largeur de 31 : différentes rivieres l'arroſent ; le *Ta-ho* eſt la plus conſidérable ; & ſe jette dans le golfe de Canton : elle eſt ſi abondante en riz qu'elle en fournit la province de Quangtong pour ſix mois de chaque année ; cependant ce n'eſt qu'à l'orient & au midi qu'elle eſt bien cultivée ; là le ſol eſt plat & l'air tempéré : ailleurs il eſt rempli de montagnes que couvrent d'épaiſſes forêts où vivent des rhinoceros, des porcs-épics, des perroquets, &c. On y trouve des mines d'or : on dit qu'il y en a d'argent, d'étain, de cuivre & de plomb : le *Quang-lang* & le *Sapao* y croiſſent : le premier eſt un arbre dont la moelle eſt une ſubſtance molle, d'un goût aſſez agréable, & dont les habitans ſe nourriſſent ; le ſecond ſert à la teinture : on y trouve les meilleures pierres dont on ſe ſert pour la compoſition de l'encre : les inſectes qui donnent de la cire blanche y ſont en grand nombre ; il y a des oiſeaux d'un plumage ſi riche qu'on s'en ſert pour placer dans le tiſſu des étoffes de ſoie les plus brillantes : la canelle qu'on y recueille ſurpaſſe celle de Ceylan par ſon odeur : on la diviſe en 12 diſtricts.

Quey-ling en eſt la capitale : une riviere qui s'élargit, forme une eſpèce de lac, & ſe jette dans le Ta-ho, l'arroſe ; ſa rapidité dans d'étroites vallées ne permet pas d'y naviger : des murs flanqués de tours environnent la ville ; ſon nom ſignifie *forêt de fleurs de Quey* ; cette fleur couvre ſes champs en automne : elle croît ſur un gros arbre dont les feuilles reſſemblent au laurier ; ſes petales ſont jaunes, & répandent une odeur agréable : à celle qui tombent en ſuccèdent bientôt de nouvelles, on voit dans ſon diſtrict des oiſeaux dont les plumes brillantes ſe mêlent à la ſoie pour en faire de belles étoffes : on y fait la meilleure encre de la Chine. Les Seng-myao-tſes habitaient une partie de ſon diſtrict, qui renferme 15 villes, dont la plus conſidérable eſt Yun-ning. Sa longitude eſt de 127 deg. 37 min. 40 ſec. ſa latitude eſt 25 deg. 13 min. 12 ſec.

Kin-yeun, bâtie ſur le Ling-Kiang, eſt entourée d'affreuſes montagnes, dont quelques-unes ſont habitées par les Seng-myao-tſes : dans ſes vallées ſont diſperſés des villages & des forts : on y recueille la noix d'areka, & on trouve de l'or dans le ſable de ſes rivieres : ſon diſtrict renferme 7 villes.

Se-nghen, petite ville ſur le Ta-ho : ſon diſtrict peu étendu, eſt reſſerré par des montagnes, dont les habitans autrefois ſauvages ont été inſenſiblement civiliſés : il renferme trois villes, celle de *Koetin* eſt du ſecond ordre.

Se-chin eſt ſituée au confluent de deux petites rivieres qui ont leur ſource près de-là : ſon diſtrict touche à la province d'Yun-nan ; il eſt partagé en montagnes & en plaines où l'on trouve des bourgs peuplés.

Chin-ngan ou *Tchin-gan* était un pauvre bourg qu'on a aggrandi & entouré de murs : une partie de fon diftrict appartient au Tong-King ; il eft abondant en tout ce qui eft néceffaire à la vie, furtout en miel : il ne renferme qu'une ville.

Tay-ping, ville fur le Li-Kiang qui en fait une prefqu'île : un mur en joint les deux rives, & ferme la ville : fon diftrict eft le plus fertile de la province ; il eft peuplé & bien cultivé : il renferme 14 villes, & plufieurs forts fur les frontieres du Tong-King : fes habitans moins polis & moins rufés que les Chinois en font regardés comme des Barbares.

Se-ming, fituée fur les frontieres du Tung-King, au milieu des montagnes couvertes de bois, fur le Tcien-long : fon diftrict eft fertile ; on y compte 4 villes : près de-là font, dit-on, d'anciennes colomnes de cuivre qui marquent les limites de l'empire.

Nan-ning, ville prefque toute environnée de rivieres & de lacs : fon diftrict qui contient 7 villes, a des plaines fertiles, & des montagnes où l'on trouve des mines de fer, de grands perroquets qui apprennent à parler avec facilité, des porcs-épis fort gros, armés de pointes longues & aigues, & dit-on, une efpèce d'oifeaux qui rend par le bec des fils de coton.

Tfin-cheu eft dans une fituation agréable, à la jonction de deux rivieres, entre des forêts & de belles montagnes : fon territoire où l'on compte 3 villes, produit une efpèce de canelle, du bois de fer, une herbe dont on fait des étoffes quelquefois plus chères que la foie : on y trouve une terre jaune que les Chinois croyent être un excellent contre-poifon.

Lyeou-cheou, ville médiocre, environnée de campagnes agréables, & bien arrosées : son district a des montagnes riches en simples : 12 villes sont soumises à sa jurisdiction, & parmi elles *Vu sum*, célebre par l'esprit vif & subtil de ses habitans.

Ping-lo, ville sur une riviere qui se rend dans le Ta-ho : ses cascades fréquentes en rendent la navigation dangereuse : 8 villes sont dispersées dans son territoire où l'on trouve des montagnes agrestes, d'autres couvertes d'orangers : on y trouve des insectes qui font la cire blanche.

U-cheu est sur les frontieres du Quang-tong : presque toutes les rivieres qui arrosent la province se réunissent près de ses murs, & la rendent commerçante : son district est mêlé de plaines & de montagnes qui produisent du cinabre, & portent le Quang-long ; on y compte 10 villes : on y voit des rhinoceros & des singes jaunes dont la taille & les cris ressemblent à ceux des chiens.

Il y a des Sing-myao-tses dans cette province ; robustes, agiles, ils courent avec légéreté, reconnaissent l'autorité des mandarins, mais payent tribut à leur gré, & éloignent les officiers Chinois de leurs possessions : l'ornement de tête de leurs femmes est une planche légère, longue d'un pied, large de 5 pouces, sur laquelle elles rassemblent leurs cheveux avec de la cire.

Province de Hou-quang.

Elle est au centre de l'empire, a 65 lieues de long, 50 de large, confine au nord à celle de Honan, au midi à celles de Quang-si & de Quang-tong, à l'orient à celles de Kyang-nan, & Kyang-si, à l'occident à celles de Se-chuen, de Quey-cheu & de

Chen-fi. Là sont des campagnes ouvertes, arrosées par des lacs, des rivieres, des ruisseaux poissonneux, où vivent différens oiseaux aquatiques : les plaines sont couvertes de bestiaux, on y recueille beaucoup de grains & de fruits ; telle est sa fertilité qu'on l'appelle le grenier de la Chine ; ses montagnes donnent du cryftal & du talc, sont couvertes de ces vieux pins dont les Chinois font les soutiens de leurs édifices, & de plantes médicinales ; renferment des mines de fer, d'étain, & d'autres métaux ; le sable de ses rivieres est mêlé de paillettes d'or : les insectes qui produisent de la cire y sont communs ; le bambou y est abondant, & sert à faire du papier : elle est traversée du levant au couchant par l'Yang-tse-Kyang qui la divise en septentrionale, nommée *Hu-pe*, & en méridionale qu'on nomme *Hu-nan*.

Partie septentrionale.

On la divise en 8 districts.

Vu-chang est la capitale de toute la province, le siege de son gouverneur général : elle est aussi grande que Paris, & il y faut joindre 8 à 9 mille barques qui couvrent dans l'espace de deux lieues les rivieres d'Yang-tse-Kyang & de Han qui s'y réunissent : quelques-unes sont fort grandes : cette forêt de mâts, & la vaste étendue couverte de maisons qu'on peut découvrir de quelque éminence, offrent le spectacle le plus singulier : au centre de l'empire, cette ville communique avec facilité avec toutes celles où passe le fleuve qui l'arrose, avec toutes celles qui y communiquent par des canaux : il y a une lieue de large, & peut porter les plus grands vaisseaux, quoiqu'il soit encore à 150 lieues de la mer. Son territoire renferme 10 villes, produit le meilleur thé, fournit beaucoup de papier, & a des montagnes riches en cryſtal. La longitude de *Vu-chang* eſt de 131 deg. 36 min. ſa latit. 30 deg. 34 min. 50. ſec.

Han-yang, ville de la grandeur de celle de Rouen : elle n'eſt ſéparée de Vu-chang que par le fleuve d'Yang-tſe-Kyang, & par le Han qui lui donne ſon nom : au dehors, & même dans ſes murs, elle a pluſieurs lacs remplis de poiſſons, & couverts d'oiſeaux de rivieres : ſa ſituation y appelle, y fait fleurir le commerce, & beaucoup de ſes habitans ſont riches : on y remarque une haute tour élevée à la mémoire d'une jeune fille dont l'innocence fut prouvée par un prodige. Son diſtrict produit beaucoup d'orangers & de citrons qui ne meuriſſent jamais. *Han-chuen* eſt la ſeule ville qui ſoit dans ſa dépendance : elle eſt dans une île formée par des lacs & des rivieres : on y commerce en drogues & en ſimples.

Wan-cheu ou *Ouan-tcheou*, ville ſur le grand Kyang, très-peuplée, & très-commerçante, ayant autour d'elle différens petits lacs : on y fait des liqueurs fortes très-inflammables ; une multitude de barques y vont & viennent ſans ceſſe : on trouve dans le fleuve des tortues que les grands ſe plaiſent à nourrir dans leurs maiſons de plaiſance : ſon diſtrict produit de groſſes chataignes d'un goût excellent : il préſente de beaux aſpects, & eſt cultivé avec ſoin : on y voit quelques montagnes vers le nord ; elles ſont couvertes de forêts, & il en coule des ruiſſeaux d'une eau limpide & pure : on y compte 8 villes.

Te-ngan eſt arroſée par une riviere qui ſe jette enſuite dans l'Yang-tſe-Kyang, & communique par pluſieurs bras avec les lacs voiſins : ſon diſtrict eſt très-fertile : des montagnes le bornent au nord ; au midi, il l'est par des rivieres : on y fait beaucoup de chandelles de la cire qu'y donnent les insectes dont nous avons parlé ; elles sont plus blanches, plus lumineuses, d'une odeur plus agréable que celle des chandelles ordinaires : sa jurisdiction s'étend sur 6 villes.

Ngan-lo est sur le Han, dans une vaste plaine fertile ; son commerce l'a enrichie ; son district est assez étendu, 7 villes dépendent d'elle.

Kin-cheu, ville où le commerce fleurit, & qui renferme une nombreuse population : un mur la divise en ville Chinoise & en ville Tartare : sa situation parait si avantageuse qu'on dit en proverbe, que celui qui en est maître peut disposer de l'empire : elle a une citadelle, est entourée de lacs poissonneux, est voisine du grand Kyang : son territoire plait par la diversité des objets qu'il présente, & par sa fertilité : il renferme 13 villes, dont *Y-lin* sur le Kyang est la plus considérable.

Syang-yang, ville sur le Han qui la rend commerçante : son district renferme 7 villes, & a diverses montagnes qui fournissent du lapis-armenus, une pierre verte, utile pour la peinture, de gros pins, de la joubarbe & des plantes médicinales : on croit qu'elles renferment de l'or, parce que les rivieres qui en découlent en déposent sur leurs bords : sa jurisdiction s'étend sur 7 villes.

Yuen-yang est la ville la plus septentrionale de la province : le Han l'arrose, une grande plaine s'étend autour d'elle : plus loin sont des montagnes qui s'y joignent par une pente douce : son district renferme d'excellentes mines d'étain, produit des simples utiles, & diverses sortes de grains. On y voit un arbuste qui monte & s'appuye sur les arbres comme le lierre, dont la fleur est d'un jaune pâle, & dont l'extrêmité des branches a la finesse de la soie : 7 villes dépendent d'Yuen-yang, & parmi elles est *Chu-chan*, située sur une riviere qui se jette dans le Han : ses eaux détachent les étoffes de soie, & aiguisent, dit-on, les instrumens de fer.

Partie méridionale.

On la divise en 7 districts.

Chang-cha en est la principale ville : elle est arrosée par le Heng-Kyang qui se perd dans le lac de Tong-ting : les habitans se servent de ses eaux pour fertiliser son territoire : cette riviere & d'autres qui s'y rendent sont poissonneuses ; on y trouve beaucoup de lamproies. Son district est partagé en plaines & en montagnes qui produisent du beau cinnabre, & une sorte de talc, qui, calciné & mêlé avec le vin, conserve, dit-on, la santé : autrefois on célébrait dans ce district, & même dans tout l'empire, par des jeux & des combats, la mort d'un mandarin chéri du peuple qui s'y était noié : il renferme 12 villes.

You-tcheu, ville bâtie entre l'Yang-tse-Kyang, & le lac de Tong-ting : cette situation la rend commerçante & riche : le lac lui donne une multitude de poissons, & divise son district qui est d'une fertilité extraordinaire, surtout en limons & en oranges. Plusieurs de ses montagnes sont couvertes de forêts, surtout de pins ; quelques autres produisent le lapis-armenus, une pierre noire, qui réduite en poudre est un remede pour l'esquinancie & les maux de gorge, & la pierre verte qui donne une couleur admirable pour la peinture dont nous avons parlé plus haut : 4 villes dépendent d'elle.

Chang-te, grande ville fur l'Yven-yang, non loin du lac de Tong-ting : fon diſtrict eſt peu étendu, mais fertile : le fleuve y rend le commerce très-actif : on y voit un oranger tardif, dont le fruit eſt délicieux, & qu'on nomme oranger d'hiver : fur fes montagnes on voit des cèdres dont le fruit jette un parfum agréable, des daims, du lapis-arménus, & quelquefois de la manne : on y compte 6 petites villes.

Ching-cheu eſt fituée au confluent d'une petite riviere dans l'Yven-Kyang. Son diſtrict eſt arrofé par une multitude de ruiſſeaux ; fes nombreufes montagnes renferment du mercure, de l'or, de l'argent, du lapis-arménus, des pierres vertes ; leurs habitans font durs & agreſtes ; on dit qu'ils defcendent d'une race de Barbares : on compte 7 villes dans la jurifdiction de Ching-cheu.

Pau-hing, ville arrofée par l'In-Kyang : vers le midi, fon diſtrict eſt montueux, partout ailleurs il montre, ou des vallées fertiles, ou des plaines charmantes : fa jurifdiction s'étend fur 10 villes : près de *Kang-cheu* qui eſt l'une d'elle, l'In-Kyang tombe fur des rocs avec une rapidité prodigieufe : les matelots y attachent leurs barques à un pilier de cuivre.

Hing-cheu, ville au confluent de l'*Hang-Kyang*, & d'une petite riviere : les montagnes de fon territoire font couvertes d'arbres toujours verts, elles font agréables & cultivées, abondantes en gibier, riches en mines d'or & de cuivre qu'on n'exploite point : on y vit à bon marché : le papier qu'on y fabrique eſt eſtimé : on y compte 12 petites villes.

Yung-cheu, ville la plus méridionale de la province, fur une riviere dont l'eau eſt très-pure, qui fe jette près d'elle dans le Syang-Kyang, qui va fe perdre enfuite dans l'Hang-Kyang : fon territoire eſt montueux & bien cultivé : le bambou & le *Lyang-houa* à fleurs jaunes y croiffent : fa jurifdiction ne s'étend que fur huit villes de fon diftrict, qui renferme encore deux villes qui ont droit de jurifdiction : c'eft *Tfin-chen*, près des frontieres du Quey-cheu, prefqu'à la fource de l'Yuen-kiang, & *Tching*, grande ville peuplée, fituée entre deux rivieres, près des limites du Quang-tong.

Province de Quang-tong ou *Kouang-tong*.

C'eft la plus confidérable des provinces méridionales : au midi & à l'orient elle touche à la mer, au couchant à la province de Quangfi, au nord à celles de Fokien & de Kyang-fi : elle a 70 lieues de long & 45 de large : le fol eft fertile & produit deux moiffons chaque année : on y voit de belles plaines, des montagnes, des ports commodes ; on en tire de l'or, des pierres précieufes, de la foie, des perles, de l'étain, du vif-argent, du fucre, du cuivre, du fer, de l'acier, du falpêtre, de l'ébène, du bois d'aigle, des bois odoriférans : les chataignes, les raifins, les grenades, tous les fruits y croiffent & y font abondans : le *Li-chi*, le *Long-yuen*, les bananes, les ananas, les oranges, les limons y ont un goût exquis : parmi ces derniers il en eft une efpece qui croît fur des arbres épineux ; leur fleur eft blanche, leur parfum fuave, leur fruit gros : il en diftille une liqueur agréable : c'eft encore dans cette province que vient un fruit qu'on prétend être le plus gros de ceux qui font connus : il fort du tronc de l'arbre ; la peau en eft dure : au dedans, font des cellules nombreufes enveloppées & féparées par une chair jaune très-douce & très-agréable quand le fruit eft mûr : là croissent aussi le *bois-de-fer* & le *bois-rose* ou *wha-li* qui est d'un rouge sombre, varié par des veines noires : on en fait des tables, des chaises, & différens meubles : les monts y sont couverts d'osier, dont la tige est de la grosseur du doigt, & rampe sur la terre, sur laquelle elle pousse de longs jets qui ressemblent à des cordes entrelassées, & forment de petites forêts dont le cerf ne peut sortir qu'avec beaucoup d'efforts : ses jets souples servent à faire des cables & des cordages pour les vaisseaux ; de sa tige fendue en éclats on fait des paniers, des claies, des chaises, des nates commodes qui servent de lits pendant l'été ; le paon privé ou sauvage y est très-commun : on y voit un monastere fondé par un saint qui ramassait soigneusement les vers qui tombaient de ses plaies, en leur disant qu'il y avait encore de quoi les nourrir : près de là est une charmante vallée qu'arrose le *Mow-hoa*. Les habitans font éclorre les œufs de canards dans des fours ou du fumier : ils conduisent les petits éclos sur les bords de la mer où ils vivent d'huîtres, de coquillages, d'insectes marins : les nombreuses bandes de ces animaux se mêlent en courant sur le rivage ; mais au signal du maître, chacune retourne à la barque d'où elle est sortie, comme les pigeons à leur colombier. Les côtes sont riches en poissons : les huîtres, les écrevisses, les crabes y sont d'un goût excellent ; les tortues y sont d'une grandeur extraordinaire : le voisinage de la mer, ses forts commodes, l'éloignement de la cour, font de cette province le gouvernement le plus considérable de l'empire : on le divise en dix districts dont l'isle de Hay-nan forme un.

Quang-cheu ou *Canton* en est la capitale : c'est une
des

des villes des plus opulentes & des mieux peuplées de la Chine : le Taho, belle riviere sur laquelle de gros vaisseaux peuvent naviger jusques dans la province de Quang-si, lui forme un large port bordé de forts pour éloigner les pirates; & ses eaux circulant dans des canaux, portent la fécondité autour d'elle : ses deux rives, les plaines, les collines voisines sont plantées de riz & d'arbres toujours verds : l'aspect de Canton & de ses environs est riant : son étendue égale celle de Paris, & on dit qu'il y a près de deux millions d'habitans : parmi ses rues, celle de *la porcelaine* frappe le plus ; elle est réguliere, pavée de pierres de taille, bordée d'un bout à l'autre de boutiques magnifiques, remplies de porcelaine : un viceroi réside dans cette ville, divers tribunaux y siégent : le commerce en est étendu : les étoffes qu'on y fabrique sont brillantes, mais mal travaillées & peu durables : celles qu'on appelle *Chas*, & qui sont travaillées à jour & à fleur, sont les plus estimées ; on s'en sert en été : une multitude d'ouvriers y travaille sans cesse ; & à quatre lieues de là, dans le bourg de *Fo-chan* qui a trois heues de tour, on trouve un grand nombre de manufactures, d'ouvriers laborieux, de marchands sans cesse en mouvement, & qui y attirent les richesses des autres provinces; on y fabrique beaucoup de toiles : la riviere aux environs de la ville est couverte de deux longues lignes de barques qui forment une ville flottante : chacune renferme une famille qui y vit & meurt : les hommes en sortent le matin pour aller à la pêche, ou cultiver le riz, & ils y rentrent le soir. Canton a dans sa dépendance *Macao* située à l'extrèmité d'une péninsule qu'un mur sépare de l'isle dont elle fait partie, à l'embouchure du Taho, sur un roc élevé : les Portugais obtinrent de l'empereur Kya-tſing la permiſſion de s'y établir, comme une récompenſe d'avoir délivré Quang-cheu du ſiege qu'y avait mis un pirate redoutable, ou d'avoir expulſé des brigands de l'iſle où elle eſt ſituée : elle devint une ville de commerce, floriſſante ; mais elle a eu le ſort de la puiſſance des Portugais dans l'Inde ; elle a perdu ſon commerce, & l'on a peine à y voir encore des reſtes de ſon ancienne ſplendeur ; elle a 3 égliſes, 5 monaſteres, 2 hôpitaux : le roi de Portugal y nomme un gouverneur & un évêque, & n'en retire preſque aucun avantage : les Chinois peuvent l'affamer quand il leur plaît : ſon port manque de fond : trois châteaux ſitués ſur trois montagnes la défendent : on y fond des canons. Seize autres villes dépendent de Quang-cheu, dont la longitude eſt de 129 deg. 30 min. & la latit. 23 deg. 11 min.

Près d'elle eſt *Lan-tam*, village : plus loin à une lieue du Ta-ho, eſt *San-ſchwi*, petite ville dans une jolie vallée ; elle eſt fort peuplée & commerçante : près de *Tung-ywen*, des torrens ſe réuniſſent au fleuve : ils deſcendent de la montagne de *San-vanhab*, la plus eſcarpée de la Chine ; ſes nombreuſes pointes, couvertes de nuées, ombragent le lit du fleuve : là eſt un beau temple.

In-te, petite ville ; de hauts murs l'environnent ; ſes maiſons, ſes temples ſont beaux ; elle a un port ſur le canal royal & une belle tour ; elle a été riche & peuplée : plus loin eſt un temple révéré au pied d'un mont ſolitaire.

Parmi les nombreuſes iſles qui ſont à l'embouchure du Taho, on diſtingue celle de *Chang-chuenchan* ou *Sanciam* : on y compte cinq villages habités par des hommes qui vivent du riz qu'ils cultivent & du poiſſon qu'ils prennent : là mourut François Xavier : son tombeau est sur un tertre au pied d'une colline ; devant lui est une plaine couverte d'arbres & de jardins, à côté est une chapelle.

Chau-king est la plus belle ville de la province : elle est bien bâtie & bien située ; le Ta-ho l'arrose & l'enrichit par le commerce qu'il y facilite : sur le rivage est une très-belle tour à neuf étages. Cette ville est la résidence du Tsang-tu de la province, & de celle de Quang-si : elle a onze petites villes sous sa jurisdiction : son port est vaste, formé par la réunion de trois rivieres, dont l'une se rend à Canton, resserrée entre deux montagnes, couverte de 5000 barques, bordée de villages qui se touchent : parmi eux est celui de Fochan, bourg qui égale Canton par ses richesses & par sa population : le district de Chau-king abonde en paons, en bois-de-fer, en bois-rose & en bois-d'aigle.

Kau-cheu, ville sur une petite riviere où la marée remonte & lui amene des vaisseaux plats : son district fertile est terminé par la mer d'un côté, & les montagnes de l'autre : on y voit des oiseaux de proie dont le vol est très-rapide, & le coup-d'œil sûr, des crabes qui, dit-on, se pétrifient en sortant de l'eau ; une pierre semblable au marbre, qui représente des rivieres, des montagnes, des paysages ; on la coupe en feuilles & on l'emploie à divers usages : *Kau-cheu* a six villes dans sa dépendance, & parmi elles est *Hoa* sur la même riviere qui l'arrose.

Lyen-cheu, ville située au bord de la mer qui lui forme un port commode pour les barques & les vaisseaux de transport : son district peu étendu touche au Tong-king, dont des monts inaccessibles la séparent : on y fabrique de jolis ouvrages d'écailles

K 2

de tortue ; on pêche des perles fur fes côtes ; on voit beaucoup de paons dans fon intérieur : 3 villes dépendent d'elle.

Lui-cheu eft fituée au bord d'un golfe dans une prefqu'île : fon diftrict eft agréable & fertile, prefque environné de la mer, & rempli de bourgs : fes habitans font cultivateurs & pêcheurs : l'ofier rampant y couvre des collines entieres : l'île de Hay-nan n'en eft féparée que par un petit détroit où les perles, furent, dit-on, fort abondantes : trois petites villes font fous la dépendance de Lui-cheu.

Kyun-cheu, eft la capitale de l'île de Hay-nan. Cette île eft au midi de la province, à l'orient du Tung-King : fa longueur eft de 65 lieues, fa largeur de 45, fa circonférence d'environ 160 : au midi, à l'orient, au centre, elle eft couverte de hautes montagnes ; mais dans cette derniere partie, les monts laiffent entr'eux des terres fablonneufes, & des plaines cultivées ; vers le nord elle eft unie & baffe : l'air eft mal-fain dans fa partie méridionale, l'eau y eft dangereufe fi on ne l'y fait bouillir : un grand nombre de rivieres l'arrofent, & ces rivieres, jointes à des pluyes fréquentes, y font faire fouvent deux moiffons de riz dans une année. Les montagnes renferment de l'or, du lapis qui donnait un beau bleu à leur porcelaine, (†) des bois propres à la fculpture, tels que le bois d'aigle, le bois rofe, ou de violette, un bois jaune qu'on croit incorruptible, & que l'empereur fe referve, parce qu'il eft

---

(†) Les Chinois fe fervent aujourd'hui de l'azur en poudre fine, & du verre bleu, ou fmalth porphyrifé, reduit en poudre : depuis ce tems le bleu de leur porcelaine n'eft plus fi beau, & c'eft une des raifons qui font préférer l'ancienne à la moderne.

très-beau : l'île produit tous les fruits de la Chine, beaucoup de sucre, de tabac, de coton, d'indigo, de noix d'areka, d'arbres qui produisent le sang de dragon, d'autres qui donnent une espèce d'encens : ces objets y amenent beaucoup de commerçans : ses côtes sont riches en poissons, parmi lesquels on remarque un petit poisson bleu qui ressemble au dauphin : elles sont couvertes de plantes marines, de mandragores de toutes les espèces : on y trouve une espece de crabes qui deviennent durs comme la pierre, quand on les sort de l'eau, & dont la poudre calme les fievres chaudes : on en voit de semblables dans un petit lac; mais les habitans ne connaissent point le lac dont parlent divers voyageurs, & qui pétrifie tout ce qu'on y jette : on y a cherché en vain des perles : mais on y voit même sans le chercher des perdrix, des cailles, des lievres, des bécassines, des sarcelles, divers autres oiseaux de rivieres, des gelinottes d'un goût exquis, des tourterelles & des pigeons ramiers, des cerfs, des porcs-marons, espece de sangliers, des singes gris & fort laids, d'autres plus rares, semblables à l'homme, des corbeaux à colier blanc ; des étourneaux hupés; des merles d'un bleu foncé, avec des oreilles jaunes de demi pouce de long, qui parlent & chantent; d'autres oiseaux de la grandeur du linot, dont le plumage est rouge, ou couleur d'or ; d'énormes serpens qui fuient au moindre bruit, & qu'on parait ne point craindre.

Les montagnes du centre de l'île se nomment *Limu-chan* ; elles s'étendent, & renferment environ le tiers de l'île entiere : elles sont habitées par des hommes indépendans, mais lâches & difformes; leur taille est petite, & la couleur de leur peau rougeâtre : ils commercent quelquefois avec les Chinois :

plus souvent aidés de l'ombre de la nuit, ils viennent en piller les maisons; leurs armes sont l'arc, la flèche & un poignard ou hache tranchante dont ils se servent pour s'ouvrir un passage dans les forêts & pour d'autres usages: leurs cheveux forment un cercle autour de leur tête, qu'ils couvrent d'un chapeau: de petites poires d'or & d'argent pendent à leurs oreilles, une pièce de calicot les couvre de la ceinture aux genoux: les femmes se distinguent par un corset, & par des rayes qu'elles se font des yeux au bas des joues avec l'indigo.

Le reste de l'île est soumis aux Chinois: la capitale surtout est habitée par eux: son port en est à deux lieues, & est formé par une riviere, dont deux forts défendent l'embouchure; il n'a que 10 à 12 pieds d'eau, & y appelle le commerce des différens cantons de l'île; la plaine qui le sépare de la ville est remplie de magnifiques tombeaux Chinois: au midi de l'île est le port d'*Yai* où 6 vaisseaux peuvent être en sureté sur 20 pieds d'eau, à quelques toises de la terre; 12 autres petites villes ou bourgades ressortissent de Kyun-cheu.

Whey-cheu ou *Houey-cheu*, ville à l'orient de Quang-cheu, sur le Tou-Kyang, lequel l'environne presque de ses eaux qui forment un petit lac: ses environs bien arrosés sont estimés les lieux les plus fertiles de la province; son district s'étend le long de la mer, dont les côtes abondent en poissons, huitres, écrevisses, crabes & tortues dont l'écaille sert à faire toutes sortes de bijoux: on y voit deux ponts, l'un de 40 arches, traverse deux rivieres à leur confluent, l'autre traverse le lac de Whey-cheu qui a une lieue de tour, bordé de pierres, entouré de jardins, ombragé par de hauts arbres, renfermant deux îles que le pont unit, & que de petites maisons de plaisance embellissent: on trouve sur un mont de ce territoire des papillons d'une grandeur & d'une beauté singuliere: ils sont destinés pour orner le palais de l'empereur: une seule petite ville dépend de Whey-cheu.

Cha-cheu ou *Kao-tcheou*, ville vers le nord de la province, sur le grand canal royal qui y reçoit une petite riviere, dont la source est dans le Hu-quang: un pont de bateaux joint les deux rives qui sont embellies par diverses maisons: le district est fort peuplé, abondant en ris, en fruits, pâturages, bestiaux & poissons: mais l'air y est mal-sain: six villes sont sous sa jurisdiction: près de l'une d'elles croissent des roseaux noirs qui ressemblent à l'ébène, & dont on fait des instrumens de musique.

Nan-kyong ou *Nan-hung* fut une ville peuplée & commerçante, entourée de remparts & de murs, située sur le canal royal qui la partage, & qu'on y passe sur un pont au pied d'une montagne qui fait la limite commune des provinces de Quangtong & de Kyang-si, & d'où descendent deux rivieres, dont l'une coule au nord, l'autre au midi: entre cette ville & celle de Nau-ngan est la montagne de *Mey-lin* où passe un chemin large & sûr, entouré de précipices effrayans: deux petites villes dépendent de Nan-hyong.

Chau-cheu, est située près de l'embouchure du Hang-Kyang: les flots de la mer viennent baigner ses murs, devant elle sont de petites îles: à l'orient elle a un pont très-long & magnifique: son district est séparé du Fokien par des montagnes: la terre en est fertile: on y compte 11 petites villes.

Province de Fo-kien.

Le Che-Kyang est sa borne au nord, le Kiang-si au couchant, le Quang-tong au midi, la mer à l'orient : elle a 26 lieues de long, & 25 de large ; c'est la plus riche province de la Chine : l'air y est pur, mais chaud : son rivage découpé par une multitude de golfes défendus par des forts, est habité par un grand nombre de pêcheurs toujours occupés : ils fournissent de poisson salé presque toutes les provinces de l'empire ; plusieurs de ses montagnes sont coupées en terrasses semées de riz ; ses plaines arrosées par des canaux, des fontaines, des torrens, dont l'eau est élevée, dit-on, dans des cannes de bambou jusqu'au sommet des plus hautes montagnes, sont couvertes de ce même grain ; on y trouve du musc, des pierres précieuses, du vif argent, des mines d'acier & d'étain : on croit qu'il y en a d'or & d'argent : on y fabrique des toiles, différens ustenciles ; son sol produit des oranges meilleures & plus grosses que celles de l'Europe, qui ont l'odeur & le goût du vin muscat, & dont l'écorce épaisse est d'un jaune brillant ; d'autres qui sont rouges & d'une beauté admirable, des Li-chi, des *Long-yen*, divers autres bons fruits ; la plante *Tyanhoa* qui teint en bleu, est meilleure ici que dans les autres provinces : sur ses montagnes croit le *Pégéhong*, ou rose de cent jours, arbrisseau dont le tronc est ridé, tortu, les tiges vigoureuses & couronnées de fleurs, couleur de carmin, disposées en bouquets qui durent du mois de juillet à celui de septembre : on le cultive dans tout l'empire, mais dans des jardins : son commerce avec le Japon, le Camboya, Siam, les îles Philippines est considérable, & a pour principaux objets, les cloux de girofle, la canelle, du poivre, de l'ambre, du corail, du bois de fandal, &c. On la divife en neuf diftricts : chaque ville y a fa langue différente, & chaque langue a différens dialectes répandus autour d'elle : fes habitans font fpirituels & aiment les fciences.

Fu-cheu, nommée *Hok-fieu* par les Hollandais, eft le fiege du viceroi, du *Tfong-tu* qui préfide auffi fur le Che-kian : fa fituation, fon commerce, fes favans, la fertilité de fon terroir, la beauté de fes rivieres en font une ville célèbre & opulente : les plus grandes barques remontent avec facilité juf-qu'auprès de fes murs ; & la riviere eft traverfée à fon embouchure, où elle forme différentes isles, par un beau pont de pierres blanches, qui a en-viron 100 arches, & eft orné de baluftrades : fon diftrict eft fécond en Li-chi, en Long-yen, en fucre d'une blancheur éclatante : on y compte 9 petites villes : il n'en eft point du fecond ordre dans toute la province : la longitude de Fu-cheu eft de 130 d. 52 min. fa latit. de 26 deg. 2 min. 24 fec.

Ting-cheu, ville fituée entre les montagnes du Fo-kien & celles du Kyang-fi : quelques-unes d'elles préfentent une belle perfpective par la variété des fleurs qui les couvrent : on croit que d'autres ren-ferment des mines d'or : il en eft de très-élevées qu'on regarde comme inacceffibles : le diftrict de cette ville peut nourrir fes habitans, mais ne peut y appeller le commerce : l'air n'y eft pas fain : huit villes y font répandues.

Chang-cheu eft la ville la plus méridionale de la province : les Hollandais la nomment fouvent *Ho-koieou*, quelquefois *Sinh-fyeou*; le Chang ou Chin-Cheo l'arrofe, y fait fentir les marées, eft traverfé au-deffous de la ville par un beau pont de 36 arches, bordé de riches boutiques : fes habitans font ingénieux & exercés aux affaires : son district abonde en oranges muscadines qu'on y confit & transporte au loin : ses monts renferment un crystal très-pur dont on fait différens bijoux : dans le golfe qui s'étend devant elle est l'isle d'*Amoui*, ou d'*Hyamen*, où est l'excellent port de ce nom, renfermé d'un côté par le continent, de l'autre par des isles élevées qui en éloignent les vents : plusieurs mille vaisseaux y peuvent mouiller sans danger près du rivage : une garnison de 6 à 7 mille hommes y veille : l'entrée de la rade est divisée par un grand roc : trois lieues plus loin est l'*Isle percée*, nommée ainsi parce qu'elle a un trou qui va de l'un de ses rivages à celui qui lui est opposé. Le même golfe renferme plusieurs autres isles, telle que celle de *Que-moui* où l'on voit plusieurs villages, & la ville de *Sao-ya-hu-pu*, dans la situation la plus heureuse : la pêche y est considérable.

Tsuen-cheu, ville dans une situation agréable, sur un cap ou péninsule : les plus grandes barques entrent dans ses murs : cette ville & les sept autres qui sont dans son territoire sont peuplées, commerçantes, propres, ornées d'arcs de triomphe, pavées de briques. Tsuen-cheu a près d'elle un pont de pierre noire, ou d'un bleu foncé nommé Loyand, soutenu par 300 pilliers taillés en angles aigus dont la construction a coûté 1400 mille ducats ; parmi les temples qui s'élèvent dans son enceinte on en remarque un qui a deux tours de sept étages environnés de galeries. *Tang-hoa* qui est dans sa dépendance, est riche, peuplée, dans une vallée fertile, ceinte d'un mur & d'un fossé.

Hing-wha, ville sur la côte, dans le plus beau canton de la province : elle est décorée de plusieurs arcs de triomphe : ses murs sont si larges qu'un carrosse y peut courir : ses rues sont pavées avec soin ; ses temples sont bâtis de pierre bleue : ses édifices publics sont majestueux : son district est abondant en riz, en li-chi, & riche en soie : les bourgs & les villages qu'il renferme sont si voisins, qu'il ne semble qu'une ville très-vaste : les chemins y sont beaux, larges, pavés de pierres quarrées : *Hing-wha* ou *Hing-hoa*, signifie *fleur croissante*.

Tai-wan, c'était le nom d'une petite ville où les Hollandais avaient bâti le fort de Zélande : c'est aujourd'hui le nom d'une ville qui est regardée comme la capitale de l'isle de Formose dépendante de la province de Fo-kien : nous devons la décrire ici.

L'isle *Formose* est appellée *Puk-kando* par les Chinois ; ses habitans lui donnent le nom de *Kaboski*, Isle principale, ou *Gadavia*, la belle Isle : ce dernier nom revient, pour le sens, à celui d'*Hermosa* que lui donnent les Portugais, & à celui sous lequel on la connait en Europe : on lui donne 85 lieues de long & 28 de large : une longue chaine de montagnes qui va du sud au nord, la partage en deux parties, l'une au couchant, l'autre au levant : la premiere appartient seule aux Chinois : rien de si beau que le pays qui dépend d'eux : la terre y est fertile en toutes sortes de grains, arrosée par un grand nombre de rivieres & de sources qui descendent des montagnes, enrichie par les fruits des Indes & par ceux de l'Europe : l'air y est pur & toujours serein : on y cultive le melon d'eau, quelquefois rond, dont la chair est rouge ou blanche, & le suc frais & délicieux ; le tabac & la canne à sucre y prosperent : ses arbres allignés, ses champs de riz, lui donnent l'apparence d'un vaste jardin : on n'y trouve point de bêtes féroces ; mais on y voit de grandes troupes de cerfs & de singes : les daims, les chevres, les moutons, les chevaux, les porcs y sont rares ; les oiseaux y sont peu nombreux ; les faisans, les poules, les canards, les oies y sont communes : on y voyage sur des bœufs qui portent la selle, la bride, la croupiere : les habitans naturels de l'isle sont soumis aux Chinois, & les servent comme des especes d'esclaves ; ils sont rassemblés dans 45 bourgades, bâties dans le goût Chinois ; excepté au midi de Tay-wan où l'on en trouve neuf bâties de bambou, couvertes de chaume, élevées sur un petit tertre, & où l'on ne trouve ni chaises, ni bancs, ni lits ; des tas de feuilles leur en tiennent lieu ; elles sont vuides de tout meuble : au centre est une cheminée : là, vivent de riz, d'autres grains, de gibier & de viande demi-crue, des hommes légers à la course ; leur taille est dégagée, leur teint olivâtre, leurs cheveux plats : ils lancent avec adresse des dards à la distance de 80 pieds ; ils tuent des faisans au vol avec leurs flèches : ils servent leurs alimens sur des planches & les y prennent à poignée : sur la peau de leurs plus habiles coureurs ou chasseurs sont dessinées des figures de plantes & d'animaux ; une piece d'étoffe, qui les couvre de la ceinture au genou, fait tout leur habillement : ils se noircissent les dents, portent des pendans d'oreilles, des bracelets, des coliers, de petites couronnes composées de petits grains de différentes couleurs, au-dessus desquelles s'élève une plume de faisan ou de coq. Au nord de l'isle, les habits sont de peaux de cerfs, & semblables à des dalmatiques : sur la tête s'élève un bonnet cylindrique de feuilles de bananiers, dont le sommet est formé par une touffe de plumes, & le bas orné de couronnes de rubans, ou de tresses de crins de diverses couleurs. Leurs mariages sont simples : le jeune homme, la fille s'arrangent entr'eux, les parens font la nôce : l'époux quitte sa famille, & devient membre de celle de sa femme : chaque bourg élit trois ou quatre vieillards pour terminer les différends qui s'y élevent, & ils y sont rares : on y connait peu la fraude, & le vol. Les hommes sont doux, justes, charitables ; selon des voyageurs, ils ne prient point, n'ont ni culte, ni religion ; selon d'autres, ils reconnaissent un seul Dieu qui se manifeste à eux sous différentes figures d'animaux, & qui leur ordonne de faire arracher par leurs prêtres les cœurs de plusieurs de leurs enfans, & de les brûler au commencement de chaque année sur un autel : un tel culte est trop atroce pour être vrai.

C'est en 1436 que les Chinois découvrirent cette isle : les Hollandais y eurent un fort qu'assiégea & prit le pirate Chinois Koxinga en 1661 : il régna en roi sur cette partie de l'isle, qui ne fut réunie à l'empire qu'en 1682, où l'un de ses successeurs se soumit à Kang-hi : en 1721 on essaya d'en chasser les Chinois ; mais on n'y réussit pas : ils habitent trois villes ; l'une est la capitale, les deux autres sont *Fong-chan*, dans la partie au midi de Tai-wan, & *Tchou-lo*, au nord de cette même ville : près de Tay-wan est le fort de *Ngan-pin* : cette ville est commerçante & peuplée : on y trouve du riz, du sucre, du tabac, du sel, toutes sortes de fruits, diverses toiles, du coton, de la laine, du chanvre, différentes plantes utiles, des simples, de la venaison séche, peu de mûriers & peu de soie : les rues de la ville sont droites, très-longues, larges de six toises, mal pavées, toujours remplies de monde : les maisons sont d'argile & de bambou, couvertes de chaume : des tentes ombragent les rues, & ne laissent voir que la richesse des boutiques ornées d'étoffes de soie, de porcelaine, de vernis, de différentes marchandises : son port est à l'abri des vents ; on y entrait par deux endroits, dont l'un se remplit de sable ; l'autre n'a que huit à dix brasses d'eau, sur un fond de pierre. Une garnison de dix mille hommes l'assure à la Chine, à qui Formose deviendrait redoutable, si elle tombait dans des mains étrangères.

La partie orientale de l'isle est montueuse : elle est habitée par une nation douce & honnête : le même intérêt les unit ; ils aiment à s'entr'aider, ne connaissent point l'avarice, ne font point de cas de l'or ni de l'argent : ils n'offensent personne, mais ne pardonnent jamais : ils sont ennemis irréconciliables des Chinois qui massacrerent tous les habitans d'une bourgade pour enlever les lingots d'or qu'ils y virent : ils reçoivent les étrangers avec bonté ; n'ont point de loix, ni même de gouvernement : vivent sans crainte, sans desirs : ils élèvent des bestiaux, & pêchent sur leurs côtes pour se nourrir ; on ne leur connait pas de religion ; s'ils en avoient une, ils ne seraient bientôt plus indépendans : on dit que leurs montagnes renferment des mines d'or & d'argent ; mais les habitans ne les cherchent pas, & les Chinois n'osent y pénétrer.

Entre cette grande isle & le continent, il en est un grand nombre de petites : leur nom général est *Pong-hu* chez les Chinois, & de *Piscadores*, ou des Pêcheurs, chez les Européens ; elles forment un petit Archipel, & ne sont qu'un amas de rochers

& de sable, où l'on ne voit ni plantes, ni bruyeres : la principale est habitée par une garnison Chinoise commandée par un Mandarin qui fait payer des droits aux navires commerçans : son port est à couvert de tous les vents : son fond de sable est de 20 à 25 brasses : on y reçoit des vivres, tout, jusqu'au bois de chauffage de l'isle Formose ; car on n'y voit qu'un seul arbre : les noms des autres plus grandes sont *Pecha-su*, *Si-su*, *Kipey su*, &c.

Yen-ping, ville sur la pente d'une moutagne, au pied de laquelle coule le Min-ho qui joint au *Zi*, y forme un lac étendu : elle a une lieue de long, demi-lieue de large ; elle est une des plus belles de la Chine : on y voit des édifices magnifiques ; sa situation la fait présenter en amphithéâtre ; des hauteurs inaccessibles la défendent, & y répandent par des canaux des eaux saines & pures : son district est très-fertile ; sept villes en dépendent : parmi elles *Cha-kien* se distingue par la beauté & la fécondité de ses environs.

Kyen-ning, ville commerçante que le Min-ho arrose ; aussi grande que Fu-cheu, moins belle & moins riche, ses rues sont pavées de cailloux : ses maisons sont médiocres : son commerce consiste en papier ; des champs de riz sont dans son enceinte : le Min-ho cessant d'être navigable à Po-tching, on débarque ici les marchandises pour les transporter sur une autre riviere par une route pavée avec soin, semée de bourgs & de villages. *Funing-cheu*, ville médiocre qui a elle-même une jurisdiction, ainsi que *Tchaou*.

Province de Kyang-ſi.

Elle eſt bornée au nord par le Kyang-nan, au couchant par le Hou-quang, au midi par le Quang-tong, au levant par le Fo-kien & le Chekyang : elle a 46 lieues de long, 36 de large, & eſt partagée par le Kan-kiang ou le *grand Canal* : au midi elle a des montagnes rudes & eſcarpées, auxquelles ſuccedent des vallées & des plaines de la plus grande fertilité : ſa population ne lui permet pas d'envoyer ſes productions au dehors ; elles lui ſuffiſent à peine : les torrens, les rivieres, les lacs y abondent en poiſſons, ſur-tout en truites, ſaumons & eſturgeons : le *Lien-hoa* couvre ſes champs ; ſes monts ſont couverts de bois & de ſimples ; ils renferment dans leur ſein des mines d'or, d'argent, de fer, de plomb & d'étain : on y recueille un riz très-eſtimé, les plus belles ſoies, de l'arrack : on y fabrique les plus belles porcelaines : ſes habitans ſont induſtrieux & économes.

On la diviſe en 13 diſtricts.

Nan-chang en eſt la capitale & le ſiege du vice-roi : détruite par les Tartares, elle eſt belle encore, mais ſa partie élevée n'a que des jardins, des rivieres, & des canaux y facilitent le commerce, & la porcelaine en eſt le principal objet : le Kan-kiang lui forme un port profond, bordé de quais, de jardins coupés en terraſſes, & de palais : à quelque diſtance de là, il ſe perd dans le lac Po-yang : la ville renferme quatre temples ; & les Chinois racontent des choſes extraordinaires de *Kou-ya*, ſaint auquel un de ces temples eſt dédié : ſa juriſdiction s'étend ſur huit villes : ſon territoire eſt très-fertile ; à peine y reſte-t-il quelques pâturages. Ses habitans ſe diſtinguent dans l'étude à la maniere Chinoiſe :

Chinoife : fa longitude eft de 133 deg. 16 min. fa latit. de 28 deg. 37 min. 12 fec.

Non loin d'elle. eft le village d'*Ufien* ou d'*Yukad*, où l'on fabrique des barques : il eft long de demi-lieue, & a de beaux édifices : on y voit un temple où des lampes brûlent fans ceffe ; on s'y embarque pour naviger fur le Po-yang.

Fu-tcheu ou *Vu-tcheou*, ville dans une grande plaine qu'arrofe une riviere qui fe jette dans le Po-yang : elle a plus de trois lieues de tour : mais les guerres y ont laiffé beaucoup de ruines qui s'élèvent au milieu de quelques amas de maifons rétablies, qui femblent former des villages dans l'enceinte de la ville même : on n'y compte qu'environ 45000 habitans : fon diftrict qui a 25 lieues d'étendue, eft cultivé avec foin, renferme fix villes, produit chaque année deux moiffons du riz le plus blanc, de belles figues, & peu d'autres bons fruits, qui ordinairement n'y mûriffent pas, peut-être parce que la terre y eft trop humide : il y a quelques vignes qui y profperent.

Kien-chang, ville fur la même riviere que Fucheu : fon diftrict eft abondant en riz médiocre dont on fait du bon vin, & en riz rouge qui eft fain & de bon goût : on y fait des étoffes de chanvre pour l'été : fon diftrict renferme cinq villes.

Kin-ngan, ville fur le Kan-kyang, qui y coule rapidement entre des rochers à fleur d'eau, divifé en dix-huit courans qu'on ne remonte ou defcend qu'avec beaucoup de force unie à l'adreffe : ce paffage dangereux & long de 20 lieues fe nomme *Che-pa-tan* ; mais lorfque ces courans fe font réunis, la riviere devient belle, large, couverte de barques : les plaines de ce diftrict, qui renferme 9 villes, font abondantes & féparées par des monts où l'on trouve des mines d'or & d'argent : la ville souffrit des ravages de la guerre, parce qu'elle osa résister aux Tartares : ses murs sont fort hauts.

Kan-cheu est aussi sur le Kan-kyang qui lui donne son nom, & qui près de là reçoit le Chang-ho traversé par un pont fait de bateaux attachés avec des chaînes : elle est commerçante, & a de beaux édifices ; ses rues sont bien pavées : ses monts produisent des simples recherchés : au couchant elle a de longs déserts : ailleurs elle voit un pays peuplé & charmant s'étendre autour d'elle : on y voit un temple magnifique : son district est étendu ; il est riche en arbres du vernis, & c'est le plus estimé de la Chine : douze villes sont dans sa jurisdiction.

Nan-ngan, ville médiocre dont les fauxbourgs sont aussi grands qu'elle même ; elle est belle, peuplée, commerçante, très-fréquentée par les étrangers, parce qu'elle est un magasin des marchandises qui viennent de Quang-tong, ou qui y passent : le Mey-lin en est voisin : son district renferme quatre petites villes ; il est agréable, semé de collines, arrosé par le Chang-ho.

Yeun-cheu, ville qui près d'elle a un petit lac bordé de maisons de plaisance : son district est peu étendu ; mais il contient quatre villes, est abondant en denrées, & fournit de l'alun & du vitriol à tout l'empire.

Ling-kyang, ville assez pauvre, & dont les habitans sont très-sobres : elle est sur le Yu-ho, à près de trois lieues du Kan-kyang, sur le bord duquel est un bourg commerçant en drogues & en simples : son district rapporte d'excellentes oranges : ses monts sont ou couverts de grands arbres, ou taillés en terrasses & cultivés.

Chui-tcheou, est situé sur un bras du Kan-kiang

qui y reçoit une riviere qui la partage en deux parties ceintes de murs, jointes par deux ponts, l'un de pierre, l'autre de bateaux : les mandarins demeurent dans la partie du nord : la pureté de son air lui a fait donner le nom d'*heureuse* : dans les monts de son diſtrict on trouve le lapis armenus, & ſur les rives des torrens & des rivieres qui l'arroſent on recueille des paillettes d'or & d'argent ; on ne compte que 3 villes dans ſon territoire ; parmi elles eſt *Tong-ching*, ſur le canal royal, environnée d'une campagne unie & platte, d'un mur élevé, embellie par un faux-bourg & deux arcs de triomphe ; la chûte d'un torrent qui tombe du mont Pe-chang s'y fait entendre.

Nan-Kang, ville ſituée au bord du lac de Po-yang, long de 30 lieues (†), large de 4, rempli d'excellens poiſſons : près d'elle croit une eſpèce de chanvre dont on fait de bonnes étoffes : les plaines de ſon diſtrict ſont abondantes en riz, en froment, en légumes, en fruits : quelques-unes de ſes montagnes ſont couvertes de bois épais dont il en eſt qui ont 5 lieues de long ; quelques-autres ſont cultivées : ſur elles ſont diſperſés différens temples. Entre Nan-Kang & Kyen-Kang eſt la montagne de *La-chan* où l'on compte 300 couvens de Bonzes.

Kyen-Kyang, grande ville commerçante, ſur le bord de l'Yang-tſe-Kyang qui dans ſon cours lent & preſqu'inſenſible s'y joint au lac de Po-yang, dont quelques îles couvertes de verdure, rendent l'aſpect très-riant : une multitude de barques qui viennent des provinces voiſines ou y vont, y circulent ſans-ceſſe ; quoiqu'à cent lieues de la mer, on

(†) Le pere Gaubil reduit ſa longeur à 16 lieues.

y prend des faumons, des dauphins, des efturgeons que la marée y amène: 5 villes dépendent d'elle; on remarque celle de *Hu-keu* qui eft riche & peuplée: un rocher qui s'élève au nord, & femble fufpendu fur le Kyang, y préfente un afpect fingulier: il eft couvert d'arbres: au pied eft un temple vafte & magnifique.

Zhau-cheu, ville fur la rive feptentrionale du lac de Po-yang, environnée de rivieres qui s'y jettent, après avoir fertilifé fon diftrict qui renferme 7 petites villes & plufieurs bourgs, parmi lefquels on remarque *King-te* qui s'étend le long d'une lieue & demi, au bord d'une belle riviere, dans une plaine entourée de montagnes percées, pour ainfi dire, par deux rivieres: fes rues font a des diftances égales, longues, étroites: on lui donne un million d'habitans: les vivres y font chers, parce qu'ils viennent de loin, le bois y vient de 100 lieues; les boîteux, les aveugles mêmes y font occupés: ils y broyent des couleurs: on y compte 500 fourneaux à faire de la porcelaine: pendant la nuit, on croirait de loin voir, une vafte fournaife d'où le feu s'élance par une multitude de foupiraux, ou un volcan énorme: fur la plus grande des rivieres qui l'arrofent, on le voit bordé d'une extrêmité à l'autre par trois rangées de barques: la porcelaine qu'on y fabrique eft d'un beau blanc, fans mélange de couleurs, elle fait tout le commerce de Zhau-cheu: en nul endroit de la Chine, même avec les mêmes matériaux, on n'en peut faire d'auffi belles; on croit que l'eau feule de King-te, lui donne fa prééminence.

Quang-fin, ville fituée au milieu de montagnes élevées, étendues, cultivées, remplies de bourgs & de villages; quelques-unes font couvertes de forêts, d'autres ont d'excellens cryftaux : elles ont été des refuges de voleurs : à leur pied réfide le grand prêtre de la fecte de Tau-tfe qui fe fait appeller *Tyen-tfe*, maître célefte : on fait dans ce diftrict du bon papier, & les meilleures chandelles de la Chine : on y compte 7 petites villes.

Province de Che-Kyang.

C'eft une des plus riches de l'empire par fa fertilité & fon commerce : à l'orient elle eft baignée par la mer, au midi elle touche au Fokien ; le Kyangnan & le Kyang-fi l'environnent des deux autres côtés : elle a 32 lieues de long, & 24 de large, eft coupée par de larges & profonds canaux revêtus de pierres, traverfés par des ponts ; partout on peut aller à fon choix fur la terre ou fur l'eau ; elle abonde en lacs où l'on trouve la dorade, en fources vives, en montagnes chargées de bois de conftruction, en foie, en toutes fortes de denrées ; fes champs font couverts de meuriers nains, cultivés comme la vigne ; on vante fes écreviffes ; fes moufferons fe falent, fe féchent, fe tranfportent dans les diverfes provinces de l'empire ; fes jambons font recherchés ; l'arbre au fuif, celui à la fleur de jafmin, le *petfi*, fruit d'une chair blanche & ferme, couvert d'une peau mince, de la groffeur d'une chataigne, & vegétant dans les terres marécageufes, s'y trouvent affez communément. Le Yé-hiang-hoa y profpere : fa fleur n'eft pas de la plus grande beauté, mais l'odeur en eft fi fuave, fi exquife qu'on ne peut la comparer à rien : il n'eft point odorant pendant le jour, & fon nom fignifie *fleur qui ne fent que la nuit* : un pot de ce petit arbriffeau à branches flexibles coute à Pe-king 20 à 30 onces d'argent. On y voit des forêts de bambou, dont on fait des nattes, des peignes, des boîtes, des tuyaux pour conduire les eaux, des étuis, des tubes pour les telescopes, &c. Ses habitans sont civils & ingénieux : on y fabrique des étoffes de soie brodées d'or & d'argent. Elle est divisée en 11 districts.

Hang-cheu est une ville grande, peuplée & riche : sa situation est belle, & ses canaux commodes ; sa soie, la meilleure peut-être de l'univers, y fait l'objet d'un grand commerce : elle est de forme circulaire, a 5 lieues de tour, sans y comprendre ses immenses faux-bourgs, & renferme un million d'habitans : ses maisons n'ont qu'un étage, & quelques-unes sont ornées de beaux jardins : les canaux sont couverts de barques dans les faux-bourgs, & des familles entieres les habitent : ses rues sont ornées d'arcs de triomphe ; ses boutiques sont très-propres, ses marchands sont riches : sa garnison est de 7000 Tartares & de 3000 Chinois : le Tsyen-tang-Kyang qui l'arrose y a plus d'une lieue de large : c'est dans cette ville que sont les principales manufactures de soie de la Chine : les villages voisins sont remplis encore d'ouvriers : on y fait des taffetas, des satins à fleurs, des étoffes unies, les meilleures de l'empire : l'eau de ses canaux n'est pas bonne, mais près d'elle est le lac *Si-hu* : son eau est limpide, ses bords ornés de salles pavées, de chauffées, de temples, de monasteres de bonzes, de jolies maisons : au centre sont deux petites îles où l'on a bâti un temple & des maisons. Son district renferme 9 petites villes : sa longitude est de 133 deg. 11 min. sa latitude de 30 deg. 20 min. 20 sec.

Yen-cheu ou *Nyen-cheu*, ville médiocre qu'arrose une riviere qui communique à d'autres rivieres navigables : son district est semé de collines & de montagnes où l'on trouve des mines, & l'arbre au vernis : on y fabrique du bon papier : sa jurisdiction s'étend sur 8 petites villes.

Kiu-cheu, ville grande, peu peuplée & sans commerce : elle est bâtie au confluent du Chang, avec 2 autres rivieres, sur la route du Kiang-si & du Fokien : celle-ci est très-rude, & taillée dans un espace de 30 lieues au travers de montagnes escarpées : 5 petites villes dépendent de sa jurisdiction.

Kin-hoa ou *Kin-wha*, ville au centre de la province, au bord d'une riviere abondante : elle fut grande, & eut de beaux édifices ; mais les Tartares la dévasterent : son district est abondant en riz, en vin estimé, en fruits : les prunes séches, & les jambons qu'on y prépare s'envoyent dans les provinces voisines : on y trouve l'arbre au suif, & celui dont la fleur ressemble au jasmin : 9 petites villes dépendent de Kin-hoa.

Chu-cheu, ville qu'arrose une riviere navigable jusqu'à la mer, qu'entourent des montagnes couvertes de beaux arbres, & sur-tout de pins élevés dont quelques-uns peuvent renfermer trente hommes dans leur tronc : les ruisseaux qui en descendent ont sur leurs bords des forêts de bambou hauts de 12 à 20 pieds : coupée dans sa fraîcheur, cette canne donne une eau utile dans les meurtrissures pour rendre au sang arrêté sa fluidité & son mouvement : ce district renferme 10 villes.

Wen ou *When-cheu*, ville dans des marais au bord de la mer : elle a de beaux édifices ; la marée vient baigner ses murs ; un port commode y entretient le commerce : les plaines de son district sont très-fertiles, mais il a des montagnes effrayantes : près d'elle est la petite île de *Tasu-chan* : 5 villes sont sous sa jurisdiction.

Tay-cheu, ville fur une riviere, à quelque diftance de la mer : près d'elle on pêche une forte de grande raye, dont la peau fert à faire des fourreaux de poignards, & à d'autres ufages : on en fait un commerce étendu en Chine & au Japon. Le diftrict de Tay-cheu eft environné de montagnes, & renferme 6 villes.

Ning-po, nommée *Liam-po* par les Portugais, eft une ville de près de 3 lieues de tour, fituée à la jonction du Kin & de l'Yan qui lui forment, jufqu'à la mer, un canal où navigent des navires de cent tonneaux : avant de fe réunir, ces deux rivieres arrofent une vafte plaine ovale, unie, cultivée comme un jardin, femée de villages & de hameaux, coupée d'un grand nombre de canaux qui la fertilifent ; environnée de deux montagnes qui lui fourniffent des eaux : deux fois on y moiffonne le riz, on y féme du coton & des légumes, on y voit beaucoup d'arbres à fuif; l'air y eft pur, la perfpective agréable, le poiffon abondant : on y recherche une excellente forte d'écreviffes, nommée *wang* ou *jaune*, & qui fe tranfporte dans tout l'empire. Les murs de la ville font de pierres de taille, ils font percés par 5 portes, & deux arcades, par lefquelles entrent les barques : fes rues font ornées d'arcs de triomphe, elles font peu larges ; une nombreufe garnifon y veille : l'entrée de fon canal eft difficile : à l'entrée, fur la droite, on voit la petite ville de *Chinhay*, défendue par une citadelle fituée fur un rocher élevé, au pied duquel paffent les vaiffeaux : plus loin le canal ou la riviere eft large de 150 toifes, profonde de 7 à 8, bordée de maifons où l'on fait le fel. On y vient de Batavia, de Siam, de diverfes provinces de l'empire pour y acheter une très-belle foie ; fes habitans portent au Japon de la foie crue ou travaillée, du sucre, des drogues, du vin, & en rapportent du cuivre, de l'or & de l'argent. Les Portugais s'y étaient établis ; ils en avaient fait une colonie puissante ; leur violence & leur avarice les en fit chasser par les Chinois.

Les côtes de la mer sont embarrassées d'une multitude d'îles, parmi lesquelles on remarque celle de *Cheu-chan*, à 20 lieues de Ning-po, longue de 9 lieues, large de 5 : elle a un bon port au couchant ; des vaisseaux, on peut parler aux habitans du bourg qui s'est formé sur le rivage dans une vallée étroite ; les Anglais y ont un comptoir : à une lieue de-là est la ville de *Tin-hai*, ceinte d'un mur d'une lieue de tour, flanquée de 22 bastions quarrés, & où l'on entre par 3 portes défendues par quelques vieux canons de fer ; ses maisons sont des cabanes. Les habitans sont soldats ou pêcheurs : elle en peut avoir 4000 : sur les montagnes de l'île croît le thé : dans la plaine on voit toutes sortes de bestiaux, de volailles, de légumes, &c. Au midi de Cheu-chan est l'île de *Pon-to* qui a 6 lieues de tour : là est un pélerinage antique & célebre : on y voit 400 temples où les navigateurs viennent porter leurs offrandes : 3000 bonzes l'habitent, gouvernés par deux grands prêtres : leurs maisons sont belles & commodes ; des chemins plantés d'arbres joignent leurs demeures. Vers le couchant est la baye de *Chusan* : près de l'entrée est l'île montueuse de *Lowang*, & plus au couchant encore celles de *Quesan*.

Au nord de *Cheu-chan* est l'île de *Kimp-tong*, longue de 5 lieues : ici se retirent les mandarins disgraciés, pour y mener une vie paisible : elle renferme, dit-on, des mines d'argent.

Les autres îles sont habitées par des daims ; quelques-unes par des pêcheurs.

Kya-king, ville grande, peuplée, commerçante, située à l'embouchure du Tsien-lang-kyang : ses rues sont arrosées par des canaux bordés de pierres de taille, traversés par des ponts ; elles sont ornées par de belles places, & des arcs de triomphe : 15 tours de marbre sont disposées le long du canal, au couchant de la ville. Ses faux-bourgs sont fort grands : l'éducation des vers à soie est le principal objet des habitans : son district est un pays uni, & renferme des salines : on y prend des écrevisses d'un goût excellent, de petits oiseaux qui se conservent dans le vin de riz, & se vendent toute l'année ; le pet-chi y est commun : on y compte 7 villes.

Chau-king est située dans une des plus belles plaines du monde, & ressemble à Venise par ses canaux & ses ponts : on y entre de tous les côtés dans des barques ; les rues qui bordent les canaux sont grandes, ornées d'arcs de triomphe, pavées de pierres blanches de 6 à 7 pieds de long : au dedans & au dehors de ses murs sont des fossés : son enceinte est de 4 lieues, ses maisons sont bâties en pierres de taille très-blanches, tirées de la montagne de *Nyaumenchau*, ce qui ne se voit dans aucune autre ville de l'empire : ses vins sont célebres ; on y remarque le tombeau d'*Yu* qui avait desséché une partie de l'empire inondée des eaux de la mer : près d'elle est le mont *Heu-chan* ou montagne du singe : le peuple s'y assemble pour se réjouir. Les habitans sont versés dans les loix ; son district renferme 8 villes : on la divise elle-même en deux jurisdictions.

Heu-cheu doit son nom au lac de *Tay*, sur la rive duquel elle est située ; car *Hu* signifie *lac* : elle est considérable par sa grandeur, ses richesses, son commerce, la soie qu'on y fabrique, la fertilité de ses terres, & la beauté de ses eaux & de ses montagnes : on y fait les meilleurs pinceaux pour l'écriture : son district est abondant en thé ; on y compte six villes, parmi lesquelles on remarque *Te-tsin*, où l'on fabrique beaucoup de soie.

Province de *Kyang-nan*.

Elle est environnée par le Hu-quang, le Ho-nan, le Che-kyang, le Kyang-si, le Chang-tong, & le golfe de Nan-king : elle a 45 lieues de long, 42 de large, est opulente, peuplée, remplie de lacs, de rivieres, de canaux qui communiquent à l'Yang-tse-Kyang, & n'a de montagnes que vers le midi : sa soie, ses ouvrages de vernis, son encre, son papier sont recherchés & à haut prix : la seule ville de *Chang-hay*, & les villages voisins, renferment deux cent mille ouvriers en toile des Indes : ses côtes sont riches en salines, ses monts en marbre, ses plaines en grains que ses habitans séparent de l'épi en faisant rouler sur les gerbes un cylindre de marbre tiré par des bœufs : ceux qui l'habitent aiment les sciences & sont polis : telle est sa richesse qu'elle rapporte dit-on annuellement à l'empereur 240 millions de livres par an : on la divise en deux gouvernemens, celui d'*J-tong* ou l'oriental, celui d'*Isi* ou l'occidental.

Partie orientale.

On la divise en sept districts.

Nan-king fut, disent les Chinois, la plus belle ville du monde : elle en fut au moins une des plus grandes, & aujourd'hui encore elle a 8 lieues de tour : un canal la fait communiquer avec l'Yang-tse-Kyang qui en est à une lieue : sa forme est irréguliere ; elle a déchu : ses magnifiques palais n'existent plus, son observatoire est abandonné, ses temples, ses tombeaux sont démolis : un tiers de la ville est désert : elle a perdu son nom même qu'elle devait au séjour des empereurs, & qui signifie *cour du Midi* : elle n'est plus nommée dans les actes publics que *Kyang ning* : une partie est cependant encore fort commerçante ; ses rues, quoiqu'étroites, sont assez belles, bien pavées, bordées de belles boutiques : on y fabrique des satins unis & à fleurs, des draps de laine, espece de feutre sans tissu, orné de fleurs artificielles qui se font avec la moelle d'un arbre ; c'est ici que les bibliothéques sont en plus grand nombre, où l'on trouve le plus de livres, les mieux imprimés, & sur le meilleur papier : ses habitans se distinguent dans l'étude. Autrefois elle était ceinte de 3 murs, dont l'extérieur avait 18 lieues de circonférence : le Kyang y amenait un grand nombre de navires de la mer : aujourd'hui on a oublié ce chemin, ou il n'est plus praticable : ses portes sont belles : on y remarque encore quelques temples, & parmi eux est la tour de porcelaine, ou tour de briques vernies, qui a 9 étages, & repose sur une voûte entourée d'arcades : on remarque au sommet de pesantes cloches d'un métal cassant & mal fondu. Sa longitude est de 131 deg. 30 min. sa latit. 32 deg. 4 min. 30 sec.

Parmi les villes de son district est *Pe-keu* : ses fauxbourgs agréables l'ont rendue déserte ; elle renferme des collines & des murs inhabités.

Yang-cheu, ville sur le canal royal : elle est très-commerçante, surtout en sel qu'on y amène des bords de la mer ; un grand nombre de canaux couverts de ponts de pierre la partagent : sa circonférence est de plus de deux lieues, & en y comprenant ses faux-bourgs on y compte 200 mille ames : ses habitans sont adonnés aux plaisirs ; ils instruisent leurs filles dans tous les arts agréables, afin de les vendre plus cher : l'air y est doux & temperé ; son district est agréable & fertile ; il renferme 6 villes : parmi elles est *I-ching*, qui est petite, agréable, commerçante ; ses murs sont bas, elle a un faux-bourg, des temples ; ses rues sont étroites : entre cette ville & Yang-cheu est un canal qui joint l'Yang-tse-Kyang, & le Hoang-ho : ses bords sont ombragés par un double rang d'arbres : au-delà on y voit de beaux bois, de riches pâturages, des villes & des villages, mêlés à des temples & des maisons de campagne isolées. *Kao-yeou* dépend encore d'Yang-cheu : elle est peuplée ; ses faux-bourgs sont magnifiques, ses environs fertiles en riz : on y voit peu d'arbres & on n'y brûle que des roseaux : elle est au bord du lac de son nom, nommé aussi *Pye-sche*.

Whay-ngan, ville dans un terrein marécageux, ceinte d'triple mur, médiocrement peuplée, & assez riche : plus basse que le canal, elle a à craindre les inondations : dans son district on remarque le bourg de *Tsyng-kyang-pu* qui est grand & magnifique, & presque à l'embouchure du Hoang-ho : au delà de ce fleuve sont de petites villes, habitées par des Mahométans : le marbre est commun dans ce pays : les plaines sont abondantes en blés & en riz ; ses rivieres & ses lacs en excellens poissons ; ceux de *Sche-ho* & de *Hung-tse* donnent des roseaux pour le feu ; sur la montagne d'*Yo-cheu* est un beau temple & des monastères : le village de *Kia-kia* est remarquable par sa beauté, par ses richesses : de fertiles campagnes embaumées par le romarin l'environnent.

Ching-kyang, ville commerçante qui a une lieue

de tour, ceinte de murs de 30 pieds de haut, voisine de la mer, défendue par une nombreuse garnison : ses faux-bourgs sont grands, peuplés, & communiquent avec elle par un pont de pierre : ses rues sont pavées de marbre : l'Yang-tse-kyang l'arrose, & y est large de près d'une lieue : il y forme l'île élevée de *Kiu-chau* ou *mont d'or* : elle a 550 pas de tour : au sommet est une tour à plusieurs étages, plus bas sont des temples & des cellules de Bonzes : sur la rive opposée est *Qua-cheu*, village aussi peuplé qu'une grande ville, & qui près de lui a le temple de *Quang-qua-myau*, peint en rouge, orné de lampes qui brûlent sans-cesse, dit-on, pour les ames des morts. *Tang-yang* dépend de Ching-Kyang : on y voit 3 ponts de marbre : ses faux-bourgs en sont pavés aussi ; ses murs sont de brique : vers le nord elle touche à un lac de 5 lieues de tour.

Chang-cheu, ville fameuse par ses arcs de triomphe & son commerce, surtout en drogues & plantes médicinales que facilite un beau canal qui communique au Yang-tse-kyang : son district renferme 5 villes, dont deux surtout sont belles & peuplées : l'une est *Fu-si* qui a une lieue & demi de tour, qui a des faux-bourgs longs de près d'une lieue, est ceinte d'un mur haut de 25 pieds, & d'un grand fossé plein d'eau ; dans l'autre on fabrique une porcelaine qui donne, dit-on, un parfum admirable au thé.

Su-cheu est une des plus belles villes de la Chine : ses murs ont 3 ou 4 lieues de tour, elle a 12 portes, 6 pour la terre, 6 pour l'eau : différens bras d'une riviere, des canaux, de beaux ponts, le lac de Tay, y facilitent le commerce : ses broderies, ses brocards sont recherchés ; on y travaille l'ambre : ses faux-bourgs s'étendent au loin, au bord de ses canaux : des barques les bordent dans l'espace d'une lieue : quelques-unes font magnifiques, & font la demeure d'hommes confidérés qui les préferent à leurs maifons : fes négocians font nombreux & pacifiques : fon diftrict eft riche, bien cultivé, rempli de bourgs & de huit villes toutes grandes, & dont aucune n'eft fans beauté : près des côtes de la mer eft l'isle de *Tfong-ming* qui dépend de Lyu-fu-cheu.

Sang-kyang, ville voifine de la mer & d'un petit lac, bâtie dans l'eau : fa fituation lui donne des facilités pour le commerce étranger, comme pour le commerce intérieur : on y vend beaucoup de cotons, des calicos de toutes les efpèces, qui lorfqu'ils font teints, paraiffent de la plus belle ferge. Sa jurifdiction s'étend fur quatre villes commerçantes, fur-tout celle de *Chan-hay*, où l'on voit fans ceffe arriver des navires de Fo-kien, & d'autres qui partent pour le Japon.

Partie occidentale.

Elle eft partagée en fept diftricts.

Ngan-king eft la principale de fes villes ; fa fituation eft charmante, près de l'Yang-tfe-kyang, & des limites de deux autres provinces : elle a fon viceroi particulier qui place une garnifon nombreufe dans un fort voifin du lac de Po-yang : fes richeffes & fon commerce la rendent célebre : fon diftrict eft agréable ; c'eft un pays ouvert où l'on compte 5 villes.

Wey-cheu, ville la plus méridionale de la province, & une des plus riches de l'empire : il n'y a pas de villes commerçantes qui n'y ait des commiffionnaires ; ni de banque ou de change, où fes habitans n'ayent quelqu'intérêt : on y fait les plus beaux vernis de la Chine & la meilleure encre :

il se travaille dans les villages qui l'environnent, & on lui donne toutes sortes de formes, on l'orne de feuilles vertes, bleues, ou couleur d'or : son district produit le meilleur thé de l'empire, renferme de la terre de porcelaine ; & dans ses monts il a des mines d'or, d'argent & de cuivre.

Nin-que est située sur une riviere qui s'unit à l'Yang-tse-kyang : son terroir est raboteux, entouré de montagnes, couvert de bois, riche en simples : on y voit beaucoup de moulins à papier qu'on y fait d'une espece de roseaux : on y compte quatre villes.

Chi-cheu ou *Anhing* est arrosée par l'Yang-tse-kyang : son district est montueux ; cependant il produit tout ce qui est nécessaire à la vie. *Tonglieu* en dépend : elle commerce en bois qui s'élève sur les monts qui l'environnent : au bord de l'Yang qui l'arrose est la montagne de *Kyeu-hoa*, dont le sommet se baisse comme la tête d'un tournesol. *Tong-ling* en dépend encore : elle est petite, bien bâtie, environnée de bois, de collines, de vallons, & a un bon port.

Tay-ping, ville commerçante, renfermée par trois bras de rivieres qui viennent se réunir au grand fleuve sur lequel elle est située : trois villes se trouvent dans son district, & la plus riche est *Vu-hu*, située dans une isle sur les bords de laquelle on a élevé des forts de bois sans hommes & sans canons pour les défendre.

Lyu-fu-cheu, ville dans un pays agréable, fertile en grains & en fruits, arrosé par le lac poissonneux de *Tsau* : elle est célèbre par l'excellence de son papier & de son thé. Cette ville a dans sa dépendance l'isle de *Tsong-ming* ou de *Kyang-hey*, longue de 20 lieues, large de 5, & est située à l'embouchure de

la

la riviere de Kyang : elle est à six lieues de la côte : elle était sablonneuse & déserte : on y exilait les criminels qui essayerent d'en cultiver les terres ; d'autres laboureurs se joignirent à eux, & bientôt elle fut couverte de bled, de riz & de coton : au nord croissent des roseaux qui servent à bâtir & pour brûler : il n'est pas d'autres bois dans l'isle, excepté quelques arbres plantés autour des maisons : là aussi sont des salines abondantes qui deviennent quelquefois des terres fertiles, comme les terres fertiles des salines : on n'y trouve point de gibier : elle a des oies, des canards sauvages & privés, des poules, des porcs, des buffles qui s'emploient au labourage, de gros limons, de petites oranges aigres, des abricots, peu d'autres fruits ; de gros melons d'eau, des légumes, toutes sortes d'herbes potageres : elle a une ville revêtue de murs élevés, avec des remparts de terre & des fossés pleins d'eau ; des canaux bordés de hautes chaussées pour la garantir des inondations la partagent : l'air y est sain & tempéré : les maisons des habitans aisés sont bâties de briques & couvertes de tuiles ; les autres de roseaux applatis, couverts de chaume : la plupart sont environnées d'un fossé d'eau-vive : les chemins y sont étroits & bordés de maisons.

Fong-yang, ville sur une montagne, près du Way-ho, qui se joint au Hoang-ho : ses murs renferment divers petits monts : l'empereur *Hong-fu* y résida, lui donna le nom qu'elle porte, & qui signifie *place de la splendeur de l'aigle* : il voulut en faire la plus belle ville de l'Empire : mais son sol montueux, la disette d'eau douce, d'autres raisons encore le fixerent à Nan-king : les ouvrages qu'il y avait fini subsistent encore : l'un est le tombeau de son pere;

Tome IX. M

un autre est la tour la plus élevée de la Chine, un troisieme est un temple somptueux élevé au dieu Foë, à la place d'un plus petit où il avait servi les Bonzes comme marmiton : trois cent Bonzes bien rentés y vivaient paisiblement : le temple est formé par une rangée de cinq grandes piles d'édifices flanqués de salles & de logemens pour les Bonzes : les guerres civiles ont nui à ce temple, à ses richesses, & il n'y reste plus qu'une vingtaine de prêtres qui vivent dans la derniere pauvreté : la ville même n'est plus qu'un grand village, peuplé au centre, & n'ayant ailleurs que des champs de tabac, où s'élèvent çà & là quelques cabanes couvertes de chaume. Son district est d'une grande étendue ; il renferme 18 villes, un grand nombre d'entrepôts pour le commerce, des monts où l'on trouve beaucoup de talc & de bois rouge, des plaines arrosées par de belles rivieres, parmi lesquelles est le *Way-ho*.

Province de Honan.

Cette province touche au nord aux provinces de Pe-che-li & de Chan-si, au couchant à celle de Chen-si, au midi à celle de Hu-quang, au levant à celle de Chang-tong : les Chinois la nomment aussi *Chong-hoa*, fleur du milieu, parce qu'elle est située presqu'au milieu de l'empire, & en concluent qu'elle est au centre de l'univers : elle a 110 lieues de long, 90 de large : l'air y est tempéré, pur & sain : les bestiaux, les grains, les fruits y sont abondans & à vil prix : on y trouve toutes les espèces d'oranges & de grenades : sa fertilité étonne : au couchant elle a des monts & quelques forêts ; par-tout ailleurs la campagne est unie, arrosée, cultivée comme un jardin : on y voit un lac dont les eaux donnent à la soie un lustre inimitable : on y trouve un serpent dont la peau trempée dans le vin, est un remède contre la paralysie : on la divise en 8 districts.

Kay-fong, ville grande, riche, assez peuplée, mal bâtie, en est la capitale : elle est située à deux lieues du Hoang-ho, dans une plaine spacieuse & bien cultivée, mais plus basse que le fleuve, que de fortes digues qui s'étendent l'espace de 30 lieues empêchent d'inonder ses environs : détruite dans les guerres civiles, c'est avec peine qu'elle s'est relevée : elle n'est pas encore une belle ville : 33 villes dépendent de sa jurisdiction. Les Juifs y avaient une synagogue où ils avaient élevés des *Pe-si* ou marbres chargés de longues inscriptions qui montraient, dit-on, la correspondance de leur chronologie & de leur histoire avec celle des Chinois : ils ont été détruits avec la ville, & n'ont point été relevés comme elle. Sa longitude est de 132 deg. 58 min. sa latitude de 34 deg. 52 min. 5 sec.

We-kyun, ville sur une riviere qui se jette dans le canal royal, dans une contrée sablonneuse & peu fertile : son district est resserré par les provinces de Pe-che-li & de Chan-si. C'est vers la derniere province qu'il est le moins cultivé. Sa jurisdiction s'étend sur 5 petites villes.

Chang-te est dans la partie septentrionale de la province : son district peu étendu, est fertile & arrosé par diverses rivieres poissonneuses : on y pêche un poisson semblable au crocodile, dont la graisse une fois enflammée ne peut plus s'éteindre : il y croît plusieurs espèces d'absynthe ; on y trouve diverses pierres d'aimant : une de ses montagnes est si escarpée que la plaine qui est au sommet sert d'asyle aux habitans, pour éviter la fureur du soldat : on y compte 7 villes.

Way-king, petite ville : son district peu étendu, jouit d'un air sain, d'une terre fertile : le Hoang-ho le borde ; on y trouve beaucoup de simples & d'herbes médicinales : sa jurisdiction s'étend sur 6 villes.

Ho-nan, ville située au milieu des montagnes, entre 3 rivieres : elle est grande & peuplée : son district est étendu, fertile, environné de monts, & renferme 13 villes, parmi lesquelles est *Teng-fong* où est une tour élevée pour observer les astres : depuis 3000 ans on y voit, dit Martini, une prodigieuse regle d'airain dressée perpendiculairement sur un plan de même métal : cette régle, ce plan ont disparu aux yeux de voyageurs moins enthousiastes, & plus vrais.

Nan-yang, ville sur une petite riviere : elle est petite & pauvre : son district est très-fertile ; toutes les denrées y sont à vil prix : ses montagnes produisent le lapis-arménus ; on y trouve ces serpens tachetés de blanc, dont la peau est utile contre la paralysie. Sa jurisdiction s'étend sur 12 villes.

Zhu-ning ou *Yu-ning*, ville sur la riviere de Yu-ho : son district abondant en grains & en fruits, est arrosé par diverses rivieres, a de belles plaines des montagnes élevées, & renferme 14 villes.

Que-te, ville située au milieu d'une vaste plaine, qu'arrose deux belles rivieres : son district est cultivé avec intelligence & avec soin : l'air y est pur, nulle montagne n'y borne la vue qui se promene au loin sur des campagnes fertiles, ombragées par des orangers, des grenadiers & d'autres arbres fruitiers : parmi les villes de son district est *Nhing-lu*, ville assez grande, mais pauvre, déserte, & dont les murs de brique sont ceints d'un fossé plein d'eau.

Province de *Chan-tong*.

Elle a le Pe-che-li au couchant, le Kyang-nan au midi, la mer à l'orient & au nord : elle a 120 lieues de long, 80 de large, & est arrosée par une multitude de lacs, de rivieres, de ruisseaux, le grand canal la traverse : son sol est excellent ; mais la pluye y est rare, la sécheresse fréquente, & les sauterelles ravagent souvent ses campagnes ; les eaux de puits y rendent les goitres communs : les oiseaux de rivieres, les chapons gras, les faisans, les perdrix, les cailles, les lievres y sont à vil prix : le poisson y est très-commun : les grains, les fruits y sont abondans ; on admire surtout la beauté de ses pêches, ses noix, ses chataignes, ses poires, ses *tse-tse* ; une espece de chenille y attache de longs fils de soie aux arbres & aux arbrisseaux, & on en fait des étoffes durables : ses ports, ses rivieres sont défendues par 15 forts élevés sur ses côtes ; son golfe renferme diverses îles, dont quelques-unes offrent des rades commodes. On la divise en 6 districts.

Tsi-nan, ville célebre par la beauté de ses édifices, par le lac qu'elle renferme dans ses murs, & qui fournit de l'eau à tous ses canaux, elle est peuplée, vaste, commerçante ; elle fait parvenir ses marchandises sur le grand canal, par la riviere Tsing-ho qui s'y joint : son district est riche en soies, en grains, en bestiaux : on y commerce en leu-li, ou verre Chinois : il est si fragile que l'action d'un air un peu vif le fait fendre : ses monts renferment des mines de fer ; ses lacs sont poissonneux, & leurs bords couverts de la fleur nommée *lyen-hoa*. Sa lon-

M 3

gitude est de 133 deg. 30 min. sa latitude de 36 deg. 44 min. 24 sec.

Tong-chang, ville située sur le grand canal, dans une vallée ; elle est quarrée, des murs élevés la défendent ; ses rues sont grandes, elles se réunissent au centre où est un arc de triomphe qui repose sur des voûtes : ses maisons sont bien bâties. Vers l'orient est une masse de fer épaisse, haute de 20 pieds qui marque le lieu de la sépulture d'un héros Chinois ; les inscriptions qui y sont gravées, le sont depuis 700 ans : au midi, elle a un faux-bourg peuplé & commerçant : l'abondance des grains & des fruits de son territoire fait sa richesse : il est étendu ; 18 villes dépendent de sa jurisdiction, & parmi elles est *Lin-tsin* où le Wey-ho se joint au grand canal, & où passent sans-cesse des barques chargées, & des commerçans : peu de villes Chinoises sont plus peuplées qu'elle, plus commerçantes, & ont de plus beaux édifices : on voit près d'elle une tour à 8 étages, dont le déhors est de porcelaine peinte, & le dedans revêtu d'un marbre poli de différentes couleurs : chaque étage a sa galerie de marbre, avec sa baluftrade de fer doré, à chacun de ses angles sont suspendues des cloches : autour on remarque divers temples, bâtis avec élégance : ses environs sont plats, sablonneux, fertiles en fruits : on vante ses poires. *Vu-ching* dépend encore de *Yong-chang* : sa situation est belle, ses faux-bourgs longs & bien bâtis. *Ta-cheu* est sur le grand canal : on y commerce en bois ; l'un de ses faux-bourgs est vaste & peuplé.

Yen-cheu, ville riche & peuplée ; son district très-étendu ; bordé par le *Tachin-ho* & le *Hoang-ho*, arrosé par d'autres rivieres : & par des lacs poissonneux, tels que le *Tou-chan*, il renferme environ 30 villes, jouit d'un air pur & tempéré, a de belles plaines bien cultiyées, des montagnes couvertes de bois : parmi les villes qui en dépendent sont *Tsi-ning*, grande, peuplée, commerçante, située sur le grand canal. *Kyo-seu* où naquit Confucius, & où la reconnaissance ou la vanité, lui éleva divers monumens qui subsistent encore : *Kyn-kyang*, dans les environs de laquelle on trouvait de l'or. *Kya-kya*, village dont l'aspect est singulier, est remarquable par ses richesses, sa beauté, les fertiles campagnes qui l'environnent, embaumées par le romarin ; dominé par des monts d'une forme bisarre ; & *Ti-wang-myan*, temple magnifique, élevé près de la ville de *Chan-tsui*.

Tsing-cheu, ville médiocre : son district a des monts couverts de bois, & des plaines où serpentent de belles rivieres : la terre, la mer, y fixent l'abondance : les peaux de poisson y sont l'objet d'un commerce lucratif : on y trouve dans le ventre des vaches une pierre jaune, de la grosseur d'un œuf d'oye, molle comme la craie, plus estimée que le besoar pour guérir les fluxions & les rhumes : 16 villes dépendent d'elle.

Lay-cheu est située sur un promontoire que des montagnes séparent du reste de la province, & que la mer baigne par-tout ailleurs : les rivieres font la fertilité de son district entremêlé de montagnes & de plaines : sept villes sont sous sa jurisdiction, & quelques-unes sont au bord de la mer : telle est *Kyan*, forte par sa situation.

Teng-cheu a un port commode, défendu par une bonne garnison, & quelques vaisseaux qui veillent sur ses côtes ; huit villes sont dans son district : la plupart sont au bord de la mer ; on prend d'excellentes huîtres dans ces parages : le pays y est montueux : les cannes de bambou, rondes partout ailleurs, sont, dit-on, quarrées ici.

TARTARIE ORIENTALE,

OU

TARTARIE CHINOISE.

LE premier nom ne se donne ordinairement qu'au pays des Mant-cheoux ; nous l'appliquons ici à tous les pays du continent de la Tartarie qui reconnaissent le pouvoir de l'empire Chinois, parce qu'elle est à l'orient de la Tartarie indépendante. Nous en ferons trois articles séparés, qui seront les *Mongols Kalkas*, les *Mongols* proprement dits, & les *Mant-cheoux*.

MONGOLS KALKAS.

Ce peuple est le plus célebre de la race des Mongols, c'est le plus nombreux de ceux qui obéissent à l'empereur : ses terres ont (†) deux cent lieues du couchant au levant, du mont Altay à la province de Solon ; elles ont 140 lieues du midi au septentrion : il possede même le grand désert de *Chamo* où il vient camper durant l'hyver pendant lequel le besoin de l'eau est moins pressant, & où on en trouve avec plus de facilité : c'est le manque d'eau & son insalubrité qui l'en chasse l'été. Il a possédé la Chine, il en fut chassé en 1368 par Hong-vu, & il vint reprendre sa vie pastorale au-delà du Kobi. Ce peuple avait plusieurs chefs

(†) Des géographes lui donnent 300 lieues du levant au couchant, & 150 de large.

qui prenaient le titre de *Han*, ou d'empereur : les Eluths l'attaquerent en 1688, & le forcerent à fuir devant eux : l'un de ses princes eut recours à la protection de l'empereur Chinois, & le reconnut pour souverain en 1691. Son successeur eut le nom de *Tsin-vang* ou premier petit roi : d'autres princes eurent celui de *Peyles*, roi du 3e rang, de *Kong* ou comtes, de *Chaffaks*, ou chefs de bannieres, car ces Tartares ou Tatares sont divisés en 13 *bannieres*, soudivisées en *Nurus* ou compagnies de 150 familles. L'empereur rétablit l'ordre dans ce pays ; il assigna des terres en ferme aux uns, & fit présent de troupeaux à d'autres : on y compte 190 mille moutons, divisés en 228 troupeaux, & le gros bétail y est presque aussi nombreux : l'empereur y entretient de nombreux haras : la plupart de leurs petits princes sont nommés par lui : ils n'ont pas le pouvoir de punir de mort, ni même de confisquer les biens : c'est un des tribunaux suprêmes de Pe-king qui décide sur ces objets : mais le prince que toute la nation reconnait, a conservé plus de pouvoir : il reçoit lui-même des tributs : & celui qu'il paye à la Chine, n'est guere qu'un présent, qu'une marque de respect, plutôt que de crainte ou de faiblesse : il peut mettre en campagne 50 à 60 mille chevaux. Avant la guerre que leur firent les Eluths, on y comptait 600000 familles.

Ce pays ne renferme pas des villes ; ses habitans changent de demeures quand il leur plait avec leurs troupeaux : le désert de Chamo, ou de Kobi, est vaste & horrible vers le couchant ; vers l'orient, près de la grande muraille il n'a qu'environ 100 lieues : vers le nord il a des montagnes où l'on trouve un sol fertile, de beaux pâturages, des bois, des fontaines, des ruisseaux : du midi au nord, il est plus étendu encore : il eſt habité ſur les rives du fleuve Kerlon : dans quelques-unes de ſes parties il ne préſente qu'une vaſte & affreuſe ſolitude : le ſol en eſt ſtérile, nul arbre n'y répand ſon ombrage, nulle herbe n'y repoſe la vue ; on n'y trouve pour ſe déſaltérer que quelques puits & quelques marais remplis d'une eau de pluie qui y croupit & y prend un mauvais goût.

Au-delà du déſert eſt le pays qu'habitent ordinairement les Kalkas : nous en avons marqué l'étendue : il eſt riche en pâturage, le ſol y eſt inégal, rempli de ſable, de ſel, de ſalpêtre ; & c'eſt à ces minéraux, à l'élévation de la terre, aux montagnes couvertes de bois & remplies de ſources, à un eſpace immenſe de déſerts qu'il faut attribuer le froid qui y regne quelquefois en été, le ſable qui couvre de vaſtes plaines eſt brulant, tandis que l'air y eſt frais : ſouvent l'herbe y eſt brûlée, les ſources, les ruiſſeaux deſſéchés, & les troupeaux, les hommes y périſſent : ce pays renferme quelques lacs, tel eſt celui de *Taal* couvert de cignes, de canards, rempli de poiſſons, & dont les bords n'ont ni herbes ni roſeaux : il eſt arroſé par diverſes rivieres : celle de *Kalka* ou *Kalkapira* donne ſon nom à la nation : elle deſcend de la montagne de *Suelki* ou *Siolki*, paſſe par le lac de *Puir*, prend le nom d'*Yrſon*, ſe dirige au nord & ſe perd dans le lac de *Koulon-nor* ou *Dalay*; ce lac a 16 lieues de long, 5 de large : l'*Ergone* en ſort ; elle reçoit le *Saghalia-ula*, & ſe perd dans l'*Amur*. Ce lac reçoit auſſi le *Kerlon* ou *Kerulon*, qui naît au pied de la montagne de *Kentai*, coule à l'orient ſur un lit peu profond d'un ſable pur, & de 60 pieds de large : il eſt riche en poiſſons, & arroſe les plus riches pâturages de la Tartarie, dans un cours de 140 lieues : le *Tula* sort des mêmes montagnes que le Kerlon; il est plus profond, plus large, plus rapide que ce dernier : il arrose de belles prairies, & est ombragé quelquefois par des arbres qui croissent sur ses bords : elle est sur-tout bornée au nord par des monts couverts de sapins élevés qui présentent la plus belle perspective : elle se joint à l'Orkhon, coule vers le nord, se jette dans le *Selinga-pira* avec d'autres rivieres, & se perd avec elles dans le lac Paykal ou Bai-kal, qu'on croit le plus grand de la Tartarie, & appartient aux Russes qui ont bâti sur leurs frontieres deux villes dont l'une est *Seling-hinskoy*, l'autre *Irkutskoy*: celle-ci est une ville peuplée & florissante, située sur le Jenisey près du lieu où il sort du lac; celle-là est sur le Selenga qui a plusieurs sources, coule du sud au nord, serpente dans de belles plaines, & n'est pas riche en poissons. Il y a encore quelques autres petites rivieres, telles que le *Caraha*, le *Tola*, l'*Altay*, l'*Onghin*, le *Toui-pira* : les eaux de ce dernier sont pures & saines ; il arrose des plaines fertiles, & se perd sous terre près d'un lac : on ne sait où il reparait : l'*Altay*, nommé aujourd'hui *Siba*, prend sa source dans les montagnes nommées par les Tartares *Ys-kum-luk-nigra*, & se perd au nord du désert de Kobi : c'est dans les monts de ce désert que nait le *Dsan muran* ; il se jette dans le Hoang-ho sur les frontieres du Thibet.

Ces rivieres font la richesse des Kalkas : ils habitent sous des tentes ou dans des chariots, & conduisent le long des rivieres, où sont de féconds pâturages, de grands troupeaux de chevaux, de chameaux, de vaches & de brebis; celles-ci sont de l'espèce à grande queue : elle pèse douze livres & est remplie de graisse.

Les terres de ce pays font peu propres à être cultivées : l'agriculture y est condamnée comme inutile : les Tatars disent que l'herbe est pour les bêtes, & les bêtes pour l'homme : on y trouve quelques plantes médicinales ; telle est la rhubarbe dont les Russes seuls font aujourd'hui le commerce, & la racine de *kalka* dont l'odeur est aromatique, & qui est utile contre les maux d'estomac & la dysenterie : parmi ses montagnes, celle de *Pe-cha* est remarquable par sa hauteur, ses glaces perpétuelles, ses eaux minérales, les rivieres qui en descendent de tous les côtés, les faisans & les chevreuils qui l'habitent : on y voit des oiseaux d'une rare beauté ; tel est une espece de héron ou de butor dont le corps est blanc, & le bec, les aîles, la queue d'un rouge éclatant : il s'appelle *chungor* en langue Turque ; les Russes le nomment *kratzskol* ; on y trouve beaucoup de cygnes, des canards, des perdrix, des oies sauvages qu'on appelle *canards jaunes*, des cailles, des *hokis* ou poules de feu, des faisans : le gibier y est abondant : on y voit beaucoup de lievres, des cerfs, des daims de couleurs & de grandeur différentes, des vaches rousses couvertes d'un poil rude, & qui courent avec vitesse, des chevres jaunes très-agiles, des mulets sauvages qui errent dans les bois, ne peuvent porter des fardeaux, & ne servent que de nourriture ; des chevaux & des dromadaires sauvages : les premiers marchent en grandes troupes ; leur course est si rapide qu'ils échappent aux fleches des chasseurs ; des bœufs sauvages qu'on peut rendre domestiques, moins gros que les nôtres, ayant les jambes courtes, le poil noir & long comme celui du chameau, mais plus épais : le *han-ta-han*, animal pesant qui ressemble à l'élan, & vit dans des marécages : le *chulon* ou *chelason*, qui a la grandeur du loup & paraît une espèce de linx, est estimé par sa peau couverte de poils grisâtres, longs, doux, épais : le *Lau-hu* ou tigre dont le rugissement fait frissonner tous les animaux qui l'entendent, y est d'une grosseur & d'une légéreté surprenante : le *Pau* en a la tête & les yeux, non la grandeur, ni le cri : sa peau est blanchâtre, tachetée de rouge & de noir ; c'est un léopard : les chevaux domestiques y sont forts, intrépides, d'une taille médiocre : on y trouve peu de martres, mais beaucoup d'écureuils, de renards, des *Tael-pi-rat*, semblables à l'hermine, qui se creusent des demeures souterraines, & de la peau desquels on fait une fourrure estimée. On y voit encore sur les rives de l'Urson le *Turbighi* ou *Tarbikis*, animal amphibie qui ressemble au castor, & dont la chair est tendre & du goût de celle du chevreuil ; il vit d'herbe dont il fait des amas dans la taniere qu'il se creuse : l'esturgeon y est le poisson le plus commun.

La religion des Kalkas est celle des Mongols soumis au Dalai-lama : leur pape se nomme *Khutuktu* ou *Fo-vivant* ; il ne fut d'abord qu'un Lama nommé par son chef qui lui était soumis ; mais il aspira à l'indépendance, & l'empereur qui voyait dans sa séparation avec le Dalai-lama un motif de plus pour obliger les Kalkas à s'attacher à lui, en les rendant odieux aux nations voisines, l'aida de tout son pouvoir. Sa politique a réussi. Ce grand-prêtre n'a pas de demeure fixe ; il campe tantôt sur les bords de l'Orkhon, tantôt sur celles de Selinga, ou sur l'Urga, environné de Lamas & de Mongols armés : il est assis dans une grande tente sur une espèce d'autel, reçoit les hommages de ses sectateurs, ne salue personne, & s'il est en marche il bénit, en appuyant sa main fermée sur leur tète, ceux qui se rassemblent sur sa route, & reçoit leurs tributs. Le peuple croit qu'il fait tout, qu'il dispose du pouvoir du dieu Fo, qu'il vieillit quand la lune décline, & rajeunit quand elle se renouvelle ; qu'il est déja né quatorze fois, & renaîtra encore : dans les fêtes il parait au son des instrumens sous un dais de velours, assis sur un coussin, les jambes croisées avec l'idole de Fo à ses côtés : sur des coussins plus bas, sont ses Lamas lisant en silence & les yeux sur un livre qu'ils tiennent de la main droite : dès que le Khutuktu est assis, les Lamas encensent les idoles, puis leur grand-prêtre, ensuite le peuple : on apporte des vases de porcelaine remplis de liqueurs & de confitures : on en dépose sept devant chaque idole, sept devant le Khutuktu qui les goûte, & les fait distribuer aux chefs des tribus : puis il se retire au son des instrumens. Ce prêtre est honoré de l'empereur qu'il ménage, parce qu'il lui doit son pouvoir ; il vit aussi en bonne intelligence avec les Russes.

L'habillement des Kalkas est peu différent de celui des Eluths : des toiles de coton, des peaux en font la matiere : ces peaux leur donnent une odeur qui est insupportable à l'étranger : leurs tentes exhalent celle du bouc : ils combattent à cheval : leurs armes sont le sabre, la pique & l'arc.

On pense bien qu'il ne s'agit pas ici de décrire les villes dans un pays habité par des peuples pasteurs ; mais nous pouvons parler de celles qui y existerent autrefois : nous en ferons quelques articles particuliers, & nous y joindrons le nom des lieux qu'habitent ordinairement les principaux princes des Kalkas.

Para-hotun, ou ville du Tigre : elle avait près

de trois lieues de circonférence, & était sur la rive septentrionale du Kerlon : on en distingue encore les fondemens & les ruines de deux pyramides : elle fut probablement bâtie sous Kublai-kan, petit-fils de Genghis, après qu'il eût soumis la Chine : non loin de là, on trouve les debris d'une autre petite ville ; elle était près du petit lac de Touré, où coulait une source limpide au milieu d'une plaine fertile, & qui nourrit beaucoup de daims & de mules sauvages : on croit que c'est l'ancienne *Kara-koram*, bâtie ou rebâtie par Oktay fils de Gengis, & où siégeait *Mongohau* ou *Mongkho*, à qui S. Louis envoya des présens magnifiques : d'autres auteurs croient que *Kara-koram* ou *Ho-lin*, & peut-être *Olug-yurt*, était située au bord du lac *Kurahan-ulan* : cette ville existait encore en 1405.

Chang-tu ou *Ciandou*, parait avoir été bâtie où l'on voit des ruines nommées *Chau-nayman-suma* dans le pays de *Karchin*, chez les Mongols, près de la riviere de Shan-lu : Kublay y transféra le siege de son empire.

C'est sur les bords du *Kalka-pira*, de *Puir-noir*, du *Kerlong-pira*, du *Tula-pira*, sur l'*Hara*, l'*Iben*, le *Touï* & le *Kara-ujir*, sur l'*Iru*, le *Patarik* & le *Tegurik* qu'on voit repandues les tentes des princes Kalkas : c'est sur l'Iben qu'habitait le Khutuktu : c'était une ville de tentes où se rassemblaient diverses nations de l'Inde.

Dans toute cette étendue de pays, il n'y a de lieux qu'on puisse appeller ville que *Hami*, habitée par des Mahométans qui dépendent de la Chine.

MONGOLS proprement dits.

Leur pays est borné à l'orient par celui des Mantcheoux, au midi par le Van-li-ezim ou grande muraille, au couchant par le Kobi, & le pays des Kalkas qui le borne encore au nord : sa longueur est de plus de 300 lieues, sa largeur de 200 : c'est dans cet espace que se sont préparées les plus grandes révolutions ; là nâquit l'empire de Genghiz, là se fonderent les empires du Katay & du Kara-kitay : des batailles sanglantes s'y donnerent, les richesses de l'Asie s'y rassemblerent, & s'y dissiperent ; les arts & les sciences y furent cultivées, des villes florissantes y existerent. Le peuple qui l'habite, oublie aujourd'hui ce qu'il a été : il est divisé en 49 *Kis* ou étendarts : les productions de leurs terres sont les mêmes que celles des Kal-kas ; ils ont presque les mêmes richesses & les mêmes mœurs : les rivieres de *Chilo*, de *Sira*, de *Kersu*, le *Toro*, le *Chot*, le *Narku*, le *Lohan*, le *Nonni-Ula*, &c. de petits lacs arrosent leur pays : ils doivent leur nom à *Moguls* ou *Mung-l'khan*, un de leurs anciens monarques ; on donne ce même nom aux Kal-kas & aux Eluths, quoique leur origine soit différente ; mais la tribu de ce nom vit naitre Genghiz, & se soumit toutes les autres ; les princes de ces deux peuples sont encore Mongols, & de-là vient qu'ils prennent ce nom eux-mêmes : c'est ainsi que la tribu *Tatare*, plus illustre que les autres a fait donner son nom à toutes les autres chez les nations Européennes. Les Mongols ont la même langue, mais elle a différens dialectes, par lesquels ils peuvent cependant s'entendre les uns les autres : leur écriture ne ressemble point à celle des Chinois ; ils n'écrivent que sur des tables, & avec un poinçon de fer,

le

le livre le plus commun parmi eux est le calendrier Chinois, gravé en caracteres mongols : ces hommes sont robustes, d'une taille médiocre ; ils ont la face large & platte, le teint basané, le nez écrasé, les yeux noirs & pleins, les cheveux noirs & semblables aux crins de leurs chevaux dont ils ne conservent qu'une touffe au sommet ; ils ont peu de barbe, ont des chemises & des caleçons de coton, des robes de coton doublées de peaux de moutons qui descendent jusqu'à la cheville du pied, & qui sont liées autour des reins avec des courroies de cuir ; des grandes bottes de cuir de roussi, de petits bonnets ronds avec une bordure fourrée : l'habillement des femmes est peu différent : seulement leurs robes sont plus longues, leurs bottes rouges, leurs bonnets plats & mieux ornés : les peaux qui les entourent leur ont fait donner le nom de *Tartares-puans* : ils combattent à cheval, quelquefois à pied, armés de la pique, de l'arc & du sabre : ils sont grossiers & honnêtes, ils vivent parmi la fiente de leurs animaux qu'ils brulent dans leurs cuisines ; excellent à chasser, à conduire les chevaux, à tous les exercices du corps ; ils n'estiment que ce qui est utile, & sont toujours gais, parce qu'ils n'ont rien à craindre, point d'affaires difficiles, point de bassesses à faire pour plaire aux grands : leurs troupeaux sont composés comme ceux des Kalkas : ils abhorrent le poro, errent de place en place, en été sur les bords des rivieres ou des lacs, en hiver au midi des montagnes ; vivent de lait & de viande, boivent du mauvais thé avec de la crème, du beurre ou du lait : ils font une liqueur spiritueuse & ardente avec le lait de jument : c'est un fait qu'on a long-tems contesté, & qu'on a vérifié aujourd'hui en l'imitant : les riches font fermenter de la chair de mouton dans du lait aigre, & il en résulte une liqueur nourrissante qui les enyvre : ils fument beaucoup de tabac, n'ont qu'une femme, quoiqu'ils en puissent avoir plusieurs, brûlent leurs morts & enterrent leurs cendres sous des amas de pierres où ils plantent de petites bannieres : leurs tentes sont de peaux, & forment un cône qui a un trou au sommet pour le passage de la fumée ; ils y entretiennent un feu continuel pendant l'hiver ; ils commercent avec les Chinois qui leur apportent du riz, du thé, du tabac, des étoffes de coton, des ustensiles, & en reçoivent le prix en bestiaux : leur religion est celle du Tibet : leur Dieu est *Fo* qu'ils nomment *Tu-cheki* : ils croyent à la transmigration des ames d'un homme dans un autre, obéissent à leurs lamas, & se dépouillent pour eux, ces prêtres libertins & ignorans, visitent les riches, vont de tentes en tentes chanter des prieres qu'ils entendent à peine & qu'on leur paie bien, reçoivent les hommages du peuple qu'ils bénissent : on les redoute, parce qu'on croit qu'ils font tomber la grêle & la pluie ; leur chef est un Khutuktu nommé par le grand lama : cette religion y fut introduite sous le regne de Kublai-kan ; les premiers lamas, dit-on, étaient savans, chastes, sobres, & faisaient des miracles : de telles mœurs persuaderent aux Jésuites que ces premiers lamas étaient des moines chrètiens ; mais dans ce tems les moines de l'Europe n'étaient pas savans. Leurs princes sont en grand nombre, & portent les titres de *Vang*, de *Pey-le*, de *Peytse*, de *Kong* que leur donne l'empereur Chinois qui est leur grand Khan, & qui les dégrade quand il lui plaît : il assigne aussi le revenu à chaque chef de banniere, & leur a donné des loix qu'ils obfervent; ils n'oppriment point leurs fujets, & ils ne le pourraient: un peuple pafteur a peu à craindre de la tyrannie.

On divife leur pays en quatre grands diftricts qui prennent leur nom des quatre portes de la grande muraille par lefquelles on y parvient.

Par la porte de *Hi-fong-cheu*, dans le Pe-che-ly, on arrive aux pays de *Karchin*, d'*Ohan*, de *Nayman*, de *Korchin*, & de *Tumet*.

Le *Karchin* a 60 à 70 lieues de long, 40 de large: il eft divifé en deux bannieres, ou Kis, & eft gouverné par deux princes: on y remarque une ville nommée *Chahan-fubarhan-hotun*: *Subarhan* fignifie une pyramide, & on en voit une auprès d'elle: *hotun* fignifie ville: ce diftrict eft le meilleur du pays: fes princes font Chinois, & les Chinois qu'ils ont attiré autour d'eux y ont bâti des bourgades, y ont cultivé les terres, y ont créé des objets de commerce: on y trouve des mines d'excellent étain, & de vaftes forêts d'un bois excellent qu'on tranfporte à Pe-king pour bâtir: l'empereur y a de belles maifons de campagne où il chaffe, où il paffe l'été, parce que les chaleurs y font modérées.

Le *Korchin* eft divifé en 10 kis: les Tatars y habitent les bords de la riviere *Queyler*: celle de *Sirà-muren* termine leur pays: le fol en eft fablonneux, fec, nitreux; on n'y voit guere que des plaines ftériles: la fiente de leurs beftiaux leur fert de bois à bruler; ils manquent de fources, & creufent beaucoup de puits. Leur pays comprend les deux cantons de *Turbeda* & de *Chaley*, le premier eft arrofé par le *Hayta-han-pira*, le fecond par le *Non-ni-ula*: du nord au midi il a près de 100 lieues de long ; il n'en a qu'environ 60 de large. C'est sur les bords du Queyler que sont ses meilleurs pâturages.

Le *Nayman* ou *Nagman* n'a qu'un kis : il commence à la rive méridionale du *Sira-muren* : *Topirtala* est la station la plus connue de ses peuples : son sol est montueux, ses vallées sablonneuses & imprégnées de nitre.

Le *Ohan* est habité sur les bords du *Narkoni-pira*, & vers le lieu où il reçoit des ruisseaux parmi lesquels est celui de *Cha-ka-kol* qui donne son nom à un village : sur la riviere de *Nuchuku*, qui se jette dans le *Ta-lin-ho*, sont les ruines de la ville d'*Orpan*, ou *Kurban-subarhan* : le sol de ce district est assez bon, quoique sec & nitreux ; il est semé de petites montagnes couvertes de buissons & de gibier : les cailles y sont en grand nombre, & n'y ont point appris encore à fuir l'homme : il y fait très-froid.

Le *Tumet* est divisé en deux kis : il s'étend jusqu'à la grande muraille & à la palissade qui ferme l'entrée du Laotong : c'est vers le *Subarhan* qu'il est le plus habité : on y voit les ruines de la ville de *Modun*.

Par la porte de *Kupecheu*, on entre dans de vastes forêts où l'empereur a fait construire de belles maisons de chasse : plus loin sont les contrées d'*Oubiot* & de *Parin*, toutes deux divisées en deux bannieres ; la premiere arrosée par l'*Inkin*, la seconde par l'*Hara-muren* : le sol y est médiocre : les princes y sont nombreux ; quelques-uns sont alliés de la maison impériale. Au-delà est *Kechicton* ; il est habité sur les bords du *Sira-murem* ; *Uchumu-chin* l'est sur les rives du *Halacor* ou *Hulgur-pira*. *Charot* rassemble ses principaux habitans à la jonction du *Labau-pira* & du *Sira-muren*. *Abahanars* a les siens sur les bords du lac *Taohnor*. Tous ces pays particuliers sont divisés en deux bannieres : celui d'*Arukorchin* n'en a qu'une ; l'*Arukondulen* l'arrose.

Par la porte de *Chang-kya-keu*, on traverse de vastes campagnes cultivées par des fermiers de l'empereur & des grands de sa cour : les Mongols qui les habitent, sont réunis sous trois étendarts ; mais commandés par des officiers nommés par l'empereur. Plus loin sont les contrées de *Hoachit* qu'arrose le *Chi-kir* ou *Chirin-pira*, & qui est divisé en deux bannieres ; celle de *Sonhiot*, divisée comme la premiere, habitée autour d'un lac ; celle d'*Aba-hay* qui renferme plusieurs lacs, & contient deux bannieres ; enfin celle de *Twinchuz* qui n'a qu'une banniere & est située près de la montagne d'Orgon.

Par la porte de *Cha-hu-keu* on entre dans de vastes campagnes qui appartiennent à l'empereur : là est la ville de *Ho-hu* ou *Kukku*, & habitent les *Kussay-chins*, mélange de nations Tartares & de prisonniers : l'empereur nomme leurs chefs, & les a divisé en deux bannieres : au de-là est le pays de *Kalka-targars* qui n'a qu'un étendart, & est arrosé par l'*Arpey-hamuren* ; celui de *Maomingan* qui n'est pas plus étendu ; celui d'*Urat* qui est partagé en trois étendarts, & est arrosé par le *Kondolen* ; celui d'*Ortus* qui touche à la grande muraille peu élevée en cet endroit, qui est arrosée par un lac & le Hoang-ho, fleuve qui sur ses bords a les ruines de la ville de *Toto* ; elle est quarrée, le *Tourghen* s'y joint à la riviere jaune : il est divisé en six bannieres, gouverné par de petits princes, habité par des hommes qui vivent sous de grandes tentes, & ne s'eftiment riches que par leurs troupeaux. On y trouve des monts de fable, couverts de broffailles, & beaucoup de lievres, de faifans, de perdrix, de cailles, d'oifeaux de proie.

LES TARTARES MANTCHEOUX.

Le pays qu'ils habitent s'étend de celui des Mongols jufqu'à la mer orientale, dans un efpace d'environ 300 lieues : fa partie méridionale eft fertile ; l'*Amur* ou *Yamur*, nommé par les Chinois He-long-kiang & par les Tartares Saghalien, le termine au nord : ce fleuve eft navigable l'efpace de 500 lieues ; il a trois lieues de large à fon embouchure.

Dans une plaine cultivée çà & là, femée de hameaux, arrofée par un ruiffeau limpide, eft une tour qu'on croit élevée depuis quatre fiecles : c'eft un octogone à huit étages de onze pieds de hauteur chacun, bâtie en briques blanches, d'une architecture un peu groffiere, mais non pas fans beauté : on monte au premier avec une échelle ; là eft un efcalier orné de deux ftatues en demi-relief ; autour paraiffent des ruines & des murs qui annoncent les reftes d'une grande ville : elle était à environ 60 lieues de la porte de *Chang-kya-keu* fur les frontieres de la Chine. A quelques lieues eft *Qua-vha-chiu*, ville autrefois confidérable, peuplée, commerçante : les murs en font de briques : on y voit des temples mieux bâtis, plus ornés, plus beaux que ceux de la Chine : les maifons de la ville font aujourd'hui des cabanes de terre, mais les fauxbourgs font mieux bâtis & plus peuplés : elle eft habitée par des Chinois & des Tartares : les temples font habités par des lamas : elle eft à 18 lieues de la province de Schan-fi.

Le pays est mal peuplé, sur-tout depuis que ses habitans ont conquis la Chine & s'y sont répandus: on y voit peu de villes murées, mais beaucoup de hameaux : c'est-là que les Chinois envoient leurs criminels; c'est avec de tels hommes qu'ils le repeuplent : l'air y est rude, les terres montueuses & couvertes de bois : les habitans se logent dans des huttes sur le bord des rivieres; ils vivent de chasse & de pèche, & sur-tout vers sa partie orientale : différens peuples l'habitent, & nous en parlerons dans la description des trois gouvernemens qu'on y a formé. Les Mantcheoux qui sont comme les seigneurs de la Tartarie orientale, ont pour chef l'empereur : ils n'ont ni temples, ni idoles, ni culte régulier : ils ne sacrifient qu'au ciel, vénerent leurs ancètres, cultivent l'agriculture, sont plus civilisés, & ont le teint plus blanc que les Mongols ou Mongous : leur langue est en usage à la cour de Pe-king, quoiqu'elle semble s'y perdre : chaque substantif a un verbe différent, elle rejette les répétitions du même mot, est abondante, claire & précise : on l'écrit de quatre manieres différentes : la premiere sert pour graver sur la pierre & le bois ; mais on la peint aussi sur des feuilles : les finales de chaque mot sont marquées d'un double trait; le trait doit être par-tout égal & net : la seconde est la même, mais plus simplifiée : les deux autres expéditives, & ce sont celles qu'on emploie dans l'usage ordinaire. Venons à la description de ses trois gouvernemens.

GOUVERNEMENT DE TSITSIKAR.

Il doit son nom à sa capitale : le pays est habité par des *Mantcheoux* qui y dominent, des *Tuguris* ou *Taguris*, qui en sont les anciens habitans, & des *Solons* qui en occupent un district particulier : les Tuguris sont grands & robustes ; ils sement du grain & vivent dans des maisons ; la crainte des Russes les fit soumettre à la Chine sous l'empereur Kang-hi : les *Solons* habitent sur les bords du Nanni, au couchant des Taguris : ils sont robustes, adroits & braves ; leurs femmes montent à cheval, conduisent la charrue, vont à la chasse du cerf & d'autres animaux ; les hommes s'occupent principalement de la chasse des martres dont la fourrure est estimée parce qu'elle est durable ; ils y vont couverts d'une petite camisole de peau de loup dont ils font aussi les bonnets qui couvrent leurs têtes : leurs arcs sont sur leur dos, des chevaux sont chargés de millet, ou de leurs longues robes de peaux de tigres ou de renards pour l'hiver ; des chiens exercés & ardens les suivent : les rigueurs de l'hiver, la férocité des tigres ne les épouvantent point : chaque année ils y retournent avec la même ardeur. L'*Ergone* ou l'*Argun* & l'*Aigho-Kerbechi* sont des rivieres qui terminent ce gouvernement vers le couchant : elles le séparent de la Tartarie Russienne : celles de *San-pira*, de *Kasin-pira*, & plusieurs autres qui se rendent dans le Saghalia, renferment des perles ; on prend les huîtres à la main dans ces rivieres qui ne sont pas profondes ; mais elles ne valent pas celles qu'on trouve sur les côtes de l'Inde.

Tsitsikar fut bâtie par l'empereur Kang-hi pour éloigner les Russes de ce pays : le Nanni l'arrose :

au lieu de murs, elle est entourée d'une palissade bordée d'un bon rempart : sa garnison est composée de Tartares ; ses habitans sont presque tous Chinois, & la plupart sont des bannis : des murs de terre renferment leurs maisons que séparent des rues assez larges : la palissade ne renferme guere que la garnison, les cours de justice & le palais du général Tartare.

Nierghi est une ville étendue, formée de cabanes, la plupart habitées par les Tartares Solons.

Merghin ou *Merghen*, est à plus de 40 lieues de Tsitsikar vers le nord, sur la même riviere : elle est plus peuplée qu'elle ; un simple mur l'environne : son territoire est sablonneux.

Saghalia-nula-hotun, ou ville de la riviere noire, est située sur la rive méridionale de ce fleuve, bâtie comme Tsitsikar ; elle a autour d'elle une riche plaine couverte de moissons, & où l'on voit divers villages : plus loin sont de grandes forêts abondantes en gibier, sur-tout en zibelines. A une lieue & demi de ses murs on voit les ruines d'*Aykem* élevée par les Chinois pour contenir les Tartares, & détruite par ces derniers.

GOUVERNEMENT DE CHIN-YANG OU DE MUYDEN.

Il comprend l'ancienne province de Leaotung ou de Quang-tong, qui fut une de celles de l'empire Chinois : il a 90 lieues de long, & 40 de large : au couchant, au levant, au nord, il est fermé par une palissade haute de 7 à 8 pieds, qui en marque les limites, & peut en écarter les brigands : un petit nombre de soldats en défendent les portes : ses habitans ne peuvent en sortir sans que les magistrats ne les leur permettent; il eut des places fortes, mais elles tombent en ruines aujourd'hui : ses villes presque désertes commencent à se repeupler ; son terroir est fertile en froment, millet, racines & coton : ses pâturages sont couverts de bœufs & de moutons ; les pommes, les poires, les noix, les chataignes, les noisettes y sont très-communes, mais le riz y est rare : on y trouve beaucoup de déserts & de marais, & la pluye le rend presque impraticable : on y voit encore çà & là des ruines de villes & de villages que la guerre sans doute a détruit.

Chin-yang ou *Mugden* en est la capitale ; on la regarde même comme celle de toute la nation : en devenant le maître de la Chine, son chef ne l'a ni oubliée, ni négligée : le Hu-nu-hu l'arrose ; elle est ceinte d'un mur élevé ; elle est ornée d'édifices publics, remplie de magazins, & est le siége des tribunaux souverains composés d'habitans naturels du pays, & dont tous les actes sont dans la langue & le caractère des Mant-cheous : ils décident de toutes les affaires qui s'élèvent dans le Leaotong, & dans toutes les autres parties de la Tartarie : un général, & une garnison Tartare y veillent : le commerce y est considérable, & presque tout entre les mains des Chinois. Près d'elle sont les tombeaux de deux princes de la maison régnante, construits à la Chinoise, entourés d'un mur épais à crenaux. Sa longitude est 141 deg. 16 minutes ; sa latitude 41 deg. 50 minutes.

Inden, ville où les Mant-cheous établirent le siége de leur empire, & qui ne parait qu'un grand village : là est le tombeau d'un des ancètres des empereurs.

Yt-cheü, ville dont les environs sont riches en

coton ; elle est sur le Subarhan : sa situation est avantageuse pour le commerce.

Kin ou *King-cheu*, ville à 5 lieues sur le *Siao-tin-ho* ; le coton fait sa richesse & son commerce.

Nieu-tchean, *Yaot-cheu*, *Caitcheu*, &c. sont des villes peu considérables : les dernieres sont voisines de la mer.

Fong-hoang-ching est voisine de la Corée : elle est commerçante & peuplée ; les commerçans Chinois ont de belles maisons dans ses faux-bourgs : un papier de coton, blanc, transparent, très-fort qui sert pour faire des chassis, est le principal objet de son commerce : elle doit son nom à une montagne qui l'a pris elle-même d'un oiseau fabuleux dont elle était, dit-on, la demeure chérie : elle est gouvernée par un Man-cheou qui a le titre de *Kou-tong-tu*, & auquel sont subordonnés d'autres Mandarins civils & militaires.

GOUVERNEMENT DE KIRIN-ULA.

Il touche à l'occident à la palissade de Leaotung, à l'orient à la mer, au midi à la Corée, au nord à la riviere de Saghalian-ula : il a 250 lieues de long, & 200 de large, mais il est mal peuplé : on y cultive le millet, & une espèce de froment inconnu en Europe, qui tient le milieu entre le froment & le riz : elle est saine, & pourrait être utile dans nos contrées froides ; l'avoine y est très-abondante : vers l'orient surtout, de vastes forêts couvrent le pays ; entr'elles on trouve quelquefois de belles vallées, arrosées par des ruisseaux dont les bords sont embellis par une grande variété de fleurs parmi lesquelles on remarque le lis jaune ; l'odeur en est moins forte que celle du blanc, &

c'est avec sa belle couleur ce qui le distingue du lis d'Europe : mais parmi les plantes, il n'en est point de plus estimée que celle du *Jin-seng* : sa hauteur est d'environ un pied & demi, sa tige est d'un rouge-noir ; d'un nœud s'élève quatre branches séparées à distances égales ; chacune a cinq feuilles inégales, dentelées ; sa racine est seule utile en médecine ; elle est longue de deux pouces, & grosse comme le petit doigt ; sa principale vertu est de remplir les coffres de l'empereur ; elle ranime, dit-on, & fortifie ; c'est dans des rochers escarpés, sur le penchant des montagnes couvertes de bois, sur les bords des rivieres profondes qu'on la trouve ; elle ne prospère qu'à l'ombre, craint le froid & la chaleur, & n'a pu encore être transplantée en Europe : toutes les années, aux approches de l'hiver, dix mille hommes sont employés à la recueillir ; on la vend trois fois son poids d'argent (*). Le *Songari* arrose ces contrées : il naît dans la montagne blanche (†) ; est large, profond, navigable, poissonneux. L'*Usuri* est, après celle-là, la plus belle des rivieres qui y coulent ; elle en reçoit un grand nombre d'autres ; son cours est long, ses eaux limpides ; elle se perd dans le Saghalianula : les villages des Tatares-*Yu-pis* sont dispersés sur ses bords ; ils vivent des poissons qu'elle nourrit, sur-tout d'esturgeons ; ils en préparent la peau, la teignent de 3 ou 4 couleurs, la taillent & la cousent avec adresse ; c'est avec elle qu'ils

---

(*) L'histoire des voyages dit sept fois.

(†) Les Chinois nomment cette montagne *Chang-pe-cheu* : on la croit la plus haute de la Tartarie orientale ; c'est le sable & non la neige qui la fait paraitre blanche : au sommet sont cinq rochers qui semblent d'énormes pyramides en ruines ; entr'eux est un lac profond d'où sort le Songari.

s'habillent, & ils femblent l'être de foie : leurs longues robes blanches ou grifes font bordées de verd ou de rouge : au bas de la mante des femmes font de petites fonnettes ; leur chevelure tombe en treffes fur leurs épaules, chargée d'anneaux ou de morceaux de verre. Tout l'été cette nation pêche ; ils féchent une partie des poiffons qu'ils prennent, & les confervent pour l'hiver : ils en font auffi de l'huile : ils font vigoureux & forts, paifibles & groffiers : lorfque le froid a glacé les rivieres, ils voyagent fur des traineaux, auxquels des chiens font attelés : on en voit qui font douze lieues fans fe repofer : ils ont peu de religion ; les Bonzes négligent de les inftruire, parce que leur pays eft pauvre ; on y trouve des forêts impénétrables, & une multitude d'infectes dont ils ne fe délivrent qu'en s'environnant de fumée : leur canots font d'écorces d'arbres coufue avec propreté : leur langue eft un mélange de celle des Mantcheoux & des Tatares-Kechongs : chacun de leurs villages a fon chef. Il en eft de même des Tatares *Kechongs* qui s'étendent le long de la même riviere, des *Yupis* jufqu'à la mer, dans un efpace de 150 lieues : leur tête n'eft point rafée ; leurs cheveux font liés avec un ruban, ou renfermés dans une bourfe : ils font plus ingénieux que leurs voifins.

Kirin-ula-hotun donne fon nom à la province, & fignifie ville de la riviere de Kirin : le Kirin l'arrofe ; on l'appelle auffi *Songari* : on entretient des barques fur ce fleuve : là fiege le général Mantcheou ; il commande à tous les mandarins civils & militaires. Ses murs font de terre, fes maifons font des efpèces de cabanes.

Pedne ou *Peture* eft fur la même riviere, à 48

lieues plus au nord : c'est une mauvaise bourgade, habitée par des soldats Tartares & des bannis.

Ningulta, peut-être *Ninkrita*, ville arrosée par le Hur-kapira ou Hur-ba qui se jette dans le Songari : elle fut le berceau de l'empire des Mantcheoux : les sept freres du bisayeul de Kang-hi s'y fixerent, & de là vient son nom qui signifie *sept chefs*. Un lieutenant-général des Mant-chews y réside ; il étend son pouvoir jusques sur les bords de l'océan oriental : le commerce y est florissant ; on y trouve plusieurs commerçans Chinois ; leurs maisons & celles des soldats, situées dans les fauxbourgs, les rendent quatre fois plus étendus que la ville : divers villages l'environnent, peuplés par les bannis Tartares ou Chinois.

Honchin, grand village qui est comme le chef-lieu des Tartares *Quella* : il est près des limites de la Corée : le pays habité par ce peuple est bien cultivé ; le sol en est fertile : le Tumen-ula l'arrose, & il se jette dans l'océan 12 lieues au dessous de Hunchin.

Au-delà du fleuve Saghalian, ou Amur, ou riviere noire le pays est désert, fréquenté seulement par les chasseurs, arrosé par diverses rivieres, partagé par une chaîne de montagnes nommée *Hinkan* : près du fleuve sont des villages habités par les *Halas*, mêlés avec les Yu-pis, mais plus riches qu'eux en bœufs, chevaux & bleds.

Ça & là on voit des ruines de villes telles que celles de *Fene-gho* & d'*Odoli* : celle-ci était sur un lac. Il ne restait de celle de *Putay-ula* qu'une pyramide & des ruines de murs qu'on a rétabli : au dehors sont des maisons agréables qui forment comme une ville nouvelle qu'une plaine fertile &

ultivée environne, que le Songari arrose, & qui st la plus belle de la Tartarie.

A l'embouchure du Saghalian dans la mer est une grande isle, couverte de bois, nommée *Sagalian-ngabata*, isle de la bouche noire : ses habitans paraissent Tartares, & forment différens villages : on n'y voit point de chevaux, aucune bête de charge : les cerfs privés sont attelés aux trainaux ; on y prend un grand nombre de mattres zibellines. Cette sle fut le sujet d'une contestation assez vive entre les Russes & les Chinois vers l'an 1728 ; ceux-ci la cé- lerent enfin aux premiers.

DE LA CORÉE.

Les Chinois lui donnent les noms de *Kau-li* & de *Chau-tſyen*; les Mantcheoux la nomment *Solho*, & ſes propres habitans *Trojenboulk*: le pays des Tatares Mantcheoux la borne au nord & à l'orient; au couchant elle touche à la province de *Leaotong*; par-tout ailleurs elle eſt baignée par la mer: ſa longueur peut être de 200 lieues, ſa largeur de 140. Elle fut ſoumiſe à la Chine ſous l'empire d'Yau, 2357 ans avant Jeſus-Chriſt; elle ſecoua le joug 169 ans après, & quelque tems après fut ſoumiſe à payer un tribut: quelquefois ſes habitans vainquirent les Chinois & leur conquirent des provinces; mais ils ne pouvaient les conſerver long-tems. Leur premier roi fut *Ki-tſe*, oncle de l'empereur Chinois *Gheou*: il civiliſa ſes ſujets, & ſe fit aimer par ſa ſageſſe: ſon trône paſſa à ſes enfans: ſa famille en fut dépoſſedée par un Chinois nommé *Wey-man* qui rendit la Corée indépendante: après la mort de ſon petit-fils ſon royaume redevint une province de la Chine: diverſes révolutions ſuccederent aſſez rapidement: des tyrans y régnerent qui ſe dirent, l'un iſſu d'un rayon du ſoleil, l'autre d'un dieu de riviere, & le peuple les reſpecta: l'an 667 les Chinois la conquirent encore; ils y trouverent 170 villes & 690 mille familles: quelque tems après ils lui donnerent un roi qui leur paya un tribut: les empereurs lui conferaient le titre de roi, lui envoyaient un ſceau d'argent, lui donnaient l'ancien droit de ſacrifier aux dieux des rivieres & des montagnes: on voit que le tribut

changeait

changeait selon que les Chinois étaient plus ou moins à craindre, & selon la volonté des empereurs : quelquefois il consistait en dix mille bœufs : les Japonais l'envahirent en 1592 ; mais leur invasion d'abord rapide fut arrêtée par les Chinois : cette guerre sanglante ne fut terminée que par le retour des Japonnois dans leurs isles. Depuis ce tems la Corée n'a point cessé d'être soumise à la Chine : son roi se dit sujet de l'empereur ; il lui présente des requêtes qui sont examinées, accordées, ou rejettées, & quand elles ne paraissent pas assez respectueuses, le tribunal des cérémonies le condamne à une amende.

Cette region fut jadis habitée par diverses nations qui formerent différens états ; tels étaient les *Mès*, les *Kau-kyu-lis*, les *Hans* : elles se réunirent enfin pour ne former qu'un royaume. Le sol en est montueux, mais fertile, cultivé à la maniere des Chinois, donnant d'abondantes recoltes en riz & froment: les principales rivieres qui l'arrosent sont l'*Ya-lu* & le *Tu-men* qui descendent de la même montagne ; l'une se dirige au couchant, l'autre au levant ; elles sont profondes & rapides, les eaux en sont excellentes ; d'autres rivieres y coulent, souvent infestées de crocodiles ; mais on n'en connait pas les noms : parmi les animaux qu'on y trouve ; on remarque l'ours, le sanglier, le daim ; on n'y voit pas d'éléphans ; la charrue y est traînée par des bœufs : diverses provinces y sont remplies de serpens & d'animaux venimeux ; on y trouve presque tous les oiseaux de l'Europe, & plusieurs de ceux qui n'y sont pas connus : les monts y renferment des mines d'or, d'argent, d'étain, de fer : les rochers & les sables qui bordent ses côtes en rendent l'accès difficile & dangereux ; le froid y est extrême ; on y marche sur

Tome IX. O

la neige comme au Canada, en s'attachant au pied une espèce de raquette : on fait des routes sous la neige pour se visiter d'une maison à l'autre : vers le nord, où l'hiver est plus rude, il ne croît ni coton, ni riz ; on n'y recueille que de l'orge : ailleurs le chanvre, le coton, les vers à soie réussissent : les principaux objets de commerce qu'on y trouve sont le papier de coton, le Jin-seng, ou plutôt le ninzin, qui differe peu du premier, de l'or, de l'argent & du fer, une gomme qui distille d'un arbre semblable au palmier, & qui donne au vernis une apparence de dorure, des poules dont la queue a trois pieds de long, des chevaux qui n'ont que trois pieds de hauteur, du sel minéral, des peaux de martre & de castor, du vin qui devrait plutôt être appellé *bierre*, puisqu'on le fait avec un grain nommé *panis*, du tabac que les Japonnois leur ont appris à cultiver.

Les maisons des Coréens sont mal bâties ; elles n'ont qu'un étage, sont de terre à la campagne, & de briques à la ville ; elles ont peu de meubles, & presque toutes une basse-cour, une fontaine, un jardin : leurs villes ressemblent aux Chinoises, & comme elles, sont entourées de murs : ils avaient aussi élevé un grand mur pour défendre leur pays ; il leur a été inutile, & depuis long-temps il tombe en ruines. Ce peuple est bien fait, doux & lâche ; il est crédule, & veut tromper ; c'est vers le nord qu'on trouve ses meilleurs soldats ; il aime les sciences qu'il connaît peu ; est passionné pour la danse, & la musique ; est confiant, indolent, sobre, quelquefois voleur ; les hommes, les femmes y sont livrés à la débauche ; les premiers portent une robe longue, à grandes manches, serrée par une ceinture, un large bonnet quarré, des bottines de cuir, de toile, ou de satin : les femmes ont des jupes bordées de dentelles : la soie couleur pourpre est l'étoffe des grands : la toile de chanvre & les peaux servent aux petits : les lettrés se font distinguer par deux plumes qui s'élèvent sur leurs bonnets ; ils s'appliquent sur-tout à la musique : de longs sabres, des arbalètres font leurs seules armes : ils n'enterrent leurs morts que trois ans après leur mort, & alors on place auprès d'eux des habits, des charriots, des chevaux : ils portent le deuil de leurs parens pendant trois ans ; les malades les effrayent, & ils les abandonnent dans des huttes au milieu des champs où quelques parens les servent : leurs mariages se font sans cérémonie ; la femme est comme esclave du mari qui en prend autant qu'il veut, & les renvoie quand il veut, même avec leurs enfans : ils parlent différemment des Chinois, écrivent comme eux, estiment Confucius, respectent peu les Bonzes, quoiqu'ils aient du penchant pour leur doctrine, vénerent le dieu Fo, & ont en horreur le sang ; ils sont hospitaliers, chaque possesseur de maison est un hôte pour le voyageur. Le roi y est sans domaine : quand il meurt, deux mandarins Chinois viennent placer son fils, ou celui que le roi défunt a désigné, sur le trône ; il reçoit d'eux la couronne à genoux, & leur fait présent de huit mille onces d'argent ; puis il envoie un ambassadeur chargé du tribut qu'il doit à l'empereur : les magistrats y affectent beaucoup de gravité ; ils reçoivent leurs appointemens en riz : les peines n'y sont pas sévères ; le bâton, la relégation dans une isle sont les plus communes ; l'adultère y est puni de mort : les enfans sont élevés avec indulgence, & ils respectent leurs pères : les familles qui sont esclaves sont moins liées par l'amour : les vieillards abdiquent à un certain âge l'administration de leur famille, & l'aîné des fils lui succède : on instruit de bonne heure les enfans ; lire, écrire, connaitre & vénérer leurs ancêtres est leur science commune ; dans chaque ville on les rassemble dans un édifice public, & on leur lit l'histoire de leur pays : ils ont des livres imprimés & manuscrits : leur Géographie est ridicule ; leur almanach leur vient de la Chine ; ils calculent avec de petits bâtons, & divisent l'année par le nombre des lunes : ils commercent avec le Japon & la Chine ; les mesures & les poids y sont uniformes : leur religion ne consiste qu'en cérémonies grimacieres : ils ont des temples, des prêtres, des fêtes où ils font beaucoup de bruit ; des monastères nombreux, la plupart situés sur des montagnes, & qui servent plus au plaisir qu'à la dévotion : le gouvernement accable les moines de taxes, leur impose des travaux, & le peuple ne les respecte pas plus que des esclaves : quelques-uns sont soldats, & ne sont pas les moins courageux. Le roi est absolu sur son peuple ; trois fois par an il paie le tribut dû à la Chine ; il ne parait qu'environné du plus grand éclat : tous ses sujets le gardent tour-à-tour : la propriété n'y est pas assurée ; le roi seul en est le vrai propriétaire ; on ne jouit de ses possessions que sous son bon plaisir, & on lui paie la dixme & d'autres impôts : chaque ville entretient un vaisseau à deux mâts, à 30 ou 40 rames, qui porte environ 300 hommes : on dit que sur terre on se sert aussi de voiles attachées à des chars qu'elles font mouvoir.

Cet état est divisé en huit provinces qui toutes ensemble renferment 160 villes ; d'autres disent 360.

La premiere province est au centre du royaume : on la nomme *King-hi*, ou province de la cour : sa capitale est *King-ki-tau* ou *Sior* : une riviere qui coule au couchant l'arrose : on y voit deux monastères de femmes, dans l'un desquels on ne reçoit que des filles ; elles sont rasées, & peuvent aujourd'hui se marier : le roi y a son palais qui n'a rien de bien magnifique : ses principaux mandarins y ont d'assez belles maisons bâties de briques : le plein-pied en est voûté ; on l'échauffe en faisant du feu au-dessus. Sa longitude est de 145 degrés ; sa latitude 37 deg. 41 min.

Cette province renferme encore les villes d'*Ucheu* & d'*Hetsin* qui sont d'une grandeur médiocre.

La province de *Ping-ngan*, ou la pacifique, est située au nord : elle touche au Leao-tung, & à la Tartarie orientale : sa principale ville est *Chang*, longue bourgade, située sur la rive de l'Ya-lu, ou riviere verte : ses autres villes remarquables sont *So*, *Lisan*, *Wey-yven*.

La province de *Whang-hay*, ou mer Jaune, est située au couchant : elle fut habitée par les Mau-hans : ses principales villes sont *Wang-cheu*, *Han-cheu*, *Hani*.

Celle de *Chu-sin*, peut-être *Tsio-sin* ou la fidéle, la pure, est bordée par la mer, & située au midi de Whang-hay ; on l'appella jadis *Ma-han* : sur ses côtes sont un grand nombre d'îles, dont les plus considérables sont celles d'*Yven-Shan-tau* & de *Nau-tau-fu* : ses villes sont *Hay-men*, située au bord de la mer, *Yang-cheu*, sur une petite riviere qui s'y jette à 10 lieues de-là, & *Wang-cheu* : les Japonnois en possedent encore quelque partie, ainsi que de la province suivante.

Celle de *Tsuen-lo*, située au midi, fut l'ancienne demeure des *Pyen-hans*, c'est la plus fertile de toutes : diverses îles sont sur ses côtes : telles sont *Fong-*

O 3

ma & *Ngan-hay* : sa capitale est *Isen-cheu*, sur une riviere qui coule au levant.

Celle de *Kinsha* ou *Kinchan*, située à l'orient, fut la demeure des *Chin-hans* : la mer en baigne les côtes ; on y remarque les villes de *Kang-cheu*, de *San-pu* & de *Ping-hay* : cette derniere a un port formé par une petite riviere, & défendu par les deux petites îles de *Fang-ling* & de *Chiang-san*.

La province des *Kyang-ywen* n'est pas bien peuplée ; son nom signifie source de riviere : les *Mès* l'habiterent ; elle n'a que de petites villes répandues le long des côtes, ou près des ruisseaux.

La province d'*Hyen-king* ou *Kien-king* fut le pays des *Kau-kyu-lis* ; c'est la plus septentrionale, celle où le froid est le plus rigoureux, où il y a le moins d'habitans, & le moins de ressources : la mer en baigne les bords. *King-hing* en est la capitale : elle est au bord d'un golfe qui reçoit une grande riviere.

L'île nommée par les Hollandais *Quelpaert*, & par ses habitans *Chesure*, est à 12 lieues des côtes méridionales de la Corée : elle en a 14 de tour, & forme vers le nord une large baye : des rochers l'environnent : on y trouve des chevaux, des bœufs, différens animaux domestiques : presque au centre est une montagne fort élevée, couverte de bois : autour sont des collines nues, qui forment des vallées où le riz prospere : les impôts qu'on en exige, la rendent pauvre : elle appartient au Japon qui l'échangea contre celle de *Tui-mu-tau*, située à environ 60 lieues plus à l'orient : elle renferme diverses villes : l'une d'elle, voisine de la mer s'appelle *Tadiane* : la capitale se nomme *Maggan* ou *Mokso*.

En remontant le long des côtes de la Tartarie orientale, on devait être arrêté par la terre de *Yesso* ; si elle était une presqu'île comme la représente le géographe *Robert* en 1749; mais de nouvelles découvertes ont prouvé qu'elle était une île : on a appellé le bras de mer qui la sépare de la Tartarie le *détroit de Tessoy* : il a à peine 3 lieues de large : les Hollandais découvrirent les côtes d'Yesso en 1643 : les Japonnois l'appellent *Jeso-Gasima*, & il paraît qu'elle est appellée *Ye-tse* par les Chinois : on croyait aussi qu'elle faisait partie du Kamt-chat-ka, mais on sait aujourd'hui que les îles des Kouriles sont entre cette peninsule & l'île d'Yesso : on dit qu'elle est fort peuplée, qu'elle a beaucoup de forêts, & de vastes plaines incultes, qui sans doute seraient fertiles si on les cultivait ; que ses habitans vivent comme les Tartares, portent de longs cheveux, de longues barbes, sont robustes, sauvages, mal-propres, excellent à tirer de l'arc, qu'ils ont du bétail, qu'ils pêchent, chassent, vivent sous des cabanes de bois, ont des mines d'argent, de cuivre & de fer : on dit encore que leur langue a quelque analogie avec celle des Coréens : sa partie méridionale dépend du roi de *Matsumai* ou *Matsaki* ou *Matmanska*, qui n'en tire que des fourrures, & une morue estimée qu'on nomme *Karasaki*.

L'île de *Matsumay* est située à 15 lieues au midi d'Yesso : elle est sinueuse, & forme des golfes profonds : elle partage le détroit de *Sungar*, & dépend du Japon : son roi doit un tribut annuel à l'empereur ; il consiste en argent, en plumes d'oiseaux rares & en fourrures.

Le détroit du *Pic* sépare l'Yesso de l'*île des Etats* : celle-ci fut découverte par les Hollandais en 1643. Celui d'*Uriez* sépare de la terre de la compagnie, ou de l'île de *Nadezda* : les Hollandais en ont visité les côtes : les Russes ont prouvé qu'elle était une île. Plus à l'orient est la terre de *Gama*, découverte par un capitaine Espagnol de ce nom : les Russes en ont fait le tour.

Toutes ces îles sont peu ou mal connues, & par cette raison nous n'en parlerons pas davantage. Peut-être la relation du troisieme voyage de Jacques Cook, nous instruira mieux sur ces parages, que nous n'avons pu l'être jusqu'ici.

ISLES DE LIEOU-KIEOU,

LEQUEO OU LIQUEJO.

Elles sont au nombre de 36, en y comprenant les îles d'*Oufou*, & celles qui sont au levant de Formose : elles forment un petit Archipel à l'orient de la Chine, au midi du Japon : une seule est considérable, & donna son nom aux autres : leur roi y siége : vingt-deux dynasties s'y sont succédées l'une à l'autre dans un espace que ses habitans disent être de 18000 ans ; ils prétendent descendre d'un homme & d'une femme nés dans le grand vuide : ils se soumirent aux Chinois à la fin du XIVe siecle ; l'empereur couronne leur roi, & reçoit son hommage ; ils paient aussi un tribut au prince Japonois de Satsuma. Ces îles abondent en toutes sortes de grains, en fruits, arbres & animaux ; mais on n'y trouve point ces animaux féroces que l'homme redoute ; tels que le loup, le tigre, l'ours & le lion : on n'y trouve ni lievres, ni daims : celle de *Kikiai* est presque stérile & déserte : son principal ornement est dans les cédres élevés qui la couvrent : celle de *Lunghoang-Chan* ou île de soufre, n'est utile que par ce minéral qu'on y recueille : celle d'*Osima* est une des moins grandes : elle est fertile & agréable. *Jajuma*, plus grande qu'elle, est l'île où réside le chef de leur religion, leur empereur ecclésiastique. La grande île de Lieou-Kieou a plus de 60 lieues de long, elle en a environ 20 de large ; on y voit quelques villes, plusieurs bourgs, un grand nombre de villages : ses habitans sont nombreux ; leurs maisons sont propres & commodes ; leurs familles sont unies, & se rassemblent par des repas fréquens ; ils aiment les étrangers, sont laborieux, adroits, sobres, aiment la joie, les jeux qu'animent leur vin de riz, & leurs instrumens de musique ; les bonzes en sont les prêtres, & Foë leur Dieu ; les premiers sont les instituteurs de la jeunesse : les livres de religion, de médecine, d'histoire, d'astronomie sont en langue Chinoise : leur écriture est celle du Japon ; leur langue a des mots de l'une & l'autre nation, mais leur est particuliere : ils travaillent l'or, l'argent, le cuivre, le fer, l'étain, la soie, font de la toile, du papier, des armes ; les femmes font presque tout le commerce intérieur : elles commandent, dit-on, aux esprits, & guérissent les malades ; les hommes navigent d'une île à l'autre, & vont à la Chine, au Japon, à Formose : on y voit peu de procès ; on y paye peu d'impôts ; les domaines du roi, les salines, les mines qui lui appartiennent suffisent à ses besoins ; des foires fréquentes y rassemblent souvent les commerçans ; le bois, les étoffes, les grains, les métaux, les drogues, les bestiaux, les meubles, &c. sont les objets de ce commerce. Pour gages de leur foi, ils jurent sur des pierres consacrées dans les places publiques, dans les rues, sur les montagnes. Ce peuple parait heureux : les crimes y sont rares ; il y a peu de mendians, & moins encore de voleurs : les femmes y sont modestes, n'ont ni fard, ni boucles d'oreilles, & portent leurs cheveux tressés & réunis en boule sur leur tête, fixés par une aiguille d'or ou d'argent : on y respecte les morts, on en brûle la chair, & recueille les ossemens ; on les en-

LEQUEO OU LIQUEJO.

cense, des bougies brûlent devant eux, & leurs enfans viennent de tems en tems leur paier un tribut de larmes.

Kieu-Tching est la ville où réside le roi auquel ces îles sont soumises, & son palais qu'on nomme *Chenle*, est voisin de ses murs : elle est située dans la partie méridionale de Lieou-Kieou. Sa longitude est de 145 deg. 15 min. sa latitude de 26 degrés. Vis-à-vis d'elle, & vers l'orient est la ville de *Yuelai*, presqu'aussi grande qu'elle, & qui a un bon port.

DU JAPON.

CEt empire est formé de différentes isles qui paraissent avoir été peuplées par différentes nations. Selon les Japonnois, le Chaos nageait comme les poissons dans l'espace infini ; de lui sortit une sorte d'épine susceptible de mouvement & de transformation ; elle devint une ame, ou un esprit qui produisit les Dieux desquels sortirent des demi-Dieux qui donnerent la vie aux habitans de ces îles : ils reconnaissaient avoir reçu une colonie de Chinois ; mais leur empire existait alors, & ne leur doit pas sa formation ; il serait plus probable que le même peuple qui peupla la Chine, qui étendit ses conquêtes dans toute l'Asie, & même dans l'Europe, est l'origine des Japonnois ; mais ces conjectures sont incertaines, & doivent l'être : on a des raisons pour croire que la terre a éprouvé des révolutions physiques qui en ont changé la face, qui ont fait des îles de ce qui fut un vaste continent, & c'est surtout en Asie qu'on voit des monumens qui attestent ces révolutions : peut-être tel peuple qu'on croit être la souche d'un autre, n'en fut au contraire qu'un rejetton ; peut-être tel autre qui régnait sur un vaste continent, se vit tout d'un coup resserré dans des îles, & il est possible encore que les Japonnois soient dans ce cas : leur langue n'a aucune ressemblance avec celle de leurs voisins, leurs mœurs en different beaucoup, & s'ils ont quelques usages communs avec un autre peuple, c'est avec les Tartares.

Ce pays fut inconnu aux anciens géographes : il semble que ce soit le pays dont parle Marco-Polo sous le nom de *Zipangri*. Des Portugais qui allaient de Siam à la Chine sur une jonque chargée de cuir, furent jettés sur les côtes par la tempête en 1542, & le découvrirent pour la premiere fois : mais les Chinois le connaissaient déja depuis long-temps : comment en effet un peuple qui exerçait la navigation depuis plusieurs siecles, qui avoit conquis la Corée, contrée voisine du Japon, aurait-il pu ignorer encore un empire puissant qui avait aussi des navigateurs ? Et les Portugais qui commerçaient en Chine devaient en avoir entendu parler.

L'origine du gouvernement monarchique des Japonnois remonte à 660 ans avant Jesus-Christ : son premier chef parait avoir été *Syn-mu-ten-oo*, ou *Swa-sikono-mikotto*, qui rassembla des peuples barbares, & les soumit à former une société civile : il divisa, dit-on, le temps en années, mois & jours. Son regne fut de 79 ans; il en avait près de 80 quand il le commença : son nom est vénéré encore : on lui donne le titre de *Nin-o*, le plus grand des hommes; ses descendans regnerent après lui, & sa famille conserve encore l'ombre du pouvoir dont elle avait joui. Elle gouverna le Japon avec un pouvoir sans bornes, par une longue suite de rois dont quelques-uns vécurent près d'un siecle & demi : la religion comme les loix lui étaient soumises; elle avait partagé l'empire en plusieurs gouvernemens, auxquels le roi nommait : les gouverneurs lui rendaient compte de leur administration ; mais insensiblement ils devinrent indépendans, & s'unirent entr'eux pour conserver leur autorité usurpée & se défendre contre leur maître, devenu par sa faiblesse le rival de tous : *Kongey* qui régnait en 1142 voulut les soumettre & créa un général qui devint bientôt son maitre & le leur :

il réunit en lui tous les pouvoirs politiques, & ne laiſſa que des honneurs au Dairi ou Mikkados. C'eſt dans le douzieme ſiecle qu'arriva cette révolution : elle avait été préparée par l'imprudence des Mikkados qui depuis long-temps remettaient toutes les forces militaires de leur empire dans les mains d'un ſeul homme qui portait le nom de *Cubo*; ils en revêtaient ordinairement un de leurs fils : on eſt incertain ſi *Joritomo*, qui ſe ſervit du pouvoir militaire pour s'emparer du politique, était deſcendu des Mikkados : à leurs noms de Cubo il ajouta celui de *Sama* qui ſignifie *ſeigneur*; des diſſentions ſanglantes ſuivirent cette uſurpation de pouvoir : ces diſſentions firent renaître les déſordres qu'on avait voulu guérir; les gouverneurs ſe rendirent de nouveau ſouverains dans leurs provinces où ils regnerent long-temps ſous le nom de *Jakatas*: leurs domaines particuliers renfermaient la plus grande partie de leurs états; le reſte était partagé entre leurs vaſſaux nommés *Konikus*, qui cédaient à leur tour une partie de leurs poſſeſſions à des *Tonos*: ce gouvernement féodal opprimait le peuple ſans produire le repos de l'état : les Cubo-Samas ne commandaient que dans cinq provinces; mais au commencement du 16e. ſiecle un Cubo-Samas nommé *Nobunanga* & ſon ſucceſſeur *Taiko-ſama* ſoumirent ces divers rois, étendirent leur domaine ſur plus de la moitié de l'empire, réduiſirent les Jakatas au rang des Konikus, & ceux-ci au rang des Tonos.

Aujourd'hui il y a donc deux empereurs au Japon; le Cubo-Sama qui jouit d'une autorité deſpotique ſous un titre modeſte; le Mikkados ou Dairi, qui au milieu des hommages éclatans qu'il reçoit ſent par-tout ſon autorité arrêtée; les ſoldats mêmes qui veillent à sa sureté, sout chargés aussi d'assurer sa faiblesse ; il siege à *Meaco* où il occupe un palais immense ; il est sans domaine, & vit des revenus de Meaco que lui abandonne le Cubo, & des pensions qu'il lui paie ; il nomme à toutes les dignités ecclésiastiques, & vend chérement les titres d'honneur, même celui de *Dai-seo-dai-sin* qui fait devenir dieu à sa mort : la vanité forme une branche de ses revenus, les querelles des grands en forment une autre, car il prononce sur elles ; l'on achete la sentence & le moins heureux paie encore l'amende : sa personne est sacrée : ses pieds ne touchent point la terre ; le soleil n'est pas digne de luire sur sa tête, & il échappe à ses rayons ; on n'ose lui couper la barbe, les cheveux, les ongles que dans son sommeil ; c'est un vol qu'on lui fait, & on n'échappe que dans l'ombre à la punition qui suivrait un tel crime ; il a toujours la couronne sur la tête, parce qu'à cette immutabilité est attaché le repos de l'empire : les vases dont il s'est servi ne reparaissent plus devant lui, ils doivent toujours être neufs, & on les brise quand on les a ôté de sa table ; celui qui s'en servirait, qui oserait se revêtir sans sa permission de quelques habits qu'il a touché, en serait puni par une enflure douloureuse : 336 idoles veillent tour-à-tour sur son repos : s'il a mal dormi, l'idole de garde est bâtonnée & bannie pour cent jours. Sa dignité est héréditaire, & passe aux aînés, ou aux aînées, car les filles mêmes occupent ce trône saint & pacifique : souvent celui qui l'occupe l'abdique ; souvent on se le dispute les armes à la main : ce chef vit enchaîné dans de magnifiques cérémonies ; il a douze appartemens ; il prend douze femmes, & **son mariage**, la naissance de ses enfans, le choix de leurs nourrices font de grandes affaires d'état : il est vêtu de rouge, & couvert d'un chapeau qui a des pendans semblables à ceux de la thiare du pape : ceux qui le servent & l'accompagnent sont enveloppés dans des robes amples qui traînent au loin ; ils ont un bonnet noir qui désigne leur emploi par sa figure ou ses ornemens : les femmes aussi sont ensevelies dans de larges robes : l'oisiveté qui regne dans cette cour y permet de s'instruire ; on y aime sur-tout la musique qui éloigne l'ennui d'une vie uniforme : quelques-uns de ces prêtres sont riches, d'autres vivent du travail de leurs mains, & ils se disent issus des dieux : tous les cinq ou six ans le Cuba-Sama vient voir le Dairi ; les préparatifs de cette visite sont immenses, tout ce qui la précéde & la suit en est magnifique : les deux chefs se voient, le Cubo reconnait la prééminence du Mikkados ; il lui prépare sa nourriture, dit-on ; il le sert pendant le repas, lui fait de riches présens, en reçoit à son tour, & le quitte respectueusement : mais ces respects, cette apparente soumission n'est qu'une scène de théatre.

Le *Cubo-Sama* siège à Jedo, éloignée de Meaco ou Micawa d'environ 60 lieues : son pouvoir temporel est sans bornes ; il est héréditaire : tous les magistrats lui sont subordonnés ; sa volonté sert de loi ; il exile, dépouille, condamne à mort les grands qu'il craint, ou qui se font rendus coupables : pour assurer leur dépendance, le Cubo affaiblit, divise leurs possessions, leurs familles, leurs liaisons, les oblige de faire vivre leurs femmes, leurs enfans à Jedo ; les force d'y venir passer six mois auprès de lui suivis d'un nombreux & superbe cortege ; leur fait un devoir de donner des repas, des fêtes ruineuses ; les oblige de lui entretenir un grand nombre de soldats ;

dats : celui qui a environ 20000 livres de rente, doit entretenir 20 fantassins & deux cavaliers : cette milice réunie dans tout l'empire monte à 303000 fantassins & 38000 cavaliers ; à cette armée formidable que le Cubo peut rassembler à son gré, il faut joindre 100000 hommes de pied & 20000 chevaux qu'il soudoie & qui composent les garnisons des places de son vaste domaine, sa maison & ses gardes : les fantassins sont armés d'un casque, de deux épées, d'une pique & d'un mousquet : les cavaliers ont de courtes carabines, un sabre, des dards, des javelots ; ils excellent à tirer de l'arc. Les revenus de l'empire montent à plus de 820 millions de livres : les revenus particuliers du Cubo montent à plus de 50 millions : son domaine, les droits qu'il retire du commerce étranger, le produit des mines en sont les sources ; la dépense de sa maison monte à 80 millions. La partie de l'empire qui n'est pas du domaine forme six ou sept cent seigneuries, dont les possesseurs rendent la justice & vivent avec éclat, mais surveillés par des espions honnêtes que le prince place auprès d'eux. Ceux qui possedent des principautés héréditaires se nomment *Daimio* : les plus puissans sont d'autant plus asservis qu'ils paraissent ou plutôt ont paru plus redoutables : leur vie, leur fortune dépend de la volonté de l'empereur : malgré les soins continuels des Cubo pour les affaiblir, ils tiennent un rang considérable dans l'état ; ils sont les seuls gouverneurs de leurs domaines ; ils y sont chefs militaires, mais ils rendent compte chaque année de leur administration : quelques-uns ont encore des domaines étendus : la province de *Satzuma*, celle de *Canga* forment toutes entieres deux principautés. Après les *Daimio* suivent les *Siomio* : ce sont des seigneurs de certains districts dont ils jouissent par héritage, & où ils administrent la justice au nom de l'empereur : nous avons dit qu'ils n'y peuvent demeurer plus de six mois.

Chaque ville impériale a deux gouverneurs, dont l'un commande tandis que l'autre vit à la cour, où il attend que son collegue prenne sa place & lui la sienne ; on les nomme *Tono-sama* : leur correspondance est toujours étroite : chacun d'eux rend compte de son administration, & cherche à se conserver la faveur par des présens : celui qui est en charge ne peut recevoir aucune femme dans son palais, son épouse même ne peut y entrer; elle doit vivre à la cour avec ses enfans; leurs revenus sont de 10000 taels ou onces d'argent : les profits casuels excédent de beaucoup ces appointemens, & ils s'enrichiraient promptement s'ils n'étaient obligés à faire de grandes dépenses, d'entretenir chacun trois intendans, hommes de condition ; dix *Jorikis*, officiers civils & militaires qui exécutent leurs ordres, tous d'une naissance distinguée ; trente *Doosju*, inférieurs aux premiers par leur emploi & leur naissance, & un grand nombre de gardes, de domestiques qui donnent à leur palais l'apparence de celui d'un souverain : de plus, ils s'épuisent par les présens qu'ils sont obligés de faire au Cubusama & à ses ministres. Leur pouvoir est absolu; le commerce, la justice, la guerre sont de leur ressort ; ils veillent sur la police des villes; ils président sur le conseil des anciens ou *To-sü-jori-siu*, magistrats dont le pouvoir fut autrefois assez étendu, qui choisissaient les officiers de la bourgeoisie & reglaient les taxes : ils administrent les affaires de la ville, & sont juges civils & criminels, ont des subdélégués nommés *Dsiojosis*, qui jugent des affaires civiles de peu d'importance; après eux font les *Nengiofis*, nommés par les anciens, logés dans leur palais, chargés de parler & d'agir pour les intérêts du peuple: ils préfentent les requêtes des particuliers. Le pouvoir trop étendu des *Tono-fama* a excité les défiances de l'empereur, il a attaché fur leurs pas un *Daiguen* ou agent qui lui-même eft obfervé par d'autres. On lève une taxe dans les villes; mais feulement fur les propriétaires des maifons ou des terrains qui font dans leur enceinte: chaque rue en lève une pour faire un préfent aux gouverneurs, & d'autres dont le produit eft employé en l'honneur des dieux; on appelle ces dernieres *volontaires*, quoique perfonne n'ofe s'en difpenfer: les propriétaires des lieux de débauche paient annuellement une fomme affez forte. Dans les campagnes on lève un droit fur les productions des terres que l'on cultive: celui des champs fe lève en nature fur l'évaluation conjecturale & arbitraire des experts qui examinent les champs avant la moiffon: les jardins, les vergers paient en argent un peu plus de la moitié de leur produit.

La police eft fevère & active dans les villes du Japon: chaque rue a fes officiers & fes réglemens: le chef des premiers, nommé *Ottona*, tient le régiftre de ceux qui dans fon diftrict naiffent, meurent, fe marient, vont en voyage, changent de quartier: leur religion, leur métier, leur rang y font défignés; il expédie les paffe-ports, les certificats, les lettres de congé, quand on veut s'éloigner, ou changer de demeure; tous les habitans doivent lui prêter main-forte pour arrêter un malfaiteur, & ce font eux qui le choififfent à la pluralité des fuffrages; il répond de tous les crimes qui fe commettent dans fa rue; il a fes officiers qui tour-à-tour, avec un certain nombre d'habitans, veillent la nuit à la sureté publique : chaque rue a sa porte, elle se ferme toujours la nuit, quelquefois le jour ; on n'y reçoit un nouvel habitant que lorsqu'il a un certificat qui atteste son honnêteté, signé par l'Ottona du lieu qu'il quitte. Chacune a son trésor qui se reverse en partie sur les habitans, & sert à fournir aux frais communs du quartier : celui qui achete une maison doit avoir le consentement de ceux du quartier, & il paie au trésor le huit ou le douze pour cent du prix qu'il en donne : si des querelles s'y élèvent, les rues voisines doivent les appaiser ; si un homme y est tué, le meurtrier est mis à mort, & les trois familles les plus voisines du lieu où le crime s'est commis sont renfermées pendant plusieurs mois dans leurs maisons, dont on ferme & condamne les portes & les fenêtres : mettre le poignard à la main sans s'en servir est un crime digne du supplice ; & un coupable entraîne à la mort son père, ses enfans ; tous ses parens sont dépouillés de leurs biens & relégués : les tortures y sont affreuses, les supplices fréquens, les bourreaux détestés ; le silence n'y sauve pas l'accusé ; la mort même ne le garantit point du supplice : les loix y sont violentes, & elles y forment des caractères atroces : en général, l'homme y est meilleur que les loix, parce qu'elles ont été faites par des tyrans ou des barbares : par elles un pere peut mettre à mort ses enfans, les vendre, les prostituer, les étouffer dans leur naissance ; cependant les enfans des Japonois sont heureux : ils ne les emmaillotent jamais, les élevent avec douceur, ne les battent point, les instruisent & les forment à tous les exercices ; ils leur élevent le courage par de grands exemples, & leur apprennent mépriser la mort qu'un Japonois voit sans cesse à ses côtés; parvenu à l'âge mûr, les peres remettent à leur aîné leur bien, & ne s'en réservent qu'une petite portion. La femme ne peut avoir qu'un mari, l'adultere y est puni de mort, & il faut moins que l'adultere, il ne faut qu'une imprudence pour lui coûter la vie ; cependant elles aiment leurs époux qui peuvent à leur gré leur être infidèles, & il en est qui se laissent mourir de faim plutôt que de survivre à l'objet de leur attachement : elles ne leur apportent point de dot ; on paie même leur nourriture à leur pere : le divorce est permis, quand l'un & l'autre y consentent : elles sont petites, jolies, gaies, décentes, même dans l'état de courtisannes : elles vivent dans la retraite ; assez libres chez leurs peres, elles sont presque esclaves de leurs époux : lorsqu'elles se marient, elles se rendent avec leurs époux devant un autel qui porte une idole à tête de chien, & qui a près de lui un prêtre : l'époux est à gauche, l'épouse à la droite ; elle allume une torche qu'elle tient à la main, & lui enflamme la sienne à son flambeau : le prêtre les bénit, & le peuple applaudit avec de grands cris.

L'habillement des habitans du Japon ne differe du Chinois que par de légeres différences : il consiste en une robe ample, à longues manches, à queue traînante, une veste qui descend jusqu'aux pieds, en des hauts-de-chausses qui tombent plus bas que les genoux, des bottines courtes, & des pantoufles vernissées : l'éventail en est une partie nécessaire : les dames ont une robe flottante qui couvre plusieurs vestes, attachée par une large ceinture que les femmes attachent par devant, les filles par derriere : les femmes du peuple attachent leurs cheveux sur le haut de leur tête avec une aiguille ; celles qui font nobles les laiffent flotter par derriere en touffes. Le blanc y eft la couleur du deuil : on ne porte dans ce cas qu'une groffe toile unie, fans doublure, attachée par une ceinture large & groffiere : leur tête eft ceinte d'un bandeau de toile dont une partie pend par derriere : les funérailles font folemnelles, mais n'ont rien de trifte : ordinairement les riches brulent les corps, & les pauvres les inhument.

Le Japonnois eft propre, aime la mufique, les danfes, les repas; mais les cérémonies y détruifent la joie : les vifites font fimmétriques comme à la Chine : on fe fait préfent de robes de fatin noir rangées dans un baffin ; & c'eft ainfi que les grands marquent leur confidération pour un inférieur : on remarque qu'ils s'habillent modeftement quand ils fortent de leurs maifons, & que c'eft dans leur enceinte qu'ils font vêtus le plus richement. En public, l'homme riche eft accompagné d'une nombreufe fuite de valets, dont l'un porte fon parafol, l'autre fon chapeau, celui-là fon éventail, celui-ci fes pantoufles, &c. Les magiftrats font précédés d'un officier armé d'une pique : un *Daimio* voyage quelquefois fuivi d'un cortège de 20000 hommes ; le *Simio* en traîne un de 1000 à 1200 à fa fuite : on peut juger fi le Cubo marche bien accompagné.

La principale étude du Japonnois c'eft fa langue ; il apprend à bien lire, à bien parler, à écrire correctement : il fe fert des caracteres Chinois, & les trace comme ce peuple avec le pinceau : il s'occupe encore de l'hiftoire de fon pays, de fa religion, de la morale : il s'exerce à l'éloquence qui eft comme celle des Afiatiques trop figurée & trop emphatique, à la poéfie & à la peinture : ce peuple a beaucoup d'imagination & de sensibilité; il aime les spectacles, les tableaux frappans : ses pièces de théatre consistent en décorations, en machines, & sont toujours mêlées de danses & de chants : on amène sur le théatre des montagnes, des jardins, des maisons, des fontaines, des ponts, &c. les acteurs sont de jeunes garçons & des filles publiques: chaque quartier d'une ville fait tour-à-tour la dépense de ces spectacles : leurs peintres copient quelques objets de la nature, tels que les oiseaux, les fleurs; il ne savent point faire de portraits, ni de beaux paysages; leur musique est grossiere & sans goût, sans méthode; elle n'a qu'une partie : ils écrivent beaucoup, & ont des bibliotheques : ils ne connaissent presque rien sur les mathématiques, sur l'astronomie, sur la géographie mème : ils divisaient le monde en trois parties, & ces parties étaient le Japon, la Chine, & Siam; ils partageaient le Zodiaque en douze parties; le jour en douze heures, l'heure en douze parties qui portaient les noms des signes du Zodiaque : leurs mois sont lunaires : leurs années commencent entre le solstice d'hiver & l'équinoxe du printems : ce sont les ecclésiastiques de la cour du Daïri qui composent les almanachs, qui règlent les années sur le cours du soleil, qui marquent les jours funestes & les jours heureux : ils ont trois eres ou époques différentes: celle de *Nin-o* commence au regne de *Sin-mu*, celle de *Nengo* est fixée arbitrairement par le Mikkado, & ordinairement il en est une pour chaque règne; la troisieme consiste en cycles ou périodes de soixante ans : dans leur physique imparfaite ils admettent cinq élémens, l'eau, le feu, la terre, la mine & le bois : leur anatomie est dans son enfance & n'en sortira jamais; leur botanique est plus avancée : ils ont un herbier où l'on voit les figures de cinq cens arbustes ou plantes qui croissent au Japon ; on y explique leurs propriétés ou réelles ou imaginaires ; & ce n'est qu'en cette partie que leur médecine a quelques principes : les caustiques sont ses remedes les plus pratiqués. Ils sont adroits dans les arts méchaniques, qui presque tous leur viennent de la Chine : ils n'inventent pas, mais ils perfectionnent ; ils gravent, dorent, ciselent mieux que les Chinois, qui les égalent dans la fabrication du papier & dans celle de leurs étoffes, & qui ne les surpassent point dans la culture de leurs terres : nous plaçons leur architecture parmi les arts méchaniques, parce qu'en effet elle n'est chez eux qu'un métier : leurs maisons sont basses, étroites, construites en terre, en chaux, en bois : leurs toits sont plats ; tout y repose sur quatre ou six piliers de bois élevés sur un massif de maçonnerie : des paravents, un simple treillis séparent les chambres ; du papier, des volets ferment leurs fenêtres : les planchers sont couverts de belles nattes, sur lesquelles ils couchent, & qu'ils ont soin de tenir très-propres : l'intérieur de la maison, les portes, les fenêtres, l'escalier sont peints & vernissés ; on n'y voit ni bancs, ni chaises, ni lits ; quelques cabinets, un *tokko*, espece de coffre couvert de beaux tapis où l'on fait asseoir les hommes qu'on respecte, un *tokkivari*, ou armoire à divers compartimens, des papiers où sont peints des oiseaux, des fleurs, un paysage, des animaux travaillés en cuivre, des morceaux de marbres variés, & sur-tout une propreté admirable en sont les uniques ornemens : les palais où résident les grands, sont vastes, ceints d'un triple mur ; ils consistent principalement en une longue tour quarrée à trois étages, bâtie de pierres blanches & polies ; autour sont des bâtimens pour leurs officiers, les soldats, les domestiques : entre les murs sont des champs cultivés avec soin, des jardins ornés de collines, des rochers artificiels, embellis par des ruisseaux, des pieces d'eau, du gazon, & sur lesquels domine un petit temple.

Le caractere du Japonnois est singulier par les contradictions qu'il rassemble ; il joint la fierté à la dissimulation, la générosité à l'amour atroce de la vengeance ; la droiture & la confiance, au tourment des soupçons & des ombrages ; la vertu la plus pure à la dissolution la plus honteuse ; mais on remarque qu'il est vertueux par sentiment, & naturellement bon ; ses défauts viennent du gouvernement ; c'est lui qui presque toujours corrompt l'homme, & quelquefois, en louant les loix qui le pervertissent, nous nous plaignons de sa méchanceté en calomniant sa nature qui nous semble en être la source.

L'antique religion des Japonois est celle de *Sinto* : elle adore les premiers Japonnois qui furent regardés comme des bienfaiteurs de leur nation, comme les fondateurs de leur empire : on les nomme *cami* ou *miosio*, ou esprits-immortels : on vénere dans les temples qu'on leur éleve leurs armes antiques : on croit que l'esprit des dieux qui s'en servirent les pénetre encore : l'histoire de ces dieux *cami* forme leur théologie : cette science explique comme elle peut les aventures merveilleuses de ses héros, leurs victoires sur des géans, sur des dragons ; ses fables extravagantes qu'elle cache aujourd'hui où on oseroit les juger : elle se soutient parce qu'elle s'appuye sur l'histoire du pays & sur ses loix civiles : le plus révéré des *Cami* est *Tensio-dai-dsin*, premier des dieux terrestres : tout Japonois se croit issu de lui : le Dairi prétend l'être de son fils ainé : tous parlent de ses miracles, & ne prononcent son nom qu'avec respect ; il est peu de villes où il n'ait un temple. Tous les Dairis sont élevés après leur mort au rang de *Cami* : chaque divinité a son paradis : chaque Japonois choisit son Dieu, & de-là vient que le nombre des temples égale presque celui des maisons, la plupart sont simples & pauvres ; ceux qu'ont fait construire les grands sont souvent ornés de statues colossales de bronze, couronnées de rayons ; & de quatre-vingt ou cent hautes colonnes de cedres : on les nomme *mias* (demeure des ames immortelles,) on les place sur une hauteur ; une avenue de cyprès y conduit, & elle a vers son entrée une enseigne qui annonce le nom du dieu : devant lui est une antichambre couverte de nattes où ses fiers gardiens vêtus d'une longue robe blanche ou jaune, se tiennent assis. Tous sont faits sur le modele du premier qui ait été construit : il subsiste encore à Idje où *Isanami*, le dernier des sept grands esprits célestes résida : on n'y mettait point d'idoles autrefois : on y en place aujourd'hui quelques-unes renfermées dans une chasse, d'où on la tire le jour de la fête du cami qui ne se célebre que tous les cinq ans : autour des mias, sont des *massia* ou chapelles portatives ornées au dehors de corniches dorées, au dedans de miroirs & de colifichets. Ceux qui enseignent cette religion, ne parlent point de la nature des dieux, & de leur pouvoir, mais ils annoncent que les ames impures demeurent errantes, que les hommes vertueux qui se sont abstenus du sang, n'ont point vécu de chair, & se sont tenus loin des cadavres, sont reçus parmi eux & y vivent heureux : leurs démons sont les ames des renards ; le culte consiste à se laver dans des jours de fêtes fixés, à aller au temple paré de ses meilleurs habits, à s'y agenouiller, & à exposer ses besoins au dieu dans une courte prière, en fixant les yeux sur un miroir suspendu ; à mettre quelque argent dans le tronc, & à frapper trois fois la cloche pour réjouir les dieux : *Iebesu* est un des plus révérés : il pouvait, dit-on, vivre trois jours dans l'eau : c'est le Neptune du Japon, le patron des mariniers & des commerçans : on le représente assis sur un rocher, une ligne d'une main & dans l'autre un *tai*, poisson qui ressemble à la carpe, mais bigarré de rouge & de bleu : d'autres dieux veillent sur les différens besoins des hommes ; il en est un distingué par un gros ventre qui donne des richesses & des enfans. On les honore par des pélerinages : les uns à Idje, les autres aux trente trois temples de Quamwia : ceux-ci à d'autres temples dans diverses provinces : le plus commun est le premier : (*) il est dédié à *Tensio-dai-dsin* ; bâti de bois, couvert de chaume dans une grande plaine, environné d'environ cent chapelles, & des maisons où l'on reçoit les pélerins, & où logent des hommes qui s'appellent messagers des dieux : il est voisin d'un bourg habité par des hôteliers, des imprimeurs, des relieurs, des artisans de toute espece : tout bon Japonois doit faire ce voyage une fois en sa vie, un dévôt le fait chaque année : les pauvres en mendiant, en chantant, chargés de leur lit qui est une natte roulée ; les riches à cheval, ou en litieres ; l'empereur se contente d'y envoyer une ambassade : arri-

(*) D'autres voyageurs disent qu'il y a deux temples également simples, également antiques, situés à 600 toises l'un de l'autre, environné l'un de quatre-vingt mias, l'autre de quarante.

vés au temple, ils se prosternent & prient le front contre terre. ils reçoivent ensuite du messager des dieux une absolution de tous leurs péchés qu'ils gardent avec soin, sous un petit toit, dans leur plus bel appartement.

Les chefs de cette religion sont le dairi & ses ministres : il y a encore un ordre religieux dont le but est de combattre pour elle & pour son culte. Ces religieux nommés *Jammabos*, sont toujours errans, vivent de racine & se baignent dans l'eau froide pendant l'hiver : ils font des pélerinages dans des montagnes inaccessibles, portent toujours un cimeterre au côté gauche, à leur ceinture une grande coquille, à leur main un petit bâton où sont enfilés des anneaux de cuivre, à leurs pieds des sandales de paille entrelassée, sur leur dos rempli de leurs hardes & à leur cou pend une écharpe qui fait connaître par sa longueur & ses franges les titres qu'ils ont reçu de leurs supérieurs : presque tous demandent l'aumône, c'est le métier de leurs enfans ; c'est celui des plus belles filles du Japon lorsqu'elles sont nées dans la pauvreté : parmi les plus zélés partisans de cette religion, on peut compter deux confreries d'aveugles, qui sont assez communs au Japon : l'une d'elles ne mendie point ; ses membres servent dans les cérémonies comme musiciens ; ils ont un général à qui le dairi paie une forte pension, un conseil de dix anciens, & des supérieurs dans chaque province. La seconde religion des Japonnois leur vient de leurs voisins : on l'appelle *Budsod* ou *Budsdo* ; elle paraît dériver de celle des Bramines. *Buds* ou *Xaca* l'institua : il naquit 1200 ans avant Jésus-Christ, dans le *Tensik* qu'on croit être l'île de Ceylan, ou le royaume de Siam ; il quitta sa femme & son fils, devint hermite, contempla le ciel les jambes croisées, les mains sur la poitrine, & devint en joignant ses pouces dans cette posture, savant dans les choses célestes; il connut Dieu, l'enfer, l'état de nos ames après la mort, leur transmigration, le chemin qui les conduit à l'éternelle félicité; puis en mourant, il déclara ne connaître que le néant & le vuide : on n'enseigne pas publiquement cette derniere doctrine; elle est ce qu'on appelle la *loi intérieure* : ses disciples expliquent ses dernieres paroles, en annonçant qu'il n'y a dans l'univers qu'une seule substance qui se diversifie en divers êtres particuliers, sans cesser d'être toujours la même. On a composé un recueil des maximes de Buds, il est comme la Bible des nations qui le reconnaissent pour leur Apôtre; on l'appelle *Fokehio*, ou le livre des belles fleurs. C'est vers l'an 60 de notre ere que la doctrine de Buds fut introduite au Japon : ses progrès d'abord y furent lents, ce n'est qu'en l'an 550 qu'elle s'étendit & prospéra : elle est aujourd'hui la religion la plus florissante du Japon : les Sintoïtes même en ont adopté divers principes & c'est ce qui les a divisés en deux sectes; l'une appellée *Juitz*, conserve l'ancienne doctrine dans sa pureté; l'autre nommée *Riobus* a mêlé les opinions de Sinto & de Budso.

Le Budsoïsme enseigne que les ames des hommes & des bêtes sont les mêmes par leur origine; que toutes immortelles, elles ne different que par les corps qu'elles animent; que les hommes qui ont observé les cinq commandemens & les cinq cent conseils de la religion vont après leur mort dans le *Gokurakf*, jouir de divers degrés de plaisir que leur dispense le dieu *Amida*, selon leurs divers degrés de mérite; que ceux qui vécurent dans le désordre & le crime sont emprisonnés & tourmentés dans le *Dsigokf* où règne *Jemmao* qui voit toutes nos actions dans un grand miroir, & mesure la longueur des châtimens à l'horreur des crimes: les vertus des parens, les prieres d'Amida peuvent seuls temperer la rigueur de ce juge sévere: les ames sortent de ce lieu pour entrer dans des animaux d'autant plus immondes qu'on fut coupable, & elles viennent par gradation dans des corps humains, où elles peuvent mériter de nouveau le bonheur, ou les tourmens. Les cinq principaux commandemens sont de ne tuer aucune créature vivante, de respecter le bien d'autrui, de ne point commettre d'adultere, de dire toujours la vérité, de s'abstenir de liqueurs fortes: ses sectateurs honorent *Amida* sous diverses formes, *Denis* ou *Cogi* sous celle d'un homme qui a trois têtes & quarante mains, *Gison* a la tête d'un bœuf à cornes noires: *Canon* est le fils d'Amida; il créa le soleil & la lune. La dévotion y dégénere souvent en fanatisme: on s'y impose des pénitences cruelles, des pélerinages longs, pénibles, dans des déserts arides, sur des rochers effrayans, sous la conduite de bonzes dont l'aspect est affreux, qui leur imposent des postures ridicules & gênantes dans le voyage, & les punissent avec barbarie s'ils cessent de s'y tenir: plusieurs se donnent la mort par le fer, l'eau, la faim, les volcans, sous les roues du char de leurs idoles pour plaire à leurs dieux, & mériter d'habiter dans leurs demeures éternelles; ces dieux sont honorés par différentes fêtes dont une consiste en des combats sanglans. Les chefs de cette religion sont des moines, des religieuses, des prêtres, un souverain pontife nommé *Xaco*, vicaire de leur prophète sur la terre, qui consacre des *Tundes* ou évêques nommés par le *Cubo*, & leur donne des pouvoirs qui s'étende jusqu'au-delà de la vie : il ordonne fur tous les objets du culte ; il fait des faints & abrege les tourmens dans le Dſigokf : ſes arrêts font infaillibles : les *Tundes* vivent dans des monafteres dont ils font les chefs : les *Xenxus* font des moines qui ont rendu la morale facile, & croient que la vie eſt tout pour l'homme, qu'au-delà il n'a rien à craindre, rien à eſpérer : les *Xodoxins* font orthodoxes & dirigent leur culte vers Amida : les *Foquexus* mènent une vie auſtere, ſe lèvent à minuit pour prier & méditer : les *Negores* ſe conſacrent à combattre pour la religion ; ils font diſciplinés, aguerris, font vœu de continence, & nulle femme n'approche des lieux qu'ils habitent. Il y a encore d'autres religieux dont les uns vivent dans les montagnes, dans les déſerts, dans les creux des arbres : ils ne mangent jamais de viande ; le peuple les vénère, &, diſent les miſſionnaires Européens, ils le dépouillent & le trompent : ils prêchent avec éloquence, & de là vient principalement leur crédit : il y a auſſi des monafteres de femmes.

La religion la moins chargée de fables, de cérémonies & peut-être la moins faite pour le peuple, c'eſt celle de *Sinto* : elle enſeigne que le bonheur n'exiſte que dans la vertu, dans la bienfaiſance, & le courage à ſupporter les événemens quels qu'ils ſoient : le ſeul malheureux, c'eſt le coupable : notre ame eſt ſelon ſes ſectateurs une émanation de l'Etre univerſel qui anime toute la nature ; elle s'y rejoint lorſque le corps ſe diſſout : ils mépriſent la mort, & louent celui qui ſe la donne pour éviter l'infamie : ils croyent le monde éternel, n'invoquent point la divinité, n'ont ni culte, ni temple : cependant ils vénerent Confucius, ils conſervent avec ſoin la mémoire de leurs peres, & vont offrir ſur leur tombeau des viandes, & du riz ; ils brûlent des chandelles devant leur image, ils se prosternent devant elle, & donnent des festins en leur honneur. Cette religion est presque éteinte, parce qu'elle détruit le crédit des bonzes, & parce que ceux qui la suivaient semblaient favoriser le Christianisme.

La doctrine des chrétiens fut portée au Japon par les Portugais : la tolérance était alors entière, & St. Xavier joint à ses compagnons, purent la prêcher impunément : dès que les missionnaires connurent la langue du pays, les mœurs, les usages du peuple, elle y fit de rapides progrès ; en 1529, on y comptait, dit-on, 400 000 chrétiens. Un empereur qui haïssait les bonzes la favorisa, divers princes l'avaient embrassée ; mais l'indiscrétion des missionnaires, leur zèle trop ardent, leur intolérance, leur esprit de domination inspirerent des défiances à l'empereur Taikosama qui ne les aimait pas, & il les persécuta ; ses successeurs l'imiterent : les chrétiens voulurent se défendre, & prendre les armes, ils furent exterminés : des loix sanglantes furent prononcées contre eux, l'interdiction du commerce entre le Japon & les nations voisines fut établie irrévocablement : le christianisme y est aujourd'hui presque absolument éteint ; quelques prêtres ont tenté en vain d'y pénétrer, & ceux qui ont réussi, n'ont plus reparu depuis.

Cet empire est composé de diverses îles dont les plus considérables sont celles de *Nipon*, de *Saikokf* ou *Xime*, de *Sikokf*, ou *Xiaco*, toutes coupées par des promontoires, des bras de mer, des anses, de grandes bayes qui renferment de grands havres, des peninsules, des îles : il est situé entre le 31 & le 42 degré de latitude méridionale, & entre le 157, & le 175 de longitude : il est difficile, impossible

même

même de déterminer l'étendue de sa surface : on ne peut en donner une idée qu'en fixant celle des îles qui le composent. Les mers qui l'environnent sont semées d'écueils, & sans cesse agitées : on y voit beaucoup de trombes, de syphons, & deux gouffres ; l'un nommé *Faisaki* est voisin de l'île Amakusa ; lorsque la mer est basse on le voit tournoyer avec violence, l'eau s'enfonce à la profondeur de plus de 70 pieds, & entraîne avec une rapidité effrayante tout ce qu'elle rencontre : le vaisseau qu'il enveloppe est brisé contre les rochers, & ses débris engloutis ou lancés à la distance de plusieurs milles : l'autre est sur les côtes de la province de Kijnokuni ; il se précipite impétueusement autour d'un amas de rocs que sa violence fait trembler sans cesse.

Le terroir du Japon est montueux, pierreux, & en général peu fertile : l'air y est sain, le climat inconstant : l'hiver y couvre la terre de neiges & de glaces ; l'été y est d'une chaleur excessive, les pluies y sont fréquentes dans les mois de Juin & de Juillet : le tonnerre y fait souvent retentir les montagnes ; les typhons y sécouent la mer, y submergent les vaisseaux & rasent les maisons jusqu'aux fondemens ; peu de pays sont plus sujets aux tremblemens de terre ; ils y renversent quelquefois des villes entieres : la capitale du Cubo en 1703 ensevelit 200 mille de ses habitans sous ses ruines, & un plus grand nombre le fut sous celles de *Meaco* où siège le Mikkado en 1730 : on y trouve plusieurs volcans éteints, & plusieurs qui brûlent encore : de ses monts sortent diverses eaux minerales & salutaires : il en est une source temperée qui passe dans une mine d'étain au travers d'une grotte obscure, dont les côtés sont hérissés de pierres taillées en pointes comme des dents d'éléphans. On y remarque aussi diverses fontaines intermittentes : il en est une qui ne coule qu'une heure deux fois le jour, mais elle coule à 4 reprises différentes dans 24 heures, quand le vent souffle de l'orient ; une autre sort d'un puits entouré de grosses pierres, ne coule qu'à des heures déterminées, mais avec tant de force qu'elle forme un courant d'air qui ébranle tout ce qui l'environne : on dit que sa chaleur est plus grande que celle de l'eau bouillante. Les mines de soufre y sont fort nombreuses & abondantes, & il fait une des richesses des habitans : les mines d'or forment un des principaux revenus du Cubo ; il en est en diverses provinces, & il s'en répand beaucoup dans les différens états de l'Asie par les Chinois & les Hollandais : on trouve de ce métal dans le sable des rivieres, on le trouve encore en poudre dans la partie septentrionale du Nipon ; les espèces qu'on en frappe ont 22 carats & demi de fin ; les grandes pèsent une once & 6 gros ; les mines d'argent y sont plus rares, mais le métal qu'on en tire est très-estimé, & autrefois il valait son poids d'or ; on en frappe des monnaies à 11 deniers & demi de fin ; le cuivre est le métal le plus commun au Japon, la monnaie qu'on en fait s'enfile en différens nombres ; souvent ce métal contient de l'or ; on allie ces deux métaux ensemble pour en former un autre, nommé *saouas*, qu'on y travaille avec beaucoup d'art, & qui égale l'or par sa couleur & son éclat, s'il ne le surpasse pas : l'airain ou cuivre jaune y est rare, & plus cher que le cuivre, parce qu'on est obligé de faire venir la calamine du Tunquin ; on y trouve peu d'étain, mais il est si fin, si blanc qu'il est peu inférieur à l'argent ; on en fait peu d'usage, le plomb y est plus commun ; le fer y est aussi cher que le cuivre ; on y trouve du charbon de terre en diverses provinces : le sel se tire de l'eau de la mer ; on dit qu'il en est du fossile ; on n'y trouve ni antimoine, ni sel ammoniac : le mercure y vient de la Chine, le cinnabre y est d'un rouge charmant : il en est de si beau qu'il se vend au delà de son poids d'argent ; on en tire aussi le borax, quoiqu'il y en ait au Japon qu'on ne purifie pas.

Les montagnes de Tsengaar sont riches en agathes, dont quelques-unes ressemblent au saphir ; en cornalines, & en jaspe : les côtes de Saikokf le sont en huîtres à perles, on dit qu'il en est de rouges ; la province de Jetsingo produit un naphte rougeâtre qui sort de l'eau d'une riviere paisible ; on s'en sert dans les lampes ; l'ambre gris se recueille sur les côtes de diverses provinces ; on dit qu'on le trouve aussi mêlé aux excrémens de la baleine, qui sans doute l'avale lorsqu'il est mol encore : il était jadis moins estimé que l'ambre jaune ; il l'est davantage aujourd'hui ; Kœmpfer en a vu un morceau qui pesait 130 livres, & il en est de plus gros encore ; les mers y produisent une quantité étonnante de coraux, de coquillages singuliers par leur forme & leur couleur, d'éponges de mer, de plantes marines, d'arbrisseaux : l'argille blanchâtre dont on fait la porcelaine se trouve dans la province de *Figen*.

La pauvreté des anciens Japonnois les força de faire usage de toutes les productions de leur terroir ingrat : ceux des côtes vont chercher au fond de la mer les plantes qui y croissent, & ils les apprêtent ; ils font de bons gâteaux avec la mousse qui couvre divers coquillages : on y mange la racine du *Dokuuatz*, arbrisseau annuel : celles du *Bossat* qui est un jonc aquatique, du *Sikon* ou Phleos aquatique, du *Kai*, espece de couleuvrée blanche, du *Dsojo*, plante qui monte sur les arbres, de l'*U*, du *Spen*, du

Q 2

Gobo, espece de Bardane, du *Sjoorsku* & de plusieurs autres plantes; on mange les feuilles, les tiges, les graines d'un grand nombre d'autres. On y trouve diverses especes de haricots; les Japonnois ont visité les monts les plus escarpés pour se les rendre utiles: partout où le bœuf peut aller, ils y portent la charrue; & là où il ne peut pénétrer, l'homme y gravit pour cultiver le peu de terre qu'on y trouve: il y seme & recueille le riz, l'orge, le froment, & deux especes de féves nommées *Daidsu*, & *Adsuki*, dont la premiere est semblable au bled de Turquie, & lui est d'un grand usage: on y cultive aussi le millet, le bled des Indes, toutes sortes de légumes: ils connaissent les engrais dont nous nous servons; ils en font un avec la cendre des vieux linges, avec les écailles d'huitres concassées: les courges, les melons, les cocombres, le fenouil, d'autres plantes encore qu'on trouve dans nos jardins, y croissent sans soin dans les campagnes: les raves y sont très-grosses: les végétaux nuisibles même y sont rendus utiles, parce qu'on y connait l'art de les dépouiller de leurs qualités vénéneuses.

Parmi les arbres ou arbrisseaux utiles, on remarque l'*Urusu*, dont le jus blanchâtre sert à vernir les meubles, les plats, les assiettes: il est particulier au Japon: car l'arbre ou vernis des Indes & de la Chine en differe beaucoup, le *Faasi* qui croit dans les montagnes donne aussi un vernis, mais bien inférieur. Le *Kadsi* est une espèce de meurier qui croit sans culture, s'éleve très-vite, & étend au loin ses branches; ses racines sont rameuses, son tronc droit & uni, son feuillage épais, son bois mou & cassant; de son écorce on fait du papier, des cordes, du drap, diverses étoffes. Le meurier y donne un fruit insipide; mais il fait prosperer une multitude de manufactures de soie: parmi les diverses espèces de laurier, il en est une qui est un laurier cerise : ses fleurs sont cruciferes : son fruit est une poire ; il est fort beau : une autre qui produit des baies rouges, & a le port du tilleul, ressemble au canelier par sa grandeur, son port, ses feuilles, mais son écorce n'a pas la douceur de la véritable canelle ; un autre laurier donne un camphre batard : on le nomme *Kus* ; il est de la hauteur d'un tilleul, ses feuilles tiennent à de longs pedicules : on y compte trois espèces de figuiers ; une seule differe des nôtres ; c'est le *Koki*, arbre rabougri & tortu, dont les feuilles sont longues, ovales, unies, dont le fruit rougeâtre, de la forme d'une poire, a un goût exquis : on le séche, on le confit, & il est toujours bon : le *Kiri* a les feuilles comme celles de la bardane, la semence comme celle de la guimauve ; on en tire une huile médicinale : le dairi porte sa feuille dans ses armes : l'*Abrasin* a la feuille du platane, la fleur de la rose, la semence semblable à la fève du Ricimy : les chataignes y sont plus grosses, & d'un meilleur goût que celles d'Europe : on n'y voit pas de pommes, les poires y sont inférieures à celles d'Europe : entre les divers noyers, il en est un qui tient de la nature de l'If : ses noix sont oblongues, renfermées dans une pulpe de chair, presque semblables à la noix d'Arrak ; on ne peut les manger que séches, & on en fait une huile excellente : l'arbrisseau du thé croît sur les bords des champs, & dans les lieux arides : il donne aux habitans la boisson la plus commune : les feuilles du *Riches*, du *Sansio* sont utiles encore : celui-ci est un arbre épineux, dont l'écorce & les cosses tiennent lieu de poivre & de gingembre : aucune des deux espèces de chêne qu'on y voit ne ressemble aux nôtres : l'un d'eux donne des glands qu'on mange bouilli : deux arbres y reſſemblent au troeſne : l'un eſt épineux ; c'eſt le *Kooki* ; ſa fleur purpurine reſſemble à l'hyacinthe : ſes feuilles ſervent en maniere de thé : le limonier n'y croît que dans les jardins des curieux, mais l'oranger, le citronnier y croiſſent partout : l'un des derniers donne le *Mican* qui a la forme & la groſſeur d'une pêche, d'une odeur ſuave, qui ſert pour l'apprêt des viandes ; la prune, l'abricot, la pêche y ſont excellentes : le ceriſier n'y eſt recherché que par ſes fleurs qu'on fait devenir par la culture auſſi grandes, auſſi belles que la roſe : la vigne y réuſſit ; mais le raiſin n'y peut meurir : les framboiſes y ſont déſagréables, les fraiſes inſipides.

Les forêts n'y ſont gueres peuplées que de ſapins & de cyprès ; on en conſtruit les vaiſſeaux, les maiſons, des meubles ; on n'en coupe aucun ſans l'ordre du magiſtrat, & ſans en planter un nouveau ; les branches, les feuilles ſervent au peuple pour le chauffage : le bambou ſert à un grand nombre d'uſages : il eſt toujours vert, & on le vénere : ainſi que le ſapin, il orne les temples & les lieux ſaints, il décore les fêtes : on dit qu'il vit pluſieurs ſiecles, & on en voit d'une groſſeur prodigieuſe : parmi les cyprès, on recherche le *Finoki* & le *Suggi* comme impénétrables à l'eau : le *Juſnoki* y eſt commun, & y a la dureté du fer : le *Fatznoki* donne un bois excellent pour l'art du menuiſier : ſa beauté, ſes veines le font rechercher, mais il perd ſon éclat en vieilliſſant, &c. On trouve une grande variété de fleurs dans les campagnes ; la matricaire y vient de la grandeur de la roſe ; les lys, des narciſſes, les giroflées y ornent les jardins par l'éclat de leurs couleurs ; mais elles n'y ont pas le parfum des nôtres : on y cultive le chanvre & le coton ; dans les lieux incultes croit le *Sijto*, eſpece de chanvre sauvage, & on s'en sert pour diverses étoffes: on tire du *Sesame* & du *Kiri* une huile qui sert pour préparer les alimens. Le *Gin-seng* s'y trouve aussi; mais il y a peu de vertu: on l'y nomme *Sju* ou *Sjin*: sa racine a le goût du chervi; ses feuilles ressemblent à celles de cette plante: ses fleurs sont en ombelles, ses étamines courtes, son pistil imperceptible, sa semence semblable à celle de l'anis. Le *Kekko* est la plante dont les vertus approchent le plus du Gin-seng: c'est une espèce de raiponce. On y vend quelquefois pour la racine de Gin-seng celle de *Sadsin* qui est une espèce de lichnis.

Le Japon a peu d'animaux féroces, parce qu'il y a peu de déserts: on trouve dans l'isle de Mijosima une espèce de daims fort doux & dociles: les loix défendent de les tuer, & ordonnent d'enterrer les restes de ceux qui meurent près des habitations: les singes y peuvent recevoir une sorte d'éducation: ils sont bruns, & ont le visage & le dos rouge; leur queue est courte: vers le nord on voit quelques petits ours, & partout des chiens à museau grand & ouvert: il n'est pas de pays où il y en ait plus de domestiques qu'au Japon: il fut un tems où la loi ordonnait de les nourrir, d'en prendre soin, de les ensevelir sur le sommet des montagnes, parce que l'empereur était né sous un des signes qu'on y nomme le chien: le *Tanuki* ressemble à un petit loup, il est d'un brun obscur, & son museau ressemble à celui du renard: l'*Itutz* & le *Tin* sont des animaux couleur fauve, qui vivent dans les maisons, & se nourrissent de poissons & de volaille: le peuple croit que le renard est animé par le diable; on fait de son poil d'excellens pinceaux: on n'y voit ni éléphans, ni tigres, ni lions, ni pantheres, mais l'imagination y a créé des monstres: tel est le *Kirin* qui a le corps du cheval, les pieds du daim, la tête d'un dragon, des ailes sur le dos, des cornes à la poitrine : sa course est rapide, & si légère qu'il ne foule pas l'herbe sous ses pas : tel est encore le *Tats* ou *Dsia* qui vit au fond de la mer : il a la forme d'un gros serpent, est couvert d'écailles, & a le dos hérissé de pointes acerées : sa tête est monstrueuse, sa queue est une large épée à deux tranchans : on le peint sur les habits, les armes, les meubles de l'emperéur ; il ne diffère du dragon Chinois, que parce que celui-ci a 6 ongles, & que le premier en a 5. Les animaux domestiques se réduisent à de petits chevaux, dont la beauté & la vitesse égalent ceux des chevaux Perses ; au bœuf qui ne sert que pour l'agriculture, & dont une espèce est très-grande ; on y nourrit quelques porcs, mais pour les vendre aux Chinois : les Portugais y avaient porté des chevres qui sont devenues sauvages : les chats y sont d'une beauté rare : ils servent à l'amusement des dames, & laissent pulluler en paix les souris & les rats : on apprivoise une espece de ces derniers, & on leur apprend divers tours d'adresse.

On remarque dans le nombre des insectes un ver qu'on nomme *fourmi blanche*, qui va en troupe comme elles, perce tout ce qu'il rencontre, & détruit en peu de temps un magasin qu'on ne préserve qu'en semant du sel sur ce qu'il renferme : ils se battent contre la fourmi, craignent l'air, & avancent avec vitesse en bâtissant des voûtes & des arcades le long des chemins : ils percent le bois en peu de temps ; quatre pinces recourbées & tranchantes qui arment leur museau les rendent redoutables : l'insecte nommé *Mukade* est le millepede des Indes : c'est un ver brun & long de deux pouces ; il n'est pas venimeux au Japon : on y voit peu de serpens : celui qu'on appelle *Fitakut* ou *Fibakari* a la tête plate, les dents aiguës, la couleur verte ; on en mange la chair qui, dit-on, échauffe le courage ; on en fait une poudre utile en plusieurs maladies ; sa morsure est mortelle : le *Jama-kajats* est d'une grosseur monstrueuse ; il est rare & ne se trouve que dans l'eau ou sur les montagnes : le *Komuri* est une mouche de nuit, grande, tachetée, très-velue : parmi les escarbots, qui y sont très-beaux, on en remarque un nommé *Kuba-sebi* ; il est sans ailes, passe l'hiver sous terre, en sort au printems, & s'attache aux branches des arbres ou à leurs feuilles : là, sa peau se fend dans sa longueur, & il en sort un nouvel escarbot qui déploie ses ailes en faisant un cri perçant, & s'envole en bourdonnant : les bois, les montagnes rétentissent de leurs chants qui commencent au lever du soleil ; d'abord bas, il s'élève par degrés, devient vif & fort, puis s'abaisse & finit au milieu du jour : ils rentrent dans la terre les jours de la canicule : alors on en entend un plus petit nommé aussi *Ko-sebi* qui, dit-on, chante encore depuis midi au coucher du soleil ; il disparait à la fin de l'automne : les mâles seuls se font entendre, les femelles sont muettes : le *Fammio* est une espèce de cantharide qui se trouve sur les épis du riz ; elles sont longues, déliées, tachetées, avec des lignes d'un rouge cramoisi ; elle est un caustique brulant : il est une mouche de nuit longue comme le doigt, déliée, ronde, ayant deux ailes transparentes, & deux autres luisantes, partagées en lignes bleues & dorées.

Il y a des poules au Japon, mais on n'en mange pas : le coq est nourri avec soin dans les monasteres, parce qu'il mesure le temps & y sert de barometre : la grue ou *Tsuri* y est un oiseau d'heureux augure ; on ne le nomme pas sans joindre à son nom celui de *monseigneur ;* on orne de sa figure les temples & les palais : les oies sont de deux especes, l'une cendrée, l'autre blanche avec des aîles bordées de noir ; elles sont familieres ; les tuer est un crime digne de mort ; pour s'opposer aux ravages qu'elles feraient dans les champs on enferme ceux-ci dans des filets. Le *Kinmodsui* est un canard d'une beauté singuliere ; son plumage est nuancé, mais le rouge domine autour du col & de la gorge ; sa tête est couronnée d'une aigrette superbe, sa démarche est majestueuse : parmi les faisans il en est une espece qui se distingue par la variété éclatante de ses couleurs, par sa belle queue longue de deux à trois pieds, nuancée d'or & d'azur : on éloigne des maisons le pigeon sauvage, parce que ses excrémens s'enflamment avec facilité ; il est noir & bleu. Le faucon y est très-grand ; les éperviers y sont communs, & les corbeaux différens des nôtres ; ils viennent de la Chine & de la Corée : le *Foke* est un oiseau nocturne recherché par son bon goût : le *Misago* vit dans un trou où il dépose les poissons dont il fait sa proie : le Japonnois cherche ce trou & profite des provisions qu'il y trouve, lesquelles dit-on, s'y conservent très-bien : la mouette, la pie de mur, le moineau, l'hirondelle y sont les mêmes qu'en Europe ; mais les alouettes, les rossignols y chantent mieux encore.

Les mers y renferment la baleine ou *Kudsuri :* cependant Mendès-Pinto dit qu'on ne la connaissait pas au Japon de son temps : on la harponne comme au Groenland : on en connait de plusieurs sortes : c'est le *Sebio* qui est la plus grosse, qui donne le plus d'huile, & a une chair plus saine : le *Nagass* a 20 ou 30 brasses de long, & peut demeurer deux ou trois heures sous l'eau : la *Sotrokadsura* est moins grande de moitié ; sa chair donne diverses maladies, & entr'autres, dit-on, la petite vérole ; sur son dos elle a la figure d'un luth : la chair des baleines, leur peau, leurs intestins, leur graisse, leurs os sont utiles : on fait des cordes de leurs parties nerveuses : on fait des balances avec quelques-uns de leurs os : leur plus grand ennemi après l'homme est le *Satsifoko* qui s'élance dans leur gueule armé de longues dents dont on décore le sommet des édifices publics, & il leur dévore la langue. Le *Furube* ou souffleur est un poisson vénimeux ; on en compte trois espèces ; il peut s'enfler de maniere qu'il a la forme d'une boule : le cheval ou chien de mer du Japon a trois ou quatre pieds de long ; il est sans écailles & sans nageoires ; sa tête, sa gueule, sa gorge sont fort grandes, ses dents minces & aiguës ; son ventre est large & plat ; au-dessous il a deux pieds plats & cartilagineux divisés en doigts : le *Taï* est regardé comme le roi des poissons, il est rare, consacré au dieu de la mer, & annonce les événemens heureux ; ses couleurs sont très-vives, & présentent un mélange de rouge & de blanc ; sa forme est celle de la carpe ; c'est aussi celle du *Funa* qui passe pour un excellent vermifuge : le *Mebaar* est très-commun, & de couleur rouge ; il est l'aliment du pauvre : le *Tesje* est large, plat, & porte une langue terminée par un aiguillon de corne ou d'os, qu'on croit être un spécifique contre la morsure des serpens ; un grand nombre d'autres servent d'alimens frais, fumés, séchés ou salés ; d'autres tels que le *Kinjo* ornent les viviers par leur couleur dorée ou argentée ; les étangs renferment des anguilles singulieres, les rivieres sont poissonneuses ; on s'y nourrit même de quelques especes de polypes : le *Jako* a une longue queue armée de crochets ; il est de ces polypes que deux hommes soulèvent à peine ; le *Ki* ou *Came* est une tortue ; on la regarde comme un présage heureux ; il en est de si grandes que leur écaille peut couvrir un homme de la tête au pied. L'écrevisse y a le nom d'*Jebis* : il en est une espece qui a un pied de long : le *Kabutogani* a le dos rong & lisse, sa tête est armée d'une épée longue, pointue, dentelée : le *Simagani* a l'écaille couverte de verrues : on en voit d'une grosseur étonnante, & dont la jambe égale en grosseur celle de l'homme : on prétend que les animaux testacés & crustacés de ces mers sont plus pleins, plus charnus dans les nouvelles lunes : on dit le contraire en Europe. Entre les nombreux coquillages qu'on y trouve on remarque le *Tarankangais* ou *Kowers*, dont les dames font leur fard : le *Safai*, coquillage univalve turbiné, gros, épais, odoriférant, blanc, hérissé de piquans ; il a la bouche fermée, le couvercle plat, épais, raboteux, de substance pierreuse ; il se tient attaché aux rochers.

Telles sont les principales richesses naturelles du Japon : on y voit peu de grandes rivieres ; les plus considérables sont l'*Usin* qui descend d'une montagne avec tant de rapidité qu'un cheval pour le traverser à gué doit être guidé & retenu par cinq hommes robustes & exercés ; son embouchure a plus d'un quart de lieue de long : l'*Omi* qui se forma, dit-on, dans une nuit, & doit son nom à la province où elle naît ; l'*Aska* remarquable parce qu'elle change sans-cesse de lit : aucune n'est navigable dans un long espace. On y remarque peu de lacs ; mais il en est un fort considérable qui reçoit son nom de la ville d'*Oits* ou *Omi* ; sa plus grande largeur est de six lieues, mais sa longueur est de cinquante-six; il reçoit plusieurs rivieres & se décharge dans deux, dont l'une passe à Meaco; diverses montagnes s'étendent à quelque distance sur ses bords. Parmi ses montagnes on distingue celle de *Fudsi* une des plus belles du monde : elle a une grande base, & a la forme d'un cône : la neige en couvre sans cesse le sommet : près de sa cime est un trou profond qui vomissait autrefois des flammes : elle a cessé même d'exhaler de la fumée & une petite colline s'est formée au-dessus : on y va révérer le Dieu des vents, parce que l'air y est toujours agité : on la monte pendant trois jours, & on la descend sur des traineaux de paille.

Les Chinois connurent le Japon long-tems avant d'y établir un commerce florissant : leurs princes le leur avaient interdit ; quelques jonques équippées en secret y apportaient quelques marchandises : ce ne fut qu'après la conquête des Tartares en 1644 que le commerce devint libre avec toutes les nations ; & c'est à cette époque que celui des Chinois avec le Japon s'accrut & s'étendit : on les y reçut & on leur permit de bâtir trois temples : leurs jonques y arrivaient en grand nombre; mais la haine de l'empereur du Japon contre les Chrétiens arrêta cette communication; il sut que Cang-hi les tolerait, qu'il protégeait les Missionnaires, que des jonques transportaient dans ses Etats des livres de cette religion; il crut devoir veiller sur eux & limiter leur commerce : il ordonna qu'ils ne pourraient vendre de marchandises au-delà de la valeur de trois cens onces d'argent ; qu'ils n'ameneraient que soixante-dix jonques chaque année, & que chaque jonque n'aurait que trente hommes d'équipage ; il les renferma dans une demeure particuliere à l'extrémité de la ville, qu'ils paient cherement, qui est environnée par une palissade & un fossé, & surveillée par des corps de garde: vingt jonques y arrivent au printems, trente en été, vingt en automne: elles y transportent des soies crues ou filées, des étoffes de laine, de coton & de soie; du sucre, de la pierre calaminaire, de la térébenthine, de la gomme, de la myrre, des bois de senteur, du camphre, des drogues aromatiques, des herbes médicinales, des livres: ils ne peuvent en remporter que du cuivre, ou des marchandises du pays.

Les Portugais en répandant leur religion dans le Japon, y établirent un commerce florissant: ils y apportaient des bagatelles recherchées, ils s'en retournaient chargés de plus de trois cent tonnes d'or: dans les dernieres années même où leur commerce penchait vers sa décadence ils transportaient du Japon à Macao plus de deux millions d'onces d'argent. Peu-à-peu, la crainte qu'inspirait les progrès des Missionnaires les fit resserrer dans de plus étroites limites: les Hollandais leur firent concurrence; ils s'accuserent réciproquement & chercherent à se rendre odieux: on relégua les négocians Portugais dans la petite île de *Desima* voisine de Nangasaki, & deux ans après en 1637 ils furent bannis irrévocablement du Japon par un édit qui ne fut exécuté à la rigueur qu'en 1639.

Un vaisseau Hollandais fut jetté par la tempête sur les côtes du Japon en 1599; il fut d'abord confisqué, puis on permit aux possesseurs d'en vendre les marchandises à un prix fixé: ils y perdirent, mais l'espérance de fonder un commerce avantageux dans ces îles les consola; ils y préparerent les Japonois; l'empereur *Ijajas* les favorisa pour se venger des Portugais qu'il haïssait & dont la religion excitait les craintes : ils obtinrent la liberté du commerce en 1611 malgré, tous les efforts de leurs rivaux pour s'y opposer, & furent fixés à Firando : leur commerce y a subi diverses révolutions : jusqu'en 1640 il fut sans limites, & les profits très-grands : ils virent ensuite le magnifique magazin qu'ils avaient bâti & où ils avaient imprudemment fait graver l'an de l'ere chrétienne dans lequel ils l'avaient fait bâtir à Firando rasé jusqu'aux fondemens & eux-mêmes relégués à Nangasaki dans l'île de *Desima* : leurs franchises leur furent enlevées ; ils ne purent parler à des Japonois, & furent environnés d'espions : dès que leurs vaisseaux arrivaient, ils étaient mis hors de défense ; toutes leurs armes, le gouvernail même étaient renfermés ; & aucun passager ne pouvait mettre pied à terre sans une permission expresse : malgré ces gênes, leur commerce au Japon fut très-avantageux, & on le leur rendit plus encore en les forçant à ne remporter le prix de leurs marchandises qu'en cuivre qui est commun au Japon, & sur lequel ils gagnaient le 95 pour cent en le revendant à Surate. Une négligence qui leur fit un ennemi redoutable à la cour de Jedo, leur couta cher en 1672 : dès lors leurs marchandises furent taxées à vil prix, & les pillules ameres qu'on leur faisait avaler ne furent plus couvertes d'or selon l'expression de Kaempfer : ils réussirent à faire révoquer l'ordre qui faisait taxer leurs marchandises, mais l'ennemi qu'ils s'étaient attiré vivait encore, & fit ordonner que les Hollandais ne pourraient faire de commerce au Japon que pour la somme de trois cent mille onces d'argent ; & c'est à ce point qu'il est réduit depuis près d'un siecle. Les marchandises qu'ils portent au Japon sont des soies asiatiques, des étoffes de laine, de soie & de coton fabriquées dans l'Inde, des draps d'Europe, des serges, des toiles, des bois de teinture, des peaux de bufle ou de cerf, des cuirs, du poivre, du sucre, des épices, du camphre, du mercure, du cinabre, du safran, de l'alun, du plomb, du salpêtre, du corail, de l'ambre, du cachou ou extrait d'arek, du storax liquide, de l'antimoine, des miroirs, des lunettes, &c. Ils payent un droit de quinze pour cent qui se distribue entre les bourgeois de Nangasaki ; rétribution pour les incommodités où les expose le commerce étranger, ressource utile qui les soutient dans un terrein aride : tout d'ailleurs est règlé, visité, environné de formalités, de gênes avilissantes ; il faut être altéré d'or pour l'acheter à ce prix.

Les Japonois ne navigent eux-mêmes, & ne commercent que d'une partie de leurs isles à l'autre ; leurs navires sont de sapin ou de cedre ; ils ont deux ponts, plusieurs chambres séparées par des paravents, éclairées par de jolies fenêtres ; leur poupe est ouverte, toute leur fabrique est légere, ils n'ont qu'une voile, des cables de paille, & quelquefois 50 rameurs ; leur navigation n'est pas pénible : il est peu de leurs isles qui n'aient un havre commode, de l'eau douce, des bois, des terres cultivées & des habitans ; mais les mers y sont si rédoutables, & le vaisseau si fragile qu'on ne se hasarde à sortir du port que lorsque le temps parait assuré : c'est une politique des empereurs pour détourner leurs sujets des voyages lointains.

On dit que le nom de *Japon* ou *Japan* donné à cet empire par les Européens, vient de *Ge-pu-an-gue*, nom que les Chinois lui donnent quelquefois & qui signifie *Royaume du soleil levant*. Ses habitans mêmes lui donnent celui de la plus grande

des

des îles qui le composent, c'est *Nipon*, ou *Nifon*, qui signifie source du soleil : selon Kaempfer, cet empire renferme 13000 villes : elles ont toutes à peu-près la même forme; des rues qui se coupent à angles droits les composent : elles n'ont que deux portes plus ou moins ornées : leurs fortifications ne consistent guere qu'en un fossé & une haye : toutes ont une place fermée de grilles où le gouverneur fait annoncer au peuple les édits nouveaux, écrits en gros caracteres sur une planche quarrée, attachée à un poteau : les rues sont régulieres, sans pavé, bordées le long des maisons d'un petit chemin revêtu de pierres de tailles : chacune a sa longueur déterminée qui n'excede pas cinquante toises; aucune n'a plus de soixante maisons, ni moins de trente, qui ne peuvent avoir plus de six toises de haut; toutes ont des barrieres qui se ferment la nuit, leur puits, & les instrumens nécessaires pour prévenir ou éteindre les incendies.

Les bourgs & les villages sont en très-grand nombre; on dit qu'il y en a 900858; ils sont presque tous situés le long des grands chemins, & formés par deux rangées de maisons qui s'étendent au loin, ils ne sont séparés que par un petit espace ; ainsi les grandes routes ne présentent qu'une suite continuelle de maisons, formées la plupart de cloisons cimentées de terre & de chaux, couvertes de chaume, & dont l'intérieur est couvert de nattes : la porte en est ouverte, mais devant elles on suspend des cordes qui forment une espece de jalousie ou une natte de paille. Les châteaux sont ordinairement placés sur des collines au bord des rivieres : les grands chemins qui joignent les villes aux bourgs, aux villages, aux châteaux, sont bordés de sapin, desséchés par des canaux, ornés de fontaines, &

de l'idole de *Dsisos* patron des voyageurs; chaque jour ils sont nettayés & applanis; des poteaux y enseignent la distance d'un lieu à l'autre; les rivieres les coupent, ils sont rejoints par des ponts la plupart de bois de cédre; quelques-uns sont de pierres, ornés de balustrades qui supportent une rangée de boules de cuivre: ces chemins sont prolongés sur les montagnes les plus escarpées. On voyage aussi sur les rivieres dans des barques plattes, dont les voiles sont moitié noires & moitié blanches. *Siusiam*, qui régnait au Japon en l'an 590 de l'Ere chrétienne, partagea l'empire en sept grandes contrées nommées *Gokisitzidos*: le Mikkado *Ten-mu* le divisa en 681 en 66 provinces auxquelles on a ajouté les isles *Iki* & *Tsussima* qui dépendaient autrefois de la Corée: enfin ces provinces ont été soudivisées en 604 jurisdictions qui dépendent, les unes immédiatement du Cubo & composent son domaine, les autres de seigneurs particuliers sous différens titres. Nous décrirons d'abord le domaine de l'empereur; ses prédécesseurs le posséderent d'abord à titre de gouverneurs, de généraux de la couronne; ils le convertirent ensuite en domaine héréditaire. Ces provinces sont situées dans l'isle de Nipon ou Niphon, dont la longueur est de 250 lieues, & la plus grande largeur de 170.

Province de *Jamasijro* ou *Sansju.*

Elle est au centre de l'isle: c'est une des plus étendues: son sol est fertile, & on la divise en huit districts: ses principales villes sont *Sawa*, *Tok*, *Nara* & *Ozino*: elles sont très-peuplées. Le lac d'*Omi* baigne une petite patrie de cette province.

Province de Jamatto ou Wosju.

Elle est située au centre d'une grande presqu'île dans la partie méridionale de Nipon : c'est dans son enceinte qu'est située *Méaco*. Sa longueur égale celle de Jamasiro, sa largeur est plus grande encore : elle renferme des chaînes de montagnes vers l'orient & le midi : on la divise en quinze districts : son sol est un des mieux cultivés de l'empire ; cependant le nombre de ses villes a diminué : *Fusiwata*, *Dsedsie*, *Fonga*, *Koos*, *Oitz*, sont les principales de celles qu'elle a encore. C'est autour du village de *Jabunosa* que se recueille le meilleur tabac du Japon. L'*Urusi*, ou arbre au vernis, y donne la gomme la plus estimée. *Oitz* est formée par une rue en forme d'arc où l'on compte mille maisons : elle donne son nom à un grand lac dont nous avons parlé. *Dsedsie* est sur ses bords : ses rues sont d'une admirable régularité : son château est vaste & magnifique, orné de hautes tours quarrées, couvertes de toits éclatans.

Méaco ou *Kio*, c'est-à-dire ville, est située au centre d'une grande plaine, environnée de collines ornées de temples & d'où descend un grand nombre de ruisseaux : sa longueur est d'une lieue : sa largeur est un peu moindre : trois rivieres s'y réunissent & forment ensuite une grande riviere : au Nord est le palais du Dairi, qui forme treize rues séparées du reste de la ville par des fossés & des murs : vers le couchant est celui qu'habite le Cubo lorsqu'il visite l'empereur ecclésiastique. Les rues de la ville sont étroites, régulieres, très-longues, les maisons bâties de bois & d'argille, n'ont que deux étages : sur chaque toit est un réservoir d'eau : on y a compté 477557 habitans laïques & 52160 ecclé fiaftiques, fans y comprendre la cour nombreufe du Dairi : différentes manufactures y profperent : on y rafine le cuivre, on y bat monnaie, on y fabrique les plus riches étoffes à fleurs d'or & d'argent : on en tire les meilleures teintures, les cifelures les plus eftimées, toutes fortes d'inftrumens de mufique, des peintures, des cabinets vernifés, divers ouvrages en acier, en or, en différens métaux, des lames de la meilleure trempe, les plus riches habits, des bijoux, des marionettes, toutes fortes d'amufemens pour l'oifiveté. Autour d'elle font de magnifiques temples : une belle allée fablée, bordée de maifons habitées par les prêtres y conduit : les principaux font le temple de *Tfugania*, celui de *Gibon* ou des fleurs ; celui de *Daibods* ou des 33333 Idoles : le premier eft majeftueux : près de lui eft un jardin rempli de plantes rares, & d'arbrifeaux, divifé en allées couvertes d'un fable pur, formant un rang de petites collines où les fleurs exhalent le plus doux parfum, & où un ruiffeau d'une eau limpide fait entendre fon murmure : les points de vue dont on y jouit y font charmans : celui de *Dai-bods* eft fameux : il eft bâti fur une éminence : fa cour eft entourée d'un mur de groffes pierres de taille : au centre eft le temple, un des bâtimens les plus élevés du Japon, couvert d'un double toit magnifique, foutenu par 96 colonnes de bois peintes en rouge: fa vafte enceinte n'a d'ornement qui frappe qu'une énorme idole dorée; fes oreilles font grandes, fes cheveux frifés, fa tête couverte d'une couronne : fes épaules font nues ; une piece de drap couvre négligemment le refte ; fa main droite eft levée, fa gauche appuyée fur le ventre : elle eft affife les jambes croifées fur une fleur de nenuphar : près d'elle eft un grand nombre d'idoles à figure humaine, assises comme elle sur des mêmes fleurs. Dans un autre temple on voit une idole à 46 bras, qui en a derriere elle d'autres qui n'en ont que vingt & qui est environnée de seize héros.

Meaco a de grands fauxbourgs, & parmi eux on pourrait compter la petite ville de *Fusijmi* dont la principale rue s'étend jusqu'à elle. Sa longitude est de 151 deg. 35 min. sa latit. de 35 deg. 30 minutes.

Province de *Kawadsi* ou *Kasiu*.

Elle est située au nord-ouest de la précédente; moins étendue qu'elle, son sol est aussi moins fertile : on la divise encore en quinze districts : *Oboaingata*, *Fairao* sont ses villes les plus considérables.

Province d'*Idsumi* ou *Sensju*.

Elle est au couchant des deux précédentes : son étendue est considérable : son sol est aride : au couchant elle est baignée par la mer, au levant une longue chaîne de montagnes la borde : ses côtes sont poissonneuses : ses plaines ne produisent que du bled noir, des légumes, des fruits : elle n'est partagée qu'en trois districts : ses principales villes sont *Idsume*, que les Anglais appelloient *Fuchimi*, & qui a une garnison de 3000 hommes : *Jao* sur un golfe où se jette un torrent, & qui renferme l'isle de *Gange* : *Sacai* est grande & a un port : c'est une des cinq grandes villes commerçantes de l'empire.

Province de *Sitzu*, ou *Sispu*, ou *Tsinokuni*.

C'est la plus petite, mais elle est très-peuplée : elle est au couchant de Jamasijro, sur le golfe d'Osaca : vers la mer la chaleur y est très-forte, vers le nord elle est tempérée : c'est dans cette partie qu'elle est la plus fertile : on y recueille des pois, du riz, de l'orge, du froment : on la divise en treize districts : ses principales villes sont *Fiego*, *Vocayama*, *Udsi* dont les environs fournissent le thé le plus estimé, & *Osaca*. Cette derniere est connue des Européens, & mérite une description.

Cette ville est dans une plaine fertile : sa longueur est d'environ 1300 toises, sa largeur est un peu moindre : la riviere profonde de Jodogava l'arrose, & s'y partage en deux bras; elle est navigable, mais sa source, dans un lac formé par un tremblement de terre, n'est qu'à 15 lieues de son embouchure; elle passe près de Jodo & d'Udsi, a de magnifiques ponts, & reçoit à Osaca deux autres rivieres; ses eaux remplissent divers canaux qui circulent dans la ville, & viennent se réunir au plus grand de tous : ces canaux amenent de petites barques devant les maisons des commerçans; ils sont réguliers, bordés de pierres de taille, & traversés par de beaux ponts à trois ou quatre cent pas de distance, construits d'un beau cedre, ornés de balustrades; l'un d'eux a trente arches : les rues sont étroites, mais propres & tirées au cordeau, excepté sur le bord de la riviere, dont elles suivent les sinuosités; les maisons sont de bois, de chaux & d'argile; aucune n'a plus de deux étages, leur toît est plat; les pauvres les couvrent de coupeaux de bois, les riches de toile noire mastiquée avec de la chaux : à l'extrémité de la ville est le château bâti par l'empereur Takom ; c'eſt le ſecond de l'empire par ſa magnificence & l'épaiſſeur de ſes murs. Ce ſont trois châteaux l'un dans l'autre, bâtis de pierres de taille unies ſans chaux ni ciment : au centre eſt le plus élevé : ſes angles ſont ornés de tours : au milieu eſt une tour magnifique dont le faîte ſoutient les figures monſtrueuſes de deux poiſſons : l'enceinte de ce château eſt quarrée, & a une lieue de tour : une forte garniſon y veille ; un grand jardin en dépend. La ville eſt très-peuplée, & on dit qu'elle peut former, elle ſeule, une armée de quatre vingt mille hommes : ſa ſituation y fait proſpérer le commerce : elle eſt remplie de négocians, d'artiſtes, d'ouvriers : les vivres y ſont à bas prix, & on y trouve tous les plaiſirs qui s'achetent : l'eau n'en eſt pas bonne, mais le vin, ou la bierre de riz nommée Saki y eſt excellente. Sa longitude eſt de 159 deg. 7 min. Sa latit de 35 deg. 30 min.

Fiogo a un port défendu à l'orient par une digue de ſable, longue de deux mille pas, qui a couté des ſommes immenſes : il eſt très-bon : la ville eſt ſans château : ſa grandeur égale celle de Nangaſaki : ſa forme eſt celle d'un croiſſant : derriere s'éleve une montagne pelée où ſont des mines d'or.

Jodo eſt encore une jolie ville : ſes rues ſont droites, ſes édifices beaux : le Joſodogava y eſt orné d'un pont long de quatre cent pas, ſoutenu par quarante arches : elle a un château bâti de briques.

Le domaine de l'empire eſt diviſé en ſept grandes provinces qui ſe ſoudiviſent en un plus grand nombre d'autres : on ſe ſert encore de ces diviſions & nous les conſervons.

R 4

I. LE TOOKAIDO.

Son nom signifie *Contrée de l'est* : il renferme quinze petites provinces.

Province de *Sfima*, ou *de Sifio*.

On l'appelle aussi *Xima* : elle est fort resserrée; sa largeur n'est que de cinq à six lieues : son sol est stérile, mais la mer enrichit ses côtes d'huîtres & de coquillages : on la divise en trois districts, dont l'un reçoit son nom de la ville d'*Ako*, située près de la mer.

Province d'*Ifiju* ou *d'Iga*.

Elle est baignée par la mer à l'orient & au midi : sa longueur est de 26 lieues, sa largeur de 15 : une chaîne de hautes montagnes la sépare au nord & au couchant du reste de l'empire : l'air y est chaud, le terroir d'une fertilité très-médiocre : on y trouve beaucoup de bambou : la ville d'*Iga*, celle de *Nabari* sont les seules qu'on y remarque : on la divise en quatre districts.

Province d'*Idje* ou *Seeju*.

La mer en fait une presqu'isle : du midi au nord elle a 30 lieues : c'est un pays très-fertile, varié par ses productions & par une succession agréable de plaines & de collines. On la divise en quinze districts, qui renferment un grand nombre de villes : c'est la province de l'empire qu'on croit avoir été peuplée la première.

Province d'Ovari, ou Voari, ou Bifiu.

Elle est une des plus fertiles de l'empire : sa longueur du nord au sud est d'environ 30 lieues : une population nombreuse en fait un jardin continuel : on la divise en neuf districts. *Nirva*, *Kakuri*, *Amabé*, *Mijah*, *Nagaja*, *Oruana* sont ses principales villes : la derniere qui s'appelle aussi *Kuana* & *Kfana* est grande, & située sur une baie qu'y forme la mer : son château est environné d'eau : à quelque distance passe la riviere de Saijah : *Mijah* a un château où l'empereur s'arrête quand il se rend à Méaco : on y voit des temples où l'on garde différentes armes des anciens héros Japonnois.

Province de Mikava ou Mifin.

Elle est presque stérile ; les rivieres, les marécages, les étangs y rendent l'air humide & mal sain : on la divise en huit districts. *Jana*, *Fori*, *Josida*, *Seoda* en sont les villes les plus remarquables. *Akasaki* peut passer encore pour une assez grande ville, quoique formée par une rue unique : ses maisons sont belles, ses hôtelleries grandes & commodes. *Josida* est sur une éminence : elle est connue par ses manufactures d'acier.

Province de Tootomi ou Jenfiju.

C'est un des plus beaux pays de l'isle : les plaines, les collines y forment une agréable variété ; diverses rivieres l'arrosent : la grande montagne de *Fudsi* y est située : du couchant à l'orient sa longueur est de 24 lieues : elle renferme une multitude de villes & de villages : *Iwata*, *Kakegava* sont les principales d'entr'elles : cette derniere donne son nom à une baye profonde. *Arrai* n'est qu'une petite ville ; mais elle est la demeure des commissaires qui visitent le bagage des princes appellés à Jedo : on la divise en 14 districts.

Province de Surunga ou *Siusju*.

L'aspect en est agréable par le mélange des collines & des plaines : son étendue est assez considérable, son sol fertile, sa population nombreuse ; elle a des mines d'or qui commencent à s'épuiser, des mines de cuivre fin, abondantes : on la divise en sept districts. *Udo*, *Surunga* en sont les principales villes : cette derniere est considérable, & est quelquefois la demeure de l'empereur : dès qu'il y réside, on en éloigne tous les artisans qui pourraient rendre les jours & les nuits moins paisibles, moins silencieuses ; ses rues sont larges, régulieres, ornées de belles boutiques : on y fait du papier, des étoffes à fleurs, des boëtes, différens ustenciles, de la vaisselle vernissée. *Oringa* a un excellent port ; l'entrée en est sûre & facile. *Misijma* fut célebre par ses temples que le feu a détruit : trois rivieres l'arrosent : on y voit un grand nombre de ponts.

Province de Kai ou *Kastaju*.

Elle renferme de vastes plaines, ombragées par de beaux arbres ; elle est abondante en riz, riche en bestiaux qui paissent dans ses beaux pâturages : elle nourrit surtout beaucoup de chevaux estimés par leur beauté & leur vitesse : sa longueur du levant au couchant est de 20 lieues ; on la divise en quatre districts : parmi ses villes on remarque *Jaotsyro*, & *Jamsnassiro*.

Du Japon.

Province d'Idsu ou Toosju.

C'est une péninsule longue de 26 lieurs, large de 12 à 14, riche en sel, & dont les côtes abondent en poissons. On la divise en trois districts. *Tacato*, *Camo*, *Bandel* sont ses principales villes ; l'île de *Firakasima* & celle d'*Oosima* en dépendent : cette derniere est montueuse.

Province de Songami ou Soosu.

Elle a du couchant à l'orient 20 lieues, & du midi au septentrion 30 lieues ; c'est un pays plat, presque stérile : ses côtes abondantes en poissons, tortues, écrevisses de mer, forment sa principale richesse : elle a de belles forêts, & renferme la montagne & le lac de Facone : sur le sommet de la montagne est une pyramide ; on y vient chercher des plantes estimées ; au bord du lac situé au pié du mont, est un temple : le lac a une lieue de long, sa largeur est de demi-lieue, & il est entouré de montagnes : ses eaux s'écoulent en cascades par trois ouvertures qui forment une riviere bruiante. Les Japonnois croyent que les ames de leurs enfans morts avant l'âge de sept ans y sont tourmentées jusqu'à ce qu'elles soient rachetées par la charité des passans qui achetent un papier sur lequel est écrit le nom d'un Dieu ou d'un saint ; il le jettent dans l'eau attaché à une pierre, lorsque les caractères s'effacent, l'enfant est soulagé. Il est délivré de ses peines, lorsqu'il est entierement effacé. Un temple voisin renferme des reliques, comme des armes d'anciens héros, deux grandes cornes de licornes, un habit de la même étoffe dont les anges s'habillent, le peigne du Cubo-sama *Joritimo*, &c. *Juringt*, *Togitz* ou *Facone*, *Odovara* en sont les villes les plus connues : la derniere est fortifiée, on y prépare le cachou parfumé, dont on fait des fleurs, des idoles, des pilules. *Togitz* est au bord du lac. Près des côtes de cette province est située l'île de *Kamakura* ; elle est ronde, & n'a qu'une lieue de tour : elle est ceinte de bois élevés ; ses côtes sont escarpées : on se sert d'une grue pour y héler les bâteaux : c'est une prison d'état.

Province de Musiasi ou *Busiu*.

Elle a plus de 50 lieues de tour ; son sol est fertile : le riz, les blés, les fruits y sont abondans : on n'y trouve ni bois, ni montagnes : on la partage en 21 districts. *Tsukuki*, *Tijki*, *Jokomi*, mais surtout *Jedo* en sont les villes les plus considérables. Nous devons décrire ici la derniere.

Jedo est la capitale de l'empire, & c'en est la plus grande ville : elle est située dans une grande plaine, au fond d'une baie poissonneuse : on lui donne 6 lieues de long, & plus de 4 de large ; le nombre des habitans est prodigieux ; des fossés, de hauts remparts plantés d'arbres l'environnent : une grande riviere qui vient du couchant la traverse, & vient se jetter dans le port par 5 embouchures, sur lesquelles sont cinq magnifiques ponts : bâtie à différentes reprises, & sur des plans divers, sa forme est bisarre ; mais elle a des rues régulieres, & les incendies fréquens qui la dévorent, permettent de les rendre telles ; ses maisons sont basses, petites, bâties en sapin couvert d'un enduit d'argille : chaque maison a sa cuve pleine d'eau, & les instrumens nécessaires pour la répandre : ses différens quartiers sont remplis de monasteres, de temples & d'autres édifices consacrés à la religion : çà & là on voit des palais superbes, décorés par de belles cours, & des portes magnifiques : elle est une pepiniere d'artisans & de commerçans. Le château de l'empereur est au centre de la ville : son enceinte de plus de 4 lieues, est irreguliere : l'ensemble de ses bâtimens forme deux enceintes, au centre desquelles est la demeure du monarque qui a autour de lui de grands jardins : chaque partie est entourée de fossés & de murs : là demeurent les princes de l'empire : le château où réside l'empereur est le plus élevé, entouré d'un mur épais, flanqué de bastions, il est formé d'énormes pierres de taille, posées à plomb, sans ciment, sans crampons de fer : au dessus s'élèvent une tour, & une multitude de toits recourbés avec des dragons dorés au sommet & aux angles. Tous n'ont qu'un étage, mais il est haut ; on y voit plusieurs belles salles : celle des mille nattes sert aux grandes assemblées : les plats-fonds, les solives, les colonnes sont de bois de cédre, de camphre ou de jesseri, dont les veines forment diverses figures agréables : tous les appartemens sont tendus de nattes blanches, bordées de franges d'or : le trésor est dans un bâtiment particulier, dont les toits sont de cuivre, & les portes de fer : il y a un appartement souterrain que la crainte de la foudre a fait creuser, & où l'empereur se retire quand on entend les roulemens du tonnerre. Sa longitude est de 157 deg. 40 min. sa latit. de 35 deg. 32 min.

Province d'Awa ou Foosiu.

Elle produit du riz & du bled, les côtes produisent beaucoup de poissons & d'huîtres, dont les coquilles fournissent un bon engrais pour les terres : du sud au nord elle a 15 lieues : elle est plus étendue du levant au couchant : on la divise en 4 districts. Les villes de *Fekuri* située sur un petit golfe, d'*Awa* & de *Nakaba* sont les principales : celle-ci est voisine d'une baie profonde.

Province de *Kadsusa* ou *Koosju*.

Elle est située au nord de la province précédente : elle est hérissée de montagnes escarpées ; elle a des champs fertiles cependant : on y cultive le chanvre ; on en fait des toiles travaillées proprement. On la divise en 11 districts. *Mussa*, *Mooki*, *Amasa*, située sur un golfe où se jette un torrent rapide : *Toiko* en sont les villes les plus considérables.

Province de *Simoosa* ou *Seosju*.

Elle a 30 lieues du midi au nord : elle est montueuse & peu fertile : elle abonde en volailles & en bestiaux : on la divise en 12 districts. *Sooma*, *Tsibba*, *Okanda*, Imba située sur une petite riviere, qui près d'elle se jette dans la mer, sont ses villes les plus remarquables.

Province de *Fitatz* ou *Sjoo* ou *Fitaqui*.

Elle est étendue, sa surface dont le côté est un quarré d'environ 30 lieues : sa fertilité est médiocre ; mais ses habitans sont industrieux ; ils élèvent beaucoup de vers à soie, font de belles étoffes, & commercent en bestiaux. On la divise en 11 districts. Ses villes remarquables sont *Namingata*, *Naka* & *Ssida*, située au nord d'une grande baye.

II. *LE TOOSANDO.*

Il est situé au nord de l'île, & renferme huit provinces : son nom signifie contrée montueuse de l'orient.

Province de Mutsu ou Oosju ou Oxu.

C'est la plus grande du Japon : du midi au nord elle a 150 lieues ; sa fertilité est médiocre, mais tout ce qui est nécessaire à la vie s'y trouve ; on en tire des chevaux légers & vigoureux. Elle eut long-tems un roi particulier, dont l'autorité s'étendait encore sur la province voisine : on la divise en 55 districts : ses villes les plus remarquables sont *Gunki*, située au pied d'une chaîne de montagnes qui la séparent de la province de Fitatz ; *Kinday* qu'arrose une riviere poissonneuse, *Aizu* voisine de la mer, *Nambu*, ville & port célebre ; *Tsugaru* dans l'intérieur. Sur ses côtes sont diverses îles : celles de *Schilipads* ou de *Matsma*, de *Mamura* sont les plus considérables : le détroit de *Sangear* le borne au nord.

Province de Dava ou Uspo.

Elle est abondante en pâturages, ombragée par de beaux arbres : sur ses monts on recueille des plantes estimées : le climat y est doux, & son printems y est plus avancé de 15 jours que dans les autres provinces du Japon.

Province de Simoodsuke ou *Jasju.*

Sa plus grande longueur est de 32 lieues : elle est située au midi des deux provinces précédentes : on y remarque de beaux champs, où l'on recueille des bleds & du riz, des montagnes couvertes de pâturages couverts de bestiaux, des paysages intéressans, & plusieurs villes, dont les plus importantes sont *Ascara, Janada, Aso, Tsuga.*

Province de Koodsuke ou *Dsiodsju.*

Elle est située au couchant de Simoodsuke, son étendue est plus considérable encore : l'air y est chaud ; ses champs sont couverts ou bordés de mûriers : on y fait beaucoup de soie, mais elle ne peut servir que pour des étoffes grossieres. On la divise en quatorze districts. *Midorine, Gumma, Nitta & Vessuy* sont ses principales villes.

Province de Fida ou *Fisju.*

Dans sa plus grande longueur elle n'a que 20 lieues : son sol est peu fertile ; elle est remplie de bois & de marais. On la divise en quatre districts. *Osarra, Ammano* sont ses principales villes.

Province de Sinano ou *Sinsju.*

Sa plus grande longueur est d'environ 48 lieues : située dans l'intérieur des terres, le climat y est cependant assez froid : on y trouve peu de pâturages & les bestiaux y sont rares : la soie, le cannib sont ses principales richesses. On la partage en onze districts. *Takaij, Fanissima, Ina, Atzumi* sont les villes

villes les plus remarquables : la derniere est située au pied d'une chaîne de montagnes.

Province de Mino ou Diosiu.

Elle présente une agréable perspective de collines & de plaines : le sol en est fertile : sa plus grande étendue est du sud au nord où elle a 30 lieues : les grains, la soie, les fruits sont ses richesses : elle est partagée en dix-huit districts. *Tufa*, *Ikenda*, *Mottos*, *Auzuquiama* sont ses principales villes : la derniere est sur le lac d'Oitz.

Province d'Oomi ou Omi,

C'est un pays très-fertile : on y voit de beaux champs, de riantes collines, des montagnes couvertes de pâturages : un grand nombre de rivieres l'arrosent : le lac d'Oits ou d'Omi baigne ses prairies : le bled, le riz sont ses plus abondantes productions. Sa longueur est de 35 lieues, & le nombre de ses districts de treize : on y remarque les villes de *Cammoo*, de *Jetz* & d'*Assai*.

III. *LE FOKU-ROKKUDO.*

Province de Jetsingo ou Jusju.

Elle confine à celles de Dewa, de Koodsuke, de Fida & à la mer : elle a près de 60 lieues de tour, & est couverte de montagnes vers le midi : on y trouve du naphte rougeâtre qui sert d'huile dans les lampes : sa fertilité, ses cannibs, la soie qu'on y fait la rendent assez riche. On la divise en sept diſtricts. *Iraſune*, *Cambaza*, *Kabiké* ſont ſes principales villes : cette derniere a un port.

Province de Sado ou Sasju.

C'eſt une isle preſque ronde qui a 33 lieues de tour, au nord oueſt de la province, dont nous venons de parler : elle eſt abondante en riz, en différentes ſortes de grains, en pâturages : on y voit quelques forêts : l'or qu'on recueille dans ſes montagnes eſt très-pur. On la diviſe en trois diſtricts, qui prennent leurs noms des villes de *Soota*, *Kamo* & *Umo*.

Province de Noto ou Scoſpo.

Elle eſt ſituée au couchant de l'isle de Sado, & forme une preſqu'isle, qui, du couchant à l'orient, a 24 à 25 lieues. Son terroir eſt peu fertile ; les bleds y meuriſſent tard : il y a pluſieurs mines de fer : on la diviſe en quatre diſtricts : les villes de *Noto*, & *Bagui* ſont les ſeules remarquables.

Province de Saetsdo ou Saesju.

Elle a 30 lieues de tour, & renferme de belles forêts : le bois & la vaiſſelle de terre qu'on y fabrique ſont les objets de ſon commerce : ſes quatre diſtricts contiennent diverſes villes, dont les plus remarquables ſont *Tonami* voiſine de la mer, *Imidſi* & *Mabu*.

Province de *Jetſiſſen* ou *Jeatſu*.

Elle est montueuse au midi : sa partie septentrionale n'est qu'une vaste plaine fertile en grains, en cannibs, riche en bestiaux & en soie : elle a environ 30 lieues de long : on y compte douze districts : *Nibu*, *Oono*, *Sagagita* sont ses principales villes.

Province de *Kaga*, ou *Cauga*, ou *Kasju*.

Sa plus grande longueur est de 24 lieues : la mer la baigne au nord : elle produit différens grains, & suffit à la nourriture de ses habitans qui s'occupent à des manufactures de soie ; on y fait aussi du vinaigre estimé : elle est divisée en quatre districts. *Jenne* sur le rivage de la mer, *Kanga*, *Iſikava* sont ses principales villes.

Province de *Vackaſa* ou *Siakusja*.

La mer l'arrose dans sa longueur qui est de 15 lieues ; elle produit peu de grains, mais les mines de fer qu'elle renferme lui donnent un objet important de commerce ; & sur ses côtes on trouve abondamment du poisson, des écrevisses, des tortues, &c. On la divise en trois districts, dont *Micata* & *Oonibu* sont les villes les plus remarquables : toutes deux ont un port de mer.

IV. LE SANINDO.

Elle est située vers le nord, & comprend huit provinces.

Province de Tango ou *Tansju*.

Elle touche à celle de Vackafa, est baignée par la mer, longue de 15 lieues, riche en foie & en cannib, abondante en poissons : elle est divisée en cinq districts, & ses villes les plus remarquables sont *Kumado* & *Ikarunga*.

Province de Tambo ou *Tansju*.

Située au midi de Tango ; elle a 20 lieues de long, & abonde en riz, en plusieurs sortes de pois & de légumes : ses six districts renferment plusieurs villes, dont les plus considérables sont *Fingami* & *Taki*.

Province de Tafima ou *Tanfitju*.

Son sol est médiocre : sa plus grande longueur est de 20 lieues : ses huit districts contiennent les villes de *Kahi* & d'*Idfu*.

Province d'Imaba ou *Insju*.

Sa longueur est d'environ 20 lieues : la mer la baigne au nord ; une chaîne de montagnes s'élève dans sa partie méridionale : on y fabrique des foies grossieres : sa fertilité est médiocre : ses districts sont au nombre de sept ; ses villes les plus considérables sont *Ketta* & *Tongomi* ; cette derniere a un port.

Province de Foeki ou *Fakusju*.

Son terroir est peu fertile ; sa plus grande étendue est de 24 lieues du midi au nord : les grains qu'elle produit lui suffisent ; elle est riche encore en soie & cannib ; ses manufactures sont renommées. On la divise en six districts. *Javata*, *Ancri*, *Fino* sont ses principales villes.

Province d'*Oki* ou *Insju*.

C'est une isle d'environ 20 lieues de tour, située dans la mer de Corée : sa fertilité est médiocre : entr'elle & Nipon sont trois petites isles qui défendent le port où se fait son principal commerce. Une ville lui donne son nom.

Province d'*Idsumo* ou *Unsju*.

Elle a vingt-quatre lieues de long : la mer de Corée en forme une presqu'île : sa fertilité est admirable, & la mer aide à l'abondance que ses champs y font regner, par les poissons & les coquillages qu'elle amene sur ses côtes : elle renferme dix districts ; *Nomi*, *Kanto*, *Oosara*, sont ses principales villes : la derniere est au fond d'un grand golfe.

Province d'*Iwami* ou de *Sekisju*.

Du sud au nord elle a environ 18 lieues : sa fertilité est médiocre, & elle paie plus d'impositions que les autres provinces : on y fait du sel : le cannib est une de ses productions ; elle n'est divisée qu'en cinq districts ; ses villes les plus remarquables sont *Canoa*, *Ootz* & *Tsikama* qui est au fond d'un golfe.

S 3

V. LE SANJODO.

Son nom signifie : contrée montagneuse du midi : huit provinces la composent.

Province de Naugato ou Tsiosju.

Située au midi d'Iwami, la mer la baigne à l'orient & au sud : sa plus grande étendue est de 24 lieues : elle produit plus qu'elle ne consomme, & l'excédent fait l'objet d'un commerce considérable. Ses six districts renferment diverses villes, dont les plus considérables sont *Missimia*, *Amu*, & *Tajora*. *Simonoseki* est une petite ville de six cent maisons, remplie de boutiques où l'on vend des provisions pour les navires : son port est célèbre ; une montagne le domine : là se rassemblent les bâtimens qui vont & viennent des provinces occidentales & orientales : près de la ville est une carriere de serpentine noire & grise, dont les habitans de la ville font des écritoires, des boëttes, des assiettes, divers utenciles : là aussi est le temple Amadais élevé en l'honneur d'un jeune prince.

Province de Swo, Siwo, ou Scosju.

De l'orient au couchant elle a près de 30 lieues : la mer qu'elle a au midi la fournit de poissons & de coquillages : ses pâturages sont beaux & étendus : elle est divisée en six districts, *Morisa*, *Tsimo* sont ses principales villes.

Province d'Aki ou Gasju.

Elle est montueuse, presque stérile : on fait du sel sur ses côtes : ses nombreuses forêts produisent une grande abondance de champignons : du sud au nord elle a 25 lieues ; on la partage en huit districts. *Xabacu*, *Tajoda*, *Aki* sont ses principales villes : la petite île *Mijosima* ou *Akino-Mijosima* en dépend : on y voit une espèce de daims fort dociles & naturellement apprivoisés : il est défendu de les tuer.

Province de Bingo ou Visju.

Du midi au nord elle a 20 lieues : c'est un beau pays où les moissons sont abondantes & hâtives : il est partagé en quatorze districts. *Asuka*, *Mikami*, sont ses principales villes. *Tomu* est un havre connu ; près de là, au pied d'une montagne est le bourg de son nom qui s'étend en forme de demi-cercle : on y fabrique des nattes très-fines, & des tapis de pieds : plus loin est un monastere & un temple d'*Abuto*.

Province de Bitsin, ou Fisin, ou Bisju.

De l'orient au couchant elle a 25 lieues de long : elle est abondante en cannib, & en toutes sortes de grains : on la divise en neuf districts : *Kaboja*, *Utz* sont ses meilleures villes : les petites isles de *Jorisima* & de *Saburosima* en dépendent. *Symotzui* est au pied d'une montagne cultivée.

Province de Bidsen, ou *Bigen*, ou *Bisju*.

Le sol y est bon, les fruits y sont hâtifs, on y fait beaucoup de soie : on y trouve des mines de fer : elle n'a que 30 lieues de tour : on la divise en onze districts. *Kosuma*, *Muru* sont ses villes principales : cette derniere a un port célebre & sûr, couvert par une montagne, & qui est en partie ceint d'un mur épais de pierres de taille : la ville est dans une situation agréable & commode : on y travaille les cuirs de chevaux, & on les y vernit en différentes couleurs : les montagnes voisines sont cultivées jusqu'au sommet : un bois est derriere la ville, & forme un fort par les bastions qui l'environnent.

Province de Mimasaki ou Sakusju.

Elle a 30 lieues de long de l'orient au couchant : les vents y sont plus doux, plus rares que dans les autres provinces : son sol est médiocre, mais ses productions lui suffisent : elle est partagée en sept districts. *Masuma*, *Tomanisi* sont ses principales villes.

Province de Farima ou Bansju.

Elle a 35 lieues de circuit, & est riche en grains; ses habitans industrieux font des étoffes de soie, des draps, du papier : on la divise en quatorze districts : ses villes les plus considérables sont *Kansaki*, qui a un beau port, & est dans une grande plaine, *Issai*, *Kamo*, *Abosi* : la derniere est défendue par des forts, & renferme un grand magasin impérial ; *Akasi* est grande, ceinte par des allées d'arbres qui lui tiennent lieu de murs, défendue par un château, ayant des villages autour d'elle : on y fabrique des toiles de chanvre.

VI. LE SAIKAIDO.

Il comprend l'isle de *Saikokf*, ou *Kiusju*, ou *Ximo*, & doit son nom à sa situation à l'occident. On le divise en neuf provinces. L'isle entière a environ 80 lieues de long sur 60 de large. Ses côtes sont riches en perles.

Province de Chicugen ou *Tsikudsin*.

Elle s'étend du midi au nord, sur une longueur d'environ 40 lieues : le sol en est médiocre : elle a une mine d'or abandonnée, & des mines de charbon de terre : il produit du bled & du riz : on y fabrique de la porcelaine : elle renferme 24 districts ; on y remarque les villes de *Taissero*, d'*Itsje* & de *Facata*, nommée par les Anglais *Fukate* : elle est fort grande, fort peuplée ; ses habitans sont civils. Kœmpfer vit dans cette province un village peuplé par la famille d'un homme qui vivait encore.

Province de Figen ou *Fisju*.

Le prince qui en est le chef étend, dit-on, son autorité sur 400 mille villages ou hameaux.

Elle a environ 50 lieues de long : la mer en forme une presqu'île où elle a creusé des golfes profonds : son sol produit du bled, & du riz, dont on compte six espèces ; le thé y prospère ; la volaille, les porcs, & le poisson y sont abondans ; on y fabrique des draps : on y fait de la porcelaine, dont l'argille blanchâtre se tire des montagnes d'*Urisino*, de *Suwota* & de quelques autres qui se trouvent dans son enceinte : on y travaille de la soie ; on y trouve des bains thermaux : l'eau en est brûlante, sans odeur, sans goût ; si l'on mâche une feuille d'arbre qu'on y a plongée, elle teint la bouche en vert & jaune. On la divise en onze districts ; ses principales villes sont *Voco-Kiura*, sur un golfe, *Cori*, *Omura*, sur le golfe d'Okus, près duquel était une montagne qui s'écroula, & laissa à découvert du sable mêlé à de l'or pur : un tremblement de terre, & des marées extraordinaires couvrirent ce trésor de plusieurs brasses de boue & d'argille. Le riz qu'on recueille aux environs d'*Omura* est le plus estimé de l'empire. *Sanga*, située dans un pays plat, fertile, bien arrosé, est la capitale de la province ; elle est grande, peuplée, fermée de murs : ses rues sont traversées par des canaux.

Nangasaki ou *Nagasaki*, ville de cette province, mérite une description particuliere. Elle est située dans un terrain presque stérile, entre des rocs escarpés, & de hautes montagnes : son port est le seul du Japon qui soit encore ouvert aux étrangers : il est d'abord étroit, son fond est de sable, amené par divers torrens qui s'y rendent à la mer : différentes îles en embarrassent l'entrée : celle de *Tako-jama*, nommée *Papenberg* par les Hollandais, n'est qu'une haute montagne où les vaisseaux de cette nation jettent l'ancre lorsqu'ils en sortent : au-delà le port s'élargit : des deux côtés sont des bastions sans artillerie, entourés d'une palissade peinte en rouge, où sont placés des gardes impériales ; il forme différens bras : les Hollandais mouillent à peu de distance de la ville sur un fond d'argille molle. Au fond du port, la ville s'étend en croissant sur le rivage, dans une vallée étroite, que forment des montagnes vertes & habitées, sur le penchant desquelles s'élèvent des temples magnifiques, ornés de jardins en terrasses ; plus haut sont des sépultures. Elle a trois quarts de lieues de longueur, & autant de large : la plus large de ses rues la partage dans toute cette étendue. Elle est sans château, sans murs, sans fortifications : trois rivieres qui se réunissent près d'elle, la traversent de l'orient au couchant ; elles s'enflent dans la saison des pluies, & arrosent à peine les champs de riz, dans une grande partie de l'année : on la divise en ville intérieure, & ville extérieure : la premiere a 26 rues : la seconde en a 61, la plupart irrégulieres, étroites, mal-propres, sur un terrein inégal. Les commerçans y ont des maisons commodes, & à deux étages ; mais le plus grand nombre de ses habitans, tous artisans ou portefaix, logent dans des espèces de cabanes petites & basses : ses édifices les plus remarquables sont deux espèces d'arsenaux, les palais des trois gouverneurs & environ 20 hôtels : on compte 62 temples dans ses murs ou au-delà : les Chinois y en ont trois : un mur environne le quartier où demeurent les commerçans de divers endroits de l'Asie : les Hollandais sont renfermés dans la petite île de *Desima* ; elle est près de la ville, entre des rochers & des sables où la main de l'homme l'éleva sur des fondemens de pierres de taille : c'est un quarré long, dont les grands côtés sont des segmens de cercle : elle a 250 pieds de large, 1550 de long : un pont de pierres la joint à la ville, là est un corps de garde nombreux : une large rue la coupe dans sa longueur, bordées de maisons de bois dont le loyer est très-cher ; l'eau y vient de la riviere, dans des canaux de bambou ; un faible rempart de planches hérissées d'un double rang de piques l'environne. Sa longitude est de 144 degrés 50 min. sa latitude de 32 deg. 36 min.

Province de *Tsikungo* ou *Tsikusju*.

Elle a 46 lieues de long ; la mer en baigne les bords, & l'enrichit de ses poissons, de ses écrevisses, de ses coquillages ; ses champs produisent du bled, du riz, des pois ; ses confitures sont un des principaux objets de son commerce : on la divise en dix districts. *Ikua*, *Mike*, *Takeno* sont ses principales villes.

Province de *Figo* ou *Fisju*.

Elle a 50 lieues de tour ; on y voit s'élever différentes montagnes ; son sol est médiocrement fertile : on y trouve du bois, du bled, des pois, du poisson, des coquillages ; car la mer en baigne les côtes ; elle a quatorze districts, & *Koos*, *Udo*, *Aso*, *Tamara* sont ses principales villes.

Province de *Satzuma* ou *Saxju*.

Moins étendue que la précédente, elle est plus fertile : son sol cependant n'est que médiocre ; on trouve l'ambre gris sur ses côtes ; on y a découvert des mines d'or qu'il est défendu d'exploiter ; elle nourrit d'excellens chevaux, on y cultive beaucoup de meuriers, & du chanvre : on vante les draps qu'on y fabrique : ses quatorze districts présentent un grand nombre de villes dont nous ne nommerons que celles de *Saxuma* & d'*Ala* : la derniere est au fond d'un golfe assez considérable.

Du Japon.

Province de Vosumi ou *Oosumi* ou *Kusju*.

Sa plus grande longueur est de 20 lieues : c'est la partie la plus méridionale de l'isle de Ximo : sa fertilité est admirable : on y fait beaucoup de papier, & des étoffes de soie. Dans ses huit districts on remarque les villes d'*Oosumi*, & celle de *Sjira*.

Province de Fiungo ou *Nisju*.

Longue de 30 lieues, hérissée de montagnes, son sol est maigre, & fournit avec peine à la subsistance de ses habitans ; la mer la borne à l'orient : on la divise en cinq districts. *Naka*, *Morakata*, *Cuchimodi* en sont les principales villes.

Province de Bungo ou *Tonsju*.

Sa longueur est de 40 lieues : sa fertilité est médiocre ; on y trouve des mines d'argent & d'étain, des plantes médicinales d'une grande vertu ; on y cultive les bleds & le chanvre ; on y recueille de la soie, & fabrique des draps. Elle est partagée en huit districts où l'on remarque les villes de *Figi*, de *Sucumi* & d'*Oono*. *Fucheo* ou *Funai* en a été la capitale selon Mendez Pinto.

Province de Buidsen ou *Foosju*.

Son étendue est considérable : les plantes qu'on y recueille sont estimées pour leurs vertus ; on y fabrique beaucoup d'étoffes de soie : on la divise en huit districts : *Tangawa*, *Kokura* sont ses principales villes : cette derniere est partagée en trois petites villes qui ont la même forme, & sur lesquelles domine le château environné de murs & de fossés: les maisons y sont petites & basses; les rues larges & régulieres: on y voit de grandes hôtelleries, des bains publics, & de beaux jardins qui servent pour la promenade: une riviere dont les rives sont bordées de barques la traverse: sur elle est un pont de 200 pas orné d'une balustrade de fer: dans sa jurisdiction, sur un roc baigné par la mer, est un monument élevé à l'honneur du pilote *Jorika*, qui s'ouvrit le ventre de désespoir d'avoir exposé son prince à périr contre cet écueil.

VII. *LE NANKAIDO.*

Il renferme quelques isles dont la plus considérable est celle de *Sikokf* ou *Xicoco*, longue de 35 lieues, sur presqu'autant de large: son nom signifie *pays des côtes du midi*: on le divise en six provinces.

Province d'Ijo ou *Jossu.*

Elle a près de 20 lieues de long: des montagnes stériles, des champs sablonneux la couvrent: il y aussi des champs de riz, du chanvre, des mûriers, des pâturages: on la divise en quatorze districts. *Jio*, *Kumu*, *Imabari* sont ses principales villes: la derniere a un beau château orné de hautes tours.

Province de Tosa ou *Tosju.*

Sa longueur est aussi d'environ 20 lieues: elle est abondante en légumes, en fruits, en diverses autres productions utiles: dans ses huit districts on remarque la ville de son nom, & celle de *Taka*.

Province d'Awa ou *Asju.*

On y remarque plusieurs montagnes peu élevées; elle est riche en bestiaux, en volaille, en poissons, en coquillages: on la divise en neuf districts. *Ava* & *Katsura* sont ses principales villes.

Province de Sanuki ou *Sansju.*

Elle est la plus étendue des quatre que renferme l'isle de Sikokf: son sol est d'une fertilité médiocre; diverses rivieres l'arrosent, & y font prospérer le riz: on y cultive aussi du bled & des légumes; la mer y fournit du poisson & des coquillages: elle est divisée en onze districts. *Ovutsi* & *Samingava* sont ses villes les plus considérables.

Province d'Awadsi.

C'est une isle longue de 10 lieues, montueuse, presque stérile, peu peuplée, divisée en deux districts: les deux petites isles de *Mussima* & de *Jesima* en font partie.

Province de Kijnokumi ou *Kisju.*

Toutes les cartes la représentent comme une presqu'isle qui fait partie de l'isle de Nipon: l'Abbé Prevost en fait une grande isle: c'est un pays plat, stérile, où l'on trouve des mines d'excellent cuivre: sur ses côtes on trouve l'ambre gris: elle s'étend dans un espace de plus de 40 lieues, & est divisée en sept districts.

Autour de ces grandes isles il en est de plus

petites : nous avons parlé de quelques-unes, il faut parler encore de quelques autres : celles de *Nokifima*, de *Mijariffima*, de *Fatfifio* forment, avec quelques autres moins connues, une longue chaîne au midi de la province d'Awa : la derniere eft la plus confidérable; fes côtes font hautes & efcarpées; pour en defcendre, ou pour y monter, on éleve ou abaiffe les bateaux avec une grue : elle eft ftérile, & c'eft là que le Cubo rélegue ceux des feigneurs qui ont pu lui déplaire : leur occupation eft d'y faire des étoffes de foie, dont la fineffe & la beauté furpaffent toutes celles qu'on fabrique dans les autres parties de l'empire.

Autour de l'isle de Saikokf font l'isle d'*Iquifenqui*, & celle de *Tacuxima* plus grande que la premiere, plus montueufe : plus au couchant eft *Ivogafima*, ou l'*isle de Soufre*; elle paffa long-temps pour inacceffible : fans ceffe une fumée épaiffe & noire la couvrait; on croyait y voir des monftres, des démons : un particulier ofa la vifiter; il trouva des arbres fur fes côtes, & de vaftes champs de foufre dans l'intérieur : l'exploitation de ce minéral rapporte annuellement vingt caiffes d'argent au prince de Satfuma à qui elle appartient. Au fud-oueft de cette isle font celles de *Liquiejo* dont les plus voifines de Saikokf appartiennent au Japon : le détroit de Diemen eft entre elles & cet empire : un plus petit détroit fépare celle d'*Amacufa* de celle de Saikokf : elle eft fertile, peuplée, & a deux villes; l'une à l'orient eft nommée *Xequi*, l'autre vers le couchant s'appelle *Fondi*; l'isle dépend du roi ou gouverneur de Fungo : elle a une mine d'or qu'un torrent a fait abandonner. Plus au couchant encore eft l'isle de *Meaxima* ou *Mashma* : au nord de celle-ci font sont les isles de *Gotto* ou *Gotho* habitées par des laboureurs & des pêcheurs, dont le chef prenait le titre de roi : ou remarque que jamais elles n'ont éprouvé de secousses de tremblemens de terre : elles sont au nombre de cinq : la seule qui jouisse d'un sol fertile est celle qui a le nom d'*Ocura* ; mais toutes sont abondantes en poissons & en gibier : ces poissons, les baleines, le sel sont les objets de leur commerce : leurs habitans superstitueux ne font rien sans consulter les astres : ce sont eux qui distinguent les jours heureux de ceux qui ne peuvent l'être. Elles dépendent de la province de Figen. *Firando* est au nord de ces isles : elle a 10 lieues de long, 4 à 5 de large ; est abondante en bled, en gibier, en poissons : elle a une ville de son nom : le commerce des Européens enrichissait son roi ; aujourd'hui ils ne peuvent plus y paraître : elle a encore les chevres qu'y avaient porté les Portugais : l'abord en était facile. Plus au nord sont les isles *Iki* & *Tsussima* : la premiere se nomme aussi *Isju* ; elle a neuf lieues de long, & est divisée en deux districts : la seconde, qu'on appelle encore *Taisju*, est plus grande que la premiere, & comme elle, est partagée en deux districts : c'est la même que le *Tui-matau* dont on a parlé à l'article *Corée*. Leur fertilité est médiocre ; mais elles renferment plusieurs curiosités naturelles, & sur-tout un grand nombre d'idoles. Le prince qui les gouverne possede le grand village de *Taisero* dans l'isle de Saikokf.

Les Japonnois comptent encore dans leur empire deux isles situées vers l'orient, vers le 190 deg. de longitude : ils appellent l'une *Ginsima*, isle d'argent ; c'est la plus septentrionale & la plus éloignée : l'autre *Kinsima*, isle d'or. : ces noms ont allumé l'avidité des Espagnols & des Hollandais qui les ont cherchées en vain : le géographe Robert leur donne le nom de *Rica de Oro* & *Rica de la Plata*, ce font ceux que leur donnent les Espagnols. Ces infulaires parlent auffi d'une grande isle déferte, mais fertile, bien pourvue d'eau, riche en bois d'arak, qu'ils nomment *Bune* ou *Bunefima*; les Européens ne la connaiffent pas : elle doit être au fud ou à l'eft du Japon, fi elle exifte.

ISLES MARIANES.

ON les nomme encore *Archipel de S. Lazare*: ces isles forment une longue chaîne qui s'étend du sud au nord, & quelques-uns l'étendent jusqu'auprès du Japon: situées à l'extrémité de l'Océan pacifique, elles sont encore à 400 lieues des Philippines, & dans le sens le plus resserré, de l'isle d'*Urac* au nord, à celle de *Guahan* au midi, elles occupent un espace de 200 lieues: entr'elles il y a des rochers, & diverses cartes y placent des volcans: les neuf qui sont au nord s'appellent les isles de *Gani*: Magellan les découvrit en 1521: quelques morceaux de fer enlevés par les insulaires leur firent donner le nom d'*isles des Larrons*: la multitude des bateaux à voiles qui allaient de l'une à l'autre les firent appeller encore *Las velas*. Le nom qui leur est demeuré fut celui de Marie-Anne d'Autriche, femme du roi d'Espagne Philippe IV. D'abord négligées, le zèle de la religion y ramena les Espagnols qui les soumirent les unes après les autres.

Quoique sous la zone torride, le ciel y est serein, l'air pur, la chaleur modérée: les montagnes y sont chargées d'arbres presque toujours verds; il en découle des ruisseaux qui viennent répandre dans les plaines & les vallées la fertilité & l'abondance. Leurs anciens habitans ne connaissaient pas le joug des loix; ils se regardaient comme les seuls habitans du monde, renfermé pour eux dans leurs isles. On dit qu'ils ignoraient l'usage du feu, & que l'ayant vu dévorer une de leurs cabanes, ils le crurent un animal qui se nourrissait de bois, & dont on devait craindre les morsures cruelles : ils n'avaient pas d'animaux domestiques ; ils élevaient quelques oiseaux semblables à la tourterelle, & leur apprenaient à parler : leur taille haute est bien proportionnée ; leur teint est basané, leur tempérament robuste : ils sont si forts qu'ils enlevent des fardeaux de 500 livres : ils vivent de racines, de fruits, de poissons : leur vie est longue, & elle était tranquille : plusieurs ont vu un siecle entier, & n'ont point éprouvé de maladies : des simples suffisent pour guérir celles qu'ils connaissent : ils vont nuds, & n'ont sur la tête qu'une touffe de cheveux : les femmes y portent de larges ceintures, & s'occupent à se noircir les dents, à blanchir leur longue chevelure pour paraitre plus belles, à faire descendre avec grace sur leur front des grains de jais, des parcelles d'écailles de tortues entrelassées de fleurs ; à faire des ceintures avec des coquilles, des cocos travaillés & des tissus de racines d'arbres ; à se rassembler & chanter avec expression. Leur langue assez douce & agréable ressemble à celle des anciens habitans des Philippines, qui paraissent avoir été leurs ancêtres : ils ont des histoires fabuleuses, des poësies, & c'est là leurs uniques sciences ; ils n'en sont pas moins vains ; ils méprisent nos richesses ; notre bonheur leur fait pitié. La nation est divisée en deux classes, les nobles & le peuple : les premiers, nommés *Chamorris*, sont sans pouvoir ; mais ils se regardent comme des êtres supérieurs à l'homme ordinaire ; si l'un d'eux s'allie à une femme du peuple, il est regardé avec indignation ; souvent on a lavé sa honte dans son sang : c'est une audace punissable pour l'homme vulgaire que d'entrer dans leurs maisons, que d'en approcher pour leur parler : ils ont des terres qui passent après eux à leurs neveux ou à leurs freres : des chefs préfident à leurs aſſemblées, mais ils font plus confultés qu'obéis : leur politeſſe confifte à s'inviter pour des repas, à fe donner d'une herbe qu'ils tiennent à la bouche, à fe paſſer la main fur l'eſtomac, à ne point cracher devant celui qu'ils honorent, ni même devant fa maifon. Parmi le peuple, les plus riches forment un état mitoyen : leur occupation commune eft la pêche : ils navigent fur des canots faits de deux troncs d'arbres, joints par des planches, fur lefquels s'élève une voile triangulaire de natte ; la rapidité de la courfe de ces bâtimens eft étonnante, & malgré leur fragilité, ils vont & viennent aux Philippines : quelquefois ils renverfent, mais ces infulaires nagent & plongent avec une facilité extraordinaire, & ils ont bientôt relevé leurs bateaux : leurs maifons de cocos & de maria ont quatre appartemens très-propres, féparés par des cloifons de feuilles de palmier : on couche dans le premier, mange dans le fecond, travaille dans le troifieme ; le quatrieme fert pour garder les provifions : ces maifons font toujours ouvertes, & on ne vole jamais rien.

Leur caractere eft inconftant & léger : la feule paſſion qui ne s'éteigne jamais en eux eft la vengeance : plus ils font forcés de la fufpendre & de la cacher, plus elle eft lâche & cruelle : cependant ils font gais, railleurs, aiment les repas communs, & à s'exercer à la danfe, à la courfe, à la lutte, à fe raconter les exploits de leurs ancêtres : ils font peu guerriers ; des pierres lancées avec adreſſe, des bâtons garnis d'os font leurs armes uniques ; ils les prennent avec légereté, & les quittent de même : s'ils cherchent à vaincre, c'eft par la patience & l'adreſſe ; ils s'efforcent d'effrayer leurs ennemis, de les surprendre; ils insultent au vaincu comme tous les hommes timides & lâches.

Un homme y prend autant de femmes qu'il veut; ordinairement il n'en a qu'une ; elle gouverne sa maison & lui-même ; s'il ose ne pas faire ce qu'elle exige, il en est bientôt abandonné: les enfans suivent leur mere, & trouvent un second pere dans son nouvel époux : surprise en adultere, elle est respectée; son amant seul est puni : si son mari lui est infidele, toutes les femmes s'assemblent armées, désolent les terres du coupable, arrachent ses grains, dépouillent ses arbres, souvent le chassent lui-même: cet empire absolu des femmes, rend les jeunes-gens libertins : leur indépendance est extrême : les nobles n'ont que de l'orgueil sans autorité: le peuple n'obéit qu'à des usages ou à ses passions : chacun se fait justice à soi-même : les fils ne respectent pas leurs peres : ils étaient sans prêtres & sans culte : ils avaient des sorciers qui changeaient les saisons, donnaient la santé, d'heureuses récoltes, des pêches abondantes: mais ces *Mancanas* n'enseignaient point de dogmes : ce peuple avait cependant des idées obscures d'un état plus heureux pour celui qui mourrait paisiblement dans le sein de sa famille; séjour de douleur pour ceux qui finissaient leurs jours à la guerre, ou d'une maniere violente. Leur douleur est d'abord une fievre ardente : si celui qui leur est cher cesse de vivre, ils crient avec effroi, ils pleurent avec amertume; ils ne se nourissent que de leurs regrets, ils les entretiennent par des chants lugubres : les meres mettent à leur cou les cheveux de leurs enfans, & chaque nuit elles y font un nœud : les nobles s'entourent des ruines de leurs bateaux, de leurs voiles déchirées, de leurs maisons renversées : les tombeaux sont couverts de trophées de fleurs, de coquillages, & les chemins qui y conduisent de branches de palmier : par-tout ils aiment à retracer leur douleur ; mais enfin elle s'épuise, & le plaisir vient l'interrompre & lui succéder.

Tel est ce peuple heureux encore dans son ignorance. Le terroir des isles qu'il habite est peu fertile ; les arbres n'y sont pas grands, mais parmi eux on compte celui qui porte le *Rima* ou fruit à pain ; il est assez grand & branchu ; ses feuilles sont dentelées & noirâtres ; le fruit a la grosseur & l'écorce du melon ; il est encore hérissé de pointes ; sa couleur est celle de la datte ; son intérieur, sans pepins, sans noyaux, est semblable à la mie tendre & fraiche du bon pain ; son odeur est celle de la pêche mûre, sa saveur celle de l'artichaux ; dans un jour il s'aigrit, mais cuit au four il se garde quatre à cinq mois : le *Doucdou* porte une longue poire verte dont la pulpe est blanche & molle ; elle renferme plusieurs noyaux qu'on rotit, & qui ont le goût de la châtaigne : on y recueille différens légumes que les Espagnols y ont apporté, avec le riz & sa culture : des melons d'eaux, des melons musqués, des oranges, des citrons, des noix de cocos. Les racines qu'on emploie comme alimens sont communes à ces isles, aux Philippines, à presque toute l'Asie méridionale ; tels sont les *Glabis*, l'*Ubis*, le *Tailan*, &c. On y trouve aujourd'hui des chevaux, des vaches, des porcs ; il n'y avait autrefois qu'une espece de poule, & point d'animaux venimeux ; mais on y est persécuté par les mouches. Venons à la description de chacune de ces isles.

T 4

Isle de *Guahan*, ou *Guan*, ou *de S. Jean*.

Les Indiens la nomment Iquana : de loin elle paraît plate & unie, mais à l'orient elle est assez élevée, & est défendue par des rochers escarpés qui rompent les vagues, mais en éloignent les navires : au couchant elle est basse, & remplie de baies sablonneuses : elle a 35 lieues de tour, & c'est la plus grande des Mariannes ; sa longueur est double de sa largeur : ses ports sont commodes, le fond en est fort bon : elle est agréable & fertile : on y trouve le fruit à pain : un grand nombre de ruisseaux d'une eau pure l'arrose : les Espagnols y ont une petite ville nommée *S. Ignatio de Agand* dont les maisons sont de pierres, & défendues par deux forts où ils entretiennent une garnison de 100 hommes : les Jésuites y avaient deux colleges pour instruire les Indiens des deux sexes. On y cultive & recueille du bon cacao, dont on se sert pour engraisser les cochons. Dans sa partie occidentale on remarque quelques petites isles, & deux espèces de villes : l'une est *Adgadna*, bâtie dans une situation avantageuse, sur une riviere qui se jette dans un golfe qui lui forme un port à l'abri de tous les vents, & où le mouillage est sûr : les eaux y sont excellentes : on y compte cinquante familles nobles : l'autre est *Umatag* ou *Umatay* : celle-ci est plus au midi, & les Hollandais y viennent quelquefois carener les vaisseaux. On compte trente mille habitans dans l'isle entiere, dispersés dans les plaines & sur les montagnes : quelques-uns de leurs villages ont 150 maisons. Les hommes sont d'une taille haute, ils vont nuds, n'ont pour armes que la fronde & la lance : ils n'enterrent point leurs morts ; ils les exposent à l'air qui les desseche & les met en poussiere. Sa latitude est de 13 degrés, 25 min. sa longitude est de 161 deg.

Isle de *Zarpane* ou *Rota*.

Elle est à 7 lieues au nord de Guaham ; on lui donne 15 lieues de tour : elle est sous le 14 degré de latitude ; au nord-ouest on y trouve l'excellent port que les habitans nomment *Socanrayo*, & les Espagnols *port S. Pierre* : elle a encore un bon port sur sa côte méridionale. Environ 300 Indiens y cultivent des champs de riz.

Isle *d'Aguiguan* ou *de Ste. Anne*.

Elle est une des plus petites, & on ne lui donne que 3 lieues de tour : elle est à 13 lieues au nord de Zarpane : on la voit s'élever du milieu de la mer, comme une forteresse : elle est si haute & si escarpée qu'elle serait inaccessible, sans quelques défilés qui ouvrent un passage.

Isle de *Tinian* ou *de Buena visla mariana*.

Un détroit d'une lieue la sépare d'Aguiguan ; elle en a 15 de tour, & est aujourd'hui déserte : on en trouve une description charmante dans les voyages du lord-Anson : il y trouva des bestiaux nombreux ; des bœufs d'une blancheur éclatante, des plantes salutaires, telles que le persil, le cochlearia, la menthe, l'oseille, des oranges, des limons, des cocos, des fruits à pain, beaucoup d'autres fruits ; il y vit des points de vue rians, des vallées agréables & fertiles, des perspectives enchanteresses, un terrein sec, un gazon fin, & des prairies dont la verdure n'est interrompue que par l'éclat des fleurs. Le capitaine Byron vingt-ans après y trouva peu de bestiaux, des bois impénétrables par les broussailles qui les embarrassent, mais remplis d'oiseaux de diverses espèces, des plaines couvertes de roseaux & de buissons, point de plantes anti-scorbutiques; (†) il y éprouva des chaleurs brulantes, & un air mal-sain, y fut poursuivi par une multitude de mouches, de mille-pieds, de scorpions, de fourmis noires, d'autres insectes venimeux qui ne laissent aucun repos, & peu de momens sans douleurs aiguës : la chair s'y pourrissait en quelques heures ; le poisson y était dangereux, presque venimeux. Sans doute le premier voyageur y était arrivé avant la saison des pluies : plus voisin du tems où elle fut habitée, il y vit des ruines de bâtimens, des espèces d'obélisques ; le soin de l'homme y faisait sentir encore ses effets ; aujourd'hui l'abandon y a étendu les ronces, multiplié les marais, les insectes, & corrompu l'air. Cette île cultivée avec soin, pourrait devenir florissante : le coton, l'indigo y croissent abondamment : la main de l'homme industrieux seule y manque. Sa latitude est 14. deg. 57 min.

Isle de Saypan ou *de St. Joseph.*

Un espace de 3 lieues la sépare de la précédente; elle a 25 lieues de tour ; ses terres sont élevées, & présentent un aspect agréable : elle a de beaux bois de construction, beaucoup de cochons sauvages, des guanaques, animal qui a la couleur, la forme,

(*) Wallis dit qu'il y trouva tous les rafraichissemens dont parle Anson.

la grandeur du daim; mais qui est sans cornes, & a une bosse sur le dos: il y a peu d'oiseaux: au couchant elle a un port dans le fond d'une baye profonde, ceinte de bois; on le nomme *Catanhitda*: on y voit des piliers de figure pyramidale, élevés sur une base quarrée; mais il parait que les Espagnols l'ont rendue déserte, & qu'ils y viennent de tems en tems y faire la pêche des perles: deux grands rochers ou petites îles sont au nord de Saypan. Sa latitude est de 15 deg. 25 min.

Isle d'Anatajam ou *de S. Joachim.*

Elle est à 36 lieues au nord de Saypan, & en a dix de tour: sa latitude est de 17 deg. 20 min.

Isle de Sarigan ou *de S. Charles.*

Un canal de 3 lieues la sépare d'Anatajam: elle en a 4 de tour: sa latitude est 17 deg. 35 min.

Isle de Guguan ou *de S. Philipe.*

Elle est à 6 lieues au nord de la précédente, & n'en a que 3 de tour.

Isle d'Amalagan ou *de la Conception.*

Un détroit de 3 lieues & demi la sépare de Guguan: elle en a 6 de tour: sa latitude est 18 deg. 8 min.

Isle de Pagon ou *de S. Ignace.*

Elle est à 10 lieues au nord d'Amalagan, & en a 14 de tour: sa latitude est 18 deg. 40 min.

ISLES MARIANES.

Isle d'*Agrigan* ou *de S. Xavier*.

Elle est à 10 lieues au nord de la précédente, & en a 16 de tour : sa latitude est 19 deg. 4 min.

Isle d'*Assonsong* ou *de l'Assomption*.

Un espace de 20 lieues la sépare d'Agrigan, elle n'en a que 6 de tour : sa latitude est 20 deg. 15 min.

Isle de *Maug* ou *de Tunas* ou *de S. Laurent*.

Trois rochers, chacun de 3 lieues de tour la composent : elle est à 5 lieues au nord de la précédente : sa latitude est 20 deg. 35 min.

Isle d'*Urac*.

C'est la plus septentrionale de ces isles : elle fut toujours déserte, & est séparée de Maug par un détroit de 5 lieues; elle n'en a pas de 3 de tour : sa latitude est de 20 deg. 45 min.

Sanson, De Lisle, Mayer, plusieurs autres géographes placent à l'orient & au nord des Mariannes, diverses autres isles dont on ne connait guere que les noms, & encore plusieurs n'ont pas été retrouvées par les navigateurs modernes : dans cette incertitude tout ce qu'on en peut faire est de dire le nom des principales, & de passer rapidement sur elles : il en est sans doute un grand nombre qu'on n'a point encore découvertes ; semées de loin en loin sur un océan immense, on ne les cherche pas, & on ne trouve que celles qui se trouvent sur la route, où l'intérêt nous guide, & où le vent nous chasse.

En se rapprochant des Philippines, au midi de

Formose, sont les isles *Bashées* ou *Biaschi*. Elles sont au nombre de cinq, & sous le 20 deg. 20 minutes de latitude. Anson, Wallis ont vu ces isles, Dampier seul les a décrites. Trois sont assez grandes, quatre sont habitées ; dans une d'elles on voit trois villes : au nord de ces isles s'élèvent deux rochers élevés : elles étaient sans nom, & les aventuriers, compagnons de Dampier, leur en imposerent : celle qu'ils nommerent *Bachi* ou *Bashée*, du nom d'une liqueur que les Insulaires y font avec le jus de la canne à sucre, & une petite graine noire ; est la plus orientale de toutes, elle devint le nom général des autres : le terroir de toutes est rouge ; il y a cependant des vallées où le sol est noir & fertile ; les arbres y sont nombreux, mais petits ; l'herbe y est haute & épaisse ; on y trouve des plantains, des bananes, des ananas, des cannes à sucre, des patates & des yames qui sont la principale nourriture des habitans : ils ont du coton : leurs quadrupedes sont les chevres & les porcs ; leur volaille domestique des coqs & des poules. Les habitans sont petits, ils ont le visage rond, le front bas, les sourcils longs, les yeux d'un brun clair, les dents blanches, les cheveux noirs, épais & courts : hommes & femmes ont la tête nue, & portent aux oreilles des anneaux qu'on croit être d'or ; des feuilles de plantains forment le juste-au-corps des hommes ; un jupon de toile de coton est le seul habillement des femmes : leurs maisons sont petites & basses ; elles sont comme suspendues sur le penchant de montagnes presque inaccessibles, formant de petits villages de plusieurs rangs de maisons élevés les uns au dessus des autres, séparés par une petite rue, & des précipices, on ne va de l'un à l'autre que par des échelles : telle est leur fortification : ils ont des chaloupes, dont les plus grandes portent 40 à 50 hommes; ils connaissent le fer, & savent l'employer; leur langue parait avoir quelque rapport à celle des Philipines; ils prennent les sauterelles qui dévorent leurs champs avec des filets, & les mangent; l'eau est leur boisson ordinaire; le bachi dont ils s'énivrent quelquefois, ne les fait point sortir de leur caractere doux & paisible : ils sont justes, humains, obligeans, leurs mœurs sont douces & pures, ils vivent dans l'égalité, & ne paraissent pas avoir de chefs : mais ils écoutent les conseils des plus sages d'entr'eux; ils ont des loix civiles ou des usages qu'ils suivent à la rigueur, & n'ont qu'une femme avec laquelle ils vivent bien; leurs enfans les respectent, jamais ils ne se querellent, jamais ils ne se battent; ils n'ont pour armes défensives qu'une casaque de peau de buffles; pour offensives qu'un bâton armé de fer; chacun cultive son champ en paix : les femmes plantent leurs patates & leurs yames, & apportent sur leur tête la provision de chaque jour; les hommes vont à la pêche; ils n'ont ni temples, ni idoles, ni religion, mais toujours honnêtes entr'eux, & pour les autres toujours équitables & bons, leur commerce est sûr & regrettable, leurs jours sont heureux.

Isle d'Orange.

C'est la plus occidentale & la plus grande des Bashées; elle a 7 à 8 lieues de long, & deux de large; ses bords sont hérissés de rochers escarpés, mais elle est unie & sans montagnes; c'est peutêtre pour cela qu'elle est inhabitée, les Insulaires ne plaçant leurs habitations que sur la pente de montagnes escarpées.

Isles Marianes.

Isle de Grafton.

C'est la plus septentrionale : sa longueur est de 4 à 5 lieues, sa largeur d'environ trois quarts de lieues : elle est fort peuplée ; des ruisseaux d'eaux douces l'arrosent.

Isle de Monmouth.

Elle est à une lieue au midi de Grafton, elle en a 3 de long, & une de large ; sa population est nombreuse, son aspect agréable.

Isles des Chévres.

Elle est la plus petite de ces îles : la multitude de ses chévres, lui fit donner son nom.

Isle de Bachi.

Elle est située à l'orient des autres : sa forme est ronde, elle a moins de 2 lieues de diamètre ; on y voit une ville.

ISLES PHILIPPINES.

MAGELLAN les découvrit en 1521, & les nomma Archipel de Saint Lazare, elles furent nommées Philippines en 1543 par Lopès de Villalobos, ou plutôt en 1564 par Lopès Legafpi qui en fit la conquête pour Philippe II. On a cru que Ptolomée les avait connues fous le nom d'îles *Maniolæ*, mais la fituation qu'il leur donne ne s'accorde point avec celle des Philippines, & il faudrait plus qu'une reffemblance du nom ancien à un nom moderne pour le prouver : peut-être n'eurent-elles pas de nom commun jufqu'à la découverte des Efpagnols ; indépendantes les unes des autres, chacune eut probablement le fien, & ne le donna point à fes voifines. Elles font fituées entre le Tropique du Cancer à l'Equateur, depuis le 20 degré de latitude au 5e, & entre le 134, & le 146 degré de longitude. Leur nombre eft fort grand, & il eft difficile de le déterminer : quelques-uns en comptent 1200, mais on ne fait pas même le nombre de ceux qui font peuplées ; dix font remarquables par leur grandeur ; quelques-unes n'offrent qu'un volcan ifolé ; des bancs de fable rendent la navigation des canaux qui les féparent difficile & dangereufe ; les tremblemens de terre y font fréquens, les ouragans furieux : trois peuples différens les habitent : fur fes côtes font des hommes qui par leur couleur, leur taille, leurs ufages, leur langue paraiffent être fortis de Borneo, ou de la prefqu'ile de Malacca : dans quelques îles font des peuples nommés Bifayas & Pintados, qu'on croit être

venus

venues de Célébes, parce qu'ils se peignent le corps: le commerce & la religion des habitans des îles de Mindanao, Xolo, Bool, &c. font supposer qu'ils viennent de Ternate. Mais en cela tout n'est que conjecture: sait-on les révolutions que la nature a éprouvées? Peut-on en connaitre tous les effets? Ces îles peut-être furent un vaste continent, habité avant que les lieux que nous cultivons ayent été abandonnés par la mer. Le centre de l'île de Luçon, quelques-autres îles sont habitées par des sauvages noirs & féroces qu'on croit être les anciens habitans de toutes.

L'Espagne ne pensa à les conquerir qu'après la décision du Pape qui assignait les îles Molucques au Portugal; une flotte partit du Mexique en 1542 pour les soumettre; mais incertaine dans sa marche, elle ne put trouver ces îles, & s'épuisa sans avoir rempli son but. En 1564 une nouvelle flotte entreprit le même voyage, & réussit mieux. Un religieux nommé Urbanetta la fit équiper par ses conseils; Legaspi en fut le commandant; il descendit dans l'île de *Sibu*, & se rendit maître de sa capitale: puis il subjugua Manille, & y fit prosperer le commerce avec la Chine: ses successeurs s'occuperent à soumettre les îles voisines; mais après de longs efforts, à peine l'Espagne peut-elle compter au nombre de ses sujets la dixieme partie des Insulaires. On y compte 12000 Espagnols, dont les 3 quarts sont *métis*: les sujets qui payent tribut montent à environ 250 mille: la plupart chrétiens, dispersés dans neuf isles, divisés en 20 départemens, dont 12 sont renfermés dans l'isle de Luçon: les Indiens mariés payent 10 piastres de tribut, tous les autres en payent cinq: les revenus royaux ne montent pas au-delà de 400 mille pieces de huit, parce que des Seigneurs particuliers possèdent seuls la plus grande partie des sujets : cette somme ne suffit pas pour l'entretien de 4000 soldats qui y sont toujours sur pied, & pour les gages des ministres. M. le Gentil dit que l'Espagne ne possède pas la vingtieme partie de ce beau pays, qu'il en retire annuellement 3, 255, 122 livres, & que cependant elles lui sont à charge ; que chaque année il y fait passer du Mexique 597500 livres pour fournir aux dépenses, dont les moines & les prêtres absorbent une partie.

Le chef de ces colonies est un gouverneur subordonné au Vice-roi du Mexique : son autorité est absolue dans le militaire & le civil ; il dispose des emplois, distribue des terres aux soldats, les érige à son gré en fiefs, qui rentrent dans le domaine royal à la seconde génération ; la puissance du clergé peut seule mettre des bornes à la sienne ; mais après le terme de huit ans, cet homme si redoutable cesse de l'être ; il ne peut s'éloigner que son administration n'ait été recherchée, qu'il n'ait répondu aux plaintes que chaque particulier peut élever contre lui : on en a vu qui ont été emprisonnés, & punis avec rigueur : aujourd'hui on est moins sévère, & le gouverneur qui succéde se contente de faire paier l'impunité qu'il assure à son prédécesseur : depuis ce tems les impôts, les droits s'y sont multipliés arbitrairement, les abus y sont devenus intolérables : le commerce opprimé n'y existe plus que par la contrebande, le cultivateur n'y peut mettre en valeur qu'un espace de terre prescrit ; il faut qu'il dépose le fruit de ses travaux dans des magasins publics : ceux qui enfreignent des loix dictées par l'avarice des grands sont punis de mort ; ceux qui le peuvent fuient au loin ; les vautours seuls vivent au sein des richesses ; tout le peuple languit sans industrie, sans police ; le sol fertile de ces isles est presque abandonné à lui-même, & ne fournit presque rien au commerce : ce qui en est l'objet se tire des pays voisins ; la cannelle y vient de Batavia, les soieries de la Chine, les toiles du Bengale, de Coromandel, d'Europe ; les paiemens se font en cochenilles & en piastres du Mexique. Presque tout se fait par les Chinois : l'Espagnol indolent n'y fait que consommer. Ces îles seraient plus heureuses, du moins plus florissantes si le commerce y était libre, s'il se faisait immédiatement avec l'Europe, & non par le moyen du Mexique.

Le gouverneur a 13300 pieces de huit d'appointemens réguliers : il préside dans le tribunal suprême qui reçoit les appels des sentences de tous les autres magistrats, & des violences commises par les ecclésiastiques : il est composé de quatre auditeurs qui reçoivent chacun 4400 pieces de huit par an : l'appointement du procureur fiscal est de 5200. Ces revenus sont grands par eux-mêmes ; ils ne sont rien comparés à ceux que ces chefs retirent de la distribution des emplois, de la vente de la justice, des trafics honteux qu'ils se permettent, ou qu'ils autorisent. Le gouverneur nomme encore à tous les canonicats, il choisit les curés, & nomme aux bénéfices sur trois sujets que l'archevêque lui présente : il nomme encore le général du Galion. L'archevêque est nommé par le roi ; l'administration ecclésiastique est dans ses mains ; il connait par appel des causes qui s'élèvent dans son diocèse, & dans ceux des évêques ses suffragans : sa sentence est sans appel, quand elle confirme celle qui a été rendue par ses inférieurs : on peut en appeller à l'évêque de Camarines, revêtu d'un pouvoir particulier du St. siége, lorsqu'elle lui est contraire. Il est assez singulier que de l'archevêque on puisse appeller à un de ses suffragans. Sous ce chef ecclésiastique est toujours un coadjuteur, nommé d'avance par le roi, qui succede au premier évêque qui meurt. Le chef de l'inquisition est nommé par le tribunal du Mexique.

Les isles Philippines sont arrosées par un si grand nombre de rivieres, de lacs, d'étangs, nourris par des pluies abondantes, que l'air y est toujours humide : la chaleur du climat, jointe à cette humidité, y couvre les corps de sueur & y affaiblit le tempérament. De juin en septembre les vents du midi & du couchant y regnent sans cesse : les vents du nord leur succedent jusqu'en décembre, où les vents d'orient se font sentir ; ils durent jusqu'au mois de mai : les premiers y font régner les tempêtes & des pluies qui inondent les campagnes : on ne se visite alors qu'en bateau, & on ne le fait pas toujours sans danger : les Espagnols nomment cette saison *Vandaval* : celle où les vents du nord & du levant entretiennent un ciel serein & pur, est appellée *Brise*. On dit que l'éclair ne s'y fait voir, que le tonnerre ne s'y fait entendre qu'après la pluie : on peut douter de cette observation, comme de celle qui nous peint les habitans naturels couverts de vermine, tandis que l'Européen, quelque sale qu'il soit, n'en est jamais incommodé : on n'y connait point la neige, moins encore la glace : la chaleur y est constante, les jours égaux ; la pluie seule fait prendre des habits de drap qu'un air déchargé de vapeurs fait quitter : les alimens y sont légers ; le pain est fait avec le riz ; le palmier que le climat y fait prospérer, fait couler sur les tables l'huile, le vin & le vinaigre : le riche y vit de gibier le matin, & de poisson le soir : le pauvre y mange en tout temps un poisson mal cuit ; il réserve la viande pour les jours de fête : ceux, qui y naissent y peuvent vivre long-tems, & les centenaires n'y sont pas rares ; mais les Européens y languissent : ils ne prennent pas de repas, ils ne se livrent pas au sommeil sans être inondés de sueur ; & la rosée abondante qui les pénètre pendant la nuit leur devient souvent funeste.

On y éprouve d'affreux tremblemens de terre ; mais on dit qu'ils furent autrefois plus affreux encore : ils répandent l'inquiétude & l'épouvante dans des hommes à qui la fertilité du sol, la beauté des campagnes semblent permettre l'indolence, & annoncer le bonheur. L'herbe y croît dans toutes saisons ; toujours les arbres y sont couverts de fleurs & de fruits : la feuille nouvelle y fait tomber l'ancienne verte encore : l'oranger, le citronnier, tous les arbres connus en Europe y donnent du fruit deux fois l'année : un rejetton y en porte l'année qui succède à celle où on le planta : il n'y a pas de campagnes plus brillantes, de plus magnifiques forêts, de plus beaux & de plus vieux arbres que dans ces isles : mais au milieu de ces monts si revêtus d'arbres majestueux, de ces champs couverts d'une riche moisson, on voit des volcans jetter des flammes, faire entendre un bruit effrayant, & répandre autour d'eux les cendres, les pierres & l'effroi.

Les campagnes y sont animées par un grand nombre de chevres, de cerfs, de sangliers & de buffles qu'elles nourrissent : ceux-ci sur-tout y sont très-nombreux ; l'Espagnol les tue pour en vendre la peau ; l'Indien en mange la chair : les monts renferment des troupes de singes très-grands, hardis & courageux ; ils y vivent de fruits, & quand ils leur manquent, ils descendent sur les rivages, & s'y nourrissent d'huîtres & de crabbes : la civette y est commune : on y trouve une espece de chats qui ont des aîles comme la chauve-souris ; elles sont couvertes de poils, & servent à l'animal pour s'élancer d'un arbre à l'autre ; ce chat paraît être l'écureuil volant : on le nomme *Taguan*. Le *Mango* a la queue & la grandeur d'une souris ; sa tête est double de son corps ; sur son museau s'élèvent de longs poils ; il paraît être un *Ichneumon* ou *Mangouste* : l'*Iguani* est un lézard long de cinq pieds, silencieux, point malfaisant, dont le mâle a une espece de goître qu'il enfle à volonté ; sa posture est hardie, son regard effrayant ; ses pattes sont armées de cinq griffes munies d'ongles accérés : les serpens y sont d'une grandeur extraordinaire : l'*Ibitin* suspendu à un arbre par sa queue, y attend les cerfs, les sangliers, & les hommes qu'il dévore, dit-on, tous entiers : les *Bobas* ont trente pieds de long : l'*Olopang* est terrible à l'homme par le venin qu'il répand : l'*Assagua* ne l'est que pour la volaille dont il est très-avide. Parmi les oiseaux on remarque le *Tavon* plus petit que la poule, dont le plumage est noir, le col & les pieds fort longs, qui pond sur les terres sablonneuses ; on dit qu'après la sortie du petit, on trouve encore dans l'œuf le jaune entier : ce fait doit être mieux vu avant de le croire : la femelle rassemble ses œufs au nombre de trente à quarante dans une fosse qu'elle recouvre d'un sable que le soleil échauffe : lorsque les petits sont éclos, la mere se perche sur les arbres voisins, tourne autour du nid en les appellant à grands cris, & les excite si bien, qu'à force de mouvemens ils parviennent à percer le sable qui les couvre & à se rendre auprès d'elle : ces oiseaux vivent de poissons. Le *Kolin* a sur la tête une couronne de chair ; son plumage est noir & cendré ; sa grosseur est celle d'une grive : le *Paloma-torcaz* a la même grandeur ; son plumage est varié de gris, de verd, de rouge, de blanc ; il a une tache rouge sur l'estomac ; son bec, ses pieds sont aussi du plus beau rouge. Le *Salangan* est de la grandeur d'une hirondelle, & comme elle attache son nid aux murailles, il l'attache aux rochers : ce sont ces nids regardés comme un mets délicieux dans les Indes. L'*Herrero* est verd, grand comme une poule ; de son bec très-dur il perce les arbres pour y déposer ses œufs ; c'est du bruit qu'il fait alors que vient son nom qui signifie forgeron : le *Colocolo* est noir, plus petit que l'aigle ; son bec long de deux palmes est fort, ses plumes sont très-serrées, il nage sous l'eau avec la même vitesse qu'il vole dans l'air : le paon, le coq sauvage, la tourterelle habitent les montagnes ; la derniere, grise sur le dos, a l'estomac blanc & au milieu une tache d'un rouge éclatant : les cailles y sont petites, & ont le bec & les pieds rouges : on y trouve différentes especes de perroquets, des *Volanos* qui sont verds, des *Cacatous* blancs, dont la tête est ornée d'une touffe de plumes : à la place des coqs d'Inde, qui n'y ont point réussi, on trouve la *Camboie*, poule qui a les pieds si courts que ses ailes traînent à terre ; le coq au contraire est sur de hautes jambes : il y a d'autres poules encore, & des chauve-souris qu'on mange & dont les excrémens donnent beaucoup de salpêtre. Parmi les poissons, on remarque le *Douyon* par ses os qui, dit-on, étanchent le sang, guérissent le rhume, & dont la chair a le goût de celle du porc ; le *poisson-femme*, ou *truie-d'eau*, par sa tête, son cou, sa poitrine semblables à celles de la femme ; le *poisson-épée* par la longueur extraordinaire de sa corne ; le *crocodile* par son abondance & sa voracité ; le peuple croit que la femelle dévore ses petits à peine éclos, & que cet animal ne peut rendre ses excrémens que par la bouche : on en trouve une espèce dans les lacs du pays qui n'a point de langue, & serait très-à-craindre, s'il pouvait se tourner avec facilité : on dit que ces animaux ont deux yeux au haut de la tête & deux autres en bas ; on les nomme *Buhayas* : de grandes baleines, des chevaux marins sont dans les mers de Mindanao & de Xolo ; on y trouve de grandes huitres dont l'écaille sert d'abreuvoir & à faire de beaux ouvrages : il y a une espèce de tortue que l'on mange, & une autre dont on ne recherche que l'écaille : la peau de la raie sert à faire des fourreaux de cimeterre.

Parmi les fruits on remarque le *Santor* qui a la figure & les couleurs de la pêche, dont l'écorce est douce, qui se confit au sucre & au vinaigre ; l'arbre ressemblerait au noyer sans la largeur de ses feuilles ; le bois sert pour la sculpture. Le *Mabol* a la couleur & la grosseur de l'orange ; l'écorce est couverte de coton ; l'arbre a le port du poirier, les branches & les feuilles du laurier ; le bois est presqu'aussi beau que l'ébène : les *Bilimbins* ou *Carambolas* y ont un goût plus agréable que dans les Indes ; où les assaisonne avec le vinaigre & le sucre. Plusieurs fruits communs dans les Indes, se distinguent par leur bonté à Manille ; tels sont les *Mangas*, les *Camico*, &c. Le *Panungian* est un bel arbre dont le fruit rouge au dehors, a une chair transparente & agréable ; il est digestif ; on le nomme *Licias*. Le *Carmon* excite l'appétit, a l'écorce d'un oignon, une chair agréable & douce. Le *Lanzones* ou *Boasbas* ressemble au raisin : le *Paxos* croit sur les montagnes ; il a la forme d'une olive, & un goût exquis dans sa maturité ; on l'assaisonne avec le vinaigre : sur des

Isles Philippines.

pins, dont la tige est admirable, on trouve des especes d'amandes : le *Limbon* fournit une huile pour espalmer les vaisseaux : le *Jamboas* a le goût du citron, des pepins rouges, jaunes & blancs ; il est deux fois aussi gros que la tête d'un homme : les oranges, les citrons y sont grands : l'ananas, les papaias, tous les autres fruits des Indes prosperent dans ces isles : les *Gayavas* y sont très-communs ; on en fait un bon vin, des confitures ; les feuilles en sont vulnéraires : les fruits d'Europe, qu'on y a transporté, n'y meurissent pas. On y compte quarante especes de palmiers ; ils sont la principale richesse de ces isles ; parmi elles est le *Sagu* qui croit sans culture sur les rives des fleuves ; son écorce est épaisse, l'intérieur est mol comme la rave ; on en fait du pain : une autre espece nommée *Safa* donne du vin & du vinaigre qu'on prépare avec le *Calinga*, espece de canelle qui l'empêche de se gâter ; son fruit est une datte ; ses feuilles cousues ensemble couvrent les toits : on fait aussi du vin avec les cocos. Le *Bourias* a la feuille du palmier d'Afrique ; ses fruits sont des dattes ; ses noyaux servent à faire des chapelets ; du suc qu'on tire de son tronc on fait une espece de miel & de sucre noir ; de sa substance intérieure on fait du pain : l'*Yonota* fournit une espece de laine dont on fait des matelats & des oreillers, & un chanvre noir dont on fait des cables durables dans l'eau ; de ses branches on fait un vin doux ; on mange ses rejettons encore tendres ; ils donnent des feuilles dont on fait des chapeaux, des nattes, des voiles, des couvertures de maison, &c. Le *Tindalo* est un arbre dont le bois est d'un rouge foncé, serré, compacte, pesant, prenant un très-beau poli, ne se tourmentant jamais ; on en fait des meubles curieux.

Le *Caneficier*, le *Tamarin* y sont très-communs ; le fruit du premier y engraisse les porcs ; le bois du second sert comme l'ébene. Les monts sont ornés d'arbres toujours verds, tels que l'*ébene noir*, le *balayon rouge*, le *Calinga*, l'*Asana* dont on fait des vases qui donnent à l'eau une teinture bleue ; le *Tiga*, qui est si dur, qu'il n'est coupé que par la scie à l'eau comme le marbre & le muscadier : on dit que les feuilles d'un certain arbre s'y transforment en animaux ; le petiole en devient la tête, les autres fibres forment son corps ; il vole dans l'air, & conserve la couleur de la feuille : on doit rejetter ces faits affirmés par des hommes peu instruits. Le *Platane* dont on compte plusieurs especes ; l'*Ananas*, le *Gingembre*, l'*Indigo* y couvrent les champs : les montagnes sont couvertes de l'arbre *Aimir* qui répand abondamment de l'eau lorsqu'on en perce le tronc, & de la canne nommée *Manbou* qui embrasse les arbres comme le lierre, qui est hérissée d'épines, & dont il sort une eau limpide lorsqu'on la coupe. Parmi les simples sont le *Pollo*, le *Pansipane* excellens vulnéraires, la *Golondrine* qui guérit la dysenterie : il est plusieurs plantes dangereuses : quelques-unes, lorsqu'elles sont en fleurs, répandent dans l'air autour d'elle un venin mortel : l'arbre nommé *Camandag* empoisonne les flèches qu'on trempe dans la liqueur qui distille de son tronc ; son ombre tue l'herbe qui en est voisine : on vante le *Bezoar* de ces îles, la poudre de *Manungal* pour guérir les fievres, la feuille d'*Alipayon*, la racine du *Dilao*, le *Culebras* pour guérir les plaies, le *Maca-Bubay*, espece de lierre qui croît dans les montagnes & les murs dont on fait des bracelets regardés comme d'excellens contre-poisons, & dont les racines broiées forment un baume estimé. On y voit une senfitive qui reſſemble au chou : c'eſt une plante aquatique ; elle fuit la main qui l'approche, & ſe cache dans l'eau : il en eſt une autre que les Eſpagnols nomment la Honteuſe. On n'y trouve en général, ni bled, ni vin, ni olives ; & preſque point d'autres fruits d'Europe que l'orange.

Le peuple de ces îles n'a pas partout les mêmes uſages. Les Eſpagnols y ont conſervé leurs mœurs : les montagnards ſont des hommes ſauvages, qu'on diſtingue ſous le nom de *Zambales*, & ſous d'autres noms encore : ils ſont noirs, leurs cheveux ſont comme ceux des négres : ils n'ont pas de demeures fixes, vivent de racines, de fruits, de la chair des ſinges, des ſerpens, des rats qu'ils pourſuivent & tuent ; une bande d'écorce d'arbre ceint le corps des hommes ; un morceau de toile, & des braſſelets de joncs entourent celui des femmes : celles-ci portent leurs enfans dans des beſaces d'écorce d'arbres : tous dorment où la nuit les ſurprend, ils ne reconnaiſſent d'autorité que celle du chef de famille, & ont en horreur la domination Eſpagnoles ; ils vénérent des pierres, des troncs d'arbres, font la guerre en barbares, ſont foux de joye lorſqu'ils peuvent percer un Eſpagnol de leurs flèches empoiſonnées, & ils boivent dans ſon crâne. Ces hommes habitent l'intérieur des terres : les *Tagales*, *Pampangas*, les *Biſayas*, les *Cagayans*, les *Iloccos*, les *Pangaſinans* ſont diſperſés ſur les côtes : leur origine paraît étrangère : ſoumis aux Eſpagnols en partie, ils ont conſervé leurs loix, ils reſpectent leurs peres ; ils forment de petits états qu'on nomme *Barangué* : les anciens préſidés par un chef forment le conſeil de chacun d'eux : ils cherchent à accommoder les procès ; s'ils ne le peuvent, ils décident ; ſi l'une d'elles ſe plaint de la ſentence, le juge s'attribue la moitié de l'objet contesté, & partage le reste entre l'autre partie & les témoins. Un meurtrier pauvre est attaché à un poteau, & percé à coups de lance par les juges: un meurtrier riche est poursuivi par la famille du mort, jusqu'à-ce qu'il donne une somme qui se partage entre les pauvres & les parens du défunt: on facilite la restitution du larcin en obligeant un grand nombre de personnes de mettre la main dans un drap plié: si on ne réussit pas, on oblige les accusés de se plonger dans une riviere: le premier qui en sort est reputé coupable; ou on les oblige de mettre la main dans une chaudiere bouillante: celui qui craint de le faire, paye l'équivalent du vol: veut-on se marier, il faut paier le droit d'entrer dans la maison de celle qu'on a en vue, puis la liberté de lui parler, puis celle de manger avec elle, puis celle d'y coucher: la polygamie n'est pas permise chez les Tagales; mais si sa femme est stérile, on peut, lorsqu'elle y consent, avoir des enfans de son esclave; les Bisayas pouvaient prendre plusieurs femmes: on punit chez eux l'adultère comme le meurtre; la somme, donnée par le coupable se partage entre l'offensé & les pauvres, la honte cesse pour la femme qui reprend alors ses droits: on y donne la noblesse à celui qui excelle dans quelque profession: ils étaient actifs autrefois; aujourd'hui ils sont indolens comme leurs conquérans. Les hommes y font de petites chaînes, des chapelets d'or, des boêtes avec des joncs entrelassés: les femmes des dentelles, des broderies en soie, admirées des Européens: le bas peuple cultive la terre, il pêche ou chasse. Quelques-uns de leurs usages sont singuliers: ils ne mangent jamais seuls, & ont autant de tables que de convives; celui qui perd sa femme est servi pendant trois jours par des hommes veufs; les femmes le sont par des veuves; les pauvres sont enterrés dans une simple fosse, les riches dans un coffre qu'on entoure d'un treillage, près d'un autre coffre qui renferme les habits, les armes ou les outils du mort, dont on tuait l'esclave le plus chéri pour lui tenir compagnie : les Tagales portent le deuil en noir, les Bisayas en blanc : tous se rasent alors les cheveux & les sourcils ; tous gardaient autrefois, après la mort des principaux, un silence de plusieurs jours. Les premiers portent les cheveux flottants sur leurs épaules ; les seconds les portent très-courts ; les *Cagyans* les ont très-longs : ceux des *Zambales* sont courts par devant, longs par derriere : les femmes les lient d'une maniere agréable ; la plupart sont noires, toutes le veulent paraitre ; toutes aiment à avoir leurs dents égales & nettes : hommes & femmes portent des pendans d'oreilles : l'habit des hommes est un pourpoint fort court, recouvert d'une piece d'étoffe passée entre leurs jambes : ils ornent leurs bras d'anneaux d'or, d'yvoire, ou de bracelets de perles ; leurs doigts de bagues, leurs jambes de cordons noirs : ils ont un petit manteau, & une espece de turban de toile : les femmes ont aussi un manteau, un habit de toile, beaucoup de bijoux aux doigts, aux oreilles, au cou : ils se peignent le corps, surtout les mains : leur musique, leurs danses sont figurées, & ressemblent à celles des Chinois : le combat des coqs est leur plus grand plaisir : ils ont des chansons qui leur servent d'histoires : avant l'arrivée des Espagnols, ils adoraient les animaux, le soleil, la lune, faisaient des sacrifices à des rochers, des pierres, des rivieres, des promontoires, surtout à de vieux arbres qu'on ne pouvoit couper sans sacrilège ; ceux-mêmes qui sont aujourd'hui chrétiens, redoutent de les frapper de la hâche : ils ont cru que les ames de leurs ancètres y résidaient, & croyent encore voir sur leur cime des *Fibalangs*, fantômes gigantesques qui ont le corps peint, des aîles étendues, de petits pieds, de longs cheveux; ils adoraient le *Barhala-May-Capal*, ou Dieu fabricateur, le *Davatas* qui régnait sur les montagnes, l'*Anitos* qui présidait à la reproduction des êtres ; d'autres Dieux qui avaient inspection, l'un sur la pêche, l'autre sur les édifices. Les ayeux étaient placés parmi ces Anitos, & étaient vénérés par leurs descendans.

Dans la description particulière de ces îles, nous commencerons par celles qui sont au nord.

Isles de Los-Babuyanes.

On les appelle aussi *Batanes* : elles sont au nombre de 6 ou 7 ; leur sol est bas ; des sauvages peu connus les habitent ; elles sont fertiles en fruits ; leur nom vient d'un animal qu'on y trouve ; on ne connaît bien que la plus voisine de l'île de Luçon : celle-ci est cultivée par environ 500 Insulaires qu'on a christianisé, & qui paient le tribut : on y trouve de la cire, de l'ébéne, des bananes, des cocos, des platanes & diverses autres productions.

Isle de Palinguir.

Elle est à 6 lieues de long, est à l'orient des Babuyanes, & forme avec le cap *del Inganno* un détroit dangereux qui peut conduire à un port.

Isle de Luçon ou de Manille.

C'est la plus étendue des îles Philippines ; elle a la forme d'un bras plié dont la longueur serait de plus de 150 lieues, sa largeur varie de 8 à 40, son circuit en a 450 : on la divise ordinairement en trois audiences, qui sont celles de *Manille*, de *Pampanga* & de *Keiloccos*. Nous suivrons une autre division.

La province de *Cagayan* est la plus grande de l'île : elle a près de 80 lieues de long sur 40 de large : le terroir y est fertile, les montagnes y fournissent beaucoup de cire, qui y sert d'huile pour brûler ; ses habitans sont forts & vigoureux ; ils s'exercent aux armes, à l'agriculture ; on en compte neuf mille qui paient le tribut ; leurs femmes font divers ouvrages de coton ; le bois de bresil, l'ébène, d'autres bois estimés y sont assez communs : des sangliers, des cerfs peuplent ses forêts ; on mange les premiers, on fait un commerce utile avec la Chine de la peau & des cornes des seconds. *Segovia-nueva* est sa capitale : elle fut fondée par D. Gonsalve de Ronquillo, & est le siége d'un évêché fondé en 1598 : la rivière de son nom l'arrose, après avoir traversé la province, car elle a sa source dans le *Pompagna*, au pied des monts de Santor ; une garnison, un fort de pierres, quelques-autres ouvrages la défendent ; les dominicains y administrent les paroisses. Cette province fait la partie septentrionale de l'île ; sa pointe la plus avancée parait être le cap d'Inganna, dangereux par les vents du nord & des courans violens. Sa partie méridionale forme la nouvelle Castille : dans le centre & sur ses côtes orientales, elle a des montagnards sauvages & libres.

La province de *Parecala* a un sol uni, un terroir

fertile où prospèrent le cacaotier & le palmier qui y donnent beaucoup d'huile & de vin : elle a encore de riches mines de métaux, elle en a d'or & d'aiman. On y compte 7000 Indiens qui paient tribut : on y remarque la baye de *Mauban*, & tout auprès le port de *Lamlon* : sur les côtes sont les îles de *Polo* & *d'Alabat*.

La province de *Camarines* est longue, mais étroite : c'est la partie méridionale de l'île qui se termine au cap de *Buysagai* : près de la vaste baye d'*Albay* est un volcan élevé, il en sort des sources chaudes, & parmi elles il en est une, dit-on, qui pétrifie le bois, les os, les feuilles, l'étoffe même qu'on y jette. La principale ville de cette province est *Caceres*, fondée par le second gouverneur de ces îles, arrosée par la riviere de Bicor qui sort d'un lac, & résidence d'un évêque dont la jurisdiction s'étend encore sur deux provinces voisines. *Sorsokon* est un port où l'on construit les gros vaisseaux du roi.

La province de *Calilaia* s'étend du cap *Tinanguisan* où est située la petite ville de *Bando* ou *Bondo* jusqu'au port de Mauban : c'est une presqu'île mal cultivée, & d'environ 25 lieues de long : elle est assez peuplée : on lui donne aussi le nom de *Tayabas* : son lieu principal est *Calilaia* ou *Calalaya*, située au bord de la mer.

La province de *Balayan* est au couchant de la précédente ; elle doit son nom à une bourgade située près d'un golfe, & qui commence à la petite île de Mirabilla : près du village de *Galban* on croit voir des apparences de mines : on y compte environ 2500 Indiens qui payent tribut : on y voit un lac dont les rives sont agréables, & habitées. L'île de *Caza*, abondante en gibier, aide à y former le port de *Malcaban*.

La

ISLES PHILIPPINES. 321

La province de *Bahi* doit son nom à un lac de 30 lieues de tour qu'elle renferme, & près des rives duquel croissent les meilleurs fruits de l'île, surtout l'areca, & un betel préféré à celui qu'on recueille aux Indes. Ses bords sont habités & cultivés : la pêche y est abondante, quoique les crocodiles la rendent dangereuse ; le poisson-épée s'y trouve aussi. Des couvens sont dispersés çà & là, près du lac & de la riviere qui en sort ; sur un mont voisin est un petit lac d'eau saumâtre : les arbres qui l'entourent sont chargés de chauve-souris qui dévorent les fruits, & que l'homme mange : on leur trouve le goût du lapin : on trouve à quelque distance une source dont l'eau est presque bouillante. Les habitans tributaires de cette province sont au nombre de 6000 : on leur paie une piastre par mois, on leur donne leur provision de riz, & on les employe à couper & scier du bois pour le port de Cavite. La riviere qui sort du lac Bahi, tombe dans la baye de Manille qui a 30 lieues de circuit, est profonde, poissonneuse, & communique à la mer par un détroit d'environ 4 lieues, où l'on trouve trois passages formés par l'île de Mirabilla, l'écueil aux chevaux, & les côtes opposées : c'est entre la côte au couchant & l'île qu'est le passage le plus sûr : cette île est une terre élevée qui a 3 lieues de circuit, un village de 50 maisons, & une petite garde Espagnole. Au fond de cette baye est la ville de Manille, entourée par la riviere de Bahi, la mer, & des marais ; elle a 2 milles de tour ; sa forme est irréguliere, on y entre par six portes ; des bastions, & quelques tours la défendent ; ses maisons sont de pierres au premier étage, & de bois partout ailleurs ; elles sont ornées de galeries ; ses rues sont larges, mais défigurées par des édifices ruinés par les tremblemens de terre :

Tome IX.   X

les chaleurs y sont excessives, & les nuits presque toujours égales aux jours : on y compte environ 3000 habitans, mais il y en a davantage dans ses 15 faux-bourgs, parmi lesquels on remarque celui de *Parian*, habité par près de 3000 Chinois, divisé en plusieurs rues bordées de boutiques où l'on vend de belles étoffes de soie, des ouvrages de porcelaine, &c. on y trouve des artisans de toutes les espèces : les autres faux-bourgs y sont habités par des Indiens, des Tagales, & d'autres nations : les maisons y sont de bois, élevées sur des pilotis le long des rives du fleuve, & couvertes de feuilles de palmier ; leurs flancs sont garnis de canne ; entr'eux sont des fermes, des maisons de plaisance, des jardins. Les Jésuites avaient à Manille un grand & beau collège orné d'une église superbe : parmi les divers couvens de cette ville, celui des Augustins est un des plus riches, & celui de Ste. Elisabeth le plus utile : on y reçoit de jeunes orphelines, qui lorsqu'elles en sortent pour se marier, en reçoivent une dot honnête ; celui de Ste. Potentiane reçoit aussi des orphelines, & des femmes qui sont obligées de travailler. Le château situé au couchant, baigné d'un côté par la mer, de l'autre par la riviere, est séparé de la ville par un fossé profond : il est défendu par deux bastions, deux ravelins, une tour & une bonne artillerie. Plusieurs églises sont richement décorées ; l'Archiépiscopale n'est remarquable que par sa grandeur : elle le devint en 1598 ; son archevêque n'a qu'un revenu fixe de 6000 pieces de huit : chacun des chanoines qui composent son chapitre en a 500 ; ce sont les moines qui dirigent les paroisses. Manille est l'entrepôt d'un grand commerce, mais il pourrait être plus florissant, plus étendu encore ; il ne faudrait que le rendre libre. La longitude de cette ville est de 138 deg. 15 min. sa latit. 14 deg. 40 min.

A 3 lieues de Manille est la ville de *Cavite*, sur une langue de terre étroite, défendue par un château qui renferme un arsenal, & par un mur, & un fossé qui passent d'un rivage à l'autre : ses maisons, ses églises mêmes sont de bois ou de cannes ; deux couvens seuls y sont de pierres : là est le port de Manille : il est en demi cercle, & à couvert des vents du midi ; mais ceux du nord y sont dangereux : quelques centaines d'Indiens y travaillent à construire des gallions & d'autres vaisseaux d'une grandeur extraordinaire : le bois en est si dur, & les planches si épaisses & si bien doublées, qu'elles résistent au canon : on y voit des bois d'une grosseur étonnante ; on en a pû faire des planches de 11 pieds de large ; d'un seul arbre on peut faire une quille d'une seule piece pour un vaisseau de 64 canons : tel a 150 pieds de haut. Le faux-bourg de Cavite, plus habité que Manille, n'a que des maisons de bois, & semble entouré d'une forêt : on lui donne le nom de *St. Roch*.

La province de *Bulacan* est petite ; mais elle est riche en palmiers, qui lui donnent du vin ; elle abonde en riz : ses habitans sont les *Tagales* ; 3000 d'entr'eux payent tribut aux Espagnols.

La province de *Pampangan* est importante & étendue : ses habitans ont pris les usages & les mœurs des Espagnols, & sont un appui de leur puissance : on y en compte huit mille qui payent le tribut ; son terroir est fertile, & surtout en riz ; ses forêts donnent du bois pour les vaisseaux, ses montagnes sont habitées par les Zambales, & par des hommes noirs à cheveux crépus, qui défendent avec un courage féroce l'accès des bois où ils ont leurs asyles : une large riviere la traverse, quelques îles sont sur ses bords.

La province de *Pangasinan* s'étend le long de la mer, dans un espace de 40 lieues sur une largeur d'environ huit : elle est habitée par des hommes errans & nuds, qui ramassent des paillettes d'or dans le lit des rivieres, pour les échanger contre ce qui leur manque : quelques-uns sément du grain dans les vallées : environ 7000 Indiens tributaires vivent sur ses côtes ; ses montagnes produisent le *Sibucau*, bois estimé pour teindre en rouge & en bleu. Ici est le port de *Bolinao*, & la *Plaga-Onda*.

La province d'*Iloccos* s'étend entre la précédente & celle de Cagayan ; elle est riche & peuplée ; le Bigan l'arrose : les Igolottes, nation guerriere, & des noirs qu'on n'a pu soumettre, en habitent l'intérieur hérissé de montagnes, de forêts de pins & de muscadiers sauvages : l'Igolotte se tient dans les lieux les plus élevés ; il échange des paillettes d'or contre du tabac, du riz & d'autres commodités. On compte environ 9000 Indiens tributaires dans cette province.

On compte encore parmi les provinces de l'isle de Luçon plusieurs isles, situées près de ses côtes orientales & méridionales ; telles sont *Catanduanes*, *Capoul*, *Masbate*, *Ticao* & *Bourias* : la premiere a 30 lieues de circuit dans sa forme triangulaire, est voisine de l'embouchure de S. Bernardin, & entourée de bancs redoutables : les vents du nord en rendent l'approche dangereuse pendant la plus grande partie de l'année : elle est très-abondante en riz, en cocos, en huile de palmier, en miel & en cire : ses torrens charrient de l'or ; ses habitans fabriquent de petites barques qu'ils vendent dans les isles voisines ; ils font d'abord les plus grandes, puis les plus petites, & les mettent les unes dans les autres pour les transporter : ils sont guerriers & se peignent le corps, qu'ils recouvrent d'une sorte de veste qui descend jusqu'aux genoux. Les femmes y sont vêtues d'une robe & d'un grand manteau ; leurs cheveux sont disposés en rosette, avec un ruban au sommet de leur tête ; elles ont sur le front un morceau d'or battu ; trois morceaux d'or pendent à leurs oreilles ; leurs jambes sont ornées d'anneaux ; elles s'exercent à la pêche & à l'agriculture. *Capoul* est dans le détroit : de plus petites isles l'environnent ; elle n'a que trois lieues de circuit ; son sol est beau & fertile ; ses habitans vivent sous des cabanes faites avec industrie. *Ticao* a huit lieues de tour ; ses habitans sont la plupart sauvages ; elle a un bon port où l'on trouve du bois & de l'eau fraiche. *Bourias* n'a que six lieues de tour : quelques-uns des Indiens qu'elle nourrit paient tribut ; ceux qui sont chrétiens dépendent de la paroisse de *Masbate*, isle au midi des deux dernieres, & plus grande qu'elles, car on lui donne 30 lieues de tour : elle a des ports commodes pour tous les vaisseaux : ses habitans sont encore la plupart indépendans & libres : on n'y compte que 250 familles qui paient tribut : on dit qu'elle a de riches mines d'or ; mais elles sont négligées, parce que l'Espagne craint la dépense & des fraix dont le retour est incertain ; & l'Indien leur préfere le riz qui lui coûte moins de travaux : il se borne à ramasser celui qu'on trouve dans le lit des torrens, & l'ambre gris que les courans jettent sur les rivages de cette isle.

Isle Marinduque.

Elle est au couchant de Bourias, & a 18 lieues de tour ; c'est une isle élevée, abondante en fruits, peu fertile en riz, mais riche en cocos qui font la principale nourriture de ses habitans : on y cultive beaucoup de pois ; la cire y est assez rare : une nation douce & paisible, composée de 500 familles, y est soumise aux Tagales qui paraissent, par le peu d'analogie de leurs langues, n'avoir pas la même origine qu'elle. Au midi de ces isles on en trouve plusieurs autres, telles que *Banton* ou *Batan*, *Sibugan*, *Romblon* ou *Rombino*, *Imara* ou *Simara*, & *Oetablas* ou *Tablas* : cette derniere est la plus grande : dans toutes on parle le langage, & l'on suit les usages de l'isle de *Panay*.

Isle de Mindoro.

Elle a 72 lieues de tour : la terre y est élevée & hérissée de montagnes : plusieurs cantons y manquent de riz ; tous y sont riches en palmiers & en fruits : ses côtes, dans le voisinage des rivieres, sont habitées par des Indiens paisibles comme les Tagales & les Bisayas : l'intérieur l'est par les *Manghiens* qui sont nuds, ont des demeures errantes, & vivent de fruits sauvages : ils échangent leur cire, leur chanvre, leur or, leurs perroquets contre des clous, des couteaux, des aiguilles : on a dit qu'on y trouvait des hommes ornés d'une queue longue de quatre à cinq pouces : ils sont braves : paient le tribut en cire & en chanvre, mais ont repoussé loin d'eux le joug du christianisme : l'isle est remplie de buffles, de cerfs, de singes qui vont en troupes : sa capitale est *Baco*, & c'est là que réside l'Alcade Espagnol : ses environs sont arrosés par des eaux saines qui descendent de montagnes couvertes de salsepareille. Près de là est le vieux *Mindoro*, bourgade qui a donné son nom à l'isle. Au nord elle a les *Isles vertes* & de *Maricaban*, qui, avec le cap de Varadero, resserrent le passage formé par celles de Luçon & de Mindoro, & le rendent dangereux par des tournans. Le port de *Varadero* y offre un asyle assez sûr : on y trouve de l'eau & du bois. La partie méridionale de Mindoro forme avec l'isle *Ebin* ou *Ybin*, dont le sol est fort élevé, le détroit de *Potol* : celui de *Calabite* ou *Calavite* est resserré par le cap de ce nom & l'isle de Luban.

Isle de Luban ou Louban.

Elle est basse & n'a que cinq lieues de tour : ses habitans paient le tribut en cire & en ganouel qui est une espece de chanvre noir dont on fait des cables : les habitans tributaires qui sont dans cette isle, joints à ceux de Mindoro, sont au nombre de 1700 : près d'elle est l'isle d'*Ambil* où est un volcan dont les flammes se voient au loin : au nord elle a *l'isle des Chevres*, au sud celles de *Goto*.

Isles ou Province de Calamiones.

Elle renferme dix-sept isles ; l'une d'elles est fort grande ; on lui donne plus de cent lieues de long sur 12 à 14 de large, & on la nomme *Paragon* ; elle est peu féconde en riz, est montueuse, remplie d'arbres & d'animaux, & riche en cire : elle est partagée entre les Espagnols & le roi de l'isle de Borneo, dont elle est séparée par un espace de 50 lieues, semé d'isles basses qui semblent joindre les deux grandes : les habitans sujets de Borneo sont Mahométans : l'intérieur est habité par un peuple indépendant, sans chefs, sans loix, n'ayant d'intérêts communs que ceux que leur impose le soin de repousser le joug de Borneo & de l'Espagne : ils sont noirs comme les nègres, & n'ont pas de demeures fixes. Environ 1200 habitans des côtes de cette isle se sont soumis aux Espagnols qui entretiennent une garnison à *Taytay* : le gouverneur pour le roi de Borneo réside à *Lavo*. Au midi de cette isle est celle de *Balaba* qui est mal peuplée, à l'orient est celle de *Dumaran* qui a 16 lieues de tour ; vers le nord sont les trois qui ont donné le nom de *Calamianes* aux autres ; leurs habitans, ceux de neuf petites isles voisines, sont doux & tranquilles : les montagnes leur fournissent de la cire dont ils font un commerce avantageux : sur les rochers, qui s'élèvent autour de leurs côtes, on trouve ces nids d'oiseaux estimés un mets délicat dans les Indes : on pêche de belles perles près de leurs rives. Entre *Paragoa* & *Panay* sont les isles de *Cuyo* ; on en compte cinq, & elles sont fort près les unes des autres : leurs montagnes sont remplies d'oiseaux & d'un grand nombre d'animaux : les champs y sont fertiles en riz, en légumes, en fruits : 500 familles y sont tributaires des Espagnols, & leur sont affectionnées.

Isle ou *Province de Panay.*

Panay est celle des Philippines qui est la plus peuplée & la plus fertile ; son circuit est de cent lieues ; sa forme est triangulaire ; les promontoires de *Potol*, de *Naso* & de *Bucalavi* en forment les angles ; plusieurs belles rivieres sont sa principale richesse; celle de Panay coule au nord, & se jette dans la mer par deux embouchures vis-à-vis la petite isle *Lutaya*; son cours sinueux est de 40 lieues; elle donne son nom à l'isle qui est divisée en deux jurisdictions, l'une au nord, l'autre au midi: le chef-lieu de la premiere est *Panay*, de la seconde c'est *Iloilo*. L'isle renferme près de 17000 Indiens tributaires, produit beaucoup de riz, & nourrit un grand nombre de cerfs & de sangliers. Elle est encore divisée en quatorze paroisses desservies par les Augustins, & en trois églises desservies par des prêtres séculiers: ses habitans sont gros, & cependant adroits à la chasse: ils sont exercés aux travaux de l'agriculture: les femmes y fabriquent des étoffes dont elles savent varier les couleurs: l'intérieur est occupé par des forêts & des montagnes, asyles d'Indiens sauvages & noirs, dont la chevelure est moins crépue, & la taille moindre que celle des Nègres: ils sont nuds, ils prennent des cerfs & des sangliers à la course, & n'en quittent le cadavre que lorsqu'ils l'ont dévoré.

Isle de Guimaras ou Imaras.

C'est une isle longue & basse, dont le circuit est de 10 lieues: elle est couverte d'arbres & produit beaucoup de salsepareille; elle a de petites montagnes où l'on trouve beaucoup de sangliers & de cerfs: ses eaux sont excellentes: située vis-à-vis d'Iloilo, dans l'isle de Panay, elle forme avec elle un détroit large de demi-lieue qui sert de port: à trois lieues de là elle a encore le port S. André.

Isle des Nègres.

Elle a cent lieues de tour, & est située au levant d'Imaras : elle paie son tribut en riz qui croît dans un terrein sec ; elle s'en nourrit, & en fournit encore les isles voisines : ses noirs & sauvages habitans lui donnerent son nom ; ils occupent le sommet & le penchant des montagnes, défendent leurs possessions avec courage, & s'enlevent mutuellement leurs femmes : une autre race de noirs habitent l'embouchure des rivieres ; ils ne communiquent point avec ceux des montagnes, mais s'unissent à eux pour résister aux corsaires, & comme eux détestent les Espagnols. Les Bisayas habitent des plaines vers le couchant, & sont chrétiens. Les Espagnols comptent dans cette isle environ 3000 tributaires occupés presque tous à la culture du cacao.

Isle de Batayan.

Elle est au nord de l'isle des Nègres, n'est pas considérable, & n'est habitée que par des tributaires qui sont pêcheurs ou fabriquent des toiles : quatre ou cinq isles plus petites l'environnent : à l'orient elle a les petites isles de *Camotes*, dont la principale s'appelle *Poro*, & dépend de *Sibu*.

Isle de Sibu, ou Zibu, ou Sogbu.

C'est la premiere que les Espagnols aient connue, & Magellan y planta leur étendart en 1521 : elle a environ 20 lieues de long, & sa circonférence tortueuse est de 84 : sa pointe la plus septentrionale est le cap de *Burulaque* ; elle n'est séparée de l'isle des Nègres que par un long détroit, large d'une lieue, & dangereux par les courans qui y regnent. Sa principale production est une espece de grain nommé *borona* qui leur sert de riz; plus petit que le millet, le goût en est différent, mais il en a la couleur : on y seme une espece de platane qu'on nomme *abaca* ; c'est le chanvre blanc des Philippines; on en fait des cables & de belles toiles : le *gamuto* est encore une espece de filasse qu'on tire du cœur des palmiers, & dont on fait des cordes. Le coton, le tabac y prosperent; la cire & la civette font une richesse de ses montagnes. *Zibu* ou *Nom de Jesus* en est la capitale; elle est située sur un promontoire voisin de la petite isle de Matta, qui y forme un port à l'abri des vents, où l'on entre par deux côtés opposés, mais que ses bancs rendent dangereux. Là, dit-on, mourut Magellan. On compte dans la ville 5000 maisons; mais elle fut plus florissante; la prospérité de Manille a détruit la sienne; elle est défendue par un fort & une garnison de deux compagnies : un évêque, un gouverneur, deux Alcades y résident. Cette isle a encore deux bourgs : celui de *Pairan* est habité par des marchands & des ouvriers Chinois : l'autre est *Mantalingo* qu'occupent les Indiens. Ses habitans sont exempts de tributs, parce qu'ils ont été les premiers à reconnaître la domination Espagnole, & ont aidé à l'étendre dans les autres isles : les femmes y font de belles toiles de coton & d'autres, partie en coton, partie en écorce de palmiers préparée.

Isle de Bool ou *Bohol.*

Sa longueur est de 16 lieues, sa largeur de 8 à 10; elle est située entre l'isle de Sebu & celle de Leite : c'est dans sa partie méridionale qu'elle est le plus habitée : ses montagnes sont riches en gibier ; son terroir stérile en riz, est abondant en mines d'or : ses habitans sont plus blancs que ceux des autres isles, ils ont une taille mieux proportionnée, sont de meilleurs soldats, des matelots plus braves : le fruit des palmiers & des racines fait leur aliment : sa capitale est *Obog* : près d'elle est l'isle de *Panglao*, & trois autres isles mal peuplées, mais qui produisent du coton.

Isle de Puegos ou *de Siquior*.

Elle est au midi de Bool & de l'isle des Negres : elle est petite, habitée par un peuple courageux, & redoutable aux isles voisines.

Isle de Mindanao ou *Magindano*.

Sa forme est triangulaire, les promontoires de St. *Augustin*, de *Suliago* & de *Samboengan*, en forment les trois angles : son circuit est d'environ 300 lieues ; elle est découpée par des bayes profondes, des caps avancés, est entourée de mers orageuses, & jouit de climats divers : l'intérieur est hérissé de montagnes, arrosé par plus de 200 rivieres, dont vingt sont navigables, & parmi elles on remarque le *Buhayen* & le *Batuan*, qui coulent l'un au nord, l'autre au midi, & descendent de la même montagne : on y voit deux lacs assez étendus, l'un donna son nom à l'isle, reçoit plusieurs rivieres, renferme quelques isles, & a plus de 28 lieues de tour : celui de *Malanao* en a huit, & communique à la mer par deux rivieres qui se jettent dans le golfe profond de *Pangue*. Elle est par-tout fertile en riz, en racines nourrissantes, en palmiers qui donnent le

Isles Philippines. 333

fagu: ce dernier se recueille sur-tout dans la province de *Los Caragos*: le *durion* y croît, fruit estimé dans les Indes, qui ne mûrit qu'après avoir été cueilli, & qui, dans une substance molle & blanche, renferme quatre amandes & un noyau qu'on mange rôti: l'arbre qui le porte croît vingt ans avant d'en donner: on y recueille aussi de la canelle, écorce d'un arbre qui croît sans culture sur les monts; aussi forte que celle de Ceilan, elle cesse de l'être en moins de deux ans: en creusant la terre, & dans le sable des rivieres on trouve de l'or: on y voit plusieurs volcans qui abondent en soufre: au fond des mers qui la baignent, on trouve des perles: dans ses campagnes on entend le chant varié d'une multitude d'oiseaux, parmi lesquels on distingue le charpentier, qui, dit-on, fait rompre le fer, en y appliquant une certaine herbe: c'est un bon jésuite qui le dit: ses monts, ses forêts renferment une quantité prodigieuse de sangliers, de chevres, de lapins, de singes qui attaquent les femmes. On la divise en plusieurs provinces qu'on connaît peu: celle de *Samboangan* jouit d'un air tempéré: les vents y sont doux, les tempêtes rares, les pluies fréquentes: le sol est marécageux: on y trouve beaucoup d'arbres qui portent le durion & la canelle; dans les provinces de Mindanao & de Buhayen, les moucherons y sont incommodes. Ces provinces forment des royaumes particuliers. Le roi de Mindanao est le plus puissant de l'isle. Sa capitale a le même nom, & est située au midi de l'isle, sur les bords d'une petite riviere, à quelque distance de la mer; ses maisons sont élevées sur des pilotis de 20 pieds de haut, divisées en plusieurs chambres, couvertes d'un large toit formé de feuilles de palmier: l'espace vuide au-dessous sert souvent de basse-cour. Le palais du roi repose sur 182 gros piliers plus élevés que ceux des autres maisons : lui & ses grands ont de l'artillerie pour se défendre : on trouve peu d'artisans dans la ville : quelques orfèvres y travaillent assez bien l'or & l'argent : les forgerons avec de mauvais outils y font des bons ouvrages : une pierre, un morceau de canon leur sert d'enclume ; ses charpentiers sont adroits, mais n'ont point de scie.

L'isle renferme plusieurs nations distinctes. Les *Caragos* sont estimés par leur bravoure : quand l'un d'eux a tué sept hommes, il porte un turban coloré qui est la marque des braves. Les *Mindanayens* ne sont pas grands, ils ont les membres petits, le visage ovale, le front plat, les yeux noirs & peu fendus, le nez court, les levres petites & vermeilles, les dents noires & saines, les cheveux noirs & luisans, leur teint approche d'un jaune clair ; ils se raclent & ne se coupent jamais les ongles des pouces ; ils sont spirituels, agiles, laborieux quelquefois, plus souvent fainéans & larrons : ils sont fiers, civils envers les étrangers, implacables pour leurs ennemis, & ne redoutent point le crime pour se venger : les femmes sont mieux faites que les hommes : leur visage est encore plus long, & leur nez plus court ; de loin elles paraissent jolies, & de près ne sont pas sévères : leurs habits se ressemblent, & sont fort simples.

Les *Lutaos* ou nageurs, vivent dans des maisons élevées sur des pieux aux bords des rivieres ; ils ne sèment point, leur unique occupation est la pêche ; cependant ils commercent avec les habitans de Borneo, & portent comme eux des turbans ; les *Sabanos* sont regardés comme leurs vassaux, & en sont méprisés : les *Dapitans* sont estimés pour leur courage

& leur prudence : dans l'intérieur vivent des peuples indépendans & idolâtres : le fils racheté par son pere, le pere racheté par son fils, y devient également l'esclave de celui qui paya sa rançon : le crime d'un particulier y rend sa famille esclave ; accepter un bienfait, c'est vendre de sa liberté ; ils n'aiment pas les étrangers, détestent le vol, étouffent l'incestieux, & punissent peu l'adultère : les différens petits peuples qu'ils forment ne se font point la guerre ; mais les particuliers se vengent avec férocité : avec de l'or, on peut y être meurtrier avec impunité.

Une grande partie des habitans de l'île sont Mahométans : ils sont ignorans, & ne connaissent de cette religion que la défense de manger du porc, la circoncision, la liberté d'avoir plusieurs femmes : ils sont sobres, simples dans leur habillement, dans leurs meubles, dans leurs mêts ; quelques pauvres qu'ils soient, ils revêtent d'habits neufs, ils couvrent de toiles magnifiques le parent ou l'ami que la mort leur a enlevé : ils brûlent des parfums près de son corps, ils l'enferment dans un pavillon entouré d'arbres & de fleurs, orné de quatre étendarts : ils font leur cercueil pendant leur vie, & ils l'ont toujours présent dans leurs maisons : leurs femmes sont modestes ; leurs noces sont pompeuses, & durent 15 jours : ils sont sans cesse armés d'un poignard : dans la guerre ils employent la lance, le bouclier, le cimeterre, & plusieurs se servent de la sarbacane avec laquelle ils lancent des flèches empoisonnées.

Près de la ville de Mindanao sont plusieurs villages gouvernés par un prince indépendant ; il est Mahométan, & ses grands le sont comme lui, mais le peuple est idolâtre. Ce prince & le roi de Mindanao, nomment des *Zarabandals* pour rendre la justice : c'est la premiere dignité de l'état : la noblesse y est établie, & elle a différens degrés : les grands sont appellés *Tuam*; les seigneurs de terres *Otancayas*, les princes du sang royal *Cacites*; en général les sujets y sont opprimés, les seigneurs y sont des Tyrans, & les rois presque sans autorité sur eux.

Parmi les différentes îles voisines de Mindanao, on remarque *Basilan*, *Xolo* & *St. Jean*. La premiere a 12 lieues de tour ; elle est éloignée de 3 lieues de la province de *Sambrangan* dont on la nomme le jardin, parce qu'elle lui fournit des platanes, des cannes à sucre, des gaves, des lanzones qui sont un fruit de la grosseur d'une noix, & qui renferme 3 ou 4 pepins très-doux & très-délicats : il y croît aussi le *Balono*, & un maron de la grandeur d'un melon, dont l'écorce est cotoneuse, & la substance molle & de bon goût ; le *Balono* ressemble au coing : sa pulpe épaisse d'un doigt renferme un noyau que l'on confit au vinaigre. Cette île est fertile en riz : les bois, les monts y sont peuplés de sangliers, de cerfs, & riches en bois à bâtir : les campagnes sont arrosées par des torrens ; on y trouve deux sortes de jais : la mer y rend le poisson abondant, & surtout de belles tortues, recherchées par leur écaille : ses habitans sont Mahométans.

L'île de *Xolo* est au midi de *Basilan* ; elle a 13 lieues de tour, & selon M. de la Flotte, elle en a 30. C'est la seule des Philippines où l'on trouve des éléphans qui y sont demeurés sauvages, & y sont fort nombreux : on y voit aussi des chevres à peau de tigres, des buffles & des bœufs qui n'ont point encore été assujettis au joug, des singes, des perroquets, &c. & le *Salagan* dont le nid est un mets délicat

cat; nous en avons parlé. On y recueille du poivre, des durions, des pommes de couleur de pourre, dont les pepins blancs & gros, ont un goût gréable; d'autres fruits encore, du riz, du coton, n peu de froment: l'ébenier, le bois de Campêlte, le sagu, le muscadier y sont communs: on pêhe de belles perles sur ses côtes, on y recueille eaucoup d'ambre gris. Le commerce y est trèsctif, & on l'appelle la foire des îles voisines: elle st gouvernée par un roi particulier: de petites îles environnent: au couchant, où le roi demeure, lle a un hâvre sûr & commode, sur les bords duuel est une bourgade.

L'île de *St. Jean* est peu connue, & assez mal euplée: elle est à l'orient de Mindanao, & a plus e 30 lieues de tour: une chaîne de montagnes s'éve dans son intérieur: on croit qu'elle est la mêue que *Panlog*, l'une des nouvelles Philippines. es quatre îles ne sont point soumises aux Espanols.

Isle de Panaon ou Panahan.

Elle est située à l'orient de Mindanao, & de celle de eyte, à 2 ou 300 toises de celle-ci: son circuit est e 16 lieues; elle est montueuse, arrosée de plueurs petites rivieres, assez peu peuplée: elle a deux ps, l'un nommé *Cabalian*, l'autre *Motavan*: c'est ar-là qu'arriva Magellan.

Isle de Leyte.

Elle a 90 à 100 lieues de tour: le village de leyte où Leyte situé au nord dans une baye proonde lui a donné son nom: sa partie orientale est fort peuplée; ses plaines fertiles y rendent 200 pour un : de hautes montagnes qui la partagent font qu'on trouve l'hyver d'un côté, tandis que l'autre jouit des agrémens du printems, qu'on seme là quand on recueille ici, & par-là, les Insulaires ont deux recoltes par année. Ces montagnes sont remplies de cerfs, de bœufs, de sangliers, de poules sauvages : les légumes, les cocos y croissent sans culture, le bois de construction y est commun, & tout autre bois abondant : l'air y est plus sain, plus frais que dans l'isle de Luçon : ses habitans sont doux & paisibles : ils exercent l'hospitalité envers les voyageurs, & ne changent jamais le prix des vivres quelle qu'en soit la disette. On en compte 9000 qui paient le tribut en cire, riz & toiles.

Isle de Panamao.

Elle est peu éloignée de celle de Leyte qu'elle a au midi, & dont elle dépend : elle est longue de six lieues, large de trois : on y voit des montagnes d'où descendent beaucoup de ruisseaux & de torrens : elle est remplie de mines de soufre & de vif-argent : elle a été peuplée depuis la conquête des Espagnols.

Isle de Samar ou Samal.

Elle a deux noms : Samar est celui de sa partie occidentale, *Ibabor* est le nom qu'on lui donne du côté de la grande mer : sa circonférence est d'environ 130 lieues : sa partie méridionale se termine au cap *Guigan*, près duquel sont de petites isles ; sa partie septentrionale est terminée d'un côté par le **Cap S. Esprit** que des montagnes élevées montrent de loin aux vaiſſeaux qui viennent de la Nouvelle Eſpagne : entre les deux caps que nous avons nommés ſont les ports de *Borongon*, de *Palapa*, de *Caduvig*, & la petite iſle de *Bin*. Samar eſt remplie de montagnes eſcarpées; ſes plaines ſont fertiles, abondantes en fruits différens, parmi leſquels on diſtingue celui que les Indiens nomment *Biſay-Iſagur*, & les Eſpagnols *fruits* ou *fèves de S. Ignace* : la plante reſſemble au lierre & s'appuie ſur les arbres; ſa fleur eſt ſemblable à celle du grenadier; ſon fruit, gros comme un melon, raſſemble dix à ſeize noyaux jaunes & verds, de la groſſeur d'une noiſette, mais triangulaires, & d'un goût acide : on lui attribue des vertus ſingulieres contre les poiſons, les fièvres & dyſſenteries.

C'eſt dans la bourgade de *Catbalogan* que réſident l'alcade-major, & le commandant Eſpagnol. Les Biſayas ou Pintados ſont les principaux habitans de cette iſle.

A l'orient de ces iſles, on en trouve qui ſont ſemées çà & là dans l'océan : on a dit qu'il y en avait deux dont l'une n'était habitée que par des hommes, l'autre que par des femmes; & que ces deux peuples ſe viſitaient à des temps réglés : d'autres ont le nom de *Palaos* ou de *nouvelles Philippines* : elles ſont en grand nombre, à l'orient des Philippines, au midi des Mariannes : trois, dit-on, ne ſont habitées que par des oiſeaux : toutes les autres ſont très-peuplées : elles ſe diviſent en cinq provinces ou royaumes : celle de *Cittac*, à l'orient, a pour chef un roi qui réſide à *Torres*, iſle de cinq lieues de tour : la ſeconde renferme vingt-ſix iſles, dont quatorze ſont peuplées; & eſt diviſée en deux prinpautés, celle d'*Ulée*, & celle de *Lamurrec* ou *Falu*; la troiſieme eſt celle de *Feis* dont le prince réſide à *Mogmog*; elle est un amas de petites isles répandues sur un espace long de 25 lieues, large de 15 : la quatrieme province a pour isle principale *Yap*, qui a 40 lieues de tour, est fertile, peuplée, riche en mines d'argent; on y cultive des patattes : la cinquieme province est formée des isles *Palaos* ou *Panleu* proprement dites ; *Yalab* en est la principale : ses habitans nombreux sont antropophages : plus au midi sont les deux isles de *S. André*, nommées *Sonrol*, & *Cadocopuci* par ceux qui les habitent. Tous les habitans de ces isles vivent sans culte, & ont cependant des especes de prêtres, croient à des êtres supérieurs, & ont des fables sur la formation du monde : ils se baignent souvent : leurs funérailles sont touchantes : le gouvernement est aristocratique & héréditaire : leurs chefs se nomment *Tamols*, hommes graves, despotiques, qui donnent leurs ordres comme des oracles : les peines y sont légères, la pêche de la baleine y est une fête ; leurs guerres sont peu sanglantes.

Les hommes y ont quelque ressemblance avec ceux des Philippines : ils n'ont pour habit qu'une ceinture & un morceau de toile plié sur leur tète en forme de capuchon, qui leur couvre les épaules ; tel est aussi l'habillement des femmes ; elles portent encore des coliers & des anneaux : leur langue ne ressemble ni à celle des Philippines, ni à celle des Mariannes : ils n'ont point de quadrupedes, & mangent des poules, des poissons, des racines, des cocos quand la faim les presse : ils saluent en prenant la main ou le pied de celui qu'ils honorent & ils s'en frottent légérement le visage; ils ne connaissent pas l'usage des métaux : des lances de bois, des traits armés d'ossemens humains étaient leurs seules armes, & ils s'en servent peu :

leurs querelles font roturieres; elles fe terminent à coups de poings: ils paraiffent intelligens, & fe peignent, & fe deffinent le corps en jaune: on place ces isles entre le 1 & le 17 deg. de latitude feptentrionale: il eft des géographes qui les féparent d'un autre amas d'isles plus voifines des isles Mariannes & qu'on nomme *nouvelles Carolines*: on en compte environ trente; la plus grande a le nom d'*Yap*; les plus confidérables après elle font les isles *Naoli* & *Pig.* fans doute elles font partie du même Archipel; mais malgré les relations & les cartes, leur exiftence n'eft pas bien conftatée: des vaiffeaux ont traverfé dans la latitude où on les place fans les voir: le capitaine Carteret qui a navigé dans ces parages ne les a point apperçues: il a vu diverfes petites isles à l'orient de Mindanao; il en a décrit quelques-unes qui n'offrent aucune fingularité. Nous les pafferons fous filence, & ne dirons qu'un mot de quelques autres.

Isles de Joseph Freewille.

Elles font au nombre de trois & environnées de rochers qui ne laiffent une entrée que vers l'orient: la principale eft au nord, & on la nomme *Pegan*: le nom des deux autres eft *Onata* & *Onello*; la plus grande n'a pas plus de deux lieues de tour: elles font baffes, & paraiffent devoir être fans rivieres: le poiffon y eft abondant: on y trouve le cocotier, le palmier, le citronnier, l'arbre qui porte le betel, & celui du fruit à pain: il n'y a pas de métaux: elles font peuplées d'hommes couleur de cuivre, qui ont de longs cheveux noirs, ont peu de barbe, des traits beaux, les dents d'une blancheur & d'un poli éclatans: leur ftature eft moyenne, mais ils sont très-alertes, vigoureux, actifs, francs, gais, sans défiance; une piece étroite d'une belle natte leur sert de ceinture, & c'est tout leur habillement: leurs pirogues sont formées d'un tronc d'arbre creusé qui en fait le fond, des planches en sont les côtés; elles portent une voile de natte fine; leurs cordages, leurs filets sont bien travaillés: ils aiment passionnément le fer qu'ils nomment *Parrum*. Carteret leur donna le nom que nous leur laissons. Il donna aussi des noms à différentes isles, situées à l'orient de celles-ci: telles sont les isles *Stephens*, qui sont au nombre de deux, petites, longues d'une à deux lieues, couvertes d'arbres, & presque sous la ligne; les isles de *Matty* & de *Durour*, toutes les deux basses, unies, verdoyantes, habitées: la premiere est la plus grande, & a deux lieues de long: les isles de l'*Amirauté* qui sont au nombre de vingt à trente; elles sont couvertes de la plus belle verdure, ont de riantes collines, des bois élevés & épais, entremêlés de plantations, de boccages de cocotiers, de maisons: on croit qu'elles produisent des épiceries: leurs habitans sont de couleur de cuivre foncé, leur tête est laineuse; ils sont nuds, portent aux jambes & aux bras des coquilles enfilées à un cordon, & poudrent leurs cheveux: ils font des nattes, de la poterie, des pirogues longues de cinquante pieds & d'un seul arbre: ils mâchent du betel, & combattent avec des lances armées d'un caillou bleuâtre: il est de ces isles qui sont d'une étendue considérable; & on a suivi la côte de l'une d'elle pendant 18 lieues. Elles sont situées vers le 2e & 3e degré de latitude méridionale. A l'orient de ces isles sont celles de *Portland*; on en compte six ou sept, quelques-unes assez grandes; elles paraissent fertiles. Plus à l'orient encore est la *nouvelle Hanovre* : un détroit semé d'isles, auquel on a donné le nom de *Byron*, la sépare de la *nouvelle Irlande*, isle découverte aussi par le capitaine Carteret en 1767, & qui parait s'étendre jusqu'au cap S. George, dans un espace d'environ 75 lieues. Dampier en avait vu en 1700 la partie septentrionale, dont la côte est semée d'isles, & il la crut une partie de la nouvelle Guinée : il la peint montueuse, couverte d'arbres verds, habitée par des hommes courageux : parmi les isles qu'il visita sont celles du roi *Guillaume*, de *Schouten*, de la *Providence* : la premiere est longue de deux lieues & demi, haute, chargée d'arbres la plupart peu connus ; leur feuillage est très-verd, leurs fleurs jaunes, ou blanches, ou pourpre, exhalent une odeur agréable ; leur tige est haute & droite. La *Providence* est une petite isle qui ne semble que le sommet d'une montagne : celle de *Schouten* est longue de 20 lieues ; le sol en est élevé, couvert de forêts : près d'elle sont les isles de *Moa* & d'*Ariman* : leurs habitans vivent de fruits & de végétaux ; ils ont des chiens, & peu d'autres animaux. L'isle de *S. Matthias* a neuf lieues de long ; elle est montueuse. L'isle *Orageuse* n'a que trois lieues de long, est basse, unie, couverte de bois, jointe par une chaîne de rocs à une isle plus petite : il en est encore un grand nombre d'autres qui n'ont pas même de noms. Au nord de la *nouvelle Irlande* est l'isle nommée par les Hollandais *Garret-Denis* ; son circuit est de 14 lieues ; elle est haute, montueuse, boisée ; ses baies sont bordées de cocotiers : le sol y est d'un brun rougeâtre : ses habitans sont noirs & robustes ; ils ont la tête grosse & ronde, les cheveux noirs, frisés, & teints de rouge, de blanc, de jaune ; le visage rond & large, le nez gros & plat ; leurs narines & leurs oreilles sont traversées par des chevilles : leurs cabanes, leurs plantations sont sur les collines : ils gouvernent avec adresse des pirogues assez bien faites & sculptées : ils ont pour armes la lance, la fronde, l'arc & les flèches. Cette isle en a d'autres au nord qui sont peut-être partie des *nouvelles Philippines* ou *Carolines*; à l'orient elle a celles d'*Antonio Caves*, d'*Antong Java*, de *S. Jean* & de *la Mark* découvertes par Schouten : ces dernieres sont au nombre de quinze : leurs habitans ont les cheveux noirs & relevés au sommet de la tête ; beaucoup d'autres encore anonymes ; celle de *Sir Charles Hardy*, a été nommée par le capitaine Carteret ; c'est une isle grande, plate, verdoyante, peuplée : celle de *Winchelsea*, considérable encore, & qui a trois hautes montagnes ; les neuf isles. La *nouvelle Irlande* se termine au cap & à l'isle *S. George*. Sa partie méridionale a été visitée par Carteret en 1767 ; il est le premier qui ait traversé le détroit qui la sépare de la nouvelle Bretagne, & que Dampier avait pris pour une baie profonde de 20 lieues, bordée d'une terre élevée, couverte de bois, semée de petites isles, terminée au sud par le cap Oxford : il y remarqua une montagne haute, ronde, pointue, qui exhalait de la fumée. Carteret vit aussi ce volcan, & c'est une des montagnes qu'il nomma la *mere & les filles*, & qui forment la partie septentrionale de la nouvelle Bretagne ; il s'assura que cette baie était un canal large de 15 lieues, partagé par une isle à laquelle il donna le nom de *duc d'York*, & par d'autres plus petites ; celle du *Duc d'York* est unie, & présente un aspect agréable ; les maisons de ses habitans sont voisines du rivage, & parmi des boccages de cocotiers : plus loin est l'isle de *Man*; sa forme est presque circulaire. Presqu'à l'extrêmité de la nouvelle Irlande est l'isle *Sandwich* : son circuit est considérable : elle est peuplée & présente de bons havres : au nord elle a un mont élevé & conique : sur la rive opposée en est un semblable qui lui correspond. La *nouvelle Irlande* est habitée par des hommes noirs qui ont de la laine en place de cheveux; ils n'ont ni le nez, ni les levres des negres; ils sont nuds, mais leurs jambes & leurs bras sont ornés de coquillages ; ils poudrent leurs cheveux & leurs barbes; leurs têtes sont ornées avec des plumes; ils ont des pirogues dont quelques-unes ont 90 pieds de long, & sont faites d'un seul arbre; ils se servent de filets pour pêcher, & ont pour armes des piques & des massues. Le pays est terminé dans cette partie par le cap *Byron* : au-delà est la belle & grande isle qu'on nomme nouvelle Hanovre : entr'elles est un détroit séparé par de petits islets.

La *nouvelle Hanovre* est une terre élevée : on y a vu des forêts, des plantations qui annonçaient des hommes cultivateurs : elle est terminée au sud-ouest par un mont élevé qu'on a appellé *promontoire de la reine Charlotte*.

La *nouvelle Bretagne* a été connue par Dampier, Roggeween & Carteret : elle s'étend du cap Stephens au cap Anne, dans un espace d'environ 80 lieues : sa partie la plus orientale est le cap Orford : on n'en connait pas la partie occidentale : ses côtes sont hautes, montueuses, couvertes çà & là de bois, formant des vallons dont la terre est jaunâtre, arrosés par des ruisseaux : la terre des collines est brune, pierreuse, peu profonde, & cependant très-fertile : on croit y avoir vu des indices de minéraux : la verdure des arbres y est très-belle; les uns ont des fleurs, tandis que d'autres ont des fruits, la plupart inconnus ou peu connus : le cocotier y prospere ; sa noix est d'une grosseur médiocre, mais le lait & le noyau en sont épais, & d'un goût très-agréable. On y trouve du gingembre, des yams, diverses racines potageres : ses quadrupedes connus sont le porc & la chevre ; ses oiseaux le pigeon, le perroquet, le cockodore & la corneille : la mer, les rivieres y abondent en poissons : ses habitans sont d'un jaune obscur, de belle taille, robustes, hardis : leur tête est ornée de plumes : leurs cheveux noirs descendent jusqu'à la ceinture : ils marchent ordinairement la lance à la main, suivis de leurs femmes chargées de corbeilles remplies de racines : elles sont nues ; mais de petites branches vertes, leur servent de ceintures. Vers sa partie méridionale la nouvelle Bretagne a plusieurs isles, parmi lesquelles il en est une de remarquable par un volcan, qui jette de la fumée ou des flammes étonnantes par leur hauteur, & le mugissement qui les annonce ; il est couvert de beaux arbres jusqu'aux deux tiers de sa hauteur : ces isles sont voisines du détroit qui sépare la nouvelle Bretagne de la nouvelle Guinée : il a sept ou huit lieues de large : au-delà du détroit, vers le couchant, on trouve encore diverses isles : celle de *Sir George Rook* est haute, longue de douze lieues : l'*isle Longue* est bornée à chaque extrêmité par une montagne : l'*isle de la Couronne* est ronde, élevée, & forme au centre plusieurs pointes rassemblées en forme de couronne : elle est entourée de bancs & de rochers : toutes présentent une perspective agréable ; le pays est coupé de prairies & de bois : il y a encore plusieurs isles sans nom, de celles-ci jusqu'aux Moluques, qui font à leur couchant. Dampier y en vit deux qui avaient chacune un volcan.

La *nouvelle Guinée* est peu connue; on lui a donné aussi le nom de *terre des Papous*; mais on a lieu de croire que cette terre des Papous n'est qu'un long amas d'îles qui s'étend de la nouvelle Guinée jusqu'aux isles Moluques. Peut-être même la nouvelle Guinée qu'on représente comme un continent long de plus de 400 lieues, n'est-elle qu'un grand amas d'îles : on n'en connait bien, ni les bornes, ni les côtes, ni l'intérieur.

Dans une carte gravée en 1722, on a dessiné les îles des Papous, situées entre Gilolo & la nouvelle Guinée : la plus septentrionale est celle de *Waigeeuw* qui a 110 lieues de long sur 16 de large; on n'y a vu que 6 villages assez étendus, dont celui de *Kabilo* est le plus considérable : elle est à 33 lieues au levant de Gilolo : un golfe profond semble la séparer en deux parties, & renferme la petite isle de *Mangin*: plus au midi sont diverses petites isles, & celle de *Gammen* qui a 15 lieues du levant au couchant, & 6 du nord au midi : un détroit étroit & tortueux la sépare de Waigeeuw, un plus large la sépare de *Patenta*, île longue de 30 lieues, large de 6; il paraît que sa pointe occidentale, nommée *Monkaite*, est le cap *Maho*, vu par Dampier, & d'où l'on fait commencer la nouvelle Guinée : au midi encore est l'île & le détroit de *Sageweien*, puis celle de *Sallawaty* qui a environ 60 lieues de tour; elle est à 50 lieues à l'orient de Ceram, & est séparée de la nouvelle Guinée par le détroit de *Gallova*, hérissé d'îlots : celle de *Mixoal* est au midi : elle a 3 villages, & est bordée de rocs. Toutes ces isles sont entourées de plus petites : il paraît que ce sont celles que Roggeween nomma les *mille îles* : selon l'histoire du voyage de cet amiral, les hommes qui les habitent sont noirs, courts, velus ; ils ont l'air féroce & méchant, n'ont pour vêtement qu'une ceinture large de deux doigts, ornée de dents de cochons : ils se poudrent la barbe avec de la chaux : un chapeau de paille sur lequel flottent des plumes de l'oiseau de paradis, couvre leur tête ; une baguette traverse leurs narines. M. *Forets* qui les a visité en 1775 en fait une peinture plus exacte : leurs cheveux sont si bouffans autour de leur tête, qu'elle a environ 3 pieds de circonférence ; un peigne formé de 4 à 5 dents divergentes y est planté ; ils ont des boucles dans une direction perpendiculaire : souvent ces cheveux hérissés sont ornés de plumes ; les femmes ont une tête moins volumineuse : l'habit des hommes est d'une étoffe faite de l'écorce de cocotier, il est attaché autour des reins, & relevé entre les cuisses ; celui des femmes est arrangé de même, mais il est d'une étoffe grossiere & bleue, telle qu'on en fabrique à Surate : elles ont les oreilles percées & y suspendent des grains de verre : les deux sexes en font des bracelets : ils vivent dans de grandes maisons, sans cheminées, élevées sur des pilotis sur le bord de la mer qui s'avance au dessous dans le tems du flux ; une longue gallerie conduit de chaque maison sur la terre que ne peut couvrir la marée : chacune renferme plusieurs familles, qui occupent des chambres disposées autour d'une grande salle commune, ouverte aux deux extrémités, l'une vers la terre, l'autre vers la mer où est une gallerie à laquelle ils attachent leurs bâteaux : les jeunes gens non-mariés n'habitent pas la grande maison : il en est qui sont élevées absolument pour eux, plus avant dans la mer, reposant sur des pilotis plus forts : le consentement des parties fait le mariage : la prin-

ISLES PHILIPPINES. 347

cipale cérémonie est de tuer un coq, oiseau rare dans ces climats : le chant de leurs femmes est assez mélodieux.

La *nouvelle Guinée* s'étend du cap *Mabo* près du 5ᵉ de latitude méridionale, & le 217 de longitude jusqu'au cap *Guillaume* sous le 6ᵉ 30' de latitude & le 261' 30 de longitude. Les côtes vont de l'orient vers le couchant en s'approchant un peu du midi : son extrémité orientale parait être cependant le cap *Délivrance*, découvert par M. de Bougainville ; l'occidentale semble être le cap *Sabelo* ou *Onny* : elle s'étend dans un espace de 380 lieues, lorsqu'on en retranche la terre des Papous : le cap *Walsh* en est la partie connue qui s'avance le plus au midi, sous le 8 de latitude méridionale ; & par la route de Damier en 1700, on peut croire qu'elle a dans la même longitude environ 100 lieues de large ; mais il est une partie où elle ne peut en avoir plus de 18 : c'est tout ce qu'on peut dire de ses bornes. Don Alvare de Saavedra découvrit en 1527 les îles des *Papous*, & leur donna le nom d'*îles d'or* ; c'est Schouten ou le Maire qui donna le nom de *nouvelle Guinée* à la grande île dont nous parlons. On a cru assez longtemps qu'elle formait un même continent avec la nouvelle Hollande ; d'autres en doutaient ; le capitaine Cook en 1770 les trouva séparées par un détroit embarrassé d'îles qu'il traversa, & auquel il donna le nom de son vaisseau l'*Endéavour*.

La *nouvelle Guinée* a été représentée comme un des pays les plus riches de la terre ; les uns assurent qu'il est fort peuplé, d'autres qu'il l'est peu : c'est qu'on n'en connait point l'intérieur : en général le sol y parait abondant & fertile ; on y voit des vallées fermées de montagnes élevées, couvertes de grands bois de cocotiers, de platanes, d'arbres à pain, de la plupart des arbres & des arbrisseaux qu'on trouve dans les autres îles de la mer du sud : il est certain que dans une partie on y trouve l'arbre qui produit la muscade : on y voit des poules de la grandeur d'un beau coq, dont le plumage est d'un bleu céleste : au milieu des aîles est une tache blanche, environnée d'un cercle rougeâtre ; sur la tête s'élève une huppe de longues plumes de couleurs variées, leur bec est celui des pigeons ; leurs pieds sont rougeâtres ; elles se nourrissent de fruits, & pondent sur les arbres : on y voit encore une espèce de chauve-souris, ayant le col, la tête, les oreilles, le museau & l'odeur du renard, le poil jaune vers le col, & noir sur la tête, son envergure est de 4 pieds ; des pigeons, noirs par dessus, blancs par dessous ; une autre espèce d'une couleur blanc de lait qui voltige sur la mer, & prend des écrevisses ; un oiseau dont les yeux ont l'éclat & la couleur du rubis ; une espece d'onocrotale, & beaucoup d'autres oiseaux : la mer qui en baigne les bords, les rivieres qui l'arrosent sont poissonneuses, & dans les poissons qu'on y trouve, il en est de rouges, de bleus, & d'un rouge pâle, tacheté de bleu. La terre y produit différentes sortes de plantes & de racines propres à servir d'alimens, des cocos, des pommes de pin, des oranges, des papahs, des patates, une sorte de jacas, fruits nommés par Bauhin *Tijaca-marum*, de la grosseur d'un melon, remplis de noyaux qu'on fait rôtir, & dont le goût est alors agréable.

Ses habitans forment différentes nations, & paraissent avoir une origine diverse : les uns ont le teint basané, les cheveux noirs & longs, les traits assez agréables, & semblables aux Insulaires des Philippines : les autres ressemblent aux négres de Guinée, & c'est probablement ce qui lui a fait donner le nom qu'elle porte: leurs cheveux font crépus, & cotonnés, leur nez plat & large: leur seul vêtement est une ceinture de toile ou d'écorce de palmetos; ils ont un petit cercle d'yvoire autour de la jambe, & des bracelets formés de grains bleus & jaunes; leurs arcs font forts, & d'une forme singuliere, leurs flèches font de cannes, & à plusieurs pointes; mais leur légéreté les rend peu redoutable à une certaine distance. Les hommes qu'y vit le capitaine Cook ressemblaient aux habitans de la nouvelle Hollande que nous allons décrire: leurs cheveux étaient coupés courts, ils étaient entierement nuds, ils portaient des lances, & une espèce de javelot fait d'un bâton court, peut-être creux, qui lorsqu'ils l'agitaient, laissait échapper du feu & de la fumée; on crut avoir entendu le bruit que l'arme faisait entendre lorsque ce feu paraissait: d'autres n'entendirent aucune explosion: ils lancerent avec violence une javeline longue de 4 pieds, faite d'un bambou léger & rouge, armée d'un bois dur & dentelé. Ils ont des maisons faites de planches, des pyrogues ornées en dehors d'une sculpture grossiere, & fort étroites. Autour des côtes de la nouvelle Guinée sont un grand nombre d'îles, dont la plupart n'ont point été visitées, & n'ont point de nom: celle de *Sabuda* a 3 lieues de long, & près d'une de large: elle est haute, remplie de rochers séparés par une terre jaune & noirâtre, peu profonde, où croissent de beaux arbres, & diverses plantes: elle est fort peuplée: l'isle des *Petoncles* a été nommée ainsi, parce qu'on y en trouve d'une grosseur prodigieuse, & de couleur rouge: ailleurs on nomme l'isle *Enganne*, longue de 4 lieues, large de deux; celle d'*Het-bultig* ou l'isle Bossue qui a plus de 6 lieues de long, & qui ressemble à un bélier; beaucoup d'autres encore dont nous ne parlerons pas, parce qu'on n'en peut rien dire d'intéressant. Les Hollandais connaissent mieux ce pays qu'aucune autre nation de l'Europe ; mais ils semblent désirer qu'on l'ignore.

La *Nouvelle Hollande* est située au midi de la nouvelle Guinée ; elle paraît être un vaste continent qui du sud au nord s'étend dans un espace de 31° de latitude, & qui de l'orient au couchant en renferme 41 de longitude : sa partie la plus septentrionale est le cap York, sous le 10° 37' de latitude méridionale ; la partie qui s'étend le plus au midi est la terre de *Vun-Diemen*, sous le 42° 26' de latitude : la plus orientale est le cap *Sandy*, sous le 171° de longitude ; la plus occidentale est la *baye des Goulus de mer*, sous le 128° 30' de longitude : elle a donc environ 780 lieues de large, & 940 de long. Si en effet, comme il est probable, cette vaste étendue forme un espace de terre que nulle mer ne sépare, elle est seule, plus grande que l'Europe entiere : nous décrirons les parties qu'on en a visitées, en commençant par le couchant

La *terre de Witt* ne doit pas son nom à sa blancheur, comme paraît le penser M. Bellin, mais au nom du capitaine Hollandais qui la découvrit en 1628, ou plutôt qui la revit alors, car elle avait déjà été vue quelques mois auparavant par le capitaine Viane qui y échoua : elle a au nord la terre de *Diemen*, & au midi la riviere de *Remessens* qui la sépare des *terres de la Concorde* : elle est située sous le 20 deg. 21 min. de latitude septentrionale. Dampier, qui suivit ces parages en 1699, dit que ce n'est qu'un vaste amas d'isles assez élevées, arides, couvertes de rochers jaunes : on n'y voit que quelques buissons chargés de fleurs blanches, jaunes, ou bleues;

bleues; des fèves dont une espece croît en buissons, l'autre en vigne rampante; la feuille en est épaisse & large, la fleur plus grande que celle de nos fèves, le légume d'un beau rouge foncé : on y voit une espece de *rapuntium* à fleurs couleur de feu; la *sargasse*, ou lentille de mer; un *ricinoïdes* à fruit velouté, renfermé dans un godet à cinq parties; un *solanum* à fleurs bleues, dont la feuille est épaisse, blanche, cotonnée, armée d'épines couleur d'orange; une *scabieuse*, un *alcea*; un arbrisseau inconnu dont la fleur à cinq pétales est belle, rouge, cotonnée, & dont le centre est garni de filamens aussi longs que les pétales; ses feuilles cordiformes sont vertes en dessus, cotonnées en dessous : le *dammara*, le *colutea*, le *mohob*; une espece de *conyse* en arbrisseau, & d'autres plantes singulieres : les cormorans, les mouettes, des perroquets blancs qui volent en troupes nombreuses, des pigeons chasseurs d'écrevisses, des tourterelles, & d'autres petits oiseaux, sont ses habitans les plus communs : on y voit une espece d'animal semblable au loup, & très-maigre : on trouve différens poissons sur ses rivages; une espece de thon semblable au *Goirapucu* de Willougby, des vieilles femmes; des séches, une espece de dorade, de pétoncles, de petites huîtres d'un goût excellent, des tortues vertes, des chiens marins, & sur la terre de nombreuses fourmillieres, des lezards, diverses sortes de serpens.

Le sol y est bas, plus bas même à quelque distance de la mer que sur ses bords, couvert d'herbe ou de forêts de diverses especes d'arbres peu élevés; les pierres y sont pesantes & couvertes de rouille; on y manque d'eau douce; cependant on y découvre quelques vestiges d'hommes : un peu plus au nord, & aussi plus au midi, on a vu des hommes noirs, d'une taille haute, entièrement nuds, armés de bâtons ou de lances de bois : l'un d'eux qui paraissait être leur chef, se distinguait par un cercle blanc autour des yeux, & une raie blanche qui du haut du front descendait au bout du nez ; ses bras, sa poitrine paraissaient avoir de semblables ornemens dessinés, ce semble, avec de la chaux : tous ont un regard de travers, des cheveux crépus, un aspect désagréable : ils ne paraissent pas avoir de maisons : ils allument du feu çà & là, se garantissant de la fraîcheur de la brise de mer par quelques branches d'arbres qu'ils enfoncent en terre : leur principale nourriture parait être des poissons à coquilles, ou de petits poissons qui remontent avec la marée qui les dépose en se retirant, dans des creux faits dans le sable. Les mouches y sont très-incommodes.

Les *terres d'Endracht*, ou de la *Concorde*, sont séparées au nord de celles de Witt par la rivière de Remessens, & ont au midi celle d'*Édel* : elles furent découvertes en 1616 par Théodore Hertoge qui leur a laissé le nom de son vaisseau la *Concorde*, & celui de sa patrie *Endracht*. La rivière de *Jacob Remessens* parait être un bras de mer, ou un golfe profond, plutôt qu'une rivière : elle est sous le 21 deg. 30 m. de latitude méridionale : plus au midi est une anse dont des bancs de sable défendent l'entrée : Dampier y trouva une multitude de chiens marins, & lui donna le nom de baie des *chiens de mer* (Scharkf-Bay). Le terrein est bas le long des côtes, il s'élève ensuite ; d'abord uni, il forme plus avant des éminences qui ne sont ni hautes, ni escarpées : près du rivage, il est sablonneux, & on n'y voit d'autres plantes qu'un gros fenouil marin à fleurs jaunes : plus avant, des touffes d'herbes & des broussailles, répandues çà & là, croissent sur un sable rougeâtre : les arbres les plus hauts qu'on y voit n'ont pas plus de dix pieds de haut, quelques-uns en ont trois de circonférence ; leurs branches forment une tête touffue ; leurs feuilles font étroites & longues, blanches par deſſous, vertes par deſſus ; l'écorce eſt d'un verd pâle ; le bois de quelques-uns eſt odorant & fort rouge ; il y a des mangles près du rivage : un grand nombre de fleurs y embelliſſent la terre, y exhalent des odeurs fuaves. On y trouve une eſpece de lapins à jambes courtes, & une de guanos dont la queue eſt un gros moignon qui leur donne l'apparence d'avoir deux têtes ; ils ſont marquetés de noir & de jaune, marchent avec lenteur, s'arrêtent & fiflent quand on les pourfuit ; leur aſpect eſt affreux, l'odeur qu'ils exhalent eſt dégoutante, & cependant la chair en eſt bonne à manger. Parmi les oiſeaux de terre on remarque l'aigle, cinq ou ſix fortes d'oiſeaux grands comme l'alouette, quelques autres de la grandeur du roitelet, & tous ont un chant aigu qui n'eſt pas ſans mélodie : les oiſeaux de riviere, ou de mer, ſont le canard, le corlieu, le galden, le pigeon chaſſeur d'écreviſſes, le cormoran, la mouette, le pélican & quelques autres : parmi les poiſſons on remarque la baleine, & divers autres poiſſons communs dans les mers de l'Inde : le rivage eſt couvert de coquilles ſingulieres par leur forme, brillantes par leurs couleurs variées de rouge, de verd, de jaune, &c. On y voit auſſi des ſerpens d'eau tachetés de jaune, & d'un brun obſcur, longs de quatre pieds ; quelques-uns ont la tête couleur de feu. On n'y découvrit ni lacs, ni rivieres d'eaux douces : ſes habitans ſont fort peu nombreux ; ils ſont noirs, vont nuds, & reſſemblent à ceux dont nous avons parlé plus haut : tous les bords de ces terres ſont hériſſés d'isles, de rocs & de bancs. La baie des Chiens de mer est sous le 25 deg. 5 min. de latitude méridionale.

Plus au midi sont des côtes que Jean d'Edels parcourut en 1619, & auxquelles il donna son nom : on n'en sait rien de particulier. Il semble qu'elles tiennent à celle que Fréderic Outhman découvrit, & qui avaient devant elles des écueils, ou *albrolhos*, mot Portugais qui signifie *ouvre l'œil*. Vers le 34 d. de latitude sont des terres qu'on nomme de *Leuwin* ou de la Lionne, soit qu'on y ait vu un de ces animaux, soit que le vaisseau qui vint dans ces parages portât ce nom : on les représente comme formant un vaste promontoire. L'*isle des Filles* fut vue en 1697 par le capitaine Flamming ; elle est au nord de la terre de la Lionne, & on y trouva des anses commodes & de belles rivieres d'eau douce : près de là est la côte que vit M. du Quesne en 1687.

A l'orient de la terre de la Lionne s'étendent celles de *Nuitz* découvertes en 1627 : elles reçurent leur nom de Pierre Nuitz, capitaine du cheval d'or, qui en cotoya le rivage qui s'étend du couchant au levant. On a prétendu dans un mémoire imprimé à Amsterdam en 1718 que cette terre située entre le 34 & 36° de latitude, devait être une des parties du monde les plus riches, les plus abondantes, les plus habitables ; il manque à ce raisonnement la force que pourrait lui donner une description exacte du pays dont on n'a fait que voir les rivages : d'autres ont pensé qu'elle pourrait bien être une terre nouvellement abandonnée par l'océan, & qui ne peut être susceptible de culture que dans quelques siécles : mais avant de décider, il faut la connaitre.

La terre de *Van-Diemen* est au sud-est de celle de Nuitz ; la côte qui les joint l'une à l'autre est probable, mais n'a point été découverte. Abel Tasman découvrit cette terre, & lui donna le nom de Diemen qui était alors général de la compagnie des Indes Hollandaises. Il entra dans une baye sous le 43° 10' de latitude méridionale, & le 167° 55' de longitude, & lui donna le nom du prince d'Orange, Fréderic Henri : il crut entendre au loin le son d'une trompette, mais il ne vit personne : deux gros arbres près du rivage, qui des branches les plus basses jusqu'à terre avaient 60 à 65 pieds, & où l'on avait fait des entailles de 5 en 5 pieds, lui fit supposer que les hommes qui se servaient de ces espèces de degrés devaient être des géans : peut-être ces entailles furent faites pour tirer le suc de ces arbres : on apperçut çà & là des traces de bêtes sauvages, dont les griffes imprimées sur le sable annonçaient des tigres ou des animaux semblables ; les arbres y donnent de la gomme, de la laque : ils sont à une assez grande distance les uns des autres, & le sol qui les sépare n'est point embarrassé de broussailles, ni de buissons. Le capitaine Furneaux revit cette terre le 5 mars 1773 : inégale près de la mer, des collines s'élevaient à quelque distance, elles étaient couvertes d'arbres : diverses îles sont répandues le long de ses côtes ; il y a de bons hâvres, des eaux douces ; le pays est agréable, le sol noir, fertile, léger ; les flancs des collines sont couverts de grands arbres, dont le tronc s'élève à une grande hauteur, avant d'être embarrassé de branches qui leur forment une tête touffue, & toujours verte : le bois en est cassant & facile à fendre ; on n'en vit que de deux espèces ; l'une a les feuilles longues, étroites, & produit une graine odorante, semblable à un bouton ; l'autre a les feuilles du laurier femelle, & répand une odeur d'épice : ils donnent de la gomme : on y remarqua des oiseaux pareils aux corbeaux, une espèce de corneille ayant le bec long & pointu, l'extrémité des ailes & de la queue blanche, & tout le reste noir, des oiseaux blancs de la grandeur du milan, des perroquets, diverses sortes de petits oiseaux ; les canards, les sarcelles, les tardones planaient au-dessus de la mer ; l'opossum ou farigue fut le seul animal qu'on y vit ; mais on y remarqua la fiente d'un autre qu'on crut être de l'espèce du daim : la mer y nourrit des chiens de mer, d'autres poissons qui n'en different que parce qu'ils sont couverts de petites taches blanches, des espèces de melettes ; les eaux douces ou saumâtres sont remplies de truites, & de quelques autres poissons : on n'y vit point d'hommes, mais la fumée qu'on voyait le jour, des feux qui brillaient durant la nuit, des huttes dispersées, quelquefois rassemblées au nombre de quatre, dans lesquelles étaient des sacs, des filets d'herbes, des lances, des pierres pour faire du feu, une écorce d'arbre qui sert d'amadou, ne permettent pas de douter que ce pays n'ait des habitans : ces huttes sont formées de branches d'arbres fendues, jointes ensemble avec de l'herbe : le bout le plus large s'enfonce en terre ; elles forment une pointe couverte de fougère ou d'écorce : au centre est le foyer environné de monceaux de moules, d'écailles, d'huîtres, de débris d'écrevisses ; une herbe séche y sert de lit : leurs habitans paraissent n'avoir pas de demeures fixes, car ces huttes semblent n'être élevées que pour quelques jours : peut-être ils errent en familles de lieu en lieu pour y trouver à se nourrir : les monts n'y annoncent point de métaux : les bords de la mer n'offrent aucun débris de pirogues ou de canots ; & sous un climat heureux, sur une terre qui peut produire tout ce qui est nécessaire à la vie, les hommes y paraissent misérables.

De là, la côte se dirige au nord : en la suivant on trouve les îles de *Maria*, & celles de *Schouten* découvertes par Tasman : dans cette partie la terre est agréable, égale, basse, plus habitée : puis elle se hérisse de rochers, comme la mer l'est de bancs, d'îles, de bas-fonds. Ce pays mérite d'être observé : ses productions sont en quelque sorte ignorées ; ses habitans épars & peu nombreux ne paraissent qu'aux bords de la mer ; tout ce qu'on en sait, c'est qu'ils sont nuds, & menent une vie plus sauvage qu'aucune autre nation des pays chauds : l'intérieur du pays est inconnu, peut-être inhabité ; la variété des productions découvertes près du rivage fait soupçonner qu'il renferme des trésors d'histoire naturelle.

La côte orientale de ce vaste continent a été visitée par le capitaine Cook, qui la découvrit en 1770, à 20 lieues de la côte où M. Furneaux a cessé de la suivre : il longea ses côtes dans un espace de plus de 700 lieues, & l'appella la *nouvelle Galle méridionale* ; il aborda dans plusieurs lieux auxquels il donna des noms, & en examina le sol, ses productions naturelles, les hommes qui l'habitaient : nous allons donner un précis de ses remarques.

Ce vaste continent offre un mélange de stérilité & de fertilité ; c'est au nord qu'on voit plus de rochers ; c'est dans la partie méridionale que l'herbe est plus épaisse, & les arbres plus élevés : ils sont ordinairement à 40 pieds de distance les uns des autres, & dans l'intérieur des terres, ils ne paraissent pas être plus serrés ; les terreins marécageux inondés par les marées, sont ombragés de palétuviers : loin de la mer, les terreins humides produisent une herbe abondante, & des broussailles revêtent les vallées : la plus grande partie du sol n'est pas susceptible d'une culture réguliere ; il y a peu de grandes rivieres, mais beaucoup de petites & de ruisseaux : la surface du pays est entrecoupée de criques salées : dans les bois on découvrit deux lacs d'eau douce : il n'y a que deux espèces de bois de charpente ; de l'un distille une resine rouge, semblable au sang de dragon ; ses feuilles ressemblent à celles du saule ; l'autre moins élevé semble être un pin : leur bois est dur & pesant : on y trouve l'arbre dont l'écorce sert aux Indes pour calfater les vaisseaux, & trois sortes de palmiers : le plus commun a les feuilles plissées comme un éventail ; son chou est petit, d'une douceur exquise ; ses noix peuvent nourrir les porcs : un autre, semblable au chou palmiste d'Amérique, a des feuilles ailées, & grandes comme le cocotier ; son chou plus gros n'est pas si bon : le tronc du troisieme qu'on ne trouve que vers le nord, n'a que 10 pieds de haut ; ses feuilles petites, ailées, ressemblent à celles de la fougere ; il ne produit pas de choux, mais des noix qui font sur l'homme l'effet de l'émétique : sa pulpe séchée peut être saine & nourrissante. On y trouve un grand nombre de petits arbres & de buissons inconnus en Europe : l'un porte de mauvaises figues, l'autre des prunes applaties sur les côtés ; un troisieme une pomme couleur de pourpre, bonne à manger lorsqu'on l'a gardée quelques jours ; d'autres arbres parmi lesquels est le *quinquina* ; un qui produit un fruit de la forme & de la couleur d'une cerise, peu savoureux, mais aigrelet & agréable ; un qui produit une espèce de pommes de pin d'un goût désagréable. On y découvre une variété infinie de plantes ; mais peu sont comestibles : il en est une dont la feuille est épaisse, étroite, longue, semblable à la queue de chat : elle distille une resine d'un jaune brillant, d'une odeur douce; une autre dont la tige pointue & barbelée s'attache aux habits, & pénétre jusqu'à la chair ; une troisieme qui ressemble à celle qu'on nomme *cocos* en Amérique, dont la racine est fort âcre, mais la feuille aussi bonne à manger que l'épinard; d'autres qui sont connues, telles que le pourpier, une espèce de fèves à tiges rampantes, une de persil, & deux d'ignames douces, mais petites. On y vit un quadrupede de la grosseur d'un lapin, un autre de la grandeur d'un levrier, d'une agilité extraordinaire, ayant les jambes minces, une longue queue, & tout le poil couleur de souris, une espèce de chien, une espèce de grand *Gerbo* de la grosseur d'un mouton, dont la tête, le cou, les épaules sont petites en proportion des autres parties de son corps; ses jambes de devant n'ont que 8 pouces de long ; celles de derriere en ont 22 ; sa queue aussi longue que son corps est épaisse à sa naissance, pointue à son extrémité ; il marche par sauts & par bonds, tenant la tête élevée; son poil est court, & couleur de souris; les habitans l'appellent *kanguroo*; un opossum qui ressemble au phalanger de M. de Buffon, sans être le même, une espèce de putois qui a le dos brun, tacheté de blanc, qui est la couleur du ventre : parmi les oiseaux terrestres ou aquatiques on remarque la chauve-souris, semblable au rouget de M. de Buffon, le pigeon dont le plumage est d'une grande beauté, & qui vole en grandes troupes, des loriots, deux sortes de catacouas, des espèces de pélicans, des boubies, des corneilles très-sauvages, des milans, des faucons, des perroquets, des hérons, des canards sifflans, des outardes, des corlieux, des oies, des aigles, un oiseau inconnu qui construit son nid à terre avec des morceaux de bois : la circonférence de ce nid avait 26 pieds de circonférence, sa hauteur était de deux pieds 8 pouces. Entre les reptiles, on compte le serpent, le scorpion, le mille-pied, le lézard ; les insectes y sont peu nombreux ; les mosquites & les fourmis sont les principaux : il est de diverses espèces de fourmis : les vertes font des nids d'une structure curieuse, composés en pliant des feuilles larges comme la main, & en réunissant ses bords avec une espèce de glu qui s'élabore dans leur corps ; elles sont armées d'un aiguillon dont la piquure est dangereuse ; la fourmi noire se creuse des demeures dans l'intérieur des branches d'un arbre ; une espèce plus petite la fait dans la racine d'une plante parasite qui croit comme le gui sur les arbres ; elle est de la grosseur d'un navet ; la fourmi la vuide par une multitude de canaux tortueux qui ne paraissent pas nuire à sa végétation : une quatrieme espèce de fourmis sont blanches & sans aiguillon ; elles construisent deux habitations, l'une sur un arbre, l'autre à son pied ; la premiere est de la grosseur de la tête d'un homme, composée de parties de végétaux pétris avec une matiere glutineuse qui suinte probablement de leur corps : sous cette croute on trouve dans un grand nombre de sinuosités une multitude de cellules qui communiquent entr'elles ; une grande avenue conduit à la fourmilliere construite au pied, ou à la racine de l'arbre, & qui a la figure d'une pyramide, haute de 6 pieds, dont les côtés sont irréguliers ; une couche d'argille détrempée, épaisse de deux pouces l'enveloppe à l'extérieur ; elle est sans communication au dehors ; c'est sans doute dans celle-ci que les fourmis se retirent pendant la saison pluvieuse : on y voit auſſi des chenilles vertes, dont le corps eſt couvert d'un poil épais, & qui pique comme une aiguille ; différens papillons, &c.

La mer y fournit plus d'alimens que la terre : on y trouve une multitude de poiſſons à coquilles, de grandes tortues, des *Molluſca*, de gros petoncles, des huîtres, diverſes eſpèces de crabes, dont une eſt du plus beau bleu ſur le dos, les pinces, les jointures, & du blanc le plus brillant ſous le ventre ; une autre, marquée d'un outremer léger, ſur les jointures & les pinces, a ſur le dos trois taches brunes qui font un effet ſingulier, & beaucoup d'autres coquillages : les autres poiſſons ſont d'eſpèces très-variées, & le mulet excepté, aucun n'eſt connu en Europe.

On n'y a pas vu de métaux : la variation de l'aiguille fait conjecturer qu'il y a des mines de fer. L'abondance des alimens que fournit la mer devroit y rendre les peuplades voiſines plus nombreuſes ; cependant elles y ſont rares & faibles : les hommes qui les forment ignorent la culture, & l'on peut ſuppoſer que les peuples de l'intérieur l'ignorent auſſi : ces hommes ſont bien faits, ſveltes, d'une vigueur, d'une activité & d'une agilité remarquable ; leur voix eſt douce & efféminée ; leur peau eſt couverte de boue & de fumier, elle a la couleur du chocolat ; ils n'ont ni le nez plat, ni de groſſes lèvres ; leurs dents ſont belles, leurs cheveux longs & noirs, mais ils les portent courts, bouclés légérement ; ils ne les frottent ni de graiſſe, ni d'huile, & ſont exempts de vermine ; leur barbe eſt épaiſſe & touffue ; ils la brulent quand ſa longueur les embarraſſe : hommes & femmes ſont abſolument nuds : la principale parure des hommes conſiſte dans un os gros comme le doigt, long de cinq à ſix pouces qui leur traverse le nez, bouche leurs narines, & les fait naziller quand ils parlent : ils ont encore des colliers faits de coquillages taillés & attachés ensemble proprement, des bracelets de petites cordes dans la partie supérieure du bras, un cordon de cheveux qui leur passe autour des reins, des espèces de hausse-cols de coquillages : ils se font de larges taches rouges sur les épaules & la poitrine ; & des raies blanches, les unes étroites & tracées sur les bras, les jambes, les cuisses ; les autres larges sur le reste du corps : le blanc parait être de l'ocre, le rouge une espèce de stéatites : ils ont les oreilles percées, & n'y suspendent rien : ils estiment beaucoup ces ornemens, & méprisent le verre & les rubans : on découvre aussi sur leur corps des cicatrices irrégulieres qu'ils se font lorsqu'ils perdent leurs parens : ils sont sans habitations fixes : leurs huttes sont petites, construites en forme de four, avec des baguettes flexibles dont ils enfoncent en terre les deux extrémités, & qu'ils recouvrent de feuilles de palmier ou d'écorce : trois ou quatre s'y couchent ensemble, disposés en cercle, de maniere que les talons de l'un touchent la tête de l'autre : l'ouverture est opposée au côté d'où le vent souffle, & vis-à-vis du feu ; ces hordes errantes les construisent & les abandonnent selon le besoin ou leur volonté : là où elles demeurent peu, elles se contentent de coucher sur les buissons ou l'herbe séche : leur seul meuble est un vase d'écorce lié avec une baguette souple dont les bouts servent d'anse ; ils ont encore un sac à mailles qu'ils portent sur le dos, & dans lequel ils renferment leurs hameçons, leurs lignes, leurs coquilles, leurs pointes de dards, car leur principale nourriture est le poisson ; ils mangent aussi des Kanguroo, des oiseaux, une espèce d'igname : ils sont griller tout ce qu'ils mangent, & mâchent continuellement des feuilles qu'on ne connait pas : ils montent sur les arbres en faisant des entailles à leur tronc ; & allument du feu en un instant, en tournant avec vitesse la pointe émoussée d'un bâton sur un morceau de bois plat : leurs armes sont la javeline, & différentes especes de lances ; quelques-unes ont quatre pointes armées d'un os pointu, barbelées & enduites d'une résine dure. Vers le nord la lance est une canne ou un jonc droit & léger qui a huit à quatorze pieds de long, composée de pieces enchassées les unes dans les autres, armée d'une pointe de bois dur, ou d'un os de poisson, ou de morceaux aigus de coquilles brisées : ils la lancent avec la main pour des distances médiocres ; mais s'il faut la lancer au loin, ils la mettent à l'extrèmité d'un bâton façonné qui augmente la force du jet comme la fronde : leur arme défensive est un bouclier ou targe de trois pieds de long sur la moitié de large, fait d'écorces qu'ils découpent sur l'arbre avant que de l'enlever, pour qu'elle devienne plus épaisse & plus forte.

Leurs pyrogues sont grossieres & mal faites : dans la partie méridionale elles ne sont qu'un morceau d'écorce dont on maintient l'ouverture par des cerceaux : elles peuvent porter trois personnes : près des bords ils les conduisent avec des perches, ailleurs avec une rame d'un pied & demi : elles enfoncent peu, & sont fort légères & commodes pour la pêche des coquillages : dans la partie septentrionale les pyrogues sont faites d'un tronc d'arbre creusé ; elles ont quatorze pieds de long & peu de largeur, ce qui leur rend un balancier nécessaire ; elles ne portent que quatre hommes qui les font avancer avec des pagayes : pour les faire on ne leur a vu qu'une hache de pierre mal faite, des coins de pierre, des maillets de bois, des fragmens de corail ; ils poliffent leurs bâtons & les pointes de leurs lances avec la feuille d'une efpece de figuier. Les armes de ces peuples annoncent qu'ils ont des guerres entr'eux, quoiqu'on en ait pas vu d'exemples, & l'on ne peut dire fi c'eft ce fléau, ou la ftérilité du fol, ou quelque autre caufe qui a dépeuplé cette vafte contrée.

 Cette côte étendue eft prefque par-tout bordée d'écueils, de bancs de rochers, & de petites isles : parmi celles-ci il en eft peu de remarquables : celles de *Keppel* font au devant d'une grande baie ; elles font habitées ainfi que la terre qui leur eft oppofée : celles de *Townshend* s'étendent fort loin ; leur élévation, leur contour eft très-varié ; aucune ne fe reffemble : celles de *Cumberland* offrent des prairies, des bois, quelques habitans ; l'une d'elles fe termine en pic élevé : l'isle *Magnetique* eft plus au nord ; elle reçut ce nom parce qu'en s'en approchant l'aiguille aimantée variait fans ceffe. Les isles *Palmes* font à cinq lieues de la terre ; on y a vu des habitans, des pyrogues, une efpece de palmifte, quelques plantes fingulieres. Celle des *Lezards* eft élevée, a huit lieues de tour, eft en grande partie ftérile & rocailleufe, mêlée de terres baffes couvertes d'herbe & d'arbres ; on y voit un étang d'eau-douce & de gros lezards ; elle n'a pas d'habitans fixes ; mais les Indiens y viennent & y conftruifent des huttes pour s'y retirer durant la nuit : autour font des brifans, & d'autres petites isles ombragées par des arbres & habitées d'une multitude d'oifeaux ; leurs bords font riches en poiffons, en coquillages, en tortues. Celles de *Bir-Island*, ou des oifeaux, font baffes, ombragées, couvertes d'oifeaux, & c'est de cette derniere circonstance qu'elles tirent leur nom. Enfin sous la latitude de 10.° 37' on voit les îles d'*York*, situées dans la partie la plus septentrionale de la nouvelle Hollande, dans le détroit qui la sépare de la nouvelle Guinée.

La nouvelle Hollande forme ensuite un vaste golfe, qu'on nomme le *golfe des crocodiles*; son ouverture est au nord, il paraît avoir 120 lieues d'ouverture, & une profondeur de plus de 200 : son bord oriental a été découvert par Pierre Carpenter en 1628 ; de-là vient le nom de *Carpentarie* qu'on lui donne : ses côtes sont difficiles, défendues par un labyrinthe d'îles & de détroits; les Hollandais l'ont parcourue depuis dans toute son étendue, & y ont vu des rivieres auxquelles ils ont donné les noms de *Batavia*, de *Coen*, de *Nassau*, des *Etats*, de *Diemen*, de *Caron*, de *Mael Suckes*, &c. mais ils n'ont pas publié de descriptions du pays. L'extrêmité occidentale de ce golfe a le nom de *Terre d'Arnhem*, découverte en 1618 par Zeachen, Hollandais, qui lui donna le nom de sa patrie : plus au couchant s'étendent des côtes auxquelles il donna le nom de *Van-Diemen*, alors général de la compagnie, qui encouragea ces découvertes. Dampier qui revit ces terres, se proposait de les visiter avec soin ; mais il n'a pu exécuter son projet.

Entre la nouvelle Guinée & la nouvelle Hollande on rencontre plusieurs îles. Telles sont celles du *prince de Galles*, découvertes, & nommées par Cook ; c'est un groupe d'îles dont l'une est plus haute & plus étendue que l'autre; elles lui parurent habitées, & étaient couvertes de plantes & de bois ; les îles des *Crocodiles*, de *Vallella*, de *Meva*, de *Goram*, des *Oiseaux*, dont nous ne connaissons que les noms.

ISLE CELEBES
OU DE MACASSAR.

CEtte île a du nord au midi 150 lieues de long, & environ 85 de large : elle est à 80 lieues des îles Moluques, & quelques auteurs la rangent parmi elles ; la ligne équinoxiale passe dans sa partie septentrionale ; les chaleurs y sont excessives ; mais temperées par des pluies abondantes qui y tombent, dit-on, régulierement quelques jours avant & après les pleines lunes, & pendant les deux mois que le soleil emploie à parcourir perpendiculairement l'espace qu'elle occupe : les vapeurs qui s'élèvent des mines d'or & de cuivre, celles que causent cette alternative de pluie & de chaleur, y rendraient l'air mal-sain, si des vents du nord rapides & fréquens ne l'y purifiaient ; elles y rendent les orages terribles & les tonnerres effrayans. Dans le centre on y voit des montagnes presque inaccessibles, mais où l'on trouve d'excellentes carrieres, des mines d'or, de cuivre, d'étain. Quelques-unes de ses provinces sont remplies de bois d'ébène, de calembouc, de calamba, de sandal, d'autres bois qui servent à teindre en verd & en écarlate : le bois de charpente y est très-commun ; c'est-là où l'on trouve les bambous les plus beaux, les plus solides ; quelques-uns ont 3 pieds de diamètre ; on en construit des cabanes & des bâteaux ; on en fait des flèches & des tambours ; d'autres sont arrosées par des rivieres poissonneuses, présentent un paysage varié de collines, de campagnes ornées d'arbres toujours verds, de

fleurs

fleurs & de fruits dans toutes les saisons : le jasmin, la rose, la tubereuse, l'œillet, plusieurs autres belles fleurs y viennent sans culture : le *Bougna-geray-maura* ressemble au lis ; sa tige est de deux pieds, sa racine amère calme les fievres pourprées & pestillentielles, son odeur suave s'étend au loin, & les Insulaires en font une essence dont ils se parfument pendant leur vie, & dont on les embaume après leur mort ; l'oranger, le citronnier y ombragent les plaines, une multitude d'oiseaux y font entendre sans cesse leurs chants : parmi eux on remarque le *Tenrou-joulon* & le *Louris* : le premier gros comme une alouette, a le bec rouge, la tête & le dos verts, le ventre jaunâtre, la queue du plus beau bleu ; on le voit voltiger sur l'eau, & enlever le poisson qui s'élance quelquefois au-dessus de sa surface ; il le porte dans son nid, & chante aussi longtems que ses provisions lui durent : le second est un perroquet d'un rouge de feu éclatant, partagé par des bandes noires ; il est triste & mélancolique, & tandis que les autres égayent la terre par leurs chants, il garde toujours un morne silence. Parmi les fruits on remarque les mangues, les bananes, les oranges, les citrons par leur beauté & leur bonté. Le *monguier* y est grand & touffu ; son feuillage épais, présente un abri sûr contre le soleil & la pluie ; ses feuilles broyées répandent une odeur agréable ; ses fruits pendent à de longs filets, sont ovales, dorés, de la grosseur d'une poire ; leur chair tendre, sucrée, rougeâtre, renferme un noyau dont l'amande est amère : les melons y sont petits, mais très-rafraîchissans : les grappes de bananes, ou figues du pays y sont très-grandes, le goût en est délicieux : une croix marquée au centre les faisait respecter des Portugais qui n'osaient les fendre avec le couteau.

Cette Île n'a de fruits communs avec l'Europe que les noix ; leur coquille est plus dure, leur chair plus blanche & de moins bon goût, mais elles fournissent beaucoup d'huile dont on fait de l'onguent & des flambeaux en en frottant des bâtons secs : la vigne n'a pu y réussir, mais le palmier y donne un vin excellent, moins dangereux que le nôtre : le cotonier y couvre de vastes plaines : ses fleurs sont d'un rouge couleur de feu, longues, découpées comme le lys, aussi agréables à la vue, mais sans odeur. La plupart de nos légumes, de nos simples y sont communs ; l'*opium* ou *ophyon* est un arbuste qui y croît sur les tombeaux, dans les antres des montagnes, dans des lieux sauvages & pierreux ; ses feuilles sont d'un vert pâle ; on tire de ses rameaux incisés une liqueur qui s'épaissit, & dont on fait de petites boules qu'on achete au poids de l'or ; l'eau dans laquelle on en a fait dissoudre une, donne au tabac un goût exquis ; elle facilite la digestion, fortifie l'estomac, mais elle énivre, & procure le plus doux sommeil ; l'habitude le rend nuisible, il affaiblit, ébête, conduit enfin à une mort lente : un morceau de la grosseur d'un grain de riz, purge violemment, plus gros il donne un sommeil qui ne finit plus : diverses autres plantes y ressemblent par leurs effets à cet opium : il en est qui sont de violens poisons.

 Célébes nourrit beaucoup de bestiaux : ses bœufs sont plus gros que ceux d'Europe, ses vaches y donnent du bon lait ; on y élève des chevaux & des buffles ; on voit dans ses forêts des troupeaux de cerfs & de sangliers ; on y voit encore des singes, grands, féroces, les uns sans queue, les autres avec de longues queues ; il en est qui marchent sur leurs quatre pattes, il en est qui ne marchent jamais que sur celles de derriere : les blancs sont les plus grands, & les plus dangereux, surtout pour les femmes qu'ils saisissent, & mettent en pieces: leurs ennemis sont des serpens qui les poursuivent sans cesse, & dont quelques-uns, dit-on, les avalent tout entiers : les moins gros employent l'agilité & les rufes pour les vaincre; perchés sur des arbres, ils attirent le singe curieux en sifflant, & lorsqu'ils le voient à leur portée, ils s'élancent sur lui, l'enlacent, le déchirent, & boivent son sang; ces singes sont poltrons; la vue d'un homme armé d'un bâton les met en fuite, & leur fait rendre, dit-on, avec leurs excrémens une espèce de bezoar, dont les effets sont plus puissans que ceux du bezoar commun, & qui est aussi plus cher.

Cette île est arrosée par différentes petites rivieres, qui la plupart sont des branches d'une plus grande qui prend sa source dans un lac, coule du nord au midi, arrose le royaume, & la ville de Macassar, & se jette dans la mer par une embouchure large de demi lieue; elle est habitée par des crocodiles dangereux, qui quelquefois renversent les bâteaux, & dévorent les hommes, & par des lamentins dont les nageoires sont taillées en forme de mains : son lit est embarrassé de bancs de sable.

Les habitans de cette île sont grands, robustes, laborieux, infatigables, assez basanés : un nez plat & écrasé est une beauté qu'ils prennent beaucoup de soin de donner, dit-on, à leurs enfans : on les frotte souvent d'huile & d'eau tiede; on les sevre quand ils ont un an, parce qu'on craint de les rendre stupides en les nourrissant de lait plus long-temps : à cinq ou six ans on les éloigne de la maison paternelle dont la douceur pourrait les amollir; ils n'y rentrent qu'à quinze ou seize ans, & lorsqu'ils peuvent se marier; ils aiment la guerre, manient un cheval avec dextérité; font adroits à tirer de l'arc, & à se servir d'armes à feu : le cri, le sabre sont redoutables dans leurs mains : le premier est long d'un pied & demi, il a la forme d'un poignard, mais sa lame s'allonge en serpentant: dans les combats, ils en portent un dans chaque main, & de l'un ils parent les coups qu'on leur porte, tandis que de l'autre ils cherchent à percer leur ennemi; ordinairement la pointe en est empoisonnée; c'est l'arme dont ils se servent dans leurs duels, suivis presque toujours de la mort des deux combattans : leurs flèches, d'un bois léger, au bout duquel ils attachent une dent de requin, sont lancées à soixante ou quatre-vingt pas avec la sarbacane. Les riches sont vêtus d'une robe de brocard, ou de drap écarlate, qui leur descend jusqu'aux genoux; ces robes ont des boutons d'argent & des manches étroites; leur culotte est de soie, & ressemble aux nôtres; les deux bouts de leur large ceinture, brodée d'or ou d'argent, pendent à leurs côtés; par dessus ils portent négligemment un manteau de mousseline : leur cri à poignée d'or ou d'argent est au côté droit; au côté gauche est un petit couteau, du tabac, du betel & leur bourse : les riches seuls portent aux pieds des sandales moresques; un petit bonnet couvre leur tête, & dans les jours de fête, c'est un turban que les jeunes gens prennent de toutes couleurs, mais que les prêtres & les vieillards portent blanc : les seigneurs, dit-on, se font souvent arracher les dents pour en substituer d'or ou d'argent : tout Macassarois se les lime, polit & teint en vert & en rouge : les femmes sont aussi propres, mais moins magnifiques que les hommes : leur chemise de mousseline, à manches étroites & courtes, descend jusqu'aux genoux, & leur couvre le sein : une culotte les couvre jusqu'au bas de la jambe; elle est brodée avec beaucoup d'art; par dessus est un jupon d'étoffe légère : leurs cheveux noirs, parfumés, tournés en boucles, font leur seule parure : les hommes portent des bagues & des pierreries, & s'occupent beaucoup des soins domestiques : on y voit peu d'esclaves : les prisonniers de guerre se vendent ordinairement dans les royaumes étrangers : la noblesse y est un titre perpétuel, & elle y est très-fière; on la distingue en trois ordres, les *Dacus*, les *Carrés*, les *Lolos* : les premiers possèdent de grands fiefs inaliénables dans leur famille, & qui à son extinction retournent aux rois, auxquels ils doivent une redevance & qu'ils doivent servir à leurs frais : ils ont des vassaux qui les servent par quartier; un nombreux cortège les environne; ils remplissent les premieres charges de l'état : les *Carrés* sont des seigneurs de villages : les *Lolos* sont de simples nobles devenus tels par des lettres du prince. Tels sont les nobles du royaume de Macassar qui, avant que les Hollandais y eussent fait reconnaitre leur autorité, avait subjugué tous les autres princes de l'isle. Le gouvernement y est monarchique, héréditaire pour les frères, non pour les fils, afin d'éviter les minorités : on a vu le roi de Macassar marcher à de nouvelles conquêtes à la tête de 88000 fantassins & de 12000 cavaliers : à côté de sa tente, placée dans un lieu d'où l'on peut tout voir, se déploie un étendart blanc ou rouge : chaque seigneur a sa compagnie & son drapeau : les soldats traînent des canons d'une grosseur étonnante que la faiblesse de leur poudre rend souvent inutiles : ils marchent au lever du soleil, ils campent à son coucher : le repas du matin est leur seul repas pendant le jour : leur ardeur aiguisée par l'opium est redoutable : ils sont vainqueurs si l'on s'y expose; ils sont vaincus si on fait la fatiguer & l'éteindre.

Autrefois les Macassarois regardaient le soleil & la lune comme leurs dieux, comme les souverains éternels du ciel : leur lever, leur coucher étaient l'instant de leur culte ; le nuage qui les cachait leur annonçait qu'ils étaient irrités, & ils se prosternaient devant leurs figures d'or ou d'argent pour les appaiser ; ils leur demandaient des bienfaits, ils leur offraient des sacrifices sanglans dans les places publiques; mais c'était pour leurs dieux seuls qu'ils osaient donner la mort à des animaux : les peres de famille étaient les sacrificateurs, & lorsqu'ils manquaient de victimes, ils n'épargnaient pas leurs enfans : ils croyaient l'ame immortelle, & pour la mettre en état de paraitre avec décence, ils enterraient avec le mort ses plus beaux habits, & une partie de leurs biens : on a trouvé dans d'anciens tombeaux des vases, des bracelets, des chaînes, des lingots d'or. La terre était fille de la lune blessée en fuyant le soleil qui l'avait maltraitée ; en tombant la terre s'était entr'ouverte, & avait fait sortir de son sein deux sortes de géans, dont les uns, cachés dans les eaux, y excitaient des tempêtes, tandis que les autres, rentrés au sein de la terre, y produisaient les métaux & les tremblemens de terre : enfin ils disaient que les deux astres s'étant reconciliés, ils étaient convenus de régner l'un durant le jour, l'autre durant la nuit. Telle était leur religion & leurs dogmes, lorsque le culte des chrétiens & celui des Musulmans s'y fit connaitre : les Macassarois incertains de celui qu'ils devaient préférer, députerent à Sumatra pour avoir des prêtres Mahométans, & à Malaca pour avoir des chrétiens ; on voulait les entendre pour se déterminer, mais la crainte des dissentions qui pouvaient naître fit décider, dit-on, que ceux qui viendraient les premiers seraient sensés avoir raison; les prêtres de Sumatra arrivèrent les premiers, & le roi se fit circoncire; une mosquée superbe s'éleva, le peuple s'y rendit en foule, & devint Mahométan: le roi de Macassar, en faisant reconnaître sa domination dans toute l'île, y répandit aussi sa religion qui par-là y est devenue générale. Tous les princes autrefois souverains y étaient devenus ses vassaux: ces vassaux ont repris une partie de leur pouvoir par le secours des Hollandais: tels sont les rois de *Bouguis*, de *Loubou*, de *Layo*, de *Bancala*, de *Tellos*, de *Linques*, &c. situés dans la partie septentrionale de l'isle: ils forment aujourd'hui une espece d'assemblée générale où le gouverneur Hollandais préside, & qu'il convoque pour délibérer sur les affaires publiques: leur jalousie mutuelle assure le pouvoir que la république s'est assurée sur eux par les armes en 1667. Elle n'a laissé au roi de Macassar qu'une partie des états qu'il possédait. Jettons un coup-d'œil sur les différentes parties de cette île.

Le royaume de Macassar est situé au sud-ouest de l'île: sa capitale nommée comme lui, a aussi le nom de *Mancaçara*: elle était grande autrefois, & ses fortifications étaient redoutables; elle était située près de la riviere de son nom, dans une plaine fertile en riz, en fruits, en légumes; ses rues nombreuses étaient larges, sans pavé, ombragées par un double rang d'arbres: le palais du roi, quelques mosquées sont ses seuls édifices de pierres; les autres maisons sont de bois peints de diverses couleurs; la plus grande n'a pas plus de cinq toises de long, ni plus de deux de large; les fenêtres en sont étroites ; le toît en est composé de larges feuilles ; elles sont suspendues sur des piliers d'un bois presqu'incorruptible, & on y monte par une échelle ; les boutiques y sont commodes & riches : on y voyait de belles places, des marchés où les femmes seules osaient se montrer : on y a compté jusqu'à 160 mille habitans : aujourd'hui cette ville n'est presque qu'un bourg ouvert composé d'une grande rue, & de quelques autres plus petites : il a de belles maisons des deux côtés de la rade : près de lui est la forteresse *Oud-jong-Pandang* ou *Joupandan* à qui on a donné aujourd'hui le nom de *Rotterdam* : c'est de là que les Hollandais donnent des loix à l'île entiere, où ils tiennent une forte garnison, une nombreuse artillerie, & d'abondantes provisions de guerre ; son port est excellent, son commerce est considérable, & il la rend une des villes les plus importantes de l'île. On y fabrique des pieces d'or, du titre d'environ vingt-un carats, du poids de douze grains. *Macassar* est sous le 5e degré de latitude mérid.

À cinq lieues de Macassar est un grand bourg nommé *Galeron*, où sont établies de grandes pêcheries : *Tanaë* est encore un bourg : la seule place forte qu'on ait laissé au roi qui y regne encore, est *Samboupo*, mais elle n'est pas considérable ; elle est située au bord de la mer, dans une situation agréable, au pied de petites collines.

Tallou, *Borobassou*, &c. sont des villes connues par leurs manufactures de toiles de coton & d'étoffes de soie.

Macassar possede encore plusieurs bourgades, & les iles de *Baajen-Eiland* & *Calauro* : la derniere est assez grande : entr'elles sont trois petites îles & des rochers que les Hollandais appellent *Zoutelands-Rotzen* : à l'orient de Calauro on voit aussi les petites îles du *Tigre* : *Greſſe* , *Pannekoke* , *Borrambon* , &c. ſont des fortereſſes que les Hollandais ont fait démolir.

Le royaume de l'île, qui eſt aujourd'hui le plus puiſſant, eſt celui de *Boni* ou des *Bouguis* : il eſt ſitué à l'orient de Macaſſar, & l'on dit qu'il peut mettre 60 mille hommes en campagne : c'eſt à la compagnie Hollandaiſe qu'il doit ſa puiſſance. *Boni* ou *Boné* eſt ſa capitale : c'eſt une ville peuplée & aſſez belle : à un mille de ſes murs eſt *Tſijnrana*, réſidence du roi ; cette ville eſt arroſée par une riviere qui porte le même nom, & qui prend ſa ſource dans le lac de *Tempé* : elle va ſe jetter dans le golfe de *Boni* ou *Saleyer*, dangereux par les bancs, les rochers, les îlots qui bordent ſa côte : ſur une grande baie au midi eſt *Bonteyn*, ville qui dépend du même roi.

Soppen forma un petit royaume particulier : il dépend aujourd'hui de Boni : il eſt ſitué à l'extrêmité du golfe de Saleyer : *Vagiou*, ſituée ſur la côte orientale de la mer ; *Renughi*, près du golfe de Saleyer, dépendent encore de cet état.

Linques, *Loubou*, *Goa*, *Tello* ſont de petits états ſitués entre Macaſſar & le golfe de Saleyer : *Goa* eſt ſur le rivage de ce golfe ; c'eſt une ville ouverte, autrefois puiſſante, & qui eût une fortereſſe peu redoutable.

Saleyer eſt une île ſur la rive occidentale du golfe de ſon nom : elle s'étend du midi au nord dans un eſpace de 12 lieues, ſur 8 de large. A quelque diſtance eſt la pointe de *Tanjoli*, & à l'orient la petite ville de *Boulocomba*, où l'on ſême quand on moiſſonne à *Maros*, ville qui n'en eſt éloignée que par un petit détroit & une montagne d'une élévation médiocre.

Pangasane, île d'environ 15 lieues de long sur 3 de large, située à l'orient du golfe de Saleyer, renferme le petit royaume & la ville de *Tibore*, autrefois célèbre dans ces contrées : le canal qu'elle forme avec Celebes est défendu à l'entrée par l'île de *Cambayna*, qui a dix lieues de tour, & par quelques autres moins considérables. Plus à l'orient est l'île de *Bouton* ou *Button*, qui a environ 25 lieues de long sur une largeur de 5. La petite ville de *Button* est située sur une hauteur à l'entrée méridionale du détroit de Pangasane : le roi de cette île, qui réside à *Coulonsousou*, est tributaire de celui de Ternate. A l'orient de Button sont les huit ou dix petites villes de *Toucanbesis*, & au nord celle de *Wawoni* ou *Wancony* qui a 9 lieues de tour.

Sur la côte orientale de Celebes, on trouve la baie de *Tambuco* ou *Tabuco* qui prend son nom d'une bourgade sur les bords de la rivière Lahan, où l'on fabrique des sabres estimés. Plus au nord est le royaume de *Bancala* ; la baie de *Tomini* y est située : sur ses côtes sont les bourgs de *Modone*, *Balante* & *Gorontale* ou *Gorontano* : à quelque distance sont les îles d'*Ouby*, de *Pangui*, & quelques autres plus petites.

La partie la plus septentrionale de l'île forme une presqu'île où l'on remarque la ville de *Manado* : là aussi les Hollandais ont la forteresse d'*Amsterdam* : au couchant est le royaume de *Boulan*, puis celui de *Caudipan* où l'on trouve les bourgades de *Dauw* & de *Boulam-Itam* : en suivant la même direction, on trouve la baie de *Bool*, sur laquelle est le grand village de ce nom, & à l'orient de laquelle sont les deux petites îles de *Mildelbourg* & de *Vlissingue* : on arrive ensuite à la rade de *Tentoli* qui doit son nom à une ville située au midi du royaume de *Layo*, puis à la pointe de *Stroom*, d'où la côte tourne vers le midi, & a sur ses bords les villages de *Dondo*, le *Silensak*, *Bala-issan* & *Dampelas*; près du dernier est la grande baie de *Cajeli*, dont les environs sont fertiles & peuplés. Toute cette étendue, depuis le royaume de Boulan jusqu'ici, appartient au roi de Ternate; le roi de Macassar le lui avait enlevé; la compagnie de Hollande le lui a fait rendre.

Plus au midi est *Turatte*, ville qui donnait son nom à un royaume puissant: elle est voisine d'une grande baie où l'on voit une petite île, & plus loin, l'écueil dangereux de *Den-Bril* où se sont perdus plusieurs vaisseaux: il a deux lieues de tour. Au-dessous est la baie de *Badjoukike*, qui peut recevoir plus de cent navires: près de là est *Mandar*, capitale d'un royaume: il renferme de belles montagnes & de fertiles champs de riz. A l'orient de cet état est celui de *Toraja*, dont la capitale est bâtie sur les bords de la grande rivière de Macassar: on trouve de la poudre d'or dans cette partie de l'île; & dans les montagnes de *Momoya* qu'il renferme, & où les pluies forment des ravins profonds, on a trouvé des morceaux d'or assez considérables, mais il est d'un titre assez bas: au nord de Toraja est le royaume de *Badjing*.

Telle est la meilleure description que nous puissions faire d'une île considérable, mais mal connue: les principales richesses que les Hollandais en tirent sont une grande quantité de riz le meilleur des Indes, de l'or, de l'yvoire, des bois de sapin & de santal, du coton, du camphre, des quinquailleries de fer, des armes Indiennes, du gingembre, du poivre long & des perles: ils y portent des draps écarlates, des étoffes d'or & d'argent, des toiles de Cambaye, de l'étain, du cuivre, du fer, du savon, de l'affa-fœtida. La compagnie de Hollande s'y est reservée le commerce exclusif, & l'exemption de tous droits dans ces états : elle y possède d'assez vastes possessions : elle est la protectrice des petits rois de l'île, & la tutrice de leurs enfans qu'elle peut déposer, s'ils s'écartent de la fidélité qu'ils lui ont jurée : ils doivent s'armer, quand elle le demande ; ils ne peuvent faire de traités ni de guerres sans qu'elle y consente : le gouverneur qu'elle nomme est le premier juge de leurs querelles ; si sa décision ne convient pas, on convoque une assemblée générale où elles sont arrangées.

Isle de Gilolo.

Les Portugais la nomment *Batochina de Moro* : les Indiens lui donnent les noms de *Halamahera*, de *Mere des Pays*, ou *grande Terre* : elle étend trois longues presqu'îles vers l'orient qui, jointes à celle qui est dirigée au nord, forment des golfes profonds où les navigateurs craignent de s'engager. Elle a 80 lieues de long du nord au midi, sa largeur est très-inégale, son circuit est de 250 lieues : la ligne équinoxiale passe par la partie méridionale : elle est peu connue : on dit que l'air y est mal sain & très-chaud, que la terre y est très-fertile en riz & en sagu ; que sur ses rivages on trouve beaucoup de tortues, & qu'elles y sont d'une grosseur extraordinaire ; que ses habitans, surtout dans l'intérieur & vers le nord, sont des sauvages qui errent dans des solitudes incultes, sans loix & sans demeures fixes ; qu'ils ont des chefs auxquels ils obéissent sans leur payer de tributs ; qu'ils adorent le Diable sous des figures hideuses ; qu'ils sont bien faits, mais féroces & cruels ; qu'au midi il y a un roi tribuaire des Hollandais : c'est à-peu-près tout ce qu'on en sait : ses principales bourgades situées au bord de la mer sont *Gilolo*, où le roi dont nous avons parlé réside ; *Cuma*, située au fond d'un grand golfe ; *Tolo*, sur le rivage méridional d'un autre golfe ; *Maro* & *Isungo*, situées au midi. Au nord de cette île est celle de *Moratai*, que Tobie Mayer nomme *Sequita* ; au sud est celle d'*Ubi* ou *Ouba* ; toutes deux sont mal connues, & peu considérables.

ISLES MOLUQUES.

Leur nom vient de *Moloc*, qui signifie tête, ou chef, dans la langue du pays, ou de *Maluco*, royaume : dans le sens resserré on ne donne ce nom qu'à cinq petites îles, toutes à la vue l'une de l'autre, & qui n'occupent pas toutes ensemble un espace de 25 lieues, partagé par la ligne équinoxiale : ces îles sont *Ternate*, *Tydor*, *Mothir*, *Machien* ou *Maquien*, & *Bachian*, nommées autrefois *Capa*, *Duco*, *Montil*, *Mara* & *Seque*. Nous parlerons d'abord de ces cinq îles, puis de celles qui sont comprises avec elles sous le nom de Moluques, soit parce qu'elles en dépendent, soit parce qu'elles en sont voisines.

Chacune de ces cinq îles a une forme circulaire, & la plus grande n'a pas huit lieues de tour : autour d'elles sont de plus petites îles la plupart désertes : des bancs de sable & des rocs en rendent l'approche dangereuse ; des rades commodes mettent en sûreté les vaisseaux qui y arrivent : les pluies y sont abondantes ; mais tel est leur terroir que quelques heures le defféchent, & que les torrens caufés par les pluies ne vont pas des montagnes à la mer; ils fe perdent en chemin: l'herbe, les broffailles, les arbres qui les couvrent, leur donnent un afpect uniforme & toujours vert: l'air n'y eft pas fain pour les étrangers: on n'y voit croître ni bled, ni riz: on y fend une efpece de palmier pour en tirer la moëlle, qui broiée, rend une farine très-blanche & faine; les branches incifées donnent une liqueur agréable & faine; fon fruit qui reffemble prefqu'à celui du cyprès, contient des poils déliés qui enflamment la main qui les touche; c'eft le *fagu* dont nous avons parlé déja ailleurs. Le *Nipa* & le cocotier fuppléent encore au défaut des grains que l'île ne produit pas; le bambou leur fournit auffi une liqueur fort douce: elles font fans rivieres & fans métaux: elles tirent de *Lambaco*, île voifine, leur fer & leur acier. Leur plus grande richeffe eft le girofle qui eft une production particuliere à ces îles, & à celle de *Meao*, d'*Amboine*, de *Gilolo*, de *Cinomo*, de *Cabel* & de *Marigoran* qui en font voifines: la tête de l'arbre qui le porte eft plus épaiffe que celle du laurier, mais il lui reffemble par fa grandeur & la forme de fes feuilles; fes branches font nombreufes; elles fe couvrent de fleurs d'abord blanches, mais qui deviennent vertes enfuite, puis rougiffent en fe changeant en clous, qui en féchant deviennent d'un brun jaunâtre: on bat ou fécoue l'arbre pour les faire tomber avec la queue qui les foutenait, & dont on les fépare: ceux qui tombent naturellement, & font négligés fur la terre, produifent un petit arbre dans l'année qui fuit, lequel aidé des pluies abondantes, donne du fruit à huit ans, & vit un fiécle; il croît fur les monts comme dans les vallées; nulle verdure ne peut exister sous son ombre dévorante ; il dessèche les lieux où on le garde, & y répand une chaleur suffoquante ; son tronc, ses feuilles ont le même goût, la même chaleur. Les Indiens le confissent dans le sucre, le sel, ou le vinaigre : ils appellent l'arbre *Siger*, la feuille *Varaqua*, le fruit *Chimque* ou *Chamque* : les Perses le nomment *Calafu*, Pline le décrit sous le nom de *Cariophyllum* ; les Chinois qui ont eu étendu leur empire sur ces isles, paraissent être les premiers qui en ont connu les qualités. Les Hollandais en ont concentré la culture dans l'isle d'Amboine ; ils l'ont arraché des possessions du roi de Ternate qui l'a souffert pour une pension de 3225 florins, & des champs du roi de Tidor qui reçoit en équivalent une pension de 6000 florins.

Parmi les fruits des Moluques, on remarque l'*amandier* : les coques du fruit sont très-dures, & font un feu ardent ; elles renferment deux ou trois amandes ensemble : on y trouve encore différens fruits communs aux Indes : le tabac qu'on y recueille est inférieur à celui qu'on cultive dans leur voisinage : il y croît, dit-on, un bois rougeâtre, fort cassant, qui s'enflâmme & brûle sans se consumer, & le *Catopa*, plante dont les feuilles se changent en papillons ; la tête se forme du pédicule de la feuille, les pieds de ses filamens, ses ailes de l'épiderme : on pense bien que celui qui a vu cette reproduction n'était pas un abbé *Spallanzani*.

Parmi les animaux qu'elles nourrissent, on remarque des couleuvres longues de 30 pieds, qui rampent avec pesanteur, & paraissent sans venin : on dit qu'elles connaissent une herbe qui mâchée, enyvre les poissons, & qu'elles s'en servent pour en faire leur proie : les crocodiles y sont dangereux sur la terre, mais dans la mer, ils sont lâches &

engourdis ; on y en a trouvé un qui avait quatre yeux. Le *Cuzo* est une espèce de lapin qui vit des fruits de l'arbre où il se retire ; son poil d'un gris rougeâtre est épais & rude ; ses yeux sont ronds & vifs, ses pieds petits, sa queue longue & belle, l'odeur qu'il répand est désagréable : les perroquets y ont une fertilité singuliere à répéter ce qu'ils entendent : leurs couleurs sont agréablement variées ; leur cri est fréquent & fort : l'oiseau de paradis, nommé par les habitans *Manucodiatà* y est assez commun : ils n'y vivent pas d'air, traversent facilement ces îles, s'y reposent, & ont des pieds, quoiqu'on ait prétendu le contraire : c'est un oiseau de proie, & il en est de deux espèces : la grande est la plus belle : chacune a son roi, petit, & d'une couleur éclatante : des oies noires y volent en grandes troupes : les cannes, les grives y sont abondantes ; les poules n'y prosperent pas ; la pêche y est assez rarement heureuse : on y trouve des *manatées* ou vaches marines, une sorte d'écrevisse qui donne la mort à ceux qui en mangent : une autre sorte qui ressemble à la langouste, naît entre les rochers, a les jambes courtes, les dents blanches & fortes, & près de la queue un sachet d'une pâte dont le goût est fort agréable.

Après les Chinois, les Javanois, les Malais, les Persans, les Arabes y ont successivement dominé : ces derniers y ont fait adopter la religion de Mahomed. Les loix y permettent la pluralité des femmes, & elle y est sans limites : elles y sont sévères pour le larcin, indulgentes pour l'adultère ; la population y est leur but principal, & dans chaque ville, dans chaque bourg, des officiers de police en avertissent les maris tous les matins : on y parle diverses langues : celle des Malais y est la plus commune ;

mune; on a cru que les habitans descendaient des peuples de Java : les hommes y ont le teint d'un jaune obscur, leurs cheveux sont plats, leurs yeux grands, leurs sourcils fort longs & peints; ils sont robustes, paresseux, mais infatigables à la guerre & sur mer; ils blanchissent de bonne-heure, & vivent long-tems ; ils sont civils, officieux, intéressés & fourbes : ils portent des turbans, ornés de diverses couleurs, de plumes, de pierres précieuses : un haut de chausse long, une veste, un manteau court, sont leurs habits : les femmes y sont assez blanches, jolies, vives, d'une taille médiocre ; elles y portent des robes semblables à celles des Persanes ; leur longue chevelure flotte sur leurs épaules, ou est relevée en nœuds, entremêlés de fleurs & d'aigrettes : elles ont des bracelets, des pendans d'oreille, des colliers de diamans, de rubis, ou de perles : les étoffes de soie & d'écorce d'arbre sont communes aux deux sexes; on les fabrique aux Indes, & on vient les échanger contre le poivre & le girofle.

Ces cinq îles ont trois rois, ce sont ceux de Ternate, de Tydor & de Bachian : le premier est le plus plus puissant : il s'engagea en 1638 à livrer tous les cloux de girofle qui croissent dans les pays de sa dépendance aux seuls Hollandais, moyennant la somme annuelle de 4000 réales de huit.

Isle de Ternate.

Elle a 8 lieues de tour : le sol en est élevé, on y voit des montagnes cultivées, & un volcan célebre. Il est au centre de l'île, que peut-être il a fait naitre : on lui donne 2 lieues de haut : c'est une exagération ridicule : un auteur plus croyable ne lui en donne que 306 toises : il est couvert d'arbres jusqu'aux deux tiers de sa hauteur : au sommet est une caverne profonde de 500 brasses, dont l'ouverture est immense : là on voit une fontaine que les exhalaisons corrompent : autour on sent & on voit beaucoup de soufre ; les cendres, les pierres enflammées en sortent avec une explosion qui fait retentir l'île entiere : une fumée differemment colorée s'en éleve sans cesse ; c'est dans les jours orageux des équinoxes qu'il s'enflamme : les roseaux, les cendres qui l'entourent, des rocs escarpés en rendent la montée très-difficile : au sommet on éprouve un froid assez vif ; du bas sortent divers ruisseaux. L'île est fort peuplée ; l'eau des puits y est douce : à l'orient elle a les deux ports de *Telingamma* & de *Toloco*, revêtus de quais commodes : le roi réside à *Gammalamma*, ville dont les maisons sont presque toutes de roseaux ; elles forment une longue rue sans pavé, qui suit le bord de la mer : les Espagnols y avaient bâti un grand château, dont on ne voit plus que les ruines & les fondemens couverts de broussailles ; la mer y est sans rade, peu profonde, & le fond en est pierreux.

Maleïa ou *Maleyo* est une ville assez grande, revêtue d'un mur de pierres séches & de palissades : au dehors elle a une redoute & un vaste jardin : vers le nord, les Hollandais ont élevé le fort *Orange*, défendu par 4 bastions, des murs épais, des fossés profonds ; il renferme des magasins, des appartemens commodes, un grand attelier, beaucoup de canons : au nord de cette forteresse est la petite ville formée d'une rue longue de mille pas : là est la mosquée royale, les tombeaux des rois, leur palais, leurs jardins ; plus haut, sur le rivage, est un bourg orné d'une mosquée. *Malayo* est sur le détroit formé par les îles de Ternate & de Tydor.

Entre les deux villes que nous venons de décrire, les Espagnols avaient creusé un port d'une lieue de tour, profond de 60 pieds; un fond de roche a rendu leur travail inutile, & le port est devenu un étang : au nord de cette île on en trouve quelques autres fort petites; la plus grande est celle d'*Herij*: au midi est l'île triangulaire de *Miterra*.

Isle de Tydor ou Tidura.

Son étendue est égale à celle de Ternate, & peut-être elle est plus grande; en langue du pays son nom annonce sa fertilité & sa beauté : elle a son roi particulier : sa côte orientale est couverte de bois : un retranchement de cailloux la défend du nord au midi; tout le pays est rempli de bourgs & de villages : sa seule ville est *Tidor*, située au pied d'une montagne ronde & assez haute : les Portugais y avaient élevé un fort, à couvert par des broussailles, défendu vers la mer, par une chaîne étroite de rochers que la haute marée couvre.

Isle de Bachian.

Elle a son roi, mais l'indolence de ses habitans le rend pauvre & faible : elle est élevée, & presque déserte, quoiqu'abondante en sagu, en fruits, en poissons, en toutes les nécessités de la vie : les girofles y sont presque détruits, & c'est-là peut-être qu'ils étaient les plus beaux : c'est la plus méridionale des 6 îles; sa forme est ovale; *Sabongo* en était la principale ville, mais la plus grande partie de ses habitans s'est retirée à *Gammacanor* ou *Gammadour*, bourgade, & fort élevés par les Hollandais, qui y ont aussi le fort *Barnevelt* où vivent environ 100 hommes, marchands, pêcheurs ou soldats. Les Portugais y en avaient élevé un à *Labocca* : sur sa côte orientale est l'île de *Manen* qui a 7 lieues de tour.

Isle de *Machian*.

Elle est soumise au roi de Ternate, & est fort peuplée : on y compte 2200 hommes capables de porter les armes : elle est abondante en sagu, & en fournit aux isles voisines : son circuit est de 7 lieues : on y a compté 9000 habitans ; les Hollandais y ont les trois forts de *Gnoffiquia*, *Tabillola* & *Taffaso* : le premier est sur une éminence, l'accès en est difficile ; un mur de maçonnerie, & une garnison de 55 hommes le défendent ; près d'elle est une ville ; une redoute palissadée s'élève sur le rivage : ce fort a de grands magasins de vivres : le second est aussi sur une hauteur qui manque d'eau : le même défaut se retrouve dans le dernier, situé sur une petite montagne : autour de lui sont de belles campagnes cultivées : on y compte encore 5 bourgs.

Isle de *Timor* ou *Mothir*.

Elle a près de 7 lieues de tour, & dépend de Ternate : les Hollandais ont élevé le fort *Nassau* dans sa partie septentrionale : entr'elle & Tidor est l'île de Pottebackers.

II. *Isles comprises sous le nom de Moluques dans le sens le plus étendu.*

ISLE D'AMBOINE.

Elle a environ 20 lieues de tour, & est divisée presqu'en deux îles par deux golfes profonds qui ne laissent entr'eux qu'un espace d'un quart de lieue, qu'on nomme *Baguewal* : c'est un terrein bas : la plus grande partie de l'île est au couchant, & se nomme *Hiti*, l'autre *Rossanive* ou *Leytimor* : l'indolence des habitans laisse la plupart des campagnes de cette île inculte ; l'air y est sain, l'eau excellente, les vivres abondans ; la chaleur excessive ; le bois de construction y est commun ; sa plus grande richesse est le clou de girofle, dont elle fait un grand commerce, & dont elle peut fournir l'Europe entiere : Batavia y fournit ce que la négligence des habitans ne permet pas d'y cultiver : les tremblemens de terre y sont terribles : on trouve du corail sur ses côtes : ses habitans sont partagés en 2 factions, les *Olisivas* ou 9 pays, & les *Olilimas* ou 7 pays : chacune paraît avoir une origine différente, & parle une langue qui n'est pas entendue de l'autre : dans *Rossanive* on compte 12 races d'Olisivas, toutes chrétiennes, & qui peuvent fournir 1235 hommes en état de porter les armes, & 11 races d'Olilimas qui peuvent en donner 1100. Dans *Hito*, il y a 7 races d'*Olisivas*, dont trois sont chrétiennes, deux Mahométanes, & deux idolâtres ; chacune forme 5 villages ; elles peuvent fournir 1000 hommes de guerre ; les Olilimas y sont au nombre de 30 races, toutes Mahométanes, & qui peuvent armer 2500 hommes de guerre : on croit en général que sa population est de 70 mille ames. Seist disait en 1678, que la compagnie pouvait y lever 3060 hommes en qualité de soldats ; on fait monter aujourd'hui ce nombre à 4000 : on y comptait 600 personnes à ses gages : les frais des garnisons & des comptoirs montaient à 438394 livres ; les droits qu'on levait sur les marchandises & les personnes ne montaient qu'à 13947 livres. Le christianisme y fait peu de progrès, on y prêche en Hollandais & en Malais le dimanche ; il y a 16 écoles dans Amboine, & les îles de sa dépendance, mais le manque de papier & de plumes fait qu'on n'y enseigne qu'à lire.

Rossanise ou plutôt *Leytimor*, a des montagnes élevées ; elle contient la ville d'*Amboine*, & le fort Hollandais nommé *la Victoire* ; les rues de la ville sont belles & régulieres, quoique sans pavé : des canaux les traversent, & on les passe sur des ponts : elle a deux églises, plusieurs hôpitaux, des maisons d'orphelins & de discipline, divers beaux édifices publics : elle est au bord d'un golfe dans une belle plaine qu'arrose l'Eléphant ; on y compte plus de mille maisons : elles sont de bois, mais commodes, un rempart de terre l'entoure ; elle n'a point de portes : au nord est le château *la Victoire*, qui a la forme d'un losange : il est entouré de murs hauts & épais, de profonds fossés, & de quatre gros bastions revêtus ; une nombreuse artillerie, & une bonne garnison le défendent : on y voit de grands bâtimens, des magasins, des atteliers, un arsenal, des appartemens commodes, auxquels la crainte des tremblemens de terre fait préférer des maisons de bambou : la petite riviere de l'Eléphant coule auprès : autour du fort habitent plus de 1500 Indiens.

Hito a aussi un fort à 4 bastions, & quelques autres, mais ils sont moins étendus, moins redoutables ; on y voit 4 petites villes, plusieurs villares, & deux montagnes presqu'inaccessibles : celle de *Tanita* est la plus élevée : son sommet est couvert d'une mousse épaisse & humide où se cachent les lézards noirs, seuls animaux qu'on y trouve. Les Indiens sont obligés de fournir tout leur girofle à un certain prix assez bas, à la compagnie de Hollande, qui de son côté, s'oblige de prendre toute la recolte, quelque abondante qu'elle puisse être.

Au couchant d'Amboine sont les 3 *freres* : îles dont deux sont inhabitées, & sans eau : la 3.ᵉ située à une lieue du rivage a un fort de pierres nommé *Flissingue*.

Isle de Bourro.

Bourro ou *Bouro*, île à 14 lieues au couchant d'Amboine : elle en a 60 de circuit ; mais n'est pas peuplée : on y comptait 14 habitations d'Insulaires que les Hollandais ont obligés de se réunir dans le grand bourg de *Cajeli*, sur le golfe de ce nom : ils formerent autrefois un peuple puissant : le roi de Ternate le soumit, & les Hollandais ont achevé de détruire son pouvoir : l'île est presque déserte : des espèces de sauvages nommés *Alfouriens* habitent ses monts élevés : ils n'ont pour vêtement qu'une ceinture d'écorce d'arbres, & n'en veulent pas d'autres : ils sont armés de sabres & de couperets ; ils sont bons & sociables, & vivent de *pisangs*, d'anguilles & de racines : leurs cabanes sont dispersées : une loge enfermée de palissades, défendue par 30 soldats est la seule forteresse que les Hollandais y ayent : *Cajeli* est un bourg long de près d'une lieue, & bordé par deux rivieres : l'une d'elle est le *Way-Abho*, la plus grande de l'île : elle sort d'un lac formé sur une montagne presqu'inaccessible ; son cours est sinueux, ses bords ombragés, ses eaux troubles & paisibles portent au loin des bâteaux, & nourrissent beaucoup de crocodiles : on y compte encore environ 150 rivieres qui y entretiennent la fraîcheur & la verdure. Le golfe de *Cajeli* est formé par deux langues de terre ; l'une nommée *Pela* a beaucoup de bâtimens & de scies ; l'autre s'appelle *Batourea*, & est environnée de rochers : le golfe est profond de deux lieues ; il reçoit quelques rivieres. De-là on voit les hautes montagnes de *Thamahoo* ou *Tomahou* qui se font voir au loin. L'intérieur de cette île est peu connu ; il est rempli de forêts & de monts difficiles à parcourir : ses bois sont beaux ; on y voit de trois sortes d'ébèniers, & quelques-uns ont cent pieds de haut : on en fait du charbon & de la menuiserie : çà & là on trouve de gros serpens & d'autres bêtes vénimeuses : les pâturages y sont excellens, le beurre en est recherché : on y cultive une espece d'orge, beaucoup de riz, & une petite graine dont on fait une bouillie excellente. Le lac d'où sort la riviere de Way-Abbo a 6 lieues de tour ; il a 20 brasses de profondeur au milieu : ses bords sont couverts de roseaux ; on n'y pêche que des anguilles ; des cercelles & des canards sauvages volent en troupes sur sa surface ; ses eaux baignent le pied de hautes montagnes, où l'on voit dispersées des cabanes d'Alfouriens : le froid y est très-incommode.

Isle d'Amblau.

On la nomme aussi Belauw : elle est à deux lieues au midi de Bourro ; sa forme est ovale, elle n'a guères que 4 lieues de circuit : le sol n'y est pas riche ; le sagu qu'elle produit ne lui suffit pas ; elle est montueuse ; onze petites rivieres l'arrosent, une chaine de rochers l'environne : on y compte 9 villages, & environ 1800 ames : elle fut autrefois plus peuplée : les Hollandais n'y entretiennent que 3 ou 4 soldats.

Isle de Manipa.

On lui donne les noms d'*Herrea*, de *Bafia*, de *Condea* : elle est à 5 lieues de Ceram, à 5 d'Amboine, & en a quatre de long sur moins de deux de large : ses girofliers ont été détruits, ainsi que presque tous ceux qui les cultivaient : on y comptait 1600 habitans : ceux qui existent encore ont été réunis autour d'une redoute qu'on nomme *La défense*, gardée par une garnison de 20 hommes, & située au midi de l'ile : au centre s'élèvent quatre montagnes où les Insulaires avaient cherché un asyle. A l'orient est une baye devant laquelle est la petite isle de *Pulo-Touhan* ou *des Pigeons*, nommée ainsi par l'abondance de ces oiseaux : on y voit au bord une anse bordée d'arbres, & partout ailleurs elle est ceinte d'un banc de rochers : le sol en est bas. *L'île des Patates* doit son nom à ces racines qui y croissent très-bien : elle est au nord de *Manipa*, & près d'elle sont encore les isles *Muskite* & du *Diable*.

Isle de Kelang.

Elle est quarrée, longue d'environ deux lieues, située au nord de Manipa, pauvre & mal peuplée, elle ne produit que peu de sagu, mais elle a de beaux bois de construction, une belle riviere l'arrose ; l'entrée en est bouchée par des rochers : on y comptait trois bourgs, & huit villages, & elle est presque déferte aujourd'hui. Entr'elle & celle de Ceram est la petite isle *Pulo-Babi*, remplie de hautes montagnes, de bois & de porcs qui lui donnerent leur nom.

Isle de Boroa ou Loubou.

Elle est située à 3 lieues au nord de Kelang, & hérissée de monts & de rochers ; un bras de mer longtems ignoré la partage : une partie est *Bonoa*, l'autre *Loubou* : le sol en est pauvre, arrosé par deux petites rivieres ; ses habitans sont cultivateurs : autrefois on y compta 13 villages ; mais peu soumis aux Hollandais, ceux-ci ont cru devoir les détruire & disperser leurs habitans : ils sont peu nombreux. Vers le couchant elle a une grande baye où est la petite isle montueuse de *Noussa-Bohan*.

Isle de Ceram.

Elle a 60 lieues de long, 12 à 15 de large, & on la divise en grande & petite ; celle-ci est une presqu'isle, longue de 10 lieues sur 4 ou 5 de large, liée à une Isthme plat, peu étendu, nommé le *Pas de Tanouno* : la presqu'isle elle-même est connue des Hollandais sous le nom de *Houwamohel*, & des Portugais sous celui de *Veranola* : il est dangereux de l'aborder au midi, parce que des rocs l'entourent comme un mur ; elle manque d'eau, cependant elle renferme les trois bourgs de *Cambello*, *Lessidi*, *Loubou*, environ 40 villages, & 1200 habitans. *Cambello* fut d'abord le centre du commerce des clous de girofle, malgré sa rade incommode ; une montagne le séparait de *Loubou* qui était le plus considérable des trois par sa grandeur ; les gouverneurs des rois de Ternate y résident. La plupart des villages ont été détruits, & de sept forts que les Hollandais y eurent, il ne reste que celui d'*Overburg*, gardé par une vingtaine de soldats occupés à détruire tous les arbres d'épiceries qu'on y trouve encore malgré leurs soins, & à veiller sur le bois de sagu : le village de *Laala* avait des forêts de ce dernier. *Luciela* était célèbre par sa situation : au-delà du promontoire de *Sihel*, sur la côte occidentale, est le grand rocher de *Batou-Loubang*, singulier par ses antres profonds, habités par des serpens & d'autres animaux venimeux ; il ressemble au dehors à une ville dont on voit les portes & les murs. *Erang* était une bourgade qui semblait placée au milieu d'un paradis terrestre qu'arrosait une riviere charmante, nommée *Ajer-Mira*. *Assa-houdi* fut un village célèbre par les pirateries & la hardiesse de ses habitans : c'est avec peine qu'on a pu les soumettre : au moment où on les croyait abbatus, on les voyait sortir de leurs souterrains avec une fureur nouvelle : au devant de ce village sont de petites isles, telles que *Nassa-Nitou* qui eut un fort, *Gysels*, & *Hatahouli* : la derniere renferme des mares singulieres, & un lac qui s'écoule dans la mer par des canaux souterrains. Cette presqu'isle très-fertile a été dévastée par les Hollandais, & aujourd'hui c'est un désert.

La grande partie de *Ceram* se divise en côtes septentrionale & méridionale. Près de l'isthme qui la joint à la presqu'île que nous venons de parcourir, on voit la petite île de *Noussa-Ela*, longue d'une lieue, défendue par un banc de rochers, mais sans eau & sans habitans ; & celle de *Toppers-Hoedje* ou *Noussa-Camou* sur laquelle on voit beaucoup de vaches marines.

Sur la côte septentrionale on trouve *Naniali*, village peuplé, situé sur la pente d'une colline que la mer baigne, dont les habitans sont fiers, amis de l'indépendance, & ont un chef, *Oraneaie*, qui préside à une des assemblées générales du pays: *Bolela*, bourgade voisine d'une baie, au pied d'une montagne, entre deux grandes rivieres, & près de laquelle on voit au loin des hameaux dispersés, & les cinq petites îles de *Noupa-lima* : *Paa*, grand village qui donne son nom à la contrée près de la baie de *Hatouwe*, qui s'enfonce dans les terres l'espace de cinq lieues, & où l'on vient charger le *Sagu*. Non loin de là est *Lissabatta*, lieu habité par un mélange de différens peuples, redoutable aux Hollandais par l'esprit d'inquiétude & de férocité qui le distingue : à deux lieues de là coule le fleuve *Salouwai* sur les rives duquel se font les Assemblées générales du pays: plus loin sont cinq habitations qu'on nomme *Negreries* ; on y commerce en sagu : celle de *Purmata* fait encore un trafic considérable en esclaves, oiseaux de paradis & autres marchandises : là est une riviere navigable pendant plusieurs milles, & qui sort du pont nommé par sa forme le *capuchon du moine*. Ce district dépend du roi de Tidor. *Warou* est un grand village très-peuplé, au bord d'une large baie à laquelle il donne son nom, & d'où l'on voit l'île de *Leuwarde*, longue de 4 lieues : à l'embouchure du fleuve *Ajer-Majin* (riviere salée), est l'île de *Pulo Akal* : près de là on en voit une troisieme : toutes sont bordées de rochers & désertes. *Rarakit* est un beau village au pied d'une haute montagne couverte d'arbres, nid de pirates redoutés. Derriere est le mont *Salangur*, dont le sommet plat surpasse tous ceux de l'île par son élévation. *Kien* est un grand village où se tient un grand marché toutes les semaines : tout autour le rivage est charmant, le sol cultivé & peuplé. Plus loin est l'île *Keffing* qui a une lieue & demi de long, & dont les habitans, unis à ceux de la côte voisine, portent à la nouvelle Guinée des coquillages blancs & divers colifichets : ils y porteraient du girofle & de la muscade, si les Hollandais ne le leur avaient pas interdits. Près de Keffing est l'île *Ceram-Laout*, longue de deux lieues, large d'une, dont le sol est montueux, où l'on ne trouve que de l'eau de puits : au nord elle a une belle baie, mais elle est environnée d'un large banc de sable où l'on voit s'élever seize à dix-huit petites îles qui servent d'asyle aux Papous ; elle est aujourd'hui déserte ; ses habitans se sont fixés sur la côte de Ceram qui est opposée à leur île ; ils y composent onze districts distingués par différens privilèges.

La côte méridionale est divisée en cinq districts : *Gouli-gouli* en est le premier village, & son *Orancaie* réside dans un roc circulaire où fut autrefois le fort d'*Ostende* : près de là est une haute montagne sur le penchant de laquelle on voit divers villages ; puis on trouve *Kelibon* & *Kellimori*, bourgs entourés de murs, séparés par une belle riviere : chacun a son roi : le sol en est fertile, & sur-tout abondant en sagu : les habitans en sont honnêtes. A six lieues de là, sur un rocher escarpé qui s'avance dans la mer, est le village de *Tobo*. Son chef domine sur environ vingt villages dispersés autour de lui. *Hatoumeten* abonde en sagu, & en fournit les îles de Banda. *Werinama*, bourgade puissante où commande un roi, située au sommet d'une colline, près de la belle riviere de *Beirou* : dans ses environs étaient quatre beaux bois de girofliers & de muscadiers qui ont été détruits par les Hollandais : on y comptait 4000 arbres. C'est là que commence *Selam*, quatrieme district de cette côte : il a donné son nom à l'île entiere : on y voit la baie de *Haja* qui a huit lieues d'étendue, & près de laquelle sont les bourgades de *Hattehahou*, de *Tolouti*, de *Laymou*, &c. Le rivage y est bordé de beaux bois de construction : les côtes y sont élevées, & on les voit de 17 lieues en mer : ce district doit son nom à un village situé sur une pointe haute, défendue par un banc de sable ; on en dit les habitans plus spirituels que les autres Ceramois ; ils sont Mahométans comme ceux de *Tamilo*, hommes blancs & d'une stature élevée ; autour il y a beaucoup de fruits & de beaux bois. *Sepa* est sur une grande baie. *Elipapouteh* est au centre d'une autre : les habitans du dernier sont chrétiens ainsi que ceux de trois autres villages qui en sont voisins : ils ont rendus des services aux Hollandais : l'*Ajer-Talla* se jette dans sa baie par deux embouchures : sur ses rives s'assemblent les Alfouriens du midi. *Haloy*, *Latou*, quatre autres villages se distinguent par les ouvrages d'orfèvrerie qu'on y fabrique. *Roumakay* est un beau villages sur le promontoire de son nom. *Caybobo* fut un bourg puissant & fidèle aux Hollandais : près d'elle est l'île de *Noussa-Oula* qui n'est qu'une montagne aride, & plus loin celle de *Noussa-Cassa*, île des pigeons ; on y trouve beaucoup de ramiers & de tortues. *Tanouno* donne son nom à l'isthme qui joint la grande Ceram à la petite ; il est dans une baie qui a deux lieues de profondeur, où l'on voit neuf villages dispersés, & qui reçoit deux rivieres dont l'une est peuplée de Caymans.

L'intérieur de l'île renferme un grand nombre d'habitations où demeurent des Alfouriens, peuple dont l'origine est différente de ceux qui habitent les rivages de l'île : ils font plus grands, plus robuftes, plus féroces : une épaiffe & large vefte faite de l'écorce d'un arbre, qu'on croit le ficomore blanc, eft leur feul vêtement : leurs cheveux font arrangés autour d'une noix de coco qui leur fert de calotte, & à laquelle ils attachent des panaches : de petits coquillages ornent leurs cheveux, leur cou, les doigts de leurs pieds : des anneaux jaunes pendent à leurs oreilles; des rameaux d'arbres parent leurs bras & leurs genoux quand ils vont au combat : ils n'ont la qualité d'hommes, & ne fe marient que lorfqu'ils ont apporté fur la *pierre des trophées* la tête d'un de leurs ennemis qui enfuite eft fufpendue dans fa cabane, ou offerte à leurs dieux : ôter la tête à l'un d'eux c'eft le rendre indigne de la fépulture : dans leurs vifites, il faut leur offrir de certains fruits, du tabac, empêcher les enfans de cracher, de fe moucher, ou de rire : chacun de ces faits eft un outrage qui oblige l'Alfourien étranger de fortir & de danfer le fabre à la main devant la porte jufqu'à ce qu'on l'ait fatisfait par des préfens : de cette délicateffe fur l'honneur naiffent quelquefois des guerres fanglantes qui font annoncées à haute voix par l'un d'eux, qui appellant à fon fecours les cieux, la terre, la mer, les rivieres, fes ancètres, déclare le motif de la guerre qui fe fait avec acharnement : les têtes coupées font placées dans un feftin, fervies par des guerriers, puis lancées contre les piliers du bâtiment : ils mangent des reptiles, des bêtes féroces, & commencent à cultiver le riz : le fagu réduit en bouillie eft leur mets favori; le même arbre leur fournit une liqueur qu'ils favent rendre plus forte que la nature ne la donne : ils font paffionnés de l'eau-de-vie, qu'ils appellent la *boiffon de l'homme* : des claies de bambou, fous lefquelles ils entretiennent un petit feu, leur servent de lit : leurs armes sont de larges sabres, des zagaies de bambou, des javelots armés de fer dentelé, des flèches, des arcs, une espèce de couperet, la pique : on voit par la diversité de leurs armes qu'ils sont assez civisés : ils sont soumis à trois *Rajas* ou rois protégés par la compagnie Hollandaise, à laquelle ils fournissent des soldats quand elle l'exige : ils sont *Olisivas* & ennemis des Maures qui sont *Olilimas* : ces deux factions assurent, par la haine qui les anime, le pouvoir des Hollandais.

On ne compte gueres plus de 30000 habitans dans toute l'île de Ceram ; mais l'intérieur en est mal connu.

Isle de Noussa-Laout.

Elle a environ trois lieues de long & une de large ; elle est hérissée de monts, renferme sept bourgs, & environ 4200 habitans, est gouvernée par deux rajas qui résident à *Titauway* & à *Armet* les deux principaux lieux de l'île : ses habitans étaient nuds, les Portugais leur ont appris à se vêtir : ils sont chrétiens, mais résistent à peine à la passion qu'ils eurent de manger la chair de l'homme : on trouve dans l'île une terre sigillée d'un blanc gris, que les femmes mangent détrempée dans l'eau.

Isle d'Honimoa ou d'Uliasser.

Ses habitans lui donnent le nom de *Liase* : de là est venu le nom d'*Uliasser* qu'on étend sur l'île précédente & sur les deux dont nous parlerons plus bas. *Honimoa* a trois lieues de long, sur une largeur qui varie sans excéder une lieue & demi : un détroit

détroit de demi-lieue la sépare de celle d'*Oma* : on y compte treize grands villages, & environ 11000 ames : les chefs des treize villages, unis à deux Rajas ou roi, à quatre Patis ou comtes, à un Orancaie de Nouſſa-Laout, forment le conseil du pays qui s'aſſemble à *Saparouwa*, & qui eſt préſidé par le commandant Hollandais qui réſide à *Durſtede*, fort bâti sur un roc, fourni d'une bonne artillerie & d'une vingtaine de ſoldats. Ce commandant eſt ordinairement un commerçant qui fait une fortune aſſez rapide par le commerce du riz, des toiles, du sel, de l'arrak, &c. ſur-tout par les avances qu'il fait à forts intérêts sur la récolte du girofle : il vit avec magnificence, & a seul le droit de pêche & de chaſſe. *Ouw* eſt un village où l'on fabrique de l'excellente poterie. *Hatouwana* eſt placé sur un beau rivage, dans une belle plaine : les Hollandais y ont une loge qui fut un fort. L'île produit beaucoup de girofle ; ses montagnes furent riches en soufre, on en tire de l'huile de cocos ; on y trouve une pierre grise qu'on fait sécher à la fumée, & que les femmes mangent, dit-on, pour rendre leurs enfans blancs.

Au midi d'Honimoa eſt *Moulana*, île circulaire de trois quarts de lieue de diametre ; elle manque d'eau douce, & eſt environnée de bancs de sable ; ses habitans l'ont abandonnée, & se sont fixés dans l'île voisine : ils y reviennent cultiver leurs vergers, & y prendre des crabbes excellens.

Isle d'Oma.

Elle a trois lieues de long, deux de large, onze villages, cinq mille habitans : les chrétiens en habitent la partie méridionale, les mahométans sont placés au nord : le village d'*Oma* est dans une baie dont l'entrée est embarrassée de bancs & d'écueils ; on y voit les ruines d'un fort. Près de là est une source d'eau bouillante dont les gouteux & les paralitiques vont recevoir les vapeurs sulfureuses comme un bain salutaire : autour la terre est chaude & couverte d'arbres. *Karihou* est un village près duquel est le fort de *Hoorn*. *Harouko* est encore un beau village où l'on a construit encore le fort de *Zelande* situé sur le rivage, près d'une riviere. Son gouvernement est le même que celui d'*Honimoa*.

Toutes ces îles forment le gouvernement d'Amboine : l'aspect en est triste : des montagnes pointues, des rocs entassés, des cavernes effrayantes, des vallées profondes, des forêts épaisses, des torrens qui se précipitent à grands bruits dans la mer : c'est ce qu'elles offrent d'abord. Mais tous ceux qui les habitent dans la belle saison s'y plaisent : la verdure constante des arbres, le sagu, le giroflier qui ornent ses montagnes, des eaux pures & argentines qui arrosent de fertiles vallées, les objets mêmes, qui d'abord avaient paru affreux, deviennent de nouvelles beautés pour eux ; l'air en général y est sain ; la fraîcheur de la nuit peut y causer la paralysie à ceux qui s'y exposent ; l'usage de la liqueur du sagu y rend pâle ; les grandes pluies, les tremblemens de terre y causent souvent de grands ravages. Quand il pleut à Amboine, il pleut aussi dans les îles situées au levant, & il fait beau dans celles qui sont au levant, telles que Bouro & Manipa. L'ardeur du soleil y fait fendre la terre à 20 pieds de profondeur, y tarit les rivieres, y dessèche les arbres ; la foudre y est fréquente. On dit qu'aux mois de Juin & d'Août on y voit pendant la nuit, à l'orient d'Amboine, la mer comme coupée de gros sillons d'un blanc de lait qui ne se mêlent point avec l'eau qui les environne ; on les croit l'effet d'une multitude de vers. On trouve encore dans ces mers des vers roux qui paraissent dans un tems réglé sur le rivage d'Amboine, & sont lumineux pendant la nuit : les Insulaires les ramassent par poignées & les confisent.

Parmi les Insulaires on en remarque dont le teint est d'un blanc livide, varié de grosses taches rousses, & qui ont les cheveux jaunes & comme roussis par la flâme ; leur peau est ridée & galeuse ; leurs yeux gris & clignottans ne peuvent supporter la lumiere du jour, ils voient clair durant la nuit : on les nomme *Kakerlaks*, du nom d'un insecte dont la peau ressemble à la leur : ils sont en horreur aux autres hommes.

La stérilité de ces îles vient moins du sol que de l'indolente paresse des habitans : la vigne qui ne prospere point en diverses contrées de l'Asie, y pourrait réussir ; les fruits, les légumes y seraient abondans si des mains actives la cultivaient : pêcher, couper du bois, cueillir le girofle sont les seules occupations que l'homme s'y permette ; il y a de la honte à en choisir d'autres : quelques-uns cependant savent tourner, quelques autres sont soldats : les femmes seules vont au marché & y commercent ; elles y sont esclaves, & portent des espèces de joyaux qui leur pendent sur le front : les grands y seraient riches, s'ils ne dépensaient tout en festins & en procès : le peuple y est très-pauvre, mais on n'y voit pas de mendians, parce que les fruits y couvrent le sol le plus abandonné. Les chefs y sont respectés : ils nourrissent leurs sujets qui travaillent pour eux : tout le peuple en général y craint les démons, tremble à la vue d'un cadavre, d'un impotent, d'un vieillard s'il le voit le matin : le cri de l'oiseau nocturne, le corbeau qui vole sur une maison le remplit de terreur ; louer les enfans, c'est vouloir les ensorceler ; une femme morte en couches y devient un démon ; les enfans y font heureux parce qu'ils sont libres, on connait leur âge par celui du cocotier planté le jour de leur naissance ; les filles font la richesse d'un pere, parce qu'on y achete sa femme : l'aîné des fils y est seul héritier. On y a des canots nommés *Parabous*, faits de troncs d'arbres, longs de 20 pieds ; on y attache des ailes qui les tiennent en équilibre sur la surface de l'eau : on y voit des *Orembaies* qui au milieu ont une tente entourée de bancs & de rideaux ; trente à quarante hommes les font avancer avec des rames courtes & plates, au son de leurs instrumens : leurs voyages de long cours se font sur des *champans* & de *Carracores*, ou *tortues de mer* : ces derniers sont pesans, souvent longs de cent pieds sur douze de large ; ils vont à rames & à voiles. C'est proprement leurs vaisseaux de guerre.

Entre les îles du département d'Amboine, & l'île de Celebes, on en trouve quelques autres, telles que *Sulla* ou *Xula*, *Sabelluca* ou *Savelluca* qui paraît être la même que le géographe Robert nomme *Bilato*, *Bessy*, que Mayer nomme *Xulabelli*, &c.

ISLES DE BANDA.

ELLES sont au nombre de dix, & quatre d'en-r'elles sont désertes : elles sont situées entre le quarieme & le cinquieme degrés de latitude. On y a compté autrefois 15000 habitans; il n'y en a plus que 5000, & plus de la moitié sont des esclaves.

Isle de Neira.

C'est la premiere en rang, parce que le gouverneur & les principaux officiers de la compagnie y résident : elle a moins d'une lieue de large ; elle en a une & demi de long. Elle eut deux villes, l'une nommée *Labetacka*, située au nord, l'autre *Neira* ; elles se sont détruites par leurs dissentions mutuelles : on y voit les deux forteresses de *Nassau* & de *Belgica* : la premiere est au couchant, assez vaste, munie de bastions qui chacun ont huit canons. *Belgica* est plus petite, située sur une hauteur, flanquée de fortes tours : elle commande celle de Nassau. *Neira* est un bourg de quatre-vingt maisons, la plupart solidement bâties en pierres : elles n'ont qu'un étage : les rues sont fermes, mais sans pavé, & ornées de quelques édifices publics : il y a un chantier : près de là sont deux bosquets de muscadiers, les seuls qu'il y ait dans l'île, & qui fournissent annuellement 8000 livres de noix & 2000 de macis, qui est l'écorce la plus fine de la muscade. On trouve des cerfs dans ses montagnes : son terroir est sec ; le voisinage du volcan de Gounong-api en détruit la fertilité.

Isle de Banda.

On lui donne encore le nom de *Lonthoir*, du nom d'une de ses anciennes villes : elle a deux lieues & demi de long; sa largeur n'est pas d'une lieue : son terroir est sec & montueux : on y comptait treize grands villages, aujourd'hui presque tous détruits. Plusieurs redoutes en défendent l'approche aux vaisseaux étrangers. *Lonthoir* est encore sa bourgade la plus considérable: ses maisons sont chétives: elle a deux rues fort longues, une église, un vieux fort : devant elle est un grand banc de sable qu'on ne traverse qu'en bateaux ; derriere est une montagne taillée en 1313 degrés assez larges, qu'on peut monter à cheval ; à moitié chemin est une source constante : de cette montagne on découvre les îles voisines : le terrain de l'île est partagé en *parcs*, où se recueillent les muscades : ils sont comme de belles maisons de campagne environnées de vergers : on en compte vingt-cinq qui peuvent fournir, année commune, 568000 liv. de noix de muscades, & 142000 de macis.

Isle de Gounong-Api ou du Volcan.

C'est une petite île séparée de celle de Neira par un canal étroit & peu profond nommé *Sonnegal*, & de celle de Banda par la *passe de Lonthoir*, dont la largeur est égale à une portée de canon. Toute l'île n'est qu'une montagne qui s'élève à la hauteur de 559 pas, sur un circuit de demi-lieue : cette montagne est un volcan redoutable ; ses éruptions fréquentes ébranlent les îles voisines, & y causent des inondations effrayantes : il les couvre de cendres, il vomit des rocs brulans qui faisaient retentir la mer par leur chûte, ou qui roulant au pied du volcan, déracinaient & brulaient les arbres & les buissons : ses anciennes habitations ont été enseve-lies : des sangliers, des vaches sauvages, des ser-pens énormes l'habitent : il y a encore un fort garni d'artillerie & quelques esclaves qui cultivent des jar-dins.

Isle d'*Ay* ou *Pulo-Ay*.

Elle est la plus agréable de ces îles : son sol est uni ; quelques collines s'y élèvent cependant çà & là, mais pour en rendre les bosquets plus charmans : elle a une lieue de long, autant de large : au nord on voit une forteresse régulière nommée *la Revange* : sous ses murs habitent des Hollandais & des Mé-tifs qui ont autour des parcs de noix muscades, qui peuvent, tous ensemble, rendre annuellement 30000 livres de macis & 120000 de noix : le pays renferme encore des vaches & des cerfs qui pais-sent sous les arbres : la viande, le lait, le beurre y sont communs, mais l'eau douce y manque : on en va chercher dans les îles voisines, où l'on boit la liqueur du coco ; les animaux boivent l'eau de la mer.

Isle de *Rhun* ou *Pulo-Rhun*.

Elle est à deux lieues & demi de la précédente, & est un peu plus longue & plus large : deux bancs de sable qui les séparent rendent dangereux le pas-sage de l'une à l'autre quand il fait du vent. Une redoute où vivent quelques soldats, un petit nom-bre d'habitans presque tous pêcheurs, des gros ser-pens dont quelques-uns ont, dit-on, des pattes, sont tout ce qu'elle renferme : on y a détruit les muscadiers : l'eau douce qu'on y trouve suffit aux besoins de ses habitans.

Isle de Rosingyn.

C'est la plus petite des six îles habitées de Banda : son terroir est montueux & rude ; l'herbe même y est dure comme la ronce : les bambous y sont abondans, les muscadiers y réussissent, mais la nature ne les y donne pas, il faut qu'on les y plante : ses côtes sont poissonneuses ; elle nourrit des vaches sauvages, a de l'eau douce, & renferme une argille propre à faire des briques. C'est là qu'on releguait autrefois les criminels, & on y en trouve encore employés à couper le bois & cuire de la chaux.

Les quatre îles désertes sont *Pulo-Mamock* ou *Pulo-Pulang* qui est située près de Neira ; des arbres y croissent au travers des fentes de rochers ; les légumes prosperent dans un jardin qu'on y vient cultiver : *Pulo-Capal* qui est plus au nord, est un rocher dont la forme ressemble de loin à un vaisseau, & c'est ce que signifie son nom : *Nacalan* ou *l'île des femmes* qui est très-petite : *Pulo-Sethaen* ou *Swanggi*, située au nord de Gounong-Api ; c'est un grand rocher inaccessible, où l'on a trouvé autrefois quelques arbres fruitiers, & où habitent de gros serpens ; les Insulaires la redoutent & la croient le *palais du Diable*.

Ces îles en général sont moins sujettes au tonnerre que celles d'Amboine : les pluies y font moins de ravages ; mais la mousson séche y amene des ouragans furieux, & la saison des pluies y cause, par les exhalaisons froides qui s'en élèvent, des maladies dangereuses : le poisson y est l'aliment le plus commun, le plus abondant : les riches y ont du gros bétail, ils ont de la volaille dans leurs basse-cours; les vivres n'y sont pas chers : le riz, le sagu leur vient des îles voisines ; on y fait d'excellent pain, on y a de bons fruits, le brou de noix muscades étuvé y est un aliment recherché : les légumes, les herbes potageres y sont assez rares.

Les îles *Arow* dépendent aussi du gouvernement de Banda, depuis 1623; ce sont 6 îles plattes, situées entre la nouvelle Guinée & la nouvelle Hollande, un petit pays bas & plat, coupé de fossés ou criques salées, sur les bords desquels croissent des *Mangis*, arbre qui nous semble être le *Manguier*; il est grand, étend ses branches au loin, est toujours vert ; son fruit pèse deux livres, il se mange crud, se macere dans le vin, se confit au vinaigre : mais la principale production de ces îles est le sagu : elles sont bien peuplées ; on y a compté en 1703 240 chrétiens, 70 bourgades d'hommes noirs, qui par leurs cheveux & leurs visages ont de la ressemblance avec les négres; un trait qui les rapproche encore des Africains, c'est qu'ils vont enlever des hommes dans la nouvelle Guinée, & les viennent vendre à Banda. Près d'une de leurs bourgades ou villages, nommée *Ablinga*, est un banc où l'on pêche des perles ; mais la plupart sont petites ; on y trouve aussi des oiseaux de paradis. Dans la plus grande de ces îles d'Arow on trouve la grande espèce de ces oiseaux : les habitans croyent qu'il y naît avec des pieds, mais qu'il est sujet à les perdre : ce fait expliquerait la fable qu'on en avait répandu. Leur latitude est d'environ 7 deg. 7 min. sud.

Entre ces îles & les grandes Moluques est *Timor Raoet* ou *Timorlaut* ou *Timorland*, île peu connue, ainsi que *Lorat*, *Cera*, *Micella*, *Mola* ou

Moa, *Lettor*, *Ceramalta*, *Lucapanos* de *Teralta* ou *île haute*, de *Roma*, *Damma* : nous n'avons pu trouver de descriptions de ces différentes petites îles ; nous venons à celle de *Timor*.

Isle de Timor.

Elle a 65 lieues de long, & 15 à 18 de large : on ne la connaît que par la relation de Dampier ; les autres voyageurs n'en parlent qu'en passant : son sol est inégal, coupé par des montagnes qui laissent entr'elles de petites vallées couvertes d'eau dans la saison des pluies : une chaîne de ces montagnes s'étend presque dans toute sa longueur, & d'elles sortent des ruisseaux & des sources qui ne tarissent point en été : elle n'a point de grande riviere, mais ses ruisseaux s'enflent lorsqu'il pleut, & forment dans leurs cascades repetées des torrens impétueux : près de la mer la terre est sablonneuse, fertile, couverte de bois : les montagnes sont couvertes la plupart d'arbres élevés, frais & verdoyans, d'autres n'en ont que de tortus ; plusieurs ont des mines d'or & de cuivre, & la pluie en entraîne dans le sable des ruisseaux. L'île produit des *mangles* blancs, des rouges, des noirs, le *Maho*, *l'arbre à Calebasse*, qui s'y élève fort haut, & est hérissé de piquans, le *cotonier*, deux sortes de *carouges*, le *cana-fistula*, grand comme le pommier, à qui ses fleurs ressemblent, & dont le fruit est rond, long de deux pieds, large d'un pouce, & d'un brun rougeâtre, des *tamarins* sauvages, des figuiers dont le fruit assez gros vient par bouquets de 40 à 50 autour du tronc & des branches, le *sandal* ou *santal*, dont les plus hauts ressemblent au pin ; sa tige unie & droite n'est pas épaisse, son bois est dur, pesant, rougeâtre, mais sa couleur est si peu foncée qu'on distingue celui de Timor sous le nom de sandal blanc : les hommes qui le coupent sont saisis d'une fievre ardente qui leur aliéne l'esprit ; en s'éloignant ils guérissent. On y voit diverses espèces de palmiers : il en est qui ont 8 pieds de circonférence, & 90 de haut ; leurs branches croissent vers le sommet comme le cocotier à qui son fruit ressemble, quoiqu'il soit plus petit, & que sa chair soit trop dure pour être mangée ; son lait est le même que celui des noix de cocos ; une espece de ces palmiers qui n'ont de branches qu'à 60 pieds de hauteur, & l'arbre n'a de verdure que celle de ses fruits : autour de l'île, près du rivage est une espèce de pin, dont le bois est dur & rougeâtre : les champs à l'orient sont ombragés par le palétuvier. La plupart des fruits qu'on y recueille ont été transplantés par les Portugais ou les Hollandais : parmi ses herbes potageres on remarque le *calalalou*, aussi agréable, aussi saine que l'épinars ; le pourpier, le fenouil marin y croissent naturellement, le blé d'Inde y demande peu de culture, & fait la nourriture ordinaire des habitans : les Portugais, & quelques bourgades Indiennes y sément du riz : on y recueille aussi du poivre, du sucre, du gingembre, du cadiang, espece de fèves. Ses montagnes sont habitées par des buffles & des porcs sauvages ; il en est aussi de domestiques ; on y voit beaucoup de singes, des guanos, des lézards, des serpens nombreux, dont une espece est jaune, de la grosseur du bras, longs de quatre pieds ; & une autre de la grosseur d'un tuyau de pipe, longs de 5 pieds ; ils ont le corps vert & rond, la tête rouge, platte, & sont très-dangereux : les Européens y ont porté des chevaux, des brebis, des chevres. Le coq & la poule sauvage, l'aigle, le faucon, deux sertes de pigeons, quatre fortes de perroquets, la tourterelle, la perruche, le corbeau, le cackatou, le merle, &c. font fes principaux oifeaux; il en eft de plus petits qui font retentir les bois de leurs agréables chants; celui que les Anglais ont nommé *oifeau à répétition*, chante 6 notes deux fois de fuite, une fois d'une voix élevée, l'autre d'une voix baffe; gros comme l'alouette, il a le bec pointu, petit & noir, les aîles bleues, la tête & le jabot d'un rouge pâle; il eft orné d'un colier bleu : le héron, le guerrier, le boubi, le golden, le faucon-pêcheur, d'autres efpèces voltigent fur les mers qui l'environnent; fes forêts font remplies d'abeilles, le miel en eft bon; la cire s'y vend affez cher, & eft un des bons objets de commerce : les principaux poiffons qu'on trouve fur fes côtes font les muges, les baffes, les brêmes, les maqueraux, les brochets, les perroquets marins, les gars, les féches, les raies bouclées, & les fauteufes, dont la queue a 13 pieds de long, celles dont la peau fert à faire des râpes & des étuis; des cavallis, des rougets, des congres, des chiens marins, des mangeurs d'huîtres qui ont dans le gofier deux os épais, durs & plats, avec lefquels ils caffent la coquille, pour avaler enfuite l'huître, dont on trouve de trois fortes, des communes fort plattes, des longues qui viennent fur les rochers, de groffes, dont les écailles raboteufes reffemblent à des fragmens de rocs : le petoncle y eft commun, il eft gras, de bon goût, gros comme la tête d'un enfant; les écreviffes, les chevrettes, les tortues vertes font encore en grand nombre fur fes côtes.

Elle eft partagée en divers petits royaumes dont le langage comme l'intérêt eft différent, quoique les mœurs, les ufages, la figure des habitans indiquent une origine commune : ils ont la taille médiocre, font bien faits, agiles, ont le visage long, les cheveux & la peau noire : ils sont très-paresseux, & ne semblent sortir de leur inertie que pour devenir traîtres & cruels ; ils sont nuds, excepté à la ceinture, s'ornent avec des lames d'or très-minces qui leur pendent sur le front auquel elles semblent attachées, ou avec des fronteaux de nacres de perles : quelques-uns portent des bonnets de feuilles entrelassées ; ils prennent autant de femmes qu'ils en peuvent nourrir, souvent ils vendent leurs enfans pour prendre plus de femmes : ils mettent le feu aux arbres & aux buissons qui couvrent leurs champs pour les nettaier ; puis ils y sément leur blé d'Inde : la chasse les occupe davantage : leurs armes sont la zagaye & la lance, avec la rondache & le bouclier : s'ils ont une religion, elle n'est pas connue ; le Mahométisme ni le Christianisme n'y ont point pénétré. C'est sa partie orientale qui parait la mieux peuplée.

Les Portugais qui s'y refugierent de divers endroits, y sont encore en grand nombre : leur principale habitation est sur la côte orientale à *Laphao*; la ville est formée de 40 à 60 maisons, dont chacune a son enclos rempli d'arbres fruitiers, & où est un puits ; elle est située au fond d'une baye, a une pauvre église, & un mauvais fort. Ses habitans sont des Portugais nés aux Indes, leur teint est couleur de cuivre jaune, leurs cheveux sont noirs & plats ; ils se font une gloire d'être blancs & catholiques romains ; mais ils se marient avec les Insulaires, & renvoyent sans façon ceux qui leur apportent des ordres de Goa, s'ils leur déplaisent : ils trafiquent avec Batavia ; on y voit arriver une vingtaine de petites jonques Chinoises, & quelquefois un vaisseau de Goa; les vaisseaux n'y peuvent rester que depuis la fin de mars jusqu'à celle du mois d'août; les tempêtes en rendent l'abord impraticable dans un autre tems. Les Portugais possédent encore le village de *Sescal*.

Les Hollandais chasserent les Portugais de la ville de *Koupan* ou *Coupang* en 1613; elle est au fond d'une baye de 8 lieues de long sur 4 de large, dont l'entrée est resserrée par de petites îles : ils y ont élevé un fort de pierres, assis sur un rocher qui touche au rivage; on le nomme la *Concorde* : il a une petite riviere à l'orient, & à 200 pas de là est un beau jardin, abondant en toutes sortes de fruits & de légumes; près de lui est un enclos pour les bestiaux, & la bourgade peuplée d'hommes dévoués au service de la compagnie Hollandaise : elle entretient 40 soldats dans le fort qui est muni d'artillerie : son plus bel édifice est l'église. La baye où il est situé est le meilleur abri que l'île offre contre les vents; on la nomme *Babao*; mais un inconvénient à craindre sont les vers qui rongent les vaisseaux; la compagnie ne perd ni ne gagne à cet établissement qui assure sa domination sur les Moluques.

Les petits états dans lesquels cette île est partagée sont ceux de *Coupang*, d'*Amabie*, de *Lortribie*, de *Pebuinbie* & de *Nanquimal* : on n'en connait que les noms; on peut y joindre celui d'*Anabao*, île élevée, longue d'onze lieues, large de 4, située au couchant de l'île de Timor, dont un canal long & profond la sépare; il n'est large que d'une lieue, & souvent on la dépeint sur les cartes, comme faisant une partie de Timor : elle est divisée en deux royaumes mortels ennemis l'un de l'autre; ses habitans ont le teint bazané, les cheveux noirs, & vivent de racines, de cocos, de poissons, de gibier, aiment ardemment la chasse, la pêche, & ne vont jamais sans armes.

Isle de Rotaï, ou Rotte.

Elle est au midi de Timor: les terres en sont hautes, entrecoupées de collines & de vallons agréables, couvertes d'arbres peu élevés, & souvent sans feuilles : on y cultive des cannes à sucre, sous l'inspection d'un facteur Hollandais : on y voit des palmiers-éventails, & c'est tout ce qu'on en sait.

Isle de Semau ou Simao.

Elle est moins élevée que la précédente : son aspect est riant : elle a des montagnes couvertes de bois, un rivage uni, & forme avec Rotte, un canal à l'extrêmité duquel sont deux petites îles qui le prolongent encore : il a deux lieues de large.

Isle de Savu, ou Sou, ou Saow.

Elle est au couchant des îles dont nous venons de parler : on lui donne 8 lieues de long, sa largeur est incertaine : elle présente un aspect riant ; ses côtes sont ombragées par le cocotier & le palmier *Arecas*: les collines qui s'élèvent insensiblement sont couvertes jusqu'au sommet de palmiers-éventails qui y forment des boccages frais : entre les arbres est un beau tapis de verdure, ou bien ce sont des champs de maïs, de millet, de melons d'eau, de riz, de bled sarrasin & d'indigo : on y voit encore des tamarins, des limoniers, des orangers, des manguiers, des cannes à sucre, du céleri, de la marjolaine & autres plantes d'Europe : les habitans y ont planté quelques caneliers & des cotoniers : on y a diverses sortes de fruits, tels que celui du savonier connu dans les îles de l'Amérique, & un fruit ovale long de trois à quatre pouces, nommé *Blimbi*, qui produit un arbrisseau; il est d'un vert clair; il a un goût acide & agréable, mais on ne le mange pas cru. Les animaux qu'on y trouve sont le buffle, qui a de longues oreilles, une peau presque sans poil, des cornes recourbées l'une vers l'autre, & une chair d'excellent goût; la chevre; le porc, ordinairement très-gros; le cheval qui y est petit, agile, plein de feu; l'ane, le chien, le chat; le mouton y est couvert de poils, ses oreilles sont pendantes, son museau est arqué : on y nourrit des pigeons, des poules fort grosses, mais dont les œufs sont très-petits. Les habitans sont petits, bien faits, vigoureux, actifs; leur teint est d'un brun foncé; leurs cheveux sont noirs & lisses, attachés au haut de la tête; leur taille & leurs traits sont très-variés; ceux des femmes sont très-uniformes : une étoffe de coton teinte en bleu les couvre; mais ils ont toujours les bras, les jambes & les pieds nuds : hommes & femmes y portent beaucoup d'ornemens : les hommes marquent leurs noms sur leurs bras en caracteres noirs qui ne s'effacent point : le tabac infecte leur haleine; le betel & la chaux pourrissent leurs dents; ils sont très-propres : leurs maisons, dont les unes ont 400 pieds de face, & d'autres n'en ont que vingt, sont élevées sur des piliers de quatre pieds de haut : ils se nourrissent de porcs, de cheval & de buffle : ils préferent le chien & le chat au mouton & à la chevre.

L'île est divisée en cinq principautés qui sont *Laai*, *Seba*, *Regelua*, *Timo*, *Massara*; chacune a son Rajah; tous sont unis : les peuples sont guerriers;

ISLE DE SAVU.

riers ; on dit qu'ils peuvent former une armée de 7300 combattans armés de fusils, de javelines, de lances, de boucliers, de hache-d'armes : ils ont quelques pierriers & un canon sans affuts : les riches sont respectés à proportion de l'étendue de leurs possessions : une maison l'est selon son antiquité : les classes inférieures sont des manufacturiers, des journaliers, des esclaves qui se vendent avec les terres : quelques particuliers en ont jusqu'à cinq cent ; la valeur de l'un d'eux est ordinairement celle d'un cochon gras. Chaque regne est marqué par une pierre énorme qui sert ensuite de table aux sujets pour faire un grand festin à la mort du défunt roi. Chaque homme y a son dieu qu'il choisit, & son culte qu'il détermine comme il lui plaît ; leur morale est saine, leurs mœurs pures.

Les Portugais y avaient formé un établissement ; les Hollandais les y ont supplantés, mais ils n'y ont rien conquis ; leur pouvoir y repose sur des traités faits avec les Rajahs ; la compagnie n'y a que trois hommes chargés de veiller à ses intérêts ; l'un d'eux y répand le christianisme, mais on n'y voit point encore des églises.

Chaque Rajah réside dans une bourgade qui donne le nom à son petit état : celle de *Seba* est la plus considérable.

Au couchant de *Savu* est une petite île abondante en cette espece de noix nommée *Araque* : celle de *Sandelbosch* est plus au couchant ; elle est plus considérable ; ses productions plus variées, mais elle n'est pas bien connue.

Au nord de ces îles, & au couchant de Timor, sont les *îles Solaires*, nommées peut-être ainsi de la principale qu'on nomme *Solor* : on en compte trois ou quatre : la plus voisine de Timor est *Omba*, à côté

Tome IX.   D d

est celle de *Laubana* plus grande qu'elle : celle de *Solor* a un bon port : on y voit le village de *Narinque* fameux par sa résistance aux entreprises des Hollandais : toutes ces îles sont plates, basses, abondantes en toutes sortes de provisions : les habitans de chacune parlent une langue différente, & les Hollandais prennent soin qu'ils ne puissent s'entendre : ils y ont un établissement utile : ils y reléguent leurs criminels.

En continuant de marcher au couchant, on trouve l'île d'*Ende* qui a deux ports, l'un au midi, aujourd'hui négligé, on le nommait *Curelassos* ; l'autre à l'orient : là est la ville Portugaise de *Larutuca* ou *Larentuka* ; elle est assez peuplée ; les vivres y sont abondans ; on y trouve aussi une espèce de goudron propre à calfater les vaisseaux. L'île a plus de 20 lieues de long : la multitude de ses fleurs lui fit donner le nom de *Flores* : une chaîne de montagnes la traverse du levant au couchant : on y voit diverses bourgades Indiennes ; celle de *Mumbas* est la mieux connue.

Un large détroit, au milieu duquel est une petite île sans nom, sépare l'île d'Ende ou Flores de celle de *Cumbawa* ; on le nomme détroit de *Sapi* ; il est dangereux par la force des courans, & parce qu'on n'y trouve pas de fond. *Cumbawa* est grande, & forme vers le nord une vaste baie qu'elle vient comme embrasser par ses extrêmités, ce qui lui donne un peu l'apparence d'un fer à cheval : on en connaît peu la partie septentrionale, & point du tout la méridionale : le vaisseau Anglais le *Pocok*, qui le premier en 1759 traversa le détroit de Sapi, aborda au midi de Cumbawa, & vit fuir dans les bois les habitans épouvantés du spectacle étrange que leur présentait un vaisseau : il y trouva une baie magnifique : l'île lui parut fertile & posséder diverses productions particulieres au fol; une multitude de chevaux paiffaient en liberté fur le rivage & dans les bois : c'eft entre cette île & celle de *Lomboc*, fituée plus au couchant, & qui fait partie des îles de la Sonde, qu'eft le détroit de *Lomboc* découvert par les Anglais en 1756, & par où ils fe rendent dans ces parages fans paffer par le détroit de Malaca.

Au nord de Cumbawa font les *Poftillons* & les *Pater nofter* : ce ne font proprement qu'une chaîne inégale de rochers & de bancs de fable : les derniers font au nombre de vingt-un ; on leur donne le nom d'îles, & Vofgien dit qu'elles abondent en fruits & font fort peuplées : il y a auffi entre celles de Celebes & Borneo une chaîne d'écueils qu'on nomme les petits *Pater nofter*.

Toutes ces îles font comprifes fous la dénomination générale de Moluques : les îles de Celebes & de Gilolo y font comprifes. Paffons aux îles de la Sonde.

ISLES DE LA SONDE.

ISLE DE BORNEO.

Cette île est la plus grande des Indes Orientales: elle comprend quatre deg. & demi de latitude au midi de la ligne, & huit degrés au nord; sa longitude est entre le 127 & le 136 degrés. Elle a 315 lieues de long, 250 de large, plus de 800 de circuit, & environ quarante mille lieues quarrées de surface. Elle est peu connue surtout dans son intérieur: on jugera de ses productions par les objets de commerce que les nations de l'Asie & de l'Europe y vont chercher: on en tire beaucoup d'or en poudre & en lingots, mais il est de bas aloi; du cuivre, de l'étain, du fer, des bezoars de singes & de boucs; des pierres de porc qu'on tire d'une espece de porc-épic, & à laquelle on attribue de grandes vertus; des diamans, des perles, du camphre meilleur que celui de la Chine, des laques ou benjoin; des bois tels que le sandal, le calambac & le bois-d'aigle, du sang de dragon: partout elle produit du poivre blanc & noir, du riz le meilleur des Indes: on ne trouve du girofle & des noix muscades que vers le sommet de quelques montagnes: on y porte de l'agathe rouge, des bracelets de cuivre, des coraux, de la porcelaine, de l'opium, du sel, des oignons, des aulx, du sucre, des toiles.

La casse y croît; on y trouve beaucoup d'herbes aromatiques, & des racines de bois noir: le limonier, l'oranger, les manguiers, le pin, les palmiers y prosperent, & leurs fruits sont excellens: ses im-

Isles de la Sonde.

...enses forêts peuvent fournir du bois pour la construction des vaisseaux ; on en tire de la poix & des résines : on y néglige les métaux, parce qu'on n'y connaît pas l'art de les fondre ; ses rochers renferment un grand nombre de nids d'oiseaux dont les peuples d'orient font leurs délices. Nul pays n'égale celui-ci par la variété & la beauté de ses oiseaux : on trouve l'*Ourang-outang* que l'on confond souvent avec le sauvage, habitant des montagnes ; il a la grandeur, la tête, les yeux, la bouche de l'homme, presque point de nez, & le corps couvert de poils ; ils se rassemblent, courent rapidement, & quelquefois assomment les passans avec des branches d'arbres ; ils en boivent ensuite le sang : des *Oncas*, qui sont des singes noirs & blancs ; il y en a des races qui sont rouges : on voit de gros éléphans, des tigres, des pantheres, des léopards, des antilopes, des sangliers, une espece d'animal qui ressemble au castor.

Cette île est divisée en plusieurs Etats ; ceux qui sont sur les côtes reçoivent leurs noms des bourgades où leur chef réside. Nous allons les parcourir rapidement.

Le royaume de *Banjar-Massin* est le plus puissant & le mieux connu : son chef-lieu est un grand village, situé sur le bord oriental de la grande riviere de ce nom, qui sort du lac d'Or, & qui forme de petites îles à son embouchure ; quelques-unes des maisons sont bâties de planches, la plupart de bambou : un grand nombre pourrait renfermer 60 à 100 familles : elles sont placées sur des pilotis. C'est sur le bord des rivieres qu'habitent les peuples ; les familles pauvres y vivent dans leurs barques. La principale ville du royaume est *Negara* à l'orient de la grande riviere : le roi réside à *Cota-Tengah* : ses états s'étendent au nord l'espace d'environ 80 lieues : ils font bornés au couchant par la riviere de Cotaringa : ils fourniffent beaucoup de poivre : on trouve de l'or dans leurs montagnes, dans le fable de leurs rivieres : on en trouve même de gros morceaux dans des étangs. Les mines du roi font éloignées de la mer ; on y parvient avec peine ; celui qui eft chargé de leur infpection réfide à *Bonnawa-Afam*, village fitué au couchant de la riviere de *Benjar-Maffin* : on trouve auffi dans les mêmes lieux du fer, du cuivre & de l'étain. Plus loin encore eft une montagne où l'on trouve de beaux cryftaux & des diamans que les habitans ne favent pas diftinguer des premiers. *Caljong-Campang* a de l'or dans fes environs. *Manaway* eft un bourg au bord de la mer, fur les bords de la riviere de ce nom, qui arrofe un pays abondant en or, en fang de dragon, en cire, en bezoar, & où l'on fabrique beaucoup d'ouvrages de jonc. *Tatas* eft auffi au bord de la mer, à l'orient de Banjar-Maffin. *Sampit*, lieu où l'on commerce en or & en autres marchandifes ; devant lui eft une baie fpacieufe où mille vaiffeaux pourraient être en fureté ; là fe rend la riviere de Sampit, très-large à fon embouchure, & qui defcend des montagnes où l'on trouve des girofliers & des mufcadiers. *Panbouangé*, village, riviere, contrée abondante en or & en belles cannes. *Cataringa*, place, frontiere la plus riche du royaume : ces lieux peuvent fournir 7200 hommes armés.

Au couchant eft le royaume de *Succadana*, bien moins étendu que le précédent, mais riche en diamans & en camphre qui manque à Banjar-Maffin : on a trouvé près de la riviere de Succadana des diamans gros comme un œuf de pigeon, & auffi durs, auffi beaux que ceux des mines de Golconde : des bâtimens armés obligent ceux qui les cherchent à les porter au roi; mais on fait échapper à leur vigilance : on peut remonter la riviere fort loin dans des chaloupes; le bourg qui porte son nom, parce qu'il est situé à son embouchure, est formé de cinq à six cent maisons bâties de planches ou de bambou : à 25 lieues, au couchant, est l'île de *Crimataja* d'où on tire du fer ; quelques autres petites îles voisines en dépendent.

Le royaume de *Landa* est au nord de l'Equateur & s'y termine : il dépendait autrefois du roi de Soubarajah, dans l'île de Java; aujourd'hui il est indépendant : son roi réside dans la bourgade de ce nom, sur la rive du fleuve Lauwe : la *Moira*, le *Mampava* arrosent encore cet état.

Le royaume d'*Hermata* doit son nom à un bourg situé au bord de la mer : il est peu étendu sur les côtes ; il s'enfonce dans l'intérieur qui n'est pas connu.

Le royaume de *Sambas* a une bourgade située sur une riviere de ce nom qui se partage en plusieurs bras, & forme des îles en se jettant dans la mer : cet état est puissant : son sol est riche par ses productions; on y trouve des diamans.

Le royaume de *Borneo* est étendu : son chef-lieu est un grand village placé sur une belle riviere, à quelque distance d'une grande baie dont les deux côtés sont embarrassés d'îles & de bancs de sable : plus avant dans la mer est *Pulo-Tiga* ou l'île de *Tiguon*, celle de *Mompiacem*, & un grand banc long de plusieurs lieues. Borneo est bâti de planches, ses maisons reposent sur des pilotis, & on se sert de canots pour y arriver : ses environs sont marécageux. Les habitans de la campagne sont toujours armés d'arcs & de flèches empoisonnées; ils sont robustes, courageux & perfides; ceux qui demeurent à Bornéo, sont regardés comme des hommes riches : c'est de là qu'on tire l'or le plus fin de l'île, le meilleur camphre, & diverses marchandises estimées : leurs pirogues sont les plus belles de l'orient : ils savent les construire avec art ; elles ont 40 à 50 pieds de long sur 12 de large ; une tente s'élève au milieu : ils exercent la piraterie. Au midi, cet état renferme une vaste étendue inhabitée : vis-à-vis sont les iles de *Comados*, de *Slakenburg*, & un volcan : c'est au nord qu'il est peuplé : il renferme plusieurs bayes, un grand nombre d'habitations, & est arrosé de diverses rivieres. Vis-à-vis sont les îles *Ste. Marie* & *Ste. Ursule*, toutes deux habitées, mais petites : le fleuve *Sandanaon* le sépare du pays de Marudo. On dit que le roi de Bornéo, qui prétend à la souveraineté de l'île entiere, n'est que le premier sujet de sa femme ; le peuple & les grands, jaloux d'être gouvernés par un légitime héritier du trône lui ont donné toute l'autorité ; ils savent que ses enfans sont à elle ; il est incertain qu'ils soient à son mari.

Le pays de *Marudo* doit son nom à sa capitale située au fond d'une baie commode : au couchant elle a les deux grands promontoires de *Sansaon* & de *Tandjong-Mater*, avec le mont *S. Pierre* qui fait presque la partie la plus septentrionale de l'île, & se fait voir de loin, parce que sa hauteur est prodigieuse : vers l'orient elle a les deux promontoires de *Pulo-Avigo*, de *Punta-Corpaon*, lequel borne d'un côté la baye Ste. Anne qui a environ 28 lieues de profondeur, & autant de large. Au devant de *Marudo* on compte plusieurs petites iles, dont 4 seulement ont des noms, ou prennent celui de la principauté, nommée *Bengué* : au devant de la baye Ste. Anne sont les îles S. Michel : on en compte 5 ou 6.

La pointe de *Sade*, nommée par les Hollandais *Looft Hock*, en est à plus de 30 lieues : c'est la pointe qu'on croit la plus orientale de l'île : elle borne la baye *Dravel* ou *Dwaal* : au midi est l'île de St. *Augustin* ; puis on trouve différentes bayes sur un rivage désert, terminé par le promontoire St. Antoine, près duquel sont les îles de *Taba*, & les 7 îles.

Ce pays est remarquable par ses bois & ses montagnes habitées par les singes.

Le promontoire d'*Aart-Gyzens* est sous la ligne, au dessous est celui de *Dentekom* qui borde la baye ou golfe des serpens, où l'on voit encore une île : le reste de la côte appartient au roi de Banjar-Massin : on y remarque *Passir-Brava* qui est fort commerçante avec les Macassarois : là est *Pulo Laout*, île qui a 10 lieues de long, & 6 de large. Le promontoire *Satalang* est la pointe la plus méridionale de Bornéo.

Tous ces peuples sont Mahométans ; on les croit Malais d'origine ; ils en ont l'orgueil, l'inconstance, la férocité, la perfidie, & ils ont ajouté à leurs vices : quelques-uns se servent d'armes à feu ; ils ne se couvrent que le milieu du corps.

L'intérieur de l'île est rempli de hautes montagnes, de forêts inaccessibles, & habité par des peuples qu'on nomme *Beajous* : il y a un petit état qu'on nomme *Lava*, & où sont des mines de diamans. Les Beajous sont bazanés, robustes, & de belle taille ; ils sont superstitieux, & n'ont point d'idoles, de pagodes, ni de prêtres : les uns adorent le soleil, d'autres la lune, d'autres encore les étoiles, ou le premier objet qui les a frappé : ils sont soumis à des signes heureux ou malheureux, ils se peignent la peau avec du bleu & de l'huile ;

leur langue leur est particuliere : l'usage ne leur permet qu'une femme ; l'adultère y est puni de mort ; la modestie, la pudeur y sont révérées ; les hommes mariés, ceux qui ne le sont pas habitent des maisons séparées ; ils ne trompent, ni ne volent, sont sensibles aux bienfaits, vivent unis, & s'aident mutuellement ; ils aiment la chasse, sont des toiles avec des écorces d'arbres, dont ils se couvrent en forme de pourpoint léger, teint de différentes couleurs ; sur leur tête ils portent un chapeau en pain de sucre, fait de feuilles de palmiers ; à leur cou est un colier de dents de tigres : les grands substituent des dents d'or à celles que la nature leur a données ; ils craignent, & sont craints des étrangers : leurs armes sont le poignard & la sarbacane, avec laquelle ils soufflent des flèches empoisonnées: c'est avec cette arme qu'ils vont à la chasse aux oiseaux, mais ils lancent alors, non des flèches, mais des boules de terres. Un missionnaire en avait baptisé 3 ou 4000 qui ont été dispersés par le roi de Banjar-Masfin ; le Mahométisme y pénètre, & l'on y voit çà & là quelques mosquées : une partie de ce peuple s'appelle *Idoan* ou *Moroots*.

Toutes les nations de l'Inde commercent à Bornéo : la perfidie des peuples en a éloigné les nations Européennes ; les seuls Hollandais l'ont d'abord bravée. Le poivre est le principal objet de leur commerce. Il y a peu de tems que les Anglais avaient ensuite formé un établissement dans la partie septentrionale de cette île, & dans les petits îlots qui bordent la côte, & surtout à *Balanbangan*, île entre *Bornéo* & *Mindanao* : dans cet espace il en est un grand nombre habitées par les *Sooloo*, peuple commerçant, industrieux & actif, qui a chassé les Anglais de ces îles.

En partant de *Pulo Laout*, & se dirigeant au midi, on rencontre d'abord deux petites iles, qu'on nomme les *deux Freres*, puis les îles de *Laurot*, d'*Alambay*, de *Tanguyang* : cette derniere est la plus considérable, & en a autour d'elle de plus petites : ensuite on trouve l'ile de *Lomboc* : elle a 26 lieues de long, environ 15 de large, n'est pas bien peuplée, & est plus mal connue encore. A son couchant est l'ile de Bali.

Isle de Bali ou *petite Java*.

Elle a 25 lieues de long, & environ 15 de large : au midi elle a un cap élevé, qui s'avance au loin dans la mer; au nord elle en a un qui a une forme à peu près semblable. Les Hollandais qui la virent pour la premiere fois, l'appellerent la *Jeune Hollande*. Elle est fort peuplée, & soumise à un roi qui réside dans un palais bâti à quelque distance de la principale ville qu'arrose une belle riviere : on y cultive le coton & le riz dont on fait de grandes provisions; le cocotier, l'oranger, le citronnier y sont communs : on y voit un grand arbre qui produit le *porc-épi*, fruit semblable à une poire, que l'on confit dans la saumure ou dans le sucre. On y trouve du gingembre, on dit même du girofle, & diverses autres drogues. Elle nourrit des bœufs, des buffles, des chevres, des porcs & des chevaux petits & faibles; le peuple s'en sert, les riches se font porter par des esclaves : les poules, les canards, les oies, les paons, les tourterelles y sont abondans.

Plusieurs nations viennent y commercer; les vaisseaux qui vont aux Moluques y relâchent, y prennent des rafraichissemens, & des denrées : les Chinois y viennent échanger des sabres & de la porcelaine, contre des toiles de coton : on dit que le cuivre & l'or y feraient communs, fi le roi voulait qu'on en ouvrît les mines : ce roi eft refpecté, il fe montre peu, & on ne lui parle que les mains jointes ; un premier miniftre qu'on nomme *Quillor*, gouverne fous fon nom ; chaque feigneur eft chargé de l'adminiftration d'un diftrict. On dit qu'il y a 6 à 700 mille ames dans cette ile : fes habitans font noirs, & ont la plupart les cheveux crépus ; ils s'habillent comme les Javans, ont plufieurs femmes, & pour leur plaire, dit-on, ils s'arrachent la barbe : cultiver la terre, faire des étoffes & des toiles font leurs principales occupations : on en tire beaucoup d'efclaves laborieux : leur religion eft à peu près près celle des *Benjaous* de Bornéo.

Au fud-eft de Baly eft *Pulo-Roffa*, (île déferte) elle l'était lorfqu'un prince du fang royal qui s'était revolté y fut relegué avec fes complices : ils la cultiverent, ils l'ont fait profperer : leur religion eft celle de Baly ; mais ils ont adopté la coutume barbare de brûler les femmes après la mort de l'époux.

Le détroit que forment les iles de Bali & de Java eft pratiqué par les Français depuis 1744 : on le nomme Ballabuan, ou détroit de Baly.

ISLE DE JAVA.

CEtte grande ile eſt placée entre 122, & le 133 degré de longitude, & entre le 6e. & le 9e. de latitude: ſa longueur eſt d'environ 270 lieues; ſa plus grande largeur n'eſt que de 35 lieues; on croit que Ptolemée en parle ſous le nom de *Java-diu.* Un détroit large d'une lieue la ſépare de Bali: avec l'île de Sumatra; elle forme celui de la Sonde, plus conſidérable que le premier, & plus célebre: elle renferme de hautes montagnes, ſurtout au centre; la partie méridionale eſt bornée de montagnes qui renferment une région preſqu'inacceſſible; quelques-unes vomiſſent du feu & de la fumée; elle eſt arroſée de pluſieurs rivieres, dont le cours ne peut être étendu: celles qui arroſent un plus long eſpace de pays, ſont l'*Indramaia* qui coule dans le royaume de *Tſieribon*, & le *Samangy* qui perd ſon nom en ſe diviſant & formant différentes îles. Cette île a des mines d'or, d'argent, de pierres précieuſes; elle nourrit beaucoup d'éléphans, de tigres, de rhinoceros, de ſangliers, de chevaux, petits & agiles, de cerfs, de buffles, de ſinges, de porcs, de moutons à oreilles pendantes, de fouines, de belettes, de chats-civettes, qu'on nomme *Caſtoris,* dont le muſc eſt inférieur à celui de Guinée, & quelques-autres animaux mal connus encore: parmi les oiſeaux, le pigeon, le perroquet doré ſur le dos, d'un rouge luſtré ſous la gorge, & dont les ailes ſont mêlées de vert & de bleu, le paon ſauvage, ſont les plus remarquables: deux eſpèces de poules lui sont particulieres, l'une qu'on nomme *poule d'Inde*, parce qu'elle en a la forme, sans en avoir la grandeur : c'est un animal colère, qu'on nourrit pour les combats ; les Anglais le nomment *Bantam* : la seconde n'est remarquable que par le bon goût de sa chair, & la noirceur de son plumage ; en général il y a peu de gibier volant : la bécassine, la grive, le canard s'y trouvent, mais n'y sont pas abondantes. Le betel, l'areca y croissent. Parmi ses fleurs, on estime le *Champacka* qui croit sur un arbre médiocre ; elle a 15 petales jaunes, plus foncées que la jonquille, dont elle a l'odeur : le *Cananga*, fleur verte, très-singuliere, qui ressemble à une touffe de feuilles, & dont le parfum agréable ne peut être comparé à aucun de ceux que nous connaissons : le *Mulatti* connu en Europe sous le nom de jasmin d'Arabie : des especes de *Combang* très-odoriférantes & inconnues dans nos climats ; le *Bonja Tanjong*, fleur en étoile de 7 à 8 rayons, d'un demi pouce de diamètre, de couleur jaune, d'un parfum agréable : le *Sundal-Malam*, (intrigante de nuit) : c'est notre tubereuse : elle exhale la plus douce odeur, mais seulement la nuit. Un arbre de la grandeur du noyer, très-branchu, peu chargé de feuilles y porte le fruit qu'on y nomme Mangas : c'est le *Manguier* ; il en est une autre espèce qui donne un fruit, dont le suc donne la mort : les Portugais lui ont donné le nom de Mangas-bravas. Les Ananas y sont les meilleurs des Indes ; le *Samaca* est un fruit de la grosseur du citron, d'un vert rougeâtre, d'un goût aigrelet ; on confit les feuilles de l'arbre qui le porte, & on s'en sert comme d'un rafraichissant & d'un calmant : le poivre noir y est abondant ; le *Duriaon* qu'elle produit est le plus estimé des Indes : son arbre ressemble à un haut pommier ;

le bois en est dur & compact, l'écorce grise, les fleurs d'un blanc jaunâtre, longues d'une palme & demie, fendues sur les bords, larges de trois doigts; le fruit de la grosseur d'un melon, a une écorce dure hérissée de piquans; il est vert & rayé en dehors, & renferme 3 ou 4 coquilles où sont des fruits gros comme un œuf de poule, blancs comme le lait, & d'un goût exquis: il est fort sain; on dit qu'une feuille de bêtel ferait pourrir un magasin de ces fruits; qu'appliquée sur l'estomac, elle dissipe l'indigestion causée par l'excès de ces fruits. Le *Lantor* est un très-bel arbre, dont les feuilles ont 5 pieds de long, sont très-unies, & servent de papier. Le *Cubebe* ou *Quabebe* est une baye ronde, grise, ridée, qui croit dans les lieux incultes sur un arbrisseau rampant, dont les feuilles sont petites, & les fleurs odorantes: c'est une espece de poivre, & il en a les vertus. Le *Mangoustan* est un arbre apporté des Moluques; il orne mieux un jardin que le maronier d'Inde; son fruit est de la grosseur d'une orange; son écorce est grise au dehors, rouge au dedans, épaisse de demi doigt, couronnée, renfermant des noyaux blancs & rafraichissants: sa chair est laxative, son écorce astringente. Le *Jaca* ou *Nanca* est plus grand qu'une citrouille; il croît à fleur de terre du tronc d'un grand arbre; son écorce a de faibles piquans, sa pulpe a l'odeur du miel, ses noyaux sont plus gros que les dattes communes; on les mange bouillis ou rotis: on y trouve la *casse*, le *mirabolan*, le *cost-indique*, le *roseau aromatique*, le *zerumbet*, le *galanga* qui y est inférieur à celui de la Chine: le canelier sauvage plus petit que celui de Ceylan, dont l'écorce grossiere a peu de goût & de vertu: le *Fagara*, fruit couvert d'une coque noire, estimé par ses vertus médicinales: le *melon d'eau*, le *sandal rouge*, le *ben-*

join, gomme estimée qui coule par incision du tronc d'un arbre grand & touffu : l'*anacardium*, fruit semblable à une fève, qu'on mange avec le lait ou en salade, & dont la substance, épaisse comme le miel, est rouge comme du sang : l'*aguilla-brava*, bois qui ressemble au calamba, & sert à bruler aux Indes les corps des hommes respectés : la *serpentaire*, espece de pied de veau qui doit son nom à sa vertu contre les morsures des serpens. *Java* abonde en limons, en concombres, & pommes d'or : elle a peu de limons, peu de raisins, beaucoup de tamarins, de cocos, de papayes, de goyaves, de jambos, des rambutans qui ressemblent à la châtaigne, des jambolans semblables à la prune de damas, de soccum, espece de fruit à pain, & beaucoup d'autres fruits : on y cultive le café : l'orge y prospere, mais on y préfere le riz dont on voit de vastes campagnes couvertes : ses côtes sont poissonneuses : on n'y mange pas la tortue, mais on fait un festin de la chair d'un lezard ou iguano long de cinq pieds : on trouve dans ses montagnes de l'or, de l'argent, du cuivre, des rubis, des diamans, de belles émeraudes. Ce n'est pas sans raison que Scaliger l'appelle l'*Abrégé du monde*.

 Les Javans se croient originaires de la Chine : une ancienne tradition, les traits de leur visage, un passage de Marc-Paul qui dit que les Javans & les Chinois étaient tributaires des Tartares appuient cette opinion ; mais le gouvernement, les loix, les mœurs, la langue la contredisent ; ils obéirent d'abord à un seul roi, puis il se forma différens états de différentes provinces ; le régime féodal s'y introduisit ; des dissensions éternelles y rendirent la défiance naturelle, attiserent le feu de la haine ; ils furent ennemis de l'étranger, de leurs voisins, de leurs freres qu'ils

n'abordaient

n'abordaient que le poignard à la main : les grands avaient beaucoup d'esclaves qu'ils traitaient avec barbarie, qui cultivaient la terre, & étaient accablés de travaux pénibles : le peuple était corrompu, ne connaissait de frein que la crainte, de courage que la fureur : tels sont encore la plupart des Javans, quoique l'autorité de la compagnie Hollandaise y diminue l'inquiétude qu'avaient fait naître les loix féodales, en les anéantissant insensiblement : le calme, au moins apparent qu'elle y a fait naître, permet à un grand nombre de s'adonner à la culture du caffé, du riz, de l'indigo, des cannes à sucre, & de nourrir des troupeaux de buffles; & ils s'y donneraient davantage si le commerce en était libre. La religion dominante est la Mahométane qui y fut portée par un Arabe dont on revère le tombeau : on ne parle pas ici du gouvernement; on en dira ce qui mérite quelque attention, en parcourant les différens royaumes de l'île. Nous commençons par la partie orientale.

Le royaume de *Balambuan* ou *Balamboang* doit son nom à une ville & à un port situés sur le bord du détroit qui sépare Java de Bali : il a maintenu sa liberté par ce qu'il n'offrait aucun objet de commerce aux Hollandais; cependant le capitaine *Beckman* dit que le pays a de l'or, produit du poivre, du coton, du riz, du bled d'Inde, beaucoup de fruits & de légumes, de bons pâturages où paissent des chevaux pleins de feu, des chevres, des buffles & des bœufs aussi gros que ceux de Hollande. Son roi est despotique, & réside dans une forteresse située à cinq lieues de la mer; le peuple y vénere des dieux que lui crée son imagination : il y a dans la ville quelques Mahométans & quelques Chinois : la ville était revêtue de bonnes murailles.

Le royaume de *Panarucan* ou *Panarocan* est riche par son commerce d'esclaves, de poivre long, de *conjorins*, habits de femmes en usage dans le pays, surtout par son excellent port. La ville de ce nom renferme encore beaucoup de Portugais. Près d'elle est le promontoire *Macassan*, & au midi elle a un des plus célebres volcans de l'Inde ; il s'ouvrit en 1586, & vomit une énorme quantité de soufre, de bitume, de cendres & de pierres ; une ville & son territoire en furent couvertes : plusieurs mille Insulaires y périrent.

Le royaume de *Passaruan* ou *Passaroewen* doit sa fertilité à une belle riviere qui y coule, & qu'on nomme *Gomdebong* : son chef-lieu est à 6 lieues de Panarucan, les toiles de coton, & un fruit semblable à la fraise, assez dur pour servir à faire des coliers, & des bracelets, font les objets de son commerce : ce fruit se nomme *garnitres* : la ville est belle, & située sur le Babela.

Joartam, ville, principauté, arrosée par le Zadieri : elle renferme la ville de Sidapura qui a un port sûr, & dont les environs fertiles fournissent aux vaisseaux divers rafraichissemens.

Gerrici ou *Gressie* est dans une espece d'île formée par le Sandapora : son roi est puissant, & respecté : on y charge du sel ; on y commerce en diverses productions de l'île.

Surbaia présente un aspect riant : derriere elle sont trois monts qui paraissent noirs : *Brandaon*, & *Cidajer* ou *Cidaia*, villes médiocres, reconnaissent l'autorité de son roi.

Tubaon, ville assez grande, entourée de murs, & qui a été la plus belle de l'île ; le *Lassem* coule près d'elle : son roi était puissant, riche, & habitait un vaste palais : il nourrit des éléphans autrefois exéauteurs des sentences de mort qu'il rendait, des coqs qui l'amusent par leurs combats, des perroquets qui lui plaisent par l'éclat de leur plumage & leur docilité, des chiens qui le servent à la chasse : il entretenait 300 femmes : son opulence n'est plus ce qu'elle a été : il y a beaucoup de nobles qui y sont commerçans en soie, en camelots, en toiles de coton, en poivre : le bas peuple nourrit les bestiaux & s'exerce à la pêche.

Caïaon est pauvre, cependant elle a son roi particulier. *Mandalicaon* n'est guere habitée que par des pêcheurs.

Japara ville ceinte de murs, située sur un promontoire long de trois lieues : une riviere qui porte son nom l'arrose & y forme un bon port, qui y amene un grand nombre de vaisseaux : son roi était puissant; ses maisons sont bâties en pierre : ses campagnes sont ombragées de beaux arbres, ses jardins sont remplis de fruits : ses habitans sont nombreux & Mahométans ; ils détestent les Hollandais; les femmes y sont laides & impudiques. *Sati*, *Dama* sont de petites villes dans son territoire.

Mataram, ville où siege un prince dont les ancêtres régnerent jadis sur l'île entiere : elle est dans une plaine agréable & fertile, entourée de bois impénétrables & de hautes montagnes fertiles & couvertes d'une verdure éternelle : celle du nord se découvre de 30 lieues en mer ; on la nomme *Bilerarg*: des vallons resserrés conduisent à la ville & ils sont hérissés de pieux : autour d'elle sont plusieurs villages, qui s'étendent dans la plaine & jusqu'au sommet des montagnes ; l'intervalle est rempli par des maisons de plaisance : le palais impérial a, dit-on, deux lieues de long : ses jardins, ses vergers, ses grands bois sont ses principaux ornemens, des femmes armées y veillent sans cesse : les promenades, les appartemens sont sous la garde des vieilles : les jeunes servent dans l'intérieur : elles soignent le prince, le préservent du soleil, préviennent ses besoins, & l'amusent par leurs danses lascives. Ce prince assiste à des tournois qu'on donne chaque semaine. L'empire est composé de douze petites provinces, dont sept sont baignées par la mer : les Hollandais ne lui ont laissé que l'ombre du pouvoir qui lui restait encore ; en plaçant sur le trône le prince le moins capable de le faire respecter, en le corrompant par les plaisirs, par des présens, par une éducation méprisable, ils en ont fait l'instrument de leur despotisme, & ils le soutiennent sur le trône par les gardes dont ils l'environnent : ses ports sont leurs chantiers ; on y charge le riz, le sel, le poivre, l'indigo, le cadjang, le cardamome, le coton que cet empire est obligé de leur fournir à un prix très-bas. Ce prince réside aujourd'hui à *Ningrat*. Plusieurs villes situées sur les côtes dépendent de cet empire ; telle que *Samazan*, plusieurs bourgs tel qu'*Ongarang*, *Chiandi*, *Saleriga*, *Silimby*, &c. sont répandus dans des campagnes riantes, qu'arrosent diverses rivieres & parmi lesquelles on distingue celle de Damak.

Tigai ou *Tagal*, ville dont le territoire est couvert de champs de riz.

Charabaun ou *Tsieribon*, ville forte, port fréquenté : ses habitans sont les plus civilisés de l'île : les Hollandais en protegent le prince & y regnent sous son nom ; ils tirent de ce petit pays très-fertile du riz, du sucre, du café, du poivre, du coton, de l'areque à un prix très-bas. Au midi ce district est montueux.

Le *Tsiassem* est un petit pays : il est fertile, assez

riche, & renferme quelques villes dont deux sont sur le bord de la mer.

Le petit royaume de *Jacatra* forme la seule propriété des Hollandais dans cette île : en le soumettant, il le dévasterent, & il demeura inculte ; on le distribua à des Européens, à des Chinois pour un prix modique : c'est là qu'est *Batavia*, capitale des possessions Hollandaises dans l'Asie : elle est dans une plaine basse & marécageuse, où se réunissent de petites rivieres qui descendent des montagnes bleues, & y rendent facile la navigation intérieure : il y a peu de rues qui n'aient un large canal rempli d'une eau presque stagnante : plusieurs de ces canaux se prolongent dans le pays. Elle occupe un grand espace, parce que les maisons y sont grandes, commodes, aërées ; les rues très-larges & tirées au cordeau, accompagnées de perrons pour les gens de pied ; il est pavé de briques : les bords des canaux sont ombragés de grands arbres qui arrêtent les exhalaisons d'un terrein marécageux, y rendent l'air mal sain, & en déposant la boue noire & putride de ces canaux sur leurs côtés jusqu'à ce qu'elle ait séché, on l'empoisonne mieux encore : les bâtimens publics sont la plupart lourds & sans élégance : l'église de la Croix est grande & belle : l'hôtel-de-ville est dans une belle place : l'hôpital propre & vaste donne sur la riviere ; elle a une grande maison où on renferme les femmes de mauvaise vie : c'est le *Speenhuis* qui a ses propres magistrats. La ville est fort étendue, on lui donne une lieue & demi de tour : un rempart de pierres ou de briques l'entoure, & ce rempart est baigné d'une riviere rapide, mais assez basse : au dedans il a un canal : à l'extrêmité de la ville est un château dont les murs sont hauts & épais, bien pourvus d'artillerie : il commande la place du débarquement, & renferme de grands appartemens, de vastes magasins, des atteliers, des canons : à quelque distance de la ville on a répandu des forts, des redoutes garnies de quelques pieces de canon qui enfilent les canaux & les chemins, & peuvent facilement détruire les uns & les autres : la principale force de ces fortifications vient de ce qu'elles sont dans des marais ; elles suffisent pour y arrêter l'ennemi, & l'arrêter c'est l'y détruire : il est impossible d'en former le siege par mer : l'eau y est basse, & rend le débarquement très-long, très-dangereux ; un seul canal peut y amener les chaloupes, & c'est là qu'on a réuni le feu de deux môles & du château, qu'on a multiplié les obstacles : le havre est le plus beau de l'Inde ; il est vaste, le fond en est sûr, la mer n'y peut être incommode ; mais il a un bas fond que les bateaux ne passent point sans péril : autour & au dehors il est semé d'îles : dans celle d'*Edam* on relégue les malfaiteurs, & on les y occupe à des travaux utiles : elle a demi lieue de tour ; le centre est couvert d'arbres, le rivage de pierres & de corail : dans celle de *Purmerent* est un hôpital où les malades jouissent d'un air plus sain qu'à Batavia : dans celle de *Kuyper* ou *Cooper* sont des magasins de riz & d'autres marchandises : celle d'*Onrust* ou *Sans repos* est à deux lieues de la ville ; elle est bien fortifiée ; c'est un chantier où travaillent sans cesse trois ou quatre cent charpentiers : là sont aussi des magasins pour équipper & pour charger les vaisseaux.

On dit qu'il y a dans l'enceinte de Batavia 1242 maisons Hollandaises, 200 Chinoises, & presque autant au dehors. Sa population, en y comprenant ses fauxbourgs, peut être de 60000 ames, la plupart esclaves, ou Malais, ou Javans, ou Macassarois, ou Chinois qui ont été assez forts pour se soulever en 1740 : il y a peut-être 17000 Européens, ou issus d'Européens : on y a exagéré la corruption de ses mœurs, mais on n'a rien dit de trop sur le luxe effrené qui y règne. Là réside le gouverneur général, dont nous avons parlé *Tome IV. pag. 165*, & un tribunal divisé en plusieurs classes qui y décide des affaires civiles & criminelles. Elle est au 6º. deg. 10 min. de latitude méridionale, & sous le 124 deg. 30 min. de longitude : mais la chaleur qui devrait y régner est tempérée par un vent frais qui s'élève de la mer, & les nuits y sont rafraichies par des vents de terre. Ses environs sont semés de maisons de campagnes, & de jardins très-grands, couverts d'arbres élevés, entrecoupés par des rivieres, des canaux, des fossés, & au milieu de terres cultivées on retrouve des marais, des fondrieres, des amas d'eaux saumâtres qui y font régner les fièvres, & familiarise avec les maladies & la mort : on n'y voit pas un visage qui n'annonce la faiblesse & la langueur : quelques maisons sont plus élevées, plus dégagées d'un air chargé d'exhalaisons, mais elles sont très-rares : dans un espace de dix à douze lieues le terrein est exactement plat : au delà sont deux collines élevées où les hommes ont de là force & du coloris, où les malades reprennent promptement leur santé, où les riches ont de jolies retraites. Ce sol mal sain est le meilleur qui existe peut-être pour les légumes : le riz de terre, le bled d'Inde, les lentilles nommées *Cadjang*, le millet, les ignames fondantes, les patates, les pommes y prosperent, ainsi que toutes sortes d'herbes potageres : on y entretient presque sans culture de vastes plantations de cannes à sucre, & qui donnent bien plus de ce sel végétal que celles des îles de l'Amérique : on y cultive aussi l'indigo : des fraises & d'autres fruits d'Europe croissent abondamment sur les montagnes où on les a transplantées : la plaine rapporte une quantité étonnante de fruits.

Le pays est peuplé par un amas de différens peuples : les Portugais y sont devenus protestans, mais ils ont adopté les usages & les mœurs des Indiens : ceux-ci, amenés de différentes îles sont compris sous le nom général d'*Isalams* ; ils sont Mahométans : les uns cultivent des jardins, les autres le betel & l'areca dont on fait une grande consommation : ils sont très-sobres, aiment les fêtes, les bains, la parure, & parlent un dialecte du Malais : les malheurs, la jalousie les rendent furieux ; ils se jettent dans les chemins, dans les rues, renversent, frappent, tuent tout ce qu'ils rencontrent jusqu'à ce qu'ils soient tués eux-mêmes, ou pris : on les fait périr inutilement dans les supplices : il faudrait employer d'autres remèdes, & le mal même l'indique ; car ce sont presque toujours des esclaves traités avec barbarie qui s'abandonnent à cette fureur. Ces peuples croient le Diable auteur de toutes leurs maladies, & ils lui présentent des offrandes : des songes les tourmentent, la crainte les trouble & leur donne la mort : ils s'imaginent que la femme accouche à la fois d'un enfant & d'un crocodile ; & le premier, pendant toute sa vie, porte des alimens à la riviere pour que son frère n'en manque pas. Les Chinois y sont aussi avides que chez eux : tout art, tout métier, toute occupation est noble quand elle les enrichit : plusieurs sont cultivateurs : jamais ils ne sont oisifs, & si un travail honnête ne les occupe pas, ils jouent, ou font le métier d'escrocs : ils sont propres, d'une civilité qui approche de la bassesse, d'une grande sobriété, très-superstitieux pour les morts,

Tout Javan est libre, mais on trouve beaucoup d'esclaves dans l'ancien royaume de Jacatra : ils viennent de Sumatra, de Malacca, de Celebes, &c. ces derniers sur-tout sont très-fainéans : leurs maîtres ne les punissent pas eux-mêmes, une espece de magistrat en est chargé, & souvent ils n'y gagnent rien : en général les magistrats y sont très-indulgens pour le chrétien d'Europe, & très-durs pour l'Indien Mahométan : dans les matieres civiles les Malais & les Chinois ont leurs juges particuliers, mais on en appelle au tribunal Hollandais : ces deux peuples paient des impôts pesans, & celui qui leur donne le droit de porter une longue chevelure n'est pas un des moindres.

Le royaume de *Bantam* a pour capitale une ville qui fut très-florissante, & dont le port, qui forme une enceinte de trois lieues, est le plus beau de l'île entiere : elle est située dans un terrein bas, au pied d'une montagne, & arrosée par trois rivieres dont deux la cotoient & une la traverse : des murs épais de brique rouge l'environnent ; ils ont un canon à chaque angle qu'ils forment : les portes sont faibles : elle a deux lieues de tour, & n'a que trois rues droites ; elles sont sans pavé, & couvertes de gros sable ; des petits canaux, qui exhalent une odeur putride, permettent d'y aller par-tout en bateau : ses différens quartiers se ferment pendant la nuit, & ont des sentinelles : les maisons y sont entourées de cocotiers ; elles sont composées de paille & de roseaux, soutenues par des pilotis sculptés, & couvertes de feuilles de palmiers : le palais est vaste, mais sans goût, sans magnificence ; la défiance y veille, & n'en fait approcher que par une porte & une allée étroite : trois places publiques décorent la ville ; la plus grande était le rendez-vous des commerçans de toutes les nations, avant que les Hollandais y eussent obtenu le commerce exclusif: une forteresse les assure de leurs avantages: ils y apportent toutes les marchandises de l'Inde, & en exportent trois millions pesant de poivre.

Le gouvernement y est despotique: à la mort d'un homme le roi se saisit de sa femme, de ses enfans non-mariés, & de son bien: chacun plaide sa cause devant les magistrats assemblés au palais; ils décident sur la premiere inspection: le conseil d'état ne s'assemble qu'au clair de la lune sous un arbre épais: s'il s'agit d'établir de nouveaux impôts, il faut qu'il soit de cinq cent personnes; si l'on doit y parler de guerre, tous les officiers militaires y sont appellés: les soldats ne sont point payés, ils demeurent chez eux; dès qu'il faut marcher ils sont habillés & nourris; ils sont très-dociles.

Derriere la ville est le mont *Gonon Besar* abondant en poivre: là est une colonie d'hommes simples, honnêtes, paisibles, laborieux, qui habiterent autrefois le mont *Passaruan* dans la partie orientale de l'île: l'oppression les en chassa: ils sont presque tous cultivateurs, & ont leur roi particulier. Dans les autres parties du royaume les seigneurs possèdent les terres, & ils les donnent en ferme dont ils reçoivent la rente en riz & en *coxas*, monnaie faite de plomb & d'écume de cuivre, ou ils les font cultiver par leurs esclaves.

Le roi & une partie de ses habitans sont Mahométans depuis environ 400 ans: un espece de saint nommé *Sousouhunan-Abul-Machasin* leur fit embrasser cette religion, & ses descendans y régnent encore. Chaque particulier aisé a sa mosquée dans sa maison: il peut prendre trois ou quatre femmes, & des concubines; il en est très-jaloux: on dit qu'elles ont les gardes du roi, qu'elles ont à leur tête une princesse qui les gouverne, & juge leurs différends : mais tous ces objets peuvent être facilement malus, & nous ne nous étendrons pas sur eux.

Les Chinois ont un quartier séparé de la ville, environné d'une palissade & par des marais : leurs maisons sont plus solides que celles des autres habitans : ils sont les hommes les plus laborieux & les plus riches de cet état qui renferme diverses petites villes au couchant & au midi.

La partie méridionale de Java est habitée par des peuples peu connus, indépendans, ou soumis à divers princes dont le plus puissant est le *Sourapati*: c'est ce que les Hollandais appellent le *Haut-pays*, parce qu'il est hérissé de montagnes souvent désertes : les hommes y ont une religion particuliere ; ils prennent beaucoup de soin des animaux, & se croiaient criminels s'ils les tuaient & les mangeaient.

L'île de Java en a près d'elle de plus petites : au midi, à l'entrée d'un golfe, est celle de *Nocsa-Combang*, longue de huit lieues sur deux de large : plus loin celle de *Nocsa-Baron* : à l'orient est la petite île de *Gillebaran*, celles de *Corail*, des *Oiseaux*, de *Remoulin*, l'*Isle longue*, celles de *Giliolien*, de *Warchouse*, &c. toutes sont peu considérables. Mais il en est une qui, par son étendue, demande une description particuliere. C'est celle de *Madura*.

Isle de Madura, ou Maduré.

Elle a plus de 20 lieues de long; elle en a 7 dans sa plus grande largeur : elle est partagée en trois provinces, *Sampan*, *Sammanab*, *Pamakassan* ; les deux dernieres obéissent aux Hollandais ; la premiere au successeur des anciens rois de l'île : un canal assez étroit la sépare de *Java* : elle est très-fertile, sur-tout en riz ; & c'est un des greniers de l'Inde pour cette denrée. Son sol est gras, couvert de beaux arbres, de riches pâturages, mais humide, & souvent inondé : ses habitans ressemblent à ceux de Java ; ils aiment la profession de pirates, & l'exercent avec adresse : sa principale ville se nomme *Arosbay* ou *Sammanab* ; sa situation est agréable ; de bonnes murailles l'environnent ; elle a son roi particulier, & un grand-prêtre : les Hollandais y sont craints ; & par un fort qu'ils y ont élevé, ils forcent les habitans de leur vendre leur riz à fort bas prix : les bas fonds qui l'environnent en éloignent les vaisseaux, & cependant ses habitans exercent la piraterie.

Vers le nord de Maduré on voit la petite & la grande *Somonbo* ; puis vers le couchant on trouve l'île de *Lubec* ou *Luboc*, distinguée aussi sous le nom de petite *Maduré* : elle était déserte, mais le roi de Japara y envoya une colonie sur la fin du 16e siecle, & cette colonie a prospéré : le sol en est bon : le riz, les bestiaux, la volaille y sont abondans : plus au couchant encore on trouve l'île *Carimon-Java*, entourée d'îlots & d'écueils : vis-à-vis de *Tsieribon* sont les îles *Rachit* : entre Batavia & Bantam est l'île *Jagers* ; près du port de cette derniere est l'île *Pontano* : plus au nord, sont les *mille Isles* ; ensuite on entre dans le détroit de la Sonde qui sépare Java de Sumatra, & dans lequel sont encore plusieurs îles, telle est l'*Isle du milieu*, celles de *Toppershoutié*, de *Traversine*, de *Basié*, de *Sibbesée*, de *Cracata*, ou *Cracatoy*, qui est élevée, & se termine en pic ; elle est ornée par de grands arbres : enfin l'*île du Prince* : plus près de la côte de Java, vis-à-vis cinq petites rivieres ou cinq bras d'une seule, est une petite île habitée ; elle a deux lieues de tour, plusieurs villages, beaucoup de fruits, de bestiaux, de volaille, de jolis bois, de l'eau fort douce : on y voit une espece de biche de la grandeur d'un lievre. Cette île, que La Barbinai le Gentil ne nomme pas, est sans doute l'île *Cantaye* située dans le golfe formé par la pointe occidentale de Java.

L'*isle du Prince*, que nous avons nommée plus haut, a une ville de 400 maisons, divisée en vieille & nouvelle par une riviere d'une eau saumâtre : on l'appelle *Samadang* : on y trouve beaucoup de tortues vertes, diverses espèces de poissons, des poules fort grasses, des daims dont une espèce est de la grandeur d'un mouton, l'autre de celle du lapin; des chevreuils, des noix de cocos, des fruits du plane, des citrons, des pommes de pin, des melons d'eau, des citrouilles, des ignames, du riz qui croît sur un sol sec : au milieu des champs où il est semé sont des cabanes où les possesseurs viennent habiter, pour défendre la moisson des oiseaux & des singes. Les habitans sont Javans; ils sont Mahométans, & n'ont pas de mosquées; les plus riches n'ont pas de plus belles maisons, mais de plus grandes; ils ne sont pas méchans, parlent la langue Malaise & un dialecte particulier qui a du rapport avec la langue des habitans de Madagascar : leur Rajah travaille de ses mains, apprête son souper, & est sujet du roi de Bantam. Cette île est peu montueuse, & est dans sa plus grande partie couverte de bois.

ISLE DE SUMATRA.

ELLE paraît être celle que les géographes orientaux nomment *Sobarmah*. Elle a environ 290 lieues de long, & 70 dans sa plus grande largeur: dans l'intérieur, elle est hérissée de hautes montagnes, où s'élèvent d'excellens bois de construction: celle de *Balatam* vomit du feu, & l'on en tire une huile employée à différens usages, que les habitans nomment *Minjoa Tamnach* ou huile de terre. Ses côtes sont basses, unies, couvertes de pâturages, de champs, de vergers abondans en fruits: son sol serait très-fertile en grains si on le cultivait; on n'y sème que le riz & le millet: une multitude de rivieres l'arrose; les plus grandes sont le *Cinquel*, la *Barros*, le *Daya*, celle d'*Achem*, de *Peair*, d'*Jambi* & d'*Andripoura*: toutes ces rivieres y rendent la terre toujours humide, y nourrissent des lacs, y entretiennent des marais qui en rendent l'air mal sain: la ligne la partage, & les pluyes n'y discontinuent pas du mois de juin, au mois d'octobre: les vents du couchant y regnent alors, s'y déployent en tourbillons & y causent des tempêtes effrayantes: le calme qui leur succède y est souvent plus funeste encore; le soleil éleve du sol détrempé des vapeurs fétides qui répandent des fievres pestilentielles ou des maladies longues & cruelles: dans les autres tems des vents frais y temperent la chaleur. Elle renferme des mines d'or, dont le Brúyn a vu des morceaux de la grosseur d'un œuf de pigeon, des mines d'argent, de cuivre, d'étain, de fer; des baumes précieux, des gommes, de la cire, du miel, de l'agaric, des saphirs, des bozoars, un peu d'indigo; mais le poivre est l'objet de son commerce le plus important, il est le meilleur des Indes après celui de Cochin : la plante qui le porte s'attache comme le lierre à un arbre, ou à un mur : sa racine est fibreuse & flexible, sa tige a des nœuds comme la vigne ; ses feuilles ovoïdes & pointues ont une odeur forte ; ses fleurs sont blanches ; des fruits rassemblés en petites grappes au nombre de trente ou quarante, sont d'abord verts, puis ils rougissent, & en séchant, ils deviennent bruns & ridés : l'arbre ne donne du fruit qu'à trois ans ; à quinze il devient inutile : chaque arbuste peut rendre de 5 à 7 livres de poivre : élaguer l'arbre qui le soutient, arracher les herbes qui l'entourent, c'est toute la culture qu'il exige : l'isle en fournit annuellement la charge de vingt vaisseaux. On trouve dans l'isle tous les arbres fruitiers des Indes, & peu de légumes & d'herbes potageres ; ses pâturages rians nourrissent de grands troupeaux de buffles, de bœufs & de chevres ; les chevaux y sont petits, mais nombreux ; les moutons y dépérissent, les poules & les canards y pullulent & donnent des œufs qui sont un bon objet de commerce : les montagnes nourrissent beaucoup de sangliers moins grands, moins redoutables qu'en Europe ; ils se répandent dans les campagnes & rodent autour des maisons : les cerfs & les daims y sont plus grands que les nôtres : l'éléphant sauvage erre dans ses forêts & il y est plus grand que dans les autres contrées de l'Inde, on y trouve encore des tigres, des rhinoceros, des buffles sauvages, des porcs-épics, des civettes, des singes, des couleuvres, de grands lézards, peu de lièvres, peu de chevreuils ; mais beaucoup d'autre gibier :

les rivieres y font poissonneuses, mais dangereuses par les crocodiles qu'elles nourrissent. On dit qu'on y voit une source d'une huile qui une fois enflammée, ne peut plus s'éteindre & brûle dans la mer : parmi ses productions on remarque le *Sigali*, ou l'arbre triste de jour : cet arbre ombrage les maisons, il ressemble au prunier, ses branches sont minces, ses feuilles vertes, molles, lanugineuses ; ses fleurs sont semblables à celles de l'oranger, & sont plus belles, plus odoriférantes encore : leur calice rougeâtre sert à assaisonner les viandes : elles sont blanches comme la neige, sont réunies en bouquet & fuyent l'éclat de la lumiere ; elles s'ouvrent dès que le soleil est couché, sont épanouies toute la nuit, & disparaissent au lever de l'astre qu'elles semblent craindre. Le cocotier y est fort commun sur les montagnes ; parmi celles-ci il en est qui de tems en tems font des éruptions redoutables. L'intérieur de l'isle est habité par un peuple sauvage qui la posséda autrefois toute entiere : il hait ceux qui l'ont chassé dans des montagnes presqu'inaccessibles à l'homme & qui le sont aux chevaux ; ils craignent les étrangers, & vivent libres : ils habitent de petits villages nommés *Doosans*, indépendans les uns des autres, gouvernés par des chefs particuliers nommés *Doopottés* : ils ont quelques loix criminelles écrites : on dit qu'ils jouent leur vie, & que celui qui la perd, devient s'il n'est racheté, la proie du gagnant, qui le tue & le mange : il en est plusieurs qui sont goîtreux, incommodité qu'ils attribuent à l'usage d'une eau froide & blanche : le pays abonde en soufre ; il y a un volcan : on y trouve de l'or & un peu de fer. La contrée *Cassia* est située au-delà de *Taparooly*;

Isle de Sumatra.

rooly : elle est très-peuplée : ses habitans se nomment *Battas*, & different des autres peuples de l'isle par le langage, les mœurs, les coutumes : leurs villages nommés *Compongs*, sont indépendans les uns des autres & toujours en guerre : ils sont fortifiés par des planches de camphrier pointues, entre lesquelles sont des bambous pointus aussi & recouverts d'herbes, ou d'une haie impénétrable : ils n'en sortent qu'armés de lances & d'arquebuses qu'ils fabriquent eux-mêmes ; ils cherchent à se surprendre, non à combattre de front : les prisonniers qu'ils font, sont leurs ennemis, ils les tuent, les mangent & suspendent leurs crânes dans les maisons où sont les jeunes gens non-mariés ; un homme y prend autant de femmes qu'il peut ; le mariage y est un achat, & manger ensemble est toute la cérémonie qui le précéde ; l'homme surpris en adultere est puni de mort & mangé par les parens de l'offensé, & la femme devient esclave de son mari : les filles portent six ou huit grands anneaux de cuivre autour du cou, & un grand nombre d'anneaux d'étain aux oreilles : quelquefois ils conservent un cadavre plus de trois mois avant de l'enterrer.

Les *Battas* ont du bétail noir & des chevaux qu'ils mangent : ils se nourrissent aussi de petits chiens noirs à oreilles droites & pointues qu'ils engraissent : ils semblent manger la chair humaine plus pour effrayer que par goût : quoiqu'antropophages, ils sont humains & hospitaliers. Le camphrier & l'arbre de benjamin sont communs dans le pays : le premier s'élève à la hauteur du plus grand chêne : il en est qui ont cent pieds de haut ; ses feuilles sont dentelées & très-différentes de

Tome IX. F f

celles du camphrier qu'on cultive dans nos jardins de botanique.

Les peuples qui habitent de *Sillebar* jusqu'au-delà de la ligne, se sont mis sous la protection des Hollandais, ils en sont les alliés, & c'est principalement d'eux qu'on tire ce sable d'or qu'on y achete par des échanges : plusieurs montagnes sont remplies de ce métal ; on ne le cherche que dans les torrens après les fortes pluies ; quelquefois sous le gravier & entre les pierres, on en trouve des morceaux de trois onces & très-purs.

Le reste de l'isle est partagé en six royaumes dont celui d'*Achem* est le plus puissant : il s'étend sur plus de la moitié de l'île : nous allons les parcourir.

Le royaume d'*Achem* a été plus puissant lui seul que tous les autres Etats de Sumatra ensemble ; il renferme diverses villes commerçantes ; sa capitale a moins d'une lieue de tour ; elle est à demi-lieue de la mer, sur une grande riviere qui y facilite le commerce, & est environnée d'un bois épais, de rivieres, de marais, des forts qui la défendent & en dérobent la vue : on y compte sept à huit mille cabanes dispersées sans ordre, séparées par des haies, élevées sur des piliers de bambou hauts de neuf à dix pieds pour les garantir des inondations : elle ressemble de loin à une forêt de cocotiers, de bambous, d'ananas, de bananiers, traversée par une riviere couverte de bâteaux, & entremêlée d'amas confus de maisons : les murs en sont de cannes de jonc ou de bambou entrelassées, le toît de feuilles de cocotier : les étrangers sont mieux logés, mais dans un quartier séparé pour se défendre mutuellement des insultes & des brigandages des Achemois. Le port est un grand bassin, & le mouillage y est sûr & la côte saine :

le palais du roi eſt au-dehors de l'enceinte de la ville, il a demi lieue de circuit, & eſt défendu auſſi par des arbres preſſés les uns contre les autres : il eſt grand plutôt que magnifique : ſes tombeaux & les pyramides ſont ce qu'il offre de plus remarquable : c'eſt là que le tyran (*) de cette contrée vit au milieu de 600 femmes occupées les unes à rafraîchir l'air autour de lui avec des éventails, ou à l'amuſer par leurs diſcours ; les autres à lui plaire par des chants & des danſes, ou à ſatisfaire les deſirs qu'elles ſavent irriter : c'eſt par elles que l'intérieur du palais eſt gardé ; au-dehors il l'eſt par 3000 hommes : trois d'entr'elles ont le rang d'épouſe, les autres ſont des concubines ; 500 eunuques veillent ſur elles : c'eſt là que languit dans le ſommeil de l'indolence dont il ne ſort que par un réveil de ſang, un roi qui ſe donne le nom de roi de l'univers, de deſcendant d'Alexandre, brillant comme le ſoleil, rempli comme la pleine lune, le plus utile roi de la terre, de modèle du parfait gouvernement, de ſeigneur de neuf ſortes de pierres & de deux paraſols d'or battu, &c. On ne l'approche que les jambes & les pieds nuds, les bras levés, les mains jointes au-deſſus de la tête : ſon gouvernement eſt ſévère & cruel dans ſes vengeances : une famille puiſſante & reſpectée y jouit long-tems du trône ; elle s'éteignit, & les grands de l'Etat devinrent autant de tyrans héréditaires qui ſe firent une guerre ſanglante, juſqu'à ce qu'ils euſſent élu pour roi un vieillard paiſible qui les fit tous périr, & ne vit ſa ſûreté qu'en verſant

_____

(*) Le Bruin dit qu'Achem eſt gouverné par une femme ; on ne ſait ſur quelle autorité il s'appuie, car il n'y avoit point été.

le sang de 20000 de ses sujets : ses descendans regnent sur les mêmes principes : ils sont redoutés, mais leurs sujets, dit un voyageur, voudraient pouvoir leur dévorer le cœur : ils craignent sans cesse pour leur vie, & afin de détourner le coup qui les menace, ils le dirigent sur leurs voisins : le frere accuse le frere, le pere est accusé par son fils ; ils sont devenus traitres, sans foi, sans conscience, ils empoisonnent, ils volent sans scrupule, mais craignent de déplaire à leur roi ; il est si près d'eux, & Dieu en est si loin, disent-ils : ces hommes si vils ont cependant des qualités brillantes ; ils sont éloquens, parlent avec grace & avec exactitude ; calculent très-bien, font des chansons, & sont agréables & propres ; ils seraient magnifiques si l'éclat n'annonçait pas des richesses, & si les richesses n'étaient pas très-dangereuses sous un tyran avide. Ils cultivent les métiers, ont de bons forgerons, de bons fondeurs, de bons constructeurs de galères : le roi entretient 300 orfevres & un grand nombre d'autres artisans ; ils sont courageux, sobres, & ne vivent que de riz : les grands seigneurs seuls peuvent y mettre une poule au pot : leur religion est le mahométisme ; tous feignent beaucoup de zele ; mais leur dévotion est une habitude qui ne prend pas sa source dans le cœur. On y conserve une cérémonie qui parait judaïque : le roi suivi des grands, avec tout l'éclat du pouvoir, va chercher le Messie dans les mosquées une fois chaque année. On y est fort sévère envers le débiteur : s'il ne paye pas, on lui lie les mains, & on le laisse libre pourvu qu'il se présente chaque jour devant le magistrat : s'il est déclaré insolvable, il devient l'esclave de son créan-

ISLE DE SUMATRA.

cier : on y respecte les ordres de la justice, & quoiqu'il n'y ait pas de jour où le roi n'ordonne quelqu'exécution sanglante, on n'entend pas un murmure; l'exécuteur y fait acheter sa dextérité & la promptitude dans ses opérations; quelquefois on se rachete de la peine en le payant, le déshonneur n'y suit point le crime. Le roi d'*Achem* fait battre une monnaie d'or à 22 carats, pesant dix grains; la petite monnaie d'usage y est d'étain.

Les revenus du roi consistent dans les contributions que le peuple paye en denrées, dans le produit du domaine royal qui est assez étendu, & que les sujets cultivent par corvées, dans les droits d'entrée, dans les présens que lui font les étrangers : les successions de ses sujets qui meurent sans enfans mâles, la confiscation des biens de ceux qu'il condamne, les monopoles qu'il exerce, le commerce qu'il fait presque seul, lui rapportent des sommes considérables, & il dépense peu : les gouverneurs de ses provinces l'habillent lui & ses femmes; il ne donne que du riz à ses troupes & aux esclaves qu'il fait travailler. Outre les 3000 hommes qui veillent au-dehors du palais, il a un corps de 1500 esclaves qui remplissent les forts voisins : il a, dit-on, 900 éléphans; on les instruit, on les châtie à-peu-près comme les hommes, & les mêmes soins produisent des effets semblables. Cent longues galères gardent ses ports, & quelques-unes portent 700 hommes. Ce royaume fut autrefois très-riche en poivre, mais il falait négliger la culture du riz, & le roi a fait arracher la plus grande partie des poivriers : les révolutions en ont éloigné le commerce, & ont fait fuir les navigateurs; cependant ses richesses naturelles le soutiennent encore avec quelque éclat : on y va chercher du soufre qu'on tire d'une haute montagne, qui s'élève en pain de sucre à six lieues de Pedir, bourg ouvert, qui fut jadis une ville grande & peuplée, dont les rois commandaient à Achem, & où l'on voit encore un palais, quelques maisons, trois mosquées & de chétives cabanes de bambou; & de l'île d'*Ouay* ou *Pulo-Ouay*, située dans la rade même d'Achem: le territoire de Pedir est très-fertile en riz, & abondant en mûriers qui nourrissent beaucoup de vers à soie: on en fabrique la matiere à Achem: elle est jaune & dure, & cependant on en fait d'assez beaux taffetas. *Sumorlanga*, *Passanga* sont des villages de 2 à 300 familles. *Pacem* est plus au midi: de cette ville, devenue un bourg de 500 familles, arrosé par une grande riviere, à celle de *Deli*, la terre est riante & fertile: c'est près de cette derniere qu'est la source de cette huile inextinguible dont nous avons parlé: ces villes sont sur la côte orientale; sur l'occidentale, on trouve *Daya*, dont le territoire est fertile en riz & riche en bestiaux; plus bas est *Cinquel* sur une riviere de son nom; son district produit beaucoup de camphre: en descendant toujours plus au midi, on trouve *Baros*, belle ville, dans une campagne bien cultivée qu'arrose une riviere: on y trouve beaucoup de benjoin qui y sert de monnaie & dont le plus blanc est le meilleur; on y recueille aussi beaucoup de camphre: *Batang* ou *Batahan* fournit le camphre le plus estimé; mais il n'y est pas abondant: *Ayerbengui* est encore une ville considérable. *Passaman* est située au pied d'une haute montagne: là commence la culture du poivre qu'on y cultive avec succès. *Tikou*, ville de 7 à 800 cabanes, en est à 7 lieues, & a les mêmes richesses; le sol y est bas vers la mer, il s'élève ensuite rapidement: il est couvert d'arbres & arrosé par des rivieres qui le rendent marécageux ; mais il a d'abondantes prairies, produit beaucoup de fruits & nourrit de grands troupeaux de bufles & de bœufs : on y trouve beaucoup de volaille : l'intérieur du pays est fort peuplé, surtout au pied des montagnes où croît le poivre : l'air y est mal sain. *Priaman* est peuplé, n'est pas riche en poivre ; mais l'air y est sain, & le sable de ses rivieres est mêlé d'or. *Padang* a les mêmes richesses : une riviere assez considérable lui forme un port naturel qui reçoit de grands vaisseaux : les Hollandais y ont un fort : le commandant y veille sur les peuples qui ont reconnu leur pouvoir. *Manincabo* est un royaume qui s'étend assez loin dans les terres ; il a peu de poivre : mais il est riche en or : il a diverses rades sûres, & celle de *Cortaterga* est la plus fréquentée : la ville de son nom est située au bord de la mer ; non loin d'elle on voit un volcan : le prince réside dans les montagnes, & n'en descend jamais.

Andripoura, *Indpaura*, ou mieux encore *Indrapour*, royaume riche par l'or qu'on y trouve & le poivre qu'on y recueille : sa capitale est sur une riviere rapide : il s'étend sur les villes de *Mocomogo*, de *Bancoul* où les Anglais ont un fort, de *Caitone*, de *Manna*, situées le long de la côte occidentale : les Anglais y font le principal commerce, & ont sur cette côte le fort *Marlborough*, & les comptoirs de *Mocomogo*, de *Nattal* & *Tapanoli*.

La partie orientale de Sumatra renferme de vastes baies, des bois & des montagnes, elle est presque inhabitée ; on y recueille du poivre : le roi de Bantam la comptait autrefois parmi ses possessions : aujourd'hui elle appartient aux Hollandais : on y remarque le village de *Dampin* & la ville de

Lampon assez peuplée, dont les habitans reconnaissent l'autorité de Bantam, de même que *Sillebar* ou *Cellebar*, bourgade qui en dépend. Ce pays est peu agréable : de grandes pluies, un froid humide y succèdent immédiatement à des chaleurs violentes : le vent y apporte des vapeurs mal-saines : ses habitans sont actifs, cultivent l'agriculture & des arts méchaniques ; on trouve dans les champs voisins de la poudre d'or.

Palimban, royaume assez puissant, qui dépendit de Bantam, dont les champs sont fertiles en riz, & où l'on nourrit beaucoup de bestiaux ; le port y est au fond d'une baie profonde, formée par une riviere qui se rend à la mer par trois embouchures : on y voit quelques beaux édifices : les Hollandais y ont un fort ; le roi leur donne annuellement 20 millions pesant de poivre à un prix fort bas : les côtes voisines sont dangereuses.

Jambi, royaume dont le poivre est estimé, & où il est fort abondant : les Anglais & les Hollandais surtout en font le principal commerce ; l'or y est encore une de ses richesses : la capitale située dans les terres, sur une grande riviere qui y conduit des bâtimens légers, est assez grande ; mais l'air y est mal sain : cet Etat était puissant, avant qu'il eut été dépouillé par ses voisins.

Andagiri ou *Andigri*, est un petit Etat abondant en poivre inférieur à celui d'*Jambi*, le grain en est fort petit : l'or s'y vend à meilleur marché que dans les autres parties de l'île : les Hollandais y commandent. Le bourg d'*Andragiri* est peuplé, bien situé, sur une riviere qui y facilite le commerce.

Isle de Sumatra.

Des Isles autour de Sumatra.

Au nord de la rade d'Achem font différentes îles, toutes affez peu confidérables, telles que *Pulo-pouay* ou *Pulo-way* & *Gomis poda* : en fe dirigeant au midi par la partie occidentale de Sumatra, on trouve deux petites îles qu'on nomme île *des Cocos* : elles font défertes, mais les vaiffeaux y vont chercher ces fruits pour faire de l'huile : l'île *des Cochons* ou de *Werkens* a dix lieues de long ; elle eft peu habitée : on y voit des palmiers ; plus près des côtes font les petites îles de *Baniac* la plupart défertes. *Pulo-Nyas* a 15 à 16 lieues de long : elle eft peuplée, fes habitans font humains, & commercent avec les Infulaires de Sumatra ; on voit beaucoup de filles de cette île à Batavia : elles ont un air doux & intéreffant, mais elles n'y vivent pas longtems, parce que leur conftitution eft faible. Cette île eft fuivie de l'île *Batang* ou *Bolhou* fituée exactement fous la ligne ; elle reçoit fon nom de la ville qui eft fur la côte ; & eft habitée : plus au couchant eft l'île *des Loups marins* ; au midi eft celle de *Mantabey* ou *Mirtao*, qui a 20 lieues de long & environ 9 de large : elle eft environnée d'îlots ; fes habitans font vêtus comme ceux de Tikou avec lefquels ils commercent, mais ils n'ont pas la même langue : l'air n'y eft pas fain. La grande île de *Fortuna* eft longue d'environ 20 lieues ; elle n'offre aucune production remarquable : entr'elle & la précédente, font des efpèces de bancs de fable qu'on nomme *Nieu-Zeland* : l'île *Peten*, l'île *Guillaume* fe fuivent plus au midi ; l'île *Bergh* eft déferte : elle reffemble en effet à une montagne : entre ces dernieres & la côte font les petites îles *des Mofquittes*, d'*Ourang* & de *Ringen* : l'île de *Naffau* est déserte ; elle a 14 à 15 lieues de long ; la pêche y est assez abondante. Au midi est l'île des *3 montagnes*, puis l'*île Basse*, toutes deux sont petites. Plus loin est l'île *Triste* : elle est sans habitans, mais couverte de cocotiers : l'île *Enganno* ou *Trompeuse*, nommée aussi *Pugniatoa*, est à 18 lieues de Sumatra & produit du poivre & des cocos : elle est habitée par des Sauvages cruels, à longue chevelure : leur teint est jaune, ils sont nuds, & navigent sur de petits canaux. Plus près de la côte sont les îles *Pissang* & la *petite Fortune*.

À l'orient de l'île de Sumatra, en commençant au midi, on rencontre les *Deux Sœurs*, petite île environnée d'écueils ; celle de *Lucipara*, puis l'*île des grands Arbres* qui forme avec Sumatra un canal étroit & long de 3 lieues. Plus au nord est la grande île de *Banca* : sa longueur est de 40 lieues ; sa plus grande largeur de 12 : elle est médiocrement peuplée & ombragée de grands bois : une chaîne de montagnes la partage dans sa longueur : elle a de bons ports ; la ville qui lui donna son nom est sur le détroit qu'elle forme avec Sumatra, & les Hollandais y ont un fort : le détroit long de 30 lieues, large de 5 à 6, est assez dangereux ; l'écueil de *Frederik-Hendrick* est placé au milieu de son entrée septentrionale, la rivière de Palimban forme des bancs qui le rendent toujours plus étroit. À l'orient de *Banca* est l'île *Billiton* qui a environ 30 lieues de circuit : sa forme est ronde, sa fertilité médiocre : elle serait mieux connue si elle était plus riche. Au nord est *Pulo-Trin*, & *Barella* : à l'orient de celles-ci sont les sept *îles* ; plus au nord *Lingen* ou *Linga*, île assez étendue, voisine des nombreuses îles qui forment un des côtés du détroit de *Sincapour* ou *Singapura* ; celle de *Panjan*

Isle de Sumatra.

le termine à l'orient : près de celles-là sont les *îles Domines*, *Puto-Taya*, *Puto-Tolépulo*, *Toupoa*, &c. En se rapprochant de la côte on trouve les îles qui sont à l'embouchure du *Canfer*, grande riviere de Sumatra, & au nord celles de *Pitti*, de *Besser*, des *Deux Freres* ou *Isle à l'eau*, *Polverere*, île haute, boisée, déserte, qui n'a qu'un quart de lieue de circuit, & de *Dely*, la plupart sont inhabitées.

Isle entre la Presqu'Ile de Malacca & Borneo.

Aucune d'elle n'est bien considérable. Les plus méridionales sont les *Isles du St. Esprit* : on en compte six ou sept ; plus au couchant celle de *Timoelan*, plus au nord, les îles *Anamba* : elles sont rassemblées & forment un petit Archipel qui prend son nom de la plus grande d'entr'elles, qui à peine a sept lieues de long, mais est habitée : elles semblent se joindre au nord avec le petit Archipel des îles *Nattuna*.

En se rapprochant de la côte orientale de la presqu'île de Malacca, & partant du promontoire *Patani* qui la termine, on trouve les îles *Losin* & *Rou*, plus au midi les îles *Ridang*, qui sont au nombre de vingt ; puis les trois îles *Kapas* ou *Capa* : elles sont à 30 lieues des précédentes, à 2 de la Terre-ferme. Plus au midi encore, sont les îles *Putang* & *Varella*; puis on trouve *Pulo-Timaon* : ses habitans sont Malais, comme la plupart de ceux des îles voisines, petits, bien proportionnés, & le teint d'un bronzé noir : leur ceinture & un mouchoir rangé en forme de turban sont leurs seuls vêtemens ; ils portent toujours une pique à la main : leurs maisons sont régulieres, élevées sur des piliers, construites avec du bambou ; on y monte avec une échelle, & ils y couchent sur des nattes : ils ont des canots bien faits : l'île est montueuse, arrosée par de petites rivieres d'une belle eau ; couvertes d'arbres, parmi lesquels on remarque le choupalmi & le cocotier ; quelques-uns ont cent pieds de haut : on y cultive le riz, & y trouve un animal qui a le corps du lievre & les jambes du daim : la pêche est abondante sur ses côtes : on y voit beaucoup de poissons volans. Au midi de cette ile on trouve encore celles de *Polaor* ou *Pulo-Laor*, *Pol-Ting* ou *Pulo-Tingi*, & quelques autres petites îles peu connues. *Polaor* est à 15 lieues de l'entrée du détroit de Malacca : elle est élevée & paraît un amas de montagnes pointues : couvertes de bois, elle n'a que de petits champs défrichés çà & là, avec des cabanes entourées de cocotiers : les Malais sont ses habitans ; ils ont un chef misérable ; des fruits sont leurs principales richesses.

PRESQU'ILE DE MALACCA.

Du petit royaume de *Ligor*, à la pointe la plus-méridionale de cette presqu'île qui est le *Cap Romania*, & probablement le *Promontorium Magnum* des anciens, on compte au moins 170 lieues : sa plus grande largeur est de 65 lieues. Une chaîne de montagnes la partage dans sa longueur, & il en descend des torrens qui inondent souvent le pays ou le ravagent ; à l'orient, elle forme le golfe de Siam ; au couchant elle forme avec Sumatra le détroit de son nom.

Ce détroit est estimé plus difficile qu'il ne l'est en effet : il est sujet aux orages, à des tonnerres fréquens ; mais ils ne se font guère sentir qu'à

ISLE DE SUMATRA.

l'entrée. Quand on y arrive des mers de Chine, on s'assure de cette entrée par la vue d'un îlot nommé *Pedra-bienca* ou pierre blanche : on voit ensuite la pointe de Romanie; puis des îlots de sable ou de pierres amoncelées, couvertes d'arbres superbes dont la mer baigne les racines : on entre peu après dans le détroit du *Gobernadour*, formé par diverses îles, comme l'*île de Sable*, l'*île Quarrée*, l'*île St. Jean*, l'*île de la Viole*, l'*île aux Arbres* & divers bancs de sable. Au nord de Malacca sont les îles d'*Aru* ou *Arroe*, dont la plus occidentale est appellée l'*île Grande*, & la plus orientale île *de la Démarcation*.

Dans quelques parties de la presqu'île le sol est humide, fangeux, presque stérile; l'air malsain, les chaleurs excessives; mais en général c'est un beau pays où des vents frais de mer temperent l'ardeur du climat & épurent l'air; la terre y est prodigue de fruits délicieux; ceux d'Europe, & entr'autre les raisins n'y peuvent meurir; elle y est couverte de bois odoriférans & toujours verds, de cocotiers, de mangoustins, &c. & on y respire un air embaumé par une multitude de fleurs agréables qui se succèdent continuellement : des bêtes féroces troublent la jouissance des biens que la nature se plait à y produire; mais l'animal le plus malfaisant est l'homme qui y vit : le Malais a le teint cendré, le visage agréable, l'œil ardent, la taille moyenne : il forma autrefois un peuple puissant qui couvrait la mer de ses vaisseaux, & faisait un commerce immense : les colonies qu'il répandit au loin ont fournis Sumatra, Java, Borneo, Celebes, les Moluques, les Philippines; des loix féodales l'affaiblirent, y firent pulluler des tyrans, y détruisirent ses mœurs, avilirent le peuple qui devint esclave & vil. Chaque chef a des grands vassaux qui lui obéissent, quand il ne peut refuser de le faire. Une petite partie de la nation vit indépendante, sous le titre d'*Oroŋcais* ou noble ; elle vend ses services à qui les paie le mieux ; le corps même de la nation est opprimé, & les terres y sont en friche. Ce peuple est inquiet, aime la navigation, la guerre, le pillage, les émigrations, les entreprises téméraires, la galanterie : on y parle sans cesse d'honneur, de bravoure, & l'honnêteté, la justice n'y sont rien : les hommes y sont traîtres & féroces ; la langue y est la plus belle, la plus douce de l'Asie : la violence du gouvernement irrita leur sensibilité & rendit leurs passions atroces : une poignée de ces Malais, armée du *cric*, porte la terreur dans une armée, mais quand cette fureur ne les anime pas, ils sont lâches & poltrons. Leur habillement est simple ; c'est un juste-de corps chargé de boutons qui les serrent du haut en bas. On croit que la presqu'île de Malacca fut connue des anciens sous le nom de *Chersonése d'or* : elle est encore tributaire de Siam ; un Portugais nommé *Sigueira* la découvrit en 1509. La ville qui lui donna son nom fut bâtie par les *Selates*, peuple qui vivait de poissons, & qui s'est uni aux Malais, anciens habitans du pays : elle fit partie des possessions du roi d'*Ihor* ou *Johor*, à qui les Portugais l'enleverent en 1511 : elle était alors la ville la plus commerçante de l'Inde : son port manque de profondeur, & on n'y arrive qu'avec la haute marée ; cependant il était toujours rempli de vaisseaux qui y accouraient des deux extrèmités de l'Asie, & il est encore très-fréquenté : sous les Portugais elle devint plus forte, mais le commerce y diminua. Les Hollandais s'en emparerent en 1641, elle leur appartient encore, & existe sans gloire & sans splendeur : son commerce se borne à échanger

Isle de Sumatra.

les toiles de Bengale & de Surate contre de l'or & le l'étain ; mais sa situation est belle : elle est dans une campagne platte, où l'on ne voit qu'une hauteur dont elle occupe la pente : la citadelle & l'église sont au sommet : une riviere large de cent pieds baigne ses murs, la haute marée y fait monter les eaux de la mer ; mais dans la basse les eaux sont claires & pures : au delà les terres s'élèvent, au midi elles sont marécageuses, inondées dans les tems de pluie : son circuit est d'environ 1800 pas : elle est composée de trois grandes rues ; la plus grande est propre & borde le rivage, les maisons en sont jolies & ombragées de grands arbres. Près d'elle sont les deux îles de *Naos* & de *Pedra*. Non loin delà est *Pulo-Dinding* qu'un canal large d'une lieue sépare du continent : l'île est haute, arrosée par divers ruisseaux, couverte de beaux arbres, qui donnent de bons bois de construction, elle a une rade sûre à l'orient : les Hollandais y ont un fort fermé de murs épais & haut de 30 pieds ; ils cultivent une partie de ses campagnes qui sont riantes & fertiles, & delà, ils sont les maîtres du commerce de la côte : les vaisseaux viennent mouiller entre Naos & Pedra : la derniere île fournit des pierres propres à bâtir : les campagnes qui entourent la ville sont fertiles ; on pourrait y fonder une colonie heureuse, si un tel objet pouvait occuper des nations avides : il y en a une de Chinois qui y cultive en paix des terres fécondes ; les naturels du pays ont fui dans les forêts & sur des rochers ; ils y vivent de fruits & d'animaux ; ils ne cultivent rien, sont Mahométans & Payens tout ensemble, sont dévôts & voleurs, & allient le crime avec le langage de leur religion qu'ils pratiquent & n'entendent pas : les Portugais y ont une église, les Maures & les Malais chacun une mosquée, les Chinois un temple.

Plus au midi de la presqu'île, on ne rencontre que des bourgades : telle est *Pongor*, *Batoubalo*, *Johor*, sur une riviere de ce nom, jadis capitale d'un Etat florissant, & qui n'est plus rien aujourd'hui ; là finit la presqu'île. La montagne de Johor sert aux navigateurs qui traversent le détroit de Gobernadour : le pays que la riviere arrose est bas, il n'est peuplé que sur ses bords : plusieurs de ses habitans vivent dans de petites barques avec leurs familles ; la pêche est leur occupation & leur ressource. Près delà est *Batu-Saber* : la riviere de Johr l'arrose : on croit qu'elle est dans la position que Ptolomée donne à *Zaba*. De la pointe de Johor s'étend une chaine de rocs jusqu'à quatre lieues dans la mer : parmi eux est *Pedra Blanca*, roc où vont se reposer les oiseaux de mer, dont la fiente en a blanchi le sommet, & lui a fait donner son nom. *Johor* ou *Jor* dépendait de Siam ; mais son gouverneur s'était rendu indépendant : il renferme sept jurisdictions.

En suivant le rivage oriental de la presqu'île, on trouve la riviere *Delis*, & plus haut *Pahang*, ville qui eut un roi particulier, & qui peut-être en a un encore : ses habitans sont civils : la riviere de son nom l'arrose : le commerce qu'on y fait est peu important : le port & le cap de *Tingoran*, le *Thagora* des anciens, dépend de Pahang : ce pays est très-fertile.

Patane, royaume tributaire de Siam : la ville de ce nom est située au fond du golfe terminé par le promontoire de son nom : elle est longue & étroite : & a 7 à 8000 habitans, mêlange de diverses nations parmi lesquelles le Chinois & le Malais dominent : un marais & des palissades la défendent ; une petite riviere coule le long des maisons :

maisons : les Siamois y ont des pagodes où l'on voit un dragon qui à ses côtés a l'homme & la femme les mains jointes : les Mahométans y ont une mosquée assez ornée, le royaume est assez étendu, & arrosé par des rivieres navigables : les habitans sont paresseux, sur-tout les Malais qui vivent de fruits & de pêche, ont plusieurs femmes, des concubines, & ne connaissent guere d'autres plaisirs : l'adultere y est puni de mort, on pardonne à toutes les autres fautes que l'amour fait commettre : les Siamois y cultivent la terre, & les Chinois y exercent les arts & les métiers, ils portent dans les diverses régions de l'Inde de la porcelaine, du fer travaillé, des toiles, des viandes & des poissons secs & salés, du poivre ; ils en rapportent du bois de construction, des cordages, des fruits, des animaux ; ils rendent aussi ces nids d'oiseaux recherchés dans les repas, & qu'on trouve dans les creux des rochers qui bordent les côtes de la mer. On y éleve beaucoup de volaille ; les paons y sont communs & les plumes de leur queue ornent les viandes qu'on sert sur les tables de grands : on y trouve des cerfs, des lapins, des lievres, divers oiseaux sauvages remarquables par leur beauté : les oies & les cannes y pondent souvent deux fois par jour : le sol est fertile en riz, en fruits excellens, tels que les durions, des mongartins, des ananas, des oranges, des grenades, &c. Les montagnes y nourrissent des éléphans, des singes : l'air y est sain, l'hiver & l'été sont les seules saisons qu'on y distingue, & l'hiver n'est que la saison des pluies qui y dure 3 mois. Le tribut que paye cet Etat aux Siamois est une fleur d'or, & quelques habits de velours & d'écarlate. Il est divisé en huit jurisdictions : ce sont les grands qui y jouissent de toute l'autorité : à leur tête est une reine qui ne peut se marier, mais à qui l'amour n'est point défendu.

Au nord de Malacca, sur la côte occidentale de la presqu'ile on trouve *Pera*, peut-être l'ancienne *Petrimula*, ville commerçante en diverses productions de la terre & en toiles : la monnaie y est d'étain dont il y a des mines abondantes dans son voisinage : qui dépendent comme elle du roi de Queda : son port est bon : de la riviere qui l'arrose, il se détache un bras qui forme une ile où est la bourgade de *Solongor* ; & vis-à-vis sont les îles *Sambilang*, celle de *Talang* & de *Pinang*, enfin la ville & les îles de *Queda*. Les îles de *Sambilang* sont petites, on y peut faire de l'eau : la principale leur donne son nom : on lui donne aussi celui de *Dimdim*. *Pol-Pinang* a 3 lieues de large, deux chaines de montagnes la forment : celle qui va d'une extrémité à l'autre est la principale, & peut avoir 500 toises de hauteur perpendiculaire au-dessus de la mer. Elle est déserte, & les vaisseaux y viennent faire de l'eau : autour sont des bancs & un islot.

Queda est une ville très-commerçante, sur-tout en poivre : son port est bon ; on y compte 7000 habitans : son roi est tributaire de Siam : ses environs sont agréables & fertiles ; ses montagnes & ses bois renferment des élephans, d'autres animaux encore, des mines d'étain & de plomb dont on transporte beaucoup dans le Mogol, & sur-tout en Perse & en Arabie où la nécessité d'étamer souvent la vaisselle de cuivre dont on s'y sert, consomme une grande quantité de ce métal.

Les isles de *Queda* sont situées vis-à-vis de cette ville dans une espèce de golfe ouvert qui s'étend l'espace de 30 lieues : on les appelle aussi *Pulo-punaon*: parmi elles est celle de *Lancahui*, ou de *Ladâa* : elle a 16 lieues de circuit, est montueuse vers le nord, & l'on y voit un double mont fort élevé, au pied duquel on recueille une grande abondance de poivre : le terroir y est fertile en fruits, en riz, en diverses drogues : elle a de beaux pâturages arrosés par des rivieres & des sources d'une eau limpide & pure, des bois épais, de beaux arbres sur les montagnes, beaucoup de bestiaux. Plus au nord sont les iles *Buton*, ou *Pulo-Botton* : on en compte 5 ou 6 : deux sont assez grandes, toutes sont désertes, mais on y voit de grands arbres, des sources, des pâturages : entr'elles sont des courans très-variables & dangereux.

ROYAUME DE SIAM.

Il est un des plus considérables de l'Asie, & un des plus malheureux. Les Siamois lui donnent le nom de *Menang-tai*, ou *Royaume des Libres*, & jamais peuple ne mérita moins ce nom; celui de *Siam* lui fut donné par les Portugais : dans la langue du Pegu, il signifie aussi *libre*. Ce pays ne nous a été connu que par les conquérans de l'Inde maritime : ses Annales incertaines en font remonter l'origine assez loin ; son premier roi régna, dit-on, 1444 avant Jésus ; 40 rois, ou familles des rois s'étaient succédés sur le trône jusqu'en 1546, chacune précipitée & détruite par celle qui la suivit. Les Portugais nous ont fait connaitre la révolution qu'il éprouva dans le seizieme siecle : un roi sage & vertueux y régnait : les guerres contre des nations voisines qui menaçaient d'envahir ses Etats l'avaient rendu illustre ; son épouse adultère corrompit ses prospérités : il fut emprisonné par elle, son fils tué par sa mere, d'autres révolutions firent périr cette marâtre avec l'époux qu'elle s'était choisi : des troubles sanglans suivaient presque chaque regne, & quand la nation semblait se reposer, les peuples voisins venaient pour la subjuguer & la rendre tributaire. Les services que les Portugais lui rendirent pour en éloigner des conquérans féroces, leur firent accorder le port de Martaban & une église dans la capitale. Un nouvel usurpateur leur fit perdre ces avantages : soutenu par les Hollandais leurs ennemis, il favorisa le commerce de ceux qui l'avaient protégé : le fils de cet usurpateur fut *Choau-Naraye*; un des rois les plus célèbres de Siam : il voulut attirer les étrangers dans ses Etats, il favorisa les chrétiens & les Mahométans & eut pour favori un Grec nommé *Faulcon*, fils d'un cabaretier de village, mais ayant beaucoup de talens : il attira les Français à Siam, on leur livra les forteresses de Mergui & de Bankok, qu'ils furent forcés d'abandonner après la mort du roi, le supplice de Faulcon, & l'élévation du Mandarin *Pitracha* : celui-ci régna avec assez de bonheur, puisqu'il mourut sur le trône : son fils voulut conquérir le royaume de Cambaye, & sa flotte, son armée furent détruites : ses enfans se disputerent la couronne & se détruisirent les uns par les autres; un roi incapable & dévôt régnait en 1754, lorsque les *Bramas*, peuples conquérans du Pegu dont ils avaient long-tems été tributaires, se préparerent à envahir le royaume : les chrétiens établis à Siam sauverent la capitale des fureurs de ce peuple : ils en furent récompensés par des honneurs. Le roi imbécille se fit Talapoin, & ces moines énorgueillis se livrerent à des désordres honteux : tout le royaume fut dans un état de faiblesse qui l'offrait désarmé à l'ambition de ses voisins : les Bramas revinrent; ils investirent Mergui avant qu'on eût appris qu'ils se préparaient à l'assiéger; elle fut prise sans défense; Tennaserim fut conquise avec la même facilité; les Siamois furent vaincus dans une bataille, la capitale fut confiée à un Anglais pour la défendre, & il le fit avec succès; mais indigné de l'ingratitude des Siamois envers lui, il mit à la voile & les abandonna : la ville fut défendue quelque tems encore, sur-tout par une poignée de chrétiens; mais enfin elle fut prise le 28 avril

1767, & le roi devint un captif. Le fils d'une Chinoise *Phaia-Thae*, rassembla les restes de la nation, & en est devenu roi en 1768 : il a réuni les membres divisés de la monarchie, & regne peut-être encore.

L'étendue de ce royaume n'est pas bien connue ; les uns lui donnent 220, & même 300 lieues du midi au nord, les autres seulement 120 ; on est d'accord sur sa largeur du levant au couchant qu'on fixe à 100 lieues : il a 200 lieues de côtes le long du golfe de son nom : il en a 170 le long du golfe de Bengale : cet espace renferme plusieurs ports excellens qui semblent y devoir faire prospérer le commerce ; les terres y sont basses & paraissent y être nouvelles, ou abandonnées depuis peu de siecles par la mer qui l'environne : il est sujet encore aux inondations ; des insectes le couvrent, une chaleur brulante le dessèche, des marais fangeux en empoisonnent souvent l'air : les royaumes de Pegu & d'Ava le bornent au nord par une chaine de montagnes ; le golfe de Bengale est à son couchant ; *Queda*, *Patane*, le golfe de Siam sont ses limites méridionales : les déserts de Camboye, l'Etat de Laos le terminent au levant, de hautes montagnes le séparent de ce dernier : entre cette chaine & celle qui touche au Pegu est la vallée qui forme le royaume de Siam, arrosée par le Menam, fleuve qui, dit-on, sort d'un lac, puis se grossit de plusieurs rivieres, & se décharge dans le golfe de Siam par trois embouchures ; c'est sur ses bords que sont les principales villes du royaume ; le reste du pays, même aux bords de la mer, est mal peuplé : il inonde le pays comme le Nil, & le couvre souvent de 14 pieds d'eau ; il le rend fertile, & donne d'abondantes récoltes de riz qui y croît & meûrit vite : on dit que les terres sont inondées avant le débordement du fleuve, & que l'inondation est plus grande sur les hauteurs que dans les lieux bas, mais avant de chercher l'explication de ce phénomene, il faut s'assurer s'il existe. Les habitans n'ont que la peine d'y répandre la semence, & d'en recueillir les fruits : ces champs inondés laissent voir de loin en loin quelques terrasses qui s'élevent comme des îles : c'est-là que sont bâtis les temples des idoles ; on les visite en bateau ; on navige sur les moissons qui se courbent devant le canot, & se relevent après lui.

On dit que les montagnes y sont abondantes en mines d'or ; on les a recherchées, & on n'a trouvé d'abord que quelques mines de cuivre assez maigres : on y en a trouvé deux ensuite, & l'une donne un or très-pur : le peuple ramasse des paillettes d'argent dans le sable des rivieres : on y exploite des mines de plomb, de fer, d'acier & d'étain : ce dernier sur-tout forme une branche de commerce considérable, lorsqu'il est transformé en toutenague avec la cadmée ; il est fin & très-beau ; les trois autres y sont à vil prix. On trouve encore dans les montagnes de l'agathe, & des diamans qu'on y néglige : on peut pêcher des perles près de l'île de *Mergui*; mais la crainte d'être forcé à un travail pesant fait que les habitans méprisent cette source de richesses : on trouve de l'ambre gris sur les côtes : la mer y est riche en corail noir, & on y en trouve des branches de cinq à six pieds de haut : on trouve des mines de salpêtre dans la province de *Coui*; il s'en forme dans les rochers & les temples de la fiente des chauve-souris : près de *Louvo* il y a une mine d'étain : les fourmis y travaillent la gomme-laque : un grand arbre, dont le bois est d'un rouge vif, y donne une gomme liquide & brune qu'on nomme *cherian* : le mufc, le benjoin n'y font pas rares. On y trouve divers bois de fenteur, tels que le bois-d'aigle, le fafafras, le fandal ; celui-ci eft plus rouge que le fandal de *Timor* : les Chinois y viennent chercher le *fapan*, bois de teinture dont il y a des forêts entières : l'ébène y eft commun : le *tecle* s'y élève à la hauteur de cent vingt pieds ; il eft blanc, & affez femblable au chêne ; on en fait des canots, des vaiffeaux, des maifons : le *comon rouge* fert aux mêmes ufages : le *bois marie* eft eftimé, parce qu'il ne fe fend point ; le *bois-fer* par fa dureté, fon incorruptibilité ; le *tan-coe*, parce qu'on fait du papier de fon écorce pilée ; les feuilles du *tan* en fourniffent auffi : on connait l'utilité du cocotier & du bambou : les Siamois confifent ce dernier quand il eft tendre encore ; on en fait auffi des paniers, des liens, des lattes, des pilliers pour les maifons, des maifons mêmes, des paliffades, des bancs, des armoires, des échelles, des étuis, des nattes, des chaifes, de la marqueterie, du papier, des voiles, &c. le betel, la noix d'areque, le durion, l'ajaque, le mangoftan : on y trouve l'*acajou*, fruit qui porte fon noyau en dehors, & croît fur un arbre tortu : l'*atte* eft un fruit délicat, de couleur verte, de la forme de la pomme à pain, il eft produit par un arbre en buiffon, & fa chair eft comme une crème fucrée : le *marion*, efpèce de prune blanche que l'on fale : l'*anone* reffemble à un cœur de bœuf ; fa peau eft jaune, fon goût approche de celui du fromage moû : la *papaye* eft de la groffeur du melon, fa peau eft verte & unie, fa chair eft fucrée ; l'arbre qui le produit parvient en deux ans à la hauteur de quinze pieds, mais il ne dure que deux ans : la goyave, la banane, l'ananas, le tamarin, le poivre, la canne à sucre y sont assez communs : le cotonier y prospère ; le coton en est plus durable que beau : les jardins y donnent peu de légumes remarquables : on y voit d'excellentes patates, de grosses raves, de petites citrouilles à chair rouge : on y cultive le bled dans des champs élevés, mais il n'y est pas commun : il y croît du riz de trois espèces : le *poulo* croît sur les hauteurs, & c'est le plus estimé : ces diverses espèces de riz sont la principale nourriture des Siamois ; on en fait de l'arak : parmi les autres alimens on remarque le *balacoan*, espèce de pâte cuite formée d'écrevisses de mer & de sel, les sauterelles, les œufs d'araignée, un espèce de crapaud, le rat de bambou qui est sans poil & dont la queue est rouge, le rat des champs, une biche qui n'a que la grandeur du lievre, les nerfs de jambes de cerf, les œufs d'un grand lezard nommé *Talagoie*, ceux du canard, & diverses espèces de nids d'oiseaux : les abeilles y donnent beaucoup de miel, mais elles y sont sauvages : on s'y sert d'huile de coco, d'huile de bois qu'on retire par incision d'un arbre qui croît dans les forêts, de l'huile de girgili fait d'une graine qui ressemble à la navette ; on y fait aussi de l'huile de poisson.

Parmi les quadrupedes, on doit remarquer l'éléphant qui souvent y a douze pieds de haut ; il est doux, compatissant, intelligent, & ne porte que 1200 livres : le roi ne marche que sur son dos où il monte avec une échelle ; il est respecté, & selon ses talens il a un nombre proportionné d'esclaves ; l'éléphant blanc, qui est le plus honoré, en a cent ; il mange dans des bassins d'or, il vit dans un palais à lambris dorés, & il a excité des guerres entre les peuples voisins ; le noir est presque aussi rare : le peuple croit que l'ame de ses rois & de ses héros habite dans des éléphans : on s'en sert pour montures, pour trainer des fardeaux, pour pousser des navires à l'eau, pour abattre des maisons lorsqu'on craint des incendies ; il aime le singe, il hait la poule, le tigre, le crocodile : ses dents, & lui-même sont un objet de commerce qui n'appartient qu'au prince : il en nourrit ordinairement cinq cent. Le rhinoceros habite les forêts ; il est de la grandeur d'un grand âne, & lui ressemble excepté par sa tête ; il s'enfle dans la colere ; il vit de bois d'épine ; on n'a point remarqué qu'il eut de l'antipathie pour l'éléphant, comme on l'a prétendu : sa chair est d'un goût exquis pour les Siamois ; son sang est un élexir précieux ; de sa corne on fait des tasses différemment figurées, qu'on regarde comme de puissans antidotes contre le poison ; on fait des rondaches de sa peau. Parmi les diverses espèces de tigres, on remarque le *royal* dont le corps est tracé de barres noires & jaunes ; il est long, haut de trois pieds, a des griffes redoutables, des yeux étincelans ; l'effroi qu'il inspire lui livre sa proie sans défense ; il en est d'autres espèces qui ne sont pas plus grands que des chats : les tigres d'eau ne font la guerre qu'aux poules : il y a des bœufs sauvages, grands, forts, armés de cornes terribles ; on en a quelques-uns de domestiques ; mais on n'en mange pas la chair, soit parce qu'elle est trop grossiere, soit par religion : on y éleve peu de chevaux ; les blancs sont les plus estimés : le buffle est plus grand que le bœuf, & son mugissement plus aigre & plus faible ; il a le mufle allongé ; ses cornes plates & longues forment un demi cercle sur sa tête ; on le rend domestique ; infatigable pendant la pluie, la grande chaleur le fait jetter dans des étangs où il reste des journées entieres le museau seul au-dessus de leau; sa chair est estimée des Siamois. On ne voit point de lions à Siam; il y a peu d'ours & de sangliers, mais beaucoup de cochons devenus sauvages, des chats musqués, des fouines & des rats musqués; des cerfs en habitent les forêts, des singes es rives du *Menan*; ils marchent en troupes, font les excursions dans les champs cultivés, quelquefois ur les bords de la mer où ils prennent des écrevisses, des huîtres, des coquillages: une espece ressemble à l'homme, & est ennemie des autres: ils marchent en élevant un bras qui leur sert d'oreiller quand ils dorment; ils ont l'œil noir, le nez écrasé, e corps couvert de poils; ils ne sont point lascifs; ls ne brisent rien; ils embrassent ceux qui pleurent, & ne les abandonnent point que leurs larmes ne oient taries: on trouve des chats volans dans les orêts, des lezards volans dans les jardins: le cameleon y effraie sans nuire, le *toqui* est plus beau que lui, il est dangereux: le hérisson, le porc-épic, un porc couvert d'écailles qui donne un bezoard estimé vivent encore dans ses forêts: les loutres, les tortues y sont abondantes: le poisson *cabophe* y est plus abondant encore; il est plus grand que le merlan auquel il ressemble: le *salite* semble être une plie, le *saliman* un hareng: on y trouve beaucoup de sardines, & le poisson *de pagode* protégé par les Talapoins: la mer y fournit un grand nombre d'autres poissons, comme des requins, des étoiles de mer: les marais fourmillent de crapauds, de grenouilles, de houhans, de serpens monstrueux; le *capel* est le plus commun; la colere le rend affreux; il éleve un coqueluchon qui couvre sa tête, ouvre ses grandes oreilles, & fait un sifflement qui glace d'effroi; on craint de lui nuire: la pluie y couvre les chemins de sangsues; le mille-pieds y paraît la nuit tout en feu : il y a des scorpions noirs & blancs ; ceux-là sont les plus dangereux : les fourmis font leurs magasins au sommet des arbres : parmi diverses espèces de chenilles il en est une dont le poil perce la peau, & y cause des ulcères : des mouches parsement les arbres de petits points luisans qui s'éteignent & s'allument successivement : la lumiere du ver luisant y est dans sa tête : le grillon y rend les forêts bruyantes ; des papillons singuliers, de couleurs très-vives, y embellissent les champs : le hanneton y a la tête rouge & or mat : les ailes sont d'un émail vert & or : un insecte naît dans la fiente des éléphans ; il est noir, ses ailes sont fortes, sa tête est garnie d'une corne & de plusieurs trompes ; il s'éleve sur quatre pieds longs d'un pouce, ronge le cœur des cocotiers, & sert de jouet aux enfans. Le *caïpha* est un oiseau plus dégagé que la poule d'Inde, il en a la grandeur ; sur sa tête flote une aigrette rouge ; son col & ses ailes sont d'un beau noir, son ventre est pourpre & bleu, ses pattes rouges, sa queue est émaillée de diverses couleurs. Le *noërienne* est plus grand que lui ; ses pattes sont rouges, son plumage d'un gris argenté ; sa petite tête, ombragée d'une aigrette rouge, est soutenue par un col long & delié ; il se familiarise aisément : les paons y sont communs, ainsi que diverses espèces de perroquets, petits, grands, verts, rouges : les tourterelles sont bigarrées de ces deux couleurs : les moineaux sont rouges : le *roi des camerons* ou des crevettes, parce qu'il se nourrit de ce coquillage, est couvert d'un mélange de diverses couleurs où le vert domine : des poules blanches de la grosseur du pigeon naissent, dit-on, assez souvent coqs & poules tout à la fois ; on les nomme *anas* ; il en est d'autres espèces, & beaucoup de canards dont une espèce vient du Perou; un oiseau sauvage dont la tête est sans plumes, & est grand comme un coq d'Inde; on le nomme *voulan*: les corbeaux y obscurcissent souvent l'air: on y voit un oiseau jaloux qui semble avoir deux becs, & en a le nom; il ne quitte point sa femelle, il l'enferme quand elle couve: les vautours y sont utiles en ce qu'ils dévorent les restes des cadavres avant qu'ils se corrompent; différens oiseaux nocturnes vivent de ce qu'ils n'ont pu engloutir durant le jour: il y a beaucoup de chauve-souris qui habitent les temples: l'*oiseau-mouche*, le *tire-tire*, le *forgeron* doivent encore être remarqués; mais de tous ces oiseaux il n'en est qu'un dont le chant soit agréable, c'est le rossignol, & on dit que des vaisseaux l'y ont apporté d'Europe.

Le monarque Siamois est un despote invisible, redoutable par ses caprices: tout Siamois lui doit six mois de service par an, & il se nourrit à ses frais: la propriété y est peu respectée, & celui qui possede des fruits qui plaisent à son roi, n'en est plus que le gardien inquiet: un respect stupide ne lui permet pas de raisonner: on vénere tout ce qui le sert: une garde nombreuse éloigne le bruit & le danger de son palais où il est servi par ses femmes qui n'osent même toucher à sa tête: la noblesse n'y est point héréditaire: des *Naï* sont les chefs de divers petits cantons, dont tous les habitans doivent servir pendant six mois sous ses enseignes, quand on l'ordonne; mais il est peu de soldats plus lâches que cette milice: leurs forêts, des canaux, des inondations sont leurs seules fortifications; & des révolutions fréquentes leur font redouter toutes les autres: ils sont mal armés, ont peu de cavaliers, ignorent la marine; deux paniers de riz que chaque soldat porte sur son dos forme sa provision d'un mois:

ils laissent périr de la rouille les canons & les fusils rassemblés dans les arsenaux, & ils font mal la poudre.

Le revenu du roi consiste en impositions sur les terres, sur les douanes, sur les denrées; en revenus des terres que ses esclaves cultivent; en amendes, confiscations, présens, sur-tout dans les revenus du commerce : lui seul peut vendre l'ivoire, l'étain, le plomb, le salpêtre, &c. lui seul peut commercer avec les nations étrangères. C'est lui qui fournit les toiles de coton à ses sujets, & pour en vendre davantage, il oblige les peres d'habiller leurs enfans avant le tems. On a évalué le produit de ses domaines à trois millions de livres, & tous ses revenus ensemble à vingt millions.

Quatre ministres forment le conseil d'Etat : le *Pia-Tchacri* en est le chef, & veille sur la police : tous les gouverneurs doivent rendre compte à ce conseil. Le premier ministre est le *Barcalon* ou *Proa-Clang*; il perçoit tous les revenus du roi : le *Pia-Yomatal* est le premier juge criminel; il préside sur les prisons qui y sont dégoutantes & affreuses : le *Pia-Pollotep* a inspection sur les biens de terre, sur les corvées, sur les exemptions qu'on en accorde pour environ 24 livres par mois. Chaque ministre a le sceau : la corruption y est sévérement défendue, & n'y regne pas moins. Les gouverneurs de province, ou *Tchaou-Menang*, étaient héréditaires; les rois se sont efforcés d'anéantir cet office pour y substituer celui de *Souran*, officiers qui commandent pendant trois ans.

Il y a des loix & des coutumes ou usages que le roi même consulte, & sont rassemblées dans trois livres; douze hommes en sont dépositaires : en élevant un homme à quelque dignité, sa patente lui en annonce les devoirs : le monarque affiste au grand tribunal, & feul y prononce des arrêts de morts : celui qui perd un procès eft puni : tout s'y plaide par écrit, & le premier foin du juge eft d'exiger fon falaire : les frais y ruinent celui que l'indulgence fauve ; la peine même y eft à grand prix : l'infamie y eft la punition des mœurs dépravées : la tête de l'irréligieux eft fondue vivante dans une forge : en général les fupplices y font atroces, & les enfans enveloppés dans la condamnation du pere : on y conferve l'ufage de l'épreuve par le feu & par l'eau : leur religion a pour bafe la métempficofe, mais la tranfmigration fe termine au paradis ou à l'enfer : *Sommona-Kodom* en prefcrivit les loix ; il naquit dieu, & des prodiges éclatans l'annoncerent ; il s'éleva dans le ciel brillant de lumiere ; un grain de riz était fa nourriture pendant un jour ; n'ayant rien à donner, il donna un jour fa femme, & un autre jour fes yeux qu'il arracha. Son frere *Thevetal*, jaloux de fa gloire, s'arma contre lui ; & felon les Siamois ce Thevetat ou Thevathat eft Jefus-Chrift : on révere la mémoire de Sammona-Kodom ; fa ftatue eft dans tous les temples ; il fit oublier trois dieux qui le précéderent, & un cinquieme doit le faire oublier à fon tour ; fa vie eft un tiffu de fables ridicules, mais la morale qu'on lui prête eft pure : il admet un dieu fuprème, des anges dont les Siamois honorent particulierement les malfaifans, une loi naturelle, une loi écrite qui leur défend de tuer les hommes, ni les animaux, & même d'arracher des plantes ; fi on fuivait cette loi, on ne pourrait vivre que de fruits, en prenant foin de n'en pas bleffer le pepin, ou le noyau : cette loi déclare criminel tout commerce charnel quelconque, mais les mœurs n'en font pas moins relâchées : elle ordonne de ne point mentir,

& le menfonge y eft un vice national : une religion fi fevere n'eft écoutée que par habitude : ceux qui ofent penfer font indifférens à tous les cultes, & font Déiftes : les Talapoins, en nourriffant le fanatifme, accroiffent encore le nombre des irréligieux : leur inftituteur eft, dit-on, Sommona-Kodom : les uns vivent errans & folitaires dans les forêts, fans temples, fans couvens; les autres, foumis à des fupérieurs vivent dans les villes, inftruifent la jeuneffe, & leurs couvens font la maifon paternelle de la nation & de fon chef : ils prêchent dans les temples, veillent les morts, & les conduifent au bûcher : ils font reçus dans cet état avec des cérémonies faftueufes ; puis on leur met un pot de fer fous le bras où ils doivent recevoir les aumônes dont ils vivent tous, & un écran ou talapa à la main pour cacher leur vifage, quand des objets profanes les frappent : le roi nomme parmi eux des *Sancrats* ou fupérieurs, & leur fait préfent d'un parafol, d'un brancard & d'un baluftre d'ivoire dans lequel ils font portés par des hommes : on fe profterne en les approchant. Les Talapoins fe rendent le matin dans les temples ; ils y chantent & prient, puis fe répandent pour recevoir des aumônes qu'ils ne demandent pas : après midi ils prient encore, ils apprennent l'hiftoire de leur pays & la langue favante qu'on nomme *Bali* : les uns fe livrent à la contemplation, d'autres à la prédication ; ceux-là font les devins, ceux-ci les médecins ; prefque tous fous un mépris apparent de richeffes ne cherchent qu'à en amaffer : il en eft qui cherchent la pierre philofophale, &c. Il y a auffi des Talapoins femelles : ce font des femmes qui fe raffemblent pour faire des actes d'humanité & de bienfaifance : en général les femmes font malheureufes à Siam ; elles font chargées de tous les tra-

vaux

vaux pénibles ; elles veillent, agissent, labourent tandis que l'homme dort, ou se repose, ou fume : l'homme vil esclave du prince, devient un maître despotique dans sa famille.

Les Siamois sont d'une taille réguliere & médiocre, larges de visage & des épaules ; leur nez est court, arrondi ; leurs narines sont ouvertes, leur teint est basané ; beaucoup sont défigurés par la petite vérole : ils voyagent par eau ; plusieurs vivent & meurent dans leurs balons ou chaloupes : ils connaissent peu l'agriculture : autrefois leurs rois devaient labourer un champ ; aujourd'hui c'est un mercenaire qu'on appelle le *grand seigneur du riz*, qui s'acquitte de cette fonction en sa place : les enfans sont soumis à l'autorité absolue de leur pere, intéressé à les instruire, parce que ses fautes retombent sur lui : ils sont tolérans par orgueil, indolens, paresseux ; tout ce qui est pénible leur parait abject : on lit qu'un Européen ferait en un mois ce que vingt Siamois ne feraient pas en un an. Leur année est tantôt de douze, tantôt de treize mois lunaires, leurs semaines sont de sept jours : le quatrieme jour de la lune est leur jour de repos, & dans ce jour la pêche seule est interdite : ils ne connaissent que deux saisons l'été & l'hiver : ils croient la terre soutenue par l'eau, & l'eau par les vents.

Le Siamois est jaloux, cependant l'adultere y est rare : la femme qui en est convaincue est vendue à un officier qui, moyennant un tribut payé au monarque, a le privilege de les prostituer à son profit : il n'y a pas proprement d'esclaves à Siam ; tous ceux qui ont ce titre peuvent se racheter avec de l'argent, mais tous sont serfs : les hommes y sont divisés en trois classes : les premiers cultivent les terres du monarque, travaillent dans ses atteliers, & lui servent

Tome IX. H h

de garde : les seconds sont destinés aux travaux publics, & à défendre l'état : les troisiemes sont les valets des magistrats, des ministres, des sancrats, des premiers officiers du royaume : tous sont inscrits dans les régistres dès l'âge de seize ans : aussi trouve-t-on dans ce royaume un grand nombre d'habitations sauvages ; & les Siamois s'y retirent, aimant mieux cultiver un peu de terre parmi les bêtes féroces dans l'épaisseur des bois, que de vivre près des villes dans un dur & continuel esclavage.

La vieillesse y est honorée : l'homme *comme il faut*, teint ses dents en noir, & fait de ses ongles de longues griffes : les femmes élégantes en portent de postiches longues de trois ou quatre pouces : ils vont nuds, mais ils ne quittent jamais leur ceinture : les mandarins ont des chemises de mousseline : leurs maisons sont de claies de bambou ; celles des grands semblent de grandes armoires ; toutes sont élevées sur des piliers. On brule les morts à Siam ; ceux des coupables sont seuls privés des honneurs du bucher ; on ensevelit les restes dans des temples ; les pauvres les gardent chez eux : la malpropreté y annonce le deuil.

On cultive la poésie dans ce royaume, & peu l'éloquence : on y fait calculer pour les affaires de commerce : la médecine y est encore le tatonnement d'une expérience mal dirigée ; la chirurgie & l'anatomie y sont dans leur enfance ; la chymie n'y est cultivée que par les fripons : on n'y fabrique que des toiles de coton. L'architecture des Siamois n'est rien ; leurs statues sont sans proportion & sans élégance : ils ne savent peindre que des monstres grossiers : leurs chants sont sans goût, & ils ne savent pas les noter : leurs orfevres sont patiens & ingénieux ; ils excellent à reduire l'or en feuilles minces : leur seule horlogerie consiste à faire des clepsidres d'eau. Le commerce y a été florissant; les Maures, les Japonois, les Européens y accouraient; mais des révolutions qui se succèdent sans cesse le détruisent au moment où il semble renaître: à peine y voit-on arriver aujourd'hui quelques vaisseaux Français; les Anglais y ont un comptoir; les Portugais ne s'y laissent point oublier; mais ce sont les Hollandais qui y font le commerce le plus actif: l'or qui n'y est que marchandise, l'argent, l'étain, les pierres précieuses, des peaux, des bois de construction sont les richesses qu'on emporte de ce pays: l'étranger donne en échange des toiles de Coromandel, de Surate, du Bengale, des épiceries, du corail rouge, du vif-argent, des draps, du sandal. Le commerce s'y exerce de bonne-foi, mais l'usure y est sans bornes.

Les monnaies y sont d'argent: le *Tical* vaut 4 liv. de France, le *mayon* ou *selunge* vaut 10 sols, le *ouang* 5, le *sompaie* 2 s. 6 den.: ces monnaies sont de petits cylindres ronds à une extrèmité, & se terminant de l'autre en deux petits globes séparés par une fente: dans quelques provinces on a des monnaies d'étain où sont représentées des figures, comme les oiseaux, des dragons: pour le détail on se sert de *coris* que le Siamois nomme *bia*; il en faut quatre cent pour un *sompaie*. On y mesure les étoffes avec le bras; les grains & les liqueurs le font avec la noix de cocos.

Le royaume est divisé en dix grandes provinces, ce sont celles de *Supthia*, de *Bancok*, de *Porcelon*, de *Pipli*, de *Campine*, de *Rappri*, de *Tennasserim*, de *Ligor*, de *Cambouri* & de *Concacema*: chacune prend son nom d'une ville: ces villes en général sont formées de cabanes la plupart mal construites:

les villages aussi sont des amas de cabanes de bambou, au bord des rivieres, & élevées sur de hauts piliers : près de chacun est un espece de marché flottant, où ceux qui montent ou descendent la riviere trouvent des fruits, du riz cuit, de l'arrak, &c.

Juthia, *Odioa*, ou plutôt *Si-io-thi-ya* est la capitale du Royaume : les Siamois ne lui donnent souvent que le nom de *Crumg* ou la cour : elle est dans une île formée par trois rivieres qui s'y réunissent, & qui est environnée de plus petites : son circuit est de deux lieues, mais la sixieme partie seulement en est habitée : un grand espace n'est couvert que de temples ; d'autres parties sont désertes, parce que la riviere ne les peut arroser, n'y peut apporter avec facilité les vivres nécessaires à un peuple indolent, & partout dans le royaume, en s'éloignant des rivieres on se rapproche des déserts. Ses rues sont larges & droites ; quelques-unes sont plantées d'arbres, d'autres pavées de briques, arrosées de canaux étroits & traversés par de mauvais ponts de bois ou de briques : les piliers des maisons, leurs solives sont faits du tronc du bambou ; les petites branches & les feuilles en font la couverture : leurs meubles sont des tapis & des coussins : on y couche, on y mange sur des nattes : chaque nation y a son canton séparé, & on y en compte une vingtaine ; les Siamois disent quarante : le palais du roi ressemble à une ville défendue par un triple mur de briques ; le milieu est la demeure des idoles ; un côté est destiné aux hommes, l'autre aux femmes : les façades en sont dorées ; les toits couverts d'étain, & dorés par cordons : les grandes salles de ce palais sont seules remarquables : les murs en sont nuds, mais les planchers sont ornés de magnifiques tapis : autour

DE SIAM. 483

sont les demeures des grands & des éléphans : plus loin sont des chaumieres faites de claie ; elles ressemblent à des cages d'oiseaux élevées sur des piliers de douze pieds de haut, couvertes de feuilles de palmier ; au centre trois bâtons soutiennent une corbeille remplie de terre qui sert de foyer : l'île où cette ville est située est ceinte de murs & de petits bastions ; une chaussée la joint à la terre au levant ; les environs sont ornés de maisons & de jardins ; les îles qui en sont voisines sont couvertes de champs de riz : quand le fleuve déborde, on ne voit plus autour qu'une mer où flottent les épis du riz, & les bateaux qui vont & viennent. La longitude de Juthia ou Siam est de 120 deg. 30 min. sa latitude est de 14 deg. 20 m. 4 sec. Elle est à environ 30 lieues de la mer.

Le Menan, nom qui signifie la *mere des eaux*, après avoir réuni tous ses différens canaux, coule au midi : ses rives sont bordées de villages : il forme différentes îles ; telles que *l'île Chinoise*, *l'île Royale*, *l'île Bantran*, & celles de *Talacouan* & de *Talaqueo* : toutes sont habitées & couvertes d'arbres qui conservent une verdure agréable : cette derniere surtout a une espece de ville : enfin il se partage en deux canaux pour se rendre à la mer.

Bankok ou *Fou* est une forteresse située au lieu où les deux canaux du Menan se séparent à sept lieues de la mer ; le chevalier de Chaumont la fortifia en 1685 ; son territoire riche & fertile offre une grande variété d'arbres fruitiers : on y voit de beaux jardins dans un espace de quatre lieues. A la pointe septentrionale de l'île que forme le Menan, en se partageant en deux canaux, est le village de *Banyai*, presque vis-à-vis de Bankok : sur la partie orientale est *Amsterdam* ou la loge des Hollandais ;

sur l'occidentale est la bourgade de *Taquin* qui donne son nom au canal. Cette île a sept lieues du levant au couchant, & six du midi au nord. Dans le lieu où est Bankok, fut autrefois la capitale du pays; ses habitans l'abandonnerent, dit Kœmpfer, pour venir élever de nouvelles habitations à Juthia.

En suivant les bords de la mer, au couchant de l'embouchure du fleuve, on trouve plusieurs ports où sont situées des amas d'habitations qu'on y nomme villes : telle est *Piperi*, peut-être *Pipli*, port de mer où l'on commerce en riz, en toiles, en coton : chaque maison y a son jardin où l'on recueille le betel, le coco, le durion, la banane, l'orange & d'autres fruits. Puis on trouve *Chiam* & *Berdla* ; cette derniere a une île qui porte son nom : on trouve ensuite celle de *Sensori* ou *Sancori*, celle de *Cornon*, presque vis-à-vis de la bourgade de *Patanor* située près de la côte. Plus au midi on trouve *Ligor*, qui fut capitale d'un royaume particulier que Siam se rendit tributaire ; on y trouve l'espece d'étain qu'on nomme *calain* ou *calin* : son territoire est abondant en riz & en fruits ; elle est commerçante sur-tout en poivre & en étain : les Chinois se rendent dans son port avec leurs Jonques ; les Hollandais y ont un comptoir : devant elle est une île nommée *Ligor* ou *Papier*, longue de huit lieues, & qui forme un canal où l'on entre pour arriver jusqu'à la ville. L'état dont elle fut le chef-lieu est divisé en vingt jurisdictions.

Sur la rive occidentale de la presqu'île de Malaca, en remontant de Queda jusqu'au Pegu, on trouve un grand golfe semé d'isles dont les principales sont celles des *Panjang*, de *Taya* & de *Junkselung* ou *Junsaloom* ou encore *Jonsalan*. Là fut un petit Etat dont la capitale était une ville de ce nom, située à la pointe de l'île : son port ne peut recevoir que des vaisseaux médiocres, mais sa rade est un mouillage sûr, un asyle commode pour les navires surpris dans ces parages par un ouragan : sa situation le rend important pour le commerce. Près d'elle est une mine d'aimant, mais les morceaux qu'on en détache ne conservent leur vertu que quatre ou cinq mois : on y trouve de l'ambre gris, de la poix, des cornes de rhinoceros & des fruits. La côte en continuant au nord est bordée d'un grand nombre de petites îles, dont les septentrionales prennent le nom d'îles de *Tennasserim* : la province de ce nom est abondante en riz & en fruits excellens : la ville est grande & commerçante, située sur les bords d'une riviere qui porte son nom, à plus de douze lieues de la mer, & dont peut-être Ptolomée parle sous le nom de *Paona*. Son territoire est divisé en douze jurisdictions : le fleuve forme une île à l'extrémité de son cours : elle est grande, bien peuplée, & renferme la ville de *Mergui* qui lui donne son nom : son port passe pour le plus beau de l'Inde : elle a été dévastée par les Bramas, & avait encore en 1769 un petit roi à qui les troubles de Siam ont permis d'exister.

De Mergui en rentrant dans les terres, près des frontieres du Pegu, on trouve la ville de *Lambory* : on y commerce en bois d'aigle, en dents d'éléphants, en cornes de rhinoceros : c'est de sa province qu'on tire le beau vernis. Revenant sur les bords du Menan, à son couchant, sur une riviere qui s'y jette, on trouve *Outattain*. Plus haut, sur une riviere, est la ville de *Campeng-pet*, presque aussi grande que Juthia : son nom signifie *murs de diamans* : ceux qui l'entourent sont cependant de pierres ordinaires : les environs sont riches en mines de fer :

on y fabrique des couteaux, des armes & d'autres inſtrumens. Plus haut encore eſt *Socotai*, puis *Sonquelouc* ou *Sanquelouk* : toutes les deux conſidérables & ſur la même riviere, qui ſe rend dans le Menan près de *Pitchit* ou *Pitchia*. Au nord de Socotai eſt *Tian-tong*, ville ruinée dont le nom ſignifie *vrai or* : ſes campagnes produiſent du betel, de l'areque ou areka. On y trouve du vernis, & une eſpèce d'arbres dont les fruits mêlés à la chaux, donnent aux murs l'apparence du marbre. *Metac* eſt une des villes les plus ſeptentrionales du royaume : elle eſt voiſine de montagnes & de forêts fécondes en rhinoceros : un prince preſque indépendant y réſidait.

Au levant du Menan on trouve *Potſanolouc*, nommée *Porcelon* par les Européens : c'eſt une des plus anciennes villes du royaume : elle a eu des ſeigneurs héréditaires, & c'eſt en leur nom encore qu'on y rend la juſtice : des ingénieurs Français l'ont environnée de quatorze baſtions ; elle eſt riche & commerçante en dents d'éléphans, cornes de rhinoceros, peaux de bêtes ſauvages, ſucre, tabac, cire, miel, flambeaux de poix & d'huile, en une gomme rouge dont on fait la cire d'Eſpagne, en bois de conſtruction & de teintures, en étain ſonnant qu'on trouve dans ſon territoire & en ambre gris. *Corazema* ou *Cariſſima* eſt près de la ſource d'une riviere qui ſe rend dans la mer. *Laconcevan* eſt près du Menan qui y reçoit une riviere conſidérable : ſon nom ſignifie *Montagne du Ciel* : elle eſt ceinte d'un mauvais mur de briques : des mines d'aimant n'en ſont pas éloignées ; les arbres de ſes campagnes portent à l'extrêmité de ſes branches des nids de fourmis maçonnés contre la pluie. *Ben-Soan* eſt un village autour duquel ſont des mines de fer. *Lonpeen* est encore un village près d'un lac d'une lieue & demie, abondant en poissons & en crocodiles : sur ses bords fut une ville assez considérable dont il restait des débris sur la fin du siecle dernier. *Tchainatbourie* bourgade ou ville de 2 ou 3000 ames, au bord du Menan qui y est profond & large de 160 toises : sa situation est riante, il fut une ville considérable. *Inebourie*, bourgade où se réunissent les chemins qui menent aux royaumes de Pegu, de Laos & de Camboye. *Louvo* jouit d'un aspect riant, d'un air sain, le séjour qu'y ont fait les rois l'ont peuplée : le Menan baigne le pied de la colline où elle est placée. Le palais s'élève sur un tertre uni : les tuiles de son toit revêtues d'un vernis jaune font paraître couvert d'or deux des bâtimens détachés qui le composent : on y voit de grands jardins. L'enceinte de Louvo est d'environ une lieue & demie. *Chantaboun* est située au pied des montagnes qui séparent le royaume de Siam de celui de Camboye : elle est fermée d'une enceinte de planches ; ses rues sont couvertes d'herbes : entr'elle & l'embouchure du Menan est la baie de *Cassomet*, qui s'avance dans les terres l'espace d'une lieue & demie : elle est poissonneuse : une isle est à son entrée, couverte d'une vaste forêt : on ne voit aux environs que des déserts, & l'isle en est un.

ROYAUME
DE CAMBOYE.

CET Etat est borné au nord par le Laos, à l'orient par la Cochinchine & le Chiampa, au couchant par les Etats de Siam, au midi par la mer; il n'est, pour ainsi dire, qu'une grande vallée, arrosée par le fleuve *Micon*, *Mécon* ou *Camboye*, qui descend de la Tartarie, l'inonde dans la saison des pluies & y porte la fertilité : sa longueur est de 160 lieues, sa largeur de 60; l'air y est brulant ; il force ses habitans à n'habiter que sur le bord des fleuves ou des lacs, où l'on est persécuté par les moucherons : son sol fertile produit du froment, du riz, d'excellens légumes, du sucre recherché, de l'indigo qu'on y cultive, ou qu'on y cultivait avec beaucoup d'industrie; l'opium, le camphre, différentes drogues médicinales y sont abondantes ; la soie crue & l'ivoire y sont à vil prix : on y trouve de l'or très pur, des bois de sandal, de sapan & d'aigle; ses arbres sont presque toujours chargés de fruits; on y recueille une huile & une gomme estimées ; les bestiaux y sont nombreux ; on y achete un bœuf de 500 livres pour un écu, & 140 livres de riz pour huit sols : l'éléphant, le lion, le tigre, presque tous les animaux des déserts de l'Afrique se trouvent, dit-on, dans ses montagnes hérissées de forêts : on y commerce sur-tout beaucoup en laque, en gommes, en dents d'éléphans : on compte six ports sur ses côtes qui ont 40 lieues d'étendue; on dit qu'on trouve dans les bois de ce pays, un arbre dont le suc rend les flèches mortelles : il empoisonne le fer, & se boit, dit-on, sans danger; il repare les forces du chasseur épuisé : mais s'il avait une plaie, & qu'il y en laissa tomber une goute, il cesserait bientôt de vivre : les montagnes renferment un cristal très-pur : on y trouve de l'or, des amethistes, des hyacinthes, des rubis, des topazes, des chrysolites, des agathes, des pierres de sang. Ce pays si riche, par la nature, est presque désert : on y trouve des Portugais qui y vivent sans prêtres, & qui ont mêlé les rêveries des Payens aux cérémonies chrétiennes : ils y épousent plusieurs femmes ; ils sont chasseurs & reçoivent, dit-on, une pension du roi : la nation n'est presque qu'un mélange de Japonnois, de Malais & des peuples voisins : leur religion y est à peu de chose près, celle de Siam; ils donnent à leur grand Dieu le nom de *Tipedah*, & ceux de *Prah-Prumb* & *Prah-Pons* à ses enfans; ils venerent des Talapoins solitaires : leur clergé est partagé en plusieurs classes, dont la premiere se fait respecter du roi même; on leur rend un culte religieux; leur chef porte le nom de roi des prêtres, *Raja-Pourson* ; il leur est défendu de se mêler des affaires temporelles ; leur temple principal est pavé de matieres précieuses, soutenu par des colonnes couvertes d'un vernis noir, avec des feuillages d'or. Les nobles sont divisés en deux ordres; l'un porte une boëte d'or : ce sont les gouverneurs des villes & des provinces, les ministres, les juges : ces especes de mandarins réunissent toutes les dignités, tous les pouvoirs ; ils citent à leur tribunal, décident des affaires civiles & criminelles, exercent l'autorité d'un conseil d'état, & administrent la puissance militaire ; on les appelle les *Oknea* ou *Oc-Kinas*. L'autre ordre ne porte qu'une boëte d'argent; on les appelle *Tonimas* : cette boëte sert aux uns & aux autres pour tenir leur bétel. Le roi ne regne que sur des esclaves, dont les enfans n'ont point droit à l'héritage de leurs peres; ce qu'on leur en laisse est une grace de leur maitre. Ce roi étale beaucoup de magnificence & de faste, mais il n'a pu échapper au pouvoir de Siam, qu'en se soumettant à celui de la Cochinchine : il regne sur des déserts, & à peine, dans leur vaste étendue, pourrait-il rassembler 30 mille combattans. Autrefois, ils étaient cultivés & remplis d'habitans; on y voit encore des ruines d'édifices dispersées, & celles de l'ancienne capitale, sont des monumens d'une architecture solide : des guerres étrangeres, des révolutions violentes, causées par un gouvernement insensé, n'y ont plus laissé que des misérables, qui la plupart vivent de racines dans les forêts. Les mêmes révolutions en ont éloigné les nations Européennes, & même le patient Hollandais : ses ports sont devenus des plages inconnues. Le peuple n'y sait point naviger sur la mer : les hommes y sont bien faits, ils portent les cheveux longs & ont le teint jaune; ils sont vêtus d'une robe longue & large; les femmes y en portent des courtes & serrées; elles sont jolies, mais sans pudeur. Ils fabriquaient des toiles très-fines, & leurs ouvrages à l'aiguille étaient recherchés : on en tirait beaucoup de peaux de cerfs & de buffles.

On ne sait rien sur la division de ses provinces; on connait peu de choses des villes qui y restent encore. *Eauweck*, *Lewek* ou *Camboye* en est la principale, & c'est peut-être la seule qui mérite le nom de ville : sa situation est très-agréable; le Mecon l'arrose, & des monts en varient la perspective : ses maisons sont contigues l'une à l'autre, & le long d'une chaussée : les étrangers qu'on y trouve y sont venus pour le commerce, & la plupart n'y demeurent pas toujours. Ce qu'elle offre de plus remarquable est le palais du roi ; il est simple & environné d'une palissade haute de six pieds : des canons fondus à la Chine, ou sauvés d'un naufrage de vaisseaux Hollandais en défendent l'entrée : on y trouve les écuries des éléphans, avec les appartemens du prince, de sa famille & de sa cour; tout y est bâti en bois, mais l'intérieur en est doré. On y remarque encore un temple, admiré des habitans, soutenu par des piliers de bois vernis en noir, & ornés de feuillage & de reliefs dorés ; le pavé en est précieux, & on le conserve en le couvrant de nattes & de tapis. Cette ville est à 50 lieues de la mer : le Mecon, en s'éloignant d'elle, forme différentes branches & reçoit différens noms.

Au nord d'Eauweck, est la ville de *Columpé* & la bourgade de *Sombochut* : au midi, elle a la ville de *Ponomping* & le temple de Balbanon. Parmi les six ports qui sont sur ses côtes, on ne connait plus gueres que ceux de *Langor*, de *Cacol* ou *Karol* & *Pontameas* ou *Ponthiamas*, ou *Cancar* : ce dernier était fort fréquenté des étrangers ; mais les Siamois le ravagerent en 1717, & le commerce s'en éloigna dès-lors. Ce lieu & les campagnes voisines languissaient abandonnés : un Chinois les parcourut, vit ce qu'elles pouvaient être, & forma le projet de les cultiver : *Kiang-tse* (c'était son nom) s'instruisit des arts propres à son dessein, se ménagea la protection des princes voisins, & bientôt on vit naître sous ses mains une petite ville, entourée de remparts & de fossés, défendue par de l'artillerie : les colons qu'il avait rassemblé reçurent des terres à cultiver, avec les instrumens nécessaires ; ils reçurent le tout fans être foumis à des redevances onéreufes ; les loix du fondateur de ce petit Etat, fe réduifirent à des mœurs fimples, à des coutumes qui infpiraient la frugalité, l'amour du travail & la bonne foi : bientôt on a vu fuccèder de riches moiſſons à d'inutiles forêts, à des marais infects, & le port a été fréquenté par les nations voifines, qui y font venues chercher les provifions qui leur manquaient. *Ponthiamas* eft devenu leur grenier : Kiang-tfe a vu un peuple heureux, formé par fes foins ; fon fils a fuivi fes vues & a montré les mêmes vertus ; fes voifins lui donnent le titre de roi qu'il dédaigne, content d'être le premier laboureur & le premier négociant de fon pays.

La mer qui borde cet Etat eft dangereufe & femée d'isles : celle de *Quadrol* offre des ports commodes, & fi le continent voifin était plus tranquille & plus policé, on y fonderait un établiffement utile. A quelque diftance, on trouve un amas de huit isles, où l'ancrage eft fûr. *Pulo Ubi* eft à la pointe la plus feptentrionale du pays ; elle eft déferte & pourrait ne pas l'être ; elle a huit lieues de tour. *Pulo-Kondor* eft la feule de ces isles qui foit habitée : les Français la nomment *Isle d'Orléans* : elle a quatre lieues de long fur moins de la moitié de large : on y trouve un ancrage facile, un port commode, beaucoup de finges, des lézards, dont quelques-uns ont une queue triangulaire, longue de fept à huit pieds ; de pefantes tortues, dont l'huile & l'écaille font un objet de commerce ; des écureuils volans, des rats qui ont l'oreille de l'homme : les arbres y font odoriférans ; le fruit qu'on nomme *Mango* y eft plus petit, mais bien fupérieur à tous ceux qui croiffent ailleurs ; c'eft là feulement qu'on trouve la *grappe*, fruit qui fort d'un arbre dont la ige est fort droite, il ressemble en effet à une grappe de raisins; la noix muscade sauvage y est assez commune. L'arbre qui donne la gomme ressemble au chataignier; le suc qui découle de l'incision qu'on y fait peut servir aux usages de l'huile, puis étant épaissi, à ceux de la poix. On y trouve encore beaucoup de perroquets, de ramiers, de pigeons communs, de coqs & de poules sauvages: les coquillages en couvrent les rivages. De mars jusqu'en mai, on n'y trouve point d'eaux courantes, on n'y en trouve que dans les étangs & dans des puits; dans tous les autres mois, des ruisseaux d'eaux douces l'arrosent: ses habitans paraissent originaires de la Cochinchine avec laquelle ils commercent; ils sont petits, bien faits, ont le visage long, les yeux & les cheveux noirs, la bouche petite, les dents blanches: ils sont civils envers les étrangers: les Anglais y ont eu un comptoir où ils furent assassinés par des Macassars; depuis ce tems les Européens ne l'ont fait que visiter: devant elle, est une autre île longue d'une lieue qui forme avec elle un canal ou havre très-commode & fort sûr. On croit que ce sont les *Insulæ Satyrorum* de Ptolémée, les singes à figures d'hommes qu'on y trouve, peuvent leur avoir fait donner ce nom.

ROYAUME

DE CHIAMPA ou *CHAMPA* ou *TSIAMPA*.

CE petit Etat est borné au couchant par celui de Camboye, & au levant par la Cochinchine; au midi, il l'est par la mer; il a beaucoup de ports & de bayes commodes: les forêts, les déserts couvrent une partie de son sol sablonneux & presque stérile : pendant six mois l'air y est dangereux, la chaleur excessive, l'eau mal saine, les vivres assez rares : le poisson seul n'y manque jamais. Langlet dit que ses habitans sont durs envers les étrangers, & en cite un exemple; d'autres assurent qu'ils leur sont très-accueillans : ils sont armés du mousquet, de la pique & du sabre : la subordination y est rigoureusement observée, la législation y est sévère: l'or y est marchandise, & le peuple n'y en peut posséder : on s'y sert d'une monnaie de cuivre : tous les emplois s'y vendent; plus on donne pour l'acquérir, plus on est considéré, plus on est autorisé à traiter le peuple avec rigueur : on y suit la religion de Confucius & celle de Mahomet ; on y trouve beaucoup de Chrétiens: quelques hommes répandus dans les campagnes adorent le soleil & la lune; d'autres, différens animaux : le Mahométan y mange du porc, offre ses concubines à l'étranger, & ne leur refuse que sa femme légitime, qu'il ne peut répudier que lorsqu'elle est coupable d'adultère.

On y commerce en thé, porcelaine, soie & en denrées; on en tire de l'or très-fin & des bois odoriférans,

ROYAUME DE CHIAMPA.   495

riférans, surtout le véritable calamba, bois que les Chinois achetent au poids de l'or, qu'ils regardent comme le meilleur des cordiaux, & dont ils parfument la barbe, les habits & les appartemens. Sa capitale est *Feneri*, située sur une riviere agréable; elle est dans l'intérieur des terres : ces terres pourraient être couvertes de champs & de troupeaux; & l'homme y vit errant & s'y nourrit de racines. L'état même est tributaire de la Cochinchine, & on le regarde aujourd'hui comme une de ses provinces.

Tome IX.   Li

ROYAUME
DE LA COCHINCHINE.

IL a 180 lieues de long, (*) environ 40 de large ; il est borné par la mer, le Tunquin, le désert & les monts de Kémé, le Camboye & le Chiampa : on croit que ce pays est celui des *Sinæ* de Ptolémée ; son nom est *Koo-tsii-Sin* : la mer qui le baigne se nomme *Singi* : il fut autrefois une partie du Tunquin ; une nation barbare nommée *Loi* l'habitait sans le cultiver ; *Hoaving*, gouverneur héréditaire de la province de Tenchoa, ne pouvant résister à son beau-frere *Fring*, & au roi qu'il refusait de reconnaitre, celui-ci comme son souverain, celui-là comme son général, se retira avec ses troupes & ses partisans dans la province de Cochinchine, où il se fit déclarer général du Tunquin auquel il fit la guerre toute sa vie : ses enfans hériterent de ses titres & de sa haine : ils combattirent comme lui les Tonquinois qui s'efforçaient de les soumettre ; & l'un d'eux, se voyant assez de forces pour aspirer à l'indépendance, se fit proclamer roi, & ne reconnut ni l'autorité du Tunquin, ni celle de la Chine auquel ce dernier rendait hommage. Ce nouveau souverain & son peuple cultiverent les champs qui devaient faire leur prospérité, & bientôt ils furent couverts d'abondantes moissons de riz : on y connait diverses es-

(*) Mr. Poivre lui donne 200 lieues de long, la Croix 250, mais il borne sa largeur à 20 lieues.

pèces de ce grain utile: la *commune* s'y cultive comme dans toute l'Asie; une multitude de petites rivieres en couvrent les champs, en font flotter les épis, & déposent, en se retirant dans leurs lits, un limon qui accroît la fécondité naturelle du sol: le *petit riz* est menu, transparent, allongé; sa délicatesse en fait le meilleur aliment des malades; le *gros riz* est presque rond: le *riz rouge*, parce qu'il est enveloppé d'une pellicule rougeâtre dont on le détache avec peine: tous ces riz demandent de l'eau pour prospérer; mais il en est deux autres espèces qui croissent dans des terres seches, sur les collines, sur des monts élevés où l'air est froid, où ils ne reçoivent d'arrosement que celui que le ciel y répand: l'un d'eux ne reste pas trois mois dans la terre. Le Cochinchinois cultive encore le maïs, diverses espèces de phaseoles & de millets, des patates, des ignames, diverses racines; le poivre, l'indigo, le safranum ou carthame, le thé, l'arequier, l'arbre au vernis, le mûrier, le cotonier, une plante nommée *Tsai* qui fermentant avec l'indigo, donne une couleur très-solide de verd d'émeraude. Mais ce pays donne peu de bons fruits: la vigne y est abandonnée à la nature; on y soigne l'ananas & l'orange: on n'y est pas riche en légumes, & les vergers, les jardins, y sont peu de chose. Les montagnes y produisent le bois d'aigle, l'aloès, le bois de rose, le sapan, une cannelle supérieure à celle de Ceylan, un bois qu'on dit ne se pourrir jamais dans la terre ni dans l'eau: on y trouve des mines abondantes d'un or à 23 karats; d'un fer si doux qu'on le travaille sans le fondre, des carrieres de différens marbres: là vivent des élephans, des tigres, des rhinoceros grands & vigoureux dont les dents ont cinq verges de long & le pied demi verge de diamètre : ces monts & les forêts y font remplis de gibier, tels que le cerf, la gazelle, les chèvres sauvages, le faisan, le paon, une multitude d'oiseaux divers : on nourrit dans les campagnes beaucoup de canards, d'oies, de grandes poules, de chèvres, des cochons, des bœufs : le buffle sert pour le labour, le cheval pour les voyages, le roi seul y nourrit des éléphans, & il en entretient 400 : au bord de la mer, près des Calambous, on trouve ces nids d'oiseaux recherchés en Afie, blanc comme la neige, & qu'on met dans le potage, dit le pere Rhodès, ou avec la viande à laquelle ils donnent un goût exquis : on n'y trouve d'huile que celui qu'on y exprime de la tortue de terre. Le commerce y a pour objet les bois odoriférans, l'yvoire, le musc, le miel, la cire, le pitre, filament qu'on tire d'un arbre reffemblant au bananier, & qu'on employe dans les manufactures; une soie un peu grossiere, mais si abondante qu'on en fait des filets, des cordages, des voiles; du poivre & du sucre : on mange la canne qui produit ce dernier, comme on mange des fruits en Europe : on y en cultive avec soin deux espèces, & le commerce en est immense : la Chine en tire chaque année 800 mille quintaux, & chaque quintal du brut n'y vaut que 4 livres, du blanc qu'environ 8 livres, du candy que 10 livres: ce font les Chinois & les Japonois qui y font presque tout le commerce : ils y ont leurs magistrats particuliers qui décident fur les démêlés qui s'élevent entr'eux.

Les mœurs du Cochinchinois font simples; le riz & le poisson dont les mers & les rivieres abondent sont sa nourriture : il est doux, laborieux, hospitalier : le pauvre qui voyage entre dans la premiere maison, & il y est reçu sans vaine curiosité ; il mange & boit avec la famille, il en sort sans qu'on lui demande son nom, ni où il va : une espèce de thé est leur boisson ordinaire, ils ont des liqueurs fortes, mais ils n'en abusent pas : les grands y sont fastueux, graves devant le peuple, affables pour les étrangers : ils portent des perles qu'ils préferent au diamant : les femmes n'ôtent le voile qu'elles portent que pour saluer : les plus belles ont les dents noires, des ongles fort longs ; elles aiment le travail, sont industrieuses, persuasives, modestes : elles s'occupent dans les champs, dans leurs maisons, elles pêchent & laissent aux hommes le soin de faire la guerre & de gouverner. Leurs docteurs sont mitrés, vêtus de damas noir, & ne coupent ni leurs ongles, ni leur barbe ; le soldat y est vêtu de satin, les officiers de velours, & dans les collèges, on punit, on récompense, en revêtissant les négligens d'une robe de toile, & les appliqués par des ajustemens de soie : leur langue semble être le gazouillement des oiseaux ; on y parle en chantant ; selon le ton qu'on donne à une même sillabe, elle peut signifier vingt-trois choses différentes : on y enseigne l'astrologie, la religion : le roi, les grands n'ont ni prêtres, ni temples, & chacun rend un culte particulier au Tien : le peuple a des bonzes, divisés en plusieurs classes ; les uns vivent d'aumônes, d'autres du travail de leurs mains ; leurs temples sont sales & mesquins. Il y a encore des Gentils qui croyent à la métempsicose ; on y voit plusieurs églises chrétiennes : la persécution les avait abbatues, & ceux qui n'avaient pas voulu abandonner leur religion, étaient condamnés à servir les éléphans & aux offices les plus bas : en 1774, le roi a ordonné qu'on leur rendit la liberté, & qu'on les laissa en paix. Les mariages, les funérailles, les fêtes, ressemblent à celles des Chinois. Autrefois le prince n'était que le chef de son peuple ; peu-à-peu la vermine des courtisans a infecté sa cour, & l'orgueil s'est glissé dans son cœur ; il est environné d'eunuques & de gardes, il habite un palais dont l'enceinte de briques est longue d'une lieue ; l'artillerie qui le défend, annonce qu'il n'est plus au milieu de ses enfans, mais de ses esclaves ; il a un palais d'hiver, un d'été, un d'automne ; on lui donne le nom de *Roi du Ciel*, & la tyrannie commence à mettre en fuite les habitans opprimés. Pour fournir à ses dépenses, l'unique impôt que ses sujets payaient n'a plus suffi ; il a fallu exiger des contributions multipliées, il a fallu chercher dans le sein de la terre l'or dont on devenait si avide, & l'agriculture y a été négligée. Cependant cet Etat est florissant encore : les mœurs corrigent les erreurs du prince, & les anciennes coutumes se conservent dans les provinces : on y rend la justice avec assez d'impartialité : le monarque y prononce ses arrêts monté sur un éléphant, & celui qui a des requêtes à lui présenter, n'en approche qu'à trente pas de distance. Sa richesse vient des tributs que lui paient les petits princes ses voisins, ses tributaires, & les gouverneurs de ses provinces : tout sujet lui rapporte quinze livres chaque année ; tout esclave lui doit un travail de huit mois ; les grands accumulent les présens autour de lui pour qu'il ne puisse voir leurs déprédations ; les droits sur les marchandises qui entrent grossissent encore ses revenus : il entretient 150 ou 200 galeres, & environ 5 à 6000 hommes : les armes du soldat sont le mousquet, l'arc & le poignard.

On partage cet Etat en douze provinces : trois

font au nord, *Dingoé*, *Quanbing*, *Dinhcat*, toutes fertiles en riz, bananes, oranges, dattes, poivre, &c. : les deux dernieres font, fans doute, celles que Rhodez appellent *Quamban* & *Thoanoa*. Celles du centre font peu étendues ; on les nomme *Hué*, *Cham*, *Quanglia*, *Quinen*, *Phuin*, *Maru*, *Natlang*. *Hué* doit fon nom à la capitale, elle eft riche par fon fol ; l'air y eft fain, les eaux pures ; *Cham* eft la plus étendue : fes monts ont des mines d'or, du bois d'aigle, du calamba, du thé, des vulneraires, diverfes plantes falutaires : elle a des ports commodes, où l'Européen, le Japonois, le Chinois apportent leurs marchandifes : les derniers fréquentent furtout celui de *Faifo* ou *Haifo*, où l'on commerce en riz, en fucre, en foie, en ébéne, en bois odoriférant, en or. Celles de *Quanglia*, de *Quinen* ou *Quinhin*, ont auffi d'excellens ports & font arrofées par diverfes rivieres : celle de *Natlang*, appellée par le jéfuite Rhodez *Ranran*, eft connue par la pureté de l'air qu'on y refpire, par l'abondance de fes vivres, par les nids d'oifeaux qu'on vend aux Chinois, par un calamba eftimé.

Les provinces du midi font *Tfiampa*, dont nous avons parlé, & *Dounay*, qui appartint au royaume de Camboye, & qui eft devenue comme le grenier de la Cochinchine, par fes denrées abondantes, & par fes fruits ; diverfes marchandifes y attirent l'étranger : un de fes ports, *Nehot-man*, eft très-fréquenté par les Chinois.

La capitale nommée *Hué*, *Kehué* par Rhodez, *Uzangues* par Pinto, peut être envifagée comme la feule ville de la Cochinchine : les autres ne font que des bourgades, dont les maifons placées fans ordre fur des pilotis, ont des murs conftruits de cannes, des fenêtres de papier, des toits de chaumes, des planchers couverts de nates, des appartemens formés par des paravens; le plus grand soin des habitans est d'éviter qu'elles ne prennent feu. *Hué* même n'est qu'un amas de bâtimens, formant différens hameaux ou villages : un fleuve l'arrose, des palais en ornent les rives, celui du roi est dans une île qu'il forme vers le nord, & là habitent ses ministres & ses officiers : il n'a qu'un étage, est tout boisé, & n'est soutenu que par des colonnes de bois d'ébène, proprement travaillées. Parmi les beautés de la ville, on compte ses places & ses boutiques remplies de riches marchandises.

Sin-hoa fut autrefois une ville très-florissante : le sable a bouché son port, ou la mer l'a abandonnée : il parait qu'elle est la *Sin* des Arabes, la *Tchentchen* des Chinois, & peut-être c'est d'elle que ces pays furent connus autrefois sous le nom de région des *Sinæ*. Au couchant de la Cochinchine sont les montagnes incultes où errent les *Kemois*, peuple sauvage qui vit sans arts, sans loix, sans dépendance, & n'en est peut-être pas moins heureux. Au levant de la Cochinchine est une longue chaîne de petites îles qu'on nomme de *Pracel* ou *Pracal*; & plus loin un amas d'îlots qu'on nomme les *Lunettes*.

ROYAUME

DU TONQUIN ou TON-KING.

Les Tonquinois paraissent originaires de l'Inde, ils furent soumis aux Chinois, & conservent encore l'écriture, les loix & les usages de ce peuple: les Tartares vinrent aussi les soumettre: ils y régnerent avec une dureté qui fit soulever les anciens habitans; ils chasserent leurs vainqueurs, élurent un roi, & résisterent aux Chinois: ce roi se nommait *Ledaihang*; son fils bâtit un superbe palais de marbre, dont on voit encore les ruines: sa famille s'éteignit, un tyran lui succéda, les Chinois vinrent en délivrer le Tonquin qui leur fut soumis encore: un viceroi y commanda; des vexations firent de nouveau secouer le joug aux habitans, conduits par un général prudent & brave nommé *Li*; il sut combattre & faire la paix; les conditions en sont observées depuis environ 600 ans. L'empereur donne aux rois de Tonquin le sceau dont ils se servent comme une marque de leur dépendance; tous les trois ans, il reçoit d'eux une ambassade solemnelle avec une sorte de tribut en or; ses ministres ne traitent avec eux que dans la maison où ils ont été reçus, & ne leur font aucune visite. Ces rois jouissent cependant d'un pouvoir absolu & indépendant.

Li avait été élu roi; ses enfans lui succéderent; ils régnerent 200 ans. Alors s'éleva un pêcheur ambitieux & rusé; il s'empara du trône dont il éloigna les descendans de *Li* plongés dans la mollesse. Un autre avanturier vint le combattre & le resserrer dans la province de *Kaobang* où il sut se maintenir : L'aventurier respecta le sang du libérateur du pays, il fit regner un de ses descendans, mais se réserva tout le pouvoir. Depuis ce tems le Tonquin reconnait deux souverains ; l'un l'est de droit ; il a la pompe & l'apparence de l'autorité, sous le nom de *Dova* ; l'autre l'est de fait, & gouverne sous le titre modeste de *Chova* ou général du royaume : tous les deux sont héréditaires : le principal office du *Dova* est la bénédiction des terres ou le sacrifice du ciel ; imitation de la fête par laquelle les empereurs de Chine ont voulu faire honorer l'agriculture ; il eut quelque tems la prérogative de célébrer le *Theckida*, fête instituée pour purger le Tonquin des esprits malfaisans ; mais les généraux se la sont appropriée : tout se fait en son nom, tout se scelle de son sceau, & il n'agit jamais : il vit dans son palais au milieu des festins & entouré de femmes : le *Chova* seul agit : il habite le même palais, mais dans un quartier séparé : seul il fait la guerre ou la paix, porte les loix ou les abroge, pardonne, condamne, dispose des revenus & des charges de l'Etat. C'est toujours l'ainé des fils qui succède au Chova ; c'est entre les fils du Dova, le plus agréable au général qui lui succède : la cour est très-brillante ; les assemblées sont majestueuses ; les grands y sont pieds nuds & très-soumis ; une foule d'eunuques y veillent sur les femmes & gouvernent l'Etat.

Le mot *Ton-King*, signifie *cour de l'orient* : ses habitans le nomment *An-nam*, (repos du midi) il est situé entre le 119ᵉ. & le 127ᵉ. degré de longitude, entre le 17ᵉ. & le 23ᵉ. degré de latitude :

au nord & à l'orient il est borné par la Chine, au couchant par les royaumes de Laos & de Bowes, au midi par la Cochinchine & la mer : il a 180 lieues de long, 150 de large : des vents réglés, des pluies régulieres y temperent la chaleur ; on n'y connait ni la neige, ni la glace, & presque point la grêle : l'air y est sain du mois de Septembre au mois de Mars : il est dangereux d'Avril en Juin à cause des pluies : il y fait une chaleur brûlante en Juillet & Août, cependant les campagnes y sont alors souvent inondées ; l'air y est agité par des ouragans terribles, les typhons, les éclairs semblent faire le tour du ciel, & les tonnerres roulent avec un fracas épouvantable : les torrens dans le pays des montagnes y ravagent tout, entraînent la terre & les arbres, & les maisons ; dans les plaines voisines les eaux s'étendent & les couvrent, & on n'y voyage plus qu'en bateau : près de la mer des canaux multipliés conduisent les eaux, & font que la terre y est seche, & ornée d'une riante verdure : mais quelquefois aussi la mer sort de ses limites, submerge une étendue de plusieurs lieues & engloutit ses habitans : le vent du nord y souffle du mois d'Octobre jusqu'en Avril ; le vent du midi regne pendant le reste de l'année : les marées ne montent & ne descendent qu'une fois dans 24 heures, excepté dans les nouvelles & les pleines lunes ; les plus hautes sont dans les mois de Novembre, Décembre & Janvier ; les plus basses en Mai, Juin & Juillet : un fleuve navigable traverse du nord au midi tout le royaume ; c'est le *Songkoy* qui nait dans les montagnes de la Chine, reçoit plusieurs rivieres navigables comme lui, & qui facilitant au loin le commerce, forme le lac de *Couadag* & diverses îles, remplit divers canaux

& se perd dans la baye du Tonking ; les eaux y sont mal saines sur-tout après la chûte des feuilles des arbres qui s'y pourrissent : on remarque que la mer se retire sensiblement de ses bords, & aggrandit ce royaume : tel lieu qui fut, il y a un siecle au bord de la mer en est aujourd'hui à demi lieue, & s'il en faut croire la tradition, la capitale qui en est aujourd'hui à 30 lieues, a été autrefois à l'embouchure du fleuve : ces terres nouvelles sont couvertes d'arbres & de joncs qui servent à faire des nattes & à couvrir les maisons. Une partie du Tonking est remplie de montagnes qui pourraient être fertiles, qui produisent de beaux bois, & des mines d'or, d'argent, de fer, de cuivre : ce dernier est ou jaune, ou rouge, ou noir. Sa partie basse ressemble à la Hollande par ses canaux, ses digues, ses rivieres & ses lacs : les chemins y sont négligés, impraticables dans le tems des pluies ; les grandes rivieres n'y ont point de ponts ; les canaux, les petites rivieres n'y en ont que de légers & d'incommodes ; ils sont faits avec des perches de bambous par les Bonzes qui les couvrent d'un toit garni de joncs & de feuilles : on y voyage dans des canots ; dans les montagnes, les cabanes sont dispersées, élevées sur des piliers, faites de cannes mal jointes, enfumées : un peuple entier habite les rivieres & des canaux où ils pêchent & navigent sur des trains de cannes d'Indes, joints par de longues lianes, & qui portent une cabane mal construite. La culture y est facile ; on fait germer le riz dans la maison ; on le seme bien épais dans des champs abreuvés & nivellés, puis on le transplante tige par tige, & trois mois après on le recueille. En des lieux favorables, on en fait deux récoltes par an ; il y en a de jaune, de blanc, de noir, de rouge; celui qui exhale une odeur agréable est préféré pour en faire des offrandes aux Dieux; on n'y seme point de bled, on y a point de vignes, point de prairies; l'herbe qui croît entre les sillons du riz suffit pour nourrir les bestiaux: on y seme des pois, des feves, différens légumes, & tous y réussissent : quand le riz est inondé, ses champs fournissent beaucoup de poissons; en quelques endroits on trouve de petits cancres très-recherchés : parmi les fruits qui y naissent, on remarque les oranges dont les espèces sont très-variées, & le suc excellent, des bananes, des ananas, des atiers qui ressemblent à la pomme de pin, sont verts en dehors, blancs en dedans, & ont la chair si molle qu'on la mange avec la cuilliere; il sent l'ambre & la rose, & croît sur un arbre semblable au pommier : on y recueille encore des gouaves, des papays qui croissent & mûrissent dans tous les tems de l'année, des *Léchea* ou *Bejay*, fruit qui vient en grappes sur les branches d'un arbre élevé, & qui a les feuilles du laurier : lorsqu'il est mûr, sa couleur est d'un rouge cramoisi, & le goût en est exquis : aussi le roi fait-il appliquer son sceau à ceux qui lui plaisent, & leur propriétaire n'en est plus alors que le gardien : le *Dattier* y est commun, le *Jaca* ou *Mite* n'y est pas rare : il en est qui pesent plus de cent livres : la couleur de ce fruit est d'un verd obscur; son écorce est dure, hérissée de piquans; il est blanc au dedans, ferme, divisé en petites cellules remplies de châtaignes très-bonnes, quand elles sont rôties; le mûrier y nourrit une prodigieuse multitude de vers à soie : quelques arbres produisent des gousses qui renferment des fèves que le peuple mange : on n'y trouve ni pommes, ni poires, ni abricots, ni pêches; car on ne peut donner ce nom à un fruit sauvage, qui ressemble à cette derniere : on y voit peu des légumes que nous cultivons ; la canne à sucre y croît naturellement, mais les Tonquinois ne le savent pas rafiner ; on y néglige la culture des fleurs ; les buissons y sont ornés de roses d'un blanc mêlé de pourpre & d'une odeur agréable ; on les y voit mêlées au jasmin de Perse ; il en est encore de jaunes & de rouges ; le lys y est commun ; mais la fleur qu'on y estime le plus est celle du caprier : elle est blanche ou rouge, exhale un parfum exquis, & conserve sa beauté plus de quinze jours après l'avoir cueillie.

Les Tonquinois se servent du bufle & du bœuf pour le labourage : ils ont des chevaux petits, vifs & robustes qui leur servent peu : ils ne connaissent ni l'âne, ni le mouton, ont peu de chêvres, mais beaucoup de cochons dont la chair est fort saine : le chat y est presqu'inutile, le chien seul y poursuit le rat ; le peuple mange ces trois animaux : la volaille y est abondante, elle se répand dans les forêts où elle multiplie sans soin ; on fait éclorre l'œuf du canard dans des fours : les canaux, les rivieres, les champs sont couverts d'oiseaux de différentes espèces qu'on prend au filet ou dans des pieges ; car l'usage des armes à feu y est un crime capital. Les forêts dont les montagnes sont couvertes, nourrissent différentes espèces de tigres, dont quelques-uns enlèvent les plus gros buffles ; ils se jettent sur des hameaux, y tuent & ravagent tout sans qu'on ose s'en défendre ; l'éléphant en fureur y renverse souvent des maisons & foule sous ses pieds leurs habitans ; on y voit errer le sanglier, le cerf & la biche ; parmi diverses espèces de singes, il en est, dit-on, qui ont six à sept pieds de haut, & d'autres qui ont la tête du chien ; ils ravagent les champs, & des nuées de perroquets y dévorent les fruits.

Le Tonking est très-peuplé ; le peuple qui l'habite ne paraît pas avoir une origine commune : les hommes qui vivent dans ses montagnes sont des sauvages chasseurs, paisibles & courageux, qui haïssent la société & les usages des habitans efféminés de la plaine : on y trouve cependant un peuple qui descend des Chinois ou des Tartares, qui est instruit dans leurs arts & leurs caractères, commerce avec eux & change souvent de demeure : c'est le peuple le plus poli du Tonking, le plus riche & le plus respecté ; ses chasseurs sont habiles à tirer de l'arc, & lancent des flèches empoisonnées. Les gens de la plaine sont grossiers, simples, superstitieux, jaloux, portés à la délation, à la perfidie : les deux sexes y sont d'une taille médiocre & bien proportionnée ; ils ont le visage large, peu de barbe, les yeux & le nez petits, les cheveux longs & noirs ; leur teint est olivâtre : ils se noircissent les dents ; celui qui n'est pas marié laisse croître les ongles ; les femmes se les teignent en rouge : une pièce de toile qui ceint les reins, un habit long à manches amples, voilà l'habit de l'homme du peuple : les jambes & les pieds sont nuds dans l'homme comme dans la femme : une loi ne permet les sandales qu'aux lettrés : la femme porte une longue veste, un habit ample ; son sein est couvert d'une pièce de toile ou de soie en forme de cœur ; elle a des pendans d'oreille & des bracelets ; elle y est plus laborieuse, plus estimable que l'homme : les riches portent des caleçons longs & larges, une camisole à manches étroites, un habit long qui traîne à terre quand il fait des visites ; sur leur tête est un chapeau fait de deux feuilles d'arbre : la couleur noire est celle des habits des grands : les enfans sont nuds jusqu'à six ou sept ans. La pauvreté y maintient l'ignorance, y nourrit l'indolence, & le gouvernement y détruit l'industrie en voulant seul en jouir; un homme à talens y devient l'esclave des grands : le peuple est misérable, surchargé de taxes, accablé de travaux pénibles : les grands sont exempts de la capitation ; des officiers, des soldats en achetent l'exemption pour leur vie, & les habitans qui ne peuvent la payer en riz ou en argent, sont obligés de couper l'herbe destinée aux éléphans & aux chevaux de l'Etat, & de la transporter à leurs frais dans la capitale : tous doivent travailler gratis aux ouvrages publics, & tout artisan doit six mois de son travail à la cour, sans espoir de récompense. Ces impôts payés, on jouit en paix de sa propriété.

Les savans parlent la langue Chinoise; & le peuple un jargon monosyllabique, qui paraît en être dérivé : il y a aussi différens patois : la loi donne au fils aîné la plus grande partie de l'héritage du pere; elle donne peu de chose aux filles; la polygamie y est commune ; les gens de même nom, de même tige ne peuvent jamais se marier ensemble, mais le même homme peut prendre à la fois deux sœurs pour femmes; toujours il faut le consentement de ses parens ; & le mariage n'est qu'un acte civil où n'interviennent ni prêtres, ni magistrats, & que l'homme peut annuller quand il lui plaît; mais la femme emporte sa dot, & la moitié des meubles de la maison qu'elle habitait; elle peut lui laisser ses enfans ou en emmener la moitié : ces usages font que le divorce, quoique libre, y est rare : l'adultère est puni par l'exil ; il peut l'être par la mort, pourvu que l'offensé la donne ; les loix anciennes

étaient

étaient plus sévères: la fille qui manque à son honneur est punie par l'amende, quelquefois elle est vendue comme esclave: le vin y est défendu, mais on n'observe pas la défense: l'usure y est odieuse & commune: les parens y sont respectés, le deuil long & sévere; l'adoption y est en usage; le pauvre peut vendre ses enfans, quelquefois il les expose, & jamais il ne leur donne la mort: les mœurs, les cérémonies civiles paraissent devoir leur origine aux Chinois.

L'année y est de douze ou treize mois lunaires; le premier jour en est incertain; le jour s'y divise en trois parties, le matin, le jour, le soir, & la nuit en cinq veilles; une boule de cuivre creuse & percée d'un trou, plongée dans l'eau, se remplit, tombe au fond d'un bassin, & marque ainsi la veille qui finit & celle qui commence qu'on annonce par-tout au son du tambour; la distance des lieux s'estime par journées ou demi-journées: le premier jour de l'an, on se renferme pour ne point voir de signes sinistres; tous les autres jours du mois sont des fêtes où l'on se livre à la joie aux dépens des autres jours qu'il faut traîner dans la misere: ces fêtes sont la cause de divers meurtres & d'empoisonnemens, parce qu'un homicide y est regardé comme annonçant du bonheur à celui qui le commet, & rarement ces attentats sont recherchés: le chant, la danse, les saltimbanques, les combats de coqs, la pêche, sont leurs plaisirs; le riz, les légumes, le poisson, le porc, les œufs & la volaille, des gâteaux de farine de fèves sont leurs principaux alimens: le peuple y mange tout jusqu'au ver à soie, aux œufs de fourmis, à divers insectes, même les veaux mort-nés, les os tendres des animaux qu'il broie & réduit en pâte: les nids de l'oiseau *chim* ou *salagan* y est

Tome IX.   K k

le ragoût des grands : la disette du bois accoutume le peuple à manger beaucoup d'alimens cruds : on y boit des liqueurs faites avec le riz, & un thé âcre dont le grand usage donne la galle ou des dartres : la lépre y est assez commune ; l'apoplexie, la pleurésie, la peste y sont inconnues ; le rachitisme, la surdité, la coecité y sont fort rares ; la jaunisse & la petite vérole, y font de grands ravages ; les chaleurs de l'été y amenent des maladies endémiques moins dangereuses pour la femme plus active que l'homme : leurs médecins sont peu instruits, leurs chirurgiens le sont moins encore ; mais la sobriété du malade aide leur ignorance à rappeller sa santé : on y vieillit, & il n'est pas rare de rencontrer des vieillards vigoureux encore au milieu de soixante à quatre-vingt enfans, avec lesquels ils aiment à vivre, au milieu desquels ils meurent en paix : les gens du peuple y gardent les morts environ quinze jours employés à des cérémonies lamentables ; les grands les gardent trois mois, & même plusieurs années, si les devins pensent qu'ils sont expirés dans des momens qui annoncent un sort funeste à leurs descendans : les cercueils y sont vernis, garnis de ciment sur les jointures, & l'air n'y peut pénétrer ; les funérailles sont fastueuses, & ruinent souvent les enfans du mort.

Il y a trois religions au Tonking : la plus ancienne est celle de *Bout* ou de *Foë* ; c'est la religion de l'état, celle du *Chova* : chaque bourg ou *Xâ* a son temple où des idoles sont suspendues, & honorées par des bonzes qui vivent en communauté, sont tolérans, & croient que Foë & Jesus étaient freres : on fait des présens aux idoles, ou plutôt à leurs prêtres ; on les porte en procession, on leur présente des victimes sanglantes, quoique les dieux défendent de verfer le fang, on joue des comédies devant elles au fon du tambour & des flûtes; on fait des feftins dans leurs temples. Chaque bourg ou *Aldée* a fon génie tutélaire lequel fe choifit parmi les hommes, parmi les animaux même les plus vils: chaque famille a fes dieux domeftiques: ces prêtres ne favent pas le fort des hommes après la mort: leurs idées fur un paradis, fur un enfer, dont ils parlent quelquefois, font incertaines & vagues.

La fecte de *Lanzo* eft la même que celle de Lao-Kium dont nous avons parlé dans la defcription de la Chine; elle n'a ni temples, ni culte, facrifie à des génies malfaifans qu'elle craint, croit à un dieu unique qui fe foucie peu des hommes & de leur culte, parle d'apparitions d'efprit, nourrit les démons de fumée, & voit par eux dans l'avenir.

La fecte des lettrés ou de Confucius, nommée par les Tonquinois *Ong-Khoû*, ou le feigneur Khoû, enfeigne une morale pure, & le refpect pour les morts, devant lefquels on brule des parfums & du papier; elle fait du choix du lieu de la fépulture une affaire très-grave de laquelle dépend le bonheur des parens du mort; elle invite à faire des facrifices de pitié pour les ames errantes de ceux qui n'ont pas laiffé de poftérité: le Dova eft fon chef: nous ne répéterons point ici fes diverfes opinions. Toutes ces fectes vivent en paix, & fe donnent pour ainfi dire la main pour fe foutenir.

Les chrétiens y font affez nombreux; ils font pleins de ferveur & de vénération pour les miffionnaires: leurs mœurs font pures, & leur croyance implicite: ils ont été perfécutés, & paraiffent aujourd'hui jouir de la paix. Le favoir eft révéré au Ton-king, lui feul conduit aux honneurs; mais ce favoir confifte à connaître la morale, l'hiftoire souvent fabuleuse du pays, à bien peindre les caracteres, à s'exprimer avec élégance : les mathématiques ne s'élevent gueres qu'à l'astrologie & à la divination : la peinture & la sculpture y sont informes & grossieres ; la gravure y est inconnue ; l'art de la navigation y est dans son enfance ; quelques métiers imités des Chinois y sont exercés avec industrie, mais on n'y invente rien : le commerce y serait actif, si le gouvernement ne l'opprimait dans la crainte que le peuple en multipliant ses ressources, n'en devienne moins bassement soumis : les Chinois y apportent des simples, du thé, de la porcelaine, des étoffes de soie, différentes toiles, du sucre raffiné, des farines de grains, des ustenciles de cuisine, du fer, des épiceries, du chanvre, du lin, du coton, de la cire, de la verrerie, des quincailleries, &c. Les Chinois de Batavia y apportent des cuirs, des étoffes de laine, des draps, des toiles peintes ; ils y viennent exercer différens métiers comme l'imprimerie & l'exploitation des mines : les Anglais y portent diverses marchandises d'Europe : on n'y connait de monnaie que des deniers de cuivre percés d'un trou par lequel on les enfile : soixante font la *masse*, dix masses font le *quan* dont la valeur est estimée à trois livres de France ; il pèse quatre ou cinq livres : cette monnaie augmente ou baisse de prix au gré de la cour ; l'or & l'argent sont marchandises : leur valeur y est dans la proportion de six à un, & l'once d'argent y vaut cinq livres de France ; tous les deux sont très-fins : on y vend presque tout sans poids, ni mesure, & à l'estimation : les toiles, les étoffes se mesurent à la coudée.

Les étrangers viennent chercher au Ton-king du vernis, de la soie crue, des gazes, des grogrames ou étoffes fortes qui ressemblent au gros de

Tours, des toiles d'écorces d'arbres belles & fines, différens ouvrages de nacres de perles, des tissus de ratan ou de cannes pour des meubles & des tapis, différens objets de menuiserie faits au vernis quand le roi en permet la vente, de l'ébène, de l'ivoire, de la canelle, du cuivre, de la calamine, du coton, des écailles de tortues, des œufs de cannes salés, &c. Le commerce intérieur est peu actif, parce que le peuple y est très-pauvre ; il consiste en noix d'Areck, betel, fruits, liqueurs, sel, coton, soie, canelle, vernis, sucre, bambou & papier.

Le roi est très-riche ; ses biens ont leur source dans de vastes domaines, dans le produit des tributs sur les têtes, & les productions ; ceux qui sont levés en nature sont rassemblés dans de vastes magasins où le riz se conserve long-tems ; les présens d'objets de manufacture s'y pourrissent sans utilité, le cuivre monnaié y est entassé & couvert d'eau, dit-on, pour le soustraire à la main rapace des voleurs : la vente des charges, les douanes établies sur les rivieres, doivent encore donner des sommes considérables, mais on en ignore le total ; le *Choya* même l'ignore, car on les y entasse sans calculer. La dépense est très-petite : il y a des villages assignés pour la paie du soldat qui en tire autant qu'il peut, & se rendrait suspect s'il cherchait à se faire aimer. Le royaume n'a point de places fortes ; ses troupes sont de 130 mille fantassins, dix mille cavaliers & 350 éléphans : ses soldats sont peu exercés & poltrons ; des eunuques ignorans les commandent : un corps de dix mille hommes veille sans cesse sur les frontieres de la Cochinchine ; chaque gouverneur de province en a sept cent à ses ordres, le reste est dispersé aux environs de la capitale : tous les ans on fait la revue des troupes ; mais le soldat lettré, ou occupé à un métier, est dispensé d'y paraitre : leurs armes sont le fusil à meche, l'arc, la flèche, le sabre, la pique, la demi-pique, le bouclier : ils sont sans uniforme : chaque division a son chef qu'elle connait, mais qu'elle ne suit que par contrainte, car ceux qui la composent ne sont soldats que par le nom : rien ne les encourage ; leur état est pénible, & passe du pere au fils : presque toutes leurs expéditions se réduisent à paraitre, & quelquefois à ravager les frontieres de leurs ennemis. Le Ton-king entretient encore deux ou trois cent galeres de différentes grandeurs, qui ne vont qu'à rames, & sont munies d'un canon à la proue; il a quatre à cinq cent bateaux légers qui vont à la voile.

Les villes ou bourgs sont divisés comme ceux de la Chine en trois ordres, comme ceux qui y commandent : l'inférieur ressortit du supérieur : chaque province a ses tribunaux, chaque tribunal plusieurs juges, & tous dépendent de celui de la capitale : le Chova seul peut signer les arrêts de mort : chaque bourg se divise en villages, chaque village en quartiers : chaque quartier a son chef élu par les hommes de sa jurisdiction : trois bourgs forment un *Tong* sur lequel préside un *Quan* ou mandarin. La vénalité y détruit tout le bien qu'y auraient fait les loix qui y paraissent humaines & sages.

Le royaume est divisé en onze provinces, selon les uns, en huit selon les autres. Quatre reçoivent leurs noms de leur situation, relativement à la capitale : ce sont les provinces du Levant, du Nord, du Couchant & du Midi : les autres sont sur les frontieres de la Chine, de Laos & de la Cochinchine.

Province de Tenam.

C'est la plus orientale : la mer, la Chine, la province de l'Orient la bornent ; elle a l'île d'Haïnan à son midi ; elle parait renfermer les deux petites provinces nommées par les Tunquinois *Xu-tien-kuang* & *Xu-huông-hộa*; son étendue n'est cependant pas bien considérable; sa plus grande richesse est le riz : la *nouvelle Macao* est située dans son enceinte.

Province du Levant.

Celle de Tenam, la Chine, la province du Midi, celle de Kacho l'environnent : elle est fort étendue : le sol en est bas, rempli de marais, coupé par des canaux, ayant beaucoup d'îles près de la mer : sur les côtes la pêche est la plus grande ressource des habitans : les bestiaux & le riz sont celles des hommes qui en cultivent l'intérieur. *Héan* en est la principale ville, & c'est là que siege le gouverneur : les Français y avaient un comptoir : on y compte deux mille maisons; celle de l'évêque est la plus belle; il y acheta le droit d'y vivre en paix en raccommodant les horloges du monarque : les Jonques Chinoises & Siamoises arrivent jusqu'à elle par la riviere qui l'arrose.

Province de Kacho.

Elle est au centre du royaume : elle est agréable, fertile, ombragée par des beaux bois, abondante en riz, riche en laque & en soie : elle prend son nom de la capitale qu'on nomme aussi *Kécho* & *Cachao*; elle est arrosée par le Songkoy, que Dampier nomme *Domea*; son enceinte égale celle de Paris, sa population est considérable, ses rues sont larges & belles, partagées par des bandes pavées de briques, & par d'autres sans pavé pour les voitures, les éléphans, le bétail; quelques maisons sont de briques; les autres sont des chaumieres de bambous & d'argille, couvertes de paille, ou de jonc, ou de feuilles d'arbres, appuyées sur des piliers de bois; des matériaux choisis, une grande étendue, des dehors sculptés, des couverts de tuiles de différentes couleurs annoncent les demeures des grands; des toiles y tiennent lieu de verre aux fenêtres; il y est défendu d'y faire du feu durant la nuit, & il y regne le plus grand ordre; on y compte vingt mille maisons divisées par quartiers & par corps de métiers qui ont chacun leur chef; elle est sans murailles, sans remparts, sans fossés; une haie de bambous seule l'environne; le fleuve qui l'arrose y amene chaque jour une multitude de barques qui chacune paie trois sols pour le droit d'ancrage : le palais du roi occupe une enceinte d'environ trois lieues, fermée par un mur haut de six à sept pieds, sur presqu'autant de large, on peut s'y promener : c'est autour de lui qu'on voit les plus belles maisons, & le sol s'y vend à haut prix : ce palais n'a rien qui le distingue que son étendue, & on ne peut en voir l'intérieur qu'on dit être fort riche : sur les bords du fleuve sont les arsenaux, les magasins & la demeure d'un corps nombreux de milices : au delà est le camp ou ville des Chinois. Autrefois la ville était bâtie avec plus de solidité & de grandeur; il n'en reste plus que des ruines de marbre dispersées ça & là.

Cette province renferme encore la ville ou bourg de *Domea*; elle n'a qu'une centaine de maisons : elle est commerçante, parce que les vaisseaux Européens y jettent l'ancre, ne pouvant remonter la riviere plus haut sans enfreindre les ordres du roi : elle est à six lieues de son embouchure.

Province du Midi.

C'est une île triangulaire, formée par les deux bras du Songkoi : le sol en est bas, coupé de canaux, très-fertile en riz, & nourrissant une multitude de bestiaux : ses principaux bourgs sont *Cuadag* & *Rokbo* qui donne son nom à un des bras de la riviere sur lequel de petits bâtimens peuvent seuls naviger.

Province de Tenchoa ou Tanghoa.

Elle est bornée par le Rokbo, la mer, la province du couchant : ses richesses sont le riz & les bestiaux : sa principale ville est *Tanghoa* ou *Cuabang*, située près de la mer, sur une petite riviere. On dit qu'il y a dans cette province une vallée circulaire, assez étendue, que de hautes montagnes rendent inaccessible, excepté par un sentier étroit : c'est là que le Chova tient ses trésors & de grands amas d'armes : il a fait pratiquer au travers des forêts un chemin très-court pour s'y rendre, inconnu à tout autre qu'à lui : on dit même qu'en 1685 le Chova fit construire un souterrain qui conduit de son palais à cette retraite.

Province de Nghéam ou *Xù-nghe*.

Située à l'orient de la précédente, elle touche au Laos & à la Cochinchine : c'est une des plus grandes provinces du royaume : c'est là que séjournent les dix mille hommes chargés de veiller sur les Cochinchinois.

Province du Couchant.

Elle est au nord de celle de Nghéam, au levant du Laos : elle est grande, très-agréable, riche en bois, en pâturages, en laque, en soie : elle s'étend sur les bords du lac *Cuadag* qui lui fournit du poisson.

Province du Nord.

Elle est vaste, & touche au Laos, à la Chine, au Baos ou Bowes : elle renferme le *Xù-Kào-hang* & le *Xu-Thanh* ; la plus grande partie est semée de montagnes élevées où l'on trouve de l'or, de beaux marbres, des éléphans sauvages : dans ses vallées & ses plaines on recueille la laque, la canelle, & diverses autres marchandises.

La baie de Tonking a trente lieues de côtes ; ses bords sont défendus par des iles dont quelques-unes sont habitées : la plus considérable s'appelle *Twoubene*, les Hollandais lui donnerent le nom d'*Isle des brigands*, peut-être parce qu'on y perçoit les impôts sur les bâtimens qui se rendent aux îles voisines : le revenu annuel qu'elle produit monte à un million de livres : l'ile n'a que cinq lieues de tour, & forme un canal large d'une lieue avec le continent ; le sol en est pierreux, élevé, raboteux, peu ferile : elle nourrit des gazelles, ou une espece de gazelles qui donnent un musc estimé ; elles mangent des serpens, & l'on dit que les hommes n'ont point à craindre ce reptile quand ils portent du musc avec eux : cet animal est appellé *gazal* par les Arabes, & de là est venu son nom.

Les autres petites îles sont trop peu considérables pour en parler ici.

Le royaume de *Baos* ou *Bowes* n'est pas bien connu : on sait qu'il est environné par la Chine & le Ton-king, qu'il avait une capitale qui portait son nom, que le fleuve *Hoti* l'arrose. Peut-être est-il le même pays qu'on nomme encore *Kaobang*, où l'usurpateur *Mack*, chassé du Ton-king, forma un petit état qui se maintint dans l'indépendance pendant deux cent ans, mais que les Tonquinois ont enfin soumis.

ROYAUME DE LAOS.

SON nom signifie, dit-on, *millier d'éléphans*: le grand nombre de ces animaux qui peuplent ses forêts le lui a fait donner: il est long de 120 à 130 lieues, & en a 50 dans sa plus grande largeur: il confine à la Chine, au Ton-king, à Camboya, à Siam, au Pegu dont des montagnes & des forêts le séparent. Le *Menon* ou *Mecon* l'arrose, & y forme diverses îles & plusieurs cataractes; c'est le même fleuve qui traverse le royaume de Camboye, & que Kœmpfer croit être un des bras du Gange: les Hollandais ont pénétré dans cet Etat en le remontant: le climat y est tempéré, l'air pur, & l'homme y jouit d'une longue vie; les vallées y sont d'une fertilité qui étonne, les montagnes n'y sont pas stériles; on n'y trouve aucune eau croupissante; les torrens y viennent remplir dans la plaine des canaux qui distribuent leurs eaux sur les champs: c'est à l'orient du fleuve qu'on trouve le riz le plus estimé de l'Orient; les animaux y sont plus grands, plus vigoureux que sur l'autre rive; les arbres y sont plus hauts, leur bois plus durable: le sel s'y recueille dans les champs (*); les fleurs y nourrissent de nombreux essaims d'abeilles; la cire, le miel, la laque, un excellent benjoin, l'ivoire, l'étain, le fer & le plomb qu'on y tire des mines, l'or & l'argent qu'on trouve dans le sable des rivieres, les rubis, le musc qu'on y apporte, les perles que le

---

(*) D'autres disent qu'il est si rare qu'on l'y vend au poids de l'or.

Siamois nomme *muk*, sont les principaux objets du commerce de ce pays : les rivieres sont abondantes en poissons, dont quelques-uns pesent cinquante à soixante livres : le poisson salé y est, avec le riz, la nourriture du pauvre : c'est avec des buffles & des bœufs qu'on y cultive la terre : les révolutions y ont fait sentir leurs effets sur le commerce, & c'est avec Camboye & la Chine qu'il est le plus considérable : dans le premier, les Laos viennent débiter leurs marchandises ; ils reçoivent des Chinois, qui furent jadis leurs maîtres, diverses étoffes, des toiles, des tapis, de la porcelaine qu'ils échangent contre de l'opium, de l'ivoire, des simples, &c. Le gouvernement y est despotique, & est semblable à celui des peuples qui l'environnent : il y a trois dignités principales dans le royaume, qu'on nomme *Tevinia* : celle de viceroi général est la plus considérable ; il est régent après la mort du roi, & s'il est mort sans enfans légitimes, il est le premier prétendant à la couronne : chacun d'eux est gouverneur d'une province étendue : le royaume est partagé en sept ; les quatre autres ont des chefs, mais inférieurs aux premiers : chaque province a sa milice particuliere, & toute réunie elle peut monter à 80 mille hommes, ou selon des Missionnaires à 500 mille ; c'est une exagération trop commune chez ces hommes occupés d'objets bien différens de celui-là. Les revenus du roi consistent, pour une grande partie, en or, en gomme laque, benjoin, dents d'éléphans, cornes de rhinoceros, soie, peaux de cerfs & autres. Il nourrit une centaine d'éléphans.

Le peuple y est ignorant, soumis à des docteurs qui enseignent que le ciel est éternel, que le bonheur est dans le plus bas des seize mondes terrestres, lesquels se détruisent & se renouvellent sans cesse ; qu'il est un enfer, mais ils ne disent pas qu'on y éprouve des peines, & un paradis qui consiste à avoir plusieurs femmes, & pour les femmes à être changées en hommes ; que 18000 ans avant *Xaca*, qui fut dieu de l'univers, la terre fut dissoute en eau ; qu'un *Quan* descendit d'un autre monde, & partagea d'un coup de sabre une fleur qui flottait sur l'eau, qu'il en nâquit une belle fille qui fut sévere envers lui, mais qu'il regarda avec tant de tendresse qu'elle devint mere sans cesser d'être vierge ; que pour établir sa famille il créa tout ce que nous voyons. Il y a des Talapoins qui sont continens sur la terre dans l'espérance d'être délivrés de ce joug dans l'autre monde ; ils sont vils & orgueilleux ; leurs maisons sont belles ; leur chef s'assied sur un trône éclatant, & y reçoit l'hommage des dévots : chaque quatorzieme jour du mois ils doivent se confesser, & l'aveu entraine l'absolution ; ils se servent d'eau bénite qui y est un grand objet de commerce, & de chapelets dont les grains sont quelquefois de pierres précieuses ; ils ont des autels éclairés de flambeaux, & parés de fleurs, ont leur Pâques, leur Jubilé où ils ne s'occupent que de plaisirs : le riche peut acheter d'eux des indulgences pour cette vie, & la félicité dans l'autre ; cependant ils débitent dans les chaires une morale assez pure. Il est encore des Talapoins qui vivent dans des cavernes occupés de contemplations, de ce qu'on appelle *magie*, & de plaisirs que leur institut leur défend.

Les *Laos* sont le peuple de l'Inde qui a le plus de bonne foi & de droiture dans le commerce ; ils sont quelquefois demandeurs importuns, mais très-rarement voleurs ; la police y maintient ces mœurs.

l'un voyageur est volé, les bourgs & villages du teritoire où il reçut l'insulte, l'indemnisent de ses pertes: l'homme y est peu actif, & ne ressent que le besoin du moment ; il s'arrête à la superficie d'un objet, mais il ne cherche à le sonder ; sa seule passion est celle de se reproduire ; il mange beaucoup ; chaque homme y peut prendre plusieurs femmes & plusieurs concubines, & encore le mariage est sujet à des dissolutions fréquentes : l'adultere de la femme donne à l'homme le pouvoir de juge, & il peut exécuter ses sentences : le pere a une grande autorité sur sa famille dont il est très-respecté : on dépose des trésors dans les tombeaux, & les Talapoins sont les maîtres de ces tombeaux : il eut autrefois un culte assez pur, & leur religion était un pur déisme.

Des sept provinces qui composent cet état, on ne connaît le nom que de deux : l'une est celle de *Winkjan* ; on dit qu'on y trouve un puits profond d'où on tire des rubis & des émeraudes, & que le roi possede une de ces dernieres aussi grande qu'une orange ordinaire : elle est riche en benjoin : la seconde est celle de *Nammoy* que ses mines d'or rendent la plus riche du royaume. On fabrique de belles étoffes dans le bourg d'*Huysouth*. *Meunhoc* est une ville très-commerçante. *Winkjan* qu'on nomme aussi *Lent*, ou *Lentchang*, ou *Langione*, est sur les bords du Mecon ; elle est ceinte de briques, environnée d'un fossé large & hérissé de broussailles : le palais du roi est vaste, bâti avec simmétrie, habité par un grand nombre d'hommes & de femmes.

Des géographes indiquent divers petits États auprès de celui-ci, mais si peu connus, & dont les noms & l'existence même sont si incertains, qu'on n'en parlera point ici. Le seul dont nous parlerons est celui de *Jongoma*.

ROYAUME

DE JONGOMA.

Mindez-Pinto lui donne le nom de *Janguma*; il est situé au nord de Siam; on ne le connait que par le rapport des Chinois & des Siamois, & on n'en peut fixer les limites qui ont été plus ou moins resserrées selon les révolutions qui l'ont agité : des prêtres soumis à des loix qu'ils interprètent, le gouvernent: ses habitans sont grands & robustes; ils se croient des hommes libres; leur éducation est sauvage & dure, leur seul vètement est une ceinture de toile légere, ils ont toujours la tête & les pieds nuds; les femmes y sont belles & voluptueuses: ils se nourrissent de gâteaux de riz, & commercent en musc, benjoin, poivre, soie, cuivre, argent & or qu'ils tirent en partie de la Chine.

Ils font des sacrifices à une divinité malfaisante; si elle rend la santé à un malade, tous ses parens lui offrent des présens de fruits pour se la rendre favorable: la musique & les chants funebres paraissent être un de leurs remedes, & c'est un des moyens qu'ils emploient pour éloigner l'esprit qui cause leurs maladies : on n'y pleure point les morts; leurs parens, leurs amis précédés d'instrumens les accompagnent sur un trône de roseaux où ils sont brûlés; ils reviennent dans leurs maisons, y passent deux jours en festins & en danses, puis les femmes qu'ils ont laissées viennent en gémissant ramasser les os que les flammes n'ont pas détruits : elles se coupent les cheveux pour marques de deuil.

Pinto

Pinto nous dit que *Penanchim* est le principal bourg de cet Etat, qui, dit-on, est tributaire l'Azem.

ÉTATS
DÉPENDANS DES BRAMAS.

CES Etats renferment principalement les royaumes d'*Ava*, de *Pegu* & de *Brama* : ils s'étendent dans un espace long d'environ 260 lieues, sur la moitié de large. Ce sont les Bramas autrefois soumis aux Peguans auxquels ils fournissent 30000 hommes pour travailler aux ouvrages publics & aux mines qui y dominent; ceux-ci indignés de leur esclavage assassinèrent le roi de Pegu, & s'enfuirent dans leur pays qu'ils firent révolter : leur roi, nommé *Mandara*, aidé des Portugais, conquit le Pegu en 1539, & quelque tems après le royaume de Siam, auquel il imposa un tribut. Ces victoires furent suivies de grands revers, & les Bramas furent de nouveau soumis aux rois d'Ava, puis à ceux du Pegu ; mais en 1754 ils élurent pour roi *Manlong* qui était jardinier, & sous sa conduite ils soumirent de nouveau les royaumes d'Ava, de Pegu & de Siam : ils regnent encore sur les deux premiers. Nous ferons une description abrégée de chacun de ces Etats.

I. *ROYAUME DE PEGU.*

Il confine au midi & à l'orient à la mer & aux royaumes de Siam & de Laos, au couchant à ceux d'Ava & de Brama; vers le nord, des monts & des déferts le féparent des Chinois qui lui donnent le nom de *Mienkoué*: on ne fait d'où lui vient le nom de *Pegu*, *Pegou* ou *Bagou*, fous lequel il a été connu parmi nous: les deux rivieres de *Menankiou* & de *Pegu* l'arrofent avant de fe réunir. La derniere fort, dit-on, du lac de Chiamay, & en fe débordant, elle fait la fertilité du pays; fes débordemens s'étendent à 30 lieues de fes bords; fes eaux, en s'écoulant, dépofent fur la terre un limon fi gras que les pâturages y engraiffent promptement les beftiaux, & que le riz y profpere fingulierement. Cependant il paraît que ce royaume n'eft pas peuplé, puifqu'on y trouve de grandes forêts remplies d'éléphans, de lions, de buffles & de tigres. Ses principales richeffes font le riz, la porcelaine, le mufc, la lacque, le bois de Teck, la cire, une huile excellente pour conferver les vaiffeaux qui en font enduits, de l'ivoire, de l'or, de l'argent, du calin, du fer, les plus belles topazes, les plus beaux rubis, des amethyftes, des hyacinthes, des faphirs bleus & blancs très-eftimés, de petits diamans; on les tire principalement de la montagne nommée *Capelan*: l'air y eft pur, le climat chaud; les habitans font bien faits, ont les traits réguliers, le teint olivâtre, la taille épaiffe; ils noirciffent leurs dents, & s'arrachent la barbe; leurs femmes, plus petites, plus blanches, font lafcives, & la plupart n'ont pour vêtement qu'une étoffe tranfparente autour de leur ceinture, & qu'une toile de coton blanche qui flotte fur leur tête: les grands y portent des chapeaux ornés de rubans d'or & d'argent que les Anglais leur vendent: leurs maisons, construites de bois & de jonc, sont malpropres ; eux-mêmes exhalent une odeur qui blesse l'odorat de l'Européen ; l'appareil de leurs festins le dégoute ; leurs mêts ne se rappellent pas ; tout ce qu'ils mangent est assaisonné d'un poisson pourri qui leur tient lieu d'huile ou de beurre ; les gâteaux de riz sont leur principal aliment ; l'eau pure & le suc qu'ils retirent d'un arbre leur principale boisson. Chaque Peguan n'a qu'une femme qu'il achete quand elle lui plaît, qu'il renvoie quand elle cesse de lui être agréable ; la femme peut aussi se séparer de lui en rendant ce qu'elle lui a coûté, ce qu'elle en a reçu : il accueille l'étranger, & le pere se permet de lui livrer sa fille pour être sa concubine pendant tout son séjour.

Ce peuple reconnait un Dieu auquel d'autres divinités sont soumises, & parmi celles-ci il en est de malfaisantes : dès le matin il leur offre du riz pour se les rendre favorables, & dans les repas on leur destine ce qu'il y a de plus exquis en le jettant par dessus ses épaules : selon eux, plusieurs mondes se sont succédés, & doivent se succéder encore ; sur chacun d'eux préside une divinité ; plusieurs y admettent une métempsicose mitigée ; presque tous vénerent le singe, & estiment heureux ceux que les crocodiles dévorent : des femmes, des hommes mutilés dansent à l'honneur des Dieux, s'épuisent, tombent & se relevent ensuite pour annoncer l'avenir : les prêtres y sont célibataires, & vivent dans l'austérité : ils ne font qu'un repas par jour, vivent des terres qui leur sont assignées & d'aumônes, & mênent une vie obscure dans les forêts, suspendus au sommet des arbres dans des cages : à des jours fixés par le renouvellement de la lune, ils exhortent le peuple à vivre selon les loix de la nature, & à révérer leurs Dieux.

Le roi y est despote, mais son pouvoir & sa vie y sont souvent exposés : il hérite de ceux de ses sujets qui meurent sans enfans ; lorsqu'ils en laissent, il préleve le tiers des biens du pere : il ne se montre que dans un char traîné par seize chevaux, entouré de quatre concubines ; il ne marche qu'au milieu d'une armée & d'une noblesse servile divisée en plusieurs ordres.

Les armes des soldats sont la lance, l'épée, le bouclier & le mousquet ; ceux-ci aussi bons que ceux d'Europe les surpassent en beauté ; ils ont une artillerie nombreuse, & point de canoniers exercés ; nulle flotte n'en défend les pórts ; on construit à *Siriam* des bâtimens très-bons pour le commerce, & les Européens même en achetent pour naviger d'Inde en Inde.

Nous ne dirons point quelles sont les forces du royaume ; elles sont peu connues, & les armées y peuvent être nombreuses, parce qu'elles vivent de peu, de tout ce que nous dédaignons ; que le pays est abondant, & que le roi ne paie ses soldats qu'en tems de guerre : il ne leur fournit que des armes & des habits ; il donne des terres ou des villes à leurs chefs.

On ne connait proprement que trois villes de ce royaume, *Pegu*, *Siriam* & *Martaban* : la premiere nommée *Siren* par Shelden est située sur le fleuve qui donne son nom au pays : elle est entourée d'un fossé plein d'eau où l'on nourrit des crocodiles ; ses maisons mal alignées sont presque toutes bâties de cannes & de roseaux ; on y voit des magasins que la crainte du feu a fait voûter.

Siriam est un port célebre que les Portugais posséderent durant le cours de leur prospérité passagere : avant eux elle eut son roi particulier : la construction, le radoubement des vaisseaux y occupent un grand nombre d'hommes : les Français, les Anglais, les Hollandais le fréquentent : des couriers qui répondent de la marchandise & du paiement y font tout le commerce.

Martaban, située près de la mer, sur la rive d'une grande riviere, fut long-tems la capitale d'un petit royaume : soumise au Pegu, elle l'est aux Branas qui l'ont conquis : son principal commerce consiste en porcelaine. On croit que l'île de *Mounay* dépendait de Martaban. Pinto en parle comme d'un sanctuaire de la religion, par la multitude de ses prêtres & de ses temples. Divers voyageurs nomment quelques autres villes. Shelden, par exemple, parle de *Tavay* sur le golfe de Bengale, dont les habitans laissent pendant trois mois leurs maisons remplies de provisions à la discrétion de l'esprit malfaisant, pour qu'il leur permette de vivre en paix le reste de l'année. D'autres nomment *Manar*, *Tangu*, &c.

Il semble qu'il y ait des Mahométans dans le Pegu, puisque des voyageurs tels que Balbi & Mandeslo y parlent d'une mosquée.

II. ROYAUME DE BRAMA.

Ce nom est plutôt celui d'un peuple, que celui d'un Etat : il habite la contrée qui est bornée au nord par le royaume d'Ava, & à l'orient par celui de Pegu : ses mœurs sont dures : ses coutumes & sa religion sont semblables à celles des Peguans ; son sol est moins fertile : les hommes y portent une robe de mousseline qui laisse voir leur peau sur laquelle ils impriment différentes figures avec de la poussiere de charbon répandue sur des piquures qu'ils s'y font : ses conquêtes l'ont rendu redoutable à ses voisins auxquels il fut souvent soumis, & qu'il a forcé vers l'an 1760 de se soumettre à son pouvoir. Pinto raconte les conquêtes qu'ils firent de son tems ; ils conquirent le Pegu, Martaban, Prom, & y firent redouter leur barbarie. Aujourd'hui leur roi réside à *Ava*, & on le nomme également roi des Bramas & roi d'Ava.

III. *ROYAUME D'AVA.*

Ce pays a été visité par les Européens, sur-tout par les Portugais, & il est encore peu connu : le *Menankiou* l'arrose : l'air y est sain, le climat tempéré, le sol riche : le riz, les fruits, les épiceries y sont abondans : on y voit beaucoup de monts & de forêts peuplées de gibier ; on y trouve des martres zibellines, des civettes : la terre y couvre des mines de plomb, de cuivre & d'argent qu'on néglige, parce qu'on ignore l'art de les exploiter : ce pays fournit au commerce de l'aloés, du musc, du benjoin, du bon vernis, des roseaux d'une grosseur prodigieuse, des bezoards, des turquoises, des émeraudes, des saphirs, des rubis recherchés, & que les habitans savent tailler : on estime les chameaux & les éléphans qu'on en tire: les hommes y sont olivâtres & bien faits, les femmes y sont petites, ont les cheveux noirs, une taille svelte, & sont plus blanches que les hommes ; leurs vêtemens sont légers, presqu'immodestes ; les Bracmanes & les Faquirs sont leurs prêtres : il y a quelques Mahométans & quelques Chrétiens : ce peuple en général est hospitalier, honnête, mais peu courageux.

Le gouvernement y est despotique : chaque province choisit un député qui la protege auprès du roi, lui parle de ses besoins, lui fait entendre ses plaintes. Ce roi annonce, dit-on, dans ses titres que *tout lui doit obéissance ; qu'il est l'ami, le parent des Dieux du ciel & de la terre, qui ne conservent & ne réglent tout que par affection pour lui ; qu'il est le frere du soleil, le cousin de la lune & des étoiles, le maître absolu du flux & reflux de la mer ; qu'enfin il est le roi de l'éléphant blanc & des vingt-quatre parasols* : on habitue les éléphans à se coucher sur le ventre quand il passe devant eux ; on oblige les ambassadeurs des princes étrangers à se prosterner devant lui ; & quand il sort de table, la trompette annonce aux autres rois de la terre qu'ils peuvent s'y mettre.

Chaque gouverneur de province est administrateur des terres destinées pour l'entretien des milices en tems de paix, & dans la guerre on leur fournit des armes, des habits & des vivres : l'officier s'y distingue du soldat par sa pipe ; & le nombre de jointures qu'on y voit indique son grade plus ou moins élevé.

Le royaume d'Ava s'étend jusqu'auprès des frontieres de la Chine : un petit peuple obscur vivait dans les forêts & les montagnes, qui séparent les deux états, content des productions d'une terre peu fertile ; sa pauvreté faisait sa sureté, & les rois d'Ava qui en recevaient un léger tribut le protégeait ; mais quand leurs Etats furent en proie aux révolutions, les *Cassiens* (c'est le nom de ce peuple) cessèrent de payer ce tribut qu'il ne leur était plus utile de fournir : depuis 1749 jusqu'en 1768 ils le purent impunément ; mais lorsque les Brames eurent fait reconnaitre leur pouvoir à leurs voisins, ils voulurent y soumettre ce peuple pauvre, qui, pour échapper à leurs concussions, implora la protection des Chinois : ceux-ci ont d'abord été battus par les Bramas ; on ignore encore quelle a été la fin de cette guerre.

On connaît peu de villes du royaume d'Ava, que les Chinois appellent *Yava-koué*; la capitale est sur une grande riviere qui, dit-on, vient du Thibet, & qui porte le nom du pays ainsi qu'elle, ou celui de *Menan-kiou*. Cette ville est grande & peuplée ; ses maisons sont hautes, & bâties en bois ; mais le palais & quelques grands édifices le sont en briques : ce palais est, dit-on, doré en dedans & en dehors : ses rues ressemblent à celles des villes de Hollande ; elles sont larges, tirées au cordeau, plantées d'arbres des deux côtés. Parmi les autres villes on compte *Lactora*, *Naba*, *Mesi*, *Bakan* qui est au bord du fleuve, *Prom* qui eut jadis un roi, &c. mais on n'a de détails particuliers sur aucune d'elles.

Il ne faut pas confondre le royaume d'Ava avec les états du roi d'Ava : nous avons déja parlé de quelques royaumes qui dépendent de lui ; *Tipra*, *Arracan*, *Asem* sont, dit-on, encore ses tributaires ; mais il est bien incertain que le dernier lui soit soumis : nous allons les décrire ici.

ROYAUME
D'AZEM OU D'ASHAM.

VERS le nord il confine au Thibet, vers l'orient au royaume d'Ava, ou plutôt à la contrée d'*Ofut*, qui en est comme une des provinces; vers le midi au pays de Tipra, vers le couchant au Bengale: c'est un des plus riches pays de l'Asie, mais il est peu connu: les productions de son sol suffisent à ses besoins; il fournit des métaux à ses voisins: on y trouve des mines d'or, d'argent, de fer & de plomb qui y sont mal exploitées: le produit des mines où travaillent des esclaves, forme le revenu de son roi, à qui le peuple ne paie aucune imposition: l'or y est marchandise, l'exportation en est défendue, il n'y circule qu'en lingots; c'est de l'argent seul qu'on fait des monnaies qu'il est permis de donner en échange à l'étranger: ces monnaies sont de la grandeur & du poids des roupies: on y recueille sans soin une soie dont on fait des étoffes qui ont plus d'éclat que de solidité; les vers qui la filent, naissent, se nourrissent & font leurs métamorphoses sur les arbres, où on vient les ramasser douze fois par année; les cocons oubliés fournissent une nouvelle semence: la production la plus estimée de ce pays est la gomme laque, qui se fait d'un amas de petits moucherons auxquels on présente des bâtons gluans pour les attirer; celle qui est jaune est moins estimée; la rouge sert à peindre les toiles, à vernir les meubles, les cabinets, à faire la cire d'Espagne,

Au milieu de ces richeſſes, ce peuple manquait de ſel & il l'aimait beaucoup : on y ſuppléait en recueillant l'écume verte qui ſe forme ſur les eaux dormantes, qui ſéchée & réduite en cendres donne par la leſſive un ſel aſſez bon : on en retirait des feuilles du figuier d'Adam par la même opération ; des prêtres du Bengale perſuaderent à ce peuple que le ſel de la mer était plus ſain que le leur, & ſon uſage plus agréable ; on n'y avait connu, dit-on, juſqu'alors que la religion naturelle : le roi vit dans cette opinion un moyen d'accroître ſes richeſſes, favoriſa ces prêtres & leurs ſuperſtitions, à condition qu'il aurait le commerce excluſif du ſel que les Bengalois apporteraient ſur les frontieres du royaume : tous les ans il en arrive 30 à 40 bâtimens chargés, dont les cargaiſons valent environ deux millions de roupies. On retire auſſi de ce pays du bois d'aigle, & on y fait un commerce de bracelets, de corails ou d'ambre jaune, de carcans d'écailles de tortues & de coquillages dont une partie va dans le Thibet, où le peuple en fait uſage.

Ses habitans ont la taille réguliere, mais pluſieurs ſont défigurés par des goitres : les femmes y ont le nez un peu plat : une ceinture fait preſque le ſeul vêtement des deux ſexes : ſur leur tête eſt un bonnet bleu, d'où pendent des dents de porc. Les femmes les plus aimées du roi ſe brulent avec lui quand il meurt, & ſes principaux officiers les imitent. On y a forcé l'éléphant de ſervir aux uſages domeſtiques ; on y cultive la vigne, on en mange le raiſin, on en extrait de l'eau de vie, mais on y connait peu le vin ; le pays nourrit beaucoup de quadrupedes dont on mange la chair ; celle du chien eſt la plus eſtimée : on ne voit pas de pauvres dans ce pays heureux, & pendant 500 ans

ROYAUME D'AZEM. 537

on y a ignoré les ravages de la guerre; cependant c'est là qu'on fabrique la poudre à canon, la plus estimée de l'Asie, & l'on dit qu'on y en trouva le secret, que d'Azem il passa au Pégu, du Pégu à la Chine & de la Chine en Europe. L'Emir *Jamla* qui dévasta ce pays, y trouva des canons de fer & des grenades. On n'est point d'accord sur le nom de la capitale de cet Etat; les uns la nomment *Azoo*, & disent qu'elle est située sur la riviere de Languin; mais Azoo a cessé d'être la résidence des rois: d'autres la nomment *Chambara*, *Shamdara* ou *Kemmerouf* & *Comotai*. On dit que les tombeaux des rois y sont déposés dans de magnifiques chapelles, pratiquées dans une vaste pagode. *Siroté*, *Ghergod* sont encore des villes de ce pays.

ROYAUME
DE TIPRA ou *TIPPERAH.*

Les productions de ce petit Etat n'y attirent pas l'étranger : on dit cependant qu'il y a une mine d'or abondante; mais le métal en eft de bas aloi, & on l'échange avec les Chinois contre un poids égal d'argent : on y recueille une foie groffiere, dont on fabrique des étoffes pour le peuple : ces deux objets forment l'unique revenu du roi : fes habitans font peu connus, ils ne voyagent point, plufieurs font incommodés par des goîtres énormes; on leur reproche leur goût pour les liqueurs fortes; ils ne connaiffent pas l'argent monnaié, & pour compter, ils fe fervent de pierres qui reffemblent à de petites agathes : quelques-uns de leurs marchands viennent chercher au Bengale, du corail, de l'ambre jaune, &c. : ces agathes leur fervent de monnaie, & une marque qu'on y grave en indique la valeur : la principale ville de ce pays eft *Margaban* ou *Tiperah*. Il eft borné au nord par celui d'Afham, à l'orient par celui d'Ava, & au midi par l'Arrakan & une partie du Bengale.

ROYAUME

D'ARRAKAN ou ORACAN.

IL touche au Bengale, au Pégu & au royaume d'Ava ; il a une grande étendue de côtes jusqu'au cap *Nigraes*, mais on y compte peu de ports : l'air y est chaud & sain ; la peste, les autres maladies contagieuses y sont inconnues ; ses plaines sont riches & fertiles ; on y recueille des légumes, des grains, des fruits, comme le coco, la banane, l'orange : on sait qu'il y a des diamans, des rubis, de l'ivoire, de la gomme laque, du plomb, de l'étain, du coton, des bois de charpente excellens : les montagnes de *Pré* qui le séparent du Pégu sont remplies d'animaux sauvages; parmi elles il en est une fort élevée qui a le nom de *Pora* ; (idole ou dieu) une statue vénérée, placée à son sommet, les jambes croisées sur un piédestal, lui donna son nom. La saison des pluies y commence en Avril & y finit en Octobre : l'été regne dans tout autre tems ; les arbres y sont toujours verts. Plusieurs rivieres l'arrosent : de nombreux troupeaux paissent dans ses belles vallées où vivent aussi des animaux sauvages : les chevaux y sont rares, le buffle y est commun & sert à labourer la terre : ses cornes sont des armes redoutables ; il n'obéit qu'à la voix des hommes noirs qui le conduisent ; la couleur rouge les met en fureur : les champs y sont infestés d'oiseaux de proie, qui se nourrissent des cadavres des gens du peuple qui ne peuvent acheter les honneurs du bucher, & qu'on laisse flotter sur la riviere. Ses

Ses habitans ont le front large & plat, effet d'une plaque de plomb qu'on leur applique sur le front dès leur naissance; leurs narines sont larges & ouvertes, ils s'allongent les oreilles, qui chargées d'anneaux, pendent sur leurs épaules: une chemise de coton leur couvre les bras, la poitrine & le ventre; d'autres habillemens, couverts d'une robe trainante, les fait ressembler à une balle de coton mouvante; leurs cheveux tombent en tresses par derriere; ces cheveux sont rangés par boucles sur la tête des femmes qu'on n'épouse jamais qu'après qu'elles ont été prostituées: le poisson pourri, mêlés à tous leurs autres mets, les rats, les souris, les serpens sont leurs alimens les plus recherchés. Les grands font servir sur leurs tables cent ou deux cents petites assiettes, dont chacun choisit celles qui lui plaisent; du riz broié leur sert de pain. On y connait peu le commerce, & il ne s'y fait que par les étrangers: les Mahométans y viennent chercher des éléphans qu'ils transportent dans l'empire du Mogol & dans la Perse, & y apportent des toiles, des tapisseries, des soies. Ses peuples sont idolâtres; les temples sont bâtis en pyramides & renferment des statues ridicules, qu'on garantit du froid pendant l'hiver; ils ont des dieux domestiques, dont ils impriment la figure avec un fer chaud sur leurs bras ou sur leurs épaules; tout est présage à leurs yeux, le chien qui aboie, le buffle qui mugit, l'animal sauvage qui fait entendre ses cris, l'oiseau qui chante leur annonce l'avenir; le fanatisme les fait précipiter sous le char de leurs idoles, & le sang qu'ils versent pour ces dieux les rend vénérables; ils se permettent d'abréger les jours des vieillards qui souffrent. Leurs prêtres sont divisés en trois ordres; ils sont tous obligés au célibat ; mais les uns vivent chez eux, les autres sur des rochers, dans des déserts, dans de sombres forêts : leur maintien est humble, mais leur cœur ne l'est pas ; le troisieme ordre habite des palais & vit dans l'aisance & le luxe : tous sont nommés *Raulins*; ils sont les instituteurs de la jeunesse, les médecins des malades aux dépens desquels ils vivent, par les sacrifices de volailles & d'animaux gras qu'ils leur font faire à *Chaor-Baos* ou Dieu des quatre vents : ils président aux funérailles ; ils mettent le feu au bucher, entourés des parens en pleurs, & chargés du cercueil orné de différentes figures d'animaux. Le chef de ces prêtres réside dans l'île de *Mounai* ; lui seul régle le culte public ; nul homme n'ose se refuser à ses ordres, le roi se découvre quand il lui parle, & ne marche qu'après lui. Ce roi fastueux ne se montre, dit-on, à ses sujets qu'une fois tous les cinq ans ; il vit dans l'indolence, caché dans son palais brillant d'or; on y voit sept idoles d'or de la grandeur d'un homme, dont la ceinture, les bras, le front sont ornés d'émeraudes, de rubis, de saphirs & de diamans: là encore est une chaise quarrée toute d'or, supportant un cabinet de ce métal, enrichi de pierres précieuses; & un dais d'or d'où pend une centaine de lingots en forme de franges : c'est *Shelden* de qui nous tenons ces détails, & il pourrait bien avoir exagéré. Ce roi, dit-il encore, possède deux rubis aussi gros dans leur base que des œufs de poule, & il s'en pare le jour de son couronnement, & c'est dans cette cérémonie surtout, qu'il prend les titres d'empereur ou *Paxda* d'Arracan, de *possesseur de l'éléphant blanc & des deux rubis, d'héritier légitime du Pegu & de Bramas, de seigneur des douze provinces du Bengale, d'arbitre des rois*, qui mettent leur tête sous la plante de ses pieds. Pour ne pas avilir son sang, il doit épouser sa sœur ; mais il a des concubines. Il fut en effet un des plus puissans princes de l'Orient : son Etat est divisé en douze provinces, sur chacune desquelles préside un gouverneur qui prend le titre de roi, & vit en roi dans sa capitale. Tous les ans, chacun d'eux choisit dans sa province douze filles de même âge qu'on élève aux frais du roi. A l'âge de douze ans, on les enveloppe de draps de coton, & on les expose à l'ardeur du soleil pour provoquer la sueur, puis on les essuie avec une toile fine qu'on envoie à la cour, & le monarque retient celles dont l'odeur lui parait la plus agréable.

Shelden nous a décrit quelques-unes des villes de ce royaume : & c'est lui qui est ici notre guide.

Arrakan, ville qui occupe le centre d'une vallée de cinq lieues de circonférence : des montagnes hautes & escarpées l'environnent & la défendent ; une riviere qu'on nomme *Chaberis* ou *Arakan* s'y divise en plusieurs canaux qui arrosent ses rues, ils se réunissent au dehors de la ville, & la riviere va se jetter dans le golfe de Bengale par deux embouchures : les palais des grands sont faits de différens bois, & ornés au dedans de sculptures & de peintures. Celui du roi est très-vaste, & fort riche : on y voit, disent des exagerateurs, des colonnes d'or, un dais, une chasse d'or massif, des statues couvertes de pierres précieuses, une salle revêtue du même métal, un cabinet d'or encore & garni de diamans, où l'on remarque deux rubis gros comme des œufs de poule ; il est sur la rive d'un lac semé d'îles habitées par les *Raulins*, & qu'une digue sépare de la ville : les maisons du peuple sont de bamboux, liées avec des cannes fort souples. Arrakan

kan a plusieurs places qui lui servent de marchés: elle renferme 600 pagodes ou temples: on y compte plus de 100,000 habitans.

Orietan, ou *Orientan*, ville sur un des bras du Chaberis, que les cartes placent à quelque distance, entre Arrakan & la mer, & dont les bords sont ornés de grands arbres toujours verts, qui se joignant au sommet, forment un berceau continuel habité par les singes & les paons. L'accès de la ville est difficile par mer à cause de la violence des marées, & des écueils qui bordent la riviere; cependant les commerçans du Pégu, de la Chine, du Japon, de Malacca, de l'Inde en général y viennent exercer le commerce: son gouverneur porte le nom de roi, le *Paxda* le lui donne, & lui met une couronne sur la tête quand il le nomme. Près d'elle est une montagne escarpée, remplie de bêtes féroces, & qui est un lieu d'exil pour les criminels; on leur y coupe les talons pour qu'ils ne puissent s'enfuir: cette montagne se nomme *Naum*: près d'elle est un lac qui porte le même nom.

Perrem, ou *Perroem*, petite ville sur un golfe, au couchant d'Orientan: la violence de la mer, agitée par les orages & les courrans, en éloigne le commerce. A quelque distance est la montagne de *Pora*, sur le sommet de laquelle on adore une divinité de ce nom.

Ramu, petite ville près d'une petite riviere d'où on a proposé de tirer un canal pour la joindre au Chaberis; la crainte de faciliter l'entrée d'un ennemi, a empêché qu'on ne facilitât ainsi le commerce des sujets.

Dianga, ville frontiere du Bengale, près d'une des embouchures du Gange.

Sundiva, peut-être, *Sundeap*, île du golfe de

Tome IX. Mm

Bengale, à quelques lieues du continent : elle a 30 lieues de tour : les Portugais l'avaient enlevée au grand Mogol, mais craignant de ne pouvoir s'y maintenir, ils la céderent au roi d'Arrakan : ses bords sont escarpés, & deux cent vaisseaux peuvent y trouver chaque année leur charge de sel.

Dobasi ou *Dobrai*, ville sur le bras oriental du Chaberis ; son port est très-fréquenté des Indiens, mais on n'y parvient pas sans danger.

Chudabe ou *Chedube*, ville & île : elle a un port commode : plus au midi est l'île des *Buffles*, après laquelle on trouve l'île *Negraille*, la petite île *du Diamant*, celles de *Cosmin*, de *Bragu*, de *Pala*, qui paraissent être des parties du continent détachées par l'action insensible de la mer, ou par celle d'un fleuve qui se partage en plusieurs canaux : c'est entr'elles encore qu'est celle de *Mounay*.

Au midi de ces îles, on en voit plusieurs qui forment comme une chaîne qui s'étend jusqu'à la pointe septentrionale de Sumatra. C'est ici le lieu d'en parler.

Prisparis ou *Preparis*, petite île de six lieues de tour : elle n'est pas habitée : les îlots qu'elle a au midi, ont le nom d'îles *des Cocos* : ces arbres en ornent les bords. *Narcondan* a huit lieues de tour : quelques hameaux y sont répandus.

Andamaon, îles qu'on divise en une grande au nord, & plusieurs petites situées au sud. La grande a 30 lieues de long sur 5 à 6 de large : elle est environnée d'écueils ; on ignore le nombre des petites, elles forment un petit Archipel : les Européens ne s'y arrêtent que pour s'y fournir de riz, de fruits & de légumes qui y croissent abondamment. Le peuple y est doux, il s'occupe à cultiver ses champs, & ne mange point de chair. Cependant le Dictionnaire de Vosgien & La Croix, disent qu'ils sont antropophages ; il paraît qu'ils se sont trompés, en répétant ce qu'en dit le comte de Forbin qui n'y descendit pas.

Carnicobar est au midi des îles dont nous venons de parler ; elle a 25 lieues de tour ; autour d'elle sont différens îlots : plus au midi encore, sont un grand nombre de petites îles, auxquelles on donne quelquefois le nom de *Nicobar* : on ne connaît le nom que des principales ; ce sont celles de *Jara*, de *Tarache*, de *Pemboe*, de *Talichan*, de *Nicavari* & de *Souri* : le large détroit qui les sépare des îles Nicobar proprement dit, est connu sous le nom de *Canal Sombrere*.

On donne principalement le nom de *Nicobar* à deux îles séparées par un canal, nommé de St. George : celle au nord se distingue par un nom indien, qui, dit-on, signifie *oiseau-bœuf* : la méridionale a simplement le nom de Nicobar : celle-ci a été assez bien décrite par Dampier ; elle est à 40 lieues de Sumatra, elle en a 12 de long, 3 ou 4 de large ; la partie septentrionale est élevée, celle du nord est basse & unie : des ruisseaux d'eau vive l'arrosent ; elle est couverte d'arbres, embellie surtout par des cocotiers, & par un arbre qu'on nomme *Malory* ; il est grand comme le pommier, son écorce est noirâtre, sa feuille large, son fruit est gros, a la figure d'une poire, est couvert d'une peau unie, dure & verte, il renferme beaucoup de filamens : cuit dans un pot couvert, il s'amollit & se pèle ; on en sépare la chair dont on fait des pains qui se conservent une semaine, & donnent une nourriture agréable & saine que les habitans préferent au riz, aux plantains, aux patates ; ils tirent du cocotier une liqueur nommé *Toddy*, pour laquelle ils sont passionnés ; ils cultivent le melon & quelques légumes; ils élevent peu de bestiaux, assez de volailles; les arbres fruitiers sont près du rivage; c'est là seulement que le sol prospère par les soins de l'homme; au centre, il n'y a que des forêts, sans chemins pour y conduire, sans traces pour en sortir.

Les habitans sont grands & bien faits; ils ont le visage long, les cheveux noirs, les traits agréables; leur teint est couleur de cuivre; les femmes s'arrachent les sourcils; & n'ont de vêtemens qu'un jupon qui descend jusqu'aux genoux; les hommes n'ont qu'une ceinture de toiles; leur langue est différente de toutes celles de l'Inde; ils n'ont ni temple, ni idoles; peut-être aucune religion : ils forment des villages de 4 à 500 cabanes, placées au fond des bayes : ces cabanes hautes de huit pieds jusqu'au toit, sont surmontées d'une espèce de dôme aussi élevé que la cabane même, & couvertes de feuilles de palmier. Quelquefois ils trouvent de l'ambre gris sur leurs côtes & le vendent aux Européens.

La partie du continent de l'Inde qui nous reste à décrire, dépendant presque toute entiere de l'empire du grand Mogol, ou en ayant dépendu, c'est cet empire que nous allons décrire.

DE L'INDOSTAN.

CETTE vaste contrée est bornée au couchant par la Perse, au nord par la Buckarie & le Thibet, au levant par les royaumes que nous venons de décrire & par le golfe de Bengade, au midi par l'Océan Indien : le *Sind* ou l'*Indus* coule dans sa partie orientale, le *Gange* dans sa partie occidentale. Sa plus grande étendue de l'Est à l'Ouest est de 500 lieues ; & des frontieres du Kashmire à celle du Carnate & du Maduré, qui reconnurent son pouvoir, on en compte environ 150. Mais dans cette étendue il y a des peuples indépendans du grand Mogol, tels sont les Marattes, quelques Etats de la presqu'île en deçà le Gange, & dans ce nombre peut-être faudrait-il compter aujourd'hui les possessions des Européens : ces derniers cependant ne possedent les provinces auxquelles ils donnent des loix que par des concessions faites au nom du grand Mogol.

Les anciens n'ont jamais bien connu les Indes, & aujourd'hui encore on en connait mal l'histoire & la religion : le pays même n'a été bien décrit que dans quelques-unes de ses parties : on ne doit donc pas s'attendre à une description bien exacte : tout ce qu'on peut exiger de nous, c'est d'ajouter à celles qui nous ont précédé.

L'Inde fut habitée autrefois par des peuples qu'on nous a fait connaitre sous les noms de *Taxiles*, d'*Assii*, de *Musicani*, de *Thiræi*, de *Sogdii*, de *Guræi*, l'*Oxydracæ*, d'*Arasani*, de *Malli*, de *Præsti*, de *Sabracæ*, noms que les habitans actuels de l'Inde ne connaissent pas & n'ont peut-être jamais connus : sa fertilité, ses richesses la rendirent célebre : la chronologie de ses rois remonte à l'an 3553 avant Jesus-Christ : Pline dit que le regne de leurs rois, jusqu'à Alexandre, comprenait 6451 ans ; mais ces années peuvent n'être pas les nôtres ; des peuples d'Asie faisaient l'année de six mois ; & si telles sont les années dont parle Pline, ce nombre reviendra à celui que nous venons de fixer. S'il en faut croire les Sages de l'Inde, la durée du monde est partagée en quatre âges, dont les trois premiers ont compris l'espace de 3888000 années, & le quatrieme âge dure depuis 4880 ans : ce dernier nombre paraît être l'époque de leurs calculs astronomiques. On sait que l'Inde a été presque aussi souvent subjuguée qu'attaquée : les Grecs parlent de Bacchus, de Sésostris, qui fut peut-être le même que Bacchus : la notice qu'Arrien nous donne des rois de l'Inde commence à *Spartembas*, un de ses favoris, qui régla la religion : sa postérité régna après lui pendant 1500 ans, & forma une dynastie célebre : Hercule le conquérant de l'Inde, mit fin à cette dynastie, & lui succéda. On ne sait rien, ou presque rien de ce vaste pays, jusqu'aux successeurs de Cyrus qui en conquirent la partie septentrionale, & en tiraient un tribut annuel de 360 talens d'or. Xerxès avait un corps d'Indiens dans l'armée formidable qu'il conduisit en Grèce. Alexandre parut dans l'Inde, pénétra jusqu'au fleuve Hyphase, & y vit son ardeur insatiable de conquêtes reprimée par ses soldats épouvantés de ce qu'on leur annonçait que deux rois puissans allaient venir au devant d'eux avec une armée inombrable. Il ravagea une partie de ce pays, & ne le conquit pas ; il y laissa le souvenir confus de son invasion ; les savans Indiens en parlent sous le nom de *Shah*

DE L'INDOSTAN. 549

Hafander, & le repréfentent comme un grand magicien. Un Indien qui apprit l'art de la guerre fous ce conquérant Grec, y fonda bientôt une monarchie puiffante: Arrien le nomme *Sandrocottus*, nom qui paraît corrompu ou grécifé. On voit enfuite des rois de l'Inde envoyer des ambaffadeurs à Augufte, à quelques-uns de fes fucceffeurs; mais on ne nous tranfmet aucun détail fur ce pays & fes révolutions.

Tout ce qu'on fait des premiers Indiens, c'eft qu'il n'y avait point d'efclaves parmi eux; qu'ils étaient divifés en fept claffes ou *caftes*, dont la plus vénérée était celle des *Brachmanes*, fages dépofitaires de la religion, qui, dit-on, vivaient couchés fur la terre, ou fans ceffe appuyés fur un pied; dont les uns regardaient fixement le foleil pendant tout le tems qu'il était fur l'horifon, & les autres, attentifs à regarder leur nez, croyaient être comblés des faveurs céleftes, quand ils croyaient y voir une flamme bleue: plufieurs étudiaient l'aftronomie, l'hiftoire naturelle, la politique; plufieurs favaient donner des leçons utiles aux rois: ils avaient des difciples qui demeuraient à leur école pendant 37 ans, & dit-on, fans parler, fans touffer, ni cracher: après ce tems, ils pouvaient fe revêtir d'une chemife, manger de la viande & époufer plufieurs femmes: ils comparaient l'ame au ver qui eft dans fa coque; à la mort, l'ame perçait fa coque comme le papillon. Suidas dit qu'ils s'appelaient Brachmanes, du nom d'un roi nommé *Brachman* leur fondateur: ce roi eft devenu peut-être aujourd'hui le dieu *Brahma*.

Une des plus refpectables de ces caftes était celle des laboureurs; feuls ils ne pouvaient point être arrachés de leurs champs pour être menés à la guerre;

seuls ils n'en avaient pas à craindre les ravages; ils étaient sacrés, même à l'ennemi : une autre était formée des *surveillans*, magistrats qui avaient inspection sur les autres; il était, dit-on, sans exemple qu'aucun d'eux eut été accusé de mensonge. Ce pays, ces tems sont loin du nôtre. Ceux qui formaient le conseil du prince, & partageaient avec lui les soins du gouvernement, formaient aussi une de ces sept castes : nul moyen de passer de l'une de ces castes dans une autre n'était permis; le fils cultivait nécessairement le même art que son pere, & ces institutions, affermies par l'insouciance que la beauté du climat inspire, ont fait dans l'Inde de tout art, de toute science une sorte de routine.

On ne dira pas ici quelles étaient les anciennes loix & les mœurs de ces peuples; ce qu'on en sait differe peu des loix & des mœurs des habitans actuels du même pays : on y retrouve l'usage qui ordonne à la femme de se bruler sur le bûcher de son époux; la religion n'est plus absolument la même, mais on voit qu'elle n'a été que défigurée : nous en parlerons ailleurs. Revenons à l'histoire.

Les Arabes pénétrerent dans l'Inde, sous le calife Valid : des princes Arabes y formerent un empire qui s'étendait jusqu'au Gange : en 1155 les Ghaures l'usurperent, & une dynastie de princes Turcs les en déposséda à son tour. En 1398 un Sultan nommé *Mahmoud* y régnait sous la protection de deux de ses généraux qui l'avaient placé sur le trône. *Timurlenc* ou *Tamerlan* voulut le protéger à son tour, & parut dans la province de Caboul; il détruisit de petits peuples errans dans ces contrées, reçut l'hommage de plusieurs Rajahs que l'épouvante amenait à ses pieds, conquit les provinces qui se trouverent sur son passage, & parvint à Delhi au travers des flots de sang qu'il faisait répandre. Mahmoud fut vaincu, Dehli détruite, les principales villes conquises : tout l'Indostan se soumit ; mais ses enfans jouirent peu de cette vaste & riche conquête ; ils n'en conserverent que la partie septentrionale. Là régna *Abou-feïd* dont il était le bisayeul : *Baber* petit-fils d'Abou-seïd ne régna même que sur cette partie à laquelle il joignit le Candahar. *Hamaïcoun* son fils, étendit au loin ses Etats ; il en recula les limites d'un côté vers la province de Guzarate, de l'autre vers le Bengale ; il mourut d'une chûte qu'il fit en visitant le superbe mausolée qu'il se faisait élever. *Ekber* succéda à son pere en 1556 ; il aggrandit son empire par des conquêtes, & il l'enrichit en y faisant fleurir le commerce ; il fixa son séjour dans *Agra*, ville qu'il orna d'un grand nombre d'édifices : son regne fut heureux & brillant ; il mourut en 1605, après avoir formé le plan d'une nouvelle religion que son fils *Jehan-Guir*, homme capricieux, cruel, débauché, voulut mettre en vigueur : il avait du penchant pour le Christianisme, & l'on dit qu'il fut augmenté par le jugement d'un singe, qui ayant à choisir entre les noms de douze législateurs, s'obstina toujours à donner celui de Jesus comme auteur de la loi véritable. Livré à une de ses femmes, sa vie fut troublée par les vengeances qu'elle exerçait, & par sa haine pour les enfans de son époux : ils se révolterent, il fallut leur faire une guerre sanglante pour les soumettre ; il siégea à Lahor. *Chorrom* ou *Shah-Jehan* lui succéda & se fixa à Dehli, qu'il rebâtit, & dont il cimenta, dit-on, les fondemens avec le sang humain : il était cruel, aimait les concerts, les danses obscènes, les spectacles sanglans : son fils *Aurengzeb* le fit enfermer, fit périr ses freres & ses neveux, & regna plus de 50 ans : il soumit le

Bengale, le Visapour, le Carnate & Golkonde. *Cha-Halem* lui succéda & ne regna que quatre ans; il laissa l'empire à son fils aîné *Mosaddin* qui ne fit que paraitre; il fut tué par son frere qui périt bientôt à son tour. *Faroch-sùr* ou *Furuk-sur* fut déposé en 1719 pour avoir aimé les plaisirs & les superstitions de l'Inde : deux de ses parens ne monterent sur le trône que pour y mourir. *Muhamed-Chah* en jouit plus long-tems, mais trahi par ses ministres, vaincu, avili par Nadir-shah ou *Thamas-kouli-kan*, dépouillé de ses trésors, d'une partie de ses plus belles provinces, il vit son autorité méprisée, & ses Soubahs ou gouverneurs de provinces se rendre indépendans, abolir les loix, déchirer l'Etat par des factions, le dévaster, l'inonder de sang par leurs guerres cruelles & toujours renaissantes. L'empereur alors ne fut qu'un fantôme au nom duquel on tirannisait l'empire. A *Muhamed-Chah* succéda son fils *Ahmet-Shah* qui fut détrôné en 1753 par l'Omrah Gazi al deen Khawn qui était trésorier des troupes de l'empire; il l'emprisonna, l'aveugla, mit en sa place *Allum Gueer* qu'il fit assassiner en 1759; il lui fit succéder *Shah Jehan* qui ne resta sur le trône que quelques semaines. Les Marattes, peuple le plus guerrier de l'Inde, vainquirent l'Omrah qui l'avait élevé, & créerent empereur *Jehan Bukht*, dont le pere, fils d'Allum-Gueer, échappa de sa prison, & vint chez les Anglais, qui dominaient alors dans le Bengale, & qui l'élurent empereur des Mogols sans lui donner la force nécessaire pour se faire reconnaitre & respecter : errant & fugitif, souvent emprisonné, quelquefois vaincu & prisonnier : il le fut des Anglais qui lui donnerent en 1764, une partie des domaines du Sujeh-al-Dow-lah qu'ils venaient de vaincre & de dépouiller. Le descendant des plus puissans potentats de l'Asie, le seul rejetton de Tamerlan qui ait conservé un empire, dépend pour ses besoins les plus indispensables d'une société de commerçans que ses ancêtres voulurent bien y recevoir par indulgence.

Ce gouvernement était despotique ; il n'y avait point de conseils permanens : trois ou quatre ministres élevés, déposés au gré du caprice du maître, y étaient les dépositaires de son pouvoir. Le plus honoré, mais non le plus puissant, était l'*Itimad-ud-Deoulet*; souvent cette charge n'était qu'un vain titre sans fonctions donnée à un prince du sang ou au pere d'une Sultane favorite, afin qu'ils jouissent des revenus importans qui y sont attachés. Après lui, marchent le grand trésorier, & le receveur général de l'empire : c'est le premier qui paie les troupes, les appointemens, les pensions des officiers de la couronne, les dettes de l'Etat : c'est le second qui préside à la levée des impôts, des tributs & des revenus du domaine. Un autre officier est chargé de recueillir la succession de ceux qui meurent au service du prince : les gouverneurs de province n'étaient guere que les fermiers de l'empereur : la base du gouvernement Mogol était d'empêcher ses officiers d'avoir quelques prétentions sur les biens réels, de ne leur laisser que des possessions qui les fissent dépendre de la volonté du chef : on leur accordait un revenu pour fournir à leurs dépenses personnelles ; mais il provenait de quelques terres qui n'étaient presque jamais dans l'enceinte de la province qu'ils régissaient ; elles étaient choisies ordinairement dans la partie la plus éloignée de la province voisine ; en sorte que le Nabab qui gouverne telle province est exclus du droit de s'approprier la moindre partie du territoire sur lequel il étend sa jurisdiction : cet usage était une source de querelles entre les gouverneurs des provinces limitrophes qui se plaignaient sans cesse les uns des autres, & leurs contestations particulieres faisaient la sureté du chef.

En général les offices & la forme du gouvernement Mogol étaient les mêmes qu'en Perse. Le prince y administrait lui-même la justice : il y avait une grande salle nommée *Durbal* ou *Amkas* où il se rendait régulierement trois fois le jour pour lire les requêtes qu'on lui faisait présenter, pour écouter les supplians & leur rendre justice. Outre ces trois audiences, il y avait une autre salle où il se rendait après souper, & où les grands seigneurs étaient seuls admissibles ; partout il était flatté avec bassesse. Les vicerois ou Soubahs, les Nababs, les gouverneurs des villes, les chefs de bourgades font dans leur district ce que l'empereur fait dans sa capitale : ils y exercent une autorité entiere ; sous eux sont deux magistrats particuliers dont l'un est appellé *Katual*, l'autre *Cadi* : le premier veille sur la police, & a sous ses ordres un grand nombre d'espions qui circulent sans cesse dans les rues, & pénétrent dans l'intérieur des familles ; il veille sur la sureté des chemins, & est responsable des vols qui s'y commettent. Le Cadi préside aux mariages, accorde les divorces, prononce sur les contestations qui s'élevent sur la religion.

L'Indostan, sous l'empire des Mogols, n'a point eu de corps de loix. Leur code civil & religieux consistait en quelques livres composés par des savans & des prêtres, en différens usages fondés sur de très-anciennes coutumes & sur le Koran : les Mogols avaient faits de ces usages des regles pour les peuples conquis ; mais dans toutes les causes qui n'é-

DE L'INDOSTAN. 555

...aient pas importantes & criminelles, dans les cas
...ui n'intéressaient que les Indous, le gouvernement
...issait ordinairement aux Bramines le soin de déci-
...er suivant leurs Shastros ou anciens livres qu'eux
...euls connaissent : après la décision des Bramines,
...a partie condamnée payait une amende au gouver-
...nement. C'est ainsi qu'on avait cherché à concilier
...attachement opiniâtre des Indous à leurs coutumes
...ntiques, à leurs mœurs, à leur division par castes
...ui les sépare de tous les autres peuples, avec les
...sages & la religion du peuple vainqueur; mais on
...'a pu empêcher qu'ils ne se corrompissent l'un par
...autre.

Les principes du gouvernement étaient tolérans :
...eu lui importait la religion de ses sujets & des
...ations avec lesquelles ils commerçaient : il a seul
...a propriété de presque toutes les terres de l'Indostan;
...c les sommes que paient ceux à qui il en accorde
...a jouissance, forment la plus grande partie de ses
...evenus : il y avait peu d'impôts : les anciennes
...oix défendaient d'exiger d'avance le revenu des
...erres, & de violer les conventions faites avec les
...ermiers lorsqu'ils payaient exactement les rentes :
...ussi long-tems que ces loix ont été suivies, le pays
... été dans l'abondance, les denrées y étaient à vil
...rix, la main-d'œuvre de peu de valeur : par là les
...manufactures y ont prospéré, & l'Inde s'enrichit &
...evint commerçante : on y attirait les étrangers par
... exemption de tous impôts : on a peu d'exemples
...'un empire aussi riche, aussi opulent que l'était
...elui du Mogol; on en a peu de la misere où il est
...ombé depuis qu'il est dans les mains d'une suite
...e maîtres, qui s'empressaient de dévorer une proie
...u'ils avaient envahie. C'est sa richesse même qui
...fait sa faiblesse : un état despotique parvenu à la

plus grande opulence, se relâche, ses maîtres deviennent indolens, & leurs officiers deviennent leurs tyrans ainsi que ceux de leurs sujets.

On dit que l'empereur fournissait tous les ans les sommes nécessaires pour entretenir un million de cavaliers; mais les Rajahs & autres officiers recevaient la paie, & entretenaient à peine le tiers des soldats qu'elle supposait: la garde ordinaire du prince était de 50000 cavaliers & de 100000 hommes de pied: elle le suivait & formait par-tout où il se transportait une ville ambulante, plus grande qu'aucune autre de l'empire, où les tentes forment différens quartiers, où circulent continuellement une multitude de vivandiers, de porte-faix, de petits marchands; les pavillons de l'empereur sont au centre; il s'y montrait tous les matins sur un trône de nacre de perles placé sous un dais de brocard d'or, soutenu par deux colonnes dont les chapitaux & la base étaient d'or massif. Parmi ces gardes, on distingue un corps de 4000 hommes qu'on nomme les *esclaves de l'empereur*, commandé par un Daroga: tout soldat en est marqué au front, & c'est parmi eux qu'on choisit les officiers subalternes qu'on nomme *Mansebdars* & les principaux officiers qu'on nomme *Omras*; tout militaire qui a 2250 livres de pension par mois prend ce titre: on leur donne de plus le revenu de quelques terres, mais ils sont obligés d'entretenir un éléphant & 250 cavaliers. On distingue encore dans cette armée trois compagnies de cavaliers appelés de *la masse d'or*, de *la masse d'argent*, de *la masse de fer*, formées de soldats d'élite qui parviennent souvent aux emplois les plus éminens: car il n'y a parmi les Mogols d'hommes respectés par leur naissance que les parens de l'empereur & les descendans du prophète Moham-

[...]ed : le mérite ou la faveur seuls y élèvent les [au]tres hommes.

L'empereur entretenait encore dans chacune des [pr]ovinces de l'empire des camps de troupes plus ou [m]oins nombreux, selon leur étendue, leur situa[ti]on, leur proximité de quelque ennemi redouta[bl]e : ils étaient dispersés dans les villes & les bour[ga]des ; la plus chétive avait au moins deux cava[lie]rs & quatre fantassins : divers princes tributaires [&] Rajahs devaient fournir un nombre fixé de [tr]oupes auxiliaires qu'on doublait, triplait même [se]lon le besoin. Toute l'armée rassemblée était di[vi]sée en corps inégaux, commandés par les parens [de] l'empereur, ou par les Rajahs les plus puissans. [T]oujours l'infanterie était double en nombre de [la] cavalerie : celle-ci n'était point montée sur les [ch]evaux de l'Inde qui sont rétifs, ombrageux & [fai]bles, c'est dans la Perse, la Tartarie, l'Arabie [qu]'elle se recrute : ces cavaliers font la force des [ar]mées Mogoles ; ils sont armés de l'arc & de la [flè]che, du javelot, du cimeterre, du poignard, & [d']un petit bouclier pendu à leur cou : les fantassins [on]t un mousquet : une pique de dix pieds, un ci[m]eterre & un poignard : peu des premiers ont des [ca]sques ; quelques-uns ont des cotes de maille : [ch]aque chef arme & paie ses troupes, usage com[m]ode pour le prince, mais par lequel ses troupes [s]ont mal armées & mal payées. On compte que [l']empereur nourrissait jusqu'à quatorze mille élé[p]hans pour la guerre, dont chacun consumait en [b]eurre, sucre, grains & liqueurs fortes la valeur [d]e dix écus par jour ; ceux qui étaient destinés [p]our le service particulier de l'empereur avaient [d]es harnais superbes, des housses brodées & gar[n]ies de franges d'or : celui qu'il montait portait un espece de trône brillant d'or & de pierreries: chacun avait dix esclaves qui lui étaient attachés; les uns lui fournissaient ses alimens, sa boisson; les autres écartaient les mouches, le rafraichissaient en lui jettant de l'eau; ceux-ci les exerçaient aux mouvemens nécessaires; ceux-là à obéir à la voix de leurs conducteurs. Ces éléphans font la force des armées de l'Indostan, & souvent ils servent à les accabler: la discipline militaire y est peu connue des Mogols même qui sont un peuple courageux & guerrier, ou qui l'était du moins: pour les Indiens, leur nombre est plus redoutable que leur courage.

Les revenus des terres dans les provinces, le produit des douanes sur le Gange & dans les villes maritimes, les tributs des Rajahs, les mines de diamans, la capitation exigée de tous les Indiens idolâtres, produisent des sommes prodigieuses: on prétend que les revenus annuels des derniers empereurs montaient à seize ou dix-sept cent millions de livres: d'autres ne les font monter qu'à neuf cent millions: leurs trésors s'entassaient chaque année, parce que sur un grand nombre de moyens d'y attirer les richesses des autres Etats, il en était peu qui les y fissent refluer: cet empire ne retirait des peuples voisins & de l'Europe que du cuivre, du plomb, des draps, des chevaux, des éléphans, des épiceries qu'il ne payait pas avec de l'or, mais avec de l'indigo, du coton & des toiles. Les négocians y thésaurisent comme l'empereur; on y cache ses richesses pour les soustraire à l'avidité des gouverneurs, & elles deviennent la proie d'un ennemi plus pauvre & plus courageux: les Persans ont dépouillé l'empereur & l'empire; les Marattes ont imité les Perses: la guerre y fait regner une pauvreté

vreté extrême, & dans la paix même la richesse n'ose se montrer. La plus grande partie de l'or & de l'argent y est changée en especes : on y frappe des roupies du plus fin or, qui valent aujourd'hui 40 livres ; des demi & des quarts de roupies ; des roupies d'argent qui valent environ 2 liv. 5 sols ; des demi, des quarts, des huitiemes de ces mêmes roupies. Il y a d'autres monnaies encore dans chaque province particuliere ; mais il serait long d'en faire ici l'énumération ; il y a des pagodes d'un mauvais or qui valent 10 livres ; des mamoudins qui valent une livre 4 sols, &c. les basses monnaies sont de cuivre ; il en est d'un sol, de deux sols, de six deniers : celles-ci valent 40 amendes ameres, fruit qu'on retire du royaume de Lar & de l'île d'Ormuz, & a cours dans le commerce : les *koris*, espece de coquillages qui valent moins encore, puisqu'on en compte dix pour un denier : ils y servent aussi pour faciliter les calculs : l'argent s'y prête dans de certaines circonstances à un intérêt de dix-huit ou vingt pour cent par mois : l'instabilité des fortunes y rend les pertes fréquentes, & fait hausser l'intérêt : on coupe le poing aux faux-monnaieurs, mais ils sont rares.

Les Mogols sont Musulmans de la secte d'Ali, mais ils suivent des interprètes qui les font différer en quelques points des Persans : ils sont exacts dans toutes les cérémonies que leur religion prescrit : ils célebrent une fête en l'honneur d'Abraham & d'Ismaël, dans laquelle ils sacrifient & mangent un grand nombre de boucs ; ils pleurent la mort de deux fils d'Ali, massacrés par les Indous de la côte de Coromandel, portant en procession leurs deux cercueils ornés de trophées, suivis d'hommes qui chantent des cantiques, & dansent autour ; les uns s'escriment avec leurs épées nues, d'autres crient & font un bruit effrayant: il en est qui se font ruisseler le sang le long des joues avec des couteaux & des poinçons, puis on brule les fantômes de paille des meurtriers après les avoir percés de coups de flèches. Leurs mosquées sont petites, solides, quarrées, couvertes d'un toit plat, environnées de plusieurs salles fort propres qui se louent ou servent d'habitation à l'Iman & aux Mullahs: dans leur enceinte on n'y remarque que des tombes & une chaire fort basse; tout le reste est nud: c'est du haut de la tour qu'on appelle le peuple à la priere: tous les vendredis il s'y assemble, & un Mullah y fait la priere & y explique un chapitre de l'Alcoran: ces Mullahs sont habillés de blanc; ils ne vivent que des dons qu'on leur fait, & du produit de leurs écoles; ils s'occupent de l'instruction de la jeunesse, à méditer, à prier; il en est qui vivent dans le célibat. Ils enseignent qu'on ne peut jouir des félicités de l'autre vie que lorsqu'on a vécu dans leur religion.

Les Mogols ont des spectacles, des amusemens; il en est pour la cour, il en est pour le peuple: parmi les premiers on compte une fête brillante où l'empereur paraissait assis sur un trône d'or couvert de diamans, d'émeraudes & de rubis, qu'on appellait le *trône du paon*, parce qu'on y voyait deux de ces oiseaux imités en pierres fines (*): les Omrahs l'environnaient: des dais brillans d'or ornaient le haut de la salle, des brocards d'or en couvraient les piliers, des tapis de soie en cachaient le pavé; une tente s'y joignait environnée d'une balus-

(*) Il devint la proie de Nadir-Shah ee 1739; on l'estimait 90 millions de livres.

DE L'INDOSTAN.

rade d'argent: chaque Omrah avait un portique dans la cour où il s'était efforcé d'étaler sa magnificence: cette fête se termine en pesant l'empereur dans des bassins de balances d'or enrichies de diamans & de rubis, soutenus par des cordons d'or & de soie; il parait chargé de pierreries; il en a plusieurs rangs sur son turban, au cou, aux bras, aux poignets, à ses doigts: il s'assied dans un des bassins sur ses talons: on met dans l'autre bassin d'abord de l'or, puis de l'argent, des pierreries, des étoffes précieuses, des épiceries, du miel, du beurre: chaque fois on applaudit, & si le tyran souvent imbécille a quelques onces de chair de plus que l'année précédente, l'air retentit de longs cris de joie: l'empereur distribue ensuite aux grands des bagatelles dorées, & eux reconnaissent la faveur qu'il daigne leur faire par le don de vases d'or enrichis de pierreries, des bourses d'argent, des diamans, des perles. Un autre spectacle est une foire qui se tient dans le serrail: les plus belles femmes de la cour y étalent dans des boutiques les plus riches étoffes, des broderies, des turbans, &c. L'empereur parcourt ces boutiques, marchande, dispute, dit des injures, & en reçoit: des femmes galantes, des danseuses viennent jetter de la variété dans cet amusement. Il est d'autres amusemens pour les grands; tels sont les danses des *Kenchanys* ou *Baladieres*, femmes agréables & libertines qui chantent & dansent dans les festins, dont les danses sont lascives & la parure voluptueuse: des charlatans amusent le peuple par des tours de force & d'adresse: la musique charme les ennuis de celui-ci & de ceux-là: des haut-bois longs de neuf pieds, nommés *karna*, des timbales de cuivre & de fer, qui ont six pieds de diametre, sont leurs principaux instrumens: les feux d'artifice, fur-tout la chaſſe, viennent remplir les intervalles que les affaires ou le travail laiſſent vuides : la chaſſe du lievre & du menu gibier eſt permiſe à tout le monde ; on le prend au filet. Les bêtes fauves des bois d'Agra, de Dehli & de Lahor ſont reſervées pour l'empereur : il s'y rend quelquefois à la tête de cent mille hommes dont il forme une vaſte enceinte qui ſe reſſerre inſenſiblement, & raſſemble un grand nombre d'animaux qu'on tue à coups de flèche, de ſabre, ou de mouſquets. C'eſt avec des léopards apprivoiſés qu'on chaſſe aux gazelles : on les tient enchaînés dans de petites charrettes, couverts d'un maſque qui leur cache les yeux ; on le leur ôte lorſqu'on découvre une troupe de gazelles, & on le délie ; l'animal s'en approche avec adreſſe, s'élance ſur elles, & les étrangle : on ſe ſert d'oiſeaux de proie pour prendre des grues qui ſe défendent long-tems avec courage, & ne cédent qu'au nombre : pour ſaiſir les oiſeaux de riviere, un habile nageur ſe cache en nageant entre deux eaux derriere un canard vuidé & rempli de paille qu'il conduit inſenſiblement parmi les autres qu'il prend par les pieds : quelquefois on tue les oiſeaux au vol avec la flèche ; mais la chaſſe la plus curieuſe eſt celle du lion. Lorſqu'on a découvert ſon repaire, on a ſoin de placer au devant de lui une proie facile qu'il dévore : la derniere qu'on lui prépare eſt garnie d'opium : quand il s'en eſt répu, il ſe retire dans ſa caverne qu'on entoure de filets qui arrêtent ou retardent ſes efforts : l'empereur monté ſur un éléphant bardé de fer, lui lance des flèches juſqu'à ce que l'animal expire : s'il échappe, il annonce des malheurs à l'empire ; s'il périt, c'eſt un bon augure, & ſon triomphe eſt accompagné de grandes cérémonies.

Les Mogols ont des manieres polies, une conversation agréable, de la noblesse & de la gravité dans leurs actions: ils ont en horreur l'ivrognerie & les querelles; mais ils aiment les plaisirs & s'y livrent avec passion: leur teint est basané, leur taille haute, leur constitution robuste; ils portent ordinairement un habit modeste: dans les parties orientales de l'empire, les hommes portent de longues robes de coton mêlé d'or & d'argent, attachées par devant avec des nœuds; sous elle est une veste de soie ou de coton, & une culotte, communément rouge, qui leur descend jusqu'à la cheville du pied; vers les parties occidentales & au centre de l'empire, ils sont habillés à la Persanne: à leurs pieds sont de larges souliers, d'un cuir rouge: leur tête est rasée & couverte d'un turban de coton blanc, rayé d'or & de soie, & long quelquefois de 25 à 30 aunes, mais il est roulé autour de la tête; leurs ceintures sont ornées de houpes de soie ou d'or; ils marchent rarement sans un synder ou poignard, dont la poignée est ornée d'or, d'agathe, de cryssal ou d'ambre, & dont le fourreau est riche en proportion.

Une fine toile de coton couvre les femmes de la ceinture aux pieds: elles recouvrent leurs caleçons d'étoffes légeres: c'est là leurs seuls vêtemens dans leurs maisons; mais lorsqu'elles sortent, elles se couvrent les épaules d'un habillement sur lequel passe une écharpe, qui ne l'empêche pas de voltiger & de montrer souvent leurs bras & leur sein: les femmes riches ont des anneaux & des cercles d'or à leurs bras, les femmes du peuple en ont d'ivoire, d'argent, de verre: quelques-unes en ont autour des chevilles du pied; des bagues d'or sont suspendues à leur nez; d'autres bagues le sont à leurs oreilles & leur descendent sur le sein : elles ont au cou de riches coliers, aux doigts beaucoup de bagues ; leurs cheveux noirs se nouent en boucles sur le dos. Les femmes de considération sont toujours couvertes d'un voile lorsqu'elles sortent.

Leurs maisons sont grandes & spacieuses, distribuées en plusieurs grands appartemens, couvertes de toits plats & en terrasses où l'on prend l'air sur le soir : les riches les ornent de jardins embellis par des bosquets, des arbres fruitiers, des plantes rares, des cabinets de verdure & de retraites où l'on respire le silence & la fraicheur : ils y pratiquent des étangs, des viviers, des bains, des tombeaux en pyramide ; mais l'incertitude de la jouissance n'y permet pas d'être magnifique & d'y faire de grands frais. Les murs sont de terre & d'argille séchées au soleil, enduites d'un mélange de chaux & de fiente de vache pour en éloigner les insectes, recouvertes d'une composition d'herbes, de lait, de sucre & de gommes qui leur donnent un éclat singulier : quelques-unes sont de pierres : celles du peuple sont d'argille & de paille, basses, couvertes de roseaux, enduites de chaux, n'ayant ni cave, ni cheminée ; leur fenêtres sont sans vitres, & leurs portes sans verroux ni serrures.

L'intérieur des maisons des grands est garni de riches tapis, de nattes très-fines, de meubles précieux ; les femmes ont un appartement particulier qui donne ordinairement sur le jardin : les plus opulentes sont remplies d'officiers, de gardes, d'eunuques, de valets, d'esclaves, de coureurs, qui excités par le bruit des sonnettes qu'ils portent sur la poitrine, font régulierement quatorze à quinze lieues par jour ; on y voit des coupeurs de bois, des charretiers, des chameliers, des porteurs de palanquins, espèce de voitures commodes, où l'on s'entoure de rideaux, & où l'on place son lit avec son pavillon; on y est assis ou couché, on y mange & boit, souvent on y place ou quelques amis ou ses femmes: quatre, six ou huit hommes la portent par une longue piece de bambou courbée avec art; ils se relaient souvent: des joueurs d'instrumens, des gardes, des cuisiniers, des valets qui portent des tambours, des flûtes, des armes, des banderolles, des tentes, des vivres l'entourent & la suivent.

Les enfans de condition honnête sont instruits dans les sciences connues dans cette partie de l'Asie; les mosquées sont les écoles, les Mullahs les maîtres: fiancés à l'âge de six à huit ans, le mariage ne s'accomplit qu'à l'âge indiqué par la nature, & c'est alors qu'ils font de grandes réjouissances: l'homme peut épouser autant de femmes qu'il peut en nourrir, & l'adultère les expose à la mort, d'autres causes plus légères au divorce: on n'est obligé qu'à leur donner le bien qu'on leur a promis le jour du mariage. Lorsqu'un homme meurt, les femmes, les enfans, les parens, les voisins poussent de grands cris pendant trois jours; puis on lave le corps, on le cout dans une toile blanche où l'on renferme des parfums, & on le prépare à l'ensevelir: deux ou trois prêtres ouvrent les funérailles en faisant des prieres, pendant qu'ils tournent plusieurs fois autour du corps. Huit ou dix hommes vêtus de blanc le mettent dans la biere & l'emportent; ses parens, ses amis, vêtus aussi de blanc, le suivent deux à deux avec beaucoup d'ordre & de modestie: le tombeau est petit, fait de maçonnerie; le corps y est posé sur le côté droit, le visage tourné vers le couchant & les pieds vers le midi ; on le couvre de planches sur lesquelles on jette de la terre; ensuite on va se laver dans un lieu préparé pour cet usage, on revient former un cercle autour du tombeau, la tête couverte, les mains jointes, & on prie, le visage tourné vers le ciel : chacun ensuite reprend son rang pour revenir à la maison de deuil, où l'on se sépare avec gravité.

Les Mogols ne forment pas la dixieme partie des peuples de leur empire : le plus grand nombre est formé de Banians : il n'y a pas d'Indiens plus doux, plus modestes, plus sensibles à la pitié, plus civils & de meilleure foi pour les étrangers : ils sont aussi les plus ingénieux & les plus savans dans tous les états qu'ils embrassent ; leurs boutiques sont belles, leurs magasins richement fournis ; mais on n'y trouve rien de ce qui a eu vie : il en est d'opulens : ils sont soumis aux Mogols en tout, excepté dans leur culte dont ils achetent la jouissance par des tributs pesans, que leurs bramines portent à la cour ; & par de grosses sommes qu'ils donnent aux gouverneurs, dans la crainte que de fausses accusations ne fassent confisquer leurs biens : le plus grand nombre des Banians est occupé à tisser ces fines toiles, ces belles étoffes qu'on nous apporte de l'Inde : ils font encore des tapis, des couvertures, des courtes pointes, toutes sortes d'ouvrages de coton & de soie : leurs habillemens different peu de ceux des Mogols, leurs hauts-de-chausse sont plus courts, & ils ne se font point raser la tête ; une marque jaune les distingue encore : leurs prêtres la leur font chaque jour avec un mélange d'eau & de bois de sandal, où l'on a broyé quatre ou cinq grains de riz. Leurs femmes ne sont point voilées ; elles sont presque nues jusqu'à la ceinture, au-dessous est une toile de coton fine & transparente, qui leur descend jusqu'à moitié jambe ; par dessus est une sorte de veste ; à leurs pieds sont des espèces de sabots : leurs enfans sont nuds jusqu'à l'âge de quatre ou cinq ans : leur visage est plein d'agrémens ; leurs cheveux noirs tombent en boucles sur le derriere du cou : elles ont beaucoup d'anneaux d'or comme les Musulmans : elles croyent que les dents noires sont belles, & le bétel les leur noircit : leurs prêtres se distinguent par une coiffure de toile blanche, qui fait plusieurs tours autour de leur tête, & par trois filets de petite ficelle qui leur descendent en écharpe sur l'estomac.

L'éducation des enfans y est différente de celle des Mogols : le fils y apprend la profession de son pere ; on le fiance à quatre ans, on le marie à dix ; on y voit des meres de dix à douze ans : rarement l'homme prend plusieurs femmes ; la stérilité de celle qu'il a, peut seule l'y autoriser, & souvent il en est blâmé encore. Ils sont très-propres dans leurs maisons, le pavé en est couvert de nattes travaillées avec art : ils vivent de lait, de beurre, de riz, de fruits & de jardinage ; ils ne mangent aucune sorte d'animaux, & élevent en divers endroits des hôpitaux pour les bêtes malades ou languissantes de vieillesse ; ils rachetent les oiseaux que prennent les Mogols ; ils craignent d'allumer la nuit une chandelle qui pourrait brûler quelque mouche ou quelque papillon ; ils se couvrent la bouche d'un linge pour n'en point engloutir sans le vouloir : l'opinion de la transmigration des ames qui leur inspire cette humanité, leur donne aussi de l'horreur pour la guerre ; on les en dispense, & on les en méprise. On compte qu'ils sont divisés en 83 sectes, toutes superstitieuses, ordonnant des cérémonies, la plupart ridicules, surtout les bains,

& ceux qui les peuvent faire dans le Gange s'estiment les plus heureux. Les principales sectes sont les *Ceurápaths*, les *Samaratz*, les *Bisnaux* & les *Gongys*. Les pagodes des premiers sont quarrées, couvertes d'un toit plat : à leur partie orientale est une ouverture sous laquelle sont les chapelles de leurs idoles, bâties en forme pyramidale, avec des degrés qui portent plusieurs figures de bois, de pierre & de papier, représentant leurs parens morts dont la vie a été marquée par quelque bonheur extraordinaire. Leurs jeunes sont austères; ils brulent les cadavres des vieillards, & enterrent ceux de leurs enfans : leurs veuves ne se brulent point, mais ne se remarient plus ; tous peuvent être prêtres & les femmes mêmes ; dans le mariage l'un des conjoints peut se faire prêtre, & réduire l'autre au célibat pour le reste de ses jours: selon eux, c'est le hazard qui préside aux événemens ; ils n'admettent ni paradis, ni enfer, mais croient l'ame immortelle, entrant dans le corps d'un autre homme ou d'une bête, suivant le bien ou le mal qu'elle a fait : tous les autres Banians haïssent ceux-ci, ils les fuient, ne mangent ni ne boivent avec eux, n'entrent pas même dans leurs maisons, & se purifient par une pénitence publique, s'ils ont le malheur de les toucher (*).

La secte des *Samaraths* est composée de toutes sortes de métiers, elle admet même des soldats, & c'est la caste la plus nombreuse : elle croit l'univers créé, gouverné, conservé par un Dieu dont le pouvoir est immuable & sans bornes ; mais ayant sous lui diffé-

----

(*) On donne à ces sectes d'autres noms ; on les soudivise en un grand nombre d'autres : on sent que nous ne pouvons entrer dans ces détails.

rentes divinités : ceux qui la suivent font toutes leurs obséques sur le bord des rivieres où ils aiment à venir expirer, & n'enterrent que les enfans au-dessous de de l'âge trois ans : leurs femmes se brulent sur le bucher de leurs époux : elles croient que la mort n'est qu'un passage pour entrer dans un bonheur sept fois plus grand que celui dont elles ont jouit sur la terre.

Les *Bisnaux* ont pour principale dévotion de chanter des hymnes à l'honneur de leur Dieu, nommé *Ram-Ram*, qu'on représente sous différentes formes : leurs temples se nomment *Agogés* : leur chant est accompagné de danses, de tambours, de flageolets, de bassins de cuivre & d'autres instrumens: leurs dogmes sont ceux des Samaraths, excepté que Dieu agit sans lieutenans selon eux; leurs femmes ou leurs prêtres font leurs alimens ; ils craignent de brûler du bois où l'on trouve des vers, mais ils employent la fiente de vache séchée. Ils sont bons commerçans, bons interprètes, ont les mœurs & les manieres douces; le mari mort, sa femme ne se brûle point, mais garde un veuvage perpétuel; le bain est aussi pour eux une cérémonie essentielle.

Les *Gongis* renferment tous ceux qui se dévouent à la dévotion par état, comme les fakirs & les hermites: ils reconnoissent un Dieu qui a créé & qui conserve toutes choses : ils lui donnent différens noms, & le représentent sous différentes formes: ils sont vénérés du peuple, ne mangent rien qui ne soit cuit avec de la bouze de vache, ne possédent rien, méprisent les plaisirs, ne travaillent point, & errent sans cesse dans les bois & dans les grands chemins, où ils vivent de fruits & d'herbes; quelques-uns habitent des grottes & des masures, d'autres vont nuds, ne se peignent jamais & semblent des sauvages couverts de poils; leurs austérités, leur genre de vie, font que les autres sectes se plaisent à leur donner des vivres.

On range encore parmi les Banians, les *Rasbouts*, peuples du nord de l'Inde, hommes sanguinaires, hardis, qui vivent de chair, & n'ont d'autre métier que la guerre: ils méprisent la mort, & sont par-là des hommes redoutables & des soldats recherchés: ils croient à la transmigration des ames, & ont des usages communs avec les Banians. Ces sectes diverses ont des livres communs qui sont les fondemens de leur religion; ils les croient également & les expliquent différemment. Benarès est le lieu où les Bramines se rassemblent pour instruire & pour s'y instruire; c'est dans les fauxbourgs & les jardins que se donnent les leçons, ils mangent, parlent ou écoutent sans contention d'esprit: aussi les études y sont-elles lentes, & ne s'étendent-elles pas bien loin: on y apprend le *Hanscrit* ou *Sams-Kret* ou *Samas croutan*, langue ancienne, différente de celle qui est aujourd'hui en usage: c'est la langue que Brahma parlait, celle dans laquelle sont écrits les quatre *Beth* ou livres communs aux diverses sectes, & divers livres de philosophie & de médecine. Ces quatre Beths sont l'*Esourvédam*, le *Roucouvedam*, le *Samavedam* & l'*Andarnavedam*: tous ces livres forment le *Vedam*, livre co-éternel avec Dieu, & gardé avec soin dans l'école de Benarés. Selon les docteurs Brames, le Dieu suprême créa pour se désennuyer les cinq élémens, puis il en forma un Dieu, nommé *Paraprouman*, & ensuite une déesse appellée *Ixchasattis*. De leur union naquit *Virat-pourouchen* & la déesse *Parachatty* ou *Parotcati*, qui fut mere de *Brama*, e créateur, de *Vichenau* ou *Vixnou* le conservateur, & de *Routren* le destructeur. Il y a encore un grand nombre de Dieux inférieurs, que les Indiens font monter au nombre de 33 millions, qui reconnaissent *Devendren*, roi des Dieux subalternes. En général, on se borne à adorer la déesse Paraxati, ses trois enfans & quelques autres Dieux subalternes; mais selon les diverses sectes, l'un de ces Dieux est préféré à l'autre. Les Bramines se disent quelquefois le Dieu Brama même, ils prétendent que les rajas ou rois sont sortis de ses épaules, les choutres de ses cuisses, & les plus basses classes du peuple de ses pieds. On représente le plus souvent ce Dieu avec cinq têtes; quelquefois il en a davantage : plusieurs Docteurs prétendent que Brama est la puissance générative de l'homme; d'autres que les trois fils de Paraxati ne sont que les attributs personnifiés du grand Etre. Il faudrait entrer dans de plus grands détails pour donner une idée plus nette de leur théologie, & ce n'en est pas ici le lieu. Le Sams-Kret est harmonieux, abondant, énergique : la grammaire de cette langue la réduit à un petit nombre d'élémens primitifs : jamais l'analyse & la sinthese n'ont été plus heureusement employées, dit-on; c'est dommage qu'on ne puisse la connaitre.

Leur philosophie est un composé de rêveries : leur médecine n'est qu'un recueil de méthodes, la plupart bizarres, de recettes particulieres & en partie incertaines : l'anatomie y est à naitre, l'astronomie y semble être devenue une routine, & ne consiste qu'en résultats : ils ont des périodes dont ils ne connaissent pas l'origine ; ils connaissent l'obliquité de l'équinoxe, mais leurs tables la font plus grande qu'elle n'est : ils calculent les éclipses avec assez d'exactitude, sans connaître les principes de leur calcul : leurs tables du mouvement du soleil annoncent qu'elles furent calculées dans un tems bien antérieur à celui où nous vivons. Les craintes & les cérémonies que leur inspiraient les éclipses, paraissent leur être dictées par la fable ancienne de la conquête de l'*amortam* ou du nectar, suivie d'un repas où chaque Dieu devait en avoir sa part : la grande couleuvre qui avait aidé à la conquête, se fit attendre au festin, le Soleil & la Lune mangerent la portion qu'on lui en avait réservé : la couleuvre arriva, vit le tour qu'on lui avait joué, & troubla la fête par sa fureur ; elle jura d'avaler un jour ceux dont la gourmandise l'avait privée du plaisir qu'elle se promettait, & le peuple croit qu'elle les saisit quand leur lumière s'affaiblit : pour l'effrayer, les uns font un tintamare épouvantable ; pour l'appaiser, les autres prient en se mettant dans l'eau jusqu'au cou.

Selon leurs géographes, la terre est platte & triangulaire, formée en sept étages, tous différens par leur beauté, & par ceux qui les habitent; chacun est entouré d'une mer, dont une est de lait, une autre de sucre, une troisieme de beurre, &c. : l'étage le plus élevé renferme toutes les perfections dispersées dans les autres.

Ces sciences ne paraissent pas être celles des anciens sages : elles ont bien dégénéré, ou ont été bien mal connues : les plus savans Bramines ne reconnaissent qu'un Dieu, dont les attributs sont représentés par différens symboles ou statues, qu'ils ne vénerent que comme des signes, dont ils ne se servent que pour fixer leur attention. Parmi un de leurs systêmes de philosophie, on y trouve l'idée des germes préexistans, mais sans développemens ;

nulle réflexion fage n'en établit la probabilité ; nulle obfervation ne l'appaye : il femble qu'à force de multiplier leurs rêveries, ils ont deviné ce que nous avons foupçonné & étayé à force de réflexions & de faits obfervés. On trouve beaucoup de *Parfis* aux Indes, furtout dans la province de Camboye : ils y ont confervé leur refpect pour le feu : jamais ils n'éteignent une chandelle, ni une lampe ; jamais ils ne répandent de l'eau fur leurs maifons dévorées par les flammes ; ils cherchent à l'étouffer en les couvrant de terre ; ils regardent comme un grand malheur fi le feu qu'ils gardent dans leurs maifons s'éteint ; mais ils ne l'adorent pas : ils reconnaiffent un Dieu unique qui gouverne l'univers par l'organe des Dieux inférieurs, nommés *Geshon* : c'eft par eux que Dieu exécute, & les hommes les invoquent comme des interceffeurs ; ils ont des prêtres, des docteurs qu'ils révèrent ; tous ne fe diftinguent des autres habitans de l'Inde, que par une ceinture de laine ou de poils de chameau ; ils font d'une taille moyenne ; leur barbe eft longue & leur teint plus clair que celui des autres Indiens : ils habitent le long des côtes maritimes, cultivent le tabac, le préparent, le vendent, cultivent plufieurs arts, exercent la banque ; mais s'abftiennent des métiers de forgeron, de ferrurier, de maréchal qui font dans la néceffité d'étouffer quelquefois le feu : leurs maifons font petites, fombres, mal meublées, & forment des quartiers féparés ; ils font fans magiftrats, mais ont des hommes confidérés qui calment les différends, accommodent les procès & maintiennent l'ordre fans fe faire paier : ils font paifibles, honnêtes, & ont des mœurs innocentes ; ils ne laiffent point expirer leurs malades dans leurs maifons, mais les portent fur un banc de gazon ;

ils ont en horreur les cadavres, ne mangent jamais du bœuf & de la vache, mais quelquefois des autres animaux quoique leur loi le défende : l'ivrognerie est un de leurs plus grands crimes : une chambre de leurs maisons leur sert de temple; ils n'ont de jours de fête & de repos que le premier & le vingtieme jour de la Lune. Il y a encore dans l'Indostan quelques autres sectes de Payens : l'une tire son origine de la province de Moultan : ils tuent & mangent indifféremment toutes sortes d'animaux, & n'admettent aucun Banian dans leurs assemblées publiques; ils n'ont de commun avec eux qu'un grand respect pour le bœuf & pour la vache : la plupart sont soldats. Une autre tire son origine du Bengale : ceux qui la suivent sont ignorans, simples & ont l'ame basse & servile : on les appelle *Gentives* : ils croyent qu'ils n'y eut d'abord qu'un Dieu, mais qu'il s'est ensuite associé des hommes qui ont fait de grandes actions : ils abhorrent le sang, parce qu'ils croient à l'immortalité & à la transmigration des ames : ils ne connaissent pas le meurtre, punissent rigoureusement l'adultère & permettent la prostitution. C'est dans la ville de Jagannat qu'est leur principale idole : la plupart d'entr'eux sont laboureurs & tisserans. Une troisieme secte, composée d'hommes occupés aux offices les plus vils, & qui écorchent les charognes pour en manger la chair, est répandue parmi les autres, qui l'a en horreur; ils portent le nom de *Thures*, & on les désigne aussi par le surnoms d'*Alkores*. Il y a encore quelques familles dont on ignore les dogmes, restes isolés des anciens adorateurs du dieu *Baout*, divinité dont le culte a été détruit par la religion des Brames.

La vie contemplative, les imaginations incohérentes

rentes qui défigurent les principes de la morale des diverses religions de l'Inde, la paresse, la lâcheté des Indous, viennent sans doute du climat. La chaleur y est quelquefois extrême ; c'est surtout à trois ou quatre degrés des tropiques qu'elle est la plus intolérable, parce que le soleil est pendant trois mois presque continuellement sur leurs têtes, & que les jours y sont plus longs : c'est la saison humide qui y forme l'hiver, mais les différentes saisons different quelquefois dans leur retour d'un mois ou six semaines : quelquefois les pluies sont violentes & longues, ou modérées & courtes : on les a vues tomber dans la saison séche, & un ciel serein briller dans celle où les pluies régnent ordinairement : ce dérangement nuit à la recolte, & fait naître la famine dans les contrées où le débordement des fleuves ne peut suppléer aux pluies : des milliers d'Indiens périssent alors au milieu des campagnes : les plus heureux sont ceux qui se vendent avec leurs familles aux Européens qui habitent les côtes maritimes. Des vents réglés qu'on nomme *Moussons*, y facilitent le commerce : quand celle d'ouest souffle au nord de la ligne, dans le mois d'Avril, celle du sud-sud-ouest commence au midi ; c'est le contraire au mois de Septembre : la premiere est souvent impétueuse & se termine par une tempête effroyable : les courans, les marées servent pour les voyages le long des côtes ; les premiers sont aussi réguliers que les secondes : c'est sur les côtes où les grandes rivieres ont leur embouchure, que les marées sont les plus fortes ; elles le sont moins dans les îles éloignées du continent que dans celles qui en sont voisines : elles sont moins régulieres aux Indes qu'en Europe : les courans sont dirigés vers un même côté pendant un jour, souvent pendant une semaine, quelquefois pendant six mois; ils se font sentir moins près des côtes que des marées, ils prennent la direction de la mousson partout où elle souffle : quelquefois on a vu deux courans opposés régner dans le même tems & dans le même lieu : l'un coulait au-dessus de l'autre.

L'Inde, en général, est une contrée délicieuse où l'homme jouit, presque sans travail, des meilleures productions & du plus beau spectacle de l'univers : des fruits délicieux y fournissent une nourriture saine & rafraichissante, & un ombrage agréable. Parmi les arbres on remarque l'*agoucla*, que les Français nomment le bois-d'aigle; il est grand, & ressemble à l'olivier; son bois est dur, compacte, pesant, résineux, de couleur grise ou brune; il répand une odeur agréable quand on le brûle; sa fumigation est sudorifique, & reveille les esprits : c'est sur la fleur de l'*alafreira* qu'on recueille le safran des Indes; elle s'ouvre la nuit pendant toute l'année : l'*aloès* fournit le meilleur médicament; ses feuilles sont épaisses, cannelées, convexes dans leur partie inférieure, armées de pointes qui paraissent rompues; sa racine est pivotante; toute la plante exhale une odeur très-forte : le *calamba* est un arbre estimé par son parfum; la couleur de son bois est verdâtre; il sert à faire des ouvrages de marqueterie : le *sandal* est de la grandeur du noyer, & porte une espece de cerise noire d'un goût insipide; son bois est de diverses couleurs; le jaune & le blanc sont les plus estimés; on le brûle pour parfumer les appartemens; on le pile dans un mortier plein d'eau pour en extraire une liqueur épaisse dont on se frotte le corps : l'*arbre au savon* est grand, & se dépouille de ses feuilles ; ses fruits ronds, étant écrasés, produisent un savon naturel qui sert à laver les soies : on y trouve aussi le *cocotier* ou *enga*, l'*anananseira*, l'*areka*, le *betel*, le *bambou*, le *camphrier*, l'*ateira* qui porte de petites feuilles, & un fruit semblable à la pomme de pin qui a l'odeur de la canelle ou de l'ambre mêlé à l'eau-rose ; la peau en est verte, la chair blanche & molle, la semence noire : l'*arbre sensible* produit un fruit qui lorsqu'on le touche s'enfle & s'agite : l'*arbre au benjoin* est touffu ; ses feuilles sont semblables au limonier ; sa gomme nommée *benjoin* exhale une odeur agréable, & en découle naturellement : l'*arbre au goudron* donne sa gomme par incision : le *dutroa* est un arbrisseau qui naît dans les lieux incultes, & dont les feuilles sont pointues, dentelées, blanches ; en tombant, elles font place à une tête ronde qui naît & se remplit de grains & de pepins, lesquels mis dans le vin font dormir ou mourir, selon qu'on en prend plus ou moins : on confit les feuilles du *talassa* dont on ne connaît ni les fleurs, ni les fruits : le *cumuc* rampe comme le lierre ; son fruit qui croît en grappes, est utile dans les maux de poitrine : on connaît le *bananier* & son fruit : celui du *plantin* ou *platane*, est appelé le *roi des fruits*, & on le préfère au coco même ; ses feuilles ont quelquefois sept à huit pieds de long, elles naissent sur un tronc de la grosseur du bras, dont le sommet est plus dur qu'aucune autre partie de l'arbre ; le fruit se forme en pelotons tout autour, dans une gousse jaune ; il est mol, fondant, d'un goût délicat : le *durion* a la grandeur du pommier, & produit un fruit de la grosseur d'une citrouille, jaune quand il est mûr, & qui s'ouvre alors dans le haut ; son intérieur est partagé en petites cellules remplies d'une espece de crème d'une odeur agréable; ses pepins ont le goût de la châtaigne lorsqu'ils sont grillés : le *jaqueira* produit un fruit dont un seul fait la charge d'un homme ; il croît vers le pied de l'arbre ; sa chair est jaune, son goût est assez agréable ; on mange ses pepins comme les marons : le *gingembre* ou *gingibil* a la tige d'un petit roseau; on en mange la racine en salade : celle de l'*Ikara-mouli* est très-chaude, & sert pour guérir de l'indigestion. Le meilleur *indigo* vient des environs d'*Agra*, il est plus commun aux environs d'Amadabath ; sa feuille ressemble à celle du panais jaune, & prend en mûrissant une couleur d'un bleu violet; sa fleur est celle du chardon; sa graine ressemble à l'espece de tréfle qu'on nomme sénégré; sa culture & sont usage son connus : le *makarekau* est haut, étend au loin ses branches, donne de grandes fleurs blanches d'un parfum agréable, des feuilles de cinq à six pieds de long, sur neuf pouces de large, des fruits ronds, de couleur incarnate, de la grosseur d'une citrouille, remplis de pignons d'un goût excellent; ses racines s'étendent en formant des sinuosités sur la terre, unies, longues, présentant une apparence d'arcades & de pilotis : nous avons parlé du *mangostan* : on dit que les feuilles du pin sauvage y sont si grosses, si serrées, qu'elles retiennent l'eau des pluies, & que lorsqu'on veut se désaltérer, on n'a qu'à enfoncer un couteau un peu au-dessus de sa racine: le *tamarin* se distingue par la majesté de son port ; son tronc est uni & droit, ses feuilles d'un beau vert forment un bel ombrage; il orne les jardins, les cours, les places publiques, les grands chemins; ses fleurs ressemblent à celles du pêcher; son fruit oblong, enveloppé dans une gousse qui devient grise en fleurissant, se retire sous les feuilles quand le soleil se couche; il reparait quand il se leve; chaque gousse renferme trois ou quatre fèves brunies, d'une substance moëlleuse, un peu gluante, & d'un goût aigre; on en assaisonne les viandes, on les sale, on les met dans le sucre, & elles sont recherchées dans toute l'Asie pour leur goût & leurs vertus médicinales : le *cotonier* en arbre, le *cotonier* rampant s'y trouvent l'un & l'autre; le premier est de la grandeur du rosier, ses feuilles sont semblables à celle de l'érable; ses fleurs sont des roses jaunes; la tige du second est roussâtre, ridée, elle a de petites branches qui s'élevent à deux pieds de haut; ses feuilles ressemblent à celles de la vigne; ses fleurs en rayons sont jaunes vers les bords, rouges vers le centre; le coton qu'on en tire est plus estimé que celui du premier : on y tire encore du coton ou plutôt une espece de laine du *pagna*, arbre élevé; cette laine ne se file point, mais on en fait des coussins & des matelats; c'est sans doute l'*yónota* des îles Philippines. Nous avons parlé aussi du *sagu*, du *rima*, du *manguera* dont le fruit nommé *mangoué* pend à une queue d'un pied de long; il ressemble à la grenade, & on le dit un des fruits les plus exquis des Indes : le *mangoreira* est un jasmin originaire de l'Arabie, qui ne se trouve plus que dans l'Indostan; la fleur en est blanche, odorante, formée de cinquante pétales : çà & là on cultive le poivrier; celui du Malabar est le moins estimé; sa description se trouve par-tout : le *soatouna* est d'une figure extraordinaire; son tronc est d'une égale grosseur à ses deux extrêmités, mais enflé dans le milieu; le bois est épineux, gris en dehors, blanc au dedans, moëlleux, poreux comme le liege; ses feuilles sont oblongues, veineuses, dentelées, attachées cinq à cinq à d'assez longues queues ; ses fruits sont des gousses oblongues qui renferment des pois rouges ; le suc qu'on retire de cet arbre, en coupant ses épines vertes encore, guérit les inflammations des yeux, & fortifie la vue. Nous nous bornons à la courte description de ces plantes ; cet ouvrage ne permet pas de plus longs détails.

La partie de l'Inde qui est sous l'empire du grand Mogol est la plus riche, la plus fertile : la terre y est couverte d'une verdure perpétuelle ; toujours elle y présente des fruits & des grains, sur-tout dans les pays arrosés par des fleuves : parmi les grains on remarque le riz, le froment & l'orge ; le premier est la principale nourriture des orientaux ; il s'y éleve à la hauteur de trois ou quatre pieds ; chaque plante porte deux larges épis, hérissés d'une barbe longue de deux ou trois pouces, frisées dans le bas, fourchues dans le haut : on le moissonne en automne, au milieu des champs embourbés où l'on enfonce jusqu'au genou ; on en fait diverses sortes de pain ; on en tire par la distillation une liqueur semblable à l'eau-de-vie ; la différence du sol où il croît, en met une très-grande dans ses qualités. On recueille aussi dans l'Indostan beaucoup de pois & de fèves plus petites que les nôtres : on se sert de pois bouillis, mêlés à du sucre & de la farine d'orge, pour nourrir les chevaux : dans les deux presqu'îles on ne cultive gueres que le riz : les fleurs ornent la terre dans toutes les saisons ; mais en général elles ont peu de parfum : la rose & le jasmin sont celles qui en ont le plus ; & les especes n'en sont pas aussi variées que les nôtres, quoique la diversité & l'abondance des plantes y soient plus grandes : elles ont beaucoup d'éclat, & ornent les jardins distribués en compartimens, en allées, dans lesquelles on trouve des bosquets, des fontaines & des grottes.

Les bœufs de l'Indostan sont moins gros que ceux d'Europe, mais ils sont plus agiles ; les hommes les montent ; ils trainent les voitures avec presque autant de vitesse que les chevaux, ils portent les fardeaux, tirent la charrue, & servent à plus d'usage que parmi nous : les Indiens leur coupent les cornes pour les gouverner avec plus de facilité, & par la même raison nous sommes obligés de les leur laisser. On y trouve une multitude de singes qui font leur demeure sur les arbres ; la plupart sont d'un vert foncé ; quelques-uns sont assez forts pour attaquer un homme ; on en voit qui entrent dans les maisons pour y voler des fruits ou des confitures : les cerfs, les daims, les lievres, les tigres, les léopards, les lions, les chameaux n'y ont rien de particulier : l'éléphant y sert quelquefois d'affut pour le canon : le buffle y fournit beaucoup de lait ; sa chair est dure & insipide, sa peau est un cuir très-ferme & sans poils ; il est plus robuste que le bœuf. Le mouton a le corps maigre, les jambes longues, le poil de l'échine roux. On y trouve une espece de *mirmecophage*, que les Portugais nomment *Bicho vergonsonso*, la *bête vergogneuse*, parce qu'elle se met en boule comme le hérisson ; son corps est couvert de fortes écailles de la grandeur d'un écu ; il se creuse un terrier où il dort ; son museau est pointu, sa bouche étroite ; il vit dans les bois, & se sert de sa langue gluante pour se saisir des fourmis dont il se nourrit : on dit qu'aux deux côtés de l'estomac il a deux bourses suspendues, remplies de petits vers longs de deux pouces, & fort minces.

Parmi les reptiles, on remarque des serpens

monstrueux ; il en est qui dévorent de grands oiseaux avec leurs plumes, & n'en font qu'un morceau : les moucherons, les mosquites, une multitude d'insectes volans y obscurcissent l'air : les sauterelles y dévorent souvent les moissons dans une nuit : la salamandre y est longue d'un pied ; la chair en est blanche, délicate, antiscorbutique : on y voit deux especes de scorpions ; l'un est blanc, petit, & ne se trouve que dans les maisons ; l'autre est noir, de la grosseur d'une écrevisse : la morsure de celui-ci est très-dangereuse : on dit que les Indiens ont une pierre qui rend leur venin sans effet ; on la met sur la plaie, elle s'y attache d'elle-même, puis tombe quand le poison l'a pénétrée : en la jettant alors dans l'eau, elle y excite de petits bouillonnemens : on ne connait pas assez cette pierre pour affirmer ou nier ses effets. Pline nous dit qu'il y a des sauterelles longues de trois pieds ; exagération ridicule. Le ver à soie y est un des animaux les plus utiles : on en éleve dans toutes les saisons ; mais la soie de toutes ces saisons n'est pas également bonne : les Indiens hachent la feuille qu'ils donnent à ces vers nouvellement éclos ; il est des jours où ils leur font observer une diete austere.

Les Indiens ont tous nos oiseaux domestiques ; mais leur chair y a peu de suc & de goût : les vautours y sont aussi grands que les aigles, aussi familiers que la poule ou le canard : on y vénere le milan, sur-tout ceux qui ont la tête blanche ; dans les grandes chaleurs on les voit tomber dans les champs de lassitude, mais les Indiens s'empressent à empêcher qu'on ne leur fasse du mal : les arbres des grandes routes, des places des villes sont couverts d'oiseaux, auxquels ce peuple doux vient jeter du riz, du froment, d'autres alimens : nous avons parlé du *monacode* ou *oiseau de Paradis* : les perroquets y sont très-communs, & font leurs nids dans les villes : il en est une espece couleur gris de perle qui portent sur leur tête une houpe incarnate ; on les nomme *kakatous* : la multitude des serpens fait que presque tous ces oiseaux font leur nid à l'extrêmité des branches flexibles, sous la forme d'une longue bourse ouverte par le haut ; d'autres ont l'ouverture en bas, elle est tortueuse, & conduit à la place occupée par les petits, qui est la partie la plus élevée de l'édifice : celui du petit *oiseau tailleur* est attaché à la feuille qui est à l'extrémité du rameau le plus faible ; pour le construire, il coud une feuille morte à une feuille fraiche avec son bec aigu & de tendres filamens qui lui servent de fils ; il en fait une espece de sac qu'il remplit de plumes, de duvet, du plus fin coton : cet oiseau est une fauvette d'un jaune clair ; il a trois pouces de long, & pese quatre-vingt-dix grains (*).

Les poissons les plus remarquables sont l'*albicora* & la *bonite* ; la chair en est délicate : les dauphins y sont moins communs ; leurs écailles sont jaspées de couleurs très-vives qui s'effacent quand ils sont morts ; il y a un grand nombre de crocodiles dans les fleuves. Celui des poissons dont la chair est plus délicate est le *poisson-madame*, nommé par corruption *pêche-madame*, de *peixo*, poisson en Portugais. L'examen a fait disparaitre ces baleines énormes dont parlaient les anciens, & dont la surface était de 230000 pieds quarrés.

On ne connait pas de mines d'or, ni d'argent dans l'empire du Mogol ; il y en a de cuivre, de

(*) Voyez l'*Indian Zoology* de M. Loten.

fer, de plomb (*); mais ces dernieres font peu abondantes : fes plus riches mines font celles des pierres précieufes du Carnate & de Golkonde : on en trouve fur les rives de leurs fleuves. Il n'y a point de pêcheries de perles qui appartiennent au grand Mogol : on en compte cinq confidérables en Orient : ce font celles de *Baharein* & de *Catifa* fur les côtes de l'Arabie, de *Manar* dans l'île de Ceylan, du *cap Comorin* & du *Japon* : elles font depuis longtemps une de fes plus grandes richeffes.

On tire de l'Indoftan de la canelle, du poivre, des noix mufcades, du gingembre, du fucre, des aromates, & un grand nombre de drogues médicinales : le falpêtre fe tire d'argilles de différentes couleurs ; il eft plus eftimé que celui qui fe forme des démolitions : on ne trouve dans fes mers ni le corail, ni l'ambre jaune ; mais l'ambre gris eft commun fur les côtes de la Chine & du Japon : les bois odoriférans, la civette, le benjoin, la laque, diverfes efpeces de gommes & de parfums y font abondans. Le bezoard y eft toujours recherché, mais il a eu moins de vertu depuis qu'on l'a mieux connu : le plus eftimé vient de Golconde : on le trouve dans le ventre de chevres qui ont la taille haute, & le poil doux & fin comme la foie : il en eft de ronds, d'ovales ou de pointus, de couleur jaunâtre, cendrée, d'un rouge clair, d'un verd pâle : ces pierres font formées d'enveloppes fucceffives comme l'oignon : toutes font luifantes ; mais les plus voifines du centre font les plus unies, & les plus claires :

(*) Pline cependant pouvait n'avoir pas tort de dire que l'Inde n'avait ni plomb, ni cuivre, & qu'il s'en fourniffait par fes perles & fes pierres précieufes. Ces mines peut-être n'étaient pas connues ou exploitées de fon tems.

celui qu'on tire des singes de Celebes est plus estimé que celui-là; celui qu'on retire de ces animaux dans l'Indostan, des vaches, & de quelques autres espe- ces, l'est beaucoup moins : c'est, dit-on, un préser- vatif contre toutes sortes de poisons : on trouve aussi de pareils contrepoisons dans la tête & le ventre du porc-épi, sur la tête du serpent à chapeau. Dans les prés croît l'herbe dont la graine nous est con- nue sous le nom de *semencine*, ou poudre à vers : on la fait tomber dans des paniers sans la toucher & on en fait des dragées. Les plus belles soies se tirent de l'empire du grand Mogol : on en tire annuelle- ment plus de vingt mille balles du territoire de Kasambazar dans le Bengale : elle est jaune, mais les Indiens savent très-bien la blanchir. On con- naît les belles étoffes qu'on en fabrique, les tapis qu'on en fait : celles du coton ne sont pas moins admirables par leur texture & leurs couleurs.

Venons à la description particuliere de chaque province : notre ignorance la rendra courte ; mais l'éloignement de ces contrées qui fait que chacune de ses parties nous est moins intéressante, doit la rendre excusable. Avant de la commencer, disons un mot de leurs principaux fleuves.

L'*Inde*, ou le *Sind*, ou *Send*, mots qui signifient le fleuve, la riviere, donne son nom à l'Indostan qu'il traverse dans un espace de 300 lieues ; sa source était presque aussi connue des anciens que des modernes : Pline dit qu'il naît au pied des monts Paropamisiens, habités dans leur pente op- posée par les Bactriens. Et les modernes disent qu'il descend de la montagne de *Nagrakut*, ou de celle de *Hendou-kesh* dans le royaume de Cachmir, au midi de la Buckarie & du Thibet : on lui donne aussi le nom d'*Lak*, d'*Lnider*, suivant les lieux où il passe. Abulfeda l'appelle *Mehran* : on dit que les poissons des autres rivieres changent de couleur en vivant dans ses eaux : il reçoit dans son cours le *Rigah*, le *Ratah*, le *Ravi*, le *Viah*, l'*Osvid* & d'autres rivieres encore, & se jette dans la mer par plusieurs embouchures dont deux seulement sont considérables, mais si engorgées de sable que les vaisseaux n'y peuvent entrer.

Le *Gange* naît, selon les Indiens, d'un roc qui a la forme d'une tête de vache, dans la province de Siba; mais cette source n'est qu'une gorge qui resserre son cours lequel commence dans le Thibet au pied des monts *Kentaissé* ou *Kontain*; il se forme de plusieurs sources, traverse deux lacs, coule au couchant jusqu'à ce qu'une chaîne de montagnes le dirige vers le midi, & le conduise dans l'Inde par le détroit de *Kupelé*; il se partage ensuite dans le Bengale en deux bras, l'un appellé le *grand Gange*, l'autre le *petit Gange* : c'est sur celui-ci que les Européens ont leurs principaux établissemens : l'espace que ces deux bras renferment est arrosé par des canaux naturels qui se remplissent de leurs eaux; vers la mer il est couvert d'une forêt épaisse qui n'est coupée que par ces canaux : & que l'eau de la mer le recouvre souvent. Les eaux du Gange sont les plus saines, les plus légeres de l'Asie : elles sont saines dans l'opinion des Indiens qui y jettent de l'or, de l'argent, qui s'y baignent par dévotion, qui y font jetter leurs cendres. Ce fleuve reçoit un grand nombre de rivieres, parmi lesquelles il en est d'aussi grandes que lui : il fournissait une division de l'Inde chez les anciens, Inde deçà ou au delà du Gange, & Ptolemée s'en sert. Pline qui parle de ce fleuve, dit qu'il nourrissait des anguilles longues de trente pieds; elles sont moins longues aujourd'hui, parce qu'on les regarde de plus près.

On peut remarquer encore le *Jemma* ou *Géméné* qui naît au nord du Dehli, arrose les villes de Dehli, d'Agra, & se perd dans le Gange près d'Habetak : le *Tapté* ou *Tapti* & l'*Andi* qui naissent dans les montagnes du Candish : le premier coule au couchant, passe à Surate, & se perd dans le golfe de Camboye : le second se dirige au levant, traverse la province de Berar, & se jette dans le Gange au nord de Patna : le *Paddar* qui sort du pied des monts de Bando, arrose les provinces de Jesselmire & de Soret, puis se perd dans le golfe de Sind.

Des géographes divisent l'empire du Mogol en trente-sept provinces, d'autres en trente-quatre, d'autres en dix-neuf, quelques autres encore en vingt-une Soubabies ou provinces ; c'est que les uns ont divisé des provinces réunies par d'autres : nous la diviserons en provinces, & nous commencerons à décrire cet empire en commençant par les provinces de l'Orient, qui touchent aux Etats que nous avons déja décrits.

I. *Du Bengale.*

Il forma autrefois un royaume particulier, & quelquefois il était divisé en plusieurs : il fut uni à l'empire Mogol par Humaion, le troisieme des empereurs Tartares, & ensuite par Eckar, l'un de ses successeurs, qui le divisa en 22 districts : c'est une des plus riches contrées de l'Inde : elle est baignée par l'Océan occidental qui y forme un golfe profond auquel on donne son nom ; mais que les Indiens appellent *Diabanaguloum* : il baigne les côtes d'Orixa, de Bengale, de Siam, de Pegu & d'Arrakan : de son ouverture méridionale à sa partie la plus avancée dans les terres, on compte environ 300 lieues. Le pays est borné au couchant par les provinces de Patna & d'Udessa, & par les rocs énormes qui bornent le Thibet; au couchant par la province de Berar, au levant par le Tipperah & l'Asham: le climat en est doux & tempéré: il y tombe des pluies abondantes & périodiques qui font du pays un espece de lac, & le fertilisent : pendant que ces pluies durent, les habitans ne se visitent qu'en bateau: la soie, le coton, le riz, le sucre, le poivre sont ses principales productions: on y fabrique des toiles si fines qu'on prétend que vingt-sept aunes peuvent tenir dans une main fermée: on dit encore qu'elles étaient plus fines autrefois, & qu'Aureng-zeb blâmant sa fille de ce qu'elle montrait immodestement la blancheur de sa peau au travers de son habit, cette princesse lui montra qu'il était formé de sept doubles de cette toile: les Indiens se distinguent par la broderie & la peinture de ces étoffes: ils savent imprimer l'or & les couleurs sur le verre: ils préparent le cinabre & le vif-argent, analysent les métaux, font de la chaux avec des coquillages, dont ils composent encore une drogue particuliere qui leur sert de gips; ils font du sel dans les cantons arrosés par la marée qui pénetre les terres dont on tire ce minéral.

Les Anglais possédent cette province: ils y établirent leur commerce sous le regne d'Elizabeth; d'abord ils n'y eurent point d'établissemens réguliers, puis le grand Mogol leur concéda un espace de terrein où ils éleverent un comptoir, des bâtimens, des magazins: delà ils envoyaient leurs marchandises dans l'intérieur de l'Indostan: l'indigo fut d'abord la principale: ce commerce consiste aujourd'hui en draps & étoffes de laine, en sel, cuivre,

& plomb, dans quelques autres marchandises qu'ils tirent d'Europe, dans l'achat des toiles de Inde, des étoffes de soie, des tapisseries, des couls, des basins, de la soie crue, des drogues, du lpêtre, du borax, des diamans, &c. & autres moinres objets dont ils forment la cargaison de leurs aisseaux de retour: dans les objets qu'ils transportent 'Inde en Inde, dont les principaux sont l'opium, oo balles de coton que tire le Bengale de Bombay ; de Surate, du poivre qu'ils conduisent en Chine. es Hollandais en font un plus considérable dans s différens ports de l'Inde: il consiste en cuivre, tain du Japon, camphre, benjoin, sucre, épiceeries, porcelaines & meubles de la Chine, arrak, c. C'est la compagnie des Indes qui y fait tout le ommerce, & elle l'exerce par des monopoles qui : font d'abord valoir, & en diminuent ensuite les ources.

Les Anglais possèdent encore le Bakar & la proince d'Orixa, qui touchent au Bengale & en firent ne partie: les revenus qu'ils tirent de ces diverses rovinces montent à plus de 70 millions de livres. e Bengale seul rendait autrefois au Mogol plus de a moitié de cette somme.

La compagnie Anglaise y exerce la souveraineté: lle y fait des loix, elle y établit des tribunaux, lle y gouverne tout avec une autorité presque sans imites. Les principaux tribunaux sont la *cour du Maire*, composée d'un Maire & de neuf Aldermans ui doivent être nés en Angleterre, & qui sont només par le gouverneur & le conseil de Calcuta; elle uge de tous les procès ou contestations civiles qui 'élevent dans les établissemens de la compagnie ntre les Anglais, ou entre les Anglais & les Indiens: es Indiens ont le droit de se juger eux-mêmes. La *cour des Appels*, composée du gouverneur & du conseil de Calcuta ; elle décide souverainement de tous les procès qui y sont portés par appel ; sa sentence est souveraine pour tous ceux dont le fond n'excede pas la somme de 9000 livres : au delà, on peut en appeller au roi, en donnant caution pour le fond, les frais & les intérêts du procès. La *cour des requêtes* composée de vingt-quatre commissaires, juge de tous les procès dont le fond n'excede pas 50 livres. Les *assises* se tiennent quatre fois par an : cette cour juge des procès criminels, & fait aussi les fonctions de juges de paix : les crimes de haute trahison sont renvoyés à la décision du roi.

Le gouverneur & les membres du conseil & du comité de *Calcuta*, ont l'administration de toutes les affaires du gouvernement & de la police. Le premier est président du conseil, du comité, & commande en chef toutes les forces de la compagnie : seul il peut correspondre avec les princes voisins, & il exerce une autorité presqu'arbitraire sur les naturels du pays.

Il est encore dans le Bengale un district qui a conservé son indépendance : on le nomme *Bisnapore* : il a pour chef un Bramin de la tribu des Rajeboutes, ou Rasbouts qui avait reconnu la supériorité & non la souveraineté du Mogol : c'est là qu'on retrouve l'image de l'ancien gouvernement des Indiens : il a pour base la liberté, la propriété : on n'y connait pas le vol ; l'étranger y voyage aux frais de l'Etat ; des guides le conduisent gratis & en répondent : si l'on y perd quelque effet de prix, on le suspend à un arbre, & on l'annonce au public au son du tambour : le Rajah qui gouverne reçoit annuellement de ses sujets treize millions de livres employées aux dépenses de l'Etat, & s'il y a

de

le l'excédent, il sert à faire des établissemens utiles.

La ville capitale du Bengale, celle qui est le siege du gouvernement, est *Calcutta* : c'est une ville moderne que les Anglais ont élevée après leur établissement à *Sootanutes*, & où ils éleverent un fort pendant les guerres qu'exciterent les révoltes de quelques Rajahs. Bientôt après vers le commencement de ce siecle, ils acquirent le village de ce nom & celui de *Govindpore* : peu-à-peu Calcutta s'étendit, & aujourd'hui elle est une des villes les plus riches & les plus puissantes de l'Inde. Elle est située sur la rive occidentale du bras occidental du Gange, qui est celui que les Européens fréquentent dans le district de Hoogly, & s'étend des deux forts qui s'élevent des rives du fleuve jusqu'au village de *Chilpeve* dans l'étendue de plus d'une lieue : mais sa longueur n'est pas considérable : à quelque distance est le lac *Baliagot*, long de 6 lieues, abondant en poissons, & qui communique à la mer par deux grands canaux ou rivieres. C'est la premiere ville qu'on rencontre en remontant ce bras du fleuve, connu des anciens sous le nom de *Magnum Ostium*. Sa longitude est de 106 deg. 30 min. sa latitude de 22 deg. 38 min.

C'est sur ce bras du fleuve que sont situés les établissemens des autres Européens : à 4 lieues au nord de Calcutta est *Barnagore*, petite ville située sur la rive orientale du fleuve : elle appartient aux Hollandais ; plus au nord encore est *Serampore*, village sur la rive occidentale du fleuve, où les Danois ont un établissement ; sur le bord opposé est *Bankibasar* qui appartenait à l'ancienne compagnie d'Ostende : *Chandernagor* qui est l'établissement des Français, est une ville médiocre au couchant du fleuve : elle a été fortifiée, & ne peut l'être depuis que les Anglais font maîtres du pays : son commerce, sa population est diminuée. On y a compté jusqu'à 80000 habitans ; elle n'en a pas la moitié aujourd'hui : elle a au midi de vastes jardins. On y voit une grande & riche pagode. Plus au nord, sur la même rive est *Chinsurah*, petite ville entourée de fossés & d'un rempart de terre ; elle appartient aux Hollandais : *Bandell* est à deux lieues plus au nord encore : c'est une petite ville où les Portugais font quelque commerce. Ils s'établirent d'abord à Porld-Pequeno qui est voisine, *Kougly*, *Ougeli*, *Hoogli* donna son nom à tout le district, & même au bras du fleuve : elle est sur son bord occidental entre Chinsurah & Chandernagor. Ses environs sont rians & fertiles : les Français avaient un établissement magnifique à *Chinchora*, village auprès d'Hougli. Telles sont les villes de ce district, le plus riche & le plus commerçant du Bengale.

Ceux de *Kisseragur* & de *Jessere*, qui avec lui, forment un espace rempli de villages nombreux, de forêts vastes & presqu'impénétrables, de champs abondans, d'un grand nombre de villages, il est arrosé par une multitude de petites rivieres remplies des eaux du Gange & des petits lacs ou étangs.

Au delà du *Brimaputre* ou *Brama-putren*, qui semble devoir son nom à Bramah, dont les Lamas sont très-probablement les premiers disciples, riviere très-grande qui nait dans le Thibet qu'elle arrose, & qui s'unit au Gange près de son embouchure dans le golfe de Bengale, est la petite ville de *Luckipore*, qui pourrait devenir florissante, si les atterrissemens du fleuve n'y rendaient la navigation difficile, & n'y formaient des îles que séparent des canaux

eu profonds: fon diftrict porte le nom d'*Acca* &
enferme encore la petite île de *Pafs de Chandume*:
confine à celui de *Chatigan*, *Chatigam* ou *Chigon*, ville célebre par fon commerce qui a déchu,
& par l'induftrie de fes tifferans qui fe foutient encore: on y excellait dans l'art de peindre les toiles
& de les broder: on y jouit d'un air fain; les eaux
ont excellentes, les vivres abondans, l'abord facile &
l'ancrage fûr: une riviere qui la fépare de l'Arrakan
lui forme un bon port défendu par l'île de Sandiva:
l'Eki, le Brimaputre ou Barrampoeter lui facilitent
le commerce intérieur. Les Portugais s'y établirent
après l'avoir prife & brûlée: ils la nommerent *Porto
Grande*, & elle fut connue fous le nom de Bengale.
Ceux qui s'y étaient établis, ne pouvant fupporter
le joug de l'Efpagne, le fecouerent, devinrent pirates, & profpererent jufqu'à ce qu'ils furent chaffés
par les Mogols: cette ville fut enfuite oubliée jufqu'en 1758 que les Anglais s'y font établis, & commencent à la rendre floriffante.

Le diftrict de *Silhet*, à l'orient du Brimaputre,
touche au pays d'Azem; la ville qui lui donne fon
nom, eft fur la rive feptentrionale de la Soorma qui
reçoit un grand nombre de rivieres qui arrofent le
pays avant de fe jetter dans le Gange: quelques-
unes forment le lac de Bogmabona: il eft circulaire, a une île dans fon centre, & nourrit beaucoup de poiffons. Ce diftrict confine à ceux de *Curybary* & de *Rangamatty*: ce dernier doit fon nom
à une grande pagode bâtie dans une plaine, au nord
du Brimaputre: il touche à celui de Bifnapore dont
nous avons parlé, & à celui de *Cofs-Beihar* & de
Rungpore arrofés par la Tufta: ce dernier doit fon
nom à une ville arrofée par le Coggot, où les Anglais
ont établi une factorie: celle de *Dinogepore* fituée

dans une île formée par les bras du Teetſa donne auſſi ſon nom à un diſtrict étendu. Plus au midi eſt le canton d'*Atta* dont le chef lieu eſt ſur la Conoi, à quelque diſtance des lacs ou *Jéel*, formés par la réunion de pluſieurs rivieres : ces lacs n'en forment qu'un qui a vingt lieues de long, ſur deux dans ſa moyenne largeur. *Dacca* eſt une grande ville, ſituée entre diverſes branches du Gange, & qui s'étend en longueur ſur la rive de la plus voiſine ; là réſidait autrefois un Nabab qui y avait un palais de bois, mais qui habitait ordinairement ſous des tentes : les maiſons de cette ville n'étaient que des cabanes conſtruites de bambou & de terre graſſe : les nations Européennes y avaient d'aſſez beaux comptoirs du tems de Tavernier ; les Auguſtins y avaient une égliſe bâtie en briques : les habitans d'un fauxbourg fort étendu ſont preſque tous charpentiers, & conſtruiſent des bateaux pour naviger ſur les fleuves, & des galéaſſes dont quelques-unes ont juſqu'à cinquante rames de chaque côté, & voguent avec rapidité : il en eſt d'ornées de peintures en or & azur.

Au couchant, au delà du Gange qui arroſe Ougli, dans le diſtrict de *Burdwan*, eſt une ville de ce nom, voiſine de la riviere de Dammudro, elle eſt grande, aſſez riche : ſon commerce eſt actif : à quelque diſtance eſt *Biſſempore*, petite ville qui donne ſon nom à un diſtrict, ainſi que *Midnifore*, ſur la riviere de *Caſſai*, & *Patcoom* ſitué dans les montagnes, au milieu d'un vallon qu'arroſe le *Subandricur*. Au nord de ce dernier eſt celui de *Patheet*, dont le chef lieu eſt dans une plaine, au pied d'une petite chaîne de monts : plus au nord encore eſt le *Beerboon*, où l'on remarque *Murſhedabad* ou *Moxedabat*, grande ville où réſidaient les derniers Nababs, & ſituée ſur les deux rives du Bogratty qui se jette dans le Gange au nord de ses murs. Cette ville était commerçante & l'est encore: les princes y avaient un vaste palais qui existe toujours: elle est sans murailles: la soie crue, toutes sortes d'étoffes sont les objets de son commerce. Plus au midi, sur la même riviere, est *Cossimbazar* ou *Kassembar* ou *Kassumbazar*, ville célebre par son commerce de soie, & *Sydabad*, petite ville habitée par une colonie d'Arméniens. Delà, en remontant le Gange on entre dans le district de *Mongher*: c'est un des plus beaux du Bengale: la ville de ce nom est dans une presqu'île montueuse que le fleuve baigne de trois côtés: elle est bâtie en arc, appuyé par ses extrémités sur le fleuve dans une étendue de 12500 pas; elle est d'une beauté singuliere, si nous en croyons Graaf: ses fossés sont larges & profonds; mais l'eau du fleuve ne les remplit que lorsqu'il est enflé: toutes les rues aboutissent à une grande place décorée de belles maisons: sur la riviere, on remarque un château fortifié & un vaste palais qui servit aux anciens rois. Les magistrats & la plupart des riches habitans sont Mogols; le peuple est Banian: tous s'occupent du commerce: dans un fauxbourg vaste & irrégulier sont établis un grand nombre de manufactures & d'atteliers où l'on fabrique toutes sortes d'ouvrages.

Plus à l'orient, & au bord du Gange est la ville de *Raji-mool* ou *Ragemaht*, qui paraît être la *Gange regia* de Ptolémée, & est remarquable par ses fortifications, ses temples & divers autres édifices. Il y a eu un palais vaste, & décoré avec soin dont on voit encore les restes: il avait des jardins, des fontaines de marbre, d'albâtre, des arcades, des colonnes sculptées ou de cuivre, de beaux jets d'eau. C'est ici, dit Graaf, qu'on affine l'argent & qu'on frappe les roupies. Les Hollandais y ont un comptoir. *Gingiparsaat* est remarquable par la multitude de ses forgerons & de ses charpentiers : de l'autre côté du Gange, on trouve les ruines de *Gowr* & la petite ville de *Maldah*. Au nord sont les districts de Purrea & du Morung : le premier doit son nom à une petite ville, le second a pour chef-lieu *Amurpore*, située presqu'à la source de la *Dumria*. Celui-ci est terminé par les monts qui bornent le Thibet.

Nous avons été un peu longs dans la description du Bengale, parce que c'est la province de l'Indostan la mieux connue peut-être : nous serons plus courts dans les autres, parce que nous en savons peu de chose.

II. La province de *Bahar* s'étend sur les deux rives du Gange : au midi de ce fleuve on y trouve le bourg de *Naguepore*, à la source du Mahani : *Goya*, voisin de la même riviere, *Rottas* ou *Rodas*, place forte, située sur une montagne, environnée de précipices couverts de bois, revêtue de six grands bastions, entourée de fossés : on n'y parvient que par trois endroits ; au sommet est une petite plaine cultivée avec soin, arrosée par vingt sources : elle est près du *Soan* ou *Soon*, riviere qui se jette dans le Gange & parait être le Sonus d'Arrien : elle en reçoit une dont la source est dans une mine de diamans ; c'est le Gouel : c'est des bords de cette riviere que viennent tous ces beaux diamans qu'on appelle *pointes naïves*. *Soumelpour* qui n'est pas éloigné est un bourg assez grand dont les maisons sont de terre, & les toits de branches de cocos : ses environs sont montueux & hérissés de bois : ce pays est sur les frontieres du pays des Marattes, ou même y est renfermé. A l'orient du Soan est la ville de *Downagore*. *Bahar* qui donne son nom à la Province est dans une île formée par la riviere de *Punchanna*; elle n'est ni vaste, ni florissante.

Au nord du Gange, le Bahar renferme les districts de *Hajepore* & de *Tyroot*. Dans ce dernier est la ville de *Durbonga*, qui est grande & commerçante, située dans un terrein resserré entre le Bogmutty qui l'arrose & la Comla.

III. La province de *Patna* est encore sur les deux rives du Gange, qui reçoit dans son enceinte diverses rivieres, telles que la *Guandal* ou la *Kanda*, la *Dewah*, le *Soan*, la *Jamma* ou *Gemené*, le *Persilis*. La fertilité de son sol la rend commerçante & peuplée : la ville qui lui donne son nom est sur la rive méridionale du Gange, mais sur une colline étendue qui la met à couvert des inondations du fleuve : elle a une lieue & demie de long : presque toutes ses maisons sont couvertes de chaume ou de planches de bambou; elles sont entremêlées çà & là de quelques beaux temples & de palais : un château revêtu de boulevards & de tours fait sa défense : le long du fleuve est une rue bordée de boutiques, qui va d'une extrémité de la ville à d'autres. Au haut de la ville est une place vaste, ornée du palais du gouverneur : on y tient les marchés, & là est une espèce de bourse où se rassemblent les négocians. Les Anglais, les Hollandais y ont un comptoir. Le soufre qu'on rafine à *Chapour* ou *Saapore*, grand village à sept ou huit lieues de cette ville, est l'objet le plus important de son commerce. En suivant le Gange, on arrive à *Monera*, temple célebre, élevé par un Fakir, couvert d'un toit rond, formé de pierres de couleurs différentes, ayant une tour à chaque angle, ceint d'un mur, dont la porte est défendue par une piece de canon : autour est un village & un vivier ombragé par des arbres & entouré de tombes : plusieurs Fakirs y demeurent, & c'est le rendez-vous de ceux qui n'y demeurent pas. *Soëpra*, bourg sur le Gange : c'est le comptoir le plus éloigné des Hollandais : le salpêtre, l'opium qui sont abondans aux environs, sont les objets de leur commerce.

Benarés ou *Banaron* est dans cette province : les orientaux l'appellent aussi *Banarsi*, située sur la rive septentrionale du Gange, dans un pays très-riche & agréable. C'est l'Athènes de la Gentilité, le lieu où se rassemblent les savans Bramines, qui y vivent & y instruisent les jeunes gens sous la direction d'un chef révéré.

IV. *Udessa* est une petite province, bornée à l'orient par la riviere de Martnadi ou Mahanada, au couchant par la Kanda : sa principale ville est *Jokanat*, près de la Kanda.

V. Le *Meouat* est au nord d'Udessa, entre cette province & les monts du Thibet : c'est un pays couvert de montagnes : son chef-lieu est Narnot.

VI. Le *Jejuat* est au couchant de la province dont nous venons de parler. *Rayapare* est sa capitale, & les Français y eurent un comptoir.

VII. Le *Kendouana*, pays montueux, touche encore au Thibet : la Guandal y naît, & peut-être lui a donné son nom : ne serait-ce point le *Condochates* des anciens ; ce peut être aussi la Kandak, qui arrose Pitan. Sa principale ville est *Karach* ou *Kerekatenk* ou *Kateue*, ville sur les bords de l'Ideralis.

VIII. La province de *Gor* est séparée de la derniere par l'Iderolis : ce pays couvert de monts & de forêts, doit son nom à une ville qu'arrose le Persselis, riviere qui y prend sa source.

IX. Celle de *Pitan* offre de beaux vallons, des montagnes élevées, quelques vastes plaines : sa caitale lui donne son nom, & est arrosée par la Kanda qui se jette dans le Gange.

X. Au midi de *Pitan* est celle de *Bakar* ou *Bakish* qui est traversée par le Gange & la Kanda : c'est un pays de plaines fertiles : elle s'étend dans un espace long de soixante lieues, large de vingt-cinq. *Bikanar* sa capitale est une grande ville sur la rive méridionale du Gange.

XI. Au midi de Bakar est la province de *Doab* ou le *Sambal*; fertile & bien arrosée : son premier nom signifie *entre deux eaux*, parce qu'elle est bornée par le Gemné & le Gange : sa principale ville est *Sambal*, sur ce dernier fleuve ; celle d'*Helabas* ou *Halebak*, connue peut-être sous le nom de *Samoalaka* de Ptolemée, est plus ancienne : le nom de *Praye* qu'elle porte, semble rappeller les *Prasii*, peuple qui habitait ces contrées. Il parait qu'elle est la *Palibothra* de Strabon, ville alors la plus florissante de l'Inde, assise sur la rive du Gange, qui y recevait l'Evannoboas ou le Jomanés, aujourd'hui le Gemné. On trouve encore à Helabas des vestiges d'antiquité, & la tradition qui y place la demeure du premier homme la rend vénérable aux Indiens ; elle est bâtie sur une pointe de terre au confluent de deux fleuves ; son château est de pierres de taille & sert de palais au gouverneur : quelques Géographes en font la capitale d'une province particulière.

XII. La province de *Narvar* est séparée de la précédente par le Gemné ou Gemené : au couchant elle est hérissée de montagnes : au levant elle n'est qu'une vaste plaine qu'arrosent le Gemné & le Sind. Sa capitale est *Gehud*, ville sur le Sind : une autre ville a le nom de la province.

XIII. Plus au nord est celle de *Gualor*, dont les bornes au couchant sont marquées par de hautes montagnes d'où descendent plusieurs rivieres qui fertilisent ses champs. Sa capitale est placée sur un mont escarpé, & là est un château immense, dont le grand Mogol faisait sa prison d'Etat. On la nomme aussi Goualiar.

XIV. *Agra* est une des provinces les plus étendues, & les plus riches de l'Empire : elle est arrosée par le Gemné : le territoire en est sec, plat & sablonneux, mais il n'est pas aride : il produit beaucoup de coton : on y fabrique du salpêtre : on y recueille de l'indigo, surtout aux environs de la petite ville de *Bianis*. *Agra* ou *Egré*, qu'on croit être l'*Agara* des anciens, lui donna son nom : on la regarde comme la plus belle de l'Indostan : elle est située sur un sol uni, où l'air est rarement agité & rafraichi, ce qui rend les chaleurs presque intolérables en été. Il faut un jour pour en faire le tour ; mais les maisons en sont écartées, & celles des Omnas & des riches particuliers renferment de spacieux jardins, d'où s'élèvent de grands arbres toujours verds qui y entretiennent la fraicheur ; ils embellissent la perspective que la ville présente, dans un pays surtout où l'on ne respire que pour jouir d'ombrages frais : telles de ses rues sont spacieuses, belles & bordées de maisons bien bâties : telles autres sont construites en arcades, dans un espace d'un quart de lieue, & là sont les marchands & les artistes : le plus grand nombre sont étroites & tortues : elle n'est point fermée de murs, dit Bernier ; elle est ceinte d'un mur de pierres rouges & d'un large fossé, dit Mandelo. On y compte quinze grandes places, soixante & dix mosquées, huit cents bains publics, quatre-vingts karavanserais, bâtis à trois étages, avec des magazins voutés, des écuries, de vastes galeries & de longs corridors. Dans les dehors de la ville, on y voyait çà & là de magnifiques maisons de plaisance. Le palais de l'empereur est très-vaste, environné d'un double mur, flanqué de terrasses, ceint d'un fossé, baigné par les eaux du Gemné : il est partagé en plusieurs cours environnées de portiques : on avait étalé les richesses les plus fastueuses pour l'orner ; l'or, les pierres précieuses en ornaient des parties : une tour était revêtue de lames d'or, & en était remplie, ainsi que de pierres précieuses, de bijoux, de tentes, de tapis superbes, dont on faisait monter la valeur à plus de 1500 millions d'écus. On y montrait aussi un magnifique trône d'or massif.

Les tombeaux sont encore un des ornemens d'Agra : la manie de montrer les richesses qu'on posséda lorsqu'on a cessé d'en jouir, en a fait faire des édifices superbes. Telle était la population de cette ville, qu'on pouvait, disait-on, y trouver deux-cent mille combattans : quarante villes & 4000 villages dépendent d'elle. Ekbar l'avait relevée, l'avait choisie pour sa demeure & lui avait donné son nom, qu'elle n'a pu conserver ; c'est à Delhi que résidait Shah-Tchan, & depuis ce tems Agra semble déchéoir. Sa longitude est de 95 deg. 50', sa latitude de 27 deg. 47 minutes.

Parmi les villes de cette province, on remarque *Jaepour* ou *Jalapour*, située au pied des montagnes, *Felipour*, *Andipour* sur le Gemné, *Scander* sur la même riviere, ville qui pourrait être la *Sandrabatis* de Ptolemée, *Matura*, pagode célebre, connue peut-être des anciens sous le nom de *Methora*. Cette province rapportait près de 50 millions de livres au grand Mogol, selon Otter, & selon Fresier plus de 60 millions.

XV. *Delhi* est située au nord d'Agra, presqu'au

centre de l'empire : elle est arrosée par le Gemné & le Kehker, connu autrefois sous le nom d'Hesidrus, & plusieurs autres rivieres qui descendent des monts qui séparent l'Inde du Thibet. Le sol y est fertile & le climat plus tempéré qu'à Agra. Sa capitale *Delhi* ou *Deheli*, était celle d'un royaume particulier, & quelques Auteurs ont cru qu'elle était celle du royaume de Porus : cette ville ancienne fut abandonnée pour Agra, à laquelle elle a succédé, ou du moins elle lui dispute le titre de capitale de l'Indostan. Shah Jehan rebuté de l'excessive chaleur d'Agra, vint à Dehli, & fit bâtir près d'elle une ville qu'il appella de son nom *Gehannabab* : elle est plus belle que l'ancienne qui tombe en ruines. Ses plus riches négocians sont rassemblés dans une rue longue & large, bordée de portiques dont le dessus est en platte-forme : elle se termine au palais de l'empereur, édifice de demi-lieue de circuit, dont les murs crenelés & flanqués de tours, sont tous de pierres de taille, & ont devant eux un grand fossé, revêtu de pierres & rempli de l'eau du Gemné qui l'arrose. Ses cours sont bordées de portiques, traversées par des canaux, qui de distance en distance forment de petits reservoirs : c'est dans la troisieme cour qu'est la salle d'audience, élevée de quatre pieds au dessus du sol, couverte de trois côtés, & dont la voûte est soutenue par trente-deux pilastres de marbre, que Shah Jehan voulait faire couvrir de pierres précieuses, & qu'il se borna de faire peindre en or & azur : c'est à l'entrée qu'on place le trône de l'empereur : il a la forme d'un lit à colonnes, est couvert de pierreries & d'un riche tapis : à l'un des côtés est un grand parasol soutenu au bout d'une pique : à ses colonnes sont suspendus le sabre, l'arc, le carquois & les flèches du Prince :

u devant de la cour est un espace entouré d'une balustrade d'argent, autour duquel se tiennent les Omras qui sont de garde, & des musiciens qui font entendre une douce mélodie qui n'interrompt point les délibérations : au-delà de la balustrade est un ruisseau qu'on ne passe point sans être appellé pour être entendu. La mosquée du palais a un dôme de plomb si bien doré qu'on le croirait d'or massif : plus loin, sont de magnifiques écuries pour les éléphans & les chevaux ; les arcades qui y conduisent sont fermées par des nattes de bambou. D'autres édifices ornent la nouvelle Dehli : tel est la mosquée bâtie au centre de la ville sur un rocher qu'on applanit, entourée d'une belle place taillée dans le même rocher : quatre grandes rues aboutissent aux quatre faces de ce bâtiment somptueux, auquel on parvient par 25 ou 30 degrés de pierres : les principales portes sont couvertes de plaques de cuivre : le grand portail est orné de minarets, de marbre blanc où les prêtres montent cinq fois le jour pour appeller le peuple à la priere : au centre s'élevent trois dômes parallèles aussi de marbre, dont le plus grand, le plus élevé est au milieu : le reste de l'édifice est sans toit pour le rendre plus frais : les autres parties sont de pierres rouges assez tendres, quoiqu'elles aient l'apparence du marbre.

Dehli est sous le 95 deg. 20' de longitude, & le 28 deg. 20' de latitude. Parmi les autres villes de cette province, on remarque *Assenai* & *Jasampura* sur le Kehker. Elle rapportait annuellement à l'empereur plus de trente-un millions de livres ; selon Fresier, elle en rapportait plus encore qu'Agra.

XVI. Au nord de Dehli est la province de *Siba*, au pied des monts qui séparent l'Inde du Thibet, & d'où l'on voit sortir le Gange d'un rocher, qui a quelque reſſemblance à la tête d'une vache, ce qui le rend reſpectable aux yeux des Indiens qui vénèrent cet animal, & y attire beaucoup de pelerins qui viennent s'y baigner. *Hardouere* eſt la capitale de ce pays: elle eſt dans une plaine, non loin du Gange. Sur l'autre rive du Gange, & plus au midi eſt la ville de *Pizimur*.

XVII. *Jengapour* eſt au couchant de Siba: la partie ſeptentrionale eſt hériſſée de montagnes: la méridionale eſt unie & fertile; ſa capitale lui donna ſon nom: elle eſt arroſée par le Caul ou Kaoul, qui eſt l'Hiphaſis des anciens. *Serhend*, autrefois *Serinda*, eſt encore une ville célebre: là s'arrêta Alexandre, & Juſtinien en tira le ver qui donne la ſoie.

XVIII. *Jemba* eſt au nord de Jengapour: c'eſt une contrée montueuſe & peu habitée: elle prend ſon nom de ſa capitale ſur le Biah ou Viah, qui fut connu des anciens ſous le nom d'*Hidraotés*. Preſqu'à ſa ſource eſt la pagode célebre d'*Imallake* où le Banians accourent en pelerinage.

XIX. *Nagrakut*, province au nord de la précédente, & comme elle limitrophe du Thibet: elle eſt hériſſée de montagnes. Sa capitale lui donne ſon nom; elle eſt ſituée au pied d'une haute montagne, ſur le Raviou Ravei, qui paraît être l'Aceſines des anciens, & eſt célebre par une riche pagode où des pelerins accourent vénérer une idole monſtrueuſe, nommée *Matta*, à laquelle quelques-uns de ces fanatiques offrent un morceau de leur langue. *Karamaka* eſt une ville plus voiſine de la chaîne des monts du petit Thibet, eſt encore un lieu de dévotion pour les Guebres qui y viennent rendre leurs hommages aux flammes d'un volcan.

XX. *Cachemire* ou plutôt *Kashmir*, province

qui fut autrefois un royaume dont les limites s'étendaient dans la Tartarie, & au midi jusques vers la mer : elle n'est aujourd'hui qu'une vallée unie de 30 lieues de long sur 11 de large. L'histoire du pays raconte qu'elle fut autrefois un grand lac qui s'écoula par une ouverture faite dans la montagne haute & large de Baramoule, & probablement par les tremblemens de terre auxquels ce pays est sujet. Aujourd'hui ce pays n'a plus que l'apparence d'un lac : c'est une riche campagne qu'embellit un grand nombre de petites collines qui la bordent en suivant les sinuosités des monts : elle est enclavée dans le fond des montagnes du Caucase, entre celles du Thibet & celles du *Raja-Gamon* : elles forment plusieurs chaînes : la plus basse est peu élevée, revêtue d'arbres & de pâturages où errent une multitude de bestiaux, où l'on trouve des lievres, des gazelles, des civettes, des perdrix, une abondance singuliere d'abeilles ; point de serpens, d'ours, de tigres, de lions : derriere elle s'en éleve une bien plus élevée, toujours couverte de neiges, & dont le sommet au dessus des nuages, est toujours tranquille & lumineux : il en descend en cascades & en sources une multitude de ruisseaux, qui dans la vallée fécondent les champs de riz, puis se réunissent & forment la riviere de Ratab, qui sort à Baramoulé, entre deux rochers escarpés, & va se jetter dans l'Indus près d'Attam. Le pays ne semble qu'un vaste jardin, coupé par un grand nombre de bourgs & de villages, couverts par de beaux arbres, environné de vertes prairies, des champs de riz, de froment, de chanvre, de safran, de différens légumes, où serpentent des canaux sous toutes sortes de formes : les plantes, les arbres, les fleurs y sont les mêmes que celles de l'Europe ; presque tous ses fruits, toutes ses plantes sont potageres. La capitale porte le nom de la province, & parait être la *Caspira* des anciens : elle a trois quarts de lieue de long & demi lieue de large ; mais elle est sans murs : à deux-lieues d'elle, les montagnes forment un bassin circulaire, & versent leurs eaux dans un lac de plus de quatre lieues de tour, qui se dégorge dans la riviere par un canal navigable. Ses édifices sont de bois, bien bâtis, à trois étages : on voit par des ruines qu'autrefois on y bâtissait davantage en pierres de taille : les maisons qui donnent sur la riviere ou sur le lac, ont toutes un jardin, où un canal amène l'eau pour l'arroser, & renferme un petit bateau pour la promenade ; une montagne isolée, nommée *Haryperbel*, montagne de verdure, a sur son sommet une belle mosquée, couronnée de beaux arbres verds, & sur sa pente de belles maisons avec leurs jardins : à l'opposite en est un autre qui a les mêmes beautés, & montre les restes d'un ancien temple d'idoles, qui a le nom de temple de Salomon. Le lac est embelli par de petites îles, qui sont autant de jardins toujours verds, remplis d'arbres fruitiers, & bordés de trembles d'une hauteur extraordinaire : entre le lac & les montagnes on ne voit que des maisons & des jardins : celui du roi est coupé par des canaux magnifiques, bordés de gazons & de peupliers, orné d'un grand nombre de jets d'eau, de reservoirs, de cabinets terminés en dômes & bâtis dans l'eau même, entre les allées de peupliers, avec une gallerie tout autour & des ponts, ayant un grand sallon & quatre chambres à chaque point : les portes sont d'une pierre inconnue qui servirent à des temples d'idoles, & sont plus belles que le marbre & le porphyre.—

Ce pays est un des plus beaux de l'Univers : les
Mogols

Mogols l'appellent le Paradis terrestre des Indes: l'air y est pur & serain; les habitans en sont spirituels & bien faits; les femmes y sont belles: l'industrie, le travail y sont plus actifs que dans les autres contrées de l'Inde: on y fait des espèces de palankins, des lits, des cabinets, des écritoires, divers ouvrages de mercerie, des meubles vernis, & surtout des étoffes, qu'on nomme *Chale*, qui servent aux Mogols & aux Indiens pour se couvrir la tête & les épaules comme d'un manteau; elles sont de laines du pays plus fines que celles d'Espagne; les autres du poil nommé *Touk*, qui se prend sur le poitrail des chèvres du Thibet, plus doux, plus délicat que celui du castor; celles-ci sont les plus chères: elles sont longues d'une aune & demie, larges d'une, & brodées au métier à leurs extrémités: on en fait dans les provinces voisines; mais elles n'ont pas la molesse & la beauté de celle de Kahsmir: ce qu'on trouve de singulier dans ce peuple, c'est qu'il semble conserver plusieurs restes de Judaïsme; les monts y présentent divers phénomènes naturels, la fontaine intermittente de *Send-brary*, qui dans le mois de Mai coule & s'arrête trois fois le jour; une autre qui bouillonne, s'élève, retombe & se calme dans des intervalles irréguliers; une grotte de congélations; un lac dans les montagnes où les vents abattent, renversent, accumulent les glaces qui s'y conservent même pendant l'été: un lieu couvert de fleurs, où le bruit agitant l'air, produit une grande pluie, &c.

Achiavel est une maison de plaisance des anciens rois, orné d'un jardin planté d'allées d'arbres fruitiers, de jets d'eau, de réservoirs pleins de poissons, d'une cascade élevée qui forme une nappe d'eau de 30 à 40 pieds de hauteur, qui réfléchit la lumière de lampions placés dans les niches d'un mur & produit une illumination singuliere : ailleurs est un hermitage flottant sur un lac rempli d'anguilles & couvert d'oiseaux aquatiques. La seule ville remarquable est *Kashmir* ou *Syranakar* sur le Ratab, à deux lieues de Baramoulé. Cette province conquise par Ekbar ou Akbar, rapportait annuellement plus de seize millions de livres au grand Mogol, selon Fresier, & moins de la moitié selon Otter.

XXI. *Kakares* ou *Kakars*, ou encore *Kakarer*, est la province la plus septentrionale de l'empire : elle est séparée de la Buckarie par le Paropamisus, est assez vaste, mais couverte de montagnes, habitée par un peuple peu civilisé : c'est peut-être là qu'habitaient les *Casiriens*, que Pline place sur la pente des montagnes qui séparent les Indiens des Scythes, nation barbare qui se repaissait de corps humains : l'Indus ou le Sind y prend sa source : on n'y remarque que deux villes *Dankali* & *Purhola*.

XXII. On ne sait si l'on doit compter *Caboul* parmi les provinces du Mogol, ou parmi celles de la Perse : Thamas Kouli-Kan se la fit céder, mais à sa mort elle a pu retourner à ses anciens maîtres. Nous en avons parlé à l'article de la Perse. Disons ici que la riviere qui arrose la ville de Caboul est appellée *Rigab*, mais plus souvent *Herzar*, mot Persan, qui signifie *mille*, à cause du grand nombre de villes & de bourgs qui sont sur ses bords : les principales sont *Nekierbe*, *Nimela*, *Alibona*, *Prehaiver*, qu'Otter dit être la capitale d'une province particuliere, & *Devav*, grande ville située au confluent du *Pentche-Kiouré* avec une autre riviere. Cette province rapportait autrefois annuellement dans le trésor du grand Mogol plus de onze millions de livres selon Fresier, & seulement huit millions selon Otter.

XXIII. *Atok*, province au midi de Caboul, au couchant de Kashmir, fut cédée en partie à la Perse: c'est un pays montueux que l'Herzar & l'Indus arrosent; elle doit son nom à la ville d'*Atok*, *Atak*, peut-être *Etak*, située au confluent du Sind & du Ratab, & probablement l'ancienne *Taxila*. C'est une des villes les plus fortes de l'empire. *Ashnagar* est après elle la plus considérable de ces contrées; il semble que ce soit l'antique *Nysa*. *Renas* pourrait être aussi *Aornos*.

XXIV. *Hajakan*, province au couchant de l'Indus ou du Sind, & par conséquent une de celles qui furent cédées à la Perse, dont elles furent autrefois une dépendance. Elle est habitée par les *Balloks* ou *Beloges*, peuples belliqueux qui lui donnaient autrefois leur nom: leurs richesses consistent principalement dans leurs chameaux; ils en commercent; ils les louent, ils guident avec eux les caravannes, & leur fidélité que rien n'altere, les met en sûreté. La ville principale est *Duki* ou *Duckie*, située au pied d'une chaîne de montagnes: *Socotau*, *Pilotou*, *Kanepour* sont encore des villes: les deux dernieres sont au bord de l'Indus.

XXV. *Penjab*, *Pan-ag* ou les cinq eaux, les cinq rivieres, doit son nom au Sind & aux quatre rivieres qui l'arrosent: ces quatre rivieres sont le *Shanrov* ou l'ancien *Hydaspe*; le *Ravei* ou l'*Acesines*, le *Biah* ou l'*Hydraotes*, le *Caül* ou l'*Hyphasis*. Le terroir de cette province est fertile, & produit du riz, du bled, des fruits de toute espèce; c'est une des plus riches & des plus considérables de l'empire. Elle porte quelquefois le nom de sa capitale *Lahor*, *Lahaur*, *Lahawar*, *Lahora*, qui pourrait bien être la *Tahora* des tables Théodosiennes: on a cru aussi qu'elle était la *Buchephalie* d'Alexandre. Elle a été le séjour des maîtres de l'Indostan, & on y voit leur palais magnifique, séparé de la ville par un grand mur, & environné d'un grand nombre d'hôtels & de palais des Omras & principaux officiers. Les maisons de Lahor sont plus hautes que celles d'Agra : elle a des rues longues d'une lieue, mais beaucoup de quartiers déserts & de maisons ruinées depuis que la cour n'y réside plus : ses bains publics sont bâtis à la Persane en voûtes plates, & divisés en plusieurs petites chambres disposées en demi cercle : chaque chambre a deux cuves, l'une remplie d'eau froide, l'autre d'eau chaude : en sortant du bain, on frotte tout le corps avec un gantelet de crin. Ses environs sont arrosés par le Ravei ou Rahrer, qui ravage quelquefois ses bords & change de lit ; mais ses eaux rendent cette contrée extrêmement fertile : de cette ville à Agra, est un chemin planté d'arbres en ligne droite, long de 250 lieues. Cette province rendait 58 millions de livres à l'empereur selon Frésier, & cinquante selon Otter.

XXVI. *Multan* ou *Molitan*, est une grande province au sud de Panjab, partagée par l'Indus, & par conséquent cédée en partie à la Perse : elle paraît être le pays des anciens *Oxidraques* & des *Malliens*, & par sa situation, ses productions, elle pourrait faire un grand commerce, si la négligence ne laissait engorger les rivieres qui l'y faciliteraient : les Baladins qu'elle produit se répandent dans la Perse : ses habitans, leurs femmes mêmes sont braves : celles-ci montent à cheval comme les hommes & manient aussi bien les armes. Sa capitale est grande, ancienne, & commerce avec Agra. On y fabrique beaucoup de toiles : un fort la défend ; des jardins spacieux, des palais ornent ses environs: les Banians forment le plus grand nombre de ses habitans & y exercent l'usure, ainsi que dans la Perse, avec autant de rapacité que les Juifs: on dit qu'une loi y permet à plusieurs freres de prendre une femme en commun, & que les enfans appartiennent à l'aîné. Dans cette ville est la figure d'un homme assis sur un trône quarré, les jambes croisées sous lui, dont les deux yeux ont des pierres précieuses, & que les Indiens vénerent. Il est vêtu en maroquin rouge. A quelque distance de ses murs coulent, le Biah au midi, & le Tschenhau ou Chenab au nord. Parmi les villes de cette province on remarque encore *Sanavaz* sur le Biah, & *Outsché* sur le Sind ou Indus : cette derniere paraît être la ville des Oxidraques. Le revenu annuel de cette province était de 15 millions. Les Orientaux donnent le nom de *Kanounge* à sa capitale, & y font passer le premier méridien.

XXVII. *Bukor* ou *Bukar* située plus au midi, est aussi partagée par le Sind : c'est un pays plat, autrefois riche & peuplé, aujourd'hui assez pauvre, quoique fertile. Sa capitale s'appelle *Bukor*, *Bicanor*, ou *Peker*, ou *Pekier*, & pourrait être la ville royale des *Sogdi*. Elle est placée sur une colline dans une isle : les deux villes de *Sukor* & de *Loubri* sont sur les rives opposées, & ne semblent faire qu'une même ville avec elle : la derniere est défendue par un fort. *Tekor*, *Tekier*, est une ville au bord du Sind, à quelques lieues au midi de Bukor.

XXVIII. *Bando* est située à l'orient de Bukor, à l'occident d'Agra ; elle est grande, riche, peuplée ; sa partie méridionale est hérissée de montagnes. *Bando* ou *Batnir* est située dans une grande plaine : c'est tout ce qu'on en peut dire. *Godak* est sur la pente méridionale de ces monts, *Afmire* ou *Azmer* qui donne quelquefois fon nom à la province, & que des empereurs ont habitée, eft dans un pays montueux, expofé aux orages, aux ravages des torrens: elle fut peut-être l'ancienne *Gagafmira*. Cette province rapporte plus de 45 millions au tréfor royal.

XXIX. *Jeffelmere* ou *Jeffelmire*, eft peuplée & fertile dans fa partie méridionale, & prefque déferte au midi. La ville qui lui donne fon nom eft au pied de hautes montagnes. *Radimpour* fituée vers fes limites méridionales, eft fur la rive du Paddar. Cette province a formé un royaume particulier comme la précédente: on les réunit quelquefois comme n'étant qu'un mème gouvernement.

XXX. *Tatta*, province fituée vers les embouchures du Sind qui y forme plufieurs isles. La ville de ce nom, qui femble être l'ancienne *Patala*, eft fituée à l'endroit où le fleuve fe partage: fur la rive oppofée eft *Nagar*, mot indien qui fignifie ville: un pont les réunit. *Rahemi* eft au midi d'une grande isle formée par le fleuve, connue des anciens fous le nom de *Prafiane*, ou verdoyante: elle eft fertile en dattes, cannes à fucre & *yecoumes*, fruit aigre, de la groffeur d'une pomme: c'eft dans cette isle, au bord du grand bras du Sind, qu'eft fituée *Manfouré*, *Almanfora*, ville d'une étendue médiocre, qui reçut fon nom du calife Al-manfor, fous lequel les Arabes s'en emparerent: elle s'appellait autrefois *Minheuaré*. Les deux principales embouchures de l'Inde y forment deux ports: l'occidental eft appellé *Debil*, *Deiboul* ou *Din-Sindi*, jadis *Barbaricum Oftium*: l'oriental *Lahuri*, qui femble le *Xilenopolis*, ou ville de bois d'Alexandre. Les *Jamites*, brigands cantonnés dans les forèts & les montagnes inaccessibles des provinces voisines, y causent de grands ravages. On lui donne aussi le nom de Scindi: ses revenus annuels étaient de 7 millions.

XXXI. *Soret*, petite province, riche, fertile, mais peu connue, parce qu'elle est peu fréquentée des Européens: elle touche au midi à la province de Guzarate, & à la mer: sa capitale est connue sous le nom de *Jaganet*, ou plutôt, *Janagar*, le Paddar l'arrose. Ce pays répond au Syrasthene des anciens.

XXXII. *Guzarate*, ou *Gutcherat*, ou *Giuzurat*, presqu'isle qui forma un royaume particulier, auquel les Portugais donnèrent le nom de la ville de *Cambaye*, où ils faisaient un grand commerce. Les anciens en désignaient une partie sous le nom de *Larice*. Cette province est longue de 80 lieues, sur une largeur presqu'égale. C'est une des plus riches du Mogol; elle est abondante en riz, en coton, en bleds, en sucre, en gibier, en fruits de toute espèce, en bestiaux dont elle nourrit de nombreux troupeaux. Plusieurs rivieres l'arrosent, & contribuent à sa fertilité: les pluies y sont continuelles, du milieu de juin au milieu de septembre: le ciel y est serein dans les autres mois: une rosée abondante y ranime durant la nuit ce que l'ardente chaleur du soleil y dessèche pendant le jour. Ses manufactures de toiles y rendent le commerce florissant, & on y trouve toutes sortes de bois de construction: presque tous les habitans sont Hindous, & suivent le culte des Bramines. On y trouve aussi des Mogols, des Arabes, des Persans, des Arméniens & des Européens. Les Indiens y ont le teint bazané; les hommes y sont robustes & d'une taille avantageuse, les femmes petites, bien faites, propres, aimant la parure:

leurs cheveux tombent sur leurs épaules; elles couvrent leur tête d'un petit bonnet ou d'un crêpe bordé d'or qu'elles croisent sur leur estomac, & dont les extrêmités tombent sur les genoux; celles qui sont opulentes se distinguent par la richesse de leurs habillemens, & par les pierres précieuses dont elles se chargent le cou, les oreilles, & les narines: leurs bras nuds jusqu'au coude sont ornés de bracelets; leur sein est découvert. On y compte un grand nombre de villes opulentes: nous allons jetter un coup-d'œil sur les principales.

Amadabad est la capitale de ce pays, ou du moins elle l'était: elle fut d'abord un bourg nommé *Esavul*: un roi nommé Ahmed l'aggrandit, & lui donna son nom; en y comprenant ses fauxbourgs, elle a eu sept lieues de circonférence; elle est bien peuplée, ses rues sont larges, bordées de belles maisons; ses mosquées, le palais du gouverneur y attirent l'attention: la principale place ou le *Maidan Shah* a 1600 pieds de long sur 800 de large; elle est ornée d'un double rang de palmiers & de thamarins, entremêlés d'orangers & de citronniers qui raffraichissent l'air, & rendent la perspective plus charmante; elle est ceinte d'un large fossé sec, & d'un mur flanqué de tours: ses dehors sont embellis par un grand nombre de jardins & de maisons de plaisance dans une belle situation: ses tombeaux mêmes ajoutent à ses beautés; celui qu'un roi fit élever à son précepteur est le plus beau de tous, & a servi de sépulture à des rois: tout y est de marbre, & l'on y compte 400 colonnes. Le principal commerce de cette ville consiste en étoffes de soie & de coton qu'on y fabrique; on fait venir les soies du dehors; celles du pays sont un peu grossieres: on y commerce encore en sucre candi, en assonade, en confitures, en cumin, miel, vernis, opium, borax, gingembre, salpêtre, sel ammoniac, & sur-tout en indigo qu'on y nomme *anil*: on y trafique beaucoup en musc, ambre gris, & diamans que le pays ne produit pas. Son territoire renferme 25 bourgs & près de 3000 villages: ses revenus montent à 18 millions.

Cambaye, *Cambaiat*, *Kienbait*, est une des plus grandes & des plus belles villes de l'Inde, située à une lieue du golfe auquel elle donna son nom, & avec laquelle elle communique par la riviere de May qui l'arrose. Ses maisons sont bâties de pierres, de briques, ou de marbre: ses rues sont larges, bien alignées, & la plupart ont des barrieres qui se ferment la nuit: on y compte trois basans ou marchés: on y voit quatre citernes publiques assez spacieuses pour fournir de l'eau à toute la ville dans les grandes sécheresses: elle est revêtue d'une forte muraille dans une circonférence de deux lieues. Son principal commerce consiste en épiceries, en dents d'éléphans, en étoffes de soie & de coton, en d'autres marchandises, qu'on y apporte de toutes parts: ses habitans vont à Diu, à Goa, à Achem, dans l'Arabie, dans la Perse pour y trafiquer: son commerce serait plus florissant si elle avait un bon port; mais le sien n'a que sept brasses d'eau dans les plus hautes marées: le golfe même qui y conduit, est semé d'écueils couverts d'eau dans le tems du flux; son ouverture a huit lieues de large; sa profondeur est de trente: c'est l'antique *Barigezenus Sinus*.

Surat, *Soret*, *Sourat*, *Mahourat*, est située au midi de Cambaya sur le Taphy ou Tapti qui forme son port: moins étendue que la ville que nous venons de décrire, elle est aussi belle & plus riche encore : ses édifices sont bâtis avec solidité ; des palais & son château décorent sa grande place : les maisons sont lambrissées au dehors ; les murs & les planchers sont revêtus de carreaux de porcelaines, & embellis par des vases : le jour y pénétre au travers des carreaux d'écaille & de nacre qui temperent l'éclat du jour, sans trop l'affaiblir : les toîts sont formés en terrasses où l'on vient respirer la fraîcheur du soir : quelquefois on y passe la nuit. On y admire un réservoir magnifique, à seize côtés, dont chacun est long de cent pas ; il est pavé de grandes pierres unies, & l'on y descend par trois pentes douces : au centre s'éleve un bâtiment quarré où l'on n'arrive qu'en bateau : l'eau s'y rend de fort loin par un beau canal, qui ne le remplit que de l'eau qui tombe dans la saison des pluies : son fort a pour fossé la riviere même, & elle en rend les approches difficiles : cette citadelle était dans les mains d'un brigand qui désolait la ville & les environs par ses déprédations ; les Anglais l'en chasserent, & depuis ce tems ils la possedent du consentement du Grand-Mogol : la ville a encore un gouverneur qui préside à l'administration de la justice, & a sous ses ordres le *Kutual*, officier de police, qui veille pendant la nuit, & en éloigne les vols, les meurtres, & y rend les disputes rares ; la même sûreté regne dans les grands chemins confiés à la direction d'un *Pourſdar*. Diverses nations habitent cette ville, mais sur-tout des Arabes, des Persans, des Turcs, en moindre nombre encore que les Arméniens, qui sont le peuple le plus répandu, le plus actif pour le commerce, & dont la langue est la plus connue en Asie. Ses environs sont fertiles en riz, en bleds, en cannes à sucre : les pluies, les rosées, la nature du sol y dispensent du soin de umer les champs : on remarque que lorsqu'on y transplante les cannes à sucre, on couche les boutures dans de grands sillons jonchés de ces petits poissons qu'on nomme *goujons*. Le raisin y croit en quelques lieux, mais sa qualité y est médiocre, & l'on n'en fait qu'un vin aigre qu'on ne peut boire sans y mêler du sucre : on y fait diverses liqueurs avec le suc de quelques arbres, comme du cocotier, d'une espece de palmiers nommés *codgiour*, & d'un autre arbre connu sous le nom de *baboul*. Près de la ville, on remarque un hôpital pour les vaches, les chevaux, les chevres, les chiens & autres animaux, lorsqu'ils sont hors d'état de travailler. Ovington parle aussi d'un autre hôpital pour les punaises, les poux, les puces & autres insectes, auxquels on donne quelquefois une nourriture agréable, en engageant des hommes à y passer la nuit; on les en recompense honnêtement; ce dernier fait nous semble douteux. Çà & là les dehors de Surate sont embellis par des maisons de plaisance : celle qu'on appelle le *jardin de la princesse*, est une maison charmante, située au milieu d'un jardin coupé par un canal qui y serpente & y forme des réservoirs, & planté d'arbres fruitiers, distribués avec goût.

Le port de Suzate est un des meilleurs de la côte, & n'est pas excellent : le Tapti, dont les eaux sont un peu salées près de ses murs, le forme : ce port ne peut recevoir que des navires de 70 à 80 tonneaux, mais à quatre lieues de là est le port de *Soali* où l'on débarque ordinairement les marchandises. On y fabrique des vaisseaux d'un bois utile, presqu'incorruptible, dont les cordages sont faits d'écorce de cocotier, moins maniables, mais plus solides que les nôtres, & leurs voiles sont de coton, moins durables, mais plus flexibles que celles de chanvre : la gomme de l'arbre *damar* leur sert de poix : le poivre, les épiceries, les toiles de coton, les étoffes de soie sont les principaux objets du commerce qui s'y fait : l'or y est très-fin ; des amandes ameres y servent de menues monnaies.

Naapoura, petite ville sur un ruisseau qui se jette dans le Tapti : c'est dans ses environs que croît le raisin qu'on mange à Surate. *Nassari, Ganduy, Balsara*, sont trois petites villes maritimes du territoire de Surate, où l'on commerce en toiles ; & près desquelles sont les forêts des bois qui servent à la construction des édifices & des navires. *Daman*, située au midi de Surate, est regardée comme faisant partie de la même province. Gemelli Careri nous dit que ses habitans sont des Portugais nés dans les Indes d'un pere blanc & d'une mere noire, qu'il y a des Gentils, des Mores qui ne peuvent y exercer leur culte, que divers ordres de moines y ont de beaux couvens : une petite riviere la sépare de l'ancienne ville, amas de cabanes habitées par des artisans Indiens ou Mores : le port est entr'elles, mais les barques n'y entrent qu'à la haute marée : le roi de Portugal y entretient une garnison qui défend la ville, & un petit fort à trois bastions.

Broitschia, ville au nord de Surate, à sept lieues de la mer, sur une montagne élevée, dont la Sepra ou Cepra baigne le pied : un mur épais, joint à sa situation, la fait regarder comme une forteresse : elle n'est presqu'habitée que par des tisserans qui fabriquent les *bastas*, qui sont les plus fines toiles de la province : son terroir est fertile, abondant en riz, froment, orge, coton, indigo : sur les montagnes voisines on trouve des agathes : sa jurisdiction s'étend sur 84 villages.

Brodra, autrefois *Rodiapor*, ville dans une plaine sablonneuse, où serpente le Vasset qui naît au pied du mont d'Ambari : un mur & des bastions l'environnent : presque tous ses habitans sont tisserans ou teinturiers : au dedans & au dehors de ses murs sont des tombeaux magnifiques, ornés de jardins. Son territoire produit du coton, de l'indigo, une laque d'un roux foncé, qu'on tire d'arbres semblables au prunier, & à laquelle les Indiens donnent les teintes qu'il leur plaît : la noire est la plus belle. Les toiles qu'on y fabrique sont étroites, mais très-belles.

Nariad ou *Niriaud*, petite ville : ses maisons sont assez belles : les toiles de coton & l'indigo font sa richesse. *Mamadebath*, petite ville sur une riviere poissonneuse : ses habitans sont Banians & commercent en fils de coton : elle est agréable & a un beau château.

Goga, grand bourg au bord du golfe de Cambaye, sur une petite riviere qui s'y jette : on y fabrique des toiles du coton que son territoire produit : c'est par-là qu'il est connu, ainsi que le bourg de *Pattepane*, & celui de *Mangerolle* situé dans l'intérieur de la presqu'isle.

Bisantagan, au centre de la presqu'isle, est une de ses plus grandes villes, & l'on y compte, dit-on, près de 20000 maisons : ses campagnes sont riches en riz, en bleds, en coton ; ses pâturages abondans nourrissent une multitude de bestiaux.

Pettan, ville qui eut, dit-on, six lieues de circuit : son commerce affaibli ne lui a laissé qu'une grandeur apparente, & quelques monumens de son opulence détruite : parmi eux, on remarque son château, & une pagode qui fut un des plus beaux temples de l'Orient, & dont la voûte est soutenue par plus de mille colonnes dont la plupart font de marbre.

Cheytepour ou *Shitpour*, ville dont la garnison sert à protéger les caravannes, & dont les habitans sont des Banians occupés au filage du coton.

La province de Guzarate rapportait au Grand-Mogol un revenu annuel de 58 millions, selon Otter, & de 40, selon Fresier.

XXXIII. *Chitor* ou *Audish*, ou *Owd*, province montueuse qui dépend en grande partie d'un prince Indien qui se dit le descendant de Porus, & se fait nommer le fils de celui qui se sauva du déluge : selon des auteurs, son pays se nomme *Zedussié*, sa capitale *Vsepour*, & les princes de sa race *Rana*, ou homme de bonne mine : on dit qu'il peut mettre en campagne 200000 fantassins & 50000 chevaux : seul des rois ou rajas Indiens, il partageait avec le Grand-Mogol le droit de marcher sous le parasol. Otter nomme aussi sa capitale *Audish*, ou *Tchoutpour*, ville située sur une montagne aride : en général il pleut rarement dans ce pays. Chitor fut une ville qui eut six lieues de circonférence, elle était défendue par une citadelle très-forte qui n'est aujourd'hui, ainsi que la ville, qu'un monceau de ruines. On y voit des restes de colonnes, de temples superbes, de tours qui annoncent son ancienne opulence : elle était bâtie sur une montagne. *Heribath*, ville médiocre, dont les murs furent détruits par Tamerlan, & qu'on n'a pas relevé depuis. *Dantige*, petite ville dans les montagnes. *Goddah*, ville fermée de murs, située dans les plus riches campagnes, remplies de jardins & de beaux villages : elle est belle, bien bâtie, ornée de beaux édifices publics, de places décorées de réservoirs d'eaux, environnés de galeries dont les arcades sont de pierres le taille, avec des degrés qui regnent autour.

Cette province rapportait au Grand-Mogol, selon Fresier, environ 23 millions de livres.

XXXIV. *Maloué* ou *Malwa*, & *Mulwa*, province à l'orient de la précédente; elle est hérissée de montagnes, mais elles laissent entr'elles de grands espaces dont la fertilité est admirable. *Rantipour* est sa capitale; c'est une ville commerçante, & cependant mal connue. *Calleada*, ville sur les rives de la Sepra ou Scepte, où siegerent autrefois les rois de la contrée. *Mandoa* est un vaste château situé sur une montagne escarpée, ceinte d'un mur qui a sept lieues de tour. *Ugen*, autrefois capitale d'un royaume de son nom, est aussi sur un mont, vis-à-vis de Calleade : elle paraît être l'*Ozene* des anciens. *Serampour* est dans une vallée qui a de fort hautes montagnes au nord. Cette province rapportait 28 millions de livres au Grand-Mogol, selon Fresier, ou 23, selon Otter.

XXXV. *Candish* ou *Kandish*, province étendue, qu'Ekbar joignit à ses vastes possessions, située au midi de la province précédente. Son sol est fertile, quoique semé de grandes chaînes de montagnes : c'est celui de tout l'Indostan qui produit le plus de coton. *Brampour*, située au confluent de deux petites rivieres qui se jettent ensemble dans le Tapti, en est la capitale : c'est une ville mal bâtie, mais peuplée & riche par son commerce. On y fait des mousselines d'une extrême finesse, dont les plus précieuses sont les *ornis*; elles sont moitié or, moitié coton. *Serralia*, *Pala*, *Andi*, située à la source de la riviere de ce nom. *Chempour*, *Baterpour*, en sont les principales villes. Le Tapti sépare cette province du pays de *Partabza*, sujet à un prince Indien qui payait tribut au Mogol, &

qui le paye aujourd'hui aux Marattes, dont les poſſeſſions la limitent au midi. Les revenus de Candish montaient à plus de 30 millions, ſelon Freſier, de 27, ſelon Otter.

XXXVI. *Barar* ou *Berar*, province qui, de celle de Candish, s'étend juſqu'à celle du Bengale : elle eſt très-peu connue : la ſituation de ſa capitale eſt incertaine, mais on en connaît le nom, c'eſt *Schapora*. Une partie de ce pays eſt poſſédé par les Marattes, dont nous parlerons plus bas. Les revenus de cette province étaient de 39 millions, ſelon Otter, & de 42, ſelon Freſier.

LE DECAN.

CE nom vient peut-être de *Dachan*, mot par lequel les Indiens désignaient autrefois le midi, & qui avait formé le nom de *Dachanabades*, que les anciens donnaient à ce pays. Aureng-Zeb conquit cet Etat, & en forma une vice-royauté ou soubabie, dont le possesseur, dans le tems de l'invasion de Shah-Nadir qu'il favorisa, s'appellait *Nizam-El-moulouk* ou protecteur de l'empire; il ne conserva qu'une dépendance apparente. Sa jurisdiction s'étend de Brampour au nord jusqu'au cap de Comorin, & vers l'orient jusqu'à la mer. Six provinces en dépendaient: le nombre de ses sujets montaient à environ 35 millions. C'est le pays connu chez les Orientaux sous le nom de *Soumenât*. Les Marattes se sont emparés d'une partie des contrées qui le formaient. Toutes ces contrées sont mal connues, on n'en a que des notions assez décousues, ainsi que de l'Indostan; on ignore les limites communes des diférens Etats, & malgré le desir que nous aurions d'en donner des idées exactes & précises, nous sommes forcés à n'en donner que de vagues. D'ailleurs, les révolutions y sont si fréquentes, qu'en traçant le tableau connu de ces contrées, il peut avoir changé déja quelquefois de maîtres: s'il est un peuple qui menace de s'en emparer, c'est ce peuple Indien long-tems ignoré, aujourd'hui célebre par ses brigandages & ses succès, auquel on a donné le nom de Marattes: nous en ferons un article séparé après celui-ci.

Le Decan forme l'intérieur de la presqu'isle en-deçà le Gange. Ce pays conquis dans le huitieme siecle par des Arabes, tomba sur la fin du treizieme sous la puissance d'une dynastie de princes Turcs, qui, de la Perse étaient venus dans l'Inde, & s'étaient emparés de Dehly. *Mahmud Shah Nasr Addin*, sixieme roi de cette race, conquit les royaumes de Visapour & de Golkonde, & laissa, pour veiller sur ses conquêtes, *Habad Shah*, l'un de ses généraux, qui bientôt aspira à l'indépendance : son neveu *Madura* y parvint, & joignit le Carnate à ses Etats, auxquels il donna le nom de *Dekan*, qui signifie, dit-on, *assemblée de plusieurs nations*.

Peu de tems après cet empire se divisa : les gouverneurs des provinces particulieres se firent rois. Le Mogol *Ekbar* en conquit une partie. Aureng-zeb acheva de les soumettre ; mais après sa mort, les guerres civiles ont affaibli son empire, & divers Indiens ont secoué le joug. Le Dekan comprend les provinces de Belagate, d'Elenga, de Golkonde, de Visapour & de Carnate, que nous décrirons sans rechercher des divisions plus exactes sur lesquelles nous pourrions nous tromper.

I. *Visapour* ou *Wiseinagaram*, province ou royaume qui est borné à l'orient par celui de Golkonde, au midi par celui de Carnate, au couchant & vers le nord par les Marattes : il peut avoir cent lieues de long & un peu moins de large. Le pays est très-riche, peuplé, abondant en grains, en riz, en coton, en fruits. On l'appelle quelquefois *Cunkau* : le peuple y suit la religion des Banians ; les chefs des villes sont Mahométans ; mais les rajas Indiens qui sont dans les montagnes suivent la religion du peuple. *Visapour*, sa capitale, est une grande ville : il y a un siecle & demi qu'un voyageur lui trouva cinq lieues de circonférence ; mais elle a déchu depuis lors : elle avait cinq grands fauxbourgs : le palais des rois formait le centre de la ville, & en était séparé par un double mur & un double fossé : le Mandova ou Mindoux l'arrose ; ses murs sont d'une hauteur extraordinaire ; & ils étaient, dit-on, défendus par plus de mille pieces d'artillerie de différent calibre. Les maisons en sont de bois & de terre ; leurs toits sont de chaume, & leurs portes si petites, qu'on n'y entre que courbé. Le territoire de cette ville produit beaucoup de poivre.

Graen, ville partagée par le Corsena qui se jette dans le golfe de Bengale près de Masulipatnam : elle n'est pas éloignée de Visapour, & est fort grande.

Myrsie ou *Mizzeou*, selon le voyageur Dellon. Elle est à six lieues de Graen : c'est une ville qui couvre un grand espace, mais qui est mal peuplée ; vers la partie du nord elle a un château qui résista à tous les efforts des Mogols : les habitans y vénerent deux antiques tombeaux. Cette ville est voisine de la mer ; une petite riviere lui forme un port médiocre, & on y fait un grand commerce de poivre : le pays qui l'environne est agréable, & sur-tout fertile en riz. *Rajapour*, ville sur une riviere qui y conduit les grandes barques dans le tems du flux ; la mer en est à quatre lieues : les Français & les Anglais y ont un comptoir. On y fabrique des toiles très-fines ; ses environs sont abondans en poivre, en salpêtre, en bois, en singes incommodes par leur familiarité, mais que les Indiens respectent : près d'elle est une source d'eau chaude très-salutaire. Les autres villes sont *Tolecot*, *Attem*, *Homouar*.

II. *Balagate*, province conquise par Ekbar, & dont une partie appartient aux Marattes : elle a eu le nom de royaume ; c'est un beau pays arrosé par la Ganga & le Muler, abondant en sucre & en coton : on y voit des moutons très-forts & sans cornes, qui portent la selle ; & un enfant assis sur elle, dirige l'animal avec la bride. Sa capitale est *Aurengabad*, bâtie ou plutôt embellie par Aureng-zeb, qui lui donna son nom : ici résidaient les vice-rois ou soubahs du Decan : ses rues sont larges, & ombragées par deux rangs d'arbres ; elle n'est point ceinte de murs : parmi ses édifices on remarque sur la rive d'un petit lac qui touche à la ville une mosquée magnifique, en marbre blanc, élevée pour servir de tombeau à une des femmes d'Aureng-zeb : le marbre en fut tiré de Lahor. On y voit aussi un palais bâti par le même prince, comme un monument de la victoire qu'il y remporta sur un de ses freres. Cette ville est commerçante, & c'est après Delhi la plus peuplée de l'empire du Mogol.

Doltabad, forteresse près de la frontiere de Guzarate, sur une montagne si escarpée, que le chemin qu'on y a pratiqué, ne peut recevoir à la fois qu'un cheval ou un chameau : la ville proprement dite est à son pied. Elle florissait par son commerce, mais les guerres l'ont ruinée.

Andanagar ou *Amadanagar*, ville dans une vaste plaine, qu'arrose la riviere de Benhora. Elle fut autrefois la capitale d'un petit royaume.

Chitinagar est une ville remarquable par une pagode fameuse, & un palais demeuré imparfait, dont les parties achevées faisaient entrevoir la magnificence projettée.

Bedir, grande ville bien fortifiée & bien bâtie, célebre par le grand nombre de ses pagodes, où les Indiens viennent vénérer des idoles monstrueuses.

Patri, grande ville sur une riviere qui se jette dans la Ganga. *Nadour* est sur le Muler dont les commerçans doivent payer le passage.

III. *Elenga* ou *Talenga*, province au midi de celle de Balagate, & qui, des frontieres de Visapour, s'étend jusqu'aux montagnes d'Orixa : elle a de hautes montagnes & des vallées charmantes : la Mangera en est la riviere la plus considérable. Ses principales villes sont *Sherbider* & *Indur* : cette derniere est arrosée par une petite riviere poissonneuse qui se jette dans la Mangera. *Kandear* est un château fort sur une montagne. *Gundelvai* & *Indelvai* sont d'assez grandes villes, où l'on fabrique les meilleures lames de l'Inde. *Sitinaga* est une petite ville dans une plaine sablonneuse.

IV. *Golgonde* ou *Golkonde*, province qui forma un royaume puissant, agité par différentes révolutions. On le connaît un peu mieux que les provinces précédentes, & par cette raison nous nous y arrêterons davantage.

Il a 80 lieues de long sur 40 à 50 de large. C'est un pays fertile, coupé de lacs, d'étangs, dont plusieurs sont bordés par des chaussées longues de demi lieue, qui forment des réservoirs fermés par des écluses qu'on ouvre dans les tems de sécheresse : il produit beaucoup de riz & de bleds, dont on fait deux & quelquefois trois moissons chaque année: il nourrit un grand nombre de bestiaux & de volailles. Le climat y est sain : les chaleurs y sont excessives, lorsque le vent du couchant souffle dans la saison sèche qui commence en mars, & finit en juin : le voyageur alors risque d'être étouffé en chemin : la saison pluvieuse rafraîchit l'air, & répand la fertilité dans les campagnes; les jours qui séparent ces deux saisons, forment l'hiver qui y ressemble à nos beaux printems; les arbres y sont toujours verds; ils produisent des fruits dans tous les mois de l'année.

Les foubahs s'en font rendus les fouverains héréditaires, ainfi que des provinces voifines: ils y réfident, ils y poffedent les terres, nomment à trente nababies, & commandent à des rois Indiens puiffans. Leurs revenus montent à plus de 260 millions de livres. Leurs miniftres, leurs officiers civils & militaires font Mahométans; le peuple eft de la religion des Bramines, qui fe diftingue de celle des peuples voifins, par quelques inftitutions différentes: il y eft partagé en quarante-quatre tribus, dont les deux principales font celles des Bramines & des *Famgams*: les premiers font médecins, aftronomes, magiciens; les feconds font des prêtres comme eux, mais ils menent une vie plus auftere, vivent de lait & de légumes, & s'abftiennent de l'oignon dont les veines pourprées ont quelque reffemblance avec celles du corps humain. Les femmes proftituées forment une des autres tribus, & l'on en compte 20000 dans la capitale. Le foir, à la fraîcheur, elles fe montrent à la porte des huttes qui forment leur demeure; & quand la nuit vient, elles allument une lampe qui fert d'invitation aux paffans. Les *Piriaves*, nommés *Parias*, à la côte de Coromandel, font la tribu la plus méprifée: on ne leur permet pas d'habiter la ville; ils préparent des cuirs, font des fandales, fe louent comme ouvriers ou comme valets aux étrangers. L'ufage qui faifait confumer la femme vivante fur le bucher du cadavre de fon époux, y a ceffé. Les hommes y font grands, bien faits, robuftes; leur teint eft olivâtre, leur caractere doux & civil: ils font fobres, timides, fuperftitieux: deux efpeces de tabliers de coton blanc, dont l'un va de la ceinture aux genoux, & l'autre couvre leurs épaules & leurs reins, forment tout leur habillement: les enfans y vont nuds jufqu'à huit ans, on les lave tous les jours: il est des filles qui deviennent meres à douze ans.

La plus grande richesse de ce pays vient de ses mines de diamans: les principales sont autour de *Raolkonda* & de *Coulour*, ou *Gani*, dans des lieux où l'on ne voit que des rocs nuds, que des sables stériles: toutes les deux sont près des rives de la Corsena ou Khrisrate, & le prince les afferme: les diamans s'y trouvent mêlés à une terre sablonneuse, rougeâtre, avec des nuances de blanc & de jaune, qui remplit les veines du roc: il faut briser ce roc pour trouver ces veines qui disparaissent souvent: on seche, on pile, on vanne le sable, on l'étend, & alors on cherche les diamans: quelquefois on les vend brut: ordinairement on les polit avec des roues d'acier, & il s'en fait un grand commerce. On trouve aussi dans ce pays beaucoup de crystal, de grenats, de saphirs, d'amethistes, de topases, d'agathes, sur-tout dans les rivieres voisines des mines de Raolkonda. Le bezoar le plus parfait se tire de cette province qui nourrit le *pasan*, quadrupede dans les intestins duquel il se forme: on y trouve encore beaucoup de mines de fer & d'acier, mais point d'or ni de cuivre. A ces richesses naturelles, on doit joindre de belles étoffes de coton qu'on y fabrique, peintes au pinceau avec des couleurs qui ne s'effacent jamais, qu'on tire d'une plante particuliere au pays, & que les habitans nomment *chay*. Les Nababies d'*Arcate*, de *Canoul*, de *Cadapé*, de *Ragimandie*, de *Chicakol*, dépendent de Golconde.

Bagnagar ou *Hibradand*, ou *Eiderabad* en est la capitale: elle fut bâtie à la fin du dernier siecle par Aureng-zeb, autour d'une belle maison de plaisance, ornée de jardins superbes, dans une campagne unie, semée de grands débris de rocs : la riviere qui y paſſe porte le même nom & ſe perd plus au midi dans la Corſena : on la traverſe ſur un port qui ſerait magnifique même en Europe. La ville eſt bien bâtie, les rues en ſont belles, mais mal pavées, on y compte près de 100 mille habitans ; devant elle eſt le grand fauxbourg d'*Ereng-abat* qui a une lieue de long, & n'eſt habité que par des marchands & des artiſans. On y voit beaucoup de temples dont quelques-uns ſervent de caravanſerais. A trois lieues de-là eſt une magnifique moſquée, tombeau des anciens princes.

Golkonde eſt ſituée à deux lieues de Bagnagar : c'eſt une forterèſſe qui a plus de 3 lieues d'enceinte & où les rois réſidaient. Le palais en eſt vaſte & très-riche ; environné des palais des principaux ſeigneurs, & de caravanſerais à deux étages : au milieu de ſa façade eſt un grand balcon, d'où le roi donnait audience à ſes ſujets. La magnificence de ce palais, ſurpaſſe, dit-on, celle des autres palais de l'Inde ; l'or y brille juſques dans les barreaux des fenêtres : les terraſſes qui forment le toit des appartemens, ſupportent des jardins ſuſpendus ſur des voûtes & où végétent de très-gros arbres.

Tenara, ville à 4 lieues de *Golkonde*, où l'on voit quatre grands caravanſerais, accompagnés de jardins ; ils ſont d'une conſtruction très-ſolide, à double étage, compoſés de grandes galeries, de ſalles très-vaſtes, d'appartemens nombreux & commodes, où les dames ſont logées ſéparément ; le devant renferme des cellules où l'on reçoit les pauvres qui y ſont nourris gratuitement de pain, de riz, & de légumes.

Cundapoli eſt défendue par 60 tours, & renferme des champs de riz & des vergers remplis d'arbres fruitiers ; elle eſt ſituée ſur un rocher ; on n'y parvient que par un chemin étroit ; un mur épais flanqué de bastions enferme l'enceinte. *Sarhelkepen*, petite ville connue autrefois sous le nom de royaume de *Bisnagar*, de *Narzingue*, ou de *Chandegri*. On compte encore 60 places fortes dans cet Etat.

V. Le *Carnate*, est plus étendu que la province particuliere de Golkonde. Il renferme tout le pays au midi de Visapour, & de Golkonde, est borné à l'orient par le golfe de Bengale, & au midi par les petits royaumes de Meissour & de Tanjaour : il rapporte des revenus considérables, fondés en grande partie sur la récolte des grains, qui dépend de la quantité d'eau qu'on met en réserve pendant la saison des pluies, pour suppléer à leur défaut pendant la saison séche : on a bâti pour cet usage de grands réservoirs, dont la construction & la réparation qui sont très-fortes dans les inondations fréquentes, exigent des frais qui écrasent le fermier, quand le prince ne s'en charge pas : s'il les néglige, & exige cependant toujours les mêmes revenus, le fermier opprimé devient l'oppresseur du laboureur, & la misere monte à son comble par les vexations des collecteurs : la premiere source est l'avarice cruelle du Nabab. Les limites des Nababies qui le forment, & leur situation sont mal connues, c'est par cette raison que nous ne ferons aucune division. Le Carnate est arrosé par le *Caveri*, qui a sa source dans les montagnes de Gatte, & a un cours de près de 150 lieues ; il se divise en plusieurs bras avant de se jetter dans le golfe de Bengale : il fertilise le pays, mais les inondations en sont redoutables.

Bisnagar ou *Chandegri*, en fut la capitale : elle lui donna son nom, c'était au moins la plus grande ville du pays : elle est située sur le sommet d'une montagne, & ceinte d'un triple mur dont le circuit embrasse plus de 3 lieues; là résidaient les rois dans un palais spacieux, & magnifiquement décoré: le commerce y est considérable par l'industrie des habitans & la richesse du sol. Aussi ses anciens rois pouvaient mettre en campagne 100 mille fantassins, 30 mille cavaliers & un grand nombre d'éléphans: il prenait le titre de rois des rois, & de mari de mille femmes: leur empire fut facilement détruit.

Tripente, ville sur une petite riviere qui se perd dans la Corsena ou Khrisna, sur une colline: on y voit une pagode dont le tour forme un escalier revêtu de pierres de taille, dont les moindres sont longues de dix pieds & larges de trois. On y vénere plusieurs idoles, mais celle surtout d'une femme de bout, environnées d'autres figures dans des postures lascives; toutes sont de marbre.

Gandicot ou *Gandicotta*, ville forte sur le sommet d'une haute montagne, où l'on n'arrive que par un chemin étroit pratiqué dans le rocher, & bordé d'effroyables précipices: au bas est une petite plaine qu'arrosent un grand nombre de sources, & où prosperent le riz & le millet. On n'entre dans la ville que par une petite porte fortifiée de trois murs de pierres de taille avec des fossés à fond de cuve, revêtus de la même pierre.

Ranibeda-lara ou *Ranibedda-lura*, sont des villes assez considérables, mal connues.

Tripeti, *Tirupeti*, pagode qui ne peut être le *Tripanté* de Tavernier: celle-ci est sur une haute montagne à une lieue de Chandegri: c'est un temple fameux, la Lorette des Indes: tous les ans on y célebre la fête du Dieu, & les pélerins y sont si nombreux & si dévôts, que leurs offrandes rapportent annuellement 510,000 livres de revenus, sans compter ce que les Bramines qui les reçoivent s'en réfervent pour eux-mêmes.

Canoul, ville forte, qui a un château, de mauvais murs & un fossé pour défense. C'est une Nababie que les Mogols avaient donné à des Patanes ou Afgans, peuple guerrier du nord de l'Inde qui fait la force de leurs armées. Il en était de même de *Cadapé* ou *Cadapa*, petite ville où se fait assez de commerce : le territoire de la Nababie à laquelle elle donne son nom, n'est pas considérable.

Anantapouram, ville où siege un Rajah Indien dont les possessions sont étendues : son palais est beau : au devant est un jardin embelli par des jets d'eau & des allées d'arbres. *Shirpi* ou *Chirpi*, près des frontieres du Messour a un Nabab qui réside à *Cotta-Cotta*, ville peuplée & dont dépend encore *Coralam* ou *Colalam*, ville déchue & cependant grande & peuplée encore, & *Davandapatti*; elle est ceinte d'un mur & où commande un Poligar. *Punganur*, ville sur le Palaru défendue par une forteresse ; elle est grande & peuplée, ses rues sont larges & sales, ses maisons sont laides & mal bâties. On y vénere le Lingam. *Cangibouran* ou peut-être *Canjevaran*, ville qui donne son nom à une province & où l'on voit une grande pagode. On y comptoit dit-on, autrefois 300,000 ames, & l'on y gardait des lames de cuivre où l'ordre des castes était reglé. *Adoni*, ville dont le territoire est considérable. *Trivady* ou *Tiruwahir*, pagode qui sert de forteresse à un Pattah ou grande bourgade qui lui est contigue. *Tarcolan* ou *Takoalan*, ville florissante autrefois; les Mogols ont détruit ses pagodes, elle existe encore & leur sert de forteresse.

Arcatte, *Arkadu*, grande ville, capitale d'une Nababie, & même du Carnate auquel on a prétendu qu'elle a donné son nom : elle est sur le Palaru : son fort a plus d'un mille de tour, mais il est antique & délabré : elle est riche & commerçante : Ptolémée en parle sous le nom d'*Arcati* ; à quelques lieues de ses murs est le lac de *Kaweri*, qui a huit lieues de long, & d'où sort la riviere de *Kortelear*. *Velour*, grande ville sur le Palaru : elle est riche, ceinte de murs, défendue par une forteresse redoutable aux Indiens, construite par un roi Maratte ; ses larges fossés sont pleins de crocodiles dont quelques-uns sont d'une grosseur énorme. *Amour*, forteresse sur le sommet d'une haute montagne, à dix-huit lieues au couchant d'Arcate : entr'elle, les montagnes, & un lac qui en est peu éloigné, est un passage important qui du Maissour conduit dans le centre du Carnate. *Tiru-mallery* ou *Tirounamaley*, ville où l'on remarque des édifices & des portiques magnifiques consacrés aux Dieux des Indiens, & à une multitude de singes qu'on y nourrit & vénere, si l'on en croit le pere Barbier : on y remarque encore des monumens élevés en l'honneur de femmes que la superstition conduisit à la mort sur le bucher de leurs époux. *Ballabaram*, ville qui donne son nom à une province : elle est considérable par son étendue, par sa population, & parce qu'elle soutint un siege contre toutes les forces du roi de Messour ou Maissour. *Polikunda Baram*, ville sur une montagne, près du Wal-arru. Les missionnaires font venir le nom de *Carnate* d'une forteresse voisine d'*Arcadu* ou *Arear* nommée *Carnata*.

Verdachelum, grande pagode fortifiée à 3 lieues de la mer. *Gingy* fut la résidence d'un prince Maratte, & c'est là que *Sevagy* qui devint roi de ce peuple brigand était né : elle est dans une plaine ceinte d'une forte muraille flanquée de tours, qui plus d'une lieue de circonférence : auprès d'elle sont ois montagnes rudes, & escarpées sur lesquelles on a levé des forts ; elles sont unies par des murs & es tours placées d'espace en espace. La ville est ngue de 600 toises, large de 200 : sur une quaième montagne est une pagode magnifique, ceinte 'un double mur ; toutes ces montagnes ont des urces abondantes. Le vaste palais des anciens rois iste encore. *Vickravandy*, ville entourée d'un isseau qui lui sert de fossé. *Scheringham* ou *Shiranuan*, île formée par le Caveri qui s'y partage en n grand nombre de bras ; celui qui coule au nord t le *Colram*, il se décharge à *Divicoté*, fort qui apartient aux Anglais, & leur fut cédé par le roi de anjaour. Cette île est fameuse dans l'Indostan par grande pagode qui lui donne son nom : ce temple t formé par sept enclos quarrés, renfermés les ns dans les autres, & dont les murs sont hauts de ente-cinq pieds, épais de quatre : ces enclos sont 350 pieds de distance les uns des autres, chacun quatre portes & une haute tour au milieu de haque côté de l'enclos, le mur le plus intérieur a ne lieue & demi de our : la porte du midi, est orée de colonnes d'une seule pierre de trente-trois ieds de haut & de cinq de diametre : c'est dans cette erniere que sont les chapelles. Ce temple est vénéré arce qu'on y conserve une antique image de Vitchou : les pélerins y accourent porter des offrandes. lus loin est la grande pagode de *Jembikisma*, qui 'a qu'une seule enceinte. La plus grande partie du evenu de cette île est destinée pour fournir aux beoins des Bramines qui habitent Scheringham, & qui ont été au nombre de 40 mille : ils y vivent dans ne grande subordination, & s'endorment dans le sein d'une volupté que rien ne trouble (*). *Trichenapaly*, ou *Tirichanapali*, grande ville à 250 toises de la branche méridionale du Caveri, à 32 lieues de la mer : sa forme est un parallelogramme : elle a deux lieues de tour, deux enceintes de murs d'une hauteur inégale avec des remparts de pierre, & un fossé plein d'eau : vers le nord elle a un roc de 250 pieds de haut d'où l'on découvre une grande étendue de pays. Cette ville a été très-commerçante, & le nombre de ses habitans fut de 400 mille. Elle eut un prince particulier, a dépendu ensuite du roi de Tanjaour, & aujourd'hui les Anglais la possèdent. *Weycondah*, fort qui n'était d'abord qu'une pagode & un *Choultri*, situés sur le sommet d'un roc haut de cinq toises & environné d'un mur, d'un rempart & d'un parapet étroit. Nous nous bornons à ces villes seules un peu connues, dans un pays dont les cartes & les descriptions inexactes arrêtent à chaque pas par des différences embarrassantes, & par des contradictions.

(*) On dit que le diamant acheté par l'impératrice de Russie, & qui est le plus grand que l'on connaisse, formait un œil de la statue. Un grenadier Français déserta, se revêtit de la pagne Malabare, devint un Pandaron en sous-ordre, eut entrée à son tour dans le temple, convoita les beaux yeux de la divinité, lui en vola un, s'enfuit à Madras, le vendit pour 50,000 livres à un capitaine qui le revendit 300,000 à un Juif. Un marchand qui l'acheta bien plus cher du Juif le vendit à l'impératrice 3 millions de livres : il est d'une belle eau, est de la grosseur d'un œuf de pigeon, & pese 779 carats. Nous verrons une histoire semblable pour le rubis de Jagrenate.

PAYS DES MARATTES.

Ce peuple est plus célebre que bien connu : on ne sait point quelles sont les limites précises de ses possessions : il habite les chaînes des montagnes de la presqu'île de l'Inde en-deçà le Gange, connues sous le nom de Gattes, à l'orient de Bombay, de Goa, de Calecut ; il étend ses possessions jusques sur une partie de la province d'Orixa sur les frontieres du Bengale : il possédait différentes villes du Carnate dont les Mogols le forcerent de se retirer, mais dont ceux-ci, lui céderent une partie des revenus pour l'engager à porter ailleurs ses courses, & leurs brigandages : ils ont partagé avec lui les revenus du Decan & du Bengale. Ces peuples n'ont jamais pu être soumis à paier un tribut. Les sujets dépendent de différens princes, qui eux-mêmes reconnaissent l'autorité d'un chef commun, qui a le titre de *Nana*, ou chef suprême. Ils habitent un pays très-étendu, & aiment la guerre par choix. On y voit les laboureurs, les paisibles fabricans quitter avec fureur leurs charrues & leurs métiers pour courir aux combats : ils ne reçoivent qu'une éducation militaire ; leurs armées n'ont d'abord été composées que de cavalerie avec laquelle on leur a vu faire des marches de dix-huit lieues par jour. Accoutumés depuis long-tems au pillage & aux hasards de la guerre, ils sont toujours prêts à quitter leur pays pour ravager les territoires voisins, & imposer des tributs aux princes qui les possedent. Ils développent alors tous les vices des soldats & des brigands, se montrent féroces & cruels, disperfent les troupeaux, renversent les maisons, brûlent les villages, dépouillent, assassinent, mutilent, mettent à la torture les malheureux dont ils se sont rendus maîtres pour les forcer de découvrir leurs trésors : on ne sait d'où vient le nom sous lequel on nous les fait connaitre ; on dit qu'il vient d'un mot Portugais qui signifie *Brigands* : l'exact Otter leur donna le nom de *Marchais* & ce pourrait bien être leur véritable nom.

Autrefois ils se renfermaient dans leurs montagnes où les irruptions des Arabes des Tartares, des Mogols, faisaient refluer les peuples de la plaine qui y trouvaient un asyle : ils trouverent ces montagnes incultes, ils y établirent une culture florissante : l'intérêt, la religion, des malheurs communs unirent leurs rajas ou chefs, & cette union les préserva du joug de leurs tyrans : ils s'en vengerent d'abord par des courses continuelles : c'étoit parmi eux qu'on pouvait connaitre les anciens usages dans toute leur pureté, les loix, les mœurs des anciens Indiens ; ils regardaient leurs chefs comme des peres de familles : chacun y restait paisiblement dans sa tribu, dans son occupation, dans sa secte : le besoin seul les dirigeait dans leurs habillemens, dans la forme de leurs maisons ; sur leur tête est un turban ; une ceinture cache leur nudité ; un manteau qui les couvre le jour leur sert de lit pendant la nuit ; les mets les plus simples, le riz, le lait, les fruits, des racines toujours préparées de la même maniere, suffisent à leurs besoins. Mais aujourd'hui qu'ils ont appris à connaitre, à estimer les fruits du brigandage, qu'ils ont gagné des batailles, fait des conquêtes, amassé des richesses, ils se sont livrés à tous les vices de la licence. D'abord ils se sont bornés à détrousser des caravanes ; puis excités par leurs voisins, ils sont sortis en foule de leurs rochers :

hers : leurs chevaux font petits, robuftes, exercés, d'un pas fûr, accoutumés à fe nourrir de ce qu'ils trouvent en chemin, mangeant fans s'arrêter, ils font avec eux des marches rapides, menacent tous leurs voifins, & s'échappent facilement à leurs pourfuites quand le fort leur eft contraire : un petit fac de riz, une bouteille de cuir pleine d'eau, forment toutes leurs provifions : un fabre eft leur feule arme, mais il eft d'une trempe bien fupérieure à ceux d'Europe : c'eft avec ces armes, ces inftitutions, qu'ils fe font rendus la terreur de l'Inde, qu'ils ont dépofé & foutenu des empereurs, effrayé les nations Européennes. On pourrait préfumer qu'ils deviendraient un jour les maîtres de l'Indoftan, s'ils étaient réunis fous une forme de gouvernement plus régulier; mais les regles qui fuffifaient pour entretenir l'union chez un peuple fimple, font faibles pour un peuple conquérant : leurs généraux choifis parmi les rajas, contractent des alliances fans confulter leur chef ou Nana; ils font la guerre fans fon aveu, & s'ils font heureux, ils forment des Etats indépendans, ou dont la liaifon avec leur nation eft bien faible : cette divifion fauvera probablement de leur joug les poffeffions des Européens en Afie.

On remarque cependant qu'ils fuivent un fyftême régulier pour la maniere de faire la guerre, qu'ayant reconnu les avantages de l'infanterie, ils en forment des corps qui pourraient devenir redoutables, s'ils adoptent la difcipline Européenne, s'ils favent employer leurs riches revenus pour les accroître encore. Ils fourniffent des fecours dangereux aux princes qui fe combattent, & font toujours pour celui qui les paie le mieux.

Tome IX. S s

On ne connaît que le nom de leur capitale ; c'est *Sittarah* ou *Satara*.

Nous avons dit qu'ils possédaient une partie de la province d'*Orixa*, & cette province nous ramene sur les côtes que nous suivrons pour finir cette description de l'Asie.

Côte d'Orixa.

Orixa, fut autrefois un royaume qui touchait d'un côté au Bengale, de l'autre au Coromandel, dans une étendue de côtes de 200 lieues sur environ 30 de large.

Le sol y est plat, humide, fertile : la chaleur y est extrême, parce qu'il a au nord une chaîne de hautes montagnes presqu'inaccessibles. Le pays y est riche, le peuple y est pauvre : il parle une langue particuliere qu'on nomme l'Uriasch ; sa religion est la même que celle de ses voisins. Cette province est presque toute entiere partagée entre les Anglais & les Marattes : elle s'étend du Bengale à Massulipatam, ou dans un sens plus resserrés jusqu'à Bilimipatnam.

Les derniers y possedent le *Catak* ou *Catok*, ou le *Cuttak*, district étendu, arrosé par diverses rivieres & formant la partie nord-est d'Orixa : les Anglais le leur ont abandonné pour les dédommager du tribut qu'ils avaient imposé au Bengale, & qu'on se dispensait de leur payer. *Balasser* situé sur un bras de la *Ganga* ou *Gangahar* lui sert de port, elle est célebre par le commerce des belles toiles blanches nommées *Sanas*, & de ces étoffes tissues d'une soie grossiere qu'on trouve sur les arbres. Les Anglais, les Français, les Hollandais y ont des loges. Les maîtres de ce district n'y ont pas encouragé l'industrie, ils ne l'y ont pas éteinte : de Balaſſor, partent encore des vaiſſeaux pour les Maldives, qui y portent de groſſes toiles, du riz, des ſoieries, du poivre, & en rapportent des kauris qui ſervent de monnaies au Bengale : ſes habitans commercent auſſi avec les nations ſituées au-delà du Gange. Ce diſtrict doit ſon nom à une ville ſituée dans une île longue de cinq lieues, large de deux, formée par la riviere de Mahanada, à vingt lieues de ſon embouchure dans la mer. Cette ville avait un Nabab nommé par le grand Mogol.

Jagrenat, eſt une grande ville célebre par une grande pagode qui eſt à une lieue dans les terres : c'eſt une des quatre pagodes les plus célebres, les plus riches de l'Inde : le temple eſt magnifique, vaſte, élevé ; on le découvre de douze lieues en mer, dans un tems ſerein : l'or, les perles, les pierreries ſont un de ſes ornemens : des pélerins y accourent de toutes parts ; il donne ſon nom à la ville qui l'environne. On dit que des pêcheurs après un orage furieux, ayant trouvé une poutre dont le ſang coula au premier coup de hâche que lui donna le charpentier, (*) crierent tous au miracle ; on en fit une ſtatue groſſiere dont les bras ſont étendus & tronçonnés au-deſſous du coude. Un de ſes yeux était un gros rubis qu'un Français déguiſé trouva moyen de lui arracher.

Barampour, eſt une grande ville où l'on fait un grand commerce de toiles & de ſoieries :

_____

(*) Le fait peut être une fable ; il peut être vrai : il croit ſur la plage oppoſée du golfe un arbre dont le bois eſt rouge, que les vers rongent & que l'eau pénetre : elle en prend la couleur ; & voilà de quoi faire un Dieu révéré pendant deux ſiecles par une multitude imbécile, conduite par des prêtres intéreſſés & fripons.

elle a une forteresse qui consiste en deux rocs d'une hauteur médiocre, environnés d'une muraille de pierre presqu'aussi dure que le marbre, & qui a un mille de circuit : ses environs sont des campagnes unies, bien cultivées jusqu'aux montagnes près desquelles on fait deux moissons de riz & de bled par année; l'air y est plus sain, & le bétail plus gras, plus vigoureux qu'au Bengale.

Ganjam, ville florissante par le commerce : le port en est commode, assez profond pour les vaisseaux de deux à trois cent tonneaux, ce qui est rare sur cette côte : on y construit beaucoup de vaisseaux ; la jalousie des habitans en a éloigné les Européens : dans la crainte qu'on ne les opprime, ils ne souffrent point dans leur ville de maisons ceintes de murs : il n'y a qu'une pagode & le palais du gouverneur qui soient de briques. Les Anglais s'y étaient cependant établis : toutes les maisons sont de terre grasse, enduites de chaux, couvertes de paille & de joncs : ses rues sont étroites, mal alignées : elle s'étend le long d'une riviere.

Une partie de la côte & l'intérieur du pays, est partagé en quatre Cerdars ou provinces que les Français s'étaient faits céder par le Souba Salabetzingue, & que les Anglais possedent aujourd'hui ; nous les parcourons rapidement.

La province de *Chicacol*, est bornée au nord par une chaîne de montagnes qui la sépare du Cuttak, au couchant par la même chaîne qui la sépare du Decan, au midi par la riviere de Rajimandrie, au levant par la mer : plusieurs rivieres l'arrosent, la fertilisent & lui forment de petits ports. C'est la province la plus propre au commerce : elle est la plus étendue, la plus abondante en denrées. La ville qui lui donne son nom, est à une lieue & demi de la mer, mais la riviere de Mafousbander y porte des vaiffeaux de 80 tonneaux, & lui fert de port. La province de *Rajimandrie*, fuit au midi celle de Chicacol: fa principale richeffe eft dans fes forêts de bois de Teck, bois bien moins dur que le cédre, auffi incorruptible, excellent pour la conftruction des vaiffeaux; il fert à la menuiferie, à la charpente, à faire des meubles, c'eft le feul pays de ces côtes qui en fourniffent, & la riviere de Gandavri qui l'arrofe en facilite le tranfport. C'eft de cette province que dépend *Yanaon*, établiffement français dont la fituation eft importante par le grand nombre d'excellentes toiles qui fe fabriquent fur les côtes voifines. Le *Gandavry* eft une des fept branches de la Ganga ou Gandahar; fes ravages ont formé différentes îles, telles qu'*Entrevidi* près de Narfapour, *Bandamourkola*, où les Anglais font établis, & où ils font à portée des fabriques, furtout de celle d'*Amblapour*, ville célebre pour les toiles fines qui s'y font. L'île eft un ovale d'une lieue & demi de long. Le Gandavry forme encore une multitude de canaux qui fertilifent le pays; cette fertilité y raffemble un grand nombre de tifferans.

La province d'*Elours* touche à celle de Rajimandrie; elle renferme des mines abondantes d'un fer excellent, & faciles à exploiter: le fer s'y trouve prefque fans mèlange, & le bois, le charbon y font fous la main: on prétend qu'il y a des mines d'argent. Sa capitale *Elours* eft riche & célebre par fa manufacture de tapis de pied, objet d'un grand commerce pour l'Inde & pour l'Europe.

La province de *Mouftafa nagar* touche au nord à celle d'Elours, au couchant à la chaîne des monts qui bordent le pays, au midi à la Chrifchena, Khrifnha ou Corfena, à l'orient à la province de Mafulipatan : elle renferme la mine de diamans de *Par-theal*, d'où sont sortis ceux qu'on estime les plus beaux. La capitale est *Besoara*, dont la situation est avantageuse, & la rend importante; elle peut être fortifiée à peu de frais, défendue d'un côté par les montagnes, & de l'autre par une riviere.

Bimilipatnam est une petite ville où l'on fabrique des toiles : quelques auteurs terminent ici la côte d'Orixa, & nomment *côte de Gergelin* la partie qui s'étend de ce lieu à Masulipatnam : on y trouve quelques isles & quelques établissemens dont nous parlerons bientôt. *Visigapatnam* est un bourg de 6000 Indiens pauvres : les Anglais y avaient un comptoir.

Masulipatnam, ville à l'entrée d'un canal sorti d'un bras de la Chrischena : un autre bras coule au midi; c'est la capitale d'une province divisée en plusieurs districts : sa situation est avantageuse pour le commerce : les toiles qu'on y peint, & qu'on travaille dans ses environs, sont très-estimées : l'air en est mal sain : la chaleur y est extrême au mois de mai : on y voit sur le canal un pont de bois qu'on croit être le plus long qu'il y ait au monde. On y tenait autrefois la plus belle foire de tout l'Indostan, dont elle était la ville la plus riche & la plus peuplée. On dit qu'elle fut fondée par une colonie d'Arabes dans le quatorzieme siecle : peut-être elle est plus ancienne, car Ptolémée parle du pays de *Mesolia*, & Masulipatnam signifie *Ville de Masuli*. Elle est encore aujourd'hui très commerçante : les plantes qui servent à la teinture de ses toiles, dégénerent par-tout ailleurs, & cet avantage lui assure la supériorité sur les pays voisins : elle a encore des salines qui rendent jusqu'à 200000 livres. Toutes les nations Européennes y ont eu des comptoirs : les Français s'en rendirent maîtres, & se la firent céder par le souba Mouzaferzingue : les Anglais leur ont succédé.

Les Français possédaient encore aux environs de cette ville quelques isles & deux petites provinces : nous dirons d'abord un mot de celles-ci.

Nisampatnam est une province étroite entre la riviere de Chiplet, qui est la principale embouchure de la Khrisnha & celle de Gondegamma : elle doit son nom à un village qu'on nommait autrefois Petapoli : son sol est sablonneux & peu fertile : la partie qui est comme enclavée dans la province de Condavir, est seule abondante en grains ; elle a de bonnes salines, mais le sel n'en est pas également estimé : on y trouve quelques bourgs ou aldées remplies de tisserans ; on y compte 513 métiers propres à fabriquer les plus beaux mouchoirs & des guingans de différentes sortes : mais ce pays est dépeuplé près de la mer, il y manque des matériaux en tous genres ; il n'y a point d'abord commode, elle forme un enfoncement inaccessible pendant toute la mousson du sud, & devant elle s'étend l'isle longue & étroite de Cotepalam, qui n'est couverte que de sable, & n'est séparée du continent que par un petit bras où les petits bateaux seuls peuvent entrer.

Condavir est une province plus étendue que la précédente qu'elle environne : la Khrisnha la borne à l'orient : le district de *Viviconda*, celui d'*Ongol* en dépendent : ses productions sont abondantes, elle a beaucoup de manufactures où l'on fabrique des mouchoirs, des guingans, des étoffes de toutes couleurs, qu'on recherche aux Philippines, & dans l'Inde & la Perse : on y comptait plus de douze cent métiers. C'est dans cette province que naissent les monts qui bordent la côte d'Orixa, & la rendent presqu'inaccessible. Revenons aux isles : celles de *Divi*, formées par différens bras de la Khrisnha, sont très-fertiles, sur-tout quand la riviere se déborde, & que les pluies sont abondantes : on y comptait, il y a peu de tems, 300 métiers de mouchoirs & de guingans.

Entre les Divi & Masulipatnam, est le district de *Devra-Cotta*, dont les terres sont excellentes : il y a peu de métiers : puis ceux de *Gondour*, d'*Acclamarat*, de *Tandour*, de *Bondora*, de *Tomidy* & de *Pedanna*, qui remplissent l'espace entre Masulipatnam, dont les quatre premieres dépendent, & le territoire de Narsapour : leur sol est abondant en riz, mais on n'y trouve point de fabriques.

Narsapour, ville où l'on fabrique des toiles de plusieurs especes, ainsi que dans son territoire : un grand nombre de peintres s'occupent à les peindre, mais les couleurs en sont moins bonnes qu'à Masulipatnam ; on en accuse la qualité des eaux. De là jusqu'à Yanaon, le pays est coupé de canaux, & rempli de tisserans. L'isle d'*Entrevidy* commence à la pointe de Gandavry ou d'Yanaon : à trois lieues d'elle est celle de *Bandamourlauka* ; les Anglais ont affermé cette derniere, & nous en avons parlé. Celle d'*Elquilipa* à l'entrée de la riviere qui la forme, en est presque couverte dans les grands débordemens. *Nellapelli* est encore une petite isle qui servait autrefois aux Anglais, pour blanchir les toiles. *Corenguy*, isle formée par l'impétuosité du Gandavri ; elle est située très-avantageusement pour le commerce : le sol y est d'un grand rapport par les fruits qu'elle produit. Venons à la Côte de Coromandel.

Côte de Coromandel.

Les Indiens donnent ce nom à la partie de la côte qui s'étend du cap Comorin à Porto Nove; les Portugais étendirent cette dénomination à la Côte de Carnate, qui aujourd'hui est devenue seule pour nous la côte de Coromandel. Ce nom vient, selon M. le Gentil, de *Mandalam*, cercle ou royaume, & de *Soja* ou *Choja*, nom d'un roi de Maduré : de Choja Madalam on a fait Coromandel. Selon Niecamp, il vient de *Mandalam*, royaume, & de *Sôren*, fameux roi des Malabares : on appella ses Etats *Sorhamandalam* : ces deux opinions d'hommes instruits qui ne se sont point consultés, paraissent être la même, & s'appuyer réciproquement.

Ce pays n'a pas proprement d'hiver ni d'été, on n'y distingue les saisons que par le tems où soufflent les vents de terre, & celui où soufflent les vents du nord : les premiers sont violens & d'une chaleur excessive ; ils élevent des tourbillons de poussiere & de sable qu'ils jettent dans la mer : on n'ose alors sortir, il semble qu'on soit à la bouche d'un four enflammé ; le sable même est brûlant : quoique dans une maison bien fermée, le linge paraît sortir du feu : ils ne font point suer, mais desséchent la peau comme un parchemin ; ils commencent en mai ; quelquefois des orages, des pluies les précedent & les temperent : si le mois d'avril est sec, ils rendent l'air accablant, & font monter le thermomètre à 36 degrés ; on les a vu souffler trente jours de suite ; ils seraient insupportables, si des brises légéres ne se faisaient sentir vers le soir ou sur le matin. Un ouragan, des pluies qui durent vingt jours, annoncent ordinairement la saison suivante, pendant laquelle les vents soufflent du nord & du nord-est, & c'est le seul hiver de cette côte où les arbres sont toujours verts: cette saison est la plus agréable du pays, sur la fin sur-tout, vers les mois de février & de mars, les campagnes égayent l'imagination, & rappellent à la mémoire les descriptions riantes des champs Elisées; mais elle est dangereuse pour les vaisseaux, parce qu'un ouragan s'y forme en un instant.

Le pays est beau, le ciel y est plus majestueux, & l'éclat de la lune y fait de la nuit un nouveau jour: les terres y rendent deux récoltes de *nellu* ou riz qui fait la nourriture du peuple; les fruits y sont abondans: les arbres en portent toute l'année, & se reproduisent de boutures comme les saules: les plus estimés sont les cocotiers, & on en prend beaucoup de soin; les feuilles de l'arbre *oles* servent de papier. Celles de figuier, dont quelques-unes ont huit pieds de long & deux de large, servent de plats & d'assiettes: il y a des forêts entières de ce dernier arbre, & leur fruit a le goût de la fraise: on y recueille une figue longue qu'on croit être la mandragore de la Genese: l'*alam* ou racine d'arbres, ou arbre de pagodes, parce qu'on les en entoure, est un arbre dont les branches se recourbant sur la terre, s'y attachent, & y jettent des racines & de nouveaux troncs, & forment des bois touffus: les citroniers, les grenadiers y prosperent; le *carumbu* y donne un sucre peu inférieur à celui de la canne: le *canealon* y donne une résine d'un parfum agréable: la vigne n'y réussit pas: on y trouve deux sortes de poivres: le *fend-codtei* sert pour teindre en noir, le *manschel* pour teindre en jaune: on y cultive toutes sortes de légumes: les Européens y ont porté la courge & le tabac: les animaux different un peu de ceux d'Europe: l'ours y a le museau plus long & plus pointu : le tchakal y déterre les cadavres dans les fosses ; le cerf y est plus petit, les singes y sont grands : on y trouve des boucs qui sont sauvages & noirs : il y a peu de chevaux, beaucoup d'ânes, de vaches, de bœufs agiles & vigoureux : les brebis y approchent de la figure de la chevre. Il y a diverses especes de tigres dans l'Inde, mais point au Coromandel, pays uni & plat. Parmi les oiseaux, on distingue le perroquet, & le corbeau qui y sont nombreux, familiers & criards : le *nannuvar* qui ressemble à notre étourneau, le *caruvadtuvali* qui a de grands rapports à notre hirondelle : les paons, les éperviers, les faucons, les alouettes, beaucoup d'autres especes y abondent : il en est un remarquable par la structure de son nid : nous en avons parlé sous le nom d'oiseau tailleur : on le nomme ici *tuckinan-curuvi*, oiseau pendant. On n'y voit ni aigles, ni cygnes, ni cigognes, ni grues, mais différentes especes d'oiseaux aquatiques, desquels nous ne nommerons que le *madapra*, qui a un bec long d'une brasse & large de deux doigts : il s'en sert pour chercher les poissons dans les étangs. La volaille domestique y est peu nombreuse : les poules y sont peu estimées, & le coq d'Inde fort rare.

Les insectes y sont très-multipliés : diverses especes de fourmis y obligent de suspendre les lits ; il en est qui percent & minent les murailles : il s'en jette des millions sur la viande, sur le sucre qui peut être à leur portée : la morsure du scorpion y est douloureuse, sans y être mortelle : les serpens y sont communs, on les y apprivoise ; l'expérience y a fait découvrir quelques remedes contre leur venin : on aime & conserve dans les maisons une espece de lézards adroits à prendre les mouches : les chauve-souris y infectent les maisons ; il en est une espece de la grosseur d'un petit chat, dont les pauvres se nourrissent; un gros rat y dévaste les jardins. Ce ne sont pas là les seuls insectes du pays; mais il serait long & inutile d'en faire ici l'énumération.

Les incommodités qu'on y éprouve, sont la grande chaleur, les ébulitions de sang qu'elle cause, le flux de sang, maladie toujours longue, souvent suivie de la mort; la *mort de chien*, mal terrible qui tue en trente heures; la rage y est terrible & commune par le nombre de chiens qui en sont attaqués chaque année: peut-être est-elle d'autant plus dangereuse, que la chaleur n'y fait point suer. Ce sont là les maladies les plus redoutables qu'y éprouvent les Européens: les insectes y en causent quelques autres, mais la plupart ne sont qu'incommodes: tels sont les moustiques dont on ne peut se garantir pendant la nuit, & qui disparaissent le jour; c'est une espece de mouches à jambes très-longues, & dont la piquûre est très-vive: dès le soir, on les entend bourdonner, & ils font du tems destiné au repos un long tourment: une sorte de vipere que les Portugais y appellent *cobra de capelo*, y est fort dangereuse: la couleuvre menille y est redoutable encore, mais ces reptiles ne mordent presque jamais que ceux qui les foulent aux pieds par mégarde: quelquefois ils viennent se coucher dans les lits, & ils n'y mordent que lorsqu'on les blesse.

Les anciens habitans du pays sont les *Parias*, hommes méprisés, & qui ne s'occupent que des travaux les plus vils: ils vivaient errans autour de leurs marais, quand les Tamouls ou Tamules, nation du Maduré & de Tanjaour, vint s'emparer de leur pays, & les força de quitter les bois, bienfait qu'ils semblent craindre de faire sentir par la bas-

PAYS DES MARATTES. 653

fesse où ils les retiennent. Ces Tamouls ont une langue distincte du Malabar; ils adoraient le dieu Baouth, qui semble être le Foë des Chinois, le *Bout* des Tonquinois, le Sommonacodom des Siamois, & quelques familles lui rendent encore en secret leurs hommages: les Brames venus du nord ont détruit son culte pour faire embrasser le leur.

Ces Indiens d'origine différente sont beaux & bien faits; leur teint est olivâtre, leurs yeux noirs & pleins de feu: les femmes n'y ont connu ni le maillot, ni les corps à baleines; la nature a fait leur taille, & elles sont très-bien faites; leurs traits ne different pas de celles d'Europe: c'est dans la caste des Bramines sur-tout, qu'on voit les plus belles femmes, les plus beaux enfans; elles sont très-fideles, très-douces, & leur éducation se borne à quelques préceptes de religion: celle des hommes est d'apprendre à lire, à écrire, à compter: un Brame les instruit sous des auvens: en général ils sont adroits & font des miracles de patience: l'ouvrier estimé y gagne 5 sols par jour, & il nourrit avec ce salaire, lui, sa femme & ses enfans: il est vrai qu'ils sont d'une sobriété extrême, mais aussi ils ne résistent pas à un travail un peu fort: ils font tout avec le tems: ils taillent des blocs immenses du granit le plus dur avec un poinçon & un petit marteau: leur constance inspire de l'admiration dans la construction de leurs pagodes: une vache qui erre la nuit indique par la bouze qu'elle y dépose le lieu où l'on doit placer la colonne qui supporte la statue du dieu: autour on forme une enceinte de murailles avec une galerie formée par des piliers hauts de vingt pieds, qui soutiennent un toit plat, au dessous duquel sont des idoles singulieres: il y a toujours un étang dans la cour, au milieu de laquelle s'éleve une pyramide chargée d'ornemens, qui repréfentent les attributs & les aventures du dieu: nulle ouverture n'y amene le jour que par une porte très-étroite & baffe, qui fait diftinguer des niches où font des figures dans des attitudes déshonnètes; l'air qu'on y refpire ne fe renouvelle point, & la puanteur qu'y répandent les chauve-fouris, fait un cachot de ces demeures de la divinité: une belle avenue d'arbres y conduit, & on y entre par un portail formé par une grande pyramide: ces tours ou pyramides ont fouvent près de 100 pieds de hauteur: la fculpture, l'architecture, tout en eft gothique, on n'en approche qu'avec un faint refpect. Le dieu qu'on y recele eft quelquefois promené par la ville dans les calamités publiques, ou pour demander de la pluie: une populace nombreufe le précéde & le fuit; on le place en face d'un efpace couvert de charbon ardent, voifin d'un bourbier; & des Indiens, les pieds & le corps nuds, traverfent le brafier, en fautant & chantant; ils fe hâtent d'arriver à la fange, puis le foir on reconduit le dieu à la lueur des flambeaux.

Revenons au lieu où nous avons quitté la defcription de la côte. La premiere ville un peu confidérable que l'on trouve au midi de Mazulipatnam, eft *Paliacate* ou *Pallikata*: elle eft fituée fur une plage ouverte, & défendue par un fort de quatre baftions où les Hollandais entretiennent deux cent hommes; elle appartint d'abord aux Portugais: on y fabrique des mouchoirs & des toiles peintes; le commerce y eft avantageux. Au nord de cette ville eft le lac d'*Erikan*, long de huit lieues, qui reçoit plufieurs rivieres, & communique à la mer par un canal: il renferme une isle remplie de ronces & de ferpens, où les Hollandais fe rendent en chaloupe, ils y ont un village : ils tirent beaucoup de salpêtre des environs de Paliacate. Dix lieues plus loin est la ville de *Madras*, nommée aussi *Jenna-Patnam*, & *St. George*, du fort que les Anglais y ont élevé : entre ces deux villes est un canal qui sépare le continent du rivage que la mer dégrade tous les jours : la riviere de *Cortelaer* qui vient du lac de Kaweripakkam, remplit ce canal & le traverse. *Madraz* fut bâtie en 1667 par Guilaume Langhorne, au bord de la mer, sur un terein sablonneux, aride, sans eau potable, qui a deux lieues de côte, moins de demi lieue de large, & qui lui fut accordé par le Grand-Mogol. La ville est partagée en trois divisions ; celle du midi s'étend du nord au sud, dans un espace de 200 toises sur 50 de large : des Anglais ou d'autres Européens qu'ils protégent y demeurent, & y ont environ cinquante maisons, une église anglaise & une catholique : là sont le comptoir & les bâtimens de la compagnie ; c'est ce qu'on appelle le fort *St. George* ou la *Ville Blanche* : un mur peu épais, quatre bastions, autant de batteries très-faibles & d'une mauvaise construction, sont ses uniques défenses. Plus au nord, est la *Ville Noire* qui lui est contiguë, & est plus mal fortifiée : là demeurent de riches Arméniens & des commerçans Indiens : au nord de cette partie où les naturels du pays ont leurs habitations, à un mille au midi, sont deux villages très-grands & très-peuplés. Ce territoire contient en tout 250000 habitans, la plus grande partie née aux Indes, de différentes castes & de diverses religions, entre lesquels sont trois ou quatre mille Indiens Chrétiens qui se disent issus des Portugais, & en prennent le nom. On y compte 15000 Indiens occupés à imprimer & à peindre des perses

& des toiles communes; environ 4000 le font à préparer & vendre le corail, de la verroterie: le revenu de cette ville peut être de deux millions; une garnison de deux à trois mille hommes en assure les avantages. A l'occident de Madras est *Pundamalli*, grande ville Indienne.

A une petite lieue au midi de Madras, est *S. Thomé*, établissement Portugais: ce fut autrefois une ville puissante, sous le nom de *Mailabour*, *Meliapour*, & qui semble avoir été connue des anciens sous celui de *Maliarpha*. Les Portugais bâtirent un fort auprès d'elle, avec une église dans le lieu, dit-on, où le corps de S. Thomas avait été déposé, & où il faisait des miracles, & bientôt les deux villes n'en firent qu'une. Les rois de Golkonde les en dépossédérent, mais il y en est resté un grand nombre qui habitent un quartier séparé. Aux environs sont le *grand* & le *petit Mont*: celui-ci est un rocher accessible seulement vers le couchant: au milieu de sa hauteur est une esplanade où l'on a élevé l'église de *Notre-Dame*, sous l'autel de laquelle est une grotte ou naturelle ou taillée, où l'on se glisse par une fente de rocher, & qui reçoit du jour par une petite fenêtre: on y a élevé un petit autel. Au haut du mont est un hermitage, & l'église de *la Résurrection*, où l'on voit une croix taillée en relief dans un enfoncement du roc: à côté de l'autel est aussi une petite grotte. Au pied de ce mont passe un ruisseau qui sort d'un étang.

A demi lieue de là est le Grand-Mont, trois fois plus haut, & plus étendu que l'autre. On y a aussi élevé une église, & c'est le monument le plus célèbre des Indes: les vaisseaux qui la découvrent la saluent: une petite croix taillée aussi dans le roc en relief, est, dit-on, l'ouvrage de St. Thomas: des

pigeons

pigeons ou des paons en ornent les extrèmités. Les avenues du Grand-Mont font remplies de maisons agréables où vivent des Anglais, des Arméniens, des Malabares & des Portugais : c'est là où les habitans riches & aisés de Madras vont chercher des plaisirs champêtres.

Les Portugais avaient revêtu S. Thomé d'un excellent mur de pierres de roche très-dures & bien cimentées, & de 16 bastions : aujourd'hui, quoiqu'elle donne encore son nom à un évêque, elle est sans importance ; des cabanes couvertes de feuilles la forment : des restes de son ancien mur ruiné, sont ses seules défenses : une riviere dont la source est dans le petit lac de Sembarapakan, coule à peu de distance de ses murs.

Cabelon ou *Kovelan*, petite ville qui dépend du Nabab d'Arcate : elle est défendue par un château : au couchant de cette ville, est celle de *Chinglepet*, ou *Shengel-petty* près du Palaru ou Porniar : c'est une place forte, elle a la figure d'un parallelograme long de 200 toises, large de 160 : au levant & au nord, elle est bordée par des champs de riz, ailleurs par un lac : un simple mur la défend de ce côté : un fossé profond revêtu de pierres, & large de 60 pieds, un mur, des tours en éloignent l'ennemi du côté de la terre.

Miah-bali-puram, ou les 7 pagodes, lieu habité par les Bramines : on y voit une masse énorme de rochers qui porte sur un autre rocher par une base étroite, dans une situation chancelante, & que les prêtres disent n'avoir pu être ébranlé par douze éléphans : des figures grotesques sont taillées dans le roc ; des pagodes y fixent la dévotion ; une chauderie ou hospice champêtre y reçoit les pélerins ;

Tome IX. T t

l'édifice en est soutenu par dix-huit piliers d'une seule piece.

Sadira-patnam, ou la ville quarrée, connue vulgairement sous le nom de *Sadras-patnam*, petite ville ouverte sans défense, qui appartenait aux Hollandais; une branche du Palaru l'arrose : on y teint beaucoup de toiles bleues; on y fabrique des gazes; on y taille une pierre grise dont on se sert à Batavia pour bâtir. Les catholiques Romains y ont une église.

Kony-mere, village & pagode, où les Anglais ont un comptoir.

Aalem-parve ou *Lamparavey*, forteresse élevée par les Mogols.

Kouji-medu, ou *Kolle-morye*, grand bourg dont les maisons sont dispersées : les Anglais & les Hollandais y ont eu des loges.

Pondicheri, ville située à 35 toises du bord de la mer : elle avait près de 900 toises de long, 550 de large, était fortifiée vers la terre par un mur & un rempart flanqué de onze bastions, d'un fossé & d'un glacis imparfait : vers la mer par une petite citadelle qui forme un pentagoen régulier, & des batteries basses : autour d'elle à un mille de ses murs, une haie de gros aloès & d'autres plantes épineuses, entremêlés de cocotiers & de palmiers, lui formait une enceinte impénétrable à la cavalerie; elle s'appuye d'un côté à la mer, de l'autre à la riviere d'Ariancoupan, & servait autrefois de limites : les cinq endroits ouverts pour parvenir à la ville, étaient couverts par autant de redoutes. Les Anglais l'attaquerent vainement en 1748; ils la prirent en 1765; & depuis ce tems son sol se couvrait de ruines & d'épines. En 1764, on la rétablit; on lui donna son ancienne étendue, on l'entoura d'un mur, d'un parapet, de 16 baſtions : les rues y ſont tirées au cordeau & plantées d'arbres des deux côtés, surtout dans les rues habitées par les tiſſerans, parce qu'ils les défendent de l'ardeur & de l'éclat du ſoleil : le quartier des Européens eſt bien bâti, les rues en ſont larges, mais les maiſons baſſes & en terraſſes pour y jouir le ſoir de la fraîcheur : une des rues les plus fréquentées eſt celle de Vilnour qui a 700 toiſes de long. Les égliſes y ont été réparées les dernieres : la police y eſt entre les mains des Indiens, & elle y eſt très-bien exercée. On y comptait plus de 60000 habitans quand les Anglais l'ont repriſe en 1779, & il n'y avait gueres que 5 à 6000 Européens. Dans ſa ſplendeur même, elle n'a jamais été bien commerçante ; ſon éclat ne fut qu'une proſpérité factice & paſſagere : on a établi des tiſſerans dans ſon voiſinage ; & l'on aurait réuſſi peut-être à y faire des toiles & des mouchoirs comparables à ceux de Madras : l'eau eſt ſous ſon ſol ſablonneux, & l'on y en manque de bonne à boire : celle des puits y cauſe des maladies dangereuſes ; le riz proſpere dans ſes environs ; les légumes y viennent avec peine, mais les fruits tels que l'orange, la grenade, le citron, le melon d'eau y ſont aſſez abondans. Les bananiers, les palmiers, les cocotiers y préſentent toujours la verdure la plus agréable, même dans des ſécherſſes de cinq à ſix mois : le gibier, le poiſſon y ſont à vil prix.

Elle n'a point de portes, mais une grande & une petite rade : les vaiſſeaux peuvent mouiller dans celle-ci du mois d'avril au mois d'octobre ; & ils y ſont à demi-lieue de la ville. On peut jetter l'ancre en tout tems dans la grande, mais on eſt alors à une lieue & demi des murs.

Au midi coule la riviere d'Ariançoupam qui deſcend des monts de Gingi, passe près de *Vilnour*, petite ville qui a une belle pagode de superbe granit de Gingi, dont la pyramide est divisée en huit étages, & dont les faces sont sculptées en figures, imitant les danses de ces femmes qui ne s'exercent qu'à exciter la volupté par elles. La riviere, avant d'arriver à la mer, forme la petite isle *des Cocotiers*: près de là, sur la rive droite du fleuve, sont les ruines d'une ville qui était bâtie en briques; on y voit encore les restes de ses puits: près d'elle dans les sables on a trouvé une statue de l'ancien dieu *Baouth*. Cette ville s'appellait *Virapatnam*, & un petit village voisin en porte encore le nom.

Ariankupan est un fort au midi de la riviere de ce nom. *Bahur* ou *Palejur*, ville assez grande, environnée de villages, arrosée par la riviere de Panna.

Tevenepatnam ou *Devanapatnam*, petite ville qui n'est habitée que par des Indiens: à 500 pas de là est le *fort S. David*, & plus au midi on voit *Goudelour* ou *Curraloer*, ville qui forme un parallelogramme long de 600 toises, large de 450, située au bord de la mer: ces trois lieux ne forment qu'une seule jurisdiction qui appartient aux Anglais; ils l'acheterent de Rama-Rajah, fils de Sevagi, pour environ 250 mille livres: le Grand-Mogol leur en avait confirmé la possession. Le territoire en est plus étendu que celui de Madras: l'air y est sain, le sol très-fertile: le fort est petit, mais très-bien fortifié; c'est à Goudelour que résident les principaux commerçans Indiens, & un grand nombre d'artisans: trois de ses côtés sont défendus par un mur & des bastions; elle est ouverte dans celui qui touche au rivage, & n'y est protégée que par le Guelam ou Guoelam qui l'arrose, & forme un ca-

CÔTE DE COROMANDEL.

...al entr'elle & le sable, que les marées accumulent ...ur le rivage : au couchant du fort sont trois villa-...es très-peuplés. Le gouvernement en dépend de ...elui de Madras, & tient le premier rang après lui.

Tripaplur ou *Tiru-pan-pelour*, bourg dans le ...erritoire de la Compagnie Anglaise, qui a une pa-...ode fameuse : des tours, des édifices considérables ...e font remarquer.

Mahmud-bandar ou *Porto-novo*, ou *Paranghi-Padrei*, ville Indienne, à l'embouchure de Val-arru ...u riviere blanche : elle est grande, & n'a pour en-...einte que des palmiers : ce ne fut d'abord qu'une ...métairie où les Portugais bâtirent une loge, & qu'ils ...ommerent *Porto-novo*. Aujourd'hui six rues la ...raversent du midi au couchant, & six du nord au ...evant : une partie de ses habitans sont Mahomé-...ans, les autres adorateurs de Brama, & un des ...prêtres de ce dieu en est gouverneur : on y voit ...ncore une église, un mausolée, un chantier, & ...n grand nombre de maisons agréables & bien bâ-...ies. Les courses des Marattes ont diminué son ...commerce : les Anglais, les Danois, les Français, ...es Hollandais y avaient des loges, & la derniere ...tait fortifiée.

Shidambaram ou *Chalanbron*, ou *Shelmeron*, tem-...ple antique, bâti avec magnificence & en pierres ...de taille : c'est un quarré dont chacune des faces est ...décorée d'une haute tour à neuf étages, que leur ...hauteur étonnante fait découvrir au loin de la mer. ...Dans l'intérieur sont de vastes appartemens, de ...belles chapelles, des voûtes, des galleries, des co-...lonnes d'un seul bloc, des cours, des étangs, des ...fontaines, & une multitude d'idoles sous différen-...tes figures & des attitudes variées : le temple est dédié à *Iswuren* ou *Rutterem*, le même que Routren ou le destructeur.

A cinq lieues de là est l'embouchure de Colram ou Colhoram, la branche la plus septentrionale du Caveri, anciennement *Chaberis*; elle sert de limites vers le nord au royaume de Tanjaour. Près de cette embouchure est le fort de *Divicoté* ou *Tivu-cottey*, c'est-à-dire, forteresse de l'isle: les Anglais s'en sont emparés en 1749, & le roi de Tanjaour le leur a cédé: il a un mille de circonférence: ses murs épais ont dix-huit pieds de hauteur, & sont flanqués de tours.

ROYAUME
DE TANJAOUR.

CE royaume est presque renfermé entre les diverses branches du Caveri qui le préservent des sécheresses qui dévorent les pays voisins : au nord il est borné par le Colram, au levant par la mer, au midi par la mer & le pays de Marawe, au couchant par le Maduré. Il a 30 lieues de long, 25 de large, est très-peuplé, fertile & riche: on y compte un grand nombre de pagodes, & 364 bourgs ou villes qui se vantent de l'apparition de quelque dieu.

Ce petit Etat n'était qu'une partie du royaume de *Sorhamandalam* ; son roi n'avait d'abord que le titre de *Naik* ou prince : aujourd'hui il prend celui de *Rajah* ou *rasa*, roi, & son fils, celui de *Baba-Sçahib*, monsieur mon pere. Avant que de monter sur le trône, ce prince, les yeux bandés, est placé entre un bassin de riz, un poignard & des charbons : s'il met la main sur le premier, c'est le présage d'un regne heureux & pacifique ; les autres annoncent le sang répandu & les incendies. Seul de tous ses sujets, il peut avoir cinq femmes légitimes ; & celle qui a des enfans est dispensée de se brûler sur le bûcher de son époux. Ce prince est absolu dans le gouvernement politique, comme les prêtres dans la religion. Sous lui, étaient autrefois cinq *subeiatares* ou gouverneurs, & le district de chacun était soudivisé encore sous des *Avaldars*: il n'a plus que deux ministres, dont un est le *Vacquil* ou visir, auquel sont soumis les intendans ou *Careicarers*, &

les juges de chaque lieu nommés *Manicâres*. L'abondance de riz que produit ce petit pays, ses manufactures, ses racines propres à la teinture, son commerce, font monter les revenus annuels de ce roi à 4,500,000 livres; le peuple y est misérable; un grand nombre de familles s'y vendent pour ne pas mourir de faim : une cabane, un drap pour se couvrir, du riz pour y végéter, y font une fortune enviée : le roi est seul propriétaire des biens-fonds; les sujets ne sont que fermiers, & la plupart n'ont pour prix de leurs travaux que le cinquième des productions de la terre : il les épuise encore par des voyages fréquens où ils sont obligés de le défrayer : c'est un crime en eux que d'être riches, & l'on veille sur eux pour qu'ils n'enfouissent point d'argent dans leurs maisons : ce sont les riches qui parviennent à la qualité de juges, & ils oppriment le pauvre, comme s'ils avaient à redouter son aisance ou son bonheur : seuls ils donnent un prix aux denrées : le salaire des ouvriers qu'ils employent suffit à peine à la moitié de leur subsistance; & ils deviennent voleurs, souvent meurtriers pour s'arracher à la misere. On voyage peu dans cet Etat, parce qu'on n'y peut pénétrer sans passeport, sans être arrêté par un grand nombre de péages, & on n'y trouve aucune voiture publique; cependant les chemins y sont ornés d'arbres, & de cabanes bâties de branches de cocos, où l'on trouve de l'eau, du lait & du beurre. Les villes & bourgs y ont des maisons de repos qu'on nomme *teru-vasel*, où l'on est logé gratis. On s'y sert de monnaies d'argent & de cuivre : celles-ci s'appellent *cas* : dix font un *tout*, huit touts un *fanam* qui vaut 8 sols de France, dix fanams un *perdou*, & deux perdoux joints à trois fanams font une pagode. Les soldats y sont pris parmi les hommes mariés; ils peuvent avoir leur congé quand ils le demandent; mais bien loin de le faire, ils achetent le bonheur d'être enrollés, parce qu'ils font plus assurés de ne pas mourir de faim: fantassins, cavaliers, tous marchent en troupes, & sans ordre; le premier ne craint que pour lui, le second ne cherche qu'à sauver son cheval qui fait toute sa fortune.

Tanjaour ou *Tanjour* est la capitale de cet Etat: elle est située entre deux bras du Caveri, dans une plaine. En y comprenant ses fauxbourgs, elle peut avoir un peu moins de deux lieues de tour: un double mur, un large fossé sont ses uniques défenses: le palais du roi, placé au levant, est un grand quarré fortifié d'une haute muraille, & d'un fossé plein d'eau rempli de crocodiles: des éléphans enchaînés défendent l'entrée de sa cour. A trois lieues de là est le fort de *Vallam*. *Tirutcatupalli* est entre le couchant & le nord de Tanjour: c'est une ville ancienne où les catholiques Romains ont une église.

Ammal-Poedri est le nom d'une petite république sur les bords du Caveri; les Danois qui nous la font connaître, auraient dû entrer dans quelques détails sur un gouvernement qu'il est rare de trouver en Asie. On croit qu'elle n'est qu'un asyle, un lieu de refuge pour les malfaiteurs; son nom signifie *ville de la princesse*: son commerce s'étend sur la côte occidentale du Malabar.

Les principales villes du Tanjour sont *Mannar-Koïl*, près du Wadhawara, fortifiée avec autant de soin qu'on le peut dans ce pays. *Majabaram* ou *Mairom*, ville des paons, située dans une plaine qu'arrose au nord le Caveri, au midi le Wadhawara. *Kumbagonam*, ville bien bâtie sur le Pudu-Kaweri. *Rasajiri* est une ville célebre par le betel estimé qu'on recueille dans ses environs. *Tirunagaran*, par sa terre rouge dont on se sert pour les indiennes. *Tiruwehrûr*, château royal, est un lieu réputé *saint*, ainsi que la ville de *Tiracadaûr* qui est à une lieue de la mer. *Pulurukomvolûr*, ville dans une vaste plaine couverte de champs de riz, sanctifiée par l'apparition d'une divinité. *Madevipatnam* fut autrefois une grande ville; elle est ceinte de murs, a un château & quatre fauxbourgs. Plus au midi, est la forteresse de *Pattucodtei*, sur les bords de la branche la plus méridionale du Caveri, nommée *Viner* ou *Poijour*. Les places suivantes sont près de la côte, & nous les suivrons du nord au midi.

Shiari ou *Tschiari* est une grande ville où l'on compte plus de soixante pagodes.

Caveripatnam, ville à l'embouchure du Caweri qui la rend célebre, parce que les eaux de ce fleuve sont estimées saintes, & qu'on y célebre la fête des bains.

Tranquebar, *Tranganburi*, ou *Trangabar* ou encore *Tiranghan-badi*, bourg que l'amiral Danois *Jules de Gedde*, acheta du roi de Tanjaour en 1620, il y fit élever le château de Dansbourg, au midi du bourg, au bord de la mer: il est flanqué de quatre bastions qu'entoure un large fossé plein d'eau : le bourg fut ensuite environné de murs & de remparts; il était autrefois à une petite lieue de la mer, & n'en est plus qu'à un quart de lieue; les vagues & les marées rongent le sol, & souvent elles l'inondent parce que les champs voisins sont bas & entrecoupés de rivieres. On y compte aujourd'hui encore 15000 habitans, la plupart Européens. Les Mahométans y ont une mosquée, les Indiens sept pagodes, les catholiques Romains une église : les

Danois y en ont trois. Son territoire arrosé par trois rivieres, renferme une vingtaine de villages, & deux bourgs, dont l'un, a *Perrejar*, au couchant de la ville, renferme 10 à 12000 habitans : & l'autre *Tilleyali*, au nord de Tranquebar, n'est guere inférieur au dernier; on y a établi des manufactures grossieres. Le commerce n'y est plus si florissant qu'il y a été, mais il se maintient. Ce district appartient à la compagnie Danoise créée en 1730 ; & elle le gouverne avec une pleine autorité : son produit lui suffit à payer sa garnison de 50 hommes. Le roi ne s'est réservé que le droit d'en nommer le gouverneur ; cependant elle n'y prospere pas : deux vaisseaux en arrivent tous les trois ans chargés de toiles communes pour environ 1200 mille livres ; ses facteurs se bornent à prêter à gros intérêts aux marchands Indiens : elle expédie encore un peu de porcelaine, de sucre, de poudre d'or. Rarement des vaisseaux étrangers y arrivent, parce que la mer est basse ; mais les Danois ont un magasin à Porto-Novo.

Cette ville est encore recommandable par la mission évangelique qui s'y est établie, sous Fréderic IV : ses commencemens furent faibles, ses succès sont sensibles aujourd'hui. Les missionnaires ont appris la langue du pays, ont traduit l'écriture sainte, établi une imprimerie, la premiere qu'il y ait eu dans ces climats, & des écoles pour l'instruction de la jeunesse en 1753 : on comptait à Tranquebar 9825 convertis, à Madras 1133, à Goudelour 768.

A trois lieues au sud de Tranquebar, est *Karical* ou *Kareical*, ville que le roi de Tanjaour a cédée aux Français : elle est ancienne, & parait avoir été considérable : on y compte 638 maisons bâties en pierres ou en briques, & un grand nombre d'autres dont les murs font d'argille, & les toits de chaume, cinq mosquées, 14 pagodes, & environ 5000 habitans ; elle est située sur un bras du Caveri qui lui a donné son nom & dans lequel des vaisseaux de deux à trois cent vaisseaux peuvent entrer. Les Français la fortifierent, les Anglais en ont abattu tous les ouvrages : & ils l'ont reprise avec facilité en 1779 : on y fabrique des mouchoirs & des toiles à l'usage du pays ; son territoire fut augmenté en 1748 de 80 villages ; ses revenus qui montent à 100,000 livres, égalent ses dépenses, & les vivres, les objets de commerce qu'elle fournit, en font un établissement important : il a six lieues de circuit ; le sol en est excellent & produit du riz, du coton, du sucre, de l'indigo, des grains de toutes espèces : on y fait & peint des perses : le bourg de *Tiroumalérayme* renferme plus d'habitans que la ville même. A une portée du canon de Karical, était l'antique forteresse de *Karcangery*, flanquée de huit grosses tours qui n'existent plus.

Naour ou *Nagur*, ville maritime dont les trois quarts des habitans sont Musulmans. Il y a une belle mosquée, décorée de quatre tours : chaque année ils y célebrent une fête en l'honneur de leur prophète : un bras du Caveri lui donne son nom.

Negapatnam ou *Nagapatnam*, ville des serpens, est le principal établissement des Hollandais sur cette côte : ils en chasserent les Portugais en 1658, & y bâtirent une forteresse : c'est un pentagone dont chaque bastion porte le nom d'un des cinq sens. Les rues de la ville sont larges, ses maisons commodes, mais antiques, ses églises belles. Ses environs sont remplis de pagodes dont quelques-unes sont ornées plus richement qu'avec goût, & les autres sont obscures & sales : on y compte douze ou treize villages. Les objets de commerce y font les mêmes que ceux des établissemens que nous venons de décrire. On dit que les Chinois ont fondé cette ville, qu'on y voit encore une tour qui porte leur nom, & qu'ils fréquentaient la côte de Coromandel avant que le culte des Brames y eût fait disparaitre celui du Dieu *Baouth* ou *Foë*. De Negapatnam une route commode, & ombragée d'arbres conduit à Tanjour. *Wologani* est un bourg qui dépend de cette ville.

A huit lieues plus au midi est le cap *Kallamedu* ou *Calli-modu*, promontoire de Calli, nom d'une espece de tithimale qui croît autour; les anciens le nommaient *Calligicum*. Là est une grande *pagode des Panarins*: c'est ici où finit aujourd'hui la côte de Coromandel : dirigée jusqu'alors du nord au sud, elle tourne au couchant & forme le promontoire de *Tundi*, nom d'une petite ville connue par le betel que fournissent ses environs : ici commence le pays de *Marava*.

PAYS DE MARAVA.

Il est environné par le Tanjaour, le Maduré, la côte de pêcherie & la mer : le sol y est couvert de bois & de broussailles ; son prince est tributaire du Maduré, & autrefois c'était le roi de Maduré qui le nommait comme gouverneur en son nom ; il se rendit indépendant, & l'est encore malgré les efforts de ses voisins pour le soumettre : son pouvoir est absolu ; il donne les terres aux plus riches du pays, moyennant un nombre fixé de soldats qu'ils doivent lui fournir lorsqu'il le demande : il les leur ôte s'ils ne remplissent pas leurs engagemens, ou s'ils lui déplaisent. Ces seigneurs choisissent les soldats parmi leurs parens, leurs amis, ou leurs esclaves, & ils leur font cultiver les terres qu'ils possedent. Par ce gouvernement féodal & non héréditaire, le prince a trouvé le moyen de mettre sur pied 30 ou 40,000 hommes en moins de huit jours, & cette promptitude le fait respecter de ses voisins & conserver son indépendance. On a vu un de ces princes, nommé *Ranganadar-dever*, âgé de 80 ans, obliger le roi de Tanjour qui l'avait attaqué, à demander la paix : il mourut l'année suivant (en 1710) & ses femmes se brûlerent avec son cadavre. Leur titre est *protecteur héréditaire & patron des saintes pagodes de Ramanacor*.

Parmi les villes de ce pays, on remarque *Ramanapuram*, qui est la résidence du prince. *Oriur* ou *Orejour*, qui touche au royaume de Tanjour, & est arrosée par la riviere de *Pambaru*. *Metten-serucudi*, située au nord, à 25 lieues de Ramanapuram,

Pays de Marava.

Onneli-Cuttey, grosse bourgade de chrétiens. *Aralanghi*, forteresse, &c.

L'île de *Ramanacor*, ou *Ramanacoyl* ou *Rameuram*, connue des anciens sous le nom de *Cori*, dépend de cette principauté : elle est située entr'elle & Ceylan, & a huit ou neuf lieues de circuit : son sol est sablonneux, & produit cependant de beaux arbres : on y voit quelques villages & une pagode moins belle que celle de la Terre-ferme : l'île sert d'asyle au prince dans les grands dangers, il place son artillerie & ses soldats sur les rocs, & brave de là son ennemi étonné : elle est jointe à la terre par une partie du pont d'Adam : ce pont est composé de rocs énormes qui s'élèvent de trois pieds au-dessus de l'eau : ils sont assez séparés pour que l'eau de la mer poussée par les courans puisse s'écouler entr'eux : les intervalles sont quelquefois de trois pieds, quelquefois de six & plus encore, de manière que les barques peuvent y passer, quoiqu'avec peine ; le fond n'a que cinq pieds d'eau : le peuple pense que ce pont fut fait par les dieux, ou par les singes. Il y a quelque apparence que c'était autrefois un isthme qui joignait Ceylan à la Terre-ferme, & que la mer agitée par les vents & les courans en a enlevé les terres.

Côte de la Pêcherie.

Cette côte dépend du prince de Marava, & en partie du Maduré ; les anciens la nommaient *Colymbessis-pinici* : elle forme une espèce de golfe terminé au nord est par la pointe de Ramanacor, au sud par le cap Comorin & a quarante lieues d'ouverture : les brisans y font écumer sans cesse la mer & en éloignent les vaisseaux d'Europe. La côte était fort peuplée autrefois ; aujourd'hui ses bourgades sont ou détruites, ou changées en hameaux. Les Portugais qui s'en étaient autrefois rendus les maîtres, en avaient fait la prospérité, en laissant à ses habitans qu'on nomme *Paravas*, la liberté du commerce : cette liberté les enrichit, les rendit puissants, & quand les Hollandais les leur ont ôtée, ils sont rapidement devenus pauvres, & aujourd'hui ils sont opprimés : le sol n'y est couvert près de la mer, que de sables brûlans ou de ronces, & dans les terres que de forêts infestées par les tigres qui y font vivre les hommes dans des craintes toujours renaissantes : pour les éloigner, ils sont obligés d'entretenir de grands feux dans leurs villages, de ne sortir la nuit, que plusieurs ensemble, les uns armés de flambeaux, les autres de tambour, parce que l'éclat du premier, & le bruit du second les fait fuir. Rien n'y végete que l'homme : la pêche lui fournit son unique aliment : il en échange une partie avec le riz des pays voisins.

C'est dans cet espace qu'on pêche les perles & le coquillage *xanxus*, pour le compte des Hollandais : le xanxus ressemble au coquillage dans lesquels on peint des tritons : les Hollandais les achetent à vil prix, parce qu'on ne peut les vendre qu'à eux, ils les revendent fort cher au Bengale où on les scie pour en faire des bracelets qui ont autant de lustre que l'ivoire ; leurs volutes sont tous de droite à gauche ; si l'on en trouvait qui les eussent de gauche à droite, ils vaudraient infiniment plus, parce qu'un des Dieux de l'Inde se cacha dans un xanxus qui les avait ainsi. La pêche des perles est plus libre ; chaque habitant, chrétien, Mahométan, Gentil, peut avoir autant de bateaux qu'il lui plait pour la faire, & on y occupe souvent 700 bateaux qui,

chacun

chacun a sa place désignée. Les Hollandais sont obligés de veiller pour éloigner l'ennemi, & de réparer les bateaux endommagés : on ne pêche plus dans toutes les saisons, ni toutes les années ; les frais pourraient excéder le profit : avant de l'entreprendre on fait un essai : si d'un milliers d'huître on retire pour un écu de perles, la pêche est permise : si on en rapporte beaucoup moins, on ne pêche point de toute l'année. Dès qu'elle est permise, des commissaires Hollandais viennent de Ceylan pour y présider : au signal d'un coup de canon tous les bateaux partent, & les plongeurs ayant une pierre à leur pied, un sac à la ceinture, s'élancent bientôt sous une profondeur de quatre à cinq toises : chaque bateau en a plusieurs qui se relaient ; des matelots les retirent par une corde qu'ils lâchent & retirent à un signal convenu, ou quand le plongeur demeure trop longtems sous l'eau : quelquefois les plongeurs se rencontrent sous l'eau, ils s'y battent pour s'enlever les huîtres qu'ils ont ramassées, & on en a vu qui s'y sont poignardés : les requins les dévorent quelquefois ; leur travail demande un long exercice & il est toujours pénible : le plus robuste ne peut plonger plus de huit fois par jour. Le produit de la pêche du premier jour est pour le roi de Maduré ou pour le prince de Marava, selon que l'on pêche le plus sur les côtes de l'un ou de l'autre. On dépose ses huîtres dans des tonneaux d'une grandeur égale que l'on ferme ensuite ; les marchands les achetent tous au même prix ; puis ils ouvrent & visitent les huîtres ; on passe l'eau puante qui en découle en différens cribles, & on la reçoit dans différentes cuvettes : le prix ordinaire du tonneau est de 50 livres : quelquefois il ne rend pas le quart de ce qu'il a coûté,

Tome IX. V y

quelquefois il rend dix fois davantage. On achete cher les préfens que la mer y offre; des maladies contagieufes regnent alors fur ces côtes : un travail pénible, une multitude raffemblée pêle-mêle, des alimens mal fains, la chair indigefte des huîtres, la puanteur que leurs reftes raffemblés en monceaux exhalent, fuffifent pour les faire naître & les rendre mortelles.

On y compte quelques villages & trois bourgs. *Tutucurin* qui femblent être l'ancien *Sofycure*, eft le plus confidérable : de loin il parait une jolie ville : quand on y eft, on ne voit qu'une groffe bourgade ouverte où l'on compte environ 5000 habitans : feule de toutes celles de la côte, elle offre un afyle où les vaiffeaux peuvent hiverner. Deux îles couvrent fa rade, l'une d'elles a une forterefle conftruite par les Hollandais; près du rivage on voit de grands magafins : on y commerce en toiles du Maduré, qu'on échange contre des cuirs du Japon des épicereis des Moluques. *Manapar*, plus méridional que Tutucurin eft prefque auffi peuplé. *Pudicael* ou *Kilevrin* eft moins grand que l'un & l'autre.

ROYAUME
DU MADURÉ.

CE royaume touche à la mer & au territoire de Tanjour, de Marava, de divers princes du Malabar, & de ceux de Maiſſour & de Gingi: il a 50 lieues de long, & plus de 30 de large. Joint au Marava, il portait autrefois le nom de *Pandi-Mandalam*, royaume de Pandi, nom d'un roi fameux dont la famille a donné 362 rois: après le dernier, regnerent des rois qui tiraient leur origine des montagnes du Malabar, puis des rois qu'y établirent ceux du Decan: la femme de l'un d'eux leur ſuccéda ſur la fin du dernier ſiecle: elle ſe nommait *Mangammal*, & regna ſeize ans avec gloire, parce qu'elle laiſſa l'adminiſtration entre les mains du *Talavay* ou prince régent, homme déſintéreſſé, habile & courageux. En 1736, les Mogols s'emparerent de *Trichenapali* qui était la réſidence de ſes rois, & placerent ſur le trône un prince de la famille qui y régnait déjà dans le ſiecle dernier.

Le pays eſt diviſé en ſoixante & dix grandes ſeigneuries, dont les chefs nommés *Polygars* ou *Palleacares*, exercent une autorité abſolue dans leurs diſtricts, & ne ſont obligés qu'à fournir des ſoldats & à payer au roi un impôt, dont la ſomme lui forme un revenu de dix millions de livres: ce prince peut lever aiſément une armée de 20,000 fantaſſins & de 5000 cavaliers: il entretient près de cent éléphans: ſon titre diſtinctif n'eſt pas celui de *Rajah*, il prend celui de *Jehnavâr*. On donne à ſes ſujets le nom de

Colleries: ce peuple differe des autres Indiens : accoutumés au vol, au brigandage, ils semblent être une partie isolée des Marattes : on les voit sortir pendant la nuit de leurs retraites armés de longues piques, & ils tombent sur les troupeaux des peuples voisins & les enlevent : pour une petite somme d'argent, il s'engagent à voler un cheval au milieu d'un camp & y réussissent ; c'est une gloire pour eux que de mériter le titre de brigands ; ils racontent leurs vols comme des exploits honorables, & le désir du butin leur fait regarder le danger & la mort avec indifférence ; les Européens se servent de ces hommes adroits & intrépides dans leurs armées : si l'on en croit un jésuite, lorsque deux Colleries, homme ou femme, ont quelque querelle ensemble, une coutume inviolable oblige l'un de se faire ou de faire souffrir tous les tourmens auquel l'autre se condamne lui & sa famille ; & tel pour un leger différend tue sa femme & ses enfans pour forcer son adversaire à faire périr les siens. Chaque Polygar se fortifie dans sa possession ; il éleve des hauteurs sur ses frontieres, dont l'intervalle est rempli de rocs & d'épines, fermé encore quelquefois de murs, de fossés & d'une haie de bambou : ses sujets exercés s'appuient sur leurs piques & s'élancent de roc en roc avec une agilité qui étonne.

Maduré, autrefois *Madura*, est aujourd'hui la capitale du royaume & lui donne son nom : elle est ceinte d'un double mur, flanqué de tours quarrées avec des parapets ; elle a une forteresse quarrée, qu'entoure un fossé large & profond, l'escarpe est sans chemin couvert, & quatre belles rues viennent aboutir à ses faces : les maisons qui les bordent ont des jardins vers la campagne. Le palais du roi est dans la forteresse : il forme un labyrinthe de rues, d'étangs, de bois, de salles, de galeries, de colonnades, de maisons habitées par des femmes, des eunuques & des esclaves. Là est encore le temple de *Dechocanaden* qu'on vénere dans le pays, & dont on promene l'idole le jour de sa fête dans un char magnifique, chargé de quatre cent personnes, couvert de toiles peintes, de banderoles, d'étendarts, de parasols, d'étoffes de soie, trainé par des milliers de bras, éclairé la nuit par une multitude de flambeaux : ce temple est ceint d'un triple mur dont les intervalles sont remplis d'allées d'arbres : les environs de la ville sont beaux & fertiles, la riviere qui l'arrose serait belle si elle ne s'épuisait à nourrir des étangs, d'où l'eau, quand on le désire, va inonder les champs voisins.

Les autres villes ou bourgs du pays, sont peu remarquables ou inconnus. *Tiruvudharatschiam* est voisine du Marawa; son Polygar est un des plus puissans ; le Tambaraweni, riviere considérable, arrose ce pays, & se jette dans la mer à *Tutucurin*. *Pateny*, *Tinducallu*, *Tirevelly* sont au couchant. *Aour* a une église de Catholiques Romains. *Coilgoody* est une pagode très-vaste, où l'on voyait sur des piedestaux un grand nombre de statues de cuivre révérées, que les Anglais enleverent, & par-là se rendirent exécrables aux yeux du peuple. *Volsynatans* est une forteresse dans les défilés des montagnes, qui séparent aujourd'hui le Maduré du territoire de Frichenapaly.

On fabrique des toiles dans ce pays, & c'est presque la seule branche de commerce des Européens.

ROYAUME

DE MAISSOUR OU MASHUR.

IL est borné au levant par la partie occidentale du Carnate & la principauté de Trichenapali : au couchant il s'étend, en quelques endroits, jusqu'à dix lieues des côtes de Malabar : au midi il est borné par le Maduré : c'est de tous ceux que les Mogols n'ont pas subjugués dans la presqu'île, le plus puissant & le plus riche, mais aussi, peut-être le moins connu : il s'est étendu encore aux dépens de ses voisins qui redoutent la barbarie de ses soldats : on dit qu'ils coupent le nez à leurs prisonniers de guerre, les entassent dans un vase, les salent & les envoyent à leur roi qui les recompense à proportion du nombre de ces nez. Le Caveri arrose ce pays dans toute sa longueur, & le roi en a voulu détourner le cours par haine pour ses voisins; mais les pluies enflerent le fleuve qui renversa sa digue & rendit au Tanjour, au Maduré, leur fertilité ordinaire, & à leurs habitans, qui regardent ses eaux comme saintes, la joie & la tranquillité.

Le roi de Maissour, dit l'auteur de la guerre de l'Inde, jouit d'un revenu annuel de quarante-huit millions de livres, il peut armer 50000 fantassins & 15000 cavaliers. La forteresse de Maissura, située au couchant du Caveri donna son nom au pays; mais la capitale se nomme *Siringa* ou *Shirin-*

gapatnam ; elle est dans une île formée par ce fleuve, & est ceinte de murs, de tours & de fossés : le palais du roi est peu remarquable : les Chrétiens y ont une église. Le dernier roi de Maissour a été fameux, & a étendu au loin ses conquêtes : c'était un soldat de fortune, nommé Aider-Alikan.

Toller, *Sampari* sont des villes sur le Caveri. *Benghuluru*, *Carour* sont des places fortes.

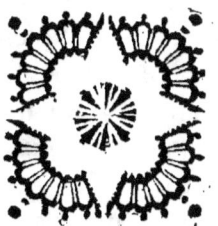

ROYAUME
DE TRAVANCOR.

CEt Etat est très-peuplé; les villages & les bourgs sont voisins les uns des autres : il n'a que 20 lieues de côte. Un roi ou une reine y paraissaient être la source de l'autorité qu'exerçaient ses ministres qui le faisaient leur premier esclave. Sa capitale est une espèce de forteresse nommée *Corculam* ou *Carcalan* : la plupart de ses sujets sont devenus des proselytes Chrétiens ; mais ces Chrétiens sont bien ignorans & bien superstitieux : au midi il se termine au cap *Comorin*, *Comaria Promontorium*, sous le 8e. degré, 4' de latitude : c'est à ce cap que viennent se terminer les hautes montagnes de *Gatte*, & l'on dit que dans une langue de terre, qui n'a que trois lieues d'étendue, on voit régner à la fois l'hiver & l'été, que quelquefois on les voit réunies dans un jardin de 500 pas en quarré, où les arbres d'une de ses extrêmités sont chargés de fleurs & de fruits, tandis qu'ils sont dépouillés de l'autre : ceci paraît exagéré ; mais ce qu'il y a de certain, c'est que dans les pentes opposées de ces montagnes, régnent toujours des vents différens, & que les vents influent beaucoup sur les saisons. A la pointe méridionale du cap est une église chrétienne, & près de là un grand rocher où l'on a planté une croix qui se découvre de fort loin : plus dans les terres est une grande pagode. La premiere ville du Travancor qu'on trouve en partant du cap est *Cotate*, située au pied des montagnes du cap ; elle n'était point ceinte de murs, ni de fossés, mais elle était peuplée. Le pere du dernier roi qui a redonné plus de pouvoir au trône, la choisit pour sa capitale & la fortifiée. *Tengapatan* a une loge de Hollandais qui en tirent du poivre & de grosses toiles, nommées catchaz. *Anjengo* a un vaste port ; les Anglais en tirent des toiles fines, du poivre, de la canelle, du kaire : ils y ont un petit fort à quatre bastions. *Eruva* est un petit village où les Danois ont une loge couverte de chaume. *Culechy* ou *Colubei* où les Français ont une loge. *Coilan* ou *Coulan* forma un royaume particulier : les Hollandais qui s'y sont établis y ont un fort : ils y font un commerce peu considérable. Ce petit Etat était exposé aux courses d'un peuple montagnard nommé *Badage* qui lui avait imposé un tribut qu'il venait exiger à main armée. Aujourd'hui sa puissance lui en impose, & loin de le craindre, le Travancor a étendu sa domination sur le royaume de Cochin.

COTE DE MALABAR.

Elle s'étend des limites méridionales du Mangalor, au royaume de Travancor, dans une étendue de quatre-vingt lieues de côtes sur une longueur qui varie : elle présente à la mer un amphithéâtre de villes & de bourgades ceintes de cocotiers, de palmiers toujours verts, de prairies charmantes, de belles plaines, coupées par des rivieres & des lacs : les monts élevés de la chaîne des Gattes terminent la perspective. Cette cordeliere partage la presqu'Ile en deux parties ; elle va du nord au sud arrête le cours des vents de moussón, & forme deux saisons opposées sur la côte du Carnate & sur celle du Malabar, quoiqu'elles soient sous les mêmes latitudes & avec cette différence que la premiere plus éloignée des montagnes, y éprouve moins de tempêtes & des pluies moins affreuses. Dès que la moussón d'ouest commence, les vents chassent & amoncelent contre ces montagnes d'épais nuages qui retombent en torrens, & y causent des ouragans affreux : les rivieres enflées inondent le pays ; les nuits y sont d'une obscurité effrayante ; les jours même y sont ténébreux ; dès que cette saison approche, on tire les vaisseaux sur terre, on les dépouille de leurs agrès & on les couvre de nattes. Mais l'humidité plus que le froid s'y fait sentir : c'est dans cette saison que la plupart des fruits meurissent, c'est alors que les fleurs sont plus belles & plus fraiches : cette saison commence au mois d'Avril & finit en Septembre. La moussón d'est lui succede, & l'éclat du ciel n'y est jamais altéré par des nuages : dans le calme la chaleur y eſt brûlante ; ordinairement les vents de mer la temperent pendant le jour, & ceux de terre pendant la nuit qui eſt fraîche dans les trois premiers mois de l'année.

Les plantes & les fruits de ce pays ſont très-eſtimés, mais le riz ne peut s'y garder plus d'une année, & le poivre y eſt moins eſtimé que dans les régions voiſines : la canelle n'eſt pas comparable à celle de Ceylan : le cordamome, plante aromatique qui produit dans de petites gouſſes la graine de paradis, qu'on tranſporte dans toute l'Aſie, & même en Europe y eſt abondante ; on dit qu'il ſuffit de mettre le feu aux herbes des champs ſans les labourer, ſans y ſemer la graine, pour l'y faire proſpérer : c'eſt l'épice que les Aſiatiques aiment le plus ; on y recueille une feve large de quatre doigts, & dont la gouſſe a un pied & demi de long : ſa tige s'éleve, & on en forme des berceaux où ſa large feuille entretient l'ombre & le frais : on y remarque une autre plante dont on forme des paliſſades épaiſſes ; elle croît avec rapidité ; ſes fleurs ont l'éclat du rubis ; elles ſont ſans odeur, s'épanouiſſent & tombent lorſque le ſoleil diſparait : c'eſt le contraire de l'*arbre triſte*, dont les fleurs ne s'épanouiſſent que la nuit, & ſe flétriſſent dès que le ſoleil paraît : leur parfum eſt agréable, leur couleur eſt celle du ſafran : toute l'année elles ornent l'arbre qui les porte, & qu'on plante dans toutes les cours des maiſons. En général, la nature y eſt abandonnée à elle-même dans ces climats, & l'homme jouit ſans ſoin de ce qu'elle y donne.

Les perroquets, les paons, les chauve-ſouris y ſont en très-grand nombre, & les arbres en ſont couverts : les plumes du paon y ſervent à faire des paraſols, des éventails & d'autres ouvrages très-propres. Les autres oiſeaux y ſont moins remarquables par leur beauté, que par leur nombre.

Les éléphans qu'on y trouve viennent de Siam; mais le tigre y naît & le dévafte: il en eft de plufieurs efpeces; les plus petits de la grandeur d'un gros chat, n'attaquent que les poules & les canards; les plus grands font de la hauteur du cheval, & ne font pas nombreux: les plus redoutables par leur multitude, & leur férocité, font les tigres moyens. Le jaguar attaque la volaille & les enfans: il marche en troupe & pendant la nuit; fon cri eft plaintif, fon agilité finguliere: la civette y eft affez commune: le bufle demeure dans les forêts; on n'y connaît pas l'art de fe le rendre utile, parce qu'on en a fait une efpece de dieu qui a fes ftatues & fes temples: on rend le même hommage aux ferpens qu'on croit les exécuteurs des ordres d'une divinité fupérieure, qu'on refpecte même quand ils font le mal, & donnent la mort: il en eft de verts qui s'élancent fur les paffans qui meurent irrévocablement s'ils en font atteints. Le ferpent à chapeau eft plus gros que le vert, mais fon venin eft moins actif: il a le corps émaillé des plus belles couleurs: ceux qu'on nomme *polgob* font longs quelquefois de vingt pieds; reptile avide, qui fuit les lieux habités, & qui s'étouffe quelquefois en voulant dévorer un veau tout entier: il en eft une efpece qui fe tient dans les maifons, & ne nuit qu'aux rats qu'il pourfuit & mange.

Le Malabar a peu de villes, mais les campagnes font peuplées, & les maifons difperfées fans ordre, & ifolées: il renferme différens Etats dont les mœurs & les ufages font les mêmes; les rois y exigent d'autant plus de refpect qu'ils ont moins de force; un premier miniftre agit pour eux, c'eft celui qui lui donne le plus qui eft préféré: feul alors, il regle les impôts & difpofe de tout. L'abus de fon pouvoir, l'envie de ceux fur lefquels il l'emporta, la faibleffe, l'imbécilité, l'avarice du prince, lui font fouvent perdre cette place. Ces rois ont des fujets Mahométans & des fujets *Gentils* : ceux-ci font le plus grand nombre, & font divifés, comme dans l'Indoftan, en plufieurs tribus : les prêtres forment les premieres, & cela devait être, car ce font eux qui ont fait ces inftitutions : après eux viennent les guerriers, hommes néceffaires dans des Etats toujours divifés & rivaux; ils font nombreux, & feuls ont droit de porter les armes : on les appelle *naher* ou *nair* : ils fervent de gardes aux rois, d'efcortes fideles aux étrangers qui les payent; & ils les volent, les affaffinent, s'ils dédaignent d'en prendre pour leur défenfe : les cultivateurs fuivent les guerriers, ceux qui blanchiffent les toiles fuivent les cultivateurs, & précédent ceux qui les tiffent. La derniere de ces tribus, la plus méprifée, eft celle des *Pouliats*. Il femble qu'il foit auffi néceffaire à l'homme d'avoir à exercer fon mépris & fon orgueil, que fon refpect & fa foumiffion : ces Pouliats paraiffent être les habitans originaires : ils vivent errans dans les forêts & les champs, n'ayant d'afyles que les troncs d'arbres, des huttes, des cavernes : leur approche fouille, leur regard avilit; on les tue avec le fang froid qu'on aurait pour un finge ou un écureuil; ils vivent de ce que les autres hommes abandonnent aux animaux, & fi les prêtres leur permettent d'apporter des offrandes, ils ne daignent ni les recevoir de leurs mains, ni s'en fervir fans les avoir purifiées.

La religion du peuple eft la même que celle de l'Inde : mais avec quelques différences relatives à la fituation & aux mœurs de chaque peuple : plufieurs adorent le foleil, la lune, le lingan; les temples y sont magnifiques, & les terres souvent considérables qui en dépendent, sont des asyles sacrés. Leur langue s'appelle le *Malejam*, & c'est la même que celle des Tamouls de la Côte de Coromandel, mais prononcée différemment, & un peu corrompue : elle a 51 lettres.

On cite des usages du Malabar trop barbares, pour qu'on ne soit pas tenté de les rejetter, comme des contes de voyageurs trompeurs ou trompés. Non-seulement toute alliance est interdite entre les tribus, mais elles y sont punies de mort, & la tribu qui se croit offensée, peut tuer pendant trois jours tous ceux de la tribu dont était membre l'amant ou l'amante qui osa aimer sans consulter ces loix : on dit qu'une femme y a plusieurs maris, & que lorsque l'un d'eux est avec la femme, ses armes déposées à la porte, avertissent les autres d'attendre un moment plus heureux : c'est la mère qui donne la noblesse, qui introduit dans la tribu ; les enfans des sœurs y sont héritiers, non ceux des freres : le meurtre y est commun, jamais déshonorant & rarement puni ; le vol d'une grappe de poivre y expose au dernier supplice : le premier arbre ou poteau sert de prison ; le premier soldat ou les parens servent de bourreaux : on y fait dépendre encore le supplice ou l'absolution de plus ou moins de sensibilité à l'effet d'un fer rougi au feu. Des grands ont-ils des querelles ? Ils arment leurs sujets, & les contemplent tranquillement se massacrer les uns les autres.

Le peuple est noir ou basané : les hommes sont de belle taille, les femmes sont petites & propres ; tous ont le visage agréable ; ils ne se couvrent que la ceinture & les cuisses ; tous portent des bracelets, des pendans d'oreille, des bagues, ont les oreilles grandes & percées d'un trou où l'on peut passer le pouce : les hommes portent leurs cheveux longs & pendans : les femmes arrangent ceux du devant sur un mouchoir qui les coëffe, & laissent flotter en tresses ceux de derriere. Leurs maisons sont de terre & couvertes de feuilles de cocotier : quelques nattes, une couchette, un bloc de bois qui sert d'oreiller, des paniers de jonc, quelques vases de terre en font les ornemens & les meubles. On n'y fait jamais de feu : c'est dans des fourneaux séparés qu'ils cuisent leurs alimens ; le riz, le lait, les légumes sont les plus communs & les plus délicieux : leurs armes sont l'arc, le sabre, le coutelas, la rondache, & le fusil : ils ne s'en servent qu'à la guerre ; ils vuident leurs querelles personnelles à coups de poing. Ce peuple en général est bon, il ne doit sa barbarie qu'à ses institutions ; il hait la trahison, il déteste l'usage du poison. Tels sont les Gentils ou les Tamouls qu'on a improprement nommés *Malabares* : les Mahométans sont méchans & infideles ; le métier de brigands est celui qu'ils exercent le mieux, & parce que seuls ils aiment & entendent la marine, seuls aussi ils font le commerce extérieur. Ils portent des turbans, des robes, une longue barbe : on les croit originaires de l'Arabie. Venons à la description particuliere de ses diverses parties.

ROYAUME
DE COCHIN.

IL était puissant quand les Portugais parurent aux Indes : ils s'emparerent de la capitale d'où les Hollandais les ont chassés en 1667. Le roi conserva ses Etats, qui lui ont été ravis par celui de Travancor : aujourd'hui il vit près des murs de l'ancien siege de son Empire, d'une pension de 13000 liv. qu'on lui paye encore comme par grace. Ce petit Etat commence à 5 ou 6 lieues au midi de la ville qui lui donna son nom, & finit à la riviere de Cranganor. Il a environ 12 lieues de côte. Deux villes peu éloignées portent le nom de *Cochin* : l'une bâtie par les Portugais dans une isle, au midi de celle de *Vaipins* ou *Baipin*, qui fait partie de cet Etat, sous le dixieme degré de latitude : la mer la défend d'un côté, une riviere de l'autre : elle est longue, peu large & borde la riviere pendant un espace de demi-lieue : ses rues sont larges, ses maisons belles : c'est du comptoir que les Hollandais y ont que dépendent tous ceux que cette nation a sur la côte : la ville est ceinte d'un bon rempart & de plusieurs bastions : leur pavillon flotte sur la haute tour de la cathédrale qu'y avaient érigé les Portugais, & on l'apperçoit à dix lieues en mer. La ville occupée par les Malabares, est plus avant dans le continent, sur le bord de la même riviere : elle est ancienne, & n'est cependant qu'un amas de cabanes, mais il s'y tient un marché très-fréquenté : les terres basses & marécageuses font que l'air y est mal-sain mal-fain. Le pays est riche en bestiaux, en cire, fer, acier & poivre: l'eau y est mauvaise, & y cause des maux de jambe: le ris y est rare, & il faut le faire venir du Canara.

La nouvelle ville pourrait devenir très-florissante: la riviere qui lui forme un port reçoit des vaisseaux de 500 tonneaux, & ses branches qui se prolongent dans le pays peuvent porter des chaloupes: on y voit une colonie de Juifs qui contribue à y entretenir l'industrie.

Au midi de Cochin est l'isle de *Porca* ou *Porcatti*, formée par une riviere & la mer: elle forme un Etat particulier, dont le roi peut armer 6000 hommes: la capitale est une bourgade qui porte le même nom: le palais du roi est beau: on y commerce en poivre, & les Hollandais, les Anglais y ont chacun un comptoir. Les Jésuites y avaient fait quelques Chrétiens. Près de là est *Calicoulang*, bourg & isle qui forment encore un petit Etat, & où les Hollandais ont un petit comptoir; & *Carnapoli*, qui est au-delà de la riviere dans le continent: on y fait un bon commerce en poivre, & ce sont sur-tout les Hollandais qui le font.

ROYAUME
DE CRANGANOR.

ON lui donne ce nom, quoiqu'il n'ait que quatre lieues de tour ; il est plus connu que ceux dont nous venons de parler, parce que le commerce y est plus considérable, & par quelques singularités qui le distinguent. Sa capitale est divisée en deux parties, l'une occupée par les Hollandais, l'autre par les Malabares : la premiere est voisine des bords d'une grande riviere, sur une langue de terre qui se trouve dans la mer : c'est une forteresse irréguliere formée par un bastion & deux demi bastions, bâtie par les Portugais, conquise par les Hollandais en 1662 ; l'entrée de la riviere est défendue par le petit fort de *Palipot*. Les campagnes voisines montrent de belles prairies, des champs cultivés, des étangs. Ce petit Etat prospera long-tems sous une colonie de Juifs qui s'y gouvernait en république : soumise enfin par les Malabars ou Tamouls, on y compte encore 3 ou 400 familles de cette nation qui ont une synagogue : les Portugais y trouverent des Chrétiens Arméniens qui y avaient une église sans images & sans cloches. Le roi de Cranganor est dépendant de celui de Calecut. Les Français avaient un établissement à *Alicote*, place forte, dont dépend un territoire étendu, & où une riviere conduit les vaisseaux de 400 tonneaux.

ROYAUME
DE CALECUT.

CALECUT fut le siege d'un Empire qui s'étendait dans tout le Malabar: son chef prenait le titre de rois des rois. Le dernier de ces princes nommé *Sarana Parimal*, ayant embrassé le Mahométisme, voulut aller finir ses jours à la Méque, & partagea ses Etats entre les princes de sa famille, réservant, nous dit-on, un espace de douze lieues de côtes, pour l'un d'eux, ou pour un de ses pages chéris; celui-ci devait avoir le titre de *Samorin*, & les autres lui rendre hommage. Le Samorin bâtit une ville dans le lieu même où Perimal s'était embarqué, & elle donna le nom de *Calecut*. C'est le premier port des Indes où les Portugais débarquerent en 1498, ils y furent reçus comme amis, s'en éloignérent ennemis, & firent au Samorin une guerre opiniâtre; il les força d'abandonner ses Etats, & eux en détruisirent le commerce. Celui qui y regne aujourd'hui est un Brame, & c'est presque le seul trône des Indes possédé par cette caste illustre: par-tout ailleurs, ils sont sécretaires ou ministres.

Cet Etat, auquel les Indiens donnent le nom de *Malleami*, a près de 30 lieues de long, sur 15 ou 20 de large: l'air y est pur & sain, le sol fertile, mais sujet à des inondations que la rapidité des eaux qui les causent lui rendent funeste: la mer lui enleve quelquefois des grands espaces de terrein, elle ronge fes bords, & l'ancienne fortereffe des Portugais qui était affez loin du port, eft aujourd'hui à deux lieues de la terre, & l'on ne voit plus que le fommet de fes tours. C'eft l'effet de la mouffon d'oueft; & ces défagrémens en ont éloigné le commerce; ils ont obligé le Samorin de fixer fon féjour à *Panané*, bourg fitué trois lieues plus au midi, fur la riviere de Cinacotta.

Calecut ou *Calch*, ou *Caulem*, eft cependant encore une grande ville: on y compte 5 à 600 maifons de bois ou de terre cuite au foleil, entre lefquelles on voit de beaux jardins: fon enceinte eft de trois lieues, en y comprenant un grand village ou fauxbourg qui n'eft habité que par des pêcheurs: elle n'eft point entourée de murailles, & eft gouvernée par une efpece de viceroi qui trouve moyen de s'y enrichir. Elle n'a point de police, & le commerce y eft embarraffé de droits onéreux, dont les Mahométans, hommes avides & infideles, font en poffeffion. S'il n'y eft pas ruiné, elle le doit à fon voifinage de la riviere de Beypour, qui y amene le bois de tek qui croît fur les montagnes voifines. Sa plage eft baffe & n'offre aucun abri; on n'y peut aborder que fur de petits bateaux plats: on trouve des paillettes d'or parmi le fable de fon rivage. On dit que le Samorin peut mettre fur pied cent mille hommes.

Le petit Etat de *Tanor* ou *Taunoor* eft enclavé dans les Etats de ce prince, & en eft dépendant. Il n'a que dix lieues de tour: le fol en eft fertile, l'air fain, la chaffe & la pêche abondantes, le poivre très-commun: le riz, le poiffon, les cocos font la nourriture des habitans: ils vendent leur volaille aux étrangers. La ville, ou ce qu'on nomme la ville, est composée de plusieurs villages de pêcheurs, d'un village de Chrétiens, & d'un grand marché autour duquel habitent de riches Mahométans : la mer y forme une anse où les vaisseaux peuvent mouiller pendant l'été. Le roi demeure dans un château à une lieue du rivage.

ROYAUME
DE CANANOR.

IL fut un des premiers lieux où les Portugais s'établirent, ils y éleverent une tour avec des pierres qu'ils apporterent du Portugal, & qui subsiste encore; ils l'environnerent de murs, puis bâtirent autour une ville considérable. Les Indiens, lassés de leur tyrannie, les chasserent, & appellerent les Hollandais qui la possedent aujourd'hui, & n'y sont pas plus aimés. Cette ville n'a aucun édifice remarquable : ses fossés sont profonds : son port n'est bon que pendant l'été. Le roi n'y demeure pas, il est respecté, & prend le nom de *Colitry* ou *Colastry* : il réside à *Balipatnam*, bourgade riche sur une riviere : ses possessions commencent vers le nord au mont Dely, & se terminent au midi à la riviere de Bergera. Ce pays produit beaucoup de cannes de bambou, dont on fait, lorsqu'elles sont tendres encore, une salade recherchée. On les coupe en tranches minces, & on les confit au vinaigre : dans toute leur grandeur, elles sont de l'épaisseur de la cuisse, & hautes de 30 pieds : le gingembre, le cardamome, le tamarin & la casse y croissent abondamment. Les campagnes n'y sont coupées que par des sentiers, parce qu'on n'y voyage qu'à cheval, sur des éléphans, ou dans des palanquins.

A demi lieue au midi du fort est le bourg de *Donol*, peuplé de Mahométans, gouverné par un seigneur de cette religion qui reconnaît l'autorité du roi, & où l'on voit de riches marchands. Plus loin est le village de *Corla*, habité par des tisserans qui y fabriquent des toiles estimées. Plus loin encore, est *Trémepatan*, où l'on fait un grand commerce : une riviere y amene les navires de 200 tonneaux, mais l'entrée en est dangereuse par des rochers à fleur d'eau, près desquels est une petite isle remplie de gibier, & derriere laquelle les bâtimens battus par l'orage, peuvent trouver un abri.

C'est dans l'étendue de cet Etat que les Français possédent le fort important de *Mahé*, où se fait un grand commerce de poivre : le voisinage des Gattes y fait verser des torrens de pluie, & y rend l'hiver long & mal-sain. Les Anglais y possédent le fort de *Tallicheri* : il a quatre bastions sans fossés ; sa garnison est de 300 Européens, & de 500 Cipayes Indiens disciplinés à la maniere européenne : la bourgade & le terrein qui l'environne, contiennent 15000 habitans ; les Anglais en tirent annuellement trois millions de livres de poivre.

DU CANARA.

LA côte qu'on nomme ainsi, s'étend des environs de Goa au mont Dely ou à la riviere Neliceram, dans une étendue d'un peu plus de 70 lieues. Il paraît avoir été connu des anciens sous le nom de *Cottonara*. Ses habitans ont la même religion que ceux du Malabar, presque les mêmes usages & le même genre de commerce. Elle ne formait qu'un seul Etat, aujourd'hui tombé sous la puissance du roi de Maissour : il dépendait autrefois du Carnate quand il cessa d'être un Etat particulier. Nous le diviserons en royaumes de Mangalor & de Carvar.

ROYAUME

DE MANGALOR.

Mangalor fut la capitale du Canara : elle fut fameufe par fon commerce facilité par une riviere qui y amène des vaiffeaux de moyenne grandeur pendant la faifon des pluies, à l'aide de la marée, & par une rade très-fûre au-dehors de la barre qui ferme l'entrée de la riviere. Cette ville eft devenue une bourgade : le conquérant y fait feul le commerce par des échanges, moyen facile & fûr pour fe procurer des armes & des munitions de guerre. Il permet aux feuls Portugais d'y faire un commerce faible, mais libre, qui a pour objet le riz dont ils fourniffent Goa.

Les habitans du pays font comme au Malabar, un mèlange d'Arabes Mahométans & d'Indiens naturels : l'air y eft très-pur, mais très-chaud ; telle eft la fertilité de fon territoire qu'il fourniffait de riz la côte de Malabar, Goa, Sumatra, & divers lieux de l'Arabie & de la Perfe : malgré cette richeffe naturelle, il n'y avait pas de peuple plus miférable dans l'Inde : les Indiens y adorent le Lingan.

On ne remarque de ville importante fur ces côtes que celles de *Barcelor* ou *Barfalor*, & elle n'avait quelque importance que par le commerce du riz. Il y avait près de la fortereffe près de la mer, nommé *Carnate*, qui dit-on, avait donné fon nom au pays de ce nom. Un mur qui de la mer s'étendait jufqu'aux monts de Gatte, féparait cet Etat de celui de Cananor.

A l'orient de Canara, au nord de Maiffour, eft un petit Etat qu'on nomme *Ikeriam* ou *Ikkori*; fouvent on donne fon nom au Canara même: en général on manque de defcription exacte de ces pays.

ETAT DE CARVAR.

Il appartient à un rajah Indien, & doit son nom à une ville située à l'embouchure d'une riviere : les Anglais y ont un comptoir. *Kama* & *Sevaseer*, sont deux petites principautés qui le bornent à l'orient & s'étendent jusqu'aux montagnes de Gatte. Ces districts réunis ont vingt lieues de côtes ; on y trouve quelques ports tels qu'*Aaka*, *Onos*, *Kuddermadi*, *Merzeo* ou *Mirzeou* : ce dernier ne reçoit que des barques : ses environs sont abondans en riz : diverses places ceintes de murs, & de fossés y sont dispersées : les montagnes, les forêts qui couvrait une partie du pays recelent des tigres, des buffles, des singes, un grand nombre d'autres animaux, & la chasse y est abondante & quelquefois dangereuse. On en tire des bois de construction, du poivre, & diverses especes de grain. On dit qu'on y recueille sur de certains chênes, une gomme liquide dont le goût acide est agréable au palais des Indiens ; ils en assaisonnent leurs ragoûts : en général ce pays n'est pas bien connu ; les Marattes commencent à y faire reconnaitre leur autorité.

GOA ET SON TERRITOIRE.

Goa est la métropole des établissemens Portugais dans les Indes : elle fut grande & florissante ; elle est célebre encore, mais plus par ce qu'elle a été, que parce qu'elle est de nos jours. Elle est située dans une isle que forme la riviere Gouari ou Zouari, en se partageant en deux bras à son embouchure dans la mer. Cette ville s'éleve en amphithéâtre sur sept collines inégales ; elle a environ 1600 toises de long sur 900 de large, mais ses murs renferment un espace de quatre lieues de tour, dans lequel on trouve des champs cultivés, & une multitude de jardins : des forts & des bastions la rendent inaccessible des deux côtés où la riviere la borde ; c'est par le côté de la mer qu'elle est attaquable. Presque toutes ses maisons sont de pierres, bien bâties, & peintes en dehors ; elles n'ont que deux étages, & presque toutes ont leur jardin. On admire la magnificence des palais du vice-roi, de l'archevêque, du grand inquisiteur : le nombre des églises & des couvens y est très-grand : les Jésuites seuls y en avaient cinq, & plus d'un million de livres de revenu. Les principales rues sont pavées de grandes pierres, & l'on y a pratiqué de larges ruisseaux, pour que l'eau y circule, & on les passe sur de petits ponts en arcades : on y voit beaucoup de puits, mais l'eau n'en est pas potable, il faut l'envoyer chercher à un quart de lieue de la ville où est la fontaine *Banguenin*, dans un lieu élevé, & d'un accès difficile : c'est un travail qui occupe les pauvres & les esclaves, & qu'on aurait pu s'épargner par un aqueduc, si l'intérêt particulier ne s'y était opposé.

Entre la ville & la riviere, vers l'orient, il y a trois grandes places fermées de murs, & qui s'avancent dans l'eau: l'une est la *Riviera grande*, longue de 800 pas, large de 200, défendue par des terrasses chargées d'artillerie, & renfermant la monnaie, la fonderie des canons, des magasins, & la maison du commandant bâtie sur l'une des portes. La seconde est celle de Ste. Catherine, défendue de la même maniere, remarquable par l'hôpital élevé dans son enceinte : là chaque malade a son lit peint, des matelats de soie & de coton, du linge blanc très-fin; ils y sont tenus dans une propreté extrême, nourris avec soin, même avec délicatesse, servis sur de la porcelaine. L'édifice est orné de galeries & de portiques décorés de peintures, de jardins agréables où les convalescens peuvent se promener, & de deux églises. La troisieme place est l'arsenal pour la garde & la construction des galeres.

La principale rue de Goa a 1500 pas de long: elle est bordée de boutiques de jouailliers, d'orfevres, de banquiers & de riches marchands : elle est terminée par l'église superbe de Notre Dame d'*Asera*, dont le portail est décoré de la statue du fameux Albuquerque qui la conquit en 1510; elle est coupée par une grande place qu'entourent les plus beaux bâtimens de la ville. Le College de St. Paul, autrefois célebre & gouverné par les Jésuites, occupe la partie septentrionale de la ville.

On ne compte guere que 10000 habitans Chrétiens & libres dans Goa; mais le nombre des esclaves y est très-grand, & il y a des Indiens & des Arabes qui y font le commerce: les esclaves s'y vendent publiquement comme en Turquie : la moitié des Chrétiens y sont prêtres : c'est le peuple à la fois le plus dévot & le plus vil. Les Européens y prennent la qualité de *Fidalgos*; ils ne fortent qu'à cheval ou en palanquin: les dames ne fe fervent que des derniers; tous fe font fuivre par leurs efclaves; le peuple y porte des *fombreros*, chapeau de 6 à 7 pieds de diametre, qui mettent à l'ombre ceux qui les portent; les vieux Chrétiens ont toujours à leur main des chapelets, les nouveaux les portent à leur cou: les pratiques de l'extrême dévotion s'y allient avec l'ufure, l'affaffinat, l'empoifonnement, les diffolutions les plus honteufes: nous ne parlerons pas de l'inquifition, le regne de fa fureur eft paffé, mais elle fe réveille quelquefois. Cette ville offre à l'étranger le fpectacle des vices de l'opulence où elle parvint autrefois, réunis à ceux de la pauvreté où elle tombe aujourd'hui. Le viceroi que le roi de Portugal y envoie, étend fon pouvoir fur tous les établiffemens que fa nation conferve encore aux Indes. Il juge en dernier reffort toutes les affaires civiles & criminelles, excepté celles qui intéreffent les nobles & les religieux. Il eft fervi avec le fafte d'un roi, ne mange point hors de fon palais, & n'admet à fa table que l'archevêque.

L'isle où Goa eft fituée a 9 lieues de tour; on l'appellait autrefois *Tikuori*: dans fon enceinte on trouve des collines élevées, des plaines fertiles, des bois, des canaux, des fources d'une eau excellente, un lac, des bourgs & des villages: entr'elle & la terre eft un des plus beaux ports de l'univers. A fes côtés font deux peninfules, dont les rives ont des forts munis d'artillerie, & la défendent: celle de *Salfey* a fept lieues de long; celle de *Bardes* n'en a que quatre. Le fol y eft d'une fertilité médiocre; il eft hériffé de montagnes qui, s'oppofant à l'agitation de l'air, font la fûreté du port de Goa, mais y concentrent la chaleur & les vapeurs malfaifantes:

on y fait dans les vallées deux moissons de riz chaque année; les prairies y sont toujours vertes, les arbres toujours couverts de feuilles, de fleurs ou de fruits: les campagnes y sont embellies par des jardins & des vergers qu'arrosent divers ruisseaux, dont les bords sont ombragés par des cocotiers. Goa n'arme plus que deux frégates, pour assurer sa correspondance avec Macao, Diu & Moxambique. Sa latitude est de 15 degrés 20 minutes; sa longitude de 92 degrés 30 minutes.

LE CONCAN
OU CUNGAN.

ON donne ce nom à cette partie de la côte qui va de Goa jusqu'aux frontieres du Guzaratte : ses peuples se nomment *Gonganers*. La plus grande partie dépend des Marattes : ils ont enlevé aux Portugais *Chaul* & *Dabul*. Celle-ci est arrosée par l'Haleveck ou Cogna ; c'est une ancienne ville où les Portugais s'étaient établis, & faisaient un grand commerce de sel & de poivre : elle n'est plus ceinte de murs, mais elle est défendue encore par un grand château ; une pagode blanche sert aux navigateurs, pour éviter les bancs de sable qui engorgent l'entrée de la riviere : le Maratte Sevagi en chassa les Portugais. *Chaul* ou *Choule* était une ville plus considérable, située dans une plaine à deux lieues de la mer, sur une riviere qui, enflée par la marée, lui amenait toutes sortes de vaisseaux : l'entrée du port était défendue par le fort *Morro* ou *Elmora*, élevé sur un mont : un bon mur & des fossés environnaient la ville.

Lorsque les Mogols s'emparerent d'une partie de cette presqu'isle de l'Inde que nous parcourons, ils en trouverent les côtes infestées de pirates, & ils y envoyerent une flotte pour protéger ses vaisseaux : leur amiral se nommait le *Siddée* : les Marattes irrités de se voir interrompus dans leurs brigandages, s'armerent contre les Mogols ; ils ravagerent leurs possessions, & envoyerent une flotte pour protéger leurs pirates. *Conagy Angria*, homme du peuple, qui s'était élevé par son courage à la dignité de commandant,

mandant, fut nommé gouverneur de *Severndroog* ou *Vizendruk*, un de leurs meilleurs forts sur cette côte, bâti dans une isle semée de rocs, peu éloignée du continent, à trois lieues au nord de Dabul. Conagy s'y forma un Etat indépendant, & en peu de tems il s'empara de toute la côte de Tamanah jusqu'à Bancoote, dans un espace long de 45 lieues; & large de 7 à 10, appuié aux montagnes. Ses successeurs prirent tous le nom d'Angria, & firent la paix avec le roi des Marattes, en leur payant un léger tribut annuel. Cependant ils imposaient des tributs bien plus onéreux aux nations commerçantes : celles qui se dispensaient d'acheter d'eux des passeports, voyaient leurs vaisseaux attaqués & enlevés. Les vents de terre, à l'aide desquels on navige sur ces côtes, favorisaient leurs dépradations, parce qu'ils ne s'étendent pas à plus de 14 lieues en mer : toutes les bayes, les havres, les ports qui se trouvaient dans leurs Etats, étaient fortifiés pour servir de retraite à leurs vaisseaux. Leur flotte était composée de grabs & de gallivats : les premiers ont deux ou trois mâts, & portent 300 tonneaux, ils ont une proue semblable aux galeres, un bord très-épais, une poupe large, & qui permet à ces vaisseaux d'entrer dans des ports peu profonds; ils portent des canons de 6 à 12 livres de balle. Les gallivats sont des grandes barques à rames, couvertes d'un pont formé de bambous fendus; ils ne portent que des pierriers; les plus grands ont cependant 6 à 8 pieces de canon : quarante ou cinquante rames leur font faire une lieue & demi par heure. Dix grabs, quarante-cinq gallivats chargés de soldats, composaient la principale flotte d'Angria : avec elle, ils osaient attaquer de petites flottes européennes; ils avaient enlevé trois vaisseaux de guerre aux Hollandais, ils en avaient enlevé aux Anglais, qui s'unirent aux Marattes pour réprimer ces pirates dangereux : il leur coutait chaque année plus de onze cent mille livres, pour faire escorter leurs vaisseaux marchands, depuis l'an 1708 que cet Etat avait commencé à se rendre redoutable : on voulut y mettre un terme. Une flotte de quatre vaisseaux partit de Bombay, joignit celle des Marattes qui sortit de Choule, tandis que leur armée de terre s'avançait vers *Severndroog* : les Anglais la forcerent de se rendre ; deux forts élevés dans le continent, pour le protéger, se rendirent aux Marattes. L'isle de *Bancoote* suivit bientôt son exemple, & les Anglais la possedent aujourd'hui ; elle est fortifiée, & commande à un port qui est dans le continent : on la nomme aujourd'hui *Victoria* ; ses environs sont habités par des Musulmans qui fournissent Bombay de gros bétail, genre de commerce que les Indiens s'interdisent par religion. En 1756, on attaqua enfin la capitale de l'Etat d'Angria, nommée *Geriah* ou *Giria* : c'était son principal port, l'arsenal de ses forces maritimes. Elle est située sur un promontoire rocailleux, long d'un mille, sur la moitié de large, ceint de rochers élevés de 50 pieds, & battus des deux côtés par la mer : un double mur & des tours rondes en défendaient encore l'enceinte : une langue de terre étroite & sablonneuse qui sert de chantier, l'unissait au continent, où l'on voyait s'étendre une grande bourgade : entr'elle & le fort était un beau port formé par l'embouchure d'une riviere qui descend des montagnes de Bellagate. Plus de 200 canons défendaient cette place laquelle se rendit aux Anglais qui eurent la bonne foi ou la faiblesse de la remettre aux Marattes qui, depuis la destruction des Angrias, augmentent chaque jour leur flotte, se font acheter comme eux des passeports aux Hollandais, & en feront peut-être bientôt autant aux Anglais, qu'ils menacent de chasser quand ils le voudront de l'isle de Bombay, qui est en quelque maniere le boulevard & la réunion de toutes leurs forces sur ces côtes.

L'*isle de Bombay*, dont le nom est une corruption de *bonne baye*, n'a que sept lieues de tour : les Portugais qui s'en étaient emparés, la céderent aux Anglais, comme une partie de la dot de l'infante Catherine, mariée à Charles II. Elle renferme une ville & quelques bourgs : la ville a un mille de long; ses maisons sont petites & basses; celles qu'habitent les Européens, sont plus grandes & plus élevées : elle est défendue par un fort ou citadelle bien construite, & munie d'une artillerie nombreuse; elle commande le port, le meilleur peut-être qui soit sur ces côtes, & l'on y voit de beaux édifices, parmi lesquels est la maison du gouverneur. Les Catholiques y suivent en paix leur culte dans des églises décorées avec faste, tandis que les Anglais, maîtres de l'isle, n'y ont eu long-tems qu'une chambre du fort pour leur en tenir lieu. Les Indiens y sont aussi libres que les Chrétiens, & y ont des pagodes : l'une d'elles avait une idole à visage d'étain, dont le nez était large & écrasé, & les yeux d'une grandeur démésurée; une bourse était suspendue à son côté, pour recevoir les offrandes de ses adorateurs.

Le sol de cette isle est stérile en grains & en pâturages; mais il est couvert de cocotiers dont les fruits sont la principale richesse naturelle des habitans : depuis quelque tems on y cultive le riz. Long-tems cette colonie demeura languissante; un air mal-sain en éloignait les hommes actifs & industrieux;

deux moissons, disait-on, y étaient la vie d'un homme. Des eaux mal-saines, des terres basses & marécageuses, les vapeurs pestilentielles qu'exhalait le poisson pourri, dont on engraissait le sol au pied des arbres : l'humidité jointe à la chaleur, y faisait éclorre des insectes vénimeux, des araignées épaisses d'un pouce, des crapaux de la grosseur d'un petit canard, des moucherons incommodes ; les blessures, les contusions y étaient presque toujours mortelles. On y a affaibli ou détruit ces principes de destruction ; sa population a augmenté avec la salubrité de l'air, & on y compte aujourd'hui près de 60 mille habitans Indiens, Anglais, Portugais ou Maures. Cette isle est l'entrepôt de tout le commerce que les Anglais font au Malabar, à Surate, dans les golfes de Perse & d'Arabie : du Malabar on tire du bois de construction ; & des Parsis en construisent des vaisseaux qui sont chargés à Surate, & se rendent de là à Bussora, à Jedda, à Moka, à la Chine, sur toute la côte jusqu'au cap Comorin.

Au couchant de *Bombay* est la petite isle de l'*Eléphant*. Elle doit son nom à une figure de cet animal, taillée en pierres, de grandeur naturelle, placée au centre d'une campagne unie : on y voit aussi celle d'un cheval ; mais ce qu'elle a de plus remarquable est une pagode taillée dans le roc sur le penchant d'un mont élevé : elle a 80 pieds de haut, sur une base de 120 pieds de long : sa voûte est un grand rocher soutenu par 16 piliers de trois pieds de diamètre, éloignés de 16 pieds l'un de l'autre, taillés avec dextérité : des deux côtés sont 40 ou 50 figures d'hommes hautes de 12 pieds, arrangées syméttriquement, dont les uns ont six bras, d'autres trois têtes, & des doigts de la grosseur de la jambe : quelques-unes sont couronnées, & ont le sceptre à la main : celles-ci s'appuyent fur des femmes, celles-là fur la tète d'une vache ; là on en voit qui prennent une jolie fille par le menton, ici elles déchirent de petits enfans ; c'eft ainfi qu'Ovington la décrit. D'autres difent qu'on y entre par une caverne, qu'elle eft un quarré de 60 pieds de long fur 40 de large, que fa hauteur intérieure n'eft que de 10 pieds ; que fa voûte eft foutenue par des piliers maffifs & épais ; que leurs chapitteaux font comme des couffins ; que tout y eft d'une piece avec la montagne : qu'au fond font trois figures gigantefques, dont l'une a un vifage long de 5 pieds : les grottes qui communiquent à ce temple, font ornées de fculptures & de peintures d'un beau coloris.

Au nord de Bombay eft l'isle de *Salfette*, occupée par les Marattes qui de là femblent menacer l'établiffement des Anglais, dont un canal guéable dans les baffes marées, la fépare : elle a fept lieues de long, 6 de large, & 25 de circuit : le fol y eft bas & coupé par des canaux remplis des eaux de la mer : elle renferme quelques petites montagnes & des bois épais ; elle produit abondamment des cannes à fucre, du riz, & la plupart des fruits de l'Inde. Ses habitans font un mèlange de Mufulmans, de Gentils, de Chrétiens qui y vivent dans une pauvreté extrème, & font connus par la beauté & la finefle des toiles qu'ils fabriquent. Un voyageur décrit les temples qu'on y trouve, mais fon récit paraît fi exagéré, fi peu vraifemblable, que nous croyons devoir le négliger. On y voit trois petites villes ou bourgs fortifiés : ce font ceux de *Tana*, de *Verfeva*, & de *Bandora*.

Au nord de l'isle *Salfette*, eft la ville de *Baçaim*, dont les Portugais furent long-tems en poffeffion:

les Marattes les en ont chaffés. Elle a une lieue de circuit; fes remparts font demeurés imparfaits; fes rues font larges & régulieres, bordées de maifons agréables. Son port eft bon: le pays qui l'environne a 5 lieues de diftance, eft couvert de maifons de plaifance, & de jardins où profperent la canne à fucre, & les meilleurs fruits.

Telle eft la defcription la plus exacte que nous puiffions donner de cette prefqu'isle de l'Inde, il ne nous refte qu'à parcourir quelques isles.

ISLE DE CEYLAN
ou CEYLON.

CETTE isle est située entre le 6° & le 9° 60' de latitude, le 97° 15' & le 99° 45' de longitude ; elle a environ 90 lieues de long, & plus de 45 de large : elle n'est éloignée que de 15 lieues du continent, & forme avec lui le détroit que les anciens nommaient *Colchicus Sinus*, & aujourd'hui *Golfe d'Arippo*. C'est la *Trapobane* des premiers : on a cru mal-à-propos qu'elle était l'Ophir & la Tharsis, où les flottes de Salomon allaient chercher des richesses qui ne s'y trouvent plus. Les Arabes lui donnent le nom de *Serendib*. Ses propres habitans lui donnent ceux de *Lameab* (terre sainte) d'*Ilanare* & *Tranate* (royaume insulaire) de *Tenaserim*, lieu de délices. Les anciens la peignirent comme le commencement d'un monde nouveau, habité par les *Antichthones*, ou hommes opposés à l'hémisphere connu. Ptolémée en fait une isle, mais lui donne quatorze fois plus d'étendue qu'elle n'en a. Strabon semble la placer entre la presqu'isle de l'Inde & l'Afrique. Le premier lui donne aussi le nom de *Salice* qui paraît l'origine ou la corruption de son nom actuel *Selendive*, *isle de Selan* ou *Ceylan*. Il semble que les Juifs y aient fondé quelque colonie, & que de là vient l'histoire qu'ils racontent du premier homme nommé *Adam*, créé sur le mont *Hamalal*, & d'*Eve*, qui répandit tant de pleurs sur la mort de son fils, qu'il s'en forma un lac qu'on montre encore sur cette même montagne. Ils racontent encore plusieurs fables de leurs anciens dieux ou héros : on ne connaît l'histoire de cette isle que depuis le douzieme siecle, après l'ere chrétienne. Il y avait alors seize rois qui rendaient hommage au plus ancien d'entr'eux, en lui présentant un bracelet d'or, sur lequel on avait tracé les têtes de tous ces petits souverains : ils sacrifiaient ensemble à la déesse *Cita*, révérée des peuples. En 1135, il n'y eut qu'un souverain dans l'isle : l'un de ses successeurs eut deux fils qui se firent la guerre, & formerent deux Etats indépendans, & un de leurs sujets s'en forma un troisieme, nommé *Kotta*. Ces trois principautés existaient lorsque les Portugais la découvrirent : c'est à *Kotta* qu'ils jetterent les fondemens d'une ville sur les ruines d'une ancienne qu'on nommait *Kol-Amba* : de là vient le nom de *Kolombo*, donné à la ville Portugaise.

Bientôt ils agirent comme protecteurs des rois de Kotta, ils regnerent sous leur nom ; & pour profiter des dissentions qui agitaient le royaume de *Candi*, ils en tenterent la conquête sous le spécieux prétexte de rétablir un des princes qui avait reclamé leur secours : ils réussirent d'abord ; mais ayant trompé le prince qui avait aidé à leur succès, celui-ci s'en vengea, en les chassant de Candi. Ils y revinrent, y firent hair leur domination, y perdirent une grande bataille, & furent resserrés dans Kolombo & les forts voisins. C'est dans ces circonstances que les Hollandais s'y montrerent ; ils étaient ennemis des Portugais, & furent bien reçus : ils expulserent les Portugais de l'isle en 1658. Depuis ce tems, la succession des rois de Candi n'a point été troublée.

Cette isle est d'une fertilité extraordinaire : on y recueille diverses especes de riz : on les seme sur des monts coupés en terrasses, dont les plus élevées ont des réservoirs d'où l'eau s'écoule pour les inonder tour-à-tour. Dans la partie du nord, ils ne font remplis que par la pluie : celle du midi eft abondante en fources & en rivieres : il y a une efpece de riz qui croît fans eau, mais elle n'eft pas eftimée : parmi les autres, il en eft qui meuriffent plutôt que les autres, les uns en trois mois, d'autres en cinq, en fix, en fept. On y cultive auffi le *coravan*, grain qui a la petiteffe & la forme du fénevé; le *tanna*, petite graine qui rapporte beaucoup; le *mouang* qui reffemble à la vefce; l'*omb* qui fe mange bouilli; le *tolla* dont on fait une huile qui fert à redonner plus de flexibilité aux nerfs. On y trouve tous les fruits de l'Inde : parmi les arbres, on remarque le *talipot*, dont le tronc eft femblable à un grand mât couronné de longues feuilles au fommet : ces feuilles font fi larges, qu'une feule peut ombrager quinze perfonnes; on en fait des tentes, on en couvre des maifons; l'arbre ne porte de fleurs & de fruits que dans fa vieilleffe; c'eft lorfqu'il va périr qu'il eft le plus abondant : de fa moëlle on fait des gâteaux qui ont le goût du pain.

Le *ketute* a les feuilles du cocotier, fon écorce très-dure fe partage en filamens dont on fait des cordes : fa tige eft droite, faible, d'une hauteur médiocre; fon bois eft noir, pefant, compact, fujet à fe fendre; auffi longtems qu'il croît, fes feuilles fe renouvellent chaque année : on en tire de fon tronc une liqueur fraiche, agréable, faine, énivrante, & dont on fait par l'ébulition un fucre noir qu'on appelle *jagori* : on peut en l'affinant le rendre auffi blanc, auffi bon que le nôtre. La *bogaba* eft un grand arbre, dont les feuilles larges & pendues à un long petiole, font prefque toujours agitées : le peuple le vénere, le vifite, fe profterne devant lui, dreffe des autels fous fon feuillage , & les charge d'idoles & de lampes : c'eſt ſous ſon ombrage que dormait le dieu *Buddou* ou *Baouth*, qui l'a ſanctifié ; les Européens l'appellent arbre de *Dieu*. Le *gorunda goubab* eſt l'arbre qui porte la cannelle : ſa hauteur eſt médiocre ; ſon bois eſt blanc, flexible ; il n'eſt odorant que lorſqu'on le brule : ſa feuille a trois côtes & a d'abord la forme de celle du laurier ; elle prend enſuite une couleur écarlate, & preſſée entre les doigts exhale l'odeur du girofle : ſes fleurs ſont blanches, ſon fruit plus petit que le gland en a la forme : on en tire une huile qu'on brule dans les lampes & dont on s'oint le corps ; on peut en faire des bougies d'un parfum agréable : c'eſt la ſeconde écorce de cet arbre que nous connaiſſons ſous le nom de canelle. On trouve cet arbre dans toute l'iſle, mais c'eſt dans un ſol léger & découvert qu'il proſpere davantage. L'*orula* dont le fruit eſt purgatif & teint en noir, le *doſon-kaig-gaubats*, dont la longue feuille ſert à faire des nattes, & les racines à faire des cordes, &c.

Les plantes y ſont en très grand nombre & parmi elles il y a des plantes ſalutaires : les Européens y ont tranſportés la plupart des plantes potageres en uſage parmi nous. Les campagnes y ſont ornées des plus belles fleurs, l'air eſt embaumé par des roſes blanches & rouges. La fleur *ſindriemal* eſt remarquable en ce qu'elle s'épanouit vers les quatre heures du ſoir, & ſe ferme vers les quatre heures du matin : la *pichamauls* a l'odeur & la blancheur du jaſmin d'Eſpagne : elle y eſt ſi eſtimée qu'on en apporte un bouquet au Roi de Candi tous les matins : ceux qui rencontrent ce bouquet enveloppé dans un linge blanc, ſuſpendu à un bâton, s'en détournent par reſpect. On s'empare au nom de ce

Isle de Ceylan.

Roi de tous les lieux où elle paraît devoir profpérer, & on les ceint d'une haie.

Cette île eft peuplée d'un grand nombre d'animaux divers : les éléphans y font plus grands, plus cruels que partout ailleurs; ils ravagent les campagnes, ils dévorent même les hommes : on y voit des bufles, des bœufs, des tigres, des ours, des fangliers, des tfohakals, des daims, des cochons, des chèvres, des chiens, le *memima*, efpèce de daim, d'un gris tacheté de blanc & de la groffeur du lievre; le *gauvera* qui eft une efpèce de taureau fauvage; l'*ouanderoud*, finge de la grandeur de l'épagneul, qui a le poil gris, le vifage noir, une grande barbe blanche; d'autres finges font d'une blancheur éclatante : celui qu'on nomme *rillour* eft quelquefois très-grand, & n'a point de barbe : fon vifage eft blanc, fes longs cheveux tombent fur fes épaules; il ravage les moiffons & fe défend contre les hommes armés : on le prend avec des lacets, on l'inftruit à marcher fur deux pieds, à rincer les verres, &c. Les ferpens, les reptiles font femblables à ceux des Indes : on y voit une efpèce de fourmis nommée *vacos*, d'une grandeur médiocre, dont le corps eft blanc & la tête rouge : elles dévorent le drap, le chaume, le bois, fe font des routes fouterraines, des demeures hautes de cinq ou fix pieds, compofées de voûtes & d'arcades, qu'on n'abat pas aifément : elles prennent des aîles, s'élevent à perte de vue & tombent enfuite fur la terre épuifées; les oifeaux les dévorent, les poules les preferent au riz : il eft un grand nombre d'autres fourmis, les unes noires, les autres rouges, & toutes dangereufes par leurs piquures : une forte de lézard brun, long de trois palmes, y offre un mets recherché : les fangfues y font très-communes; il en est une espèce qui est noire & qu'on ne peut arracher de la jambe qu'elle mord qu'en la frottant avec la cendre.

Parmi les oiseaux, on remarque le *carlo* qui est grand comme le cygne; son plumage est noir, ses jambes courtes, son bec rond, sa tête très-grosse, marquée de chaque côté d'un cercle blanc, semblable à une oreille; sur son front est une tête blanche; il est agile, ne s'arrête jamais à terre, se perche sur les plus hauts arbres: le *malerouda* dont le plumage est noir, le *candouda* qui l'a d'un jaune éclatant, sont de la grosseur du merle & peuvent apprendre à parler; ce que les perroquets n'y peuvent faire, dit Knox.

La mer, les rivieres y sont poissonneuses; on y trouve surtout de grands saumons; mais on n'y fait point pêcher avec le filet.

Les montagnes y sont riches en crystaux, en fer, en acier, en plomb: on dit qu'on y peut trouver des diamans: les lits des rivieres y sont semés de rubis, de saphirs, de topases, d'hyacinthes, d'yeux de chat & de pierres précieuses plus communes; cependant les principales richesses de l'île sont, après la canelle, l'ébène, les bois de construction; le musc, le gingembre, le poivre, le coton, la cire, surtout le miel liquide qu'on recueille dans les forêts, déposé sur les plus hautes branches des arbres, par des abeilles nommées *bamburos*, plus grandes & d'une couleur plus vive que les nôtres; il en est d'autres semblables à l'abeille commune, & dont le miel ressemble au sien. Cette recolte occupe le plus grand nombre des habitans de l'île pendant un certain tems de l'année.

Trois nations différentes l'habitent, les *Beda's* ou *Vedas*, les *Chingulais* ou *Shingulais* ou *Chinglus*, qui possedent l'intérieur de l'île, & les Hollandais qui en occupent les places maritimes.

Les *Bedas* s'étendent entre les montagnes du *Kandukare* à l'orient de l'île, & de *Passere* vers le nord, qui est la partie la moins riche de Ceylan : le pays est uni, rempli de bois & de déserts : ce peuple est divisé en petites peuplades, qui chacune a son chef & ne reconnaît pas d'autres maîtres : elles vivent dans l'union, défendent chacune leurs possessions particulieres & se réunissent pour repousser l'ennemi commun. Ils sont nuds ; les femmes ont un tablier, les hommes une toile légere pour couvrir les parties naturelles : ils sont petits, mais robustes, parlent peu, sont humains, braves & très-jaloux : ils sont armés d'arcs de dix pieds qui leur servent aussi de lance : la chair du cerf, le miel & les fruits sont leurs alimens ; ils ne cultivent point la terre ; ils habitent le bord des rivieres, & passent la nuit sous un arbre en s'environnant de branchages : ils échangent les noix d'areke, le miel, la cire, les planches, le fer, le cristal, les peaux de bêtes & les fruits que produit leur pays, contre des étoffes grossieres, du sel, des anneaux de cuivre & des bracelets de verre : ils connaissent aujourd'hui le prix de l'argent & s'en servent. Si l'un d'eux a été offensé, il va s'asseoir sous un arbre vis-à-vis la demeure de son chef, tenant en main une branche verte, & y attend dans un silence profond qu'il vienne l'enterrer : s'il attend envain pendant cinq ou six jours, il plante son rameau, court se venger lui-même, ou abandonne le canton.

Au couchant des *Bredas* est un district habité par des Malabares.

Les Chingulais possedent tout l'intérieur de l'île :

ils paraissent n'en être pas originaires : il en est qui les font venir de la Chine : il paraît en effet que les Chinois naviguaient autrefois dans ces parages, & qu'ils s'étaient établis à Negapatnam, d'où ils envoyaient, dit-on, leurs malfaiteurs dans l'île qui se nommait *Gales* ; & delà vint le nom de *Chingal* ou *Chingulais*, Chinois exilés à Gales : mais les Chingulais ne ressemblent point au Chinois, ils ont plus de ressemblance avec les habitans du continent de l'Inde ; ils ont les mêmes usages ; comme eux ils portent des bracelets, des souliers, des bagues, se percent & s'aggrandissent les oreilles, sont divisés en tribus, dont les plus nobles ont la tête couverte d'une mitre & le corps d'une robe : leurs cheveux flottent sur leurs épaules ; à leur côté ils portent une épée damasquinée, & à leur main une canne peinte : l'ordre de ces tribus est différent de celui du Malabar : là les soldats sont une des tribus les plus estimées : ici c'est celle qui l'est le moins : ils ont aussi leurs *Pouliats* ou *Parias* aussi errans & méprisés qu'eux. Comme les *Bedas*, les hommes n'ont pour vêtement qu'un linge qui va de la ceinture aux genoux ; les femmes en portent un plus long en guise de jupon, de différentes couleurs, avec une petite camisole de toile détachée par le bas : les plus propres ont deux de ces camisoles ; l'une est de soie & bordée de dentelles. Lorsqu'elles sortent, elles mettent des bas blancs & des mules brodées ; mais dans la maison elles vont nuds pieds ou avec des sandales de bois : leur tête est nue ; leurs cheveux se retroussent par derriere : les plus riches ont au col une chaîne d'or, d'où un joyau descend sur leur sein : une autre chaîne descend jusques sur la jupe : sur l'épaule gauche est une écharpe blanche à fleur, ou d'une autre couleur brochée en or, qui leur vient jusqu'aux genoux par devant & est courte par derriere : les manches viennent jusqu'aux poignets, autour desquelles elles ont des cercles d'or ou d'autre métal.

Les Chingulais forment le royaume de *Candi* : il est héréditaire; mais le roi choisit celui de ses fils qu'il veut pour son successeur & détermine l'appanage des autres : deux ministres nommés *Adigars* gouvernent en son nom : ceux qui possedent sous eux les premieres charges, sont appellés *Dissauvas* : ils ne quittent jamais la cour, & font régir leurs provinces par des lieutenans ; chaque district a une cour de justice, d'où l'on appelle aux lieutenans ou *Kourlividan*, & delà encore aux *Adigars*. Le roi vit dans une forteresse environnée de soldats en silence : il change toujours d'appartemens, jamais on ne sait celui qu'il occupe ; il mange seul, assis devant une petite table : ceux qui le servent ont un bandeau sur la bouche pour ne point souiller les mets de leur haleine. Tous les emplois s'achetent à sa cour ; & l'avidité, comme les soupçons, précipite des plus hautes dignités dans les supplices.

Les forces de l'Etat consistent dans un corps nombreux de soldats & dans les milices répandues dans les provinces ; leurs armes sont l'épée, la pique, l'arc & le mousquet ; ils traînent avec eux des pieces d'artillerie légere, que quatre hommes portent sur leurs épaules : chacun porte des vivres pour un mois : ils n'attaquent point en rase campagne ; mais se servent des montagnes & des forêts dont le pays est couvert pour dresser des embuscades.

Leur religion approche de celle des anciens Tamouls : ils reconnaissent un Dieu suprême auxquels ils associent des dieux inférieurs, dont le plus révéré est *Buddou* ou *Bouth* qui descendit du ciel pour les instruire & y remonte du sommet du mont *Hamamel* où l'on montre l'empreinte de ses pieds. Ils adorent aussi le soleil, la lune, des génies de toute espèce : chaque ville, chaque village, chaque maison a le sien. Ils ont trois ordres de prêtres, les uns très-riches, les autres pauvres. La religion chrétienne y a eu fait de grands progrès ; mais aujourd'hui elle y fait beaucoup moins de proselites.

Les Chingulais sont peu instruits : savoir écrire & lire, c'est être savant parmi eux : ils ont une langue savante & une langue vulgaire : leur médecine est une routine aveugle, qui les sert bien quelquefois, & d'autant mieux que leur sobrieté, leur propreté, leur gaité naturelle, ou éloignent ou temperent leurs maladies ; on y guérit la colique en dansant sur le ventre du malade : ils dorment peu, se baignent plusieurs fois le jour, ne vivent que de riz & de légumes, ne boivent ordinairement que de l'eau & chantent tout le jour ; on y a vu des vieillards de 140 ans. Quelques Bramines y font des almanachs, y annoncent les éclipses, y désignent les jours heureux & malheureux, tirent l'horoscope des nouveaux nés, & suivant leurs prédictions, les parens prennent soin de l'enfant ou l'abandonnent ; quelquefois ils lui donnent la mort pour lui éviter une vie malheureuse. Ils comptent neuf planettes ; leur année est de 365 jours, partagés en douze mois, & ceux-ci en semaines : un plat de cuivre percé, qui se remplit de l'eau où il surnage, leur sert d'horloge : leur langue est douce & sonore : le genre du gouvernement y a introduit des expressions serviles : ils parlent à leurs rois comme à des dieux ; ils n'ont jamais rien fait quand ils parlent d'eux mêmes ; *c'est le membre d'un chien qui a fait telle chose.* Le mariage n'y est qu'un contract

tract civil; une femme y a quelquefois deux hommes, un homme y a rarement deux femmes: celles-ci ne peuvent s'asseoir en présence d'un homme: les veuves ne portent le deuil que quelques jours, & dans cet état elles ne paient aucun tribut. On enterre les gens du peuple, on brule avec éclat les nobles.

Le Chingulais, dit M. le Gentil, paraît lourd & épais, mais doux; ses traits sont plus développés que ceux des Chinois; sa couleur est un noir plus clair que celui des Malabares, sa taille est ordinaire, il est fort paresseux.

On divise le royaume de Candi ou des Chingulais, en un grand nombre de provinces: celles du nord sont *Noure Calava*, divisée en cinq districts & *Hotcourli* qui en a sept. On y remarque la ville de *Nicauar*. Celles de l'est, sont *Mantali* & *Ouvah*: cette derniere produit le meilleur tabac de l'île; plusieurs rivieres l'arrosent, les prairies, les champs de riz en font encore la richesse; mais elle manque de bois. On y remarque les monts de *Mamda-Kinde*, & la bourgade de *Coutemale*. Celles de l'ouest sont *Oudipollat*, *Dollusbang*, *Hotterakourli*, divisées chacune en quatre districts. *Portaloun*, *Tonkourli* & *Cottiar* n'en ont que deux. Les contrées du centre sont divisées en petits districts qui prennent leurs noms, ou du nombre de leurs habitans, ou de leurs propriétés, comme *Vallaponahoi*, ou les cinquantes vallées, *Goddaponahoi*, cinquante pieces de terre sèche, &c. Les districts d'*Oudanour* & de *Tattunour* sont les plus peuplés & les plus fertiles; tous sont séparés par d'épaisses forêts qu'il n'est pas permis d'abattre, coupés par des rivieres assez grandes, dont le lit semé d'écueils ne permet pas d'y naviger: la plus considérable est celle

Tome IX.   Z z

de *Mavelagongue* ou *Mowil-ganga*, connue autrefois sous le nom de *Ganga*, qui a un cours de soixante lieues, & se jette dans la baie de Trinquemale : elle prend sa source au pied de ce mont célebre que les Européens nomment le *Pic Adam*, & les Chingulais *Hamamel*, qu'on voit, dit-on, de quarante lieues en mer, & qui, disent des voyageurs peu instruits, a deux lieues de haut. Avant d'arriver à la cîme, on trouve une grande plaine arrosée de plusieurs ruisseaux & couverte d'arbres : delà, il faut se servir de chaînes de fer pour monter : au sommet est un espace circulaire de 200 pas de diametre, où est un lac d'eau pure & très-profond, qui est la source, dit-on, des principales rivieres de l'île : tous les ans il se fait des processions nombreuses à cette montagne.

On fait une autre division de Ceylan, mais elle ne présente pas assez de détails lumineux pour la préférer. Les villages sont très-nombreux dans cette île ; mais on n'y compte que cinq villes qui puissent mériter ce nom. La capitale est nommée *Candi* par les Européens, & *Hingadagul-neur* par les Insulaires : ce nom signifie *ville du peuple*. Elle était considérable autrefois, & les rois y résidaient ; les Portugais en la dévastant la leur ont fait abandonner, ils n'y paraissent plus que de tems en tems ; elle paraît avoir été connue des anciens sous le nom de *Maagrammum*. Sa forme est triangulaire ; de fortes haies en défendent les avenues ; un rempart haut de 20 pieds ferme une vallée par laquelle on y peut parvenir. L'air y est sain & le ciel très-beau. Les autres villes sont *Nellembi-neur* dans la province d'*Oudipollat*, *Allout-neur* dans le district de Brintam où le roi tient ses magasins de grains & de sel ; *Badoulla* dans la province d'Ouvah; *Digligi-neur* dans le district de *Hevoihattai*; c'est dans celle-ci que résident aujourd'hui les rois; leur palais n'a d'autre enceinte qu'un rempart de terre; il consiste en bâtimens irréguliers, assez bas & couverts de paille; quelques-uns le sont de tuiles & ornés de galleries entourées de balustres d'ébène & de bois vernis: les fenêtres en sont garnies de plaques d'argent & d'ébène; le sommet de ces bâtimens est décoré de vases de terre. Les maisons des particuliers, dans tout le royaume, ne sont que des huttes, élevées sur des perches, fermées d'un treillis de roseaux; une loi défend de leur donner deux étages & de les blanchir. On découvre en divers lieux des ruines d'anciennes villes & d'autres antiquités qui annoncent un état de choses différent de celui qui existe. Les Chingulais parlent des ruines d'une ville magnifique nommée *Anarodgurro*, qui est sans doute l'ancienne *Anuragrammum*. C'est d'un port de la province de *Portaloun* que les parties occidentales du royaume tirent les poissons & le sel; celles de l'orient le tirent de *Leawawa*, port ouvert au commerce des étrangers.

Donnons à présent la description des villes & pays que les Hollandais possedent dans cette île.

Ces possessions resserrent celles du roi de Candi au nord, à l'est & au sud-ouest. Dans cette derniere partie est *Point de Galle*, ville qui renferme dans ses murs un espace de demi lieue: un fossé profond, un bon mur flanqué de trois bastions la défendent du côté de la terre: des bancs, des écueils, la défendent vers la mer: sur un haut rocher un corps de garde veille à sa sureté. La forteresse est sur une langue de terre, baignée au nord par la mer. Sa baie spacieuse n'est exposée qu'aux vents du couchant, & l'entrée en est dangereuse par les rochers qui y sont répandues (1). Une grande partie de la ville est sur une éminence; ses maisons sont bien bâties, ses rues sont droites & larges, mais sans pavé : elle a quelques beaux édifices; ses environs sont embellis de jardins & de promenades, coupées même au travers des montagnes : sa jurisdiction est fort étendue, & offre de vastes & charmantes campagnes, variées de côteaux, de vallons, de plaines : l'air y est fort sain ; les vents de terre & de mer y entretiennent une fraîcheur continuelle. Une garnison nombreuse y veille, & le commerce y est considérable. Les Hollandais s'en emparerent en 1640.

Caliture dans la partie occidentale de l'île, à onze lieues de Point de Galles, est une petite ville, dans la situation la plus agréable, au sommet d'un mont, à l'extrémité d'une vaste prairie qu'arrose la riviere de son nom, laquelle sort du *Pic-Adam*. Elle a une citadelle revêtue d'un double rempart de terre : ses remparts sont très-hauts, on n'y peut arriver que par un passage étroit ; quatre petits forts en défendent les approches ; mais sa force naturelle l'emporte sur ce que l'art put y ajouter : les Portugais la perdirent en 1655.

Colombo est à huit lieues au nord de Caliture : des débris d'édifices abbatus par le tems ou la guer-

(1) Gale, dit Mr. Du Fay, est une fort petite baie qui ne peut contenir que 7 ou 8 vaisseaux & quelques petits bâtimens; elle n'est ni sûre, ni commode, l'entrée en est semée de rocs; on n'y trouve aucun secours pour caréner & remâter un vaisseau; le tems y est mauvais, les habitans en sont avides, le gouvernement soupçonneux & souvent tyrannique. Les Hollandais seuls y sont bien venus.

re, des rues entieres couvertes d'herbe & de ronces, annoncent qu'elle a perdu de son ancienne splendeur : il y a cependant encore de belles rues, bordées de maisons spacieuses, claires, bien bâties & en pierres : elle a des églises, de beaux édifices, d'agréables promenades, un beau port dont un mole défend l'entrée, mais où les gros vaisseaux ne peuvent entrer : elle est aujourd'hui une forteresse réguliere : le sol en est mauvais, fermé par de bonnes portes, des remparts, des bastions, un fossé plein d'eau : elle est fournie d'une artillerie nombreuse, d'une forte garnison, & de tout ce qui peut la mettre en état de défense : derriere elle sont des campagnes agréables, variées de bois, d'étangs, de rivieres, de belles prairies : c'est le canton où l'on trouve le plus de canelle & la meilleure ; & par cette raison, c'est la ville la plus considérable qu'y aient les Hollandais, qui s'en emparerent en 1656. Elle est le siege du gouverneur & d'un grand conseil, dont l'autorité est reconnue dans toutes les possessions Hollandaises de l'île.

Negombo est à cinq lieues au nord de Colombo : c'est une place forte, environnée d'eau, enlevée aux Portugais en 1640 : ses remparts solides sont flanqués de quatre bons bastions, dont deux bordent le rivage: sa situation est agréable ; elle est importante, parce qu'elle domine sur des districts abondans en canelle : le pays où l'on en trouve se termine à la riviere de *Chilauw*, dont l'embouchure est à dix lieues au nord de Negombo.

Calpentyn, isle qui a six lieues du sud au nord, & une demi de large : elle est défendue par le fort qui lui donne son nom : on y compte quatre grands villages. Plus au nord encore est la petite isle de

Caré ou *Coudremale* du nom de la montagne qui est vis-à-vis d'elle.

Aripo ou *Jurepo*, fort sur la riviere *Corónda Weya*, sert principalement pour assurer la pêche des perles : la contrée qui l'environne est fertile, abondante en tout ce qui est nécessaire à la vie, mais l'air y est très-mal-sain.

Manaar, isle qui a cinq lieues de long & deux de large ; elle est très-peuplée : on y voit la ville de ce nom qui est toute ouverte, & six grands villages : un canal large d'une lieue la sépare de Ceylan, & un fort à quatre bastions entourés de fossés pleins d'eau le commande : il y a une garnison de cent hommes : l'isle abonde en fruits, en bestiaux, en volailles, en poissons, & autrefois ses environs étaient riches en perles.

Au couchant de Manaar, des bancs de sable s'étendent dans un espace de douze lieues jusqu'à l'isle Ramanancor, & forment ce qu'on appelle le *Pont d'Adam* : ils sont coupés par cinq ou six canaux où les petits vaisseaux peuvent passer. Plus au nord sont diverses isles, dont les plus considérables sont celles d'*Amsterdam*, de *Leide* & de *Delft* : la seconde est la mieux peuplée & a une forteresse. Il en est une encore qui défend le canal qui conduit à Jaffanapatnam : on la nomme *Hammertuel*, & elle est pourvue d'une bonne garnison : d'autres petites isles répandues çà & là sont désertes & couvertes de bois.

Jaffanapatnam est une place forte, ceinte de hautes murailles, flanquées de quatre bastions, d'un fort, & d'autres ouvrages extérieurs : la ville même s'étend autour d'elle, & a une lieue de circuit ; elle n'a que des redoutes pour en défendre l'entrée : les maisons en sont bien bâties, les édifices publics en sont beaux, les rues en sont propres ; la garnison en est nombreuse; elle était la capitale d'un royaume particulier qui renfermait la presqu'isle qui termine l'isle vers le nord : on le divise en quatre provinces ; le sol en est bas, fertile, planté de beaux arbres, bien peuplé, & dans une étendue de douze lieues sur la moitié de large, on y compte 160 bourgs: la partie du nord en est défendue par le fort de *Cargienture*, celui de *Calierauw* défend l'entrée de la presqu'isle aux *Beddas*, qui habitent le pays hérissé d'impénétrables forêts, qui s'étend d'ici jusqu'à *Trinquemalé*, place considérable par son port, l'un des plus beaux & des meilleurs de Ceylan. La forteresse qu'y ont les Hollandais, a quatre bastions bien garnis d'artillerie : elle est bâtie sur une péninsule ; derriere elle est la montagne de la *Pagode*: on ne peut entrer impunément, malgré elle, dans le port : les baies voisines sont quelquefois utiles : la plus grande est défendue par le fort *Oostembourg*, bâti sur un mont escarpé.

La baie de Trinquemalé est une des plus belles qu'on puisse voir : ses environs sont fournis de bois propres à toutes sortes d'ouvrages ; on y peut hiverner, caréner, radouber en sûreté plus de mille vaisseaux, à l'abri de tous les vents, & sur un bon fond : au fond est le fort de *Cottiar* ou *Cottiary*, qui défend la baie de ce nom : deux autres petits forts gardent les passages : les Hollandais ne s'y sont établis que pour en éloigner les autres nations.

Baticola ou *Mentecola*, ville autrefois considérable, située 16 lieues au midi de Cottiar : c'est là que les Hollandais aborderent en 1602 ; ils enleverent le fort qu'y avaient les Portugais en 1638 : il est situé dans une isle qui a deux lieues de tour, au fond d'une baie spacieuse où le fond est excellent, & près de l'embouchure de la riviere de ce nom. Le fort est ceint de hautes murailles de pierres, flanquées de trois bastions.

Les rives de l'isle, de Baticola à Point de Galles, sont bordées de montagnes, & ont de bonnes salines, mais il n'y a pas de places considérables, quoique toute cette côte dépende des Hollandais. La plus importante est le fort de *Maturé* au midi de l'isle: on fait la chasse des éléphans dans cette contrée: au couchant de ce fort est la baie de *Billigam* qui a deux lieues de profondeur & autant de large: au fond est le bourg qui lui donne son nom.

Ceylan a peu de bons ports: la partie orientale offre les meilleurs mouillages, mais les côtes fort basses y laissent les vaisseaux sans abris: les côtes du midi, & du couchant, sont hérissées de rochers, la mer y est garnie de bancs qui rendent les rades peu sûres & d'un abord difficile.

Les Hollandais ont encore divers forts dans l'intérieur du pays: en réunissant tout ce qu'ils y possèdent, on ferait un espace presqu'égal à la moitié de l'isle entiere. Les revenus qu'ils en tirent, consistent dans le commerce exclusif de la canelle, des noix d'arek, des grosses toiles du Maduré & de Coromandel, des éléphans qu'on transporte à Jaffarnapatnam, par un chemin de plus de 50 lieues, coupé au travers des bois, & dont chacun est vendu à Golkonde ou ailleurs, pour la somme de 10000 livres; dans la pêche des perles, & dans d'autres objets moins importans.

ISLES MALDIVES.

Leur véritable nom est *Malé-Ragué* : Maldives, signifie *Isles de Malé*. C'est un amas de petites isles qui couvre un espace de deux cents lieues de longueur, sur 30 de large. Elles sont à 150 lieues de la presqu'isle de l'Inde deça le Gange. Elles se divisent en treize *Atollons* ou *Atolans*, chacun formé d'un peloton d'isles presque contiguës, dont la plupart n'offrent que des sables & des rochers : ils sont séparés par des canaux, & les plus grands n'ont guere que 40 lieues de circonférence. Un banc de pierres leur sert de rempart naturel, & ils sont autant de provinces d'un Etat, dont le chef prend le titre de roi *des treize Provinces & des douze mille isles*, mais ce nombre est vague, & paraît n'indiquer qu'un grand nombre. Si ces isles sont celles que Ptolémée place au-devant de la Trapobane, il ne fixait leur nombre qu'à 1370; mais il les connaissait mal. La mer qui les environne est agitée, les canaux qui les séparent sont tranquilles, & la plupart si bas, quand la mer n'est pas haute, qu'un homme les traverse, n'ayant de l'eau que jusqu'à la ceinture; le fond en est de pierre de roche & de sable blanc. Il semble qu'un banc continuel en fait la base commune, & qu'elles furent jadis une grande isle, que les vagues les courans, quelques révolutions extraordinaires ont rongée. Quatre des passages entre les Atolans sont praticables pour les vaisseaux de haut bord, mais ils sont difficiles à reconnaître, à traverser, & les courans & les vents en rendent l'approche même dangereuse; le plus sûr est de les éviter, & c'est ce que font tous les pilotes qui les connaiffent.

Onze de ces Atolans font au nord de la ligne : en voici les noms, en allant du nord au fud. *Tilla-Doumatis*, *Milla-dove-madoue*, *Padipolo*, *Malosmadau*, *Ariatollon*, *Male*, *Pulodou*, *Moluque*, *Nillandous*, *Collo-madous*, *Adoumatis*. Ceux au midi de la ligne, font: *Souadou*, *Addou*, & *Pova-Maluque* : ces deux derniers font petits, & ne font comptés que pour un. Le plus large des canaux qui fépare les isles, n'a pas plus de deux cents pas; chaqu'Atollan a diverfes ouvertures, enforte qu'on peut en fortir par tous les vents.

La plupart de ces isles font défertes, couvertes d'un fable mouvant, ou d'herbes & d'arbres : le coco y eft l'arbre le plus utile, parce qu'on n'y recueille que fort peu de grains : le riz y vient du Bengale: le poiffon y eft abondant : les plages défertes y font remplies de crabes, d'écreviffes de mer, & de pengouins, efpece d'oie qui a le dos noir, le ventre blanc, un cercle blanc autour du cou, de petites ailes qui leur fervent plus à nager qu'à vôler, & dont la chair eft d'affez bon goût: il en eft qui pefent quinze livres. On trouve auffi fur leurs rivages de l'ambre gris, du corail, dont il eft une efpece rude & poreufe, femblable à une racine, que les Maldivois concaffent & font bouillir avec de l'eau de cocos, pour en faire leur miel & leur fucre; une forte de noix groffe comme la tête d'un homme, qu'on nomme *tavarcarré*, qui a des vertus médicinales; des *bolys* ou *coris*, petites coquilles blanches, luifantes, qui fervent de monnaie chez eux & divers peuples de l'Inde, chez qui il s'en porte chaque année la charge de 30 ou 40 navires. Ce font les femmes qui les pêchent; elles fe vendent par paquets de douze mille, qu'on enveloppe dans des corbeilles de feuilles de cocotier, & qui valent chacun un *larin*, monnaie qui peut valoir 15 fols de France.

Les Maldives fourniffent aux nations commerçantes, des voiles & des cordages de navires qu'on y fabrique avec l'écorce du cocotier, des cocos, de l'huile & du miel, dont on charge chaque année près de cent bâtimens, du poiffon fec, de belles écailles de tortues, des nattes de jonc les plus eftimées des Indes par leur beauté, des toiles peintes, des étoffes de foie. On y porte de la foie & du coton non travaillés, des toiles de coton blanches, des effences parfumées, dont on s'oint, du riz, des noix d'Arek pour affaifonner leur bétel, du fer, de l'acier, de l'or, de l'argent, de la porcelaine, des épiceries, & quelques autres denrées que leur fol ne peut produire.

Leur proximité de l'équateur y rend la chaleur très-forte, & les jours égaux aux nuits qui font très-fraîches: l'air y eft mal-fain, & leurs habitans font fujets à des fievres épidémiques & à des maux d'yeux & de rate; la petite vérole y eft très-meurtriere: ils doivent aux Portugais le mal vénérien, poifon dangereux, qui contrebalance tous les biens qu'ils auraient pu recevoir de ces Européens, & qu'ils n'en ont pas reçus.

Ces habitans paraiffent être un mélange d'Arabes & d'Indiens du Malabar: les derniers paraiffent avoir donné leur nom aux isles. *Male-bar* fignifie *pays de Male*, comme *Male-dives, isles de Malé*: les Arabes paraiffent y avoir pénétré fous le Califat de Valid, ou lorfqu'ils furent chaffés de l'Inde par les Mogols; ils s'y emparerent de la fouveraineté, & y propagerent leur religion: tous les Maldivois font aujourd'hui Mufulmans: on remarque cependant que ceux qui habitent les Atollons du nord font plus civilisés, plus doux, plus décemment vêtus que ceux du midi; leur langage est aussi moins rude. En général, ils sont plus olivâtres que noirs : on y trouve des femmes aussi blanches que des Européennes; ils sont grands & velus, mais ils s'arrachent le poil en divers endroits de l'estomac, se montrent courageux, entendent la guerre, aiment l'ordre, & ont de l'intelligence : ils connaissent un peu de mathématiques, d'astronomie, & ont des cartes passables de leurs isles : ils ont un parchemin qu'ils font de l'écorce d'un arbre : tous ont les cheveux noirs, mais les nobles & les soldats portent seuls la chevelure longue, comme les premiers & ceux qui ont fait le voyage de la Meque, portent seuls la barbe longue : les autres se la rasent devant les mosquées, & l'enterrent dans les cimetieres. Les femmes parfument leurs cheveux avec beaucoup de soin, les entrelassent de fleurs, & les lient par derriere avec un anneau d'or ou d'argent souvent orné de perles ou d'autres pierres précieuses : leur habillement est un caleçon de toile, & un pagne de soie ou d'autre étoffe.

L'isle principale habitée par le roi & sa cour, est celle de *Malé* : son circuit est d'une lieue & demie; c'est la plus peuplée, la plus fertile, & aussi la plus mal-saine; les eaux y sont mauvaises; on n'y voit point de villes, il n'en est dans aucune; chaque isle a ses mosquées; les maisons y sont dispersées, construites du bois de cocotier, & couvertes de ses feuilles cousues ensemble : les riches les bâtissent en pierres blanches & polies qu'ils tirent de l'eau avec des planches faites d'une espece de liege nommé *candou-patis*, bois mol & léger, qui n'est pas bon à brûler, mais qui produit avec facilité du feu en le frottant.

Isles Maldives.

Les Maldives obéissent à un seul maître, dont le pouvoir n'est limité que par celui des prêtres qui gouvernent sous lui : chaque Atolan est gouverné par un chef nommé *Naybe*, qui y exerce les fonctions du sacerdoce, de la puissance législative & judiciaire : dans chaque isle sont des *Catibes* qui sous les Naybes rendent la justice, & tous sont prêtres. Le Naybe de Malé est le plus considéré, & on le nomme *Pandiare* : c'est le premier magistrat de la nation, c'en est le souverain pontife : le roi a son conseil formé de quatre grands officiers ; le Naybe a le sien qu'il doit consulter ; le roi assigne à chacun de ces officiers diverses isles de son domaine, & quelques mesures de riz.

La justice n'agit que lorsqu'il y a une plainte directe ; les grands vols sont punis par la perte du poing ; les crimes contre les mœurs, quelques grands qu'ils soient, ne le sont que par le fouët. La noblesse s'y acquiert par la naissance, les emplois, la volonté du prince ; les femmes la transmettent à leurs enfans, non à leurs époux : le roturier ne peut s'asseoir en présence d'un noble ; il s'arrête, il pose son fardeau, lorsqu'il le rencontre : le sort des esclaves y est fort dur. Le roi a le titre de *Rasquan*, la reine, de *Renequillague* : une large ceinture à franges, une chaîne d'or enrichie de diamans, des sandales de cuir doré, sont principalement ce qui distingue le prince. Plusieurs isles lui appartiennent en propre ; il retire le cinquieme de tous les fruits du pays, il leve des droits sur les coris, sur le poisson sec, sur les marchandises étrangeres : il commerce lui-même au dehors ; & l'ambre, le corail qu'on trouve sur les côtes, n'appartiennent qu'à lui. Il a six cent gardes ; les autres soldats ne sont qu'au nombre de mille, divisés en dix compagnies. Ils sont honorés parce qu'ils mangent le riz du roi. Le palais est dans un vaste enclos, & environné de jardins ornés de fontaines & de pieces d'eau; il n'a qu'un étage, mais ses appartemens sont nombreux & richement décorés. Les Portugais s'étaient emparés d'une partie de ces isles; ils en furent chassés, & la religion qu'ils y avaient répandue, en sortit en quelque maniere avec eux: elles ont été dévastées en partie par des corsaires, & quelquefois par des guerres civiles.

Les isles qui s'étendent au nord des Maldives, presque parallelement à la côte de Malabar, sont appellées en général les *Laquedives*: elles sont mal connues. L'isle de *Kelay* est la plus voisine des Maldives; elle est à 14 lieues au nord de l'Atolan le plus septentrional: on y peut trouver quelques rafraîchissemens: treize lieues plus au nord encore, est l'isle *Malique*. Elle a quatre lieues de tour: sa fertilité est admirable, dit Pyrard, en millet, cocos, bananes & autres fruits; la pêche y est abondante, & l'air plus tempéré qu'aux Maldives, dont elle reconnaissait les loix; mais elle dépendait alors du roi de Cananor. Les navigateurs modernes n'ont plus retrouvé cette isle, & son existence est aujourd'hui fort incertaine: en supposant qu'elle existe, il est un canal formé par elle & les isles Laquedives proprement dites, large de dix lieues qu'on nomme *Canal de Mamalé*. Les plus méridionales des Laquedives sont appellées par Pyrard, *isles de Divandurou*; c'est un groupe de cinq isles d'environ 6 à 7 lieues de tour, à 80 lieues du Malabar, & soumises au roi de Cananor: ses habitans sont Tamouls ou Malabares; ils en ont les mœurs, les coutumes, le langage: la plupart sont riches par le commerce qu'ils font dans l'Inde & aux Maldives; leur sol est fertile, & l'air très-sain; elles forment un entrepôt commode. Plus au nord, sont des isles petites & peu connues, dont les plus considérables sont celles de *Corine* & de *Ditto*, & la plus voisine du continent, celle d'*Anataca* : au-delà de ces isles, s'étendent des bancs & des écueils d'autant plus dangereux que la mer n'y écume point, & n'y fait entendre aucun brisement : ils se terminent au 13° 25'.

Fin du Tome IX.

TABLE

DU TOME IX.

A

Aalemparvé.	657	Amsterdam (isle.)	726
Abosi.	280	Amurpore.	596
Achem.	448	Anabao (isle.)	412
Achiavel.	607	Anamba (isle.)	457
Adgadna.	297	Anantapouram.	633
Adoni.	633	Anarodgurro.	723
Agra.	600	Anataça (isle.)	735
Agrigan (isle.)	300	Anatajam (isle.)	299
Aguiguan (isle.)	297	Andagiri.	454
Akasaki.	265	Andamaon (isle.)	544
Akasi.	280	Andanagar.	626
Aki.	279	Andi, (fleuv.)	587
Aksu.	49	Andipour.	601
Aktas.	50	Andreow.	5
Alicote.	690	Andripoura.	453
Allout-neur.	722	Angria, (Etats d')	704
Amacusa (isle.)	288	Antonio Caves (isle.)	342
Amadabad.	614	Aral, (lac.)	11
Amalagan (isle.)	299	Arbengian.	22
Ambal (isle.)	327	Arcatte.	633
Amblapour.	645	Archipel de St. Lazare.	
Amblau (isle.)	390		291, 304
Amboine (isle.)	387	Ariancoupan.	660
Amirauté, (isle de l')	340	Ariman (isle.)	341
Ammal-Poedri.	665	Aripo.	726
Ammoui (isle.)	154	Arnheim, (Terre d')	365
Amour.	634	Arow, (isles d')	407
			Arrai.

Arrai.	265	Balanbangan (isle.)	424
Arrakan.	539	Balafagun.	48
Ashnagar.	609	Balaffor.	642
Aska, (fleuv.)	252	Balayan.	320
Afmire.	612	Bali (isle.)	425
Affa-houdi.	393	Baliagot.	591
Affenai.	603	Balipatnam.	694
Affonfong (isle.)	300	Balkh.	24
Atok.	609	Ballabaram.	634
Atta.	594	Ballaffagbunn.	9
Audish.	620	Balfara.	618
Aurengabad.	626	Baltiftan.	28
Ava.	532	Banca (isle.)	456
Awa.	269, 287	Bancala.	376
Awadfi.	287	Bancoote (isle.)	706
Ayerbengui.	452	Bancoul.	453
Azem.	535	Banda (isle.)	404
		Bandamourkola, isle.	645
B		Bandell.	592
		Bando.	611
Baçaim.	709	Banjar-Maffin.	419
Bachiam (isle.)	385	Bankibafar.	591
Baco (isle.)	326	Bankok.	483
Badakfchian.	24	Bantam.	439
Badjing.	377	Baos.	521
Badoulla.	722	Barampour.	643
Bagnagar.	629	Barar.	622
Bahar.	596	Bardes.	702
Bahi.	321	Barnagore.	591
Bahur.	660	Baros.	452
Bakan.	524	Bashées (isles.)	301, 303
Balaba (isle.)	328	Bafilan (isle.)	336
Balagate.	625	Batang.	452
Balakan.	25	Batang (isle.)	455
Balambuan.	431	Batavia.	435

Tome IX.   A a a

Baticola.	727	Bragu (isle.)	544
Battas (peuples.)	447	Brama.	531
Batayan (isle.)	330	Brampour.	621
Bedas (peuples.)	717	Bretagne (Nouvelle.)	343
Bedir.	626	Brimaputre.	592
Benarès.	598	Brodra.	619
Bengale.	587	Broitschia.	618
Berdla.	484	Buckarie (Grande.)	15
Besoara.	646	Buckarie (Petite.)	46
Bidsen.	280	Buffles. (Isle des)	544
Bihend.	18	Buidsen.	285
Bikanar.	599	Bukor.	611
Billigam.	728	Bulacan.	323
Billiton (isle.)	456	Bune (isle.)	290
Bimilipatnam.	646	Bungo.	285
Bin (isle.)	337	Burdwan.	594
Bingo.	279		
Bir-Island.	364	C	
Bisantagan.	619		
Bisnagar.	631	Cabelon.	657
Bisnapore.	590	Caceres.	320
Bissempore.	594	Cachemire.	604
Bitsin.	279	Cadapé.	633
Bockara.	17	Cagayan.	319
Bombay (isle.)	707	Caiaon.	433
Bonis ou Bouguis.	375	Caihoa.	130
Bonteyn.	ibid.	Cajeli.	389
Bool (isle.)	331	Calamianes (isles.)	374
Borneo (isle.)	418, 421	Calamines (isles.)	327
Boroa (isle.)	392	Calauro.	374
Boulocomba.	375	Calcuta.	591
Bourias (isle.)	325	Calecut.	691
Bourro (isle.)	389	Calicoulang.	689
Boutan.	29	Calierauw.	727
Bouton (isle.)	376	Calilaia.	320

Caliture.		Cataringa.	420
Calleada.	621	Caveripatnam.	666
Calli-modu (prov.)	669	Cavite.	323
Calpentyn.	725	Caybobo.	396
Camarines.	320	Caza [isle.]	320
Cambaye.	615	Celebes [isles.]	366
Cambayna (isle.)	376	Ceram [isle.]	392
Cambello.	392	Ceram-Laout [isle.]	395
Cambory.	485	Ceylan [isle.]	711
Camboye.	487	Cha-cheu.	151
Camotes (isles.)	330	Cha-kien.	159
Campeng-pet.	485	Cham.	501
Cananor.	694	Chambara.	537
Canara.	696	Chamo.	185
Candi (Roy.)	722	Chandernagor.	591
Candish.	621	Chan-hay.	175
Canga.	275	Chan-tong.	181
Cangibouran.	633	Chang.	213
Canoul.	ibid.	Chang-cha.	141
Canton.	144	Chang-cheu.	153, 174
Cantaye (isle.)	443	Chang-kia-keu.	112
Caoue.	24	Chang-te.	142, 179, 191
Capoul (isle.)	325	Chanfi.	114
Caragos.	334	Chantaboun.	487
Caré [isle.]	726	Chaligan.	593
Cargienture.	727	Chapour.	597
Carizme.	14	Chau-cheu.	151
Carnapoli.	689	Chau-King.	147, 170
Carnate.	631	Chaul.	704
Carnicobar [isle.]	545	Chauft.	25
Carolines [Nouvel.]	339	Che-Kyang.	165
Carozema.	486	Che-tfyeng.	133
Carpentarie.	365	Chen-fi.	117
Carvar.	699	Chefure (isle.)	214
Catanduanes [isles.]	324	Cheu-chan (isle.)	169

(740)

Chevres. (isle des)	301	Colombo.	724
Cheytepour.	620	Columpé.	491
Chiampa.	494	Concorde. V. Endracht.	
Chicacol.	644	Condavir.	647
Chicugen.	281	Coralam.	633
Chine.	67	Corée.	208
Ching-cheu.	142	Corenguy.	648
Ching-hiang.	130	Corine [isle.]	
Ching-kyang.	173	Corla.	695
Chinglepet.	657	Coromandel [côte de]	649
Chingulais [peup.]	717	Cosmin [isle.]	544
Chinhay.	168	Cossimbazar.	595
Chinsarah.	592	Cotta-Cotta.	633
Ching-ting.	113	Cottiar.	727
Ching-yang.	202	Coulour.	629
Ching-yeun.	133	Couronne [isle de la]	344
Chitinagar.	626	Cranganor.	690
Chitor.	620	Crimataja [isle.]	421
Chong-King.	124	Cuadag.	519
Chu-chan.	141	Cuadag [isle.]	520
Chu-cheu.	167	Cuma.	379
Chudahe.	544	Cumbawa [isle.]	416
Chu-hiang.	129	Cumberland [isle de]	364
Chui-tcheou.	182	Cundapoli.	630
Chun-king.	123	Cungan.	704
Chunning.	129	Cuyo [isle.]	328
Chun-te.	113		
Chu-sin.	213	D	
Circassie.	5		
Coba.	22	Daboussiah.	18
Cochinchine.	496	Dabul.	704
Cochons [isle de]	455	Dacca.	594
Cocos [isle des.]	455, 544	Daghestan.	4
Codar.	9	Daman.	618
Cojend.	ibid.	Dapitans.	334

(741)

Dargan.	15	Ebin [isle.]	327
Dava.	271	Edam [isle.]	436
Davandapati.	633	Edel [Terre d']	354
Davav.	608	Elenga.	627
Debil.	612	Eléphant [isle de l']	708
Decan.	623	Elours.	645
Delft [isle.]	726	Elquilipa [isle.]	648
Delhi.	601	Ende [isle.]	416
Desima [isle.]	283	Enderab.	24
Détroit de Malaca.	458	Endracht [Terre d']	352
Devra-Cotta.	648	Enganne [isle.]	349
Diamant [isles du.]	544	Engano [isle.]	456
Dianga.	543	Entrevidi [isle.]	645
Digligi-neur.	723	Erang.	393
Dinagepore.	593	Erikan [lac.]	654
Ditto [isles.]	735	Esfigiab.	9
Divanduro [isles.]	734		
Divi [isles.]	648	F	
Divicoté.	662		
Doab.	599	Facata.	281
Dobasi.	544	Falu.	337
Doltabad.	626	Fariab.	25
Domea.	518	Farima.	280
Donol.	694	Fatsisio [isle.]	288
Dounay.	501	Felipour.	601
Downagore.	596	Feneri.	495
Duc d'York [isle du]	342	Ferbar.	18
Duki.	609	Ferganah.	22
Dumaran.	328	Fida.	272
Durbonga.	597	Figen.	281
Durour [isle.]	340	Figo.	284
		Fiogo.	263
E		Firando [isle.]	289
		Fitatz.	270
Eauweck.	490	Fiungo.	285

Aaa 3

Flores [isle.]	416	Ginſiparſaat.	596
Folki.	276	Goa.	700
Fong-hoang-ching.	203	Godak.	611
Fong-tſyang.	120	Goddah.	620
Fong-yang.	177	Goga.	619
Fo-kien.	152	Golgonde.	627, 630
Formoſe [isle.]	155	Gonon-Beſar.	440
Fortune [isle.]	455	Gor.	598
Fudſi [montag.]	253	Gordish.	13
Fu-cheu.	153, 161	Gotto [isle.]	289
Fuen-cheu.	117	Gouel [fleuv.]	596
Fu-ſi.	274	Gouli-gouli.	395
		Gounong-Api [isle.]	404

G

		Graen.	625
		Grafton [isle.]	301
Galeron.	374	Guaham [isle.]	296
Galles méridionale.	357	Gualor.	599
Gama.	215	Guguam [isle.]	299
Gammacanor.	385	Guinée [Nouvelle.]	345
Gammalamma.	384	Guimaras [isle.]	329
Gammen [isle.]	345	Gundelvay.	627
Gandicote.	632	Guzarate.	613
Gange [fleuv.]	586		
Ganjam.	644	H	
Garret-Denis [isl.]	341	Hai-tien.	112
Gauduy.	618	Hajakan.	609
Gaurejan.	25	Halouerd.	23
Gehud.	599	Hami.	191
Gergelin [côte de.]	646	Han-chang.	120
Geriah.	706	Han-chuen.	139
Gerrici.	432	Hang-cheu.	166
Gingy.	634	Hanovre (Nouvelle)	342, 343
Gihun [fleuv.]	10		
Gilolo [isle.]	378	Han-yang.	139
Ginſima [isle.]	289	Hardouere.	604

Hatahouli.	393	Jacpou.	601
Hay-men.	213	Jaffanapatnam.	726
Hay-nan (isle.)	148	Jaganet.	613
Hean.	517	Jagaenat.	643
Helabas.	599	Jajuma.	217
Hermata.	421	Jamafijro.	258
Het-bultig (isle.)	349	Jamatto.	259
Heu-cheu.	170	Jambi.	454
Hia-pu.	112	Janfaloom.	484
Hingadagul-neur.	722	Japara.	433
Hing-chéu.	142	Japon.	220
Hing-wha.	154	Jara (isle.)	545
Hito.	388	Jafampura.	603
Hoachit.	197	Java (isle.)	426
Hong-fe-hu (lac.)	81	Ibabor.	336
Ho-hang-ho (fleuv.)	82	I-ching.	173
Ho-hu.	197	Idje.	264
Hokien.	113	Idfu.	267
Hollande (Nouvelle.)	350	Idfumi.	261
Holy-yen.	133	Idfumo.	277
Ho-nan.	178, 180	Jedo.	268
Honchin.	206	Jemba.	604
Honimoa (isle.)	398	Jemblikifma.	635
Hou-quang.	137	Jemma (fleuv.)	587
Hué.	501	Jengapour.	604
Hu-keu.	164	Jeffelmere.	612
Huyfoun.	525	Jetfingo.	273
Hya-tong.	125	Jetfiffen.	275
Hyen-kina.	214	Iga.	264
		Ijo.	286
J		Ikeriam.	698
		Iki (isle.)	289
Jacatra.	435	Ilak.	9
Jacob-Remeffens (fleuv.)	352	Iloccos.	324
		Iloilo.	329

Imaba,	276	**K**	
Immalake.	604		
Indelvay.	627	Kacho.	517
Inden.	202	Kadfufa.	270
Indoftan.	547	Kakares.	608
Indur.	627	Kalkapira (fleuv.)	186
Indus (fleuv.)	585	Kalkas.	184
Inebourie.	487	Kamakura (isle.)	268
In-te.	146	Kanouage.	611
Joartam.	432	Kaobang.	521
Jodo.	263	Kaous.	22
Johor.	462	Kao-ycou.	173
Jongoma.	526	Karach.	598
Joseph Freawille (isle.)	339	Karaï.	132
		Karakalpalk.	7
Jofida.	265	Kara-koram.	191
Iquifenque (isle.)	268	Karakut.	18
Irlande (Nouvelle.)	341, 2, 3	Karamaka.	604
		Karafm.	10
Ifen-cheu.	214	Karchin.	195
Isle des Etats.	215	Karical.	667
Isle des Filles.	354	Karshi.	18
Isle des Lezards.	364	Kefat-kia.	8
Isle Longue.	344	Kafchtıkhan.	22
Isle Magnetique.	364	Kash.	21
Isle Orageufe.	341	Kashgar.	47, 64
Isles Palmes.	364	Kaftaju.	266
Isle du Prince.	442, 443	Kawadfi.	261
Isles Solaires.	415	Kau-cheu.	147
Isles de la Sonde.	418	Kay-fong.	179
Isle Trifte.	456	Kəyté.	14
Jund.	8	Koffing (isle.)	395
Juthia.	482	Kechangs.	205
Ivogafima (isle.)	228	Kelang (isle.)	391
Iwami.	277	Kelay.	734

Kelibon.	395	Kiuchau.	174
Keppel (isle.)	364	Kiu-cheu.	167
Kerlon (fleuv.)	186	Kiung-tso-wey.	112
Ketminah.	19	Koang-si.	134
Khayuk.	14	Kobi. Voy. Chamo.	
Khamil.	50	Koeit-cheu.	130
Khefel (fleuv.)	11	Kokhonor (pays de)	44
Khogenz.	22	Koking.	128
Khotol.	23	Kokura.	285
Khotom.	48	Kong-chang.	121
Kia-kia.	173, 183	Kondos.	25
Kiang-nan.	171	Konji-medu.	637
Kiang-si.	160	Kony-mere.	657
Kien.	394	Koodsuke.	272
Kien-chang.	161	Korchin.	195
Kien-ning.	159	Koupan.	412
Kieu-Tching.	219	Kuching.	114
Kijnokumi.	287	Kumbagonam.	665
Kikiai (isle.)	217	Kumkala.	14
Kimp-tong (isle.)	189	Ku-sing.	127
Kin.	203	Kuyper (isle.)	436
King-hi.	212	Kya-king.	170
King-hing.	214	Kyang-ywen.	214
King-ki-tau.	213	Kyen-kyang.	163
King-te.	164	Kyn-kyang.	183
King-tong.	129	Kyun-cheu.	148
King-yang.	120		
Kin-hoa.	167	L	
Kin-ngan.	161		
Kinsha.	214	La-chan (mont.)	163
Kin-yeun.	135	Laconcevan.	486
Kiofeu.	183	Lahor.	609
Kirin-ula-hotun.	205	Lahuri.	612
Kisima (isle.)	289	La Mark (isles.)	342
Kisseragur.	592	Lampou.	454

Lan.	114, 121	Louhou (isle.)	392
Lancahui (isle.)	465	Louhri.	611
Landa.	421	Louvo.	487
Laos.	522	Luban (isle.)l	327
Laoukend.	23	Lubec (isle.)	442
Laou-ouei.	132	Luckipore.	592
Laphao.	411	Luçon (isle.)	319
Laquedives (isles.)	734	Lung-hoang-chan.	217
Larntucu.	416	Lutaos.	334
Laffa.	30	Lu-yang.	116
Latak.	30	Luy-cheu.	148
Lay-cheu.	183	Lyen-cheu.	147
Leaotung.	201	Lyeou-cheou.	137
Leawawa.	723	Lyu-fu-cheu.	176
Leide (isle.)	726		
Lefgi.	6	M	
Leuven (Terre de)	354		
Leyte (isle.)	335	Macao.	145
Leytimor.	388	Macaffar.	371, 373
Liampo. Voy. Ningpo.		Machian (isle.)	386
Licou-kicou (isle.)	217	Madevipatnam.	666
Ligor.	484	Madras.	655
Li-kiang-tu.	127	Madura (isle.)	441
Ligan.	129	Mahé.	695
Lingen (isle.)	456	Mahmud-bandar.	661
Ling-kyang.	162	Ma-hu.	125
Ling-tao.	121	Majabaram.	665
Linques.	375	Maldah.	596
Lin-tfin.	182	Maldives (isles.)	729
Liffabatta.	394	Malé (isles.)	732
Lomboc (isle.)	417, 425	Maleyo.	384
Long-ngan.	123	Malique (isle.)	734
Lonpenn.	487	Maloué.	621
Lonthoir.	404	Mamadebath.	619
Los Babayanes (isle.)	318	Mamalé (canal de.)	734

(747)

Man (isle.)	343	Maug [isle.	300
Manaar (isle.)	726	Meaco.	259
Manado.	376	Meaxima [isle.]	288
Mandar.	376	Merghin.	201
Mandoa.	621	Menankiou [fleuv.]	534
Manen (isle.)	386	Menankiu.	28
Mangalor.	697	Meouat.	598
Mangin (isle.)	345	Mergui.	485
Manille.	821	Merzeo.	699
Manincabo.	453	Metac.	486
Manipa (isle.)	391	Meunhoc.	525
Mankats.	7	Mey-lin [mont.]	151
Mannar-koil.	665	Miah-bali-puram.	657
Manfouré.	612	Midnifore.	594
Mantabey (isle.)	455	Mijariffima [isle.]	288
Mantalingo.	331	Mikawa.	265
Mantcheoux.	198	Mildelbourg.	379
Marattes (Pays des).	637	Mimafaki.	280
Marava.	670	Mindanao [isle.]	332
Margaban.	538	Mindoro [isle.]	226
Marghinan.	22	Mino.	273
Maria (isle.)	357	Mirabilla [isle.]	321
Marianes [isles.]	291	Mifijma.	266
Marinduques [isles.]	326	Mixoal [isle.]	345
Maros.	375	Moa [isle.]	341
Martaban.	531	Mocomogo.	453
Marudo.	422	Mogmog.	338
Masbate [isle.]	325	Moluques [isles.]	379
Mafulipatnam.	646	Monera.	597
Mataram.	433	Mongher.	595
Matfumay [isle.]	215	Mong-hoa.	129
Matta [isle.]	331	Mongols.	192
Matty [isle.]	340	Monmouth [isle.]	301
Matura.	601	Mont [le.]	656
Mature.	728	Mouftafa-nagar.	655

(748)

Moulana [isle.]	329	Narsapour.	646
Mounai [isle.]	541, 544	Narvar.	599
Mugden. V. Chin-yang.		Naſſa.	22
Multan.	610	Naſſari.	618
Munkichlac.	7	Naſſau [isles.]	455
Murshedabad.	594	Natlang.	501
Muru.	280	Naugata.	278
Muſiaſi.	268	Nayman.	196
Mutſu.	271	Neckhſehed.	21
Myao-tſée.	124	Negapatnam.	668
Myrſie.	625	Negara.	419
		Negombo [isle.]	725
N		Negres [isles des.]	330
		Negrailles [isle.]	544
Naapoura.	618	Nehot-man.	501
Nacalan [isle.]	406	Neira (isle.)	403
Nadezda [isle.]	215	Nellapelli [isle.]	648
Nadour.	626	Nellembi-neur.	722
Nagar.	612	Ngan-chan.	133
Nagepore.	596	Ngan-king.	175
Nagrakut.	604	Ngan-io.	117
Nambu.	271	Ngan-lo.	140
Namroy.	525	Nghiam.	520
Nan-chang.	160	Nhing-lu.	180
Nangaſaki.	282	Nicavari [isle.]	545
Naniali.	394	Nicobar.	545
Nan-kang.	163	Niegrhi.	201
Nan-king.	171	Ning-hya.	122
Nan-ngan.	162	Ningpo.	188
Nan-ning.	136	Ningulta.	206
Nan-yang.	180	Nin-que.	176
Nan-young.	151	Nipon [isle.]	258
Naour.	668	Niſampatnam.	647
Narcondan [isle.]	544	Nocſa-Combang (isle.)	
Nariad.	619		442

Nokisima [isle.]	288	Osrouchiah.	23
Nokrakuh.	25	Otrar.	9
Noto.	274	Ougeli.	592
Noussa-Bohan.	392	Outschi.	611
Noussa-Camou.	393	Ovari.	265
Noussa-Ela [isle.]	ibid.	Overburg.	393
Noussa-Laout.	398		
Noussa-Oula [isle]	396	**P**	
Nuitz [Terre de.]	354		
		Paa.	394
O		Pacem.	452
		Padang.	453
Odovara.	268	Paddar [fleuv.]	587
Oetablas [isles.]	326	Pagon [isle.]	299
Ogurza.	13	Pahang.	462
Ohan.	196	Païran.	331
Oki.	277	Pala [isle.]	544
Oma [isle.]	399	Palaos (isle.)	337
Omi [fleuv.]	252	Paliacatte.	654
Omura.	282	Palimban.	454
Ongol.	647	Palinguir (isle.)	318
Onrust (isle.)	436	Pampangan.	323
Oomi.	273	Panamao [isle.]	336
Oosima.	267	Panaon [isle.]	335
Oostenbourg.		Panane.	692
Orange [isle.]	301	Panarucan.	432
Orange (fort d'.)	384	Panay [isle.]	328
Orietan.	543	Pangasane [isle.]	376
Oringa.	266	Pangasinan.	324
Oriur.	670	Panglao [isle.]	332
Orixa.	642	Paogan.	112
Ortus.	197	Paoning.	123
Oruana.	265	Paoting.	113
Osaca.	262	Papenberg (isle.)	282
Osima.	217	Papous [Terre des.]	345

[750]

Para-notum.	190	Ping-yeun.	134
Parecalu.	319	Ping-yang.	116
Partabza.	641	Piperi.	484
Passaman.	452	Pescadores, (isle)	158
Passaruan.	432	Pitan.	598
Patane.	462	Point de Galles.	723
Pateoom.	594	Polaor.	458
Patelis.	35	Polikunda.	634
Patenta, (isle)	345	Pol-pinang.	464
Pater-noster, [isle]	417	Polvererie, [isle]	457
Patna.	597	Pondicheri.	657
Patri.	626	Pongor.	462
Pattucodtée.	665	Ponomping.	491
Pau-hing.	142	Pontameas.	491
Pecheli.	105	Pon-to, (isle)	169
Pêcherie, [côte de la]	671	Pora, (M.)	543
Pedir.	452	Porca, (isle).	689
Pedne.	205	Porcelon.	486
Pegu.	528	Portaluun.	723
Penjab.	609	Por-Hand, (isle)	340
Pe-keu.	172	Porto-novo.	661
Pe-king.	106	Poruttes.	9
Penanessim.	527	Postillons (les isles)	417
Penboe, (isle)	545	Po-yang-hu, [Lac]	81
Pera.	464	Praye.	599
Perjan.	24	Prehaiver.	608
Perrejar.	667	Prelqu'Isle de Malaca.	458
Perrem.	543	Priamam.	453
Petonches, [isle des]	349	Prince de Galles [isle du]	369
Pettan.	619		
Philippines, (isle)	302	Prisparis, [isle]	544
Pic-Adam, M.	722	Prom.	534
Ping-lo.	137	Providence [La] isle.	341
Ping-lyang.	120	Pnegos, [isle]	332
Ping-ngan.	213	Pulo-Ay.	403

Pulo-Bahi.	392	Quey-cheu.	124
Pulo-Botton.	465	Quey-ling.	135
Pulo-Capal.	406	Quey-yang.	132
Pulo-Dinding.	461		
Pulo-Kondor, [isle]	492	R.	
Pulo-Laouth.	423		
Pulo-Mamock.	506	Radimpour.	612
Pulo-Nyas.	455	Rahemi.	612
Pulo Ouay.	452	Rajapore.	598
Pulo Roſſa.	426	Rajapour.	625
Pulo-Sethaen.	406	Rajimandrie.	645
Pulo-Tiga.	481	Raji-mool.	595
Pulo-Timaon.	457	Rama.	699
Pulo-Touhan.	391	Ramanacor, [isle]	671
Pulo-Ubi.	492	Ramanapuram.	670
Puluru Komvolur.	666	Ramu.	543
Pundamalli.	656	Rangamatty.	593
Punganur.	633	Raolkonda.	629
Purmata.	394	Rarakit.	394
Purmerent, [isle]	436	Raſajiri.	685
Putay-Ula.	206	Rhun, [isle]	405
		Roi Guillaume, [isle du] 341	
Q.			
		Rokbo.	519
Quadaole, [isle]	492	Roſingyn, [isle]	405
Quang-nam.	130	Rotoy, [isle]	413
Quang-ping.	113	Rottas.	596
Quang-ſi.	130	Rotterdam.	374
Quang-ſin.	164	Rungpore.	593
Quang-tong.	143		
Qua-wha-chiu.	198	S.	
Quada.	464		
Quelpaert, [isle]	214	Sabongo.	385
Que-moui, [isle]	154	Sabuda, [isle]	349
Que-te.	180	Sacai.	261

Sadira-patnam.	627	Sarts.	11
Sado.	274	Satzuma.	284
Saetsdo.	274	Savu, (isle)	413
Sagalian-angahata.	207	Sawa.	258
Saganian.	21	Saypan, (isle)	238
Segewien [isle]	345	Sayram.	49
Saghalia-nula-hotun.	201	Scander.	601
S. Jean, [isle]	335	Schapora.	622
S. Ignatio de Agand.	296	Schebitah.	23
Ste. Marie, [isle]	422	Schouten, (isle)	341, 357
S. Matthias, [isle]	341	Scheringham.	635
S. Thomé.	656	Schoaman.	21
Saleyer.	375	Se-chin.	135
Sallawaty, [isle]	345	Se-chuen.	122
Salsette, [isle]	709	Segovia-nueva.	319
Salsey.	702	Selam.	396
Samar, [isle]	336	Sellizure.	14
Samarcande.	20	Se-mau, (isle)	413
Sambaangan.	333	Se-ming.	136
Sambal.	599	Se-nan.	133
Sambas.	421	Se-nghen.	135
Sambilang, [isle]	464	Sengmiao-tsés.	130, 137
Samboupo.	374	Serampour.	621
Sampit.	420	Serampore.	591
Sanavar.	611	Serhend.	604
Sandelbosch, (isle)	415	Set-cheou.	133
Sandwich, (isle)	343	Sevaseer.	699
Sauga.	282	Severndroog.	705
Sang-Kyang.	175	Schiari.	666
San-Schwi.	146	Shidambaram.	661
San-ta.	129	Shirpi.	633
Santiam, [isle]	146	Siam.	466
Sanuki.	287	Siba.	603
Sarigan, (isle)	299	Sibu, (isle)	339
Sarmangian.	21	Si-fans, voy. Tu-fan.	
		Silhet.	

Silhet.	593	Souri, (isle)	545
Sillebar.	448	Sſima.	264
Simonoſeki.	278	Stephens (isle)	340
Simoodſuke.	272	Subaia.	432
Simooſa.	270	Succadana.	420
Sinano.	272	Su-cheu.	124, 174
Si-ngan.	119	Sukor.	611
Sin-hoa.	502	Sumatra, (isle)	444
Sining.	121	Sundiva.	543
Sior, voy. King-Ki-tau-		Surat.	615
Sir Charles Hardy, (isle)	342	Surunga.	266
		Swen-ha.	112
Siren.	530	Swo.	272
Sir George Rook, (isle)	344	Syang-yang.	140
		Sydabad.	595
Siriam.	531	Taal, Lac.	136
Sirote.	537	Ta-cheu.	182
Sittarah.	642	Tacuxima, (isle)	288
Sitzu.	262	Taiming.	113
Soali.	617	Tai-wan.	155
So-cheu.	121	Tali.	128
Socatai.	486	Talichan, (isle)	545
Soëpra.	598	Tallicheri.	695
Solons.	200	Tambuco.	376
Sombrere, (canal de)	545	Tang-hoa.	154, 519
Songami.	267	Tango.	276
Songari.	204	Tang-yang.	174
Sonhiot.	197	Tajaour.	663
Sonquelouc.	486	Tanor.	692
Sonrol, (isle)	338	Tanouna.	396
Sooloo, (peuple)	424	Tapté (Fl.)	587
Soppen.	375	Tarache, (isle)	545
Soret.	613	Tarcolan.	633
Soumelpour.	596	Tarcou.	4
Sourapati.	441	Tarmad.	21

Bbb

Tartarie Chinoise.	184	Tikou.	452
Tashkunt.	9	Tilleyali.	667
Tasimo.	276	Timor, (isle)	386, 408
Tassey-Seddein.	30	Timorland, (isle)	407
Tatta.	612	Tin-hai.	169
Tavay.	531	Tinian, (isle)	297
Tay-cheu.	168	Tiour-Koustan.	8
Tay-ping.	136, 176	Tipra.	538
Tay-long.	116	Tiracadaur.	666
Tay-yuen.	115	Tiru-mallerz.	634
Tching.	143	Tirunagaran.	686
Tching-tu.	123	Tirutcatupalli.	665
Tchainatbourie.	487	Tobo.	395
Tekor.	611	Tomu.	279
Tenam.	517	Toncat.	9
Tenara.	630	Tong-chang.	182
Te-ngan.	139	Tong-ching.	163
Teng-cheu.	183	Tong-chuen.	125
Teng-fong.	180	Tong-jin.	133
Tennasserim.	485	Tong-ling.	176
Tentoli.	376	Tong-ting-hu (lac)	81
Ternate, (isle)	383	Tonquin.	503
Te-tsin.	171	Tootomi.	265
Tevenepatnam.	660	Topa.	44, 121
Thaouaquis.	19	Torres, (isles)	337
Thibet.	25	Tosa.	286
Thokarestan.	24	Townshend (isle)	364
Tibore.	376	Tranquebar.	666
Ticao, (isle)	325	Tremepatam.	695
Tidor, (isle)	385	Trichenapally.	636
Tjekjektou.	25	Trinquemale.	727
Tien-ching.	116	Tripaplur.	661
Tien-tong.	486	Tripente.	632
Tien-tsing-wey.	114	Tripeti.	632
Tigai.	434	Trivady.	633

Tsiassem.	434	Vasch.	21
Tsieribon.	434	V-cheu.	137
Tsikungo.	284	Vdan.	19
Tsinan.	181	Vdessa.	598
Tsin-cheu.	136	Velour.	634
Tsing-cheu.	183	Verdachelum.	634
Tsi-ning.	183	Vgen.	621
Tsitsikar.	200	Vickravandy.	635
Tsuen-cheu.	154	Visapour.	624
Tsuen-lo.	213	Visigapatnam.	646
Tsun-i.	124	Viviconda.	647
Tsussima.	289	Vlée.	337
Tsyng-Kyang-pu.	173	Vliasser (isle).	398
Tubaon.	432	Vlissingue.	376
Tu-fan, (pays de)	43	Vmatag.	296
Tuguris.	200	Vosumi.	285
Tui-mu-tau, (isle)	204	Vrac, (isle).	300
Tuk	14	Urat.	197
Tula.	187	Urga.	119
Tu-men, (fleuve)	209	Urgentz.	14
Tumet.	106	Usbecks.	9, 12
Tundi.	669	Usien.	161
Turatte.	377	Usin, (fleuve)	252
Turcomans.	12	V-ting.	127
Turfan.	49	Vu-chang.	138
Tur-kestan.	6	Vu-ching.	182
Tu-yeun.	134	Vu-theou.	161
Twombene.	520		

V.

		W.	
Vackasa.	275	Waigneauw (isle)	345
Vallam.	663	Wan-cheu.	139
VamDiemen (Terre des)		Warom.	394
		Way-King.	180
	354	Wazir.	14

(756)

We-Kyun.	179	Yao-ngan.	127
Wen.	167	Yap, (isle)	338
Werinama.	395	Yarkien,	47, 64
Wey-cheu.	175	Yen-cheu.	166, 182
Weycondah.	636	Yenghi-Kunt.	8
Wey-ning.	133	Yen-ngan.	119
Whang-hay.	213	Yen-ping.	159
Whay-ngan.	173	Yesso, (isle)	214
Whey-cheu.	150	Yeun-cheu.	162
Winchelsea (isle)	342	Yonping.	114
Winkjan.	525	York, (isles d')	365
Witt, (Terre de)	350	You-tcheu.	141
Wologani.	669	Yt-cheu.	202
		Yuclai.	219

X.

		Yuen-yang.	140
		Yulingwey.	122
Xicoco.	286	Yung-chang.	128
Ximo.	281	Yung-cheu.	142
Xolo, (isle)	336	Yung-po.	127
Xu kao-hang.	520	Yun-kiang.	129
Xu-Thanh.	520	Yun-nan.	125, 6
		Yu-pis.	204
		Yun-ning-tu.	128

Y.

Z.

Yachun.	125		
Yalap, (isle)	338		
Ya-lu, (fleuve.	209	Zamin.	23
Yanaon.	645	Zar.	23
Yang-cheu.	172	Zarpane, (isle)	297
Yang-ho.	116	Zhau-cheu.	164
Yang-tse-kiang, (fl.)	81	Zhu-ning.	180

FIN DE LA TABLE.

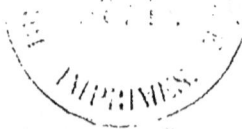

ERRATA DU TOME IX.

p. 3 l. 21 la	*lisez* le.
p. 20 l. 6 il	s'il.
p. 24 l. 2 dans la partie la plus orientale du royaume, dans un	la partie la plus orientale du Royaume, est un
p. 27 l. 10 Boyle.	Bogle.
p. 34 l. 5 il ne	il n'en
p. 55 l. 7 celui	ceux.
p. 71 l. qui le	qui la.
p. 81 l. 27 *Tu-fau*.	*Tu-fan*.
p. 97 l. 14 des petits.	de petits.
p. 144 l. 30 forts	ports.
p. 167 l. 24 bambou.	bambous.
p. 193 l. 12 des	de
p. 211 l. 8 leur mort.	leur décès.
p. 236 l. 16 dos rempli	dos un sac rempli.
p. 304 l. 20 ceux qui	celles qui
p. 306 l. 6 qu'il en	que le Roi en
p. 315 l. 35 si l'une d'elles,	si l'une des parties
p. 335 l. 8 incestieux,	incestueux.
p. 353 l. 1 plus hauts,	plus élevés.
p. 371 l. 13 son extinction	leur extinction.
p. 376 l. 13 villes	isles.
p. 382 l. 7 fertilité	facilité.
p. 400 l. 30 levant	couchant.
p. 435 l. 21 il est pavé	elle est pavée
p. 459 l. 35 & vil	, & lâche.
p. 586 l. 25 le recouvre,	recouvre
p. 587 l. 26 Eekar	Eckbar.
p. 607 l. 13 chèvres	moutons.
p. 631 l. 3 petite ville connue autrefois	petite ville : cette province fut connue autrefois.
p. 633 l. 18 elle est	ville.

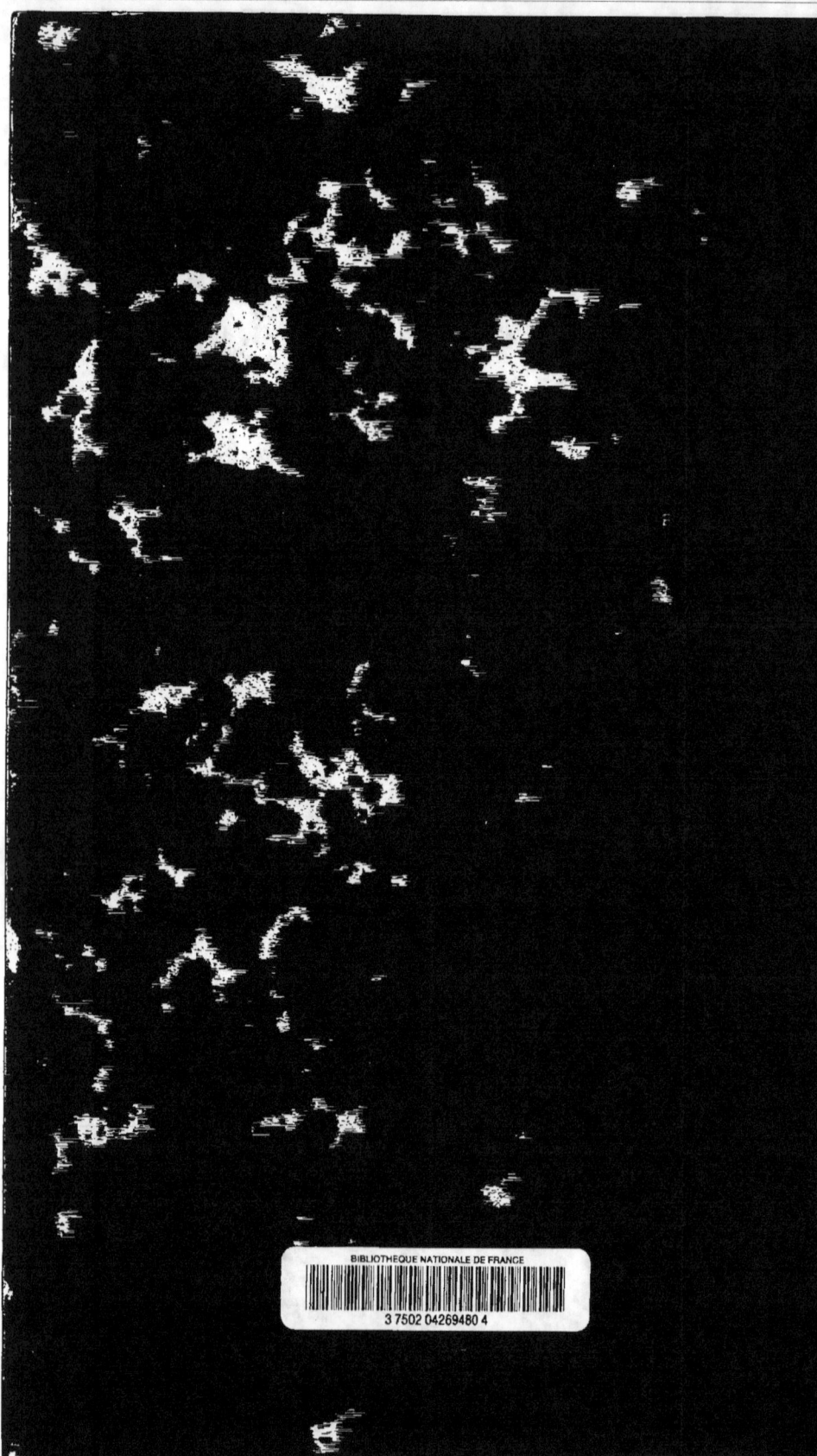

www.ingramcontent.com/pod-product-compliance
Lightning Source LLC
Chambersburg PA
CBHW070838020526
44112CB00053B/1251